LE FUTURISME À PARIS

LE FUTURISME À PARIS
une avant-garde explosive

Sous la direction de Didier Ottinger
Exposition présentée au Centre Pompidou, Galerie 1,
du 15 octobre 2008 au 26 janvier 2009

5 CONTINENTS

Centre
Pompidou

L'exposition « Le Futurisme à Paris. Une avant-garde explosive »
a été réalisée grâce au mécénat du Groupe Devoteam

« Le Futurisme à Paris. Une avant-garde explosive »,
présentée au Centre Pompidou,
a été organisée par le Centre Pompidou
en collaboration avec les Scuderie del Quirinale, Rome
et la Tate Modern, Londres.

Centre Pompidou, Paris
15 octobre 2008 - 26 janvier 2009

Scuderie del Quirinale, Rome
20 février - 24 mai 2009

Tate Modern, Londres
12 juin - 20 septembre 2009

COMMISSARIAT DE L'EXPOSITION
Didier Ottinger, Centre Pompidou
Ester Coen, Scuderie del Quirinale
Matthew Gale, Tate Modern

Centre national d'art et de culture Georges Pompidou
Le Centre national d'art et de culture Georges Pompidou
est un établissement public national placé sous la tutelle
du ministère chargé de la culture (loi n° 75-1 du 3 janvier
1975)

Alain Seban
Président

Agnès Saal
Directrice générale

Alfred Pacquement
Directeur du Musée national d'art moderne - Centre de
création industrielle

Bernard Stiegler
Directeur du Département du développement culturel

François Trèves
Président de la Société des Amis du Musée national d'art
moderne

REMERCIEMENTS

Nous tenons en premier lieu à rendre hommage à Mme Anne d'Harnoncourt, directrice du Philadelphia Museum of Art, récemment disparue, pour la générosité immédiate et sans réserve qu'elle a témoignée à l'égard de notre projet en nous accordant le prêt du *Nu descendant l'escalier n° 2*, 1912, de Marcel Duchamp.

Nos remerciements s'adressent ensuite aux musées, institutions et galeries qui, par leur précieux concours, ont permis l'accomplissement de ce projet.

Albright-Knox Art Gallery, Buffalo (NY)
Louis Grachos, directeur
Douglas Dreishpoon, conservateur en chef

Bayerische Staatsgemäldesammlungen, Pinakothek der Moderne, Munich
Prof. Dr Reinhold Baumstark, directeur général
Prof. Dr Carla Schulz-Hoffmann, directrice adjointe des Collections
de la région de Bavière, conservateur en chef de la Pinakothek der Moderne

Beinecke Library, Yale University Art Gallery, New Haven (CT)
Frank Turner, directeur
Kevin Repp, conservateur en art moderne européen
à la Beinecke Rare Book and Manuscript Library

Bibliothèque d'étude et du patrimoine, Toulouse
Angeline Lavigne, conservateur

Biblioteca dell'Archiginnasio, Bologne
Pierangelo Bellettini, directeur
Valeria Roncuzzi, responsable des Prêts pour les expositions

Bibliothèque historique de la Ville de Paris
Jean Derens, conservateur en chef, chef du Service des travaux historiques
de la Ville de Paris
Jean-Paul Avice, conservateur, responsable du Fonds Apollinaire

Bibliothèque nationale de France, Paris
Bruno Racine, Président
Jacqueline Sanson, directrice générale
Antoine Coron, directeur de la Réserve des livres rares
Nicolas Petit, conservateur, Réserve des livres rares
Magali Vène, conservateur, Réserve des livres rares
Thierry Grillet, délégué à la Diffusion culturelle
Françoise Simeray, responsable du Service des expositions extérieures

Carnegie Museum of Art, Pittsburgh
Richard Armstrong, directeur (*Henry J. Heinz II Director*)

Civiche Raccolte d'Arte, Milan
Dottoressa Lucia Matino, directrice
Dottoressa Maria-Teresa Fiorio, ex-directrice

Estorick Collection of Modern Italian Art, Londres
Roberta Cremoncini, directrice
Christopher Adams, conservateur assistant

Fonds national d'art contemporain, Puteaux
Madame Claude Allemand-Cosneau, conservateur général, directrice

Galleria d'Arte Moderna, Milan
Dottor Sandrino Schiffini, directeur
Dottoressa Maria Fratelli, conservateur

Galleria dello Scudo, Vérone
Massimo Di Carlo

Galerie nationale Trétiakov, Moscou
Valentin Rodionov, directeur
Lidia Iovleva, premier vice-directeur
Katerina Semenova, chargée de la coordination,
Département des expositions internationales

Gemeentemuseum Den Haag, La Haye
Dr Wim Van Krimpen, directeur

Harvard Art Museum, Cambridge (MA)
Thomas W. Lentz, directeur (*Elizabeth and John Moors Cabot Director*)
Harry Cooper, conservateur en art moderne

Hirshhorn Museum and Sculpture Garden, Smithsonian Institution, Washington
Olga V. Viso, directrice
Kristen Hileman, conservateur-assistant

Institut national d'histoire de l'art, Paris
Antoinette Le Normand-Romain, directrice générale, conservateur général
du patrimoine
Martine Poulain, directrice de la bibliothèque de l'INHA

Kröller-Müller Museum, Otterlo, Pays-Bas
Dr Evert J. Van Straaten, directeur

Kunsthaus Zürich
Dr Christoph Becker, directeur
Dr Christian Klemm, directeur des collections
Dr Tobia Bezzola, conservateur

Möbel Transport SA, Chiasso, Suisse
Silvana Pasquin

Munson-Williams-Proctor Art Institute, Utica
Dr Paul D. Schweizer, directeur

Alexandros Soutzos Museum, Athènes
Marina Lambraki-Plaka, directrice

Musée d'Art moderne de la Ville de Paris
Fabrice Hergott, directeur
Gérard Audinet, conservateur

Musée d'Art moderne de Saint-Étienne
Lorand Hegyi, directeur
Jacques Beauffet, conservateur en chef

Musée d'Art moderne, Lille Métropole, Villeneuve-d'Ascq
Olivier Donat, administrateur général
Savine Faupin, conservateur
Nicolas Surlapierre, conservateur

Musée d'Art moderne et contemporain, Strasbourg
Joëlle Pijaudier-Cabot, directrice des musées de Strasbourg
Estelle Pietrzyk, conservateur en chef
Marie-Jeanne Geyer, conservateur

Musée de Grenoble
Guy Tosatto, directeur
Isabelle Varloteaux, responsable des Collections

Musée de l'Ermitage, Saint-Pétersbourg
Prof. Dr Mikhail Piotrovsky, directeur général
Dr Vladimir Matveev, directeur adjoint des Expositions et du Développement
Dr Sergei Androsov, chef du Département de l'Art européen occidental

Musée des Beaux-Arts de Valenciennes
Emmanuelle Delapierre, conservateur en chef
Patrick Roussiès, conseiller municipal délégué à la Culture,
au Tourisme et au Patrimoine

Musée national russe, Saint-Pétersbourg
Vladimir Goussev, directeur
Evgenia Petrova, vice-directeur scientifique
Ivan Karlov, vice-directeur de la Régie des œuvres et de la Conservation
des œuvres

Museo di Arte Moderna e Contemporanea di Trento e Rovereto
Dottoressa Gabriella Belli, directrice
Dottoressa Clarenza Catullo, responsable de la Régie et des Expositions

Museo Thyssen-Bornemisza, Madrid
Guillermo Solana, conservateur en chef

Musée des Beaux-Arts du Canada - National Gallery of Canada, Ottawa
Pierre Théberge, directeur
Delphine Bishop, Gregory Spurgeon, chefs de la Gestion des collections

National Gallery of Art, Washington
Earl A. Powell III, directeur

Osaka City Museum of Modern Art, Osaka
Katsuaki Fukahori, directeur général, Bureau du tourisme et des loisirs,
Ville d'Osaka
Tsukada Kumada, conservateur en chef
Tomoko Ogawa, conservateur

Philadelphia Museum of Art
Anne d'Harnoncourt (†), ex-directrice
Michael Taylor, conservateur pour l'Art moderne
(*The Muriel and Philip Berman Curator*)

Solomon R. Guggenheim Museum, New York
Marc Steglitz, directeur par intérim
Lisa Dennison, ex-directrice

Sprengel Museum, Hanovre
Prof. Dr Ulrich Krempel, directeur
Dr Dietmar Elger
Dr Anna Müller-Härlin

Staatsgalerie Stuttgart
Dr Sean Rainbird, directeur
Prof. Dr Christian von Holst, ex-directeur

State Museum of Contemporary Art – The George Costakis Collection, Thessalonique
Maria Tsantsanoglou, directrice
Prof. Miltiades Papanikolaou, ex-directeur

Tate, Londres
Sir Nicholas Serota, directeur, Tate
Caroline Collier, directeur, Tate National
Dr Stephen Deuchar, directeur, Tate Britain
Celia Clear, directeur général, Tate Enterprises
Roger Thorp, directeur, Tate Publishing

Tate Modern, Londres
Vicente Todoli, directeur
Matthew Gale, conservateur, commissaire de l'exposition à Londres
Stephen Mellor, coordinateur des Expositions et des Installations

The Art Institute of Chicago
James Cuno, président
Eloise W. Martin, directrice
Mary Solt, directrice-adjointe
James E. Rondeau, conservateur en Art contemporain
(*The Frances and Thomas Dittmer Curator*)
Douglas Druick, conservateur pour les Peintures et Sculptures européennes
modernes (*Searle Curator*)

The Museum of Modern Art, New York
Glenn Lowry, directeur
John Elderfield, conservateur en chef, Département des peintures
et des sculptures
Anne Umland, conservateur, responsable des Collections peintures et sculptures
Cora Rosevear, conservateur, Département des peintures et des sculptures
Jodi Hauptman, conservateur, Département des dessins
Jennifer Russell, directeur adjoint des Expositions, des Collections
et de la Programmation

Von-der-Heydt Museum, Wuppertal
Dr Gerhard Finckh, directeur
Brigitte Müller, responsable des Expositions

Yale University Art Gallery, New Haven (CT)
Jock Reynolds, directeur (*The Henry J. Heinz II Director*)
Jennifer Gross, conservateur pour l'Art moderne et contemporain
(*Seymour H. Knox Jr.*)
Helen Cooper, Holcombe T. Green, conservateurs
pour les Peintures
et Sculptures américaines
Patricia Garland, conservateur en chef,

ainsi qu'à tous ceux qui ont souhaité garder l'anonymat.

Nous tenons à remercier chaleureusement pour leurs conseils, leur disponibilité,
leur enthousiasme, tous ceux qui, à des titres divers, ont apporté leur concours
à l'élaboration de l'exposition et de son catalogue :

Lynne Addison, Cristina Agostinelli, Noëlle Albert, Elodie Aparicio-Bentz,
Marián Aparicio, Ezzio Amuro, Maria Aprile, Xavier Baert, Bibliothèque littéraire
Jacques Doucet, Bibliothèque Kandinsky, Beatriz Blanco, Peggy Bodemski,
Emily Braun, British Library, Cécile Brunner, Claudia-Rosa Brusin, Stephanie Bush,
Françoise Cabioch, Françoise Cagli, Vicki Cain, Ashley Carey, Lucia Cassol,
Francesco Federico Cerruti, Jean-Claude Charton, Alice Chassey, Ludovic Chauvin,
Annick Chemama, Catherine Clement, Judith L. Cline, Alexis Constantin,
Maria De Marco-Beardsley, Christelle Desclouds, Amy Dickson, Dino Facchini,
Pauline Faure-Vergne, Annalisa Ferrari, Moira Fitzgerald, Laura Fleischmann,
Eva Francaviglia, Eliza Frecon, Peter Frei, Ilaria Galgaro, Jean-Claude Gebleux,
David Gordon, Marc Goutierre, Atty Heijting, Géraldine Guillaume-Chavannes,
Anthony G. Hirschel, Jacques Hourrière, Erin Hyde, Maria Iacoveli, Sacha Ilic,
Laurent Juillard, Joe Ketner, Simone Kober, Agnès de la Beaumelle,
Brigitte Leal, Émilie Lormée, Lori Mahaney, Peter Loorij, Rebecca Marshall,
Ursula Martin-Malburet, Philippe-Alain Michaud, Karin Marti,
Jacqueline Matisse Monnier, Paul Matisse, Margaret Mazzullo, Ceridwen Maycock,
Jodi Myers, Dr Bernhard Mendes Bürgi, Anastasia Mikliaeva, Dominique Morelon,
Nathalie Muller, Brigitte Nandingna, Ingrid Novion, Christine Poggi,
Anne-Catherine Prud'hom, Nicolas Pujol, Véronique Roca, Allison Revello,
Julia Samulyonok, Shannon N. Schuler, Nicole Simoës da Silva, Adrien Sina,
Barbara Slifka, Sophie Spalek, Jonas Storsve, Elena Suriani, Rebecca Tarello,
Nicole Thébert, Alicia B. Thomas, Monika Tomko, Keri A. Towler, Elena Tyun

Nos remerciements s'adressent également aux institutions partenaires du Centre
Pompidou avec lesquelles ce projet a été réalisé et présenté successivement :
À Paris, au Centre Pompidou, Galerie 1, du 15 octobre 2008 au 26 janvier 2009
À Rome, aux Scuderie del Quirinale, du 20 février au 24 mai 2009
À Londres, à la Tate Modern du 12 juin au 20 septembre 2009.

Rome
Azienda Speciale Palaexpo
Giorgio Van Straten, président
Antonio Paolucci, président de la Commission scientifique des Scuderie
del Quirinale
Mario De Simoni, directeur général
Rossana Rummo, ex-directrice générale
Caterina Cardona, responsable des Activités scientifiques et culturelles
des Scuderie del Quirinale
Daniela Picconi, directrice opérationnelle
Andrea Landolina, responsable des Affaires juridiques
Fabio Merosi, responsable de l'Administration et du Contrôle de gestion
Alexandra Andresen, coordinatrice des Expositions
Eva Francaviglia, régisseur
Chiara Eminente, régisseur
Graziella Gnozzi, coordinatrice des Catalogues des Scuderie del Quirinale
Ester Coen, commissaire de l'exposition à Rome

Londres
Tate
Sir Nicholas Serota, directeur, Tate
Caroline Collier, directeur, Tate National
Dr Stephen Deuchar, directeur Tate Britain
Celia Clear, directeur général, Tate Enterprises
Roger Thorp, directeur, Tate Publishing

Tate Modern
Vicente Todoli, directeur
Matthew Gale, conservateur, commissaire de l'exposition à Londres
Stephen Mellor, coordinateur des Expositions et des Installations

EXPOSITION

Commissaire
Didier Ottinger

assisté de
Nicole Ouvrard
Mai Lise Bénédic

Chargée de production
Armelle de Girval

Architecte-scénographe
Laurence Le Bris

Régisseur des œuvres
Viviane Faret

Stagiaires
Valentina Cefalu, Anke Daemgen, Suzanna Muston,
Violeta Tirado Mendoza, Francesca Zappia,
Chiara Zippilli

Signalétique
Cerise noire : Tiphaine Vasse

Ateliers et moyens techniques

Régisseur d'espaces
Veronica Ortega-Lo-Cascio

Menuiserie
Philippe Delapierre, responsable d'atelier
Phillippe Chagnon, Pascal Dumont,
Ludovic Heissler, Patrice Richard

Serrurerie
Laurent Melloul

Peinture
Emmanuel Gentilhomme, Dominique Gentilhomme,
Lamri Bouaoune, Mokhlos Farhat, Sofiane Saal

Éclairagistes
Philippe Fourrier, Thierry Kouache

Installation et accrochage
Michel Nait, Jean-Marc Mertz
James Caritey, assisté de Françoise Perronno
et de Marien Attard (pour montage et installation
des documents papier)

Encadrement
Lydia Serio-Bouzard, Daniel Legué, Gilles Pezzana,
Tony Riga

Service audiovisuel

Responsable artistique et technique
Gérard Chiron

Laboratoire photographique
Guy Carrard, responsable
Valérie Leconte, Hervé Véronèse, Bruno Descout
Georges Meguerditchian, Philippe Migeat,
Jean-Claude Planchet, photographes

Exploitation
Vahid Hamidi, responsable
Christophe Bechter, Éric Hagopian,
Emmanuel Rodoreda

Magasin
Nazareth Hékimian, Georges Parent

Administration
Clélia Maieroni

Gestion
Viviane Jaminet

**Musée national d'art moderne-
Centre de création industrielle**

Directeur
Alfred Pacquement

Directeurs adjoints
Isabelle Monod-Fontaine
Frédéric Migayrou
Didier Ottinger

Administratrice
Sylvie Perras

Bibliothèque Kandinsky
Didier Schulmann

Chef du service des collections
Catherine Duruel

Restauration des œuvres
Jacques Hourrière

Direction de la production

Directrice
Catherine Sentis-Maillac

Chef du service administration et finances
Laure Rolland, adjointe à la directrice

Chef du service des manifestations
Martine Silie

Chef du service de la régie des œuvres
Annie Boucher

Chef du service architecture et réalisations
muséographiques
Katia Lafitte

Chef du service des ateliers et moyens techniques
Jess Perez

Chef du service audiovisuel
Laurie Szulc

Coordinateur opérationnel
Didier Bantignie

Direction de l'action éducative et des publics

Directeur
Vincent Poussou

Chef du service de l'accueil
Cléa Richon, adjointe au directeur

Chef du service éducatif
Marie Rouhète

Pédagogie
Florence Morat

Direction de la communication

Directeur
Laurent Glépin

Adjoint au directeur
Emmanuel Martinez

Pôle du développement et des partenariats
Florence Fontani

Pôle presse
Isabelle Danto

Pôle relations publiques
Stéphane Berthelot

Attachée de presse
Dorothée Mireux

Pôle image
Christian Beneyton

Pôle communication interne
Marie-Annick Hamon

Gestion administrative et financière
Yann Bréheret

Mécénat

Délégué adjoint aux partenariats
et au développement international
Alexandre Colliex

Association pour le développement
du Centre Pompidou
Anne-Gaële Duriez de Baecque,
Élodie Pollet, chargées de mécénat

CATALOGUE

Direction d'ouvrage
Didier Ottinger

Chargée d'édition et coordination
Marion Diez
avec la collaboration de Laure Desforges,
Victor Guégan, Xavier Isle de Beauchaine,
Dominique Moyen

Iconographie
Mai Lise Bénédic
Marion Diez
Nicole Ouvrard

Conception graphique et mise en page
Robaglia Design, Paris : Antoine Robaglia
assisté de Nathalie Bigard

Traduction de l'italien
Françoise Brun, Anne Guglielmetti, Barbara Musetti

Traduction de l'anglais
Jean-François Allain

Assistants de gestion
Isabelle Charles-Planchet
Xavier Delamare
Danielle Malemanche

Fabrication
Martial Lhuillery

Direction des Éditions

Direction
Annie Pérez

Pôle éditorial
Françoise Marquet

Pôle commercial
Benoît Collier

Gestion des droits et des contrats
Claudine Guillon
Matthias Battestini

Gestion administrative et financière
Nicole Parmentier

Pôle administration des ventes
Josiane Peperty

Service multimédia
Pôle internet
Isabelle Hamburger
Frédéric Nassar

Communication
Évelyne Poret

Pour 5 Continents Editions

Éditeur
Eric Ghysels

Directrice des ventes et du marketing
Debbie Bibo

Directeur de production
Enzo Porcino

Rédacteur en chef
Laura Maggioni

Directrice artistique
Lara Gariboldi

SOMMAIRE

Aujourd'hui encore, le futurisme sent le soufre. L'Histoire a condamné sans appel les déclarations martiales des manifestes, le culte de la force, de la vitesse, de la table rase, l'exaltation de la guerre mécanisée et des « orages d'acier » qui n'allaient pas tarder à déchirer le ciel de l'Europe. Elle n'a pas oublié non plus les compromissions de plusieurs membres du mouvement avec le fascisme italien.

Comme elle paraît loin de nous, cette vénération sans nuances de l'avenir ! Comment, au sortir du XXe siècle, brûlé par les dévastations de deux guerres mondiales et l'épouvante de la Shoah, tolérer ces professions de foi brutales, ces appels grandiloquents à la destruction, ces rodomontades agressives et machistes ? Le parfum de scandale qui environnait les futuristes ne s'est décidément pas dissipé.

Pourtant, au-delà des déclarations bavardes ou fracassantes des manifestes, les futuristes nous ont laissé des œuvres dont beaucoup s'imposent comme des chefs-d'œuvre d'un XXe siècle balbutiant. Des chefs-d'œuvre peu souvent montrés en France, car le pays où fut signé l'acte de naissance du mouvement – publié il y a bientôt cent ans dans *Le Figaro* – n'a conservé que très peu de peintures futuristes.

La première ambition de l'exposition du Centre Pompidou, qu'accueillent ensuite les Scuderie del Quirinale de Rome et la Tate Modern de Londres, c'est donc de laisser parler les œuvres : véritable tour de force muséal – rendu possible notamment par les relations d'amitié entretenues avec le Museum of Modern Art de New York dont je tiens ici à remercier chaleureusement le directeur, Glenn Lowry –, la reconstitution quasi exhaustive de l'exposition historique de la galerie Bernheim-Jeune en 1912 sera l'occasion, pour nombre de visiteurs, de découvrir, dans une explosion de couleurs et de mouvement, les grandes peintures de Luigi Russolo, Umberto Boccioni, Carlo Carrà ou Gino Severini et plus tard celles de Giacomo Balla.

En conviant à s'interroger sur les prolongements du mouvement futuriste dans l'histoire de l'art du XXe siècle, l'exposition invite également à revisiter une historiographie canonique, en grande partie d'origine française, qui en a durablement minimisé l'influence. L'analyse fine des rapports entre futurisme et cubisme, de la confrontation initiale à la fécondation réciproque et jusqu'aux tentatives de synthèse qui essaiment un peu partout – orphisme en France, vorticisme en Angleterre, cubofuturisme en Russie… – met en lumière l'influence européenne durable d'un mouvement qui, loin de n'être qu'un bref coup de tonnerre à l'aube du XXe siècle, s'impose comme l'une des sources fondatrices de la modernité en même temps que comme la matrice des avant-gardes qui se succéderont durant tout le siècle.

Mais par-delà l'ampleur du propos d'historien de l'art que développe le commissaire de l'exposition, Didier Ottinger, directeur-adjoint du Musée national d'art moderne-Centre de création industrielle au Centre Pompidou, la mise en lumière de la période parisienne fondatrice du mouvement, en le dégageant de ses dérives et compromissions politiques ultérieures, ne doit-elle pas également inviter à mettre en question la mutation du rapport de l'humanité à son propre avenir ?

Les appels des futuristes à détruire les musées pour libérer les forces créatrices de la nation italienne, ensevelie sous son propre passé, résonnent étrangement dans une époque où les hommes révèrent d'autant plus leur patrimoine qu'ils ont pris conscience qu'ils sont en train de détruire irrémédiablement le capital de ressources naturelles qui leur a été alloué.

Contre la tentation délétère du repli sur soi et de la crispation sur les traces d'un passé enfui, n'est-il pas temps, aujourd'hui, de réhabiliter le futur et d'embrasser le mouvement, de dompter par la technique même le cheval emballé de la technique, de miser enfin sur les forces motrices de l'innovation et de la création pour rendre à l'humanité la maîtrise de son propre destin ?

À travers cette exposition, rendue possible grâce au partenariat établi avec le Groupe Devoteam, leader en Europe du conseil dans les technologies de l'information et de la communication, à qui je veux dire ici toute ma gratitude, c'est bien cette question, celle de l'avenir de notre futur, que le Centre Pompidou, défricheur, depuis plus de trente ans, de tous les chemins de l'utopie, voudrait poser en ce centième anniversaire du futurisme.

Alain SEBAN
Président du Centre Pompidou

Dans la liste des célèbres expositions consacrées au dialogue artistique noué au XXe siècle entre Paris et les grandes métropoles internationales (« Paris-New York », « Paris-Berlin », « Paris-Moscou », etc.), le Centre Pompidou aurait pu légitimement ajouter un « Paris-Milan » ou encore un « Paris-Rome », capables de rendre compte des échanges qui, de Severini à De Chirico, des architectes aux designers contemporains, ont marqué l'histoire culturelle de deux grands pays voisins en Europe. Le principe de ces expositions, traitant du jeu croisé des échanges et des influences, est à l'origine de l'exposition « Le futurisme à Paris », qui s'attache à un mouvement essentiel et pourtant trop peu connu en France parmi les avant-gardes historiques. Les collections du Musée national d'art moderne, pourtant si denses en bien des domaines, voient en effet dans le mouvement futuriste l'une de leurs principales lacunes. Raison supplémentaire pour saluer l'événement que constitue cette exposition.

Le dialogue en est le maître mot. Il est celui que surent établir dans la capitale française certains des protagonistes essentiels du mouvement futuriste, le poète F.T. Marinetti en tête, ce Rastignac venu de la lointaine Alexandrie pour conquérir ses lettres de noblesse littéraires dans les milieux du symbolisme tardif parisien. Mais encore Ardengo Soffici, peintre et théoricien, devenu le familier, aux premières années du siècle, des ateliers du Bateau-Lavoir (il est un des rares témoins de la genèse des *Demoiselles d'Avignon* de Picasso) ; ou Gino Severini, qui s'installe à Paris en 1906, et ne cesse dès lors de faire le lien entre les peintres italiens et français.

Toute étude objective des relations entre cubisme et futurisme suppose que soient rendues à leur dimension historique les querelles chauvines apparues durant les années qui précèdent la Première Guerre mondiale. La reconnaissance du rôle qui revient au futurisme a pâti de ce contexte. L'historiographie de l'art des années 1910 – on en juge plus aisément aujourd'hui – n'a pas échappé à cette tendance, marquée par l'essor des nationalismes. Pourtant, les faits et leur enchaînement implacable témoignent de ce que le cubisme, en tant que groupe constitué, et théorie articulée, doit à la stimulation et à l'émulation nées de l'avènement du futurisme à Paris.

Deux événements majeurs scandent cette manifestation de l'art italien d'avant-garde dans la capitale française. Le premier est la publication, à la une du *Figaro* du 20 février 1909, du *Manifeste du futurisme* rédigé par F.T. Marinetti. Avec ce texte aujourd'hui centenaire, le siècle entre dans l'âge des avant-gardes. Les formules chocs n'y manquent pas. On rappellera les plus célèbres : « Une automobile de course […] est plus belle que la *Victoire de Samothrace* », « [Il faut] démolir les musées, les bibliothèques »… Un an plus tard, lorsque les revues françaises publient le *Manifeste des peintres futuristes,* c'est la peinture parisienne toute entière qui se trouve en émoi. Menacés de perdre la place prééminente – et jusque-là incontestée – qui était la leur, les artistes parisiens ressentent l'impérieuse nécessité de faire front, de s'unir autour de principes partagés et clairement énoncés. Cet aiguillon est à l'origine de l'histoire officielle et publique du cubisme.

Le second de ces événements est l'exposition des peintres futuristes italiens qu'organise en février 1912 la galerie Bernheim-Jeune à l'initiative de Félix Fénéon. Cette exposition regroupant Umberto Boccioni, Carlo Carrà, Luigi Russolo et Gino Severini constitua un fait majeur dans l'histoire de la peinture occidentale. Elle devait ensuite circuler dans d'autres capitales européennes. L'intensité des débats qu'elle provoqua fut à l'origine, de Londres à Moscou, des collines de Puteaux (où se retrouvaient les peintres cubistes) à New York, d'une peinture « cubofuturiste » dont la formule séduisit les artistes les plus novateurs de l'époque. Sa reconstitution quasi exhaustive dans l'exposition qu'organise aujourd'hui le Centre Pompidou permet à un large public d'en prendre toute la mesure et de redécouvrir des œuvres invisibles depuis la dernière exposition parisienne consacrée au futurisme (« Le futurisme 1909-1916 » : Musée national d'art moderne, septembre-novembre 1973).

« Le futurisme à Paris » veut restituer au futurisme, cette « avant-garde explosive », la place qui lui revient dans les débats qui animent les deux premières décennies du XXe siècle. L'exposition se poursuit avec l'exploration des mouvements internationaux qui traduisent la diffusion du futurisme : Marcel Duchamp et Francis Picabia, les peintres russes, le vorticisme britannique, l'orphisme, le synchromisme… Elle s'inscrit dans la logique des manifestations que le Centre Pompidou a récemment consacrées aux avant-gardes de la première partie du siècle passé (le surréalisme, Dada). Outre le fait que ces expositions permettent l'accès d'un public renouvelé à des chefs-d'œuvre historiques, elles s'efforcent de reconsidérer ces mouvements fondateurs de notre modernité et affirment la vocation du Centre Pompidou à être un lieu où l'histoire de l'art s'écrit au présent.

L'exposition a été conçue par Didier Ottinger, directeur adjoint du Musée national d'art moderne, dont je tiens à saluer le remarquable travail et celui de son équipe. Dès l'idée de sa conception, il nous paraissait nécessaire qu'elle trouve étape en Italie, en cette année qui célèbrera les cent ans du premier manifeste futuriste. Je suis très reconnaissant à Mme Rossana Rummo qui a pris l'initiative de cette collaboration, à M. Mario De Simoni, directeur des Scuderie del Quirinale, ainsi qu'à Mme Ester Coen d'avoir rendu possible sa présentation à Rome, à la suite de Paris. La Tate Modern est venue s'ajouter à cette célébration, et j'en remercie son directeur Vicente Todoli ainsi que Matthew Gale.

Ce long circuit doit aussi beaucoup à la participation exceptionnelle des prêteurs publics et privés qui se sont généreusement associés à ce projet. La reconstitution de l'exposition de 1912 nécessitait une compréhension toute particulière. Je les en remercie très chaleureusement, l'exposition n'existant une fois encore que grâce à leur soutien.

Alfred Pacquement

Directeur du Musée national d'art moderne-Centre de création industrielle

LES
PEINTRES
FUTURISTES
ITALIENS

EXPOSITION
du lundi 5 au samedi 24 février 1912
(sauf les dimanches)

PARIS
15, RUE RICHEPANCE, 15
MM. BERNHEIM-JEUNE & Cie
EXPERTS PRÈS LA COUR D'APPEL

Cubisme + futurisme = cubofuturisme

par Didier Ottinger

Le 20 février 1909, *Le Figaro* publiait à la une le manifeste fondateur d'un nouveau mouvement littéraire : le futurisme. Un lancement qui n'avait, en soi, rien d'exceptionnel. Le quotidien du faubourg Saint-Antoine avait ouvert par deux fois déjà ses colonnes à Jean Moréas – en 1886 pour le *Manifeste du symbolisme* et, cinq ans plus tard, pour le programme de *L'École romane française* ; en 1902, c'était Fernand Gregh qui y annonçait la naissance de l'*Humanisme*. Par son ton, le *Manifeste du futurisme* de Filippo Tommaso Marinetti se distinguait cependant de ceux qui l'avaient précédé. La virulence de son ton était telle que la rédaction du journal avait jugé nécessaire de l'introduire par une mise en garde à l'adresse de ses lecteurs : « M. Marinetti […] vient de fonder l'École du "Futurisme" dont les théories dépassent en hardiesse toutes celles des écoles antérieures ou contemporaines. […] Est-il besoin de dire que nous laissons au signataire toute la responsabilité de ses idées singulièrement audacieuses et d'une outrance souvent injuste pour des choses éminemment respectables et, heureusement, partout respectées ?[1] »

Le *Manifeste du futurisme* avait décidément quelque chose de neuf. Sa publication s'inscrivait dans un plan de communication. Sa promotion publique recourait aux médias modernes en adoptant une méthode jusque-là inédite. Cette stratégie publicitaire, ce sens inédit de la provocation, sa négation radicale du passé et de son héritage, qu'affirmait sa dénomination même, devaient faire du futurisme le premier des mouvements d'avant-garde du XXe siècle.

Le cubisme né sous X

Paris s'imposait à Marinetti comme base de lancement de son futurisme. De culture française[2], le poète italien y avait fait ses premières armes littéraires. Paris était une caisse de résonance d'autant plus efficace que la ville n'opposait aucun bruit, pas même une rumeur capable de parasiter la propagation de ses déclarations véhémentes. Depuis les fauves et leur manifestation tapageuse au Salon d'automne de 1905, la capitale française semblait gagnée par une douce torpeur. En 1907, Pablo Picasso avait certes peint de singulières *Demoiselles d'Avignon,* mais sa toile, aussi indigeste que de l'étoupe, n'était visible qu'aux rares visiteurs de son atelier du Bateau-Lavoir. Elle devait attendre quelque temps encore avant d'être reconnue comme fondatrice d'une esthétique nouvelle. *Les Demoiselles...* annonçaient un « cubisme » qui, en 1909, n'existait qu'à la rubrique des boutades, ne relevait que de ces bons mots dont raffolaient les plumitifs des chroniques artistiques. Un critique d'art l'appliqua pour la première fois en 1908 aux six tableaux soumis par Georges Braque au jury du Salon d'automne. La majorité d'entre eux ayant été refusés, le peintre avait décidé de boycotter la manifestation. Une rupture annonciatrice d'un nouveau départ.

Au Salon d'automne précédent, Braque avait été frappé par la rétrospective consacrée à l'œuvre de Cézanne. Il avait interprété ses peintures comme une invitation catégorique à dépasser l'impressionnisme et son héritage sensualiste et lyrique. À l'Estaque, Braque avait radicalisé les leçons constructives de Cézanne, en intensifiant la volonté du maître d'Aix de réduire picturalement la nature aux formes d'une géométrie élémentaire. Il avait soumis ses tableaux rapportés de Provence au jury du Salon d'automne où siégeaient les « vieux fauves » : Henri Matisse, Albert Marquet, Georges Rouault. Le critique André Salmon avait colporté dans le tout-Paris les propos de Matisse justifiant son rejet : « Braque vient d'envoyer ici un tableau fait de petits cubes[3]. » Salmon poursuivait son récit : « Un critique d'art ingénu ou ingénieux l'accompagnait [Matisse]. Il courut au journal, écrivit, de chic, l'article-évangile, et le public apprenait, le lendemain, la naissance du cubisme[4]. » Le « critique ingénieux » n'était autre que Charles Morice.

Quelques mois plus tard, à l'occasion de l'exposition des mêmes toiles provençales de Braque à la galerie Kahnweiler[5], les « petits cubes » réapparaissaient dans les colonnes d'un journal parisien. C'est Louis Vauxcelles qui, dans le *Gil Blas* du 14 novembre 1908, s'indignait de voir le peintre « […] mépriser la forme, réduire tout, sites et figures et maisons, à des schémas géométriques, à des cubes[6] ». Le « critique ingénieux » qui,

Pablo Picasso
Les Demoiselles d'Avignon, 1907
Huile sur toile, 243,9 x 233,7 cm
The Museum of Modern Art, New York.

Georges Braque
Route à l'Estaque, 1908
Huile sur toile, 46 x 38 cm
Centre Pompidou-Musée national d'art moderne, Paris
Don de la Société des Amis du Musée d'art moderne en 1951.

Page précédente :
couverture du catalogue de l'exposition
« Les peintres futuristes italiens », Paris,
galerie Bernheim-Jeune & Cie, 5-24 février 1912.

un an plus tôt, avait popularisé le « cubisme », reprenait du service. Dans un article du *Mercure de France,* daté du 16 avril 1909, Charles Morice écrivait : « M. Braque est victime, en somme, "cubisme" à part, d'une admiration trop exclusive ou mal réfléchie pour Cézanne[7]. »

En 1909, les « petits cubes » de Braque ne faisaient pas encore le « cubisme ». Il fallut attendre encore trois ans avant que le terme ne désigne une école, avant que ne lui soit associée une première définition théorique. Si elles ne créaient pas le cubisme, les toiles de Braque marquaient toutefois un tournant stylistique majeur dans l'évolution de la peinture parisienne. L'année de leur réalisation, Henri Le Fauconnier faisait un diagnostic clairvoyant de la situation : « Le désaccord entre les peintres et littérateurs provient, à mon avis, de ce que les habituels critiques d'art sont gens d'une génération antérieure à la nôtre. Leur conception d'une esthétique très souvent basée sur la sensibilité, la suggestion, correspondait admirablement aux recherches des impressionnistes, des néo-impressionnistes, très peu à celles de Cézanne et Gauguin, mais beaucoup à celles de Van Gogh. Or, à l'heure actuelle, nos recherches picturales nous portent vers une esthétique moins ondoyante, plus stable, plus théorique, cherchant à s'exprimer synthé-tiquement par des concepts cérébraux s'appuyant sur le raisonnement et une logique préétablie et rigoureusement suivie. [...] De plus en plus, en dernière conséquence, les peintres se retirent vers la plastique pure, bannissant toute littérature[8]. » Le tournant stylistique analysé ici concernait des artistes qui se connaissaient à peine, qui, pour la plupart d'entre eux, ne s'étaient pas encore rencontrés. Les seuls peintres dont les œuvres pouvaient illustrer cette évolution de l'art parisien vers plus de « théorie », de « synthèse » – Braque et Picasso – avaient décidé, depuis 1909, de ne plus exposer dans les Salons[9]. Une occultation volontaire qui, pour quelques années, devait être celle du cubisme lui-même. Une latence exploitée par le futurisme pour s'imposer comme la première avant-garde historique, comme le premier mouvement doté d'un manifeste, d'une démarche promotionnelle concertée, d'une stratégie collective d'exposition. Un exemple qu'à l'heure de sa naissance publique, en 1911, le cubisme aura eu loisir de méditer, comme en témoigne Roger Allard en 1913 : « À l'aide d'articles de presse, d'expositions savamment organisées, avec conférences contradictoires, polémiques, manifestes, proclamations, prospectus et autre publicité futuriste, on lance un peintre ou un groupe de peintres. À Boston ou à Kiev ou à Copenhague, ce tintamarre fait illusion et l'étranger adresse quelques commandes[10]. »

Le *Manifeste du futurisme* (20 février 1909)

Filippo Tommaso Marinetti rend compte de l'invention du futurisme qu'il fonde, selon son propre récit, pour donner un souffle nouveau à son projet de réforme poétique : « Le 11 octobre 1908, après avoir travaillé six années durant à ma revue internationale *Poesia* afin de libérer des chaînes traditionnelles et mercantiles le génie lyrique italien menacé de mort, je sentis soudain que les articles, les poésies et les polémiques ne suffisaient plus. Il fallait absolument changer de méthode, descendre dans les rues, donner l'assaut aux théâtres et introduire le coup de poing dans la lutte artistique. Mes amis, les poètes Paolo Buzzi, Corrado Govoni, Enrico Cavacchioli, Armando Mazza, Luciano Folgore, cherchèrent avec moi le mot d'ordre. J'hésitai un moment entre les mots *dynamisme* et *futurisme*. Mon sang italien bondit plus fort quand mes lèvres inven-tèrent à haute voix le mot *futurisme*. C'était la nouvelle formule de l'Art-Action et une loi d'hygiène mentale. C'était un jeune drapeau novateur, anti-traditionnel, optimiste, héroïque et dynamique, qu'il fallait hisser sur les ruines du passéisme[11]. »

Avant sa publication à la une du *Figaro,* le manifeste a une protohistoire italienne. En décembre 1908, Marinetti en fait une lecture à ses proches, dans le cadre du salon littéraire qu'il tient à son domicile milanais, corso Venezia[12]. À la mi-janvier 1909, il entreprend une première rédaction sous la forme d'un tract imprimé à l'encre bleue. Il l'expédie aux poètes (notamment à Gian Pietro Lucini) et aux intellectuels qu'il espère rallier à sa cause. Durant la première semaine de février, plusieurs comptes rendus du *Manifeste du futurisme* paraissent dans la presse italienne. Le journal bolonais *La Gazzetta dell'Emilia* le reproduit intégralement dans son édition du 5 février 1909. Le texte fait aussitôt l'objet d'une diffusion internationale. Le 20 février, il est publié dans la revue *Democratia* de Cracovie.

Le *Manifeste du futurisme* a pour cible première une culture italienne que son auteur estime sous l'emprise des archéologues et des antiquaires ; une culture qu'il juge

1 Cité dans G. Lista, *Futurisme. Manifestes, proclamations, documents,* Lausanne, L'Âge d'homme, 1973, p. 83.

2 À Alexandrie, où il avait passé son enfance, Marinetti avait été scolarisé dans un collège de jésuites francophones.

3 Guillaume Apollinaire reprendra les termes de ce récit, qu'il vulgarisera dans l'ouvrage qu'il consacra en 1913 aux peintres cubistes : « La nouvelle école porte le nom de cubisme ; il lui fut donné par dérision en automne 1908 par Henri Matisse qui venait de voir un tableau représentant des maisons dont l'apparence cubique le frappa vivement. », *Les Peintres cubistes, méditations esthétiques,* Paris, Hermann, 1980, p. 66.

4 A. Salmon, *La Jeune Peinture française,* Paris, Société des Trente, Albert Messein, 1912, p. 53-54.

5 Exposition présentée à Paris du 9 au 28 novembre 1908.

6 L. Vauxcelles, « Exposition Braque », *Gil Blas* (Paris), 14 novembre 1908 // G. Apollinaire, *ibid.,* p. 179.

7 C. Morice, « La Vingt-Cinquième Exposition des Indépendants », *Mercure de France,* 16 avril 1909, p. 727 // G. Apollinaire, *Les Peintres cubistes...,* *op. cit.,* p. 183.

8 Courrier de novembre 1908 adressé à Alexandre Mercereau, cité par G. Fabre, « Albert Gleizes et l'Abbaye de Créteil », in *Albert Gleizes : Le cubisme en majesté,* cat. exp., Barcelone, Museu Picasso, 28 mars-5 août 2001 ; Lyon, Musée des Beaux-Arts, 6 septembre-10 décembre 2001, (Paris, Réunion des musées nationaux), p. 139-140.

9 Suivant en cela les conseils de leur marchand Daniel-Henry Kahnweiler.

10 R. Allard, « Les arts plastiques », *Les Écrits français* (Paris), n° 1, [5 décembre 1913], p. 64.

11 F.T. Marinetti, *Guerra sola igiene del mundo,* Milan, Edizioni futuriste di *Poesia,* 1915, p. 6, cité dans G. Lista, *F.T. Marinetti. L'anarchiste du futurisme. Biographie,* Paris, Séguier, 1995, p. 77.

12 Cf. G. Lista, *Futurisme. Manifestes...,* *op. cit.,* p. 43.

étouffée sous le poids d'un passé omniprésent. Le contexte italien, auquel réagit d'abord Marinetti, justifie le principe central du manifeste : son rejet total, irréductible, de tout héritage artistique, son encouragement à « cracher chaque jour sur l'Autel de l'Art[13] ». Si l'iconoclasme, la violence du texte doivent beaucoup au contexte italien, son contenu poétique, philosophique, politique, résulte pour l'essentiel des contacts noués par Marinetti avec les milieux parisiens qu'il fréquente assidûment depuis 1893. La *tabula rasa* qu'il prône fait écho aux thèses d'un anarchisme commun aux cercles littéraires qu'il côtoie à Paris. Il emprunte aux théories de Pierre Joseph Proudhon, Mikhaïl A. Bakounine, Petr A. Kropotkine ou Georges Sorel – dont les *Réflexions sur la violence* sont traduites en italien dès 1908, l'année même de leur publication française – leur « religion du devenir[14] ». L'activisme anarchiste lui inspire l'usage de tracts aux typographies variées et expressives, imprimés sur des papiers colorés[15]. Les convictions anarchistes de Marinetti ne seront pas indifférentes au directeur artistique de la galerie Bernheim-Jeune & Cie. Poseur de bombes qui, elles, n'avaient rien d'esthétique, Félix Fénéon sera, en février 1912, l'organisateur de la première exposition parisienne des peintres futuristes. « Nous déclarons que la splendeur du monde s'est enrichie d'une beauté nouvelle : la beauté de la vitesse. Une automobile de course avec son coffre orné de gros tuyaux tels des serpents à l'haleine explosive… une automobile rugissante, qui a l'air de courir sur de la mitraille, est plus belle que *La Victoire de Samothrace*[16] […]. » Célébrant la machine, le *Manifeste du futurisme* fait écho à un engouement qui, depuis le début du siècle, en France comme en Italie, a donné lieu à une nouvelle poésie lyrique. En 1904, dans *Beauté rationnelle,* Paul Souriau affirmait déjà qu'« une locomotive, un car électrique, un navire à vapeur, en attendant l'aéronef, c'est le génie humain qui passe ». Il poursuivait : « Dans cette lourde masse que dédaignent les esthètes, triomphe apparent de la force brute, il y a autant de pensée, d'intelligence, de finalité et, pour tout dire en un mot, d'art véritable que dans un tableau de maître ou dans une statue[17]. » Un an après Souriau, c'était Mario Morasso, collaborateur de la revue *Poesia* qui, dans *La Nuova Arma : La macchina,* annonçait les termes mêmes du *Manifeste du futurisme* : « On a dit au sujet de *La Victoire de Samothrace,* ailée et décapitée, trônant en haut du grand escalier du Louvre, qu'elle enferme le vent dans les plis de sa robe, et que l'attitude de son corps révèle l'élan d'une course facile et joyeuse ; eh bien, et la comparaison n'a rien d'irrévérencieux, le monstre de fer quand il secoue et trépigne sous l'effet du battement irrité de son moteur, constitue de la même manière une magnifique révélation de la force virtuelle et montre de façon évidente la vitesse folle dont il est capable[18]. »

Au contact des poètes symbolistes parisiens, au sein des revues *La Vogue, La Plume, La Revue blanche,* auxquelles il collabore, Marinetti mûrit sa passion pour le progrès, pour le spectacle de la ville moderne. Gustave Kahn, qui l'introduit dans ces cénacles littéraires, est l'auteur, en 1901, d'une *Esthétique de la rue* dans laquelle il célèbre les « lueurs de féerie » des enseignes lumineuses qui, de Giacomo Balla à Nathalie Gontcharova, inspireront les peintres futuristes.

S'il est un fondement philosophique au *Manifeste du futurisme* de Marinetti, c'est du côté du bergsonisme qu'il réside. La doctrine de l'« élan vital » innerve le manifeste, comme elle imprégnera les textes qui lui succéderont : « À la conception de l'impérissable et de l'immortel, nous opposons, en art, celle du devenir, du périssable, du transitoire et de l'éphémère[19]. » C'est à Henri Bergson que Marinetti emprunte sa poétique vitaliste, sa conception d'un moi en perpétuel devenir, son lyrisme qu'il fait culminer dans un rêve de fusion cosmique. Après Marinetti, Umberto Boccioni, principal rédacteur du *Manifeste des peintres futuristes,* sera le plus « bergsonien » des futuristes. Son programme d'un « simultanéisme » pictural qui prône la compénétration des corps et des objets, la fusion de l'espace et du temps, qui vise à l'expression d'une « durée » façonnée par la mémoire, doit tout aux théories du philosophe français. Boccioni intitulera l'une de ses œuvres *Le Rire* (1911, cat. n° 21), en référence à l'ouvrage homonyme publié par Bergson en 1900. Le bergsonisme apparaîtra à tel point comme le bien propre des futuristes, qu'en 1911 Ardengo Soffici juge nécessaire de répondre à un article d'André Salmon[20] rapprochant les peintures cubistes et les thèses du théoricien de l'élan vital : « Elle [la théorie cubiste] était en pleine contradiction avec les conclusions de sa [Bergson] philosophie[21]. » L'inventaire des sources françaises du *Manifeste du futurisme* serait incomplet s'il oubliait Alfred Jarry et, par là, ignorait la composante humoristique qu'il convient d'associer aux hyperboles et autres tartarinades de Marinetti.

U. Boccioni, C. Carrà, L. Russolo, G. Balla, G. Severini, *Manifeste des peintres futuristes* (11 avril 1910), p. 1.

En mars 1909, la revue toulousaine *Poésie* répond au *Manifeste du futurisme* par un *Manifeste du primitivisme*. Elle consacre une enquête à la réception du texte de Marinetti. Or, à Toulouse, l'iconoclasme futuriste a un air de déjà-vu : « Nous ne voulons pas "démolir les Musées, les Bibliothèques, combattre le moralisme, etc." Nous trouvons qu'il y a déjà bien assez de politiciens, députés, sénateurs, voire conseillers généraux, pour se charger de ces tâches[22]... »

Conçu comme un électrochoc, le *Manifeste du futurisme* produit l'effet escompté dans le milieu des lettres françaises. Jacques Copeau, dans *La Nouvelle Revue française*, donne le ton : « Ceux de nos lecteurs qui ont lu *Le Figaro* du 20 février et, depuis lors, tant de gloses inutiles sur le manifeste de M. F. T. Marinetti, ne peuvent supposer que nous fassions état de cette prose déclamatoire, incohérente et bouffonne. [...] L'agitation de M. F. T. Marinetti n'atteste qu'une grande indigence de réflexion ou une grande soif de réclame. De deux choses, l'une : ou ce jeune poète est sincère et nous lui devons une pitié souriante, ou il se gausse et nous éprouvons comme un devoir l'obligation de faire le silence sur son indécente mystification[23]. » « Ce n'est pas *Futurisme* qu'il aurait dû nommer son manifeste, mais *Vandalisme*[24] [...] », tempête Frédéric Mistral. Les réactions parisiennes prennent l'allure de tirades à la Rostand. Sur le mode circassien : « Je persiste à penser que le *Manifeste* de notre charmant confrère Marinetti est une pure fantaisie funambulesque[25] [...]. » Dans le genre darwinien : « Le Futurisme est encore un préjugé de gorille, de primitif, puisqu'il suppose une quelconque parcelle d'art et de poésie à la Vie moderne[26] » ; péremptoire : « une simple boutade ou, pour parler net, une *fumisterie*[27] » ; mnémonique : « La plus sûre garantie d'avenir pour une nation est la *connaissance* et le respect de son passé[28] [...]. »

Passé l'étape de son lancement parisien, Marinetti entreprend la promotion internationale du futurisme. Il écrit une « Proclamation futuriste aux Espagnols », un « Discours futuriste aux Anglais », donne des conférences à Londres, Moscou, Saint-Pétersbourg, Berlin. Dans la capitale allemande, se répand un nuage de tracts dans le sillage du taxi loué par Marinetti pour quadriller la ville.

Les peintres futuristes

Un an après la publication du *Manifeste du futurisme*, Marinetti, à Milan, entre en contact avec les peintres Umberto Boccioni, Carlo Carrà, Luigi Russolo (fin janvier ou début février 1910[29]), puis avec Gino Severini, qui vit à Paris depuis 1906. Un nouveau manifeste, lancé fin février 1910 mais antidaté du 11[30], dote le futurisme d'une composante picturale. « Boccioni, Russolo et moi nous nous réunîmes dans le café de Porta Vittoria, proche de nos logements respectifs, et dans l'enthousiasme esquissâmes un brouillon de notre appel. La version définitive fut plutôt laborieuse ; nous y travaillâmes toute la journée, à trois, et la complétâmes en tous points le soir avec Marinetti et l'aide de Decio Cinti, le secrétaire du groupe[31]. » Les peintres Aroldo Bonzagni et Romolo Romani, signataires du manifeste, se retirent en effet presque aussitôt du mouvement ; ils seront remplacés par Balla puis Severini[32]. Le 18 mai, le texte est publié intégralement dans *Comœdia*. La version diffusée en France est la synthèse du *Manifeste des peintres futuristes* du 11 février et du *Manifeste technique des peintres futuristes* du 11 avril de la même année.

Boccioni, son rédacteur principal, donne au nouveau manifeste un ton résolument « bergsonien » : « Le geste que nous voulons reproduire sur la toile ne sera plus un *instant fixé* du dynamisme universel. Ce sera simplement la *sensation dynamique* elle-même. En effet, tout bouge, tout court, tout se transforme rapidement[33]. » En contradiction avec la visée analytique propre à la peinture cubiste, à la distance qu'elle suppose avec son objet, les futuristes revendiquent une communication fusionnelle, invitent à une plongée dans le tourbillon du « dynamisme universel » : « Nous voulons à tout prix rentrer dans la vie[34]. »

Le *Manifeste des peintres futuristes* prône une « perception de coloriste », il revendique l'héritage de l'impressionnisme, proclame « [...] qu'il ne peut aujourd'hui exister de peinture sans divisionnisme[35]. » Cette filiation revendiquée marque ses distances avec un cubisme qui, fidèle à l'intellectualisme de Paul Cézanne, privilégie l'analyse formelle, paie cet effort d'abstraction au prix de la réduction drastique de sa palette à un camaïeu de gris et de bruns. Alors qu'avec *Les Demoiselles d'Avignon* de Picasso, avec le *Grand Nu* (1907-1908, cat. n° 3) de Braque, le cubisme avait été génétiquement lié à l'étude du nu, le *Manifeste des peintres futuristes* se conclut par un péremptoire « Nous exigeons, pour dix ans, la suppression totale du Nu en peinture ![36] »

13 F.T. Marinetti cité dans G. Lista, *F.T. Marinetti. L'anarchiste...*, op. cit., p. 98.

14 « Le devenir, voilà la seule religion ! » Cf. *Le Roi Bombance* (Paris, Mercure de France, 1905), cité dans G. Lista, *ibid.*, p. 46.

15 « Le placard, le manifeste, la feuille volante – grande, petite, blanche, rouge, bleue, orange, verte – voilà ce mode de propagande qui plaît le plus aux anarchistes ! » Cf. F. Dubois, *Le Péril anarchiste* (Paris, Flammarion, 1894), cité dans F. Roche-Pézard, *L'Aventure futuriste 1909/1916*, Rome, École française de Rome, 1983, p. 44.

16 F.T. Marinetti, *Manifeste du futurisme*, cité dans G. Lista, *Futurisme. Manifestes...*, op. cit., p. 87.

17 P. Souriau, *La Beauté rationnelle* (Paris, F. Alcan, 1904)..

18 *Marinetti et le futurisme. Études, documents, iconographie* (réunis et présentés par G. Lista), Lausanne, L'Âge d'homme, 1977, p. 15.

19 F.T. Marinetti, manifeste *Nous renions nos maîtres les symbolistes, derniers amants de la lune*, cité dans G. Lista, *F.T Marinetti, L'anarchiste...*, op. cit., p. 99.

20 A. Salmon, « Bergson et le cubisme », *Paris-Journal*, 30 novembre 1911, cité dans U. Boccioni, *Dynamisme plastique. Peinture et sculpture futuristes*, G. Lista (préf.), Lausanne, L'Âge d'homme, 1975, p. 120. Le texte de Soffici rend compte, il est vrai, du cubisme de Braque et de Picasso dont il est familier. Il ignore alors visiblement les positions et les textes de Gleizes et de Metzinger qui témoignent, eux, d'un attachement réel à la philosophie de Bergson. En France, Tancrède de Visan vient de publier « La philosophie de M. Bergson et le lyrisme contemporain » (*Vers et prose*, Paris, tome XXI, avril-mai 1910, p. 125-140), dont les formules « dynamisme de la conscience » et « perpétuel devenir du moi intégral » seront reprises par Marinetti. Bergson est étudié en Italie par G. Papini et G. Prezzolini, réunis autour de la revue *La Voce*. En 1908, Papini traduit l'*Introduction à la métaphysique*, en 1909, un choix de textes sous le titre *La Filosofia dell'intuizione*, qui marque fortement Boccioni. Soffici, en 1910, publie *Le Due Perspective*, un essai consacré à Bergson. À Bologne, en avril 1911, le philosophe français participe au Congrès international de philosophie et se taille un franc succès.

21 A. Soffici, « Bulletin bibliographique », *La Voce* (Florence), 3ᵉ année, n° 52, [décembre] 1911, p. 726.

22 *Manifeste du primitivisme*, cité dans G. Lista, *Futurisme. Manifestes...*, op. cit., p. 71.

23 J[acques] C[opeau], « *Poesia* et le futurisme », *La Nouvelle Revue française* (Paris), n° 7, 1ᵉʳ août 1909, p. 82-83 // G. Lista, *Marinetti. L'anarchiste...*, op. cit., p. 106.

24 F. Mistral, *Poésie* (Toulouse), n° 31-33 : « Du futurisme au primitivisme », [été 1909], p. 169-170 // G. Lista, *Futurisme. Manifestes...*, op. cit., p. 73.

25 J. Perdiel-Vaissière, *ibid.*, p. 197 // *ibid.*, p. 74.

26 A.-M. Gossez, *ibid.*, p. 197 // *ibid.*, p. 74.

27 P. Vierge, *ibid.*, p. 197 // *ibid.*, p. 74.

28 J. Reboul, cité dans G. Lista, *ibid.*, p. 74.

29 Dans ses mémoires, *L'Éclat des choses ordinaires* (Paris, Images modernes, 2005, p. 91), Carrà date cette rencontre de février 1910.

30 Cf. G. Lista, *Genèse et analyse du Manifeste du futurisme de F.T. Marinetti, 1908-1909*, p. 78 du présent ouvrage.

31 *Ibid.*

32 Un compte rendu du manifeste est publié dans *L'Intransigeant* du 17 mai 1910.

33 *Manifeste des peintres futuristes*, in *Les Peintres futuristes italiens*, cat. exp., Paris, galerie Bernheim-Jeune & Cie, 5-24 février 1912, p. 16 // G. Lista, *Futurisme. Manifestes...*, op. cit., p. 163.

34 *Ibid.*, p. 18 // *ibid.* p. 164.

35 *Ibid.*, p. 20 // *ibid.*, p. 165.

36 *Ibid.*, p. 22 // *ibid.*, p. 166.

Questions de territoire

Les manifestes futuristes définissent un espace théorique qui conduit le cubisme à déplacer les bornes de sa doctrine. Revendiquant l'héritage du postimpressionnisme, se déclarant « bergsoniens », les peintres futuristes privent le « camp cubiste » – celui des « cubistes de Salon » (Albert Gleizes, Jean Metzinger, Fernand Léger, Robert Delaunay) et de leur porte-parole Roger Allard – de deux constituants majeurs de leur héritage plastique et théorique. Bergson et sa philosophie sont régulièrement cités dans les premiers textes que Gleizes, Metzinger et Allard consacrent au cubisme. Le philosophe est le maître à penser des cercles de l'Abbaye de Créteil et de ceux de la revue *Vers et prose* qu'ils fréquentent. Dans la chronique qu'il consacre au Salon d'automne de 1910, Allard constate que « […] naît, aux antipodes de l'impressionnisme, un art qui, peu soucieux de copier un épisode cosmique occasionnel, offre dans leur plénitude picturale, à l'intelligence du spectateur, les éléments essentiels d'une synthèse située dans la durée[37] ». Écrivant plus loin que la peinture de Gleizes vise à « toucher directement la mémoire du spectateur », il donne un nouvel exemple du bergsonisme appliqué par les peintres cubistes. Vu dans cette perspective, le *Nu* que présente Metzinger cette année-là apparaît comme un hommage à Bergson. Rapproché d'une horloge, il devient l'allégorie de la « durée » bergsonienne, consubstantielle au cubisme (la somme de visions échelonnées dans le temps opposée au temps « mécanique » et linéaire). Un an après, Metzinger publie « Cubisme et tradition », où il affirme : « Le tableau possédait déjà l'espace, voilà qu'il règne en maître aussi dans la durée[38]. » « Intuition[39] », « durée[40] » et autres philosophèmes bergsoniens émaillent les premières formulations théoriques du cubisme.

Contraints de répondre aux thèses d'un futurisme conquérant, les théoriciens du cubisme font graduellement disparaître de leurs écrits toute référence aux idées de Bergson (jusqu'en 1913 au moins, année de la naissance de l'orphisme). La théorie post-impressionniste de la couleur, autre référence théorique « confisquée » par le *Manifeste des peintres futuristes,* passe, elle aussi, à la trappe parmi les écrits consacrés au cubisme (cela en dépit du passé divisionniste de Delaunay et de Metzinger). À l'appropriation futuriste de Bergson et du postimpressionnisme s'ajoute l'indifférence de Braque et de Picasso qui, à cet héritage, préfèrent les mathématiques nouvelles, les espaces pluridimensionnels – dont les ouvrages d'Henri Poincaré ouvrent les portes et que vulgarise le « mathématicien Princet[41] » dans les ateliers de Montmartre. Désertant le territoire bergsonien, renonçant à toute immersion dans le flux du temps, comme dans celui des sensations, la théorie cubiste s'envole vers les espaces de la pure raison. En 1915, Daniel-Henry Kahnweiler entreprend la rédaction de *Weg zum Kubismus,* qui donne au cubisme son catéchisme d'inspiration kantienne. De Carl Einstein à Alfred Barr, de Clement Greenberg à William Rubin, pourra s'élaborer la *doxa* d'un cubisme obsédé de « pureté », dont le mouvement interne se confond avec celui de l'émancipation de la raison. Dans sa « Note sur la peinture[42] », publiée en octobre 1910, Metzinger rend hommage à l'œuvre de Braque et de Picasso. Familier à la fois des ateliers de Montmartre et des cercles des « cubistes de Salon », il s'exerce à la formulation d'un compromis. Il « bricole » une théorie, conciliant le bergsonisme et les mathématiques nouvelles vulgarisées par Princet : « Aux perceptions visuelles, [Picasso] joint les perceptions tactiles[43] […]. » Pour les lecteurs informés, cette « tactilité » renvoie aux analyses de Poincaré qui, dans *La Science et l'hypothèse* (publié en 1902), fait de l'espace le fruit d'un complexe perceptif, visuel et moteur[44]. En précisant que le cubisme provoque une « confusion savante du successif et du simultané », Metzinger dessine un second axe de pensée ancré, cette fois sans ambiguïté, dans le bergsonisme. Cette tentative primesautière de théorisation d'un « cubisme » empreint de métaphysique bergsonienne provoque la colère d'Apollinaire, qui conçoit sa propre critique du Salon comme un rappel à l'ordre. « L'on a un peu parlé d'une manifestation bizarre de cubisme. Les journalistes mal avertis ont fini par y voir de la métaphysique plastique. Mais ce n'est même pas cela, c'est une plate imitation sans vigueur d'ouvrages non exposés et peints par un artiste doué d'une forte personnalité et qui, en outre, n'a livré ses secrets à personne. Ce grand artiste s'appelle Pablo Picasso. Mais le cubisme au Salon d'automne, c'était le geai paré des plumes du paon[45]. »

À la fin de l'année 1910, l'atelier d'Henri Le Fauconnier et le café La Closerie des Lilas deviennent les lieux de rendez-vous des peintres et des poètes. « Le Fauconnier "recevait" ses amis et ceux qui s'intéressaient à ses travaux. À ces soirées, on rencontrait

Pablo Picasso,
Portrait de Guillaume Apollinaire dans l'atelier de Picasso du 11, boulevard de Clichy, automne 1910, musée Picasso, Paris.

A. Gleizes, « Le Cubisme et la Tradition », *Montjoie !* (Paris), n° 1, 10 février 1913, p. 4.

Metzinger, Delaunay et sa femme Sonia, Léger, Jean Marchand ; des poètes, Paul Fort, Jules Romains, Castiaux, P. Jean Jouve, Arcos, Mercereau, G. Apollinaire, Roger Allard, André Salmon […] », se souvient Gleizes[46]. Ces réunions font émerger l'idée d'une manifestation collective et publique : « C'est à La Closerie que quelques mois plus tard fut élaboré entre nous et quelques poètes amis, Guillaume Apollinaire, André Salmon, Roger Allard, le plan d'action qui devait apporter dans l'organisation du placement des Indépendants une petite modification qui, à notre insu, devait devenir révolution[47]. » Le regroupement des jeunes-turcs cubistes dans une même salle du Salon passe par le contrôle de la commission de placement. Le Fauconnier en est promptement élu président à l'unanimité des artistes votants[48]. Maîtres du « placement », les « cubistes » peuvent regrouper leurs œuvres dans une même salle, appelée à devenir le centre d'attraction du Salon. Pour Salmon, « le grand coup était porté. Il n'était plus possible d'ignorer le cubisme[49]. »

Dans le compte rendu qu'il livre aux *Marches du Sud-Ouest* en juin 1911, Allard souligne la parenté stylistique des œuvres rassemblées dans la salle XLI du Salon des indépendants : « Les tenants attardés de l'individualisme seront grandement choqués […] de voir un *groupe* se constituer fortement, sous l'empire d'une attraction vers ce même idéal : *Réagir avec violence contre la notation instantanée, l'anecdote insidieuse, et tous les succédanés de l'impressionnisme*[50]. » Le cubisme que voit émerger le Salon des indépendants de 1911 se définit en grande part négativement par rapport aux prises de position théoriques du futurisme. C'est au mouvement italien que pense Allard lorsqu'il fustige « un certain mallarmisme composite [qui] ne saurait faire illusion très longtemps et les recherches orientées dans ce sens sont limitées par le plus restreint horizon[51] ». Lorsque le critique note la fidélité des peintres de la salle XLI aux leçons de Poussin, Le Lorrain, Ingres, Corot, c'est la *tradition* dans laquelle s'inscrit la peinture cubiste qu'il oppose sciemment à l'*antitradition* futuriste. À l'heure où le cubisme s'essaie à une première définition théorique, il n'est pas de bon ton d'exprimer la moindre complaisance à l'égard des valeurs futuristes. Allard stigmatise les œuvres de Delaunay : « Dissocier les objets qui composent un aspect au point de provoquer entre eux une interpénétration mouvante, voilà qui rappelle singulièrement [un] certain manifeste futuriste dont on a beaucoup ri[52] […]. » Il dénonce son ambition visant à placer le spectateur « au centre du fait plastique » ; une « conception futuriste » qu'Allard juge « très hasardeuse ». Les fées qui se penchent sur le berceau du cubisme ont décidément à cœur d'éloigner de lui les sortilèges futuristes.

Le Salon des indépendants de Bruxelles de juin 1911 est l'occasion d'une nouvelle manifestation du « groupe » cubiste. Apollinaire qui, un an plus tôt, dénonçait les « plumes de paon » du cubisme du Salon des indépendants, change soudain de ton[53] : « Les peintres nouveaux, qui ont manifesté ensemble cette année au Salon des Indépendants de Paris leur idéal artistique, acceptent le nom de cubistes qu'on leur a donné[54]. » Lorsque, quelques mois plus tard, ces mêmes peintres, rejoints par quelques autres, se retrouvent dans la salle VIII du Salon d'automne, le poète, cette fois sans aucune réserve, constate qu'« ils forment bien une école[55] ». Il ajoute : « Le cubisme est ce qu'il y a de plus élevé aujourd'hui dans l'art français. »

Un cubisme bleu, blanc, rouge

Pour *Paris-Journal,* Metzinger rédige « Cubisme et tradition[56] », dans lequel il affirme que la nouvelle peinture relève d'une « discipline exemplaire[57] », qu'elle ne renie en rien l'héritage du passé : « Comment failliraient-ils à la tradition, suite ininterrompue d'innovations, ceux-là qui, en innovant, ne font que la continuer ?[58] » Pour donner un nouveau gage du « nationalisme » de son art, Metzinger réaffirme que le cubisme fait allégeance à la pensée du plus célèbre des philosophes français, Bergson : « Le tableau possédait déjà l'espace, voilà qu'il règne en maître aussi dans la durée[59]. »

La presse conservatrice est loin de partager l'enthousiasme patriotique des premiers défenseurs du cubisme. Après avoir tourné en dérision des peintres qu'elle qualifie de « fumistes » et de « farceurs », elle déclenche une campagne qu'Apollinaire estime « haineuse[60] ». Défrayant la chronique, le cubisme devient un enjeu national. Le doyen du conseil municipal de Paris, M. Lampué, adresse une lettre ouverte au sous-secrétaire d'État des Beaux-Arts, Léon Bérard, qui vient d'interpeller, le 3 décembre 1912, la Chambre des députés pour mettre en garde la nation contre le péril cubiste. Un député socialiste, Jules-Louis Breton, demande que des mesures

37 R. Allard, « Au Salon d'automne de Paris », *L'Art libre* (Lyon), n° 12, novembre 1910, p. 442 // G. Apollinaire, *Les Peintres cubistes…, op. cit.,* p. 190.
38 J. Metzinger, « Cubisme et tradition », *Paris-Journal,* 16 août 1911, p. 5 // G. Apollinaire, *ibid.,* p. 195.
39 Dans « La sensibilité moderne et le tableau », qu'il rédige en 1912, Le Fauconnier donne au peintre la mission de « mettre au service de l'intuition ce pouvoir d'étonnement suggestif et cette vie intérieure que la peinture peut contenir dans son éclat ».
40 A. Gleizes, J. Metzinger, *Du « cubisme »,* Saint-Vincent-sur-Jabron, Sisteron, Éd. Présence, 1980, p. 44 : « […] aujourd'hui, la peinture à l'huile permet d'exprimer des notions de profondeur, de densité, de durée, réputées inexprimables […]. »
41 Né en 1875, Maurice Princet était licencié ès sciences ; il avait préparé Polytechnique avant de devenir actuaire d'assurance, conseiller extérieur de la compagnie L'Abeille. Fernande Olivier, compagne de Picasso au temps du Bateau-Lavoir, rapporte dans ses mémoires (*Picasso et ses amis,* Paris, Librairie Stock, 1933, p. 138) que Princet venait quotidiennement dans l'atelier de Picasso. À propos de Princet, voir M. Décimo, *Maurice Princet, Le mathématicien du cubisme,* Paris, L'Échoppe, 2007.
42-43 J. Metzinger, « Note sur la peinture » (septembre 1910), *Pan* (Paris), 3ᵉ année, n° 10, octobre-novembre 1910, p. 649-652 ; extraits dans E. Fry, *Le Cubisme* (anthologie de textes d'artistes cubistes), Bruxelles, La Connaissance, 1968, p. 59-60.
44 H. Poincaré, *La Science et l'hypothèse* [1902], Paris, Flammarion, 1968, p. 80 : « En dehors des données de la vue et du toucher, il y a d'autres sensations qui contribuent autant et plus qu'elles à la genèse de la notion d'espace. Ce sont celles […] que l'on appelle ordinairement musculaires. »
45 G. Apollinaire, « À propos du Salon d'automne », *Poésie* (Toulouse), automne 1910, p. 74 // *Id., Écrits sur l'art,* dans *Œuvres complètes (OC),* P. Caizergues et M. Décaudin (ed.), Paris, Gallimard, « Bibliothèque de La Pléiade », t. II, 1991, p. 229.
G. Apollinaire, *Les Peintres cubistes…, op. cit.,* p. 190.
46-47 A. Gleizes, *Souvenirs…, op. cit.,* p. 9, 10.
48 Cf. *Ibid.,* p. 11.
49 A. Salmon, *La Jeune Peinture française, op. cit.,* p. 58. Sont exposés aux Indépendants dans la salle XLI : R. Delaunay, A. Gleizes, H. Le Fauconnier, M. Laurencin, F. Léger, J. Metzinger.
50-52 R. Allard, « Sur quelques peintres », *Les Marches du Sud-Ouest,* n° 2, juin 1911, p. 60-62. C'est l'auteur qui souligne // E. Fry, *Le Cubisme, op. cit.,* p. 64.
53 A. Gleizes, *Souvenirs…, op. cit.,* p. 14-15 : « Apollinaire lui-même était réticent tout d'abord à l'appellation et ce ne fut que […] lors d'une exposition que nous fîmes à Bruxelles, qu'il accepta définitivement pour lui et pour nous le vocable cubisme par lequel l'ironie des uns et des autres nous désignait. »
54 G. Apollinaire, préf. au catalogue du VIIIᵉ Salon des indépendants (Musée d'art moderne de Bruxelles, 10 juin-3 juillet 1911, n. p.) // *Id., Écrits sur l'art, op. cit.,* p. 358.
55 *Id.,* « Le Salon d'automne », *L'Intransigeant* (Paris), 10 octobre 1911 // *Ibid.,* p. 372. Pour Gleizes, le cubisme qui triomphe dans la salle VIII du Salon d'automne est un cubisme dénaturé : « L'ensemble ne présente plus l'homogénéité de la salle XVI [celle du Salon des indépendants]. Les représentants du cubisme orthodoxe, Le Fauconnier, Léger, Metzinger et moi-même se trouvent côte à côte avec des artistes qui n'ont avec eux que de lointaines ressemblances. » (A. Gleizes, *Souvenirs…, op. cit.,* p. 21 // E. Fry, *Le Cubisme, op. cit.,* p. 173).
56-59 J. Metzinger, « Cubisme et tradition », *Paris-Journal,* 16 août 1911, p. 5 // G. Apollinaire, *Les Peintres cubistes…, op. cit.,* p. 194-197.
60 « Maintenant, ils suscitent des haines », écrit Apollinaire (« Demain a lieu le vernissage du Salon d'automne », *L'Intransigeant* (Paris), 30 septembre 1912 // *Id., Écrits sur l'art, op. cit.,* p. 477).

énergiques soient prises : « Il est absolument inadmissible qu'un palais national soit utilisé à des manifestations d'un caractère si ouvertement anti-artistique et antinational[61]. » Les déclarations, elles, bienveillantes, d'un autre député des rangs socialistes, Marcel Sembat, calment momentanément les esprits.

Apollinaire vole lui aussi au secours de ces artistes suspectés d'antipatriotisme. Se gardant des attaques du camp conservateur, comme des menaces d'assimilation au futurisme, il invente un « cubisme gothique » : « L'art d'aujourd'hui se rattache à l'art gothique à travers tout ce que les écoles intermédiaires ont eu de véritablement français, de Poussin à Ingres, de Delacroix à Manet, de Cézanne à Seurat, de Renoir au Douanier Rousseau, cette humble, mais si expressive expression de l'art français[62]. » Certains cubistes s'empressent d'illustrer ces propos. Pierre Dumont peint une *Cathédrale*, Gleizes *La Cathédrale de Chartres* (1912, cat. n° 6), Luc-Albert Moreau représente celle de Gisors, Delaunay pose son chevalet face aux tours de Laon.

Du « cubisme »

Si, depuis le Salon des indépendants, pour Apollinaire, pour la presse et le grand public, il existe bien une peinture cubiste, celle-ci ne possède encore toutefois ni manifeste, ni doctrine. Pour combler cette lacune, à la fin de 1911, Gleizes et Metzinger rédigent *Du « cubisme »,* qui sera publié l'année suivante par l'éditeur Eugène Figuière. Pour se démarquer des futuristes, tous deux se doivent d'afficher leurs distances avec cette part d'héritage impressionniste et symboliste qu'ils partageaient jusqu'alors avec les peintres italiens.

Gleizes avait été, en 1906, l'un des fondateurs de l'Abbaye de Créteil, un phalanstère d'artistes regroupés autour de convictions dreyfusardes, d'idéaux libertaires, de valeurs esthétiques ancrées dans le symbolisme. Écrivains et peintres y partageaient la recherche d'une poétique nouvelle, nourrie de l'énergie propre au monde moderne, à ses métropoles, à ses masses en mouvement. Leurs héros littéraires étaient Jules Romains (dont l'Abbaye avait publié en 1908 les poèmes de *La Vie unanime*), Émile Verhaeren[63] et Henri-Martin Barzun[64]. L'unanimisme, que la postérité associera à l'esprit de Créteil, devait beaucoup aux idées de Bergson[65]. L'esthétique qui s'en réclamait aspirait à capter le rythme propre aux villes modernes, visait à la transcription d'énergies collectives. Le futurisme, selon la conception de Marinetti, comptait au nombre des variantes possibles de cet « unanimisme ». L'écrivain italien, tout comme la poétesse futuriste Valentine de Saint-Point, avait compté parmi les adhérents de l'Abbaye. Apollinaire n'oubliera pas cette filiation, lorsqu'en marge du catalogue de l'exposition parisienne des peintres futuristes italiens, il jettera un rageur « Jules Romains ! ». Dès les premières pages de leur ouvrage, Gleizes et Metzinger tiennent à lever le soupçon de « métaphysique » (bergsonienne) dont Apollinaire suspectait le cubisme de Salon. Pour démontrer que leur art est bien sorti des brumes de la métaphysique, Gleizes et Metzinger dessinent une généalogie du cubisme ancrée dans le réalisme : « Pour évaluer l'importance du cubisme, il faut remonter à Gustave Courbet [...] qui inaugura une aspiration réaliste dont participent tous les efforts modernes[66]. » Après Courbet vient Manet, à partir de qui « [...] l'aspiration réaliste se dédoubla en réalisme superficiel et en réalisme profond. Celui-là appartient aux impressionnistes : Monet, Sisley, etc., celui-ci à Cézanne[67]. » Gleizes et Metzinger poursuivent : « Qui comprend Cézanne pressent le cubisme[68]. » En répudiant ainsi toute affiliation avec l'impressionnisme, les auteurs répondent au *Manifeste des peintres futuristes,* qui affirmait « qu'il ne peut aujourd'hui exister de peinture sans divisionnisme[69] ». À cette assertion, *Du « cubisme »* oppose une riposte cinglante : « Après que les impressionnistes eurent brûlé les derniers bitumes romantiques, on crut à une renaissance, sinon à l'avènement d'un art nouveau : l'art de la couleur. On délira[70]. »

C'est dans l'affichage de son indifférence à l'égard du sujet que le cubisme, tel que le définissent Gleizes et Metzinger, marque sa plus grande distance avec le futurisme (une distinction sur laquelle Apollinaire reviendra ultérieurement de façon insistante). *Du « cubisme »* revendique l'héritage de Manet, qui a « [...] diminué la valeur de l'anecdote jusqu'à peindre "n'importe quoi"[71]. » « À cela nous reconnaissons un précurseur, nous pour qui la beauté d'une œuvre réside expressément dans l'œuvre et non dans ce qui n'en est que le prétexte[72]. » Lorsque les deux peintres en viennent à mettre en cause « ceux qui confondent le dynamisme plastique avec le fracas de la rue[73] », ils révèlent à quel point l'un des enjeux de leur essai est de faire pièce au *Manifeste des peintres*

Couverture de l'ouvrage de A. Gleizes et J. Metzinger *Du « cubisme »,* Paris, Éd. Eugène Figuière, 1912.

Les membres de l'Abbaye de Créteil, 1909.
Premier rang, de g. à dr. : Charles Vildrac, René Arcos, A. Gleizes, H.-M. Barzun, Alexandre Mercereau ; second rang, de g. à dr. : Georges Duhamel, Berthold Mahn, Jacques d'Otémar.

futuristes. Au moment précis où Gleizes et Metzinger ajoutent les dernières virgules au texte qui atteste l'existence d'une peinture et d'une théorie cubistes, les peintres futuristes préparent une nouvelle offensive au cœur même de Paris. Boccioni l'annonce dans un courrier daté de décembre : « […] Nous les peintres futuristes, nous travaillons [avec] acharnement pour terminer de nous préparer à notre exposition chez Bernheim-Jeune, le champ de bataille où dans deux mois nous mettrons en batterie nos canons[74]. »

Le voyage à Paris

Alors qu'ils rédigent leur manifeste, au début de 1910, les futuristes de Milan ne peuvent se faire qu'une idée sommaire d'une peinture cubiste qui n'existe que confidentiellement. C'est par les reproductions illustrant un article d'Allard de juin 1911[75] que Boccioni découvre les œuvres de Le Fauconnier *(Village)*, de Gleizes *(L'Homme nu)*, de Léger *(Nus dans la forêt*, 1909-1911, cat. n° 14), de Delaunay *(Tour Eiffel*, 1910)[76]. Cette méconnaissance scandalise Ardengo Soffici lorsqu'il découvre, en juin 1911 à Milan, la première exposition des peintres futuristes[77]. Il se dit atterré par ce qu'il juge être de « sottes et laides fanfaronnades[78] ». Comme Severini, il est un familier de l'atelier de Picasso et connaît parfaitement la situation de la peinture parisienne. Tous deux exhortent les artistes milanais à s'informer sur les développements du cubisme, à venir à Paris visiter Salons, galeries et ateliers. Attentif à ces recommandations, Boccioni, durant l'été 1911, écrit à Severini : « Prends toutes les informations possibles sur les cubistes, et sur Braque et Picasso. Va chez Kahnweiler. Et s'il a des photos d'œuvres récentes (faites après mon départ), achètes-en une ou deux. Apporte-nous toutes les informations possibles[79]. » Sa documentation relative au cubisme s'enrichit de l'article que Soffici consacre en août à la peinture de Picasso et de Braque dans sa revue *La Voce*[80]. Soffici, à cette époque, est l'un des meilleurs connaisseurs du cubisme. Il fréquente Picasso depuis 1901 et jouit d'un accès privilégié à son atelier pendant la période où celui-ci invente le cubisme. Peintre et théoricien de l'art, il fait partie des très rares défenseurs des *Demoiselles d'Avignon*, à un moment où la toile heurte systématiquement ses rares spectateurs. Soffici prône avec Apollinaire l'idée d'un cubisme méthodique (analytique) ouvrant à une « peinture pure ». Dans son article, il écrit que Picasso « ne veut pas représenter la nature dans ses apparences fugaces, mais veut la transposer selon une trame de pures valeurs picturales ». Son texte distingue vigoureusement l'art de Picasso et de Braque de celui de leurs suiveurs qui « ne comprennent pas un seul des principes esthétiques qui guident Picasso et son collègue ». Ceux-là, écrit-il, « se sont mis néanmoins à déformer, géométriser et cubiser, sans but et au petit bonheur, peut-être dans l'espoir de dissimuler derrière des triangles et autres figures leur banalité et leur académisme inné, inextricable et mort ! »

« Boccioni et moi fûmes vite persuadés qu'avec cette exposition à Paris nous jouions notre va-tout : car un insuccès aurait signifié l'enterrement de nos plus belles aspirations. C'est pourquoi nous décidâmes de monter à Paris, pour voir quelle était la situation de l'art[81]. » En septembre 1911, à la galerie Kahnweiler, ils voient des tableaux de Braque et de Picasso, rencontrent Apollinaire, visitent le Salon d'automne, notamment la salle VIII, qui regroupe les toiles de Gleizes, de Léger, de Metzinger[82]… De retour à Milan, sa découverte du cubisme conduit Boccioni à peindre une seconde version de ses *États d'âme* (1911, cat. n°s 17 à 19). La comparaison des deux triptyques montre une évolution aux enjeux plus que stylistiques. Des premières études, empreintes des sinuosités de l'art symboliste, aux secondes, qui intègrent la cristallographie cubiste, se lit une translation dans l'art de Boccioni, qui passe d'un modèle marqué par l'art de l'Europe centrale (Vienne, Munich) à un autre, attentif aux avancées de l'avant-garde parisienne. Un dessin d'inspiration cubiste, conçu à Paris, constitue l'esquisse pour *Les Forces d'une rue*[83] (1911, cat. n° 25). Une autre de ses toiles, *La rue entre dans la maison* (1911, cat. n° 20), aurait pour origine un tableau de Delaunay (une tour Eiffel) que lui aurait montré Severini pendant son séjour en France[84].

Pendant leur voyage à Paris, les peintres futuristes finalisent avec la galerie Bernheim-Jeune & Cie le principe d'une exposition de leurs œuvres pour le début de l'année 1912. Ils trouvent en son directeur, Fénéon, un interlocuteur particulièrement bienveillant. Celui qui se présentait comme un « Bourguignon de Turin » – il était effectivement né en Italie – dirigeait depuis 1906 une nouvelle section chez Bernheim-Jeune, vouée à l'art contemporain. Un an après cette nomination, il avait été promu directeur artistique de la nouvelle galerie. Fénéon avait été un des pionniers du

61 Cité dans P.F. Barrer, *Quand l'art du XXᵉ siècle était conçu par des inconnus : L'histoire du Salon d'automne de 1903 à nos jours*, Paris, Arts et Images du monde, 1992, p. 95.

62 G. Apollinaire, « La peinture nouvelle. Notes d'art », *Les Soirées de Paris*, n° 4, mai 1912, p. 114-115.

63 Auteur des *Villes tentaculaires* (1895), des *Forces tumultueuses* (1902).

64 Auteur de *La Terrestre Tragédie* (1907).

65 Le récit de la naissance de l'unanimisme est passé à la postérité. Un soir d'octobre 1903, descendant la rue d'Amsterdam, Jules Romains a soudain « l'intuition d'un être vaste et élémentaire, dont la rue, les voitures et les passants formaient le corps, et dont le rythme emportait ou recouvrait les rythmes des consciences individuelles » (cité dans F. Azouvi, *La Gloire de Bergson. Essai sur le magistère philosophique*, Paris, Gallimard, 2007, p. 108). Un des poèmes de Jules Romains, paru dans *La Phalange* (Paris, n° 2, août 1906, p. 175), était intitulé « Intuitions ».

66 A. Gleizes, J. Metzinger, *Du « cubisme »*, op. cit., p. 38.

67 *Ibid.*, p. 39.

68 *Ibid.*, p. 41.

69 *Manifeste des peintres futuristes*, in *Les Peintres futuristes italiens*, op. cit., p. 20 // G. Lista, *Futurisme. Manifestes…*, op. cit., p. 165.

70 A. Gleizes, J. Metzinger, *Du « cubisme »*, op. cit., p. 54.

71 *Ibid.*, p. 39.

72 *Ibid.*

73 *Ibid.*, p. 68.

74 U. Boccioni, lettre du 1ᵉʳ décembre 1911. Ancienne collection Apollinaire, cat. n° 87.

75 R. Allard, « Sur quelques peintres », art. cité, p. 57-64 ; extraits dans E. Fry, *Le Cubisme*, op. cit., p. 63-64.

76 Cf. M. Calvesi, *Il Futurismo. La fusione della vita nell'arte*, [Le Futurisme. La fusion de la vie dans l'art], Milan, Fratelli Fabri Editore, 1975, p. 82-83. E. Fry, *Le Cubisme*, op. cit., p. 63-64.

77 L'exposition a lieu au Padiglione Ricordi.

78 A. Soffici, « Arte libera e pittura futurista », *La Voce* (Florence), vol. III, n° 25, 22 juin 1911, p. 597.

79 Lettre de Boccioni à Severini datée de juin-juillet 1911, conservée au Museo di Arte moderna e contemporanea di Trento e Rovereto, Archives Severini, Sev. 1.3.2.8.

80 A. Soffici, « Picasso e Braque », *La Voce* (Florence), vol. III, n° 34, 24 août 1911, p. 635-636.

81 C. Carrà, *L'Éclat des choses ordinaires*, op. cit., p. 104.

82 *Ibid.*, p. 105 : « Le Salon d'automne venait d'être inauguré, et les cubistes s'y présentaient pour la première fois avec une salle. Il y avait Léger, Gleizes, Le Fauconnier, Metzinger : il manquait Picasso et Braque, qui sans aucun doute formaient le duo le plus intéressant. Mais nous vîmes leurs œuvres chez Kahnweiler, qui était leur marchand depuis un bon moment. »

83 Étude pour *Les Forces d'une rue*, 1911 (crayon sur papier, 43,8 x 37 cm, Civiche Raccolte d'Arte, Milan).

84 Cf. M. Kozloff, *Cubism-Futurism*, New York, Charterhouse, 1973, p. 156.

symbolisme parisien. Avec Gustave Kahn, Charles Henry, Jules Laforgue, il avait fondé en 1886 la revue *La Vogue*. Rationaliste, sa critique d'art s'inspirait des théories de Charles Henry. Anarchiste convaincu, Fénéon s'était associé à la vague terroriste qui avait frappé la France des années 1890[85]. Soupçonné d'avoir posé une bombe au restaurant de l'hôtel Foyot, il avait fait l'objet d'un procès retentissant. Son intelligence, son humour, ses relations littéraires – Stéphane Mallarmé était venu à la barre témoigner en sa faveur – avaient contribué à l'innocenter. Le passé de critique et de militant de Fénéon le prédisposait à accueillir favorablement les futuristes. Ne réactualisaient-ils pas les valeurs qu'il avait lui-même ardemment défendues du temps du symbolisme ? Les peintres italiens reprenaient le flambeau du postimpressionnisme qu'il avait historiquement promu. Leurs tableaux témoignaient en outre, sans ambages, de leur sympathie pour la cause anarchiste[86].

Le futurisme qui invitait à « démolir les musées » rejoignait rêve de „ de Fénéon de voir se consumer dans les flammes celui du Luxembourg : « Nous applaudirons à un incendie assainissant le hangar luxembourgeois, si ne s'accumulaient là des documents indispensables aux monographes futurs de la bêtise du XIXᵉ siècle[87]. » Le projet d'un « art total », dont Marinetti se faisait le héraut, faisait écho au programme du théâtre d'art de Paul Fort dont Fénéon avait en son temps salué la polysensorialité : « Des vaporisateurs […] répandaient dans la salle des senteurs d'encens, de violette blanche, de jacinthe, de lis, d'acacia, de muguet, de seringa, d'oranger et de jasmin, tandis que fonctionnait la musique de Flamen de Labrély. Et, sous la coalition de ces forces chromatiques, auditives et odorales, déchaînées par M. P. N. Roinard, le spectateur s'abandonnait au verbe de Salomon[88]. »

En 1913 encore, la fidélité de Fénéon au projet symboliste de fusion des arts, le conduira à offrir les cimaises de la galerie Bernheim-Jeune aux peintures « orphiques » de Morgan Russell et de Stanton Macdonald-Wright[89].

Portrait de l'artiste en *tycoon*

Au début de février 1912, les artistes futuristes sont à Paris pour le vernissage de leur exposition. Groupés autour de Marinetti, devant l'objectif d'un appareil photographique, ils posent pour la postérité. Leur tenue est celle des *tycoons* de la société nouvelle. Apollinaire s'indigne de leur prospérité, qu'il juge ostentatoire : « J'ai rencontré deux peintres futuristes : MM. Boccioni et Severini. […] Ces messieurs portent des vêtements de coupe anglaise, très confortables. M. Severini, toscan, est chaussé de souliers découverts et ses chaussettes sont de couleurs différentes[90]. » Le poète ne tarde pas à passer du constat au procès d'intention : « Les artistes futuristes soutenus par la caisse bien remplie du *mouvement futuriste* dont le siège est à Milan, voient leurs affaires prospérer, tandis que la plupart des jeunes cubistes dont l'art est le plus noble et le plus élevé qui soit aujourd'hui, abandonnés de tous, moqués par la presse presque tout entière, végètent dans la demi-pauvreté quand ce n'est pas dans le dénuement le plus complet[91]. »

Le 5 février, jour du vernissage, des lettres de néon déchirent la nuit parisienne : *galerie Bernheim-Jeune – Exposition des peintres futuristes – Boccioni – Carrà – Russolo – Severini*[92]. Premier des peintres futuristes à avoir célébré l'éclairage électrique, Balla n'apparaît pourtant pas sur la façade de la galerie, Boccioni ayant décidé d'écarter de l'exposition sa *Lampe à arc*[93].

La « vieille garde symboliste » salue avec enthousiasme l'exposition. Gustave Kahn constate avec satisfaction que les théories dynamogéniques de Charles Henry, mises en pratique en leur temps par Georges Seurat et Paul Signac, sont appliquées consciencieusement par les peintres italiens qui trouvent en elles la méthode capable d'exprimer le dynamisme de la ville moderne[94]. Carrà s'étonne de l'écho que la presse parisienne donne à la manifestation : « Je me promenais boulevard des Italiens, lorsqu'en passant devant un kiosque à journaux, j'eus l'agréable surprise de voir en première page du *Journal*[95] la reproduction de mon tableau *Les Funérailles de l'anarchiste Galli* [1910-1911, cat. nᵒ 26][96]. » Les studios Pathé-Frères tournent un reportage que Carrà verra plus tard sur les écrans des cinémas italiens.

L'Intransigeant constate que le public est, lui aussi, au rendez-vous fixé par la galerie Bernheim : « Il n'y a pas à dire, le Salon des futuristes ne désemplit pas. Sans cesse une foule renouvelée défile devant les trente-six toiles – elles sont trente-six[97] ! – qu'ont exposées les disciples de Marinetti. Des autos élégantes, des limousines et des coupés

Dessin humoristique de l'exposition
« Les Peintres futuristes italiens », *Gil Blas* (Paris),
13 février 1912, p. 3.

De g. à dr. : L. Russolo, C. Carrà, F.T. Marinetti,
U. Boccioni, G. Severini à Paris en février 1912
à l'occasion du vernissage de l'exposition
« Les Peintres futuristes italiens »,
Paris, galerie Bernheim-Jeune & Cie
du 5 au 24 février 1912.

ronflent devant la porte. Les femmes empanachées vont et viennent ; [...] elles ne parleront que de ça. [...] Et c'est cela, le succès, c'est cela la gloire ! Les cubistes et les élèves de M. Matisse commencent d'en faire une maladie[98]. » Louis Vauxcelles prend un malin plaisir à souligner ce succès pour mieux jouer la mouche du coche : « Reparlons donc des cubistes... Ils sont moins "costauds" qu'il y a un an. Songez donc ! Le futurisme est survenu qui les a supplantés. [...] L'un d'entre eux – candide suiveur de toutes les formules risquées depuis quinze ans – disait l'autre matin : "Hé oui ! Nous sommes dépassés. *Nous sommes maintenant des classiques*." Savourez le mot, je vous prie ; il est beau comme de l'Homère[99]. »

Les cubistes s'irritent de ce tapage, de ce succès futuriste. Dans le compte rendu qu'il livre au *Petit Bleu,* le futur artilleur Apollinaire met ses canons en batterie : « Les futuristes [...] n'ont presque pas de préoccupations plastiques. La nature ne les intéresse pas. Ils se préoccupent avant tout du *sujet*. Ils veulent peindre des *états d'âme* [allusion directe au triptyque de Boccioni]. C'est la peinture la plus dangereuse que l'on puisse imaginer. Elle amènera tout droit les peintres futuristes à n'être que des illustrateurs[100]. » Un autre critique proche des cubistes, André Salmon, s'associe à cette contre-offensive : « Le futurisme... *Opera buffa* prétendant au *seriosa*[101]. » Ses attaques se justifient au nom de la légitime défense. Elles répondent aux provocations des futuristes qui, dans le texte introductif de leur catalogue, s'en prennent à des peintres cubistes qui, selon eux, « [...] s'acharnent à peindre l'immobile, le glacé et tous les états statiques de la nature ; ils adorent le traditionalisme de Poussin, d'Ingres, de Corot, vieillissant et pétrifiant leur art avec un acharnement passéiste qui demeure absolument incompréhensible à nos yeux ». La charge futuriste ne s'arrête pas là : « Il est indiscutable que plusieurs affirmations esthétiques de nos camarades de France révèlent une sorte d'académisme masqué. N'est-ce pas, en effet, revenir à l'Académie que de déclarer que le sujet, en peinture, a une valeur absolument insignifiante ? » Le texte poursuit : « Peindre d'après un modèle qui pose est une absurdité et une lâcheté mentale, même si le modèle est traduit sur le tableau en formes linéaires, sphériques ou cubiques[102]. » Comme si ces provocations ne suffisaient pas, le catalogue affirme, insolence suprême à Paris même, que les peintres futuristes ont désormais « [...] pris la tête du mouvement de la peinture européenne[103] [...] ».

Futurisations cubistes

Les Salons parisiens de 1912 (Salons des indépendants, d'automne, de la Section d'or) qui suivent l'exposition de la galerie Bernheim-Jeune témoignent de l'ambiguïté de la réponse – entre rejet et assimilation – des artistes parisiens aux principes de la peinture futuriste. Le Salon des indépendants qui s'ouvre le 20 mars, soit un mois après le vernissage de l'exposition des peintres futuristes, apporte une réponse à leurs propositions et à leurs provocations. Les œuvres qu'y présentent les cubistes sont d'une double nature. Certaines semblent s'approprier directement les proclamations futuristes invitant au rejet de la tradition, au bannissement « pour dix ans » du nu en peinture. Par leur monumentalité, qui les rapproche des œuvres académiques, par leurs sujets, inspirés de modèles classiques, par l'importance qu'elles accordent au nu, *La Ville de Paris* de Delaunay (1910-1912, cat. n° 53) ou les *Baigneuses* d'Albert Gleizes[104] ripostent à ces proscriptions. En plaçant ses figures dans un contexte qui évoque l'âge d'or de la culture classique, l'œuvre de Gleizes est un déni à l'« antitradition futuriste ». Livrant une interprétation moderne du motif d'une fresque pompéienne, les Trois Grâces, qu'il place au centre de sa composition, Delaunay réplique, on ne peut plus explicitement, aux attaques des futuristes contre les « antiquaires » et les « archéologues ». Apollinaire, malicieusement, écrit qu'avec ce tableau Delaunay renoue avec un art « [...] perdu peut-être depuis les grands peintres italiens[105] [...] ». En dépit de ses emprunts au répertoire iconographique « classique », *La Ville de Paris,* par son traitement stylistique, son intégration des éléments les plus « modernes » du paysage urbain, affiche avant tout sa recherche de synthèse. Une ambition que souligne le critique Albert Croquez quand il écrit : « Une énorme toile de Robert Delaunay intitulée *La Ville de Paris* m'a paru procéder du cubisme et du futurisme[106] [...]. »

La tonalité cubofuturiste du Salon de 1912 n'échappe pas à Severini, qui note dans ses mémoires : « Le Salon des indépendants de cette année, et aussi le Salon d'automne suivant révélèrent non seulement l'influence des idées futuristes sur plusieurs artistes de valeur, mais une véritable transformation de l'atmosphère artistique

85 De 1890 à 1894, la France traverse une période d'activisme anarchiste.

86 Cf. l'émeute survenue lors de l'enterrement de l'anarchiste Galli, tué à Milan pendant la grève générale de 1904 fit l'objet d'un tableau monumental de Carrà (cat. n° 26). Carrà évoque dans ses mémoires son passé d'anarchiste : « Tombé au milieu des anarchistes, à peine âgé de dix-huit ans, moi aussi je me pris à rêver aux "inévitables transformations de la société humaine, à l'amour libre, etc." » (*L'Éclat des choses ordinaires, op. cit.,* p. 48).

87 F. Fénéon, « Le Musée du Luxembourg », *Le Symboliste,* 15 octobre 1884, cité dans J.U. Halperin, *Félix Fénéon. Art et anarchie dans le Paris fin de siècle,* Paris, Gallimard, 1991, p. 181.

88 Chronique de décembre 1891, cité dans J.U. Halperin, *ibid.,* p. 222.

89 Orphiques de conception, bien que leurs auteurs, dans la préface du catalogue de l'exposition (*Les Synchromistes. Morgan Russell et S. Macdonald-Wright,* cat. exp., Paris, galerie Bernheim-Jeune & Cie, 27 octobre-8 novembre 1913), réfutent cette appartenance.

90 G. Apollinaire, *Anecdotiques* (novembre 1911), Paris, Librairie Stock, 1926, p. 45.

91 *Id.,* « Futurisme », *L'Intermédiaire des chercheurs et des curieux* (Paris), n° 1342, 10 octobre 1912, p. 477-478 // *Id., Écrits sur l'art, op. cit.,* p. 488.

92 C. Carrà, *L'Éclat des choses ordinaires, op. cit,* p. 108.

93 Cet épisode est relaté par Boccioni, dans une lettre qu'il adresse à Carrà, au début du mois de janvier 1913 : « Balla nous a époustouflés car non content de faire une campagne futuriste comme tu imaginais bien qu'il peut faire, il s'est lancé dans une transformation complète. Il renie toutes ses œuvres et toutes ses méthodes de travail. [...] Il nous admire et partage nos idées en tout. [...] Il a dit à Pallazzeschi : "Ils n'ont pas voulu de moi à Paris et ils ont eu raison ; ils sont beaucoup plus avancés que moi mais je travaillerai et je progresserai moi aussi !" » (lettre citée dans G. Lista, *Giacomo Balla futuriste,* Lausanne, L'Âge d'homme, 1984, p. 44).

94 « Je rencontrai Gustave Kahn, personne très affable, qui avant de nous quitter nous invita tous à dîner chez lui le lendemain [du vernissage]. » (C. Carrà, *L'Éclat des choses ordinaires, op. cit,* p. 107).

95 En français dans le texte italien.

96 C. Carrà, *L'Éclat des choses ordinaires, op. cit.,* p. 107.

97 Selon les *Archivi del Futurismo* (établies par M. Drudi Gambillo et T. Fiori, Rome, De Luca, 1958, t. I, p. 477), les tableaux exposés n'auraient été que trente-deux. En fait trente-quatre seront présentés.

98 Le Wattman, « On dit que... », *L'Intransigeant* (Paris), 14 février 1912, p. 2 // G. Lista, *Futurisme. Manifestes..., op. cit.,* p. 49.

99 L. Vauxcelles, « Au Salon des indépendants », *Gil Blas* (Paris), 19 mars 1912, p. 2 // G. Apollinaire, *Les Peintres cubistes..., op. cit.,* p. 216.

100 G. Apollinaire, « Les Futuristes », *Le Petit Bleu* (Paris), 9 février 1912 // *Id., Écrits sur l'art, op. cit.,* p. 411.

101 A. Salmon, *Souvenirs sans fin,* Paris, Gallimard, 1956, p. 227.

102 U. Boccioni *et al.,* « Les exposants au public », in *Les Peintres futuristes italiens, op. cit.,* p. 2-3 // G. Lista, *Futurisme. Manifestes..., op. cit,* p. 168.

103 *Ibid.,* p. 1 // *ibid.,* p. 167.

104 A. Gleizes, *Les Baigneuses,* 1912 (105 x 171 cm. Musée d'Art moderne de la Ville de Paris).

105 G. Apollinaire, « Le Salon des indépendants », *L'Intransigeant* (Paris), 19 mars 1912 // *Id., Écrits sur l'art, op. cit.,* p. 428.

106 A. Croquez, « Le Salon des indépendants », *L'Autorité,* 19 mars 1912 ; cité dans *Robert Delaunay, 1906-1914. De l'impressionnisme à l'abstraction,* cat. exp., Paris, Musée national d'art moderne, 3 juin-16 août 1999 (Paris, Éd. du Centre Pompidou, 1999), p. 243.

en général : les couleurs-musée des premières toiles cubistes avaient disparu, cédant la place aux couleurs plus vives du prisme[107]. » Champion de l'usage de ces « couleurs plus vives », Delaunay, outre sa *Ville de Paris,* présente une de ses *Tour Eiffel.* Dans le contexte qui suit immédiatement l'exposition des peintres futuristes, cet accrochage d'une œuvre dont les principes formels remontent à 1909 apparaît comme une mise au point. Delaunay affirme que ses propres recherches ont anticipé celles des futuristes. Il confesse partager avec eux nombre de valeurs : « Ce qu'ils disent est bien », confie-t-il en février 1912 à Sam Halpert[108].

Fernand Léger compte au nombre des cubistes dont les toiles présentées au Salon des indépendants laissent à penser, elles aussi, que « ce que disent les futuristes est bien ». Dans la monographie qu'il lui consacre, Christopher Green émet l'hypothèse que, entre l'inauguration de l'exposition de la galerie Bernheim-Jeune et celle du Salon des indépendants, Léger a pu « futuriser » sa *Noce*[109] (1911-1912, cat. n° 55). De fait, les deux tableaux qu'il propose aux Indépendants comportent nombre de caractéristiques communes aux œuvres des peintres italiens. *La Noce* s'organise formellement selon deux axes zigzagants d'où rayonne une série d'angles aigus. Cette structure dynamique, à son orientation près, répond au texte introductif du catalogue de l'exposition des peintres futuristes, qui en appelle aux « lignes horizontales, fuyantes, rapides et saccadées qui tranchent brutalement des visages aux profils noyés et des lambeaux de campagne émiettés et rebondissants[110] ». Insérées dans ce maillage dynamique, les figures de Léger semblent animées par les déhanchements d'une danse, ou encore saisies lors des différentes phases de leur descente d'un escalier[111]. À partir de 1912, le peintre recourt à un chromatisme qui le rapproche davantage des œuvres futuristes que de Braque et de Picasso, œuvres à propos desquelles il rapportait la remarque de Delaunay déclarant qu'elles étaient peintes « avec des toiles d'araignées[112] ». Plus encore que par leur usage de la couleur, c'est par leur définition renouvelée de la forme que les tableaux de Léger de 1912 marquent leur proximité avec les idées futuristes. *Les Fumeurs, La Noce* voient leurs formes dissoutes dans des panaches de fumée blanche, partiellement occultées par le recouvrement de nuages bulbeux. Le *Manifeste des peintres futuristes* avait annoncé cette instabilité formelle : « Nos corps entrent dans les canapés sur lesquels nous nous asseyons, et les canapés entrent en nous. L'autobus s'élance dans les maisons qu'il dépasse, et à leur tour les maisons se précipitent sur l'autobus et se fondent avec lui[113]. » Au nom de la « simultanéité des ambiances », la préface du catalogue de l'exposition de la galerie Bernheim avait invité les peintres à une « dislocation et [à un] démembrement des objets, [à un] éparpillement et [à une] fusion des détails, délivrés de la logique courante et indépendants les uns des autres[114] ». Dans ses *États d'âme* (dans le panneau *Les Adieux* [1911, cat. n° 18]), Boccioni avait illustré cette fusion par une vaporisation des formes, provoquée par le panache de fumée d'une locomotive. Ce « nuagisme » connaît une fortune inattendue dans les tableaux cubistes des années 1912 et 1913. Il contribue à dissoudre la « grille cubiste », ouvre les formes aux « compénétrations » futuristes. Dans son *Chasseur,* qu'il présente aux Indépendants de 1912, Le Fauconnier utilise la fumée sortant d'un fusil pour faire fusionner les éléments de sa composition.

Des *Méditations esthétiques* aux *Peintres cubistes*

Le séisme provoqué par l'exposition parisienne des peintres futuristes entraîne une onde de choc qui ébranle jusqu'au bureau sur lequel Apollinaire rédige ses « Considérations esthétiques ». Son projet visait initialement à la rédaction de *Méditations esthétiques* par lesquelles le poète entendait témoigner de la parenté de ses recherches avec celles des peintres les plus avancés de son temps. À l'instar d'*Alcools,* qui rassemblait ses poèmes épars, ce recueil a une vocation anthologique. (Il reprend, presque littéralement, une introduction conçue pour le catalogue de la IIIe Exposition du Cercle de l'art moderne présentée à l'hôtel de ville du Havre en juin 1908, exposition composée majoritairement d'œuvres fauves.) Sous la pression des circonstances, le livre devient une étude du cubisme. Non sans résistance, Apollinaire se rallie aux vues de son éditeur Eugène Figuière qui fait imprimer *Les Peintres cubistes* en grosses lettres sur la couverture de l'ouvrage. Dans une lettre du 30 juillet 1915 adressée à Madeleine Pagès, le poète écrit : « La seconde partie du titre qui aurait dû être un sous-titre a été imprimée en beaucoup plus gros caractères que la première et est devenue ainsi le titre[115]. »

Reliure peinte par J. Metzinger
pour *Les Peintres cubistes* de G. Apollinaire.

Couverture de l'ouvrage de G. Apollinaire,
Les Peintres cubistes, Paris, Éd. Eugène Figuière,
1913.

Irrité par les provocations des peintres italiens, Apollinaire contre-attaque. Dans le chapitre qu'il consacre à Léger, le dynamisme futuriste devient « une frénésie grotesque, la frénésie de l'ignorance[116] ». Lors de l'exposition de la galerie Bernheim-Jeune, il s'était déjà indigné de la « plus sotte » des déclarations des peintres italiens exigeant « pour dix ans, la suppression totale du nu en peinture[117] ». Cette « sottise » est encore présente à son esprit, lorsque dans *Les Peintres cubistes,* il précise que « [...] Duchamp est le seul peintre de l'école moderne qui se soucie aujourd'hui (automne 1912) de nu[118] [...] ». C'est donc au nom d'un soudain réflexe de défense que les *Méditations esthétiques* se transforment en *Peintres cubistes.* Ce cubisme, dont Apollinaire a soutenu la première manifestation publique, et auquel son nom est désormais associé, se trouve sous le feu croisé de la presse conservatrice, comme de l'avant-garde futuriste. Cette pression le conduit à faire de sa nouvelle revue, *Les Soirées de Paris,* l'organe militant de la cause cubiste. « Du sujet dans la peinture moderne », qu'il y publie en février 1912 (article qui constituera le second chapitre des *Peintres cubistes*), est une adresse aux peintres futuristes. Pour Apollinaire, l'opposition entre cubisme et futurisme se résume à la dialectique du formalisme et de l'iconicité. Pour stigmatiser l'attachement au sujet des peintres italiens, il décrit l'évolution récente de l'art de Picasso vers une « peinture pure », célèbre un cubisme qui sera « à la peinture, telle qu'on l'avait envisagée jusqu'ici, ce que la musique est à la littérature[119] ».

Les papiers collés de Braque et de Picasso, l'évolution du cubisme dans sa phase « synthétique » avaient été, pour Apollinaire, les premières manifestations de cette « peinture pure ». Cette « pureté » n'était toutefois encore que relative. En avril 1912, Delaunay peint ses premières *Fenêtres.* Pour qualifier ces toiles, Apollinaire imagine le terme d'« orphisme ». Cet art nouveau, pour lequel la couleur joue un rôle essentiel, réinvente les lois de la « dynamogénie » de Charles Henry, celle des « contrastes simultanés » de Michel Eugène Chevreul. Elle réconcilie la peinture d'avant-garde française avec l'héritage de l'impressionnisme et du postimpressionnisme, un moment confisqué par les futuristes. Avec le chapitre de ses *Peintres cubistes* consacré à l'orphisme, Apollinaire, à son corps défendant, invente la première forme de cubo-futurisme. À peine éclos, le « combat » parisien entre cubisme et futurisme se résout par une synthèse des deux mouvements.

Prosélyte français du futurisme

Si la majorité des artistes parisiens réfutent avec vigueur toute accointance avec le futurisme, certains ne craignent pas de s'enrôler sous sa bannière. Félix Del Marle est de ceux-là. Il entre en contact avec Severini au début de l'année 1913. Le 10 juillet, il lance son *Manifeste futuriste contre Montmartre,* d'abord placardé sur les murs de la ville, puis publié dans l'édition du 13 juillet de *Paris-Journal* et, deux jours plus tard, dans *Comœdia.* Le texte reçoit en août son onction futuriste : il est reproduit en français dans la revue *Lacerba*[120].

Après avoir payé son tribut à l'iconoclasme futuriste, « HARDI LES DÉMOLISSEURS !!! / PLACE AUX PIOCHES !!! / IL FAUT DÉTRUIRE MONTMARTRE !!![121] », Del Marle précise les fondements philosophiques du mouvement qu'il vient de rallier : « Tout bouge, tout se transforme rapidement. Comme le dit le philosophe Bergson, "Tout est devenir et fuite". Rien n'est immobile. Le geste que nous voulons reproduire sur la toile ne sera plus un instant fixé du dynamisme universel (ce qui en somme devient un symbole) ce sera simplement la *sensation* dynamique elle-même, et non la reconstitution cinématographique du mouvement[122]. » Animé par l'ardeur du prosélyte futuriste, Del Marle se doit de croiser le fer avec les cubistes : « Par-delà les synthétistes et cubistes, dont l'esthétique, par la négation de la couleur et du sujet, révèle un académisme masqué, nous rechercherons un style du mouvement, ce qui n'a jamais été essayé avant nous[123]. »

Son œuvre futuriste la plus ambitieuse, *Le Port* (1913, cat. n° 48), commencée durant l'hiver 1913-1914, illustre la complexité, le tissage serré des relations entre cubisme et futurisme. Le tableau fait écho au *Souvenir du Havre* de Picasso, une toile elle-même conçue en réponse à un tableau de Severini (1910-1911, *Souvenirs de voyage,* cat. n° 40), inspiré au peintre italien par une lecture de Bergson.

Valentine de Saint-Point est une autre figure du futurisme français. L'écho que donne le futurisme à ses déclarations, qui anticipent celles des mouvements d'émancipation féminine, suffit à lever tout soupçon de « machisme » à propos du mouvement de Marinetti. Le 25 mars 1912, le tract de son *Manifeste de la femme futuriste*[124] est

107 G. Severini, cité dans « Apollinaire et le futurisme », *XXe Siècle* (Paris), n° 3, juin 1952, p. 14.
108 Lettre de R. Delaunay à S. Halpert, février 1912 (BnF, fonds Delaunay), citée dans *Robert Delaunay, 1906-1914,* op. cit., p. 156.
109 C. Green, *Léger and the Avant-Garde,* New Haven/Londres, Yale University Press, 1976, p. 44 : « La tentation est grande de conclure que, durant le mois de l'exposition futuriste ou dans le temps qui sépare du Salon des Indépendants, Léger a fait une tentative délibérée d'adaptation de *La Noce* aux valeurs les plus récentes illustrées par les peintures futuristes et de lui appliquer les leçons énoncées par la préface du catalogue de l'exposition qu'il a visitée à la galerie Bernheim-Jeune. »
110 U. Boccioni *et al.,* « Les exposants au public », in *Les Peintres futuristes italiens,* op. cit., p. 10 // G. Lista, *Futurisme. Manifestes...,* op. cit., p. 170.
111 L'escalier est un motif qui retient l'attention des peintres parisiens. Le *Nu descendant un escalier n° 2* de Duchamp vulgarisera la formule du cubofuturisme. Fernand Léger envisageait de consacrer au motif de l'escalier une œuvre synthétisant ses recherches des années 1913-1914 : « Ce sont des recherches assez abstraites (contrastes de formes et de couleurs) que je cherchais à réaliser dans une grande toile qui aurait eu le titre *L'Escalier.* La guerre m'a pris et m'a empêché de réaliser ce que je voulais. » (F. Léger, lettre du 14 novembre 1915 adressée au peintre suédois Nils de Dardel ; citée dans *Fernand Léger,* cat. exp., Paris, Musée national d'art moderne, 29 mai-29 septembre 1997 (Paris, Éd. du Centre Pompidou, 1997), p. 302.)
112 « Si Apollinaire et Max Jacob n'étaient pas venus nous voir, on n'aurait même pas su ce qui se passait à Montmartre. Ils nous ont dit d'aller chez Kahnweiler, et là nous avons vu, avec le gros Delaunay, ce que les cubistes faisaient. Alors Delaunay, surpris de voir leurs toiles grises, s'est écrié : "Mais ils peignent avec des toiles d'araignée, ces gars !" » (D. Vallier [propos de l'artiste recueillis par], « La vie fait l'œuvre de Fernand Léger », *Cahiers d'art* (Paris), n° 1, octobre 1954, p. 149).
113 *Manifeste des peintres futuristes,* in *Les Peintres futuristes italiens,* op. cit., p. 17-18 // G. Lista, *Futurisme. Manifestes...,* op. cit., p. 164.
114 « Les exposants au public », in *Les Peintres futuristes italiens,* op. cit., p. 6 // G. Lista, *Futurisme. Manifestes...,* op. cit., p. 169.
115 G. Apollinaire, *Lettres à Madeleine. Tendre comme le souvenir,* éd. rev. et augm. par L. Campa, Paris, Gallimard, 2005, p. 92. *Méditations esthétiques,* titre, qui figure en tête du manuscrit d'Apollinaire en 1912, devient en effet le sous-titre de l'ouvrage définitif.
116 *Id., Les Peintres cubistes...,* op. cit., p. 102.
117 *Id.,* « Les Futuristes », art. cité // *Id., Écrits sur l'art,* op. cit., p. 412.
118 *Id., Les Peintres cubistes...,* op. cit., p. 110.
119 *Id.,* « Du sujet dans la peinture moderne », *Les Soirées de Paris,* n° 1, février 1912, p. 2 // *Id., Les Peintres cubistes...,* op. cit., p. 59.
120 *Lacerba* (Florence), vol. I, n° 16, 15 août 1913, p. 173-174, sous le titre *Manifeste futuriste contre Montmartre* ; à Prague, dans *Umělěcký Měsíčník* [Revue mensuelle des arts], 9 août 1913.
121 Cf. G. Lista, *Futurisme. Manifestes...,* op. cit., p. 119.
122 F. Del Marle, « Un peintre futuriste à Lille », *Le Nord illustré* (Lille), n° 5, 15 avril 1913, p. 122 // G. Lista, « La peinture futuriste (1913) Delmarle », *Futurisme. Manifestes...,* op. cit., p. 178.
123 *Ibid.*
124 Tract publié en allemand dans *Der Sturm* (Berlin), n° 108, mai 1912, p. 26-27.

diffusé. La lecture publique qu'elle en donne le 27 juin, salle Gaveau, oblige Marinetti, Boccioni et Severini à se muer en gardes du corps. « Un monsieur âgé demanda d'une galerie supérieure : "À quel âge, Madame, devrons-nous apprendre la luxure à nos filles ?" Il obtint plusieurs réponses bien pesées. D'abord celle-ci : "Pas au vôtre, bien sûr !" Et celle-ci, un peu irrespectueuse : "Amenez-les toujours, on vous répondra après[125] !" » Son *Manifeste futuriste de la luxure* (11 janvier 1913) affirme que « [...] la luxure, conçue en dehors de tout concept moral et comme élément essentiel du dynamisme de la vie, est une force. [...] *La Luxure incite les Énergies et déchaîne les Forces* », et qu'il est plus que temps de détruire « *les sinistres guenilles romantiques*[126] ».

Montjoie !

Au début de l'année 1913, l'opposition française au futurisme apparaît déjà comme un combat d'arrière-garde. Seule une revue qui se déclare elle-même organe de « l'impérialisme culturel français » peut encore engager un baroud d'honneur. Cette revue, *Montjoie !,* emprunte son titre au cri de guerre des chevaliers capétiens venus se saisir, dans la basilique de Saint-Denis, de l'étendard de saint Louis, pour combattre les ennemis de la France. En mémoire de cette coutume belliqueuse, Albert Gleizes publie « Le cubisme et la tradition[127] » dans les deux premiers numéros. Le titre de l'article est déjà à lui seul une réponse à l'« antitradition futuriste ». Gleizes y retrace la généalogie d'un art français dû à des artistes qui ont presque tous en commun d'avoir réagi à... l'influence italienne.

Au commencement se trouve François Clouet, qui « n'a cure de tomber dans la maladroite imitation italienne », qui « sait nous intéresser par les valeurs plastiques qu'il découvre chez ses modèles, et par l'étude profonde et loyale des visages et des objets », qui « évite la psychologie puérile fort en faveur[128] ». Un siècle après lui, c'est Philippe de Champaigne qui « réagit, à son tour, de toutes ses forces, contre la Renaissance[129] ». Claude le Lorrain lui succède, qui « porte à peine le signe extérieur du séjour qu'il fit en Italie[130] ».

Comme il avait déjà eu l'occasion de l'affirmer dans *Du « cubisme »,* Gleizes martèle sa conviction que le génie français est de nature réaliste. Il écrit que les frères Le Nain « inaugurent crânement un art populaire duquel sortiront toutes les audaces réalistes[131] ». L'héritage historique de cette lignée étant pris en charge par le cubisme, ce réalisme se doit d'être infléchi par l'affirmation des pures vertus plastiques. C'est à Chardin qu'échoit le rôle d'affirmer la « qualité propre de la peinture[132] ». À l'aube du XXe siècle, Cézanne est celui qui « apporte des concepts nouveaux, [...] prévoit que l'étude des volumes primordiaux ouvrira des horizons inouïs, [...] pressent que le dynamisme plastique n'a rien à voir avec le mouvement qui anime nos rues, nos machines, nos usines[133] ». Ici encore se devine l'ombre projetée du futurisme.

Au moment où Gleizes écrit ces lignes, la question du « dynamisme plastique » connaît une actualité nouvelle. Si une part de la peinture française est désormais acquise au principe futuriste de dynamisme, ce dernier ne s'interprète pas de la même façon de part et d'autre des Alpes. Le débat offre le prétexte à une nouvelle variation sur le thème de l'opposition entre « peinture pure » cubiste et « sujet » futuriste. Delaunay recourt aux principes scientifiques de Chevreul pour suggérer le mouvement de ses *Formes circulaires...* (cf. cat. n° 109). Léger croit à l'énergétique de ses structures graphiques pour animer ses *Contrastes de formes* (cf. cat. n° 111). Écrivant que « [...] le dynamisme plastique naîtra des relations subtiles d'objets à objets, voire des différents aspects d'un même objet, *juxtaposés* – et non superposés comme d'aucuns se plaisent à le faire croire[134] [...] », Gleizes apporte ses arguments à ce débat.

« Le cubisme et la tradition » se clôt sur un programme pictural qui se détermine en regard des options futuristes : « La peinture ne doit pas en elle-même vivre d'éléments étrangers, il faut qu'elle sache éviter tout compromis, littéraire, musical, philosophique, scientifique : croire qu'elle exprimerait son époque en représentant exclusivement les épisodes journaliers, les anecdotes, le pittoresque, serait une grave erreur, non plus qu'en peignant des volants, des bielles, des pistons elle n'évoquerait le lyrisme de la machine[135]. »

Hybridations

En 1917, Severini prend acte de la symbiose opérée par les avant-gardes internationales entre cubisme et futurisme : « La vérité réside quelque part entre ces deux esthétiques. La "pure forme" d'Ingres conduit fatalement à un platonisme privé de vie ; le lyrisme, le romantisme de Delacroix ne correspondent plus à notre époque cérébrale

F. Del Marle, *Manifeste futuriste contre Montmartre* avec des caricatures d'André Warnod, *Comœdia*, 15 juillet 1913, p. 1.

Couverture du catalogue de l'exposition « La Section d'or », Paris, galerie La Boëtie, 10-30 octobre 1912.

et géométrique. […] Comme à toutes grandes époques, l'œuvre d'art d'aujourd'hui doit être la synthèse de ces deux éléments[136]. » Dès 1912, Boccioni avait imaginé, pour son compte et pour celui du futurisme, une première synthèse de type cubofuturiste. Dans *Dynamisme plastique. Peinture et sculpture futuristes,* qu'il avait publié en 1914 – mais dont les premières épreuves datent de 1912 –, il écrivait : « Nous voulions un complémentarisme de la forme et de la couleur. Nous faisions donc une synthèse des analyses de la couleur (divisionnisme de Seurat, Signac et Cross) et des analyses de la forme (divisionnisme de Picasso et Braque)[137]. » La polémique entretenue par Gleizes en 1913 contredisait un contexte, français comme international, globalement attaché à la recherche d'un compromis entre formalisme cubiste et modernisme futuriste.

Marcel Duchamp et Francis Picabia avaient fait chorus à ce programme conciliateur. Visiteurs assidus de l'exposition des peintres futuristes à la galerie Bernheim-Jeune, tous deux étaient parmi les premiers à rechercher cette synthèse. Une visée qu'avaient condamnée Gleizes et Le Fauconnier en jugeant le *Nu descendant un escalier n° 2* (achevé en janvier 1912 ; cat. n° 70) trop complaisant à l'égard des valeurs « futuristes », avait contraint Duchamp à décrocher son tableau des cimaises du Salon des indépendants de 1912. Ils n'avaient pas été les seuls à stigmatiser la « dérive futuriste » de Duchamp. Appliqué à la rédaction de ses *Peintres cubistes,* Apollinaire s'était irrité de la séduction par trop visible qu'opéraient les valeurs du futurisme sur les œuvres de Duchamp et de Picabia. Sur les épreuves de son livre, il avait rédigé une conclusion, disparue de l'édition finale : « Ajoutons, pour dire le vrai, qu'au point où en est aujourd'hui l'art de Duchamp, de Picabia (cubisme instinctif), où ces peintres ne donnent que le simulacre du mouvement et qui pourrait être considéré comme tendant au symbolisme de la mobilité, n'a pas encore eu une signification plastique bien déterminée[138]. » Des années plus tard, en 1966, Duchamp reviendra sur son tropisme futuriste du début des années 1910. Il déclarera à Pierre Cabanne que son *Jeune homme triste dans un train* (1911) était bien une « interprétation cubiste de la formule futuriste[139] ».

Puteaux réinvente Créteil

Sur les hauteurs de Puteaux, rue Lemaître, Jacques Villon et František Kupka possèdent un atelier où, chaque dimanche, se retrouvent Léger, Delaunay, Metzinger, Severini, Villon, Duchamp-Villon, Duchamp. Entre parties d'échecs, jeux divers et pique-niques, Gleizes réactive les débats de la défunte Abbaye de Créteil. Comme aux temps de l'« Abbaye », Tancrède de Visan[140] y commente la pensée de Bergson. Descendu des ateliers montmartrois, le « mathématicien Princet » y poursuit sa vulgarisation des mathématiques de Riemann et de Poincaré.

À Puteaux germe l'idée d'un Salon où puisse s'opérer la synthèse des recherches de la mouvance cubiste. Ce sera celui de la Section d'or. Bergson est un moment annoncé comme préfacier du catalogue. Dans ses mémoires, Gabrielle Buffet – alors compagne de Picabia, un des organisateurs de l'exposition – précise que le Salon de la Section d'or est placé « sous le signe de la recherche philosophique et scientifique[141] ». Cette remarque témoigne à elle seule du projet de synthèse entre les leçons de Bergson (la philosophie) et celles de Princet (la science) qui anime les organisateurs du Salon. Les toiles qu'y présentent Duchamp et Picabia suffisent à en faire la première exposition cubofuturiste. Après Gleizes, Picabia est celui qui, avec treize numéros, accroche le plus de toiles à la galerie La Boëtie qui abrite le Salon. Certains de ses tableaux témoignent de son assimilation des sujets, des formules stylistiques propres aux œuvres futuristes exposées huit mois plus tôt chez Bernheim-Jeune. La comparaison entre les peintures de Picabia de 1909-1910 – des paysages – et ses tableaux récents témoigne de l'impact, sur son art, des modèles futuristes. Les *Danses à la source I* (1912, cat. n° 73) fait écho aux œuvres de Severini (dont *La Danse du « panpan » au Monico* [1909-1911/1959-1960, cat. n° 39] apparaît comme le monument). Parmi les peintures qu'expose Picabia, *Figure triste* (1912) fait état d'un « psychologisme » futuriste, totalement étranger à l'art « de conception » cubiste[142].

C'est au Salon de la Section d'or qu'apparaît le *Nu descendant un escalier n° 2* de Duchamp, une œuvre que la postérité devait consacrer comme l'icône du cubofuturisme. Après son rejet par les « cubistes » du Salon des indépendants, la toile fait ici sa première apparition publique. Elle est accompagnée de peintures récentes de Duchamp qui témoignent de son assimilation précoce des principes futuristes. Arturo Schwarz pense qu'un des tableaux présentés à la Section d'or pourrait être le *Jeune*

125 Cité dans G. Lista, *Futurisme. Manifestes…,* op. cit., p. 55.

126 *Ibid.,* p. 332-333. C'est l'auteur qui souligne.

127 *Montjoie !* (Paris), n° 1, 10 février 1913, p. 4 et n° 2, 25 février 1913, p. 2-3.

128 *Ibid.,* n° 2, p. 2.

129 *Ibid.*

130-135 *Ibid.,* p. 3

136 G. Severini, préface à son exposition new-yorkaise (« Drawings, Pastels, Watercolours and Oils of Severini », Photo Secession Gallery) de mars 1917, citée dans *Severini futurista : 1912-1917,* cat. exp., New Haven, Yale University Art Gallery, 1995, p. 127.

137 U. Boccioni, *Dynamisme plastique…,* op. cit., p. 83.

138 G. Apollinaire, *Les Peintres cubistes…,* op. cit., note 7, p. 140.

139 M. Duchamp, *Entretiens avec Pierre Cabanne,* Paris, Somogy Éditions d'art, 1995, p. 43.

140 Tancrède de Visan, de son nom de baptême Vincent Biétrix, est le premier à avoir transposé les idées de Bergson dans le champ esthétique. En 1900-1901, il a suivi les cours du philosophe au Collège de France. Il participe aux côtés de Paul Fort et de sa revue *Vers et prose* au renouveau symboliste des années 1904-1914.

141 G. Buffet-Picabia, *Rencontres avec Picabia, Apollinaire, Cravan, Duchamp, Arp, Calder,* Paris, Pierre Belfond, 1977, p. 67.

142 Ce « psychologisme », attaqué par Apollinaire, est illustré par le triptyque des *États d'âme* de Boccioni. M. Raynal, « L'exposition de la Section d'or », *La Section d'or,* 1re année, n° 1, 9 octobre 1912, p. 2-5, cité dans *La Section d'or 1925, 1920, 1912,* cat. exp., Châteauroux, musées de Châteauroux, 21 septembre-3 décembre 2000 ; Montpellier, musée Fabre, 15 décembre 2000-18 mars 2001 (Paris, Éd. Cercle d'art, 2000), p. 304.

4

MANIFESTES
du Mouvement futuriste

1. - Manifeste du Futurisme (*Publié par le Figaro le 20 Fevrier 1909*) — Marinetti
2. - Tuons le Clair de lune (*Avril 1909*) — Marinetti
3. - Manifeste des Peintres futuristes (*11 Avril 1910*) — Boccioni, Carrà, Russolo, Balla, Severini
4. - Contre Venise passéiste (*27 Avril 1910*) — Marinetti, Boccioni, Carrà, Russolo
5. - Manifeste des Musiciens futuristes (*Mai 1911*) — Pratella
6. - Contre l'Espagne passéiste (*Publié par la revue Prometeo de Madrid - Juin 1911*) — Marinetti
7. - Manifeste de la Femme futuriste (*25 Mars 1912*) — Valentine de Saint-Point
8. - Manifeste technique de la sculpture futuriste (*11 Avril 1912*) — Boccioni
9. - Manifeste technique de la littérature futuriste (*11 Mai 1912*) — Marinetti
10. - Supplément au Manifeste technique de la littérature futuriste (*11 Août 1912*) — Marinetti
11. - Manifeste futuriste de la Luxure (*11 Janvier 1913*) — Valentine de Saint-Point
12. - L'Art des Bruits (*11 Mars 1913*) — Russolo
13. - L'Imagination sans fils et les Mots en liberté (*11 Mai 1913*) — Marinetti
14. - L'Antitradition futuriste (*29 Juin 1913*) — Guillaume Apollinaire

Envoi franco de ces Manifestes contre mandat de 1 fr.

DIRECTION DU MOUVEMENT FUTURISTE: Corso Venezia, 61 - MILAN

1

L'ANTITRADITION FUTURISTE

Manifeste=synthèse

ABAS LEPominir A liminé SS korsusu
otalo EIS cramlr ME nigme

ce moteur à toutes tendances impressionnisme fauvisme cubisme expressionnisme pathétisme dramatisme orphisme paroxysme **DYNAMISME PLASTIQUE MOTS EN LIBERTÉ INVENTION DE MOTS**

DESTRUCTION

	Suppression	de la douleur poétique
		des exotismes snobs
		de la copie en art
		des syntaxes *déjà condamnées par l'usage dans toutes les langues*
Pas de regrets	SUPPRESSION DE L'HISTOIRE	de l'adjectif
		de la ponctuation
		de l'harmonie typographique
		des temps et personnes des verbes
		de l'orchestre
		de la forme théâtrale
		du sublime artiste
		du vers et de la strophe
		des maisons
		de la critique et de la satire
		de l'intrigue dans les récits
		de l'ennui

(INFINITIF)

2

CONSTRUCTION

1 Techniques sans cesse renouvelées ou rythmes

Continuité simultanéité en opposition au particularisme et à la division (LA PURETÉ)

Littérature pure **Mots en liberté Invention de mots**
Plastique pure (5 sens)
Création invention prophétie **Description onomatopéique**
Musique totale et **Art des bruits**
Mimique universelle et Art des lumières
Machinisme Tour Eiffel Brooklyn et gratte-ciels
Polyglottisme
Civilisation pure
Nomadisme épique exploratorisme urbain **Art des voyages** et des promenades
Antigrâce
Frémissements directs à grands spectacles libres cirques music-halls etc.

(LA VARIÉTÉ)

2 Intuition vitesse ubiquité

Coups et blessures

Livre ou vie captivée ou phonocinematographie ou **Imagination sans fils**
Trémolisme continu ou onomatopées plus inventées qu'imitées
Danse travail ou chorégraphie pure
Langage véloce caractéristique impressionnant chanté sifflé mimé danse marché couru
Droit des gens et guerre continuelle
Féminisme intégral ou différenciation innombrable des sexes
Humanité et appel à l'outr'homme
Matière ou **trascendentalisme physique**
Analogies et calembours tremplin lyrique et seule science des langues calicot Calicut Calcutta tafla Sophia le Sophi suffisant Uffizi officier officiel ô ficelles Aficionado Dona-Sol Donatello Donateur donne à tort torpilleur

ou ou ou flûte crapaud naissance des perles apremine

3

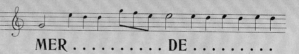

MER . . . . DE . . . .

aux

Critiques	Essaystes	Les frères siamois
Pédagogues	*Néo* et *post*	D'Annunzio et Rostand
Professeurs	Bayreuth Florence	Dante Shakespeare Tolstof Goethe
Musées	Montmartre et Munich	Dilettantismes merdoyants
Quattrocentistes	Lexiques	Eschyle et théâtre d'Orange
Dixseptièmesiéclistes	Bongoûtismes	Inde Egypte Fiesole et la théosophie
Ruines	Orientalismes	Scientisme
Patines	Dandysmes	Montaigne Wagner Beethoven Edgard Poe
Historiens	Spiritualistes ou réalistes (sans sentiment de la réalité et de l'esprit)	Walt Whitman et Baudelaire
Venise Versailles Pompei Bruges Oxford Nuremberg Tolède Bénarès etc.		
Défenseurs de paysages	Académismes	
Philologues		

ROSE

aux

Marinetti Picasso Boccioni Apollinaire Paul Fort Mercereau Max Jacob Carrà Delaunay Henri-Matisse Braque Depaquit Séverine Severini Derain Russolo Archipenko Pratella Balla F. Divoire N. Beauduin T. Varlet Buzzi Palazzeschi Maquaire Papini Soffici Folgore Govoni Montfort R. Fry Cavacchioli D'Alba Altomare Tridon Metzinger Gleizes Jastrebzoff Royère Canudo Salmon Castiaux Laurencin Aurel Agero Léger Valentine de Saint-Point Delmarle Kandinsky Strawinsky Herbin A. Billy G. Sauvebois Picabia Marcel Duchamp B. Cendrars Jouve H. M. Barzun G. Polti Mac Orlan F. Fleuret Jaudon Mandin R. Dalize M. Brésil F. Carco Rubiner Bétuda Manzella-Frontini A. Mazza T. Derême Giannattasio Tavolato De Gonzagues-Friek C. Larronde etc.

PARIS, le 29 Juin 1913, jour du Grand Prix, à 65 mètres au-dessus du Boul. S.-Germain

GUILLAUME APOLLINAIRE.
(202, Boulevard Saint-Germain - Paris)

DIRECTION DU MOUVEMENT FUTURISTE
Corso Venezia, 61 - MILAN

homme triste dans un train, un « état d'âme » qui fait écho au triptyque de Boccioni. Le très « bergsonien » *Portrait des joueurs d'échecs* (1911) comme *Le Roi et la Reine entourés de nus vites* (1912), dont la présence est attestée dans l'exposition, démontrent eux aussi la grande proximité de Duchamp avec les futuristes.

Après l'avoir présentée aux Indépendants, Léger expose sa *Noce* au Salon de la Section d'or. *L'Air autour des scieurs de long* (1912) qu'y montre Henry Valensi ressemble à une application zélée du principe d'« interpénétration » des futuristes. Une assimilation que déplore Maurice Raynal : « Il attache peut-être un peu trop d'importance au sujet et même il paraît donner un peu trop dans l'observation superficielle chère aux futuristes[143]. »

Si les tableaux de Villon présents au Salon de la Section d'or n'ont rien de cubofuturiste, 1912 est néanmoins l'année durant laquelle il conçoit les premières études de ses *Soldats en marche* (1913 pour la peinture, cat. n° 76), qui appliquent à un sujet, à une expression dynamique futuriste, la palette et la structure cristalline du cubisme.

Le troisième frère Duchamp, Raymond Duchamp-Villon, rend compte, lui aussi, de la perméabilité des artistes du groupe de Puteaux aux idées futuristes. Le souci de synthèse formelle, associé à la suggestion du mouvement propre à la machine fait du *Grand Cheval* (1914/1931, cat. n° 83) une œuvre incontestablement cubofuturiste. L'exposition de la Section d'or révèle également l'existence de la peinture « pure », abstraite de Kupka[144] qu'Apollinaire rapprochera bientôt des recherches de Delaunay. Le 11 octobre 1912, dans le cadre même du Salon, le poète donne une conférence à propos des derniers développements du cubisme. Le public apprend, de sa bouche, la naissance de l'« orphisme ».

L'orphisme

« Les cubistes et les autres peintres d'avant-garde voient le danger d'être qualifiés de futuristes. Ils sont attirés par les recherches portant sur le mouvement, la complexité des sujets. Pour échapper à une telle menace, ils ont inventé l'orphisme[145] », écrit Severini à Marinetti en 1913.

En mars de la même année, la chronique du Salon des indépendants que rédige Apollinaire pour la revue *Montjoie !* offre au poète l'occasion de célébrer sa puissance prophétique : « Salle XLV. C'est l'orphisme. C'est la première fois que cette tendance que j'ai prévue et annoncée se manifeste[146]. » Une semaine plus tard, dans *L'Intransigeant* cette fois, il précise la nature du nouveau mouvement : « Cette tendance [...] est l'évo-lution lente et logique de l'impressionnisme, du divisionnisme, de l'école des fauves et du cubisme[147]. » L'orphisme, « peinture pure, *simultanéité*[148] », concilie deux notions qui apparaissaient jusqu'alors irréconciliables : la « peinture pure » était – selon les normes mêmes établies par Apollinaire – l'apanage du cubisme ; au futurisme, héritier auto-proclamé du postimpressionnisme, appartenait la « simultanéité ». L'orphisme, précise Apollinaire, est un art « où ne vibre plus seulement le contraste des complémentaires découvert par Seurat, mais où chaque ton appelle et laisse s'illuminer toutes les autres couleurs du prisme. C'est la simultanéité[149]. » Le temps semble déjà loin, où l'opposition à l'impressionnisme apparaissait comme le dénominateur commun aux recherches des artistes du courant cubiste. Conscient du risque de « futurisation » que suppose la reven-dication de l'héritage impressionniste, Apollinaire, la veille de la conférence par laquelle il annonce la naissance de l'orphisme, publie un dialogue fictif : « Pour moi, ces jeunes peintres français forment la suite naturelle des impressionnistes et on a tort de les confondre avec les futuristes[150]. » Olivier Hourcade, défenseur inconditionnel du cubisme, peine à suivre Apollinaire dans ses chassés-croisés théoriques. Le 23 octobre 1912, il répond à une attaque de Vauxcelles dirigée contre les cubistes de la Section d'or, en rappelant l'un des dogmes fondateurs – entre-temps devenu obsolète – du mouvement : « Tous les peintres de la Section d'or et d'autres, disséminés au Salon d'automne, ont entre eux un seul principe commun si ce n'est le désir de réagir contre la décadence négligente de l'impressionnisme[151] [...]. »

La simultanéité n'est que le premier des emprunts de l'orphisme à la théorie futuriste. Apollinaire, qui n'est pas à une palinodie près, proclame un peu plus tard : « Le sujet est revenu dans la peinture, et je ne suis pas peu fier d'avoir prévu le retour de ce qui constitue la base même de l'art pictural[152]. » Toujours plus futuriste, il finit par para-phraser Boccioni pour rendre compte d'un orphisme qui place « [...] le poète au centre de la vie [qui] enregistre en quelque sorte le lyrisme ambiant[153] [...] ». Lorsqu'il prend connaissance de cet orphisme dans lequel il reconnaît un futurisme paré de plumes de

143 M. Raynal, « L'exposition de la Section d'or », *La Section d'or*, 1re année, n° 1, 9 octobre 1912, p. 2-5, cité dans *La Section d'or 1925, 1920, 1912*, cat. exp., Châteauroux, musées de Châteauroux, 21 septembre-3 décembre 2000 ; Montpellier, musée Fabre, 15 décembre 2000-18 mars 2001 (Paris, Éd. Cercle d'art, 2000), p. 304.
144 Sur la question de la présence de Kupka au Salon de la Section d'or, voir l'article de P. Brullé, « La création de Kupka et le cubisme "écartelé" de la Section d'or : un rapprochement problématique », in *La Section d'Or...*, *ibid.*, p. 85-96.
145 Lettre de G. Severini à Marinetti, Paris, 31 mars 1913, citée dans *Severini futurista*, op. cit., p. 146.
146 G. Apollinaire, « À travers le Salon des Indépendants », *Montjoie !* (Paris, supplément au n° 3, numéro spécial consacré au XXIXe Salon des artistes indépendants), 18 mars 1913, p. 4 // *Id., Écrits sur l'art*, op. cit., p. 537.
147 *Id.*, « Le Salon des indépendants », *L'Intransigeant* (Paris), 25 mars 1913 // *Id., Écrits sur l'art*, op. cit., p. 547.
148 *Id.*, « À travers le Salon des indépendants », art. cité, p. 1 // *Id., Écrits sur l'art*, op. cit., p. 529.
149 *Ibid.*, p. 4 // *Ibid.*, p. 537.
150 *Id.*, « À la Section d'or, c'est ce soir que les cubistes inaugurent leur exposition », *L'Intransigeant* (Paris), 10 octobre 1912 // *Ibid.*, p. 487.
151 O. Hourcade, « Courrier des arts. Discussions. A.M. Vauxcelles », *Paris-Journal*, 53e année, n° 1478, 23 octobre 1912 // *La Section d'or...*, op. cit., p. 309.
152 G. Apollinaire, « À travers le Salon des indépendants », art. cité, p. 4 // *Id., Écrits sur l'art*, op. cit., p. 538.
153 *Id.*, « Simultanéisme - Librettisme », *Les Soirées de Paris*, n° 25, juin 1914, p. 323 (U. Boccioni : « Les cubistes et les autres peintre d'avant-garde redoutent d'être assimilés au futurisme. Ils sont attirés par les recherches portant sur le mouvement et par la complexité des sujets. Pour échapper à ce danger, ils ont inventé l'orphisme. »). Cf. également la lettre de Severini à Marinetti du 31 mars 1913, citée dans *Severini Futurista : 1912-1917*, op. cit., p. 146.

paon, il ne peut que réagir vigoureusement : « Et voilà autant de plagiats évidents de ce qui a formé, à partir de ses premières manifestations, l'essence de la peinture et de la sculpture futuristes. [...] L'orphisme – disons-le tout de suite – n'est qu'une élégante mascarade des principes fondamentaux de la peinture futuriste[154]. » Et Boccioni de conclure son article en rappelant qu'un jour, dans l'atelier de Severini, Apollinaire avait constaté « que nous [futuristes] étions des cubistes-orphiques et que sous le nom d'un "orphisme" il voulait consacrer une étude particulière aux futuristes[155] ».

Le degré d'assimilation des valeurs futuristes par les peintres qui, hier encore, revendiquaient farouchement leur identité cubiste est tel que la polémique entre les deux camps tourne au débat byzantin. Dans la revue *Montjoie !,* Léger prend la plume pour répondre à Boccioni. Ses « Origines de la peinture et sa valeur représentative[156] » s'en prennent à un futurisme auquel il reproche de n'être que la somme des principes impressionnistes et de la doctrine de Cézanne. Par deux nouveaux articles, « Il dinamismo futurista e la pittura francese[157] » et « Simultanéité futuriste[158] », Boccioni revendique, la priorité futuriste d'une part, des notions de « dynamisme plastique » et de « complémentarisme inné » dans l'utilisation de la couleur et, d'autre part, de la « simultanéité ». C'est Delaunay qui, cette fois, en janvier 1914, lui répond dans la revue berlinoise *Der Sturm*[159]. Le débat redevient parisien à l'occasion de l'article que cosignent Carrà, Papini et Soffici, « Une querelle artistique », publié dans *L'Intransigeant* du 8 mars 1914[160].

Cette « querelle de la simultanéité » est révélatrice de la symbiose qui s'opère, autour de 1913, entre valeurs cubistes et futuristes. Sous la pression des écrits futuristes, mais également sous l'influence des « cubistes de Montmartre » et de leurs amis critiques, Gleizes, Metzinger, Léger et Delaunay avaient été conduits à purger de leurs écrits le terme « simultané », qui appartenait pourtant bien à leur patrimoine théorique (celui d'une analyse scientifique de la couleur, héritée de Seurat). Le *Manifeste des peintres futuristes,* qui la revendiquait haut et fort, avait fait de la « simultanéité » le bien propre des peintres italiens. En 1913, « simultané » redevient un mot « français ». En novembre, Sonia Delaunay et Blaise Cendrars cosignent le premier livre « simultané », *La Prose du transsibérien et de la petite Jehanne de France* (1913, cat. n° 61). Signe supplémentaire de cette assimilation, Gleizes auréole son *Portrait d'Eugène Figuière* (1913) d'inscriptions qui renvoient au « simultanéisme » de Barzun (il représente son ouvrage *Poème et Drame* au-dessus de l'inscription « Rythmes simultanés ») ou au symbolisme de Gustave Kahn, l'un des auteurs les plus proches de Marinetti et des futuristes.

Apollinaire n'est pas en reste. Après avoir lu les manifestes molibristes de Marinetti, il supprime la ponctuation de ses poèmes. Son premier idéogramme, *Lettre-Océan,* paraît trois mois après que celui-ci lui eut dédicacé un exemplaire de son *Zang Tumb Tumb*. Cette « conversion futuriste » d'Apollinaire devient publique lorsqu'il publie, dans le *Gil Blas* du 3 août 1913, son manifeste *L'Antitradition futuriste*[161]. Seul Salmon veut encore croire à l'ironie de ce ralliement : « Le futurisme a vécu ! C'est M. Guillaume Apollinaire [...] qui lui a porté le coup fatal. [...] Il fallait trouver ceci : être plus futuriste que Marinetti ! [...] Nous garderons la rose qui nous est décernée [...] en souvenir de la plus colossale bouffonnerie du siècle. Le futurisme a vécu, et cela vaut bien qu'on se réjouisse[162]. »

Le Salon des indépendants de 1914 marque l'acmé du dialogue établi, à Paris, entre cubisme et futurisme : « Cette année le futurisme a commencé d'envahir le Salon et, tandis que les futuristes italiens paraissent, d'après les reproductions qu'ils publient, subir de plus en plus l'influence des novateurs (Picasso, Braque) de Paris, il semble qu'un certain nombre d'artistes parisiens se soient laissé influencer par les théories des futuristes[163] », constate Apollinaire.

Les cubofuturistes russes

Farouchement attachés au principe d'un génie « oriental » distinct des modèles européens, certains poètes et historiens de la littérature russe ont voulu faire du futurisme une invention autochtone[164]. S'il est vrai que les premiers textes de Victor Khlebnikov recourant massivement aux néologismes datent de 1908, ceux-ci ne sauraient revendiquer légitimement l'invention du futurisme tel que le définira Marinetti un an plus tard. Les faits sont têtus, et les dates plus obstinées encore. La naissance du futurisme italien est annoncée par la presse moscovite dès le 8 mars 1909 dans

Conférence de Marinetti à Saint-Pétersbourg en février 1914
Archives Giovanni Lista, Paris.

Exemplaire de *Zang Tumb Tumb* de F.T. Marinetti (Milan, Edizioni futuriste di *Poesia*, 1915), adressé à G. Apollinaire, dédicacé par l'auteur en page une.

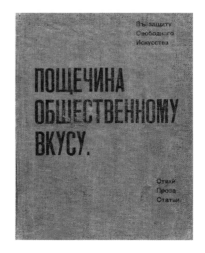

Couverture du manifeste russe *Une gifle au goût public*, Moscou, Éd. Kouzmine et Dolinski, 1913.

le quotidien *Večer [Le Soir]*. Quelques semaines plus tard, un article de R. Rabov, « Le futurisme : une nouvelle école littéraire[165] », livre une étude détaillée du mouvement. Après journaux et magazines, ce sont les revues littéraires qui informent, à leur tour, le public russe sur la nature et les développements du futurisme[166].

Durant la seconde moitié d'avril 1910, la publication pétersbourgeoise *Sadok sudej [Le Vivier aux juges]*[167], à laquelle participent peintres et poètes, apparaît comme la première manifestation d'un futurisme russe. Khlebnikov, David Bourliouk, ses deux frères, Vladimir et Nikolaï, Mikhaïl Matiouchine et Vassili Kamienski forment la rédaction de la nouvelle revue. Dès son origine, le futurisme russe est fortement marqué par l'empreinte du cubisme. David Bourliouk vient juste de découvrir l'œuvre de Picasso dont il transpose les principes cubistes dans ses toiles. Matiouchine publiera, dès 1913, une traduction de l'ouvrage *Du « cubisme »* (1912) de Gleizes et Metzinger, dans laquelle il insère des fragments de texte du *Tertium Organum* (1911) de Piotr Ouspensky[168].

À l'Académie de peinture, de sculpture et d'architecture de Moscou, David Bourliouk fait la connaissance de Vladimir Maïakovski, qu'il introduit dans les cercles des poètes d'avant-garde. Les vacances que les frères Bourliouk passent dans le domaine familial au bord de la mer Noire donnent lieu à la création d'un nouveau groupe d'où va émerger le cubofuturisme russe. En référence au nom donné par Hérodote à cette région, le groupe se baptise *Gileâ* [Hylaea]. Aux trois frères Bourliouk et à Bénédikt Livchits s'adjoignent bientôt Khlebnikov, Maïakovski, Alexeï Kroutchonykh, et Kamienski. Loin des villes que célèbrent avec lyrisme les futuristes italiens, les membres d'Hylaea chantent les vertus de la vie rurale. (En novembre 1910, Kamienski publie *La Maison de pisé,* histoire romantique d'un retour à la terre, celle d'un écrivain à la mode qui renonce à sa vie dans la grande ville pour s'installer dans une hutte abandonnée.) Au culte de la machine, au modernisme du futurisme italien, les Russes opposent leur passion primitiviste. Khlebnikov s'inspire, pour ses poèmes, des expressions enfantines ; Kamienski collectionne les dessins d'enfants. À l'instar des frères Bourliouk, fraîchement convertis au cubisme, Hylaea tourne ses regards du côté de Paris plutôt que vers Milan. Maïakovski, qui compose des hymnes à la ville moderne et qui exalte la vitesse, se révèle le plus futuriste des poètes du groupe.

Invité à participer aux débats organisés à l'occasion de la première exposition du « Bubnovyj Valet » [« Valet de Carreau »] (Moscou, décembre 1910-janvier 1911), Vladimir Bourliouk donne le 12 février une conférence sur le cubisme à l'auditorium du Musée polytechnique de Moscou. Reprenant les arguments d'Apollinaire, il y affirme que la question du sujet est marginale pour l'expression artistique moderne. À l'occasion d'une seconde conférence dans le même contexte, il précise son attaque, visant explicitement le futurisme, à qui il reproche de sacrifier la peinture au profit de la littérature. À la fin de 1912 encore, dans le manifeste le plus célèbre du groupe Hylaea, *Poščečina obščestvennomu vkusu [Une gifle au goût public*[169]*]*, Bourliouk publie un texte dans lequel il affirme que Cézanne, père du cubisme, est à l'origine de la seule esthétique capable d'être revendiquée par l'avant-garde picturale et poétique.

En octobre 1911, à Saint-Pétersbourg, se crée un nouveau mouvement poétique, l'égo-futurisme, qui se réclame ouvertement du futurisme italien[170]. Deux publications de son organe, dont *Petersbourg Herald,* en fixent le programme, qui exalte la vitesse et le futur sur un ton résolument marinettien. On peut y lire que « le but de chaque égo-futuriste est l'auto-affirmation du futur[171] ». Vadim Cherchénévitch s'inspire si directement des idées du futurisme italien qu'un critique écrit qu'il est « le premier à vraiment lire Marinetti[172] ». L'empreinte du poète italien sur l'égo-futurisme est telle que sa collaboration est annoncée dans une publication du mouvement.

Alors qu'en Russie le qualificatif « futuriste » devient générique pour qualifier tout groupe ou manifestation d'avant-garde, le groupe Hylaea change de nom et, en 1913, adopte celui de « cubofuturisme ». Le préfixe « cubo » a, pour David Bourliouk et ses amis, une double signification : il vise à la fois à distinguer le nouveau mouvement de son anté-cédent italien et de l'égo-futurisme, et confirme, en outre, l'attachement de ses membres aux leçons du cubisme.

1913 est la grande année du futurisme russe. Vladimir Bourliouk, Maïakovski, Kamienski parcourent dix-sept villes du pays pour y faire de la propagande en faveur de leur mouvement. À Moscou, Maïakovski donne une conférence sur le thème « Cubisme et futurisme », durant laquelle il affirme l'indépendance du futurisme russe par rapport au mouvement italien. *Le Manifeste du rayonnisme,* celui des aveniriens (*Oslinyj Hvost´ i*

154 U. Boccioni, « I Futuristi plagiati in Francia », *Lacerba* (Florence), vol. I, n° 7, 1ᵉʳ avril 1913, p. 66 et 67 ; traduction française dans G. Lista, *Futurisme. Manifestes…, op. cit.,* p. 387 et 389.

155 *Ibid.,* p. 68 // *ibid.,* p. 389.

156 F. Léger, « Les origines de la peinture et sa valeur représentative », *Montjoie !* (Paris), n° 8, 29 mai 1913, p. 7 et n° 9-10, 14-29 juin 1913, p. 9-10 ; extraits dans E. Fry, *Le Cubisme, op. cit.,* p. 120-125.

157 U. Boccioni, « Il dinamismo futurista e la pittura francese », *Lacerba* (Florence), vol. I, n° 15, 1ᵉʳ août 1913, p. 169-171.

158 U. Boccioni, « Simultanéité futuriste » (25 novembre 1913), *Der Sturm* (Berlin), n° 190-191, 2 décembre 1913, p. 151.

159 R. Delaunay, « Lettre ouverte au Sturm » (adressée, en français, à H. Walden le 17 décembre 1913), *Der Sturm* (Berlin), n° 194-195, janvier 1914, p. 167 (Reprint Nendeln/Liechtenstein – Kraus Reprint, 1970).

160 Cf. G. Lista, *Futurisme. Manifestes…, op. cit.,* p. 390.

161 Publié ultérieurement en italien dans *Lacerba* (Florence), vol. I, n° 18, 15 septembre 1913, p. 202-203.

162 A. Salmon, « La fin du futurisme », *Gil Blas* (Paris), 3 août 1913, p. 3-4 // G. Lista, *Futurisme. Manifestes…, op. cit.,* p. 125.

163 G. Apollinaire, « Le 30ᵉ Salon des Indépendants », *Les Soirées de Paris,* n° 22, mars 1914, p. 184-185 // Id., *Écrits sur l'art, op. cit.,* p. 652-653.

164 Cf. V. Markov, *Russian Futurism : A History,* Londres, Macgibbon & Kee Limited, 1968, p. 26 : « Le futurisme italien est antérieur à celui des Russes, quels que soient les efforts de quelques Russes pour prouver le contraire. »

165 Dans *Vestnik literatury tovariččšestva Vol´f [Le Messager littéraire de la société Volf],* (Moscou), n° 5, [1909], p. 120-121, cité dans *ibid.,* note 55, p. 400.

166 Sur cette réception du futurisme italien en Russie, cf. V. Markov, *ibid.,* p. 148.

167 Un second recueil-almanach éponyme sera publié en 1913.

168 La traduction de Matiouchine est publiée dans la troisième livraison de la revue de l'Union de la Jeunesse. L'auteur, outre les extraits de l'ouvrage d'Ouspensky, ajoute certains commentaires, ne respecte pas toujours l'ordre des paragraphes du texte original, en saute même certains passages. L'intégralité de *Du « cubisme »* est publiée en 1913 à Saint-Pétersbourg dans la traduction d'E. Nizen et, à Moscou, dans celle de Vološin.

169 Ce manifeste ne sera publié qu'au début de l'année 1913.

170 Son créateur est Igor Vassiliévitch Lotarev.

171 Dans *Les Aigles au-dessus des abysses* d'Ignatiev, cité dans V. Markov, *Russian Futurism…, op. cit.,* p. 73.

172 *Ibid.,* p. 105.

Mišen – Lučisty i Buduščniki : Manifest, Moscou, C.A. Münster, 1913), se teinte d'accents futuristes : « Nous nous exclamons : tout le style génial de nos jours est dans nos pantalons, nos jaquettes, nos chaussures, les tramways, bus, avions, trains, bateaux à vapeur ; quel enchantement, quelle grande époque sans pareil dans l'histoire universelle[173]. » Pour un recueil de poèmes de Kroutchonykh, *Le Petit Nid de canard… des gros mots* (1913), Olga Rozanova mêle peinture et écriture, une hybridation réinterprétée par Sonia Delaunay et Cendrars pour *La Prose du transsibérien et de la petite Jehanne de France.*

Marinetti est invité en Russie au début de l'année 1914 par Genrikh Edmundovitch Tasteven, délégué russe de la Société des Grandes Conférences. À l'occasion d'une soirée animée par le poète italien, Khlebnikov et Livchits rédigent un tract qu'ils tentent de distribuer : « Aujourd'hui, quelques autochtones et la colonie italienne des bords de la Neva […] se prosternent devant Marinetti, trahissant ainsi les premiers pas de l'art russe sur la voie de l'honneur et de la liberté, et place le cou fier de l'Asie sous le joug de l'Europe[174]. » Plus tard, lors d'un dîner organisé par Nikolaï Koulbine, Livchits engage un dialogue polémique avec Marinetti. S'il sanctionne la fin du futurisme littéraire russe, le passage de Marinetti en Russie favorise une meilleure connaissance du futurisme italien dans toutes ses composantes. Un long article de Mikhaïl Ossorguine, rédigé à Rome pour *Vestnik Evropy [Le Messager de l'Europe],* fait un historique détaillé du mouvement et en précise les enjeux. À Moscou, Cherchénévitch rassemble et traduit dans un ouvrage la plupart des manifestes du futurisme italien *(Manifesty italânskogo futurizma).*

D'abord littéraires et poétiques, le futurisme puis le cubofuturisme russes ne tardent pas à trouver les voies d'une expression plastique. En 1913, Malévitch conçoit la couverture d'un ouvrage « futuriste », *Troe [Les Trois]* (par Matiouchine, Elena Gouro, Kroutchonykh), dans lequel les poèmes d'Éléonora Genrikhovna von Notenberg s'inspirent des guitares peintes par Picasso. Dans le texte que rédige Kroutchonykh pour le même ouvrage, il raille les enfantillages des poètes italiens, ironise sur leur « ra-ta-ta-ra-ta-ta ». La même année, un pamphlet de Khlebnikov et Kroutchonykh est illustré par Malévitch et Olga Rozanova. (En 1912, cette dernière, dans la deuxième livraison de la revue de l'Union de la Jeunesse, avait traduit deux manifestes futuristes.)

Couverture de la revue *Blast* (Londres), n° 1, daté du 20 juin 1914 (paru le 2 juillet).

Cette complicité des poètes et des peintres du futurisme ou du cubofuturisme russe est encore illustrée par l'opéra *Pobeda nad solncem [La Victoire sur le soleil],* qui naît de la collaboration de Matiouchine (pour la musique), Khlebnikov (pour le prologue), Malévitch (pour les décors) et Pavel Filonov (pour les costumes). Malévitch deviendra, en 1913, le théoricien d'un « cubofuturisme » pictural[175], qu'il concevra comme l'une des trois étapes du développement du futurisme : cinétique, cubofuturiste, dynamique. La migration des artistes russes entre Paris et Moscou favorise l'émergence du cubofuturisme russe. Grâce à Michel Larionov, Nathalie Gontcharova, Vladimir Baranoff-Rossiné et Alexandra Exter, qui résident à Paris au début des années 1910, les artistes de l'avant-garde russe disposent d'informations presque instantanées concernant les développements du cubisme parisien et ses relations avec le futurisme. Nadiejda Oudaltsova et Lioubov Popova fréquentent en 1912-1913 l'atelier de La Palette où enseignent Le Fauconnier et Metzinger, avant d'introduire dans leurs tableaux des éléments propres à l'iconographie futuriste. Alexandra Exter partage l'atelier parisien de Soffici et adopte l'idiome futuriste après avoir connu une phase cubiste.

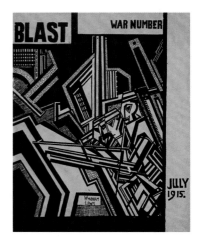

Couverture de la revue *Blast* (Londres), n° 2, juillet 1915.

L'*Autoportrait à la scie* peint par Ivan Klioune en 1914 résume assez bien le sens, les enjeux, du cubofuturisme russe. Conformément au programme du *Manifeste des peintres futuristes,* l'œuvre résulte de l'interpénétration dynamique de fragments d'espace. Sa palette, sa structure générale sont celles du *Portrait d'Ambroise Vollard* (1910-1911) de Picasso, qu'il a vu chez le collectionneur moscovite Ivan Morozov. Le caractère « russe » de l'œuvre réside dans la « rusticité », la littéralité revendiquée par Klioune, qui peint la scie avec laquelle l'espace de la réalité est « débité » en lamelles. Comme le paysan russe fendant les rondins nécessaires à la confection des isbas, le peintre « scie » l'espace pour le soumettre au principe de compénétration futuriste.

Le vorticisme

Avec le vorticisme, l'Angleterre voit émerger une forme originale de cubofuturisme Le chef de file du mouvement, le peintre Percy Wyndham Lewis, a été en contact à Paris avec les idées et les œuvres qui vont lui permettre de penser cette synthèse. Son compatriote Augustus John l'a tenu informé des derniers développements du cubisme. (John figure parmi les visiteurs privilégiés qui, dans l'atelier de Picasso, découvrent *Les Demoiselles d'Avignon*.) Lewis a suivi les cours de Bergson au Collège de France, s'est lié d'amitié avec le prince Kropotkine, théoricien de l'anarchisme. De retour à Londres, il a été le témoin des premières manifestations publiques du futurisme en Angleterre. Le philosophe T. E. Hulme, qui devient le principal théoricien du vorticisme, a lui aussi suivi un parcours intellectuel qui voit se croiser anarchisme et bergsonisme. Admirateur de Georges Sorel, il est, en 1913, le traducteur de l'*Introduction à la métaphysique* de Bergson.

En avril 1910, le futurisme débarque en Angleterre. Au Lyceum Club, Marinetti déclame son « Discours futuriste aux Anglais ». Deux ans plus tard, cubisme et futurisme défraient la chronique artistique londonienne. En mars 1912, l'exposition des peintres futuristes italiens, qui vient de secouer le milieu parisien, est inaugurée à la Sackville Gallery. En octobre, le critique Roger Fry présente aux Grafton Galleries le second volet de son exposition consacrée à la postérité française de l'impressionnisme. Parmi les peintures cubistes de Picasso et de Braque, il introduit des lavis de Percy Wyndham Lewis (des illustrations du *Timon d'Athènes* de Shakespeare, publiées l'année suivante par Max Goschen aux Éditions du Cube). Par leur structure cubiste et leur sens cinématique, ces lavis se rapprochent de certaines œuvres de Léger (notamment de *La Noce*), ils témoignent en outre de l'impact des *États d'âme* de Boccioni présentés quelques mois plus tôt à la Sackville Gallery.

Comme à Paris, l'exposition des peintres futuristes connaît un considérable succès de scandale. (Marinetti, qui rend compte de sa réception dans la presse anglaise, dénombre quelque trois cent cinquante articles qui lui sont consacrés.) De même qu'en Russie, « futurisme » devient synonyme d'avant-garde. C'est à cette acception large du terme que recourt le critique et conservateur Frank Rutter lorsqu'il intitule son exposition consacrée aux derniers développements de l'art britannique « Post-Impressionism and Futurism Exhibition ». Christopher Nevinson y présente *Le Départ du Train de Luxe* (vers 1913 ; œuvre détruite), qui fait directement écho à *Le Train Nord-Sud* (1912) de Gino Severini exposé en avril à la Marlborough Gallery. La « futurisation » de l'avant-garde anglaise n'est pas du goût de Lewis. Il s'efforce de la fédérer sous une bannière autonome. Sa première tentative en ce sens a lieu lorsqu'il décide, avec Edward Wadsworth, Frederik Etchells et Cuthbert Hamilton de faire sécession, en avril 1914, de l'Omega Workshops de Fry (un atelier à l'interface de l'art et des arts décoratifs) pour créer le Rebel Art Centre (promoteur d'une esthétique issue du cubisme).

Le printemps 1914 voit le retour de Marinetti à Londres. Parallèlement à l'exposition de peinture et de sculpture futuristes présentée aux Doré Galleries, il donne une série de conférences. Le 30 avril, il fait une lecture de son *Siège d'Andrinople,* accompagnée à la grosse caisse par Nevinson, devenu son premier disciple anglais. À nouveau, le futurisme occupe les premières pages des quotidiens anglais, submergeant tout sur son passage. Le décor conçu par Lewis pour l'appartement de la comtesse Drogheda (dans le cadre des activités du Rebel Art Centre) est qualifié par la presse de « Salle à manger futuriste ». En 1914, Lewis est présenté comme « l'un des principaux futuristes » par le *T.P.'s Weekly* du 11 juillet.

Le prosélytisme de Marinetti le conduit à la faute, faute qu'exploite aussitôt Lewis pour fédérer les individualistes du Rebel Art Centre. Le 7 juin 1914, le poète italien et Nevinson publient en anglais et en italien un manifeste, *Vital English Art. Futurist Manifesto*[176], dans lequel ils enrôlent Lewis, Lawrence Atkinson, David Bomberg, Jacob Epstein, Etchells, Hamilton, William Roberts, Wadsworth, sans même les en avertir. Le manifeste est publié le 7 juin dans l'*Observer* puis dans le *Times* et le *Daily Mail*. Les « malgré nous » du futurisme anglais se retrouvent à l'occasion d'une lecture du manifeste par Marinetti aux Doré Galleries, avec la ferme intention d'exprimer leur indignation.

À la mi-décembre 1913, Lewis saisit l'occasion de l'exposition « The Camden Town Group and Others » (16 décembre 1913-14 janvier 1914) pour organiser le regroupement des futurs vorticistes (les membres du Rebel Art Centre). La salle où leurs œuvres sont rassemblées passe à la postérité sous le nom de « Cubist Room » (elle regroupe des œuvres de Lewis, Nevinson, Etchells, Hamilton et Wadsworth). Pour éviter de se voir étiqueté « futuriste », Lewis n'a provisoirement d'autre choix que d'accepter d'être qualifié de « cubiste ». Dans la préface qu'il rédige pour le catalogue, il exprime ses réserves à l'égard d'un cubisme qui serait « surtout l'art austère et jusqu'ici

173 Traduit dans J.-C. Marcadé, *Le Futurisme russe,* Paris, Dessain et Tolra, 1989, p. 49.

174 Cité dans V. Markov, *Russian Futurism…, op. cit.,* p. 151.

175 Le terme de cubofuturisme est employé par Malévitch dans le catalogue de la dernière exposition de l'Union de la Jeunesse, fin décembre 1913, cf. J.-C. Marcadé, *L'Avant-garde russe 1907-1927,* Paris, Flammarion, 1995, p. 86.

176 Ce manifeste est publié dans *Lacerba* (Florence), vol. II, n° 14, 15 juillet 1914, p. 209-211.

maussade de ceux qui ont pris le génie de Cézanne comme point de départ », puis avoue les sympathies futuristes des artistes de la « salle cubiste » qui, « pour la plupart mettent en valeur les bases géométriques et la structure de la vie[177] ».

Quand vient à Nevinson l'idée de créer une nouvelle revue visant à propager les idées des « English Cubists », il la baptise du nom très futuriste de *Blast [Explosion]*. Plus tard, le poète Ezra Pound, qui travaille concrètement à la préparation de cette nouvelle publication, lui adjoint le terme de « vortex » plusieurs fois revendiqué par les écrits futuristes. Dès la fin de 1913, Pound avait associé ce mot à la scène littéraire anglaise. Un an plus tard, il caractérise aussi par lui les œuvres de Lewis et des « English Cubists ». Lorsque la nouvelle revue sort des presses, à son intitulé *Blast* se trouve ajouté un sous-titre : *Review of the Great English Vortex.* Le programme du vorticisme, tel que le définissent les textes du premier numéro de *Blast,* est celui d'un cubofuturisme. Pound y établit la liste des parents putatifs du mouvement. Il cite Picasso et Kandinsky, qu'il présente comme « père et mère[178] » du vorticisme. La peinture vorticiste, qu'il imagine abstraite, rejette les « faits, idées, vérités », tout ce qui relève d'un domaine étranger à celui de la peinture elle-même. De telles déclarations font écho au principe d'un « art pur », apparu lors de la querelle française du futurisme. Dans les textes qu'il rédige pour le premier numéro de *Blast,* Lewis tient à marquer ses distances avec un futurisme auquel continue de le renvoyer la presse anglaise. Il cite Charles Baudelaire, et sa haine du « mouvement qui déplace les lignes ». Dans le second numéro, paru en 1915, il nuance considérablement cette apologie du formalisme cubiste : « Par Vorticisme, nous entendons (a) l'ACTIVITÉ en opposition à la PASSIVITÉ de bon goût de Picasso ; (b) la SIGNIFICATION en opposition au caractère ennuyeux ou anecdotique auquel le naturaliste est condamné ; (c) MOUVEMENT ESSENTIEL et ACTIVITÉ (telle l'énergie d'un esprit) en opposition à la technique cinématographique imitative, l'hystérie et les complexifications à outrance des futuristes[179]. »

Ce « slalom théorique » entre positions cubiste et futuriste a pour effet de brouiller les catégories auxquelles sont tentés de se référer les témoins du développement des vorticistes. Le critique du *Times* chargé de rendre compte de la première exposition vorticiste, organisée en juin-juillet 1915 aux Doré Galleries, n'a pas d'autre choix que de qualifier les exposants de « Cubist - Futurist - Vorticist Artists ».

De Luna Park à Coney Island

L'Armory Show, inaugurée le 17 février 1913 à New York, révèle au public américain la diversité de l'art moderne européen. Meyer Schapiro a vu, dans cette exposition, « le plus grand événement, le tournant de l'art américain[180] ». L'absence d'œuvres futuristes sur les cimaises apparaît alors comme une nouvelle manifestation de la cohérence de l'action publique du mouvement fondé par Marinetti. Invités à participer à l'exposition américaine, les peintres italiens, ayant exigé que leurs œuvres soient regroupées et présentées sous un affichage explicite, ont été écartés par les organisateurs. En dépit de cette absence, c'est l'héritage direct du futurisme qui triomphe à New York, puis à chacune des étapes américaines de l'exposition[181]. Ici encore, pour la presse et pour le public, « futuriste » englobe bientôt toutes les expressions d'avant-garde. Dans les comptes rendus critiques de l'Armory Show, dans les publications pédagogiques qui l'accompagnent, le cubisme se voit « futurisé », devient un « futurisme statique », ou encore un « sous-ensemble du futurisme ». Le cubisme est d'autant plus incompris que sa présence est marginale dans l'exposition new-yorkaise : « Picasso et Braque étaient peu représentés, et leur invention, le cubisme, le plus important des courants artistiques du moment, qui allait être déterminant dans la plupart des peintures et des sculptures des prochaines décennies, était fixé dans l'esprit du public à travers les peintures de Picabia et de Duchamp[182] », constate Meyer Schapiro[183].

Par la place que lui font les médias américains, le *Nu descendant un escalier n° 2* de Duchamp apparaît comme l'incarnation des audaces de la peinture d'avant-garde européenne. L'œuvre accède à une très large notoriété dont témoignent les nombreuses caricatures qu'en donne la presse populaire. Un concours, doté d'un prix, est même organisé pour en éclairer le sens et l'iconographie[184]. Le triomphe du « nu » de Duchamp est celui du cubofuturisme. Dans son compte rendu de l'Armory Show, le critique Frank Jewett Mather Jr. souligne la synthèse qu'opère le tableau : « Les futuristes emploient souvent des procédés géométriques semblables à ceux des cubistes. Tel est l'effet que nous voyons ici représenté dans le *Nu descendant un escalier* de Duchamp. Il faut noter

« The Futurist Brothers ».
De g. à dr. : M. Duchamp, J. Villon, R. Duchamp-Villon
Photographie reproduite dans J. Nilsen Laurvik,
Is it Art ?: Post-Impressionism, Futurism, Cubism,
New York, International Press, 1913, n. p.

Couverture de l'ouvrage de J. Nilsen Laurvik,
Is it Art ?: Post-Impressionism, Futurism, Cubism,
New York, International Press, 1913, n. p.

que ce procédé, bien qu'il soit indépendant du groupe des futuristes, mêle quelques-unes de leurs idées avec celles du cubisme[185]. » Cette « futurisation » du cubisme est rendue explicite avec le portrait de groupe des frères Duchamp qui conclut l'essai de J. Nilsen Laurvick, *Is it art ? Post-Impressionist – Futurism – Cubism,* publié en 1913. L'image de la fratrie Duchamp apparaît accompagnée de la légende : « The Futurist Brothers ».

Le cubofuturisme, que fait triompher le tableau de Duchamp, est commenté, vulgarisé par Picabia, présent à New York la semaine précédant l'inauguration de l'exposition. Picabia, qui devient la coqueluche des médias américains, apparaît dans le *New York Times* comme celui qui a « recubé » les cubistes, et « refuturisé » les futuristes[186]. Le peintre, qui se présente lui-même comme un « postcubiste », célèbre la ville moderne avec un lyrisme que ne désavouerait pas Marinetti. Il revendique un art qui répond au programme détaillé par les peintres futuristes italiens dans la préface de leur exposition parisienne de 1912. « L'art traite d'états d'âme profonds et simples. [...] Supposons que l'artiste, en l'espèce Picabia, reçoive une certaine impression en regardant nos gratte-ciel, notre ville, notre mode de vie, et qu'il tente de la reproduire [...], il le traduira plastiquement sur la toile, bien que sur celle-ci on ne voie ni gratte-ciel ni ville[187]. »

L'exposition « American Cubists and Post-Impressionists », qu'organise Arthur B. Davies au Carnegie Institute de Pittsburgh en décembre 1913, constitue un premier constat de l'impact de l'Armory Show sur l'art américain. En février 1914, la même exposition, programmée à New York, à la galerie Montross, s'enrichit d'une peinture de Joseph Stella, qui réinterprète sa *Bataille de lumières* présente à Pittsburgh. Le nouveau tableau connaît dans la presse américaine un succès que ses commentateurs comparent à celui obtenu un an plus tôt par le *Nu descendant un escalier n° 2* de Duchamp. *Bataille de lumières* (dans sa version de l'exposition à la galerie Montross ; 1913-1914, cat. n° 115), témoigne de l'assimilation du cubofuturisme par l'avant-garde américaine. Dans ses premiers états, l'œuvre présente les caractéristiques formelles propres au premier futurisme. Un tondo de 1913 *(Bataille de lumières)* recourt à la technique pointilliste. La peinture du même sujet, qui figurait dans l'exposition de Pittsburgh, adopte une structure en courbes ondoyantes qui évoque la première version des *États d'âme* de Boccioni, et leur ancrage dans le symbolisme. *Bataille de lumières...* que découvre le public new-yorkais a assimilé les leçons du cubisme, ses structures cristallines, sa décomposition de la lumière en plans de couleur homogènes.

En 1900, Balla avait peint à Paris une vue nocturne du Luna Park adossé au pavillon de l'Électricité de l'Exposition universelle. Du Luna Park du Trocadéro à celui de Coney Island, le tableau de Joseph Stella importe aux États-Unis les valeurs plastiques et poétiques de ce cubofuturisme né du dialogue des avant-gardes française et italienne à Paris. *Bataille de lumières* entérine le « crime du clair de lune » perpétré, depuis longtemps déjà, par les nuits électriques de New York.

177 P.W. Lewis cité dans R. Cork, *Vorticism and Abstract Art in the First Machine Age,* vol. I : *Origins and Development,* Londres, Gordon Fraser, 1976, p. 137.

178 E. Pound, « Vortex », *Blast* (Londres), n° 1, 20 juin 1914, p. 154 (reprint Kraus Reprint Co, New York, 1974).

179 P.W. Lewis, « Note », *Vorticism Exhibition,* cat. exp., Londres, Doré Galleries, juin-juillet 1915, cité dans R. Cork, *Vorticism and Abstract Art...,* *op. cit.,* p. 280.

180 M. Schapiro, « Rebellion in Art », *America in Crisis,* 1952 // Armory Show-International Exhibition of Modern Art, cat. exp., New York, (dépôt du matériel du 69e régiment d'artillerie), 17 février-15 mars 1913, vol. 3 : « Contemporary and Retrospective Documents », p. 203 (Reprint : New York, Arno Press, 1972).

181 L'exposition, après son étape new-yorkaise, sera présentée à l'Art Institute of Chicago (24 mars-16 avril 1913) puis au Copley Society of Boston (28 avril-19 mai 1913).

182 Les œuvres de Duchamp exposées à l'Armory Show sont : *Nu descendant un escalier n° 2* (1912) ; *Portrait de joueurs d'échecs* (1911) ; *Le Roi et la Reine traversés par des nus vites* (1912) ; *Jeune homme triste dans un train* (1911). Picabia y présente : *Danse à la source* (1912) ; *Paris* (1912) ; *Souvenir de Grimaldi, Italie* (1912) ; *La Procession, Séville* (1912).

183 M. Schapiro, « Rebellion in Art », *America in crisis, op. cit.,* p. 208.

184 « By all odds the most publicized work exhibited at the Armory Show was "Nude descending a staircase". For most people the painting has become a kind of symbol of the show and what it stood for. » (Notice du *Nu* de Duchamp dans *The 1913 Armory Show in Retrospect,* cat. exp., Amherst College, 17 février-17 mars 1958 // catalogue de l'Armory Show, vol. 3, *op. cit.,* p. [17]).

185 F.J. Mather, « Newest Tendencies in Art », *The Independent,* 6 mars 1913 // *ibid.,* vol. 3, p. 512.

186 Cf. « Picabia, le révolté de l'art, est ici pour révéler le nouveau mouvement », *New York Times,* Section 5, 16 février 1913, p. 9 // M.L. Borràs, *Picabia,* Paris, Albin Michel, 1985, p. 105.

187 H. Hapgood, « A Paris Painter » (propos rapportés par), *The Globe and Commercial Advertiser,* 20 février 1913, p. 8 // M.L. Borràs, *ibid.,* p. 107.

Les sources italiennes du futurisme

par Giovanni Lista

Le futurisme est lié à la culture française à travers la figure de son fondateur, l'écrivain et poète Filippo Tommaso Marinetti. Né en Égypte de parents italiens, Marinetti avait reçu une formation italo-française dans un collège d'Alexandrie tenu par les jésuites du diocèse de Lyon. On pourrait dire qu'il était français de tête et italien de cœur : sa réflexion puisait dans un bagage culturel façonné par les auteurs français de la fin du XIXe siècle, mais son sens passionnel de l'action, son activisme poussé au sein du corps social, sa vocation à vouloir être le missionnaire du futurisme, étaient profondément italiens.

La formation italo-française de Marinetti ne suffit évidemment pas pour supposer une filiation entre la culture française et le futurisme italien. D'une part, considérer le futurisme comme un fait historique sorti tout entier de la tête de Marinetti, à l'instar de Minerve armée et casquée du crâne de Jupiter, revient à développer une approche historiographique dépassée, s'attachant à privilégier l'héroïsation de l'individu en tant que seul protagoniste de l'histoire. D'autre part, affirmer que le futurisme a reposé sur la volonté de Marinetti d'introduire en Italie les nouveautés de la culture française, comme le veut l'un des passages obligés de cette même historiographie[1], relève d'une approche tant superficielle qu'erronée. Si l'action de Marinetti a été capitale et déterminante, c'est uniquement dans l'achèvement d'une évolution que la culture italienne vivait depuis un demi-siècle. Le rôle de Marinetti a plus exactement consisté à produire un court-circuit entre deux cultures, la française et l'italienne, l'une comme l'autre ayant développé sa propre conception de la modernité[2].

Marinetti chez lui, à Milan, en 1907
Archives Giovanni Lista, Paris.

Il reste à comprendre la nature toute particulière de la formation de Marinetti et sa sensibilité en tant qu'intellectuel italo-français. Bien qu'Italien, le poète n'a connu l'Italie qu'à l'âge de dix-huit ans. Il a donc longuement nourri une vision affective autant qu'abstraite de ce pays, entretenant une image construite sur la culture littéraire de sa mère, Amalia Grolli, qui lui lisait régulièrement *La Divine Comédie* de Dante ou des poèmes d'auteurs consacrés comme Giacomo Leopardi. Ces lectures l'ont sensibilisé à la mythologie d'une Italie idéale héritée de l'esprit du Risorgimento[3]. Son père, l'avocat Enrico Marinetti, s'était installé à Alexandrie avec sa compagne en 1873, trois années à peine après la proclamation de Rome comme capitale de l'Italie unifiée.

Les rapports de Marinetti à la France sont du même ordre. Il a découvert Paris également à l'âge de dix-huit ans, à l'occasion d'un examen devant lui permettre de valider son baccalauréat, mais il n'a jamais vécu assez longuement dans cette capitale pour en avoir une connaissance réelle. Ses constants mais rapides séjours à Paris n'ont pu qu'exalter la perception qu'il en avait comme ville de la modernité. La curiosité intellectuelle que Marinetti éprouvera toujours pour la culture française se nourrissait en fait d'une autre vision idéale qui, elle, ne se confronta jamais à la réalité ordinaire.

Ainsi, le jeune Marinetti s'est trouvé face à deux images fictives, voire caricaturales et antinomiques, de l'Italie et de la France. Cette opposition manichéenne a généré en lui un conflit qui explique en partie sa fureur iconoclaste et la rage de son engagement futuriste. D'un côté, il percevait une Italie marquée par le passé : celle des archéologues, des cicérones et des antiquaires, comme il se plaira à le répéter. De l'autre, il fantasmait une France novatrice, entièrement vouée à la modernité, selon le stéréotype du pays qui a fait la Révolution française. Le contraste de cette double expérience explique certainement les propos les plus radicaux de son *Manifeste du futurisme* lancé en 1909.

Lorsqu'il commence sa carrière d'écrivain à Milan, la ville la plus moderne de la péninsule, le jeune Marinetti ne connaît rien de la culture italienne qui s'est développée depuis le Risorgimento. Le sentiment de déception initial reste ainsi longuement ancré dans sa vision de l'Italie. Son refus d'un pays encore subjugué par la rhétorique du Risorgimento et par le mythe des splendeurs passées s'exprime dès son premier recueil de poèmes, une épopée intitulée *La Conquête des étoiles*[4], écrite en français et publiée à Paris en 1902, qui traite de l'assaut des vagues de la mer contre le ciel étoilé. La mort des étoiles représente la destruction du vieux monde sentimental et idéal que lui a inculqué sa mère et qui n'a plus aucune correspondance avec la réalité. Ce recueil contient déjà les enjeux du futurisme dont le manifeste fondateur se terminera, sept années plus tard, par un nouveau « défi aux étoiles ». Par cette publication, le poète rejoint définitivement une intelligentsia italienne consciente que le projet du Risorgimento n'a pas été réalisé jusqu'au bout. En réponse à ce problème, le futurisme sera précisément conçu comme une idéologie globale de l'art appelé à tenir un rôle politique à l'intérieur d'une plus vaste mutation sociale.

La biographie de Marinetti explique donc la radicalité de sa mythologie révolutionnaire[5]. En tant que futuriste, il construira et attaquera en un même mouvement une image passéiste de l'Italie afin de radicaliser son appel au futur. Agissant en véritable activiste politique, il se désigne ainsi un ennemi à combattre. Il forge des slogans qui, pour mieux exhorter à l'action, simplifient à l'excès les enjeux d'une situation italienne complexe, où les forces de la modernité jouent déjà un rôle plus que fécond. Interprétés de manière littérale, les slogans de combat dont il a émaillé les manifestes futuristes ont largement contribué à créer le schéma historiographique, aujourd'hui encore répété, d'une Italie provinciale qui voulait assimiler les nouveautés provenant de Paris.

En réalité, depuis le milieu du XIXe siècle, il se construit bel et bien une modernité italienne qui cherche à donner corps à la jeune nation issue du Risorgimento. Non seulement l'Italie participe de plein droit aux différentes étapes de l'évolution artistique et littéraire européenne, mais dans certains cas, la culture italienne est à même d'anticiper les développements ultérieurs : les *macchiaioli*[6] ont ainsi préfiguré la peinture des impressionnistes. L'émergence d'une culture postunitaire s'accompagne toutefois des contradictions inhérentes à la conjoncture historique. Depuis l'accomplissement de l'unité politique du pays, l'art moderne italien n'a d'autre enjeu que celui de proposer, élaborer, figurer une « identité italienne ». Cette orientation le conduit en même temps à faire constamment référence aux gloires artistiques du passé. Les enjeux postunitaires, notamment l'exigence de désigner une tradition culturelle et de structurer le panthéon des ancêtres majeurs d'un art et d'une littérature pour cette Italie enfin libre et une, dominent la vie artistique de la péninsule.

Giuseppe Mazzini, l'apôtre des luttes du Risorgimento, n'avait pas su concevoir une nouvelle liberté de l'art qui lui permette d'assumer un flambeau révolutionnaire équivalent à celui du combat politique. Selon lui, la simple évocation de « l'histoire de la Patrie » devait jouer un rôle édifiant, donnant aux Italiens la conscience d'appartenir à un seul peuple et éveillant en eux les vertus morales, éthiques et créatrices de leurs ancêtres. L'esprit du Risorgimento n'aboutit ainsi qu'à une peinture d'histoire axée sur une mise en scène des grands personnages et des grands épisodes du passé italien. Une véritable rhétorique se met alors en place, en art comme en littérature, pour exalter la grandeur romaine, les vers de Dante, la gloire impériale de Venise, le rayonnement artistique de Florence, les Vêpres siciliennes, etc. Cette tentative visant à idéaliser le passé italien et à formuler un art édifiant, capable de forger le sentiment national des Italiens, se prolongera jusqu'à D'Annunzio. Les futuristes, eux, refuseront avec la plus grande virulence cette célébration du passé. La cible de leur combat sera précisément cette Italie des musées que les romantiques français ont qualifiée de « terre des morts ». Tout en rejetant la mythologie d'un passé italien, ils se montreront néanmoins très attentifs à tout ce qui pouvait transcrire dans un langage symbolique neuf la quête d'une identité italienne[7].

Cependant, la caractéristique majeure de cette modernité en gestation réside dans le désir de concilier l'ancien et le nouveau. Au lendemain de l'unité italienne, le nouvel État instaure tout un système d'expositions nationales qui célèbrent à la fois la modernité et le passé. En 1870, l'année même de la proclamation de Rome comme capitale du royaume d'Italie, une « Exposition nationale des beaux-arts » regroupant divers artistes contemporains se tient à Parme. Elle est inaugurée en même temps qu'un monument dédié à Corrège. Deux ans plus tard, une manifestation du même genre se tient à Milan alors que l'on inaugure une statue représentant Léonard de Vinci. Autrement dit, l'État unitaire poursuit une stratégie incitant à créer un art national, mais en plaçant d'emblée celui-ci sous la tutelle des anciennes gloires d'un passé artistique qu'il faut à présent revendiquer en termes d'héritage et d'identité nationale. Ainsi, tout l'art italien postunitaire hésitera longuement entre la volonté de s'aligner sur le présent historique de la modernité et la nécessité de dialoguer avec le passé artistique de la péninsule.

L'époque créatrice du post-Risorgimento s'ouvre véritablement à travers des pôles opposés, l'un fondé sur le compromis, l'autre sur la rupture, mais s'inscrivant tous deux dans une dynamique qui annonce déjà les modèles de comportement propres à l'avant-garde. Le premier pôle est incarné par les *macchiaioli* qui, exhumant les proportions et les géométries de la peinture de la Renaissance, proposent une synthèse entre l'ancien et le moderne. Ils veulent restituer l'impression du réel par la juxtaposition de taches colorées.

1 La plupart des idées et des principes du futurisme ne seront développés qu'à partir d'instances culturelles ou artistiques spécifiquement italiennes. Ni l'art des bruits ni les mots en liberté, pour se limiter à ces deux exemples, n'ont d'antécédents français.

2 Il est à remarquer que Marinetti s'est adressé d'emblée aux Italiens : son *Manifeste du futurisme* a d'abord été diffusé en Italie, où il a été publié dans différents journaux, dont *La Gazzetta dell'Emilia* (Bologne), 5 février 1909. Ce n'est que deux semaines plus tard que Marinetti le fait paraître, avec un prologue, dans *Le Figaro* à Paris. Cf. G. Lista, *F.T. Marinetti*, Paris, Éd. Seghers, 1976.

3 La survivance, chez Marinetti, d'une culture qui remontait à un demi-siècle, c'est-à-dire au romantisme du Risorgimento, transparaît à plusieurs endroits. Lors de la fondation de la revue *Poesia* à Milan, en 1905, Marinetti affirme par exemple qu'il veut faire renaître « la poésie morte », citant ainsi une célèbre formule de *La Divine Comédie*. Mazzini se référait déjà de cette façon à Dante pour préconiser « la mission particulière de l'art » qui était, selon lui, de renaître afin de « pousser les hommes à traduire leurs pensées en action ». C'est précisément ce que voudra faire Marinetti avec le futurisme.

4 F.T. Marinetti, *La Conquête des étoiles, poème épique*, Paris, Éd. de la Plume, 1902. Rééd., Paris, Éd. Sansot, 1904.

5 Cf. Giovanni Lista, *F.T. Marinetti, l'anarchiste du futurisme. Biographie*, Paris, Nouvelles Éditions Séguier, 1995.

6 Mot traduisible littéralement par « tachistes », la *macchia* (tache) caractérisait en effet leur manière de peindre. Le mouvement des macchiaioli se développa entre 1860 et 1870. Cf. G. Picon, *La Naissance de l'art moderne*, Genève, Skira, 1974. Voir aussi G. Lista, « Une modernité italienne », in *De Fattori à Morandi : Macchiaioli et modernes*, cat. exp., Caen, musée des Beaux-Arts, 25 juillet-27 septembre 1998.

7 Cf. G. Lista, « Symboles futuristes et identité nationale », in *Actes du Colloque International « Le Futurisme et les avant-gardes littéraires et artistiques au début du XXe siècle »*, Nantes, université de Nantes-Centre international des Langues, 2002.

Tout en développant une peinture véritablement novatrice, ils structurent leurs compositions en s'inspirant des tableaux des grands maîtres italiens. Ils en reprennent les solutions formelles, à la recherche d'une tradition artistique considérée comme « nationale ». Leur théoricien, le critique d'art Diego Martelli, parvient en revanche à concevoir un nouveau rôle de l'art qui s'approprierait l'élan révolutionnaire d'un Garibaldi ou le militantisme d'un Mazzini pour les transférer dans le domaine de l'art. Il définit en effet la disposition des macchiaioli au combat « contre les académismes » en se référant aux luttes du Risorgimento, auxquelles, par ailleurs, certains de ces peintres avaient directement participé. En 1867, dans le *Gazzettino delle arti del disegno,* l'organe de presse des macchiaioli, Martelli attribue aux « artistes de la tache » la volonté « de se reconnaître entre eux, de se réunir, de s'aligner en colonne et de monter à l'assaut[8] ». Cette détermination à occuper le terrain, avant toute revendication formelle, se retrouvera dans le futurisme. Ce dernier reposera en effet sur une totale identification entre esprit d'avant-garde et activisme. À l'origine de ce trait propre à la culture italienne moderne se trouve l'expérience historique du Risorgimento, c'est-à-dire un romantisme vécu comme action politique. Un demi-siècle après les macchiaioli, tout en s'inspirant du syndicalisme révolutionnaire, Marinetti fondera et animera le mouvement futuriste à l'instar d'une « société » proche de la *Giovane Italia* de Mazzini, les futuristes étant des « agitateurs » qui, dans chaque ville d'Italie, devront diffuser et faire triompher les idées nouvelles[9].

Medardo Rosso
La Concierge, 1883-1884
Cire sur plâtre, 37,3 x 29 x 16,8 cm
Collection particulière.

L'autre pôle de l'art italien postunitaire est incarné par la *scapigliatura*[10] qui, contestant la culture de la nouvelle bourgeoisie et se refusant à toute célébration du passé, témoigne, à la même époque, d'une volonté de refus. Ses artistes préconisent l'anticonformisme et l'anti-académisme. Contestataires et provocateurs, les *scapigliati* préfigurent les performances et les « soirées » du futurisme par leurs manifestations urbaines, leurs fêtes en costume et leurs parodies poussées jusqu'à la dérision des attitudes compassées et sérieuses de l'Italie officielle qui veut se donner la dignité d'une nouvelle nation. La scapigliatura prône la complémentarité des arts, l'analyse des sensations, la recherche expérimentale. Ses peintres les plus significatifs, tels Tranquillo Cremona et Daniele Ranzoni, font fusionner le sujet et le milieu environnant. Ils travaillent la vibration chromatique et lumineuse qui produit la perte de solidité des volumes et la disparition des contours sous l'action fluide et dynamique de la lumière. Ces innovations formelles sont introduites en sculpture par Giuseppe Grandi qui, travaillant la relation entre le corps et l'espace, multiplie les aspérités des volumes et fragmente les surfaces par le recours à des variations du modelé, à des touches picturales ou à des césures rythmiques propres à capter et à animer la lumière.

Gino Severini
La Rue de Porta Pinciana au coucher du soleil, 1903
Huile sur toile, 91 x 51 cm
Collection particulière.

Durant les deux dernières décennies du XIXe siècle, le sculpteur Medardo Rosso se révèle être l'héritier direct de la scapigliatura. Son travail vise à traduire l'éphémère de la forme et son immersion dans l'espace environnant. Ses cires restituent l'« impression » par des visages qui apparaissent comme émergeant au milieu des fluctuations de lumière. La forme se manifeste dans le visible en se tenant à la surface du magma matriciel du monde. La découverte des œuvres et des idées de Rosso sera décisive pour Umberto Boccioni qui, en peinture et surtout en sculpture, en fournira une nouvelle et plus intense application. Il traduira en effet l'interdépendance du corps et de l'espace en termes d'échange symbiotique d'énergie : le principe futuriste de la « compénétration » reposera sur une intégration dynamique et en contraste de la figure et du milieu environnant[11]. Alors que Rosso cherchait à suggérer le mouvement en effaçant la définition de la forme, les futuristes voudront au contraire expliciter chaque geste cinétique, non pour en donner une simple représentation mécanique, mais pour le rendre emblématique de la vie moderne, c'est-à-dire pour faire du mouvement en tant que tel une valeur absolue, autant lyrique qu'idéologique[12]. Vers la fin du siècle, l'urbanisation rapide des villes du Nord industriel se répercute dans l'art social qui traite des thèmes de l'ouvrier, de la grève et du travail. Le spectacle de la ville moderne inspire en particulier Giuseppe De Nittis et Giovanni Boldini, tous deux installés à Paris. Boldini, qui peint des boulevards animés par les silhouettes de femmes habillées à la mode, est rendu célèbre par la virtuosité et la nervosité de sa touche, créant déjà l'impression de mouvement par la cinétisation de la forme.

La modernité édifie ses premiers mythes tandis que des idées nouvelles animent le débat littéraire et artistique. En 1875, afin de contester la rhétorique des drames historiques de l'époque, mais aussi pour parodier les tragédies de Vittorio Alfieri, Ugo Cori fait jouer à Ancône *Rosmunda,* une tragédie ultrasynthétique en sept scènes, chacune ne comportant qu'une seule réplique, suivie d'une tombée de rideau[13]. C'est en hommage à Cori que,

Giuseppe Pellizza Da Volpedo
Le Soleil, 1904
Huile sur toile, 155 x 155 cm
Galleria Nazionale d'Arte Moderna, Rome.

quarante ans plus tard, Marinetti fera débuter les spectacles du « théâtre synthétique futuriste » dans le même théâtre d'Ancône. Le sculpteur Adriano Cecioni, écrivant en 1880 le pamphlet *I Critici profani all'Esposizione nazionale di Torino*[14], s'en prend à la critique d'inspiration littéraire et soulève une vaste polémique. Il revendique la nécessité d'un langage spécifique à la critique d'art, afin de pouvoir analyser l'art moderne. C'est dans ce même esprit que Carlo Carrà mènera ses attaques futuristes « contre les critiques d'art ». L'année suivante, le Teatro alla Scala de Milan présente, avec un grand succès populaire, le *Bal Excelsior* de Luigi Manzotti et Romualdo Marenco, un spectacle allégorique sur la lutte qui oppose les forces du progrès technologique à la réaction et à l'obscurantisme. Corrado Ricci publie en 1887, dans une édition illustrée, *L'Arte dei bambini*[15], qui, pour la première fois, parle d'« art » à propos des dessins d'enfants. Tout en contestant le rôle passéiste de Ricci comme fonctionnaire des Beaux-Arts chargé de la conservation du patrimoine artistique italien, Boccioni sera séduit par son idée : il proposera d'exposer des « dessins d'enfants » lors de la première Mostra d'Arte libera organisée en 1911, par le groupe futuriste, à Milan. Bientôt traduit en allemand et en russe, le livre de Ricci lancera au sein de l'avant-garde européenne la vogue du « primitivisme enfantin », qui marquera également l'art futuriste de Fortunato Depero.

C'est en 1895, avec la première Biennale de Venise, que l'Italie est à même de proposer une manifestation artistique dont le rayonnement s'impose sur le plan international. Cet événement apporte en même temps le premier scandale lié à l'art. Giacomo Grosso, alors professeur du jeune Giacomo Balla à l'Académie des beaux-arts de Turin, provoque une polémique en exposant *Le Suprême Rendez-vous,* un grand tableau qui montre cinq femmes nues réunies autour d'un cercueil dans une église. Les biennales qui suivront le tournant du siècle auront un rôle capital pour les futuristes, présentant surtout l'art pratiqué à Berlin, Munich, Vienne ou les œuvres du symbolisme russe et flamand, déterminant ainsi les orientations de la peinture de Luigi Russolo, voire les recherches de Boccioni.

Le divisionnisme, qui naît du principe de la touche divisée en fonction d'un travail sur la lumière et la couleur, se développe de façon spécifique[16]. L'originalité des divisionnistes italiens tient en particulier à leur refus de tout esprit de système. Cette attitude, que l'on retrouvera chez les futuristes, implique que la technique ne soit pas assujettie à un précepte scientifique ou idéologique : qu'elle serve avant tout à libérer la créativité individuelle, voire à exalter le contenu lyrique de sujets aussi bien oniriques que naturalistes. Chef de file du divisionnisme, Giovanni Segantini recrée le plus souvent une atmosphère de spiritualité intérieure. Ses scènes rurales s'appuient sur le traitement contrasté de la lumière, sur des horizons étirés et sur des attitudes d'un recueillement presque religieux. Angelo Morbelli traite pour sa part aussi bien des images du travail paysan que de la modernité urbaine. L'œuvre de Guiseppe Pellizza Da Volpedo procède en revanche d'un certain climat d'intériorité, même lorsqu'il choisit des sujets relevant de la réalité populaire. Très souvent, le thème s'appuie sur un contraste opposant ombre et clarté, avec une zone centrale fortement éclairée qui semble faire irradier la lumière ou au contraire la condenser. Le coup de pinceau n'est pas appliqué de manière juxtaposée mais plutôt par recouvrement, laissant apparaître les touches sous-jacentes. Pellizza développe une peinture liée au symbolisme, à l'art social, aux thèmes naturalistes. Son *Automobile au col du Penice* introduit déjà le principe futuriste selon lequel « le mouvement et la lumière détruisent la matérialité des corps », tandis que le souffle épique de son *Quatrième état* se retrouvera, adapté au thème de la transformation urbaine, dans *La Ville qui monte* de Boccioni (1910-1911, cat. n° 22).

Gaetano Previati pousse la critique du réalisme positiviste jusqu'à peindre des images d'un spiritualisme raffiné. Il crée des atmosphères oniriques et une musicalisation de la peinture qu'il nourrit de symbolisme. Les inflexions sinueuses de sa touche longiligne, très effilée, suivent presque toujours l'expansion fluide de la lumière. Son livre *I Principi scientifici del divisionismo : La tecnica della pittura*[17], traduit en France, obtient un grand succès. Boccioni, qui lui empruntera l'idée de publier des manifestes « techniques » de l'art futuriste, saluera en Previati le peintre qui a apporté la conscience du médium dans l'image picturale. Il sera à ses yeux « le plus grand artiste italien depuis Tiepolo ».

Avant d'en faire l'analyse critique pour mieux élaborer leur propre poétique axée sur les valeurs dynamiques, les futuristes ont participé au courant divisionniste. Dès le début du XXᵉ siècle, Balla en devient une figure de référence. Marquée par la photographie, sa peinture multiplie les effets de cadrage et de poses inédites tout en faisant preuve d'un objectivisme rigoureux. Balla initie ses deux jeunes élèves, Gino Severini et Boccioni,

8 *Loc. cit.* par Giuliano Matteucci, « Genesi della macchia, espressione della realtà moderna », *Il Secondo Ottocento italiano : Le postiche del vero,* cat. exp., Milan, Palazzo Reale, 26 mai-11 septembre 1988 (Milan, Ed. Mazzotta, 1988), p. 124.

9 Cf. G. Lista, « The Activist Model or The Avant-Garde as Italian Invention », *South Central Review* (Texas A&M University), vol. 13, n° 2-3, été-automne 1996.

10 « Scapigliatura » et « scapigliati » (jeunes reconnaissables à leur « folle » chevelure), sont des termes lancés par le roman *La Scapigliatura et le 6 février* de Cletto Arrighi, pseudonyme de l'écrivain Carlo Righetti (Milan, 1828-1906). C'est en 1857 que l'auteur publia un texte théorique dans l'almanach de la revue *Il Pungolo* (Milan) pour expliquer le choix du mot « scapigliatura » et la définition socio-artistique de groupe d'avant-garde qu'il lui attribuait.

11 Boccioni se confrontera également, mais plutôt du point de vue des thèmes plastiques, avec la sculpture de Rodin et de Canova. Pour ses *Formes uniques de la continuité dans l'espace,* il se référera à l'*Homme qui marche* du sculpteur français, alors que pour *Muscles en vitesse,* il s'inspirera du *Damozenos* du sculpteur italien.

12 Cf. G. Lista, « Medardo Rosso e i futuristi », *Medardo Rosso : Le origini della scultura contemporanea,* cat. exp., Trento e Rovereto, 28 mai-22 août 2004 (Milan, Skira, 2004).

13 Cf. *Id.,* « Il Teatro di Marinetti tra simbolismo e futurismo », *Primafila* (Rome), n° 7, mai 1995.

14 A. Cecioni, *I Critici profani all'Esposizione nazionale di Torino,* Florence, Tipografia del Vocabolario, 1880. Le pamphlet est publié par Cecioni sous le pseudonyme d'Ippolito Castiglioni.

15 C. Ricci, *L'Arte dei bambini,* Bologne, Nicola Zanichelli editore, 1887.

16 Le divisionnisme italien naît avec le tableau *Ave Maria* de Segantini, dont la seconde version est peinte en 1886, l'année même où Seurat expose sa *Grande Jatte* qui permet à Félix Fénéon de lancer le néo-impressionnisme. Cf. G. Belli, « Néo-impressionnisme français et divisionnisme italien. Brève histoire d'une convergence culturelle », *La Revue du musée d'Orsay* (Paris), n° 12, printemps 2001.

17 G. Previati, *I Principi scientifici del divisionismo : La tecnica della pittura,* Milan-Turin-Rome, Fratelli Bocca Editori, 1906. Traduction française : *Les Principes scientifiques du divisionnisme (la technique de la peinture),* V. Rossi-Sacchetti (trad.), Paris, A. Grubicy, 1910.

à la technique divisionniste. Le premier émigre ensuite à Paris, où il peint les rues de Montmartre avec une touche proche du pointillisme. Quant à Boccioni, il introduit le train qui traverse les campagnes ou l'expansion de la ville aux marges de la banlieue en expérimentant les contrastes chromatiques. Sa peinture divisionniste préfigure, par un travail original sur le thème du personnage placé au seuil d'une fenêtre, ou encore par le recours à une couleur saturée dynamisant l'image, quelques-uns des axes majeurs de la recherche qu'il développera pour le futurisme. En revanche, l'expérience divisionniste de Carrà, plus tardive, se déroulera presque intégralement au sein du futurisme. Certains de ses tableaux transformeront alors les données figuratives du sujet en une émancipation à grands traits de la pâte colorée. Pour sa part, Russolo expliquera que les peintres futuristes, adoptant de façon instrumentale la poétique du divisionnisme, en faisaient une pratique instinctive : « Avant tout, nous continuons et développons le principe divisionniste, mais nous ne faisons pas du divisionnisme. Nous appliquons un complémentarisme instinctif qui n'est pas, pour nous, une technique acquise, mais *une manière de voir* les choses[18]. » C'est en effet par le principe formel de la touche divisée que les futuristes voudront d'abord rendre la transparence des corps et l'interpénétration de l'objet et du milieu environnant, toutes deux découlant du dynamisme.

Au seuil du XXᵉ siècle, le symbolisme atteint son expression la plus significative chez des artistes comme Alberto Martini, Raul Dal Molin Ferenzona, Romolo Romani, Galileo Chini, alors qu'il n'est pour d'autres qu'une composante de leur travail. L'époque est marquée par la littérature parascientifique, par l'investigation des mystères psychiques, par l'ésotérisme et les sciences de l'occulte. Entre autres, le célèbre savant Cesare Lombroso, anthropologue et psychiatre, participe aux travaux de la Società degli Studi psichici, installée à Milan. Marinetti est un assidu des séances spirites qui se déroulent chez son ami l'écrivain Enrico Annibale Butti. Féru d'ésotérisme, Dal Molin Ferenzona est un ami de Boccioni. Martini et Romani sont en revanche les deux artistes préférés de Marinetti avant la fondation du futurisme. Dessinateur plus que peintre, le premier développe une manière noire et surréelle, accordant une dimension citationnelle aux fantasmes. En lui donnant un contenu mi-allégorique mi-fantastique, il dessine dans un style Liberty la couverture de la revue *Poesia* dirigée par Marinetti. Le second, qui sera impliqué dans la fondation du futurisme, cherche une définition primaire des forces psychiques qui dominent l'individu. Il travaille le thème de l'état d'âme comme *Gesamtstimmung,* en tant que tonalité affective globale du sujet : sa manière d'être et d'habiter le monde. C'est à partir de ses graphismes aux trames symboliques et abstraites que Boccioni élaborera une poétique futuriste de la *Stimmung,* c'est-à-dire de l'état d'âme inhérent au seul vécu de la sensation. Dans son célèbre triptyque des *États d'âme* (1911, cat. nᵒˢ 17-19), traitant de l'énergie psychique, Boccioni transcrira par des réseaux linéaires la sensation qui vient troubler l'élan vital et fait se désagréger l'organisation du dynamisme intérieur.

Pour son *Portrait de Zanardelli,* Romani utilise la répétition chronophotographique de la forme dans une dimension surréelle. Il fait se répéter le profil du personnage comme dans un espace imaginaire. Cette œuvre marquera profondément Russolo qui recourra lui aussi à la forme répétée dans une dimension onirique et matérialisera, avec des tableaux comme *La Musique* ou *Solidité du brouillard,* les forces médiumniques en expansion scandées dans l'espace. Russolo réalisera en outre un *Autoportrait aux crânes* et un *Autoportrait au double éthéré* s'inscrivant dans les prolongements du symbolisme visionnaire. La répétition du sujet est également peinte par Guiseppe Cominetti et par Dal Molin Ferenzona. Ce dernier, dans sa toile *Nocturne galant,* fait surgir l'image redoublée entre mémoire et fantasme, comme évocation intérieure ou simple persistance des contenus visuels de la conscience. Pour *Le Deuil,* Boccioni adoptera la même solution iconographique : l'intensité d'une scène de douleur, subjuguant le regard, provoque la répétition différenciée d'un personnage féminin. L'impact du symbolisme visionnaire sur la première phase de la peinture futuriste sera perceptible jusque dans le tableau *Hiéroglyphe dynamique du Bal Tabarin* de Severini, où le caractère érotique du spectacle de la danseuse suscite l'apparition d'images provenant de l'inconscient : un Noir africain sur un cheval et une femme nue à califourchon sur une paire de ciseaux ouverte.

À cette époque, l'Italie intègre la modernité technologique. Plusieurs centrales hydro-électriques voient le jour. Conçues comme signes de progrès, elles sont construites avec une monumentalité et une recherche esthétique de style Liberty[19]. L'architecte futuriste Antonio Sant'Elia les qualifiera plus tard de « cathédrales de la modernité » et en reprendra le principe dans ses projets futuristes. Lors de la première décennie du siècle, la production

Giacomo Balla
La Journée de l'ouvrier, 1904
Polyptique, huile sur papier collé sur toile
100 x 135 cm, cadre peint par l'artiste
Collection particulière.

Umberto Boccioni
Madame Massimino, 1908
Huile sur toile
Collection particulière.

Romolo Romani
La Luxure, 1906
Crayon sur papier, 62,5 x 47,5 cm
Collection particulière.

de la sidérurgie réalise un bond gigantesque, passant de 19 000 à 250 000 tonnes par an. L'industrie automobile augmente dans de semblables proportions, multipliant les usines dans le nord du pays. La Prima Esposizione internationale d'arte decorativa moderna, qui se tient d'avril à novembre 1902, à Turin, présente les recherches internationales de l'Art Nouveau, à travers les œuvres d'artistes tels Peter Behrens, Victor Horta, Joseph Olbrich, Hector Guimard, Henry Van de Velde. Cette exposition, la première du genre jamais organisée[20], lance en Italie un courant de renouvellement des arts appliqués dont le but est de « rapprocher l'art de la vie ». Après l'avoir visitée, Balla participe à la revue *Novissima,* qui défend ce nouveau programme esthétique ; il deviendra l'initiateur d'un futurisme se déclinant autour de l'objet quotidien. Leonetto Cappiello s'approprie, quant à lui, la répétition chronophotographique de la forme pour donner l'impression d'un geste en mouvement dans ses affiches[21]. Le peintre Marius, alias Mario Stroppa, témoigne du futurisme visionnaire qui nourrit l'époque : il dessine des perspectives aériennes des villes italiennes survolées d'étranges « machines volantes ». En 1906, l'ouverture du tunnel du Simplon est saluée comme « un triomphe du progrès ». La même année, l'Esposizione internazionale del Sempione est présentée d'avril à novembre à Milan. Si Turin devient la ville de l'automobile, Milan symbolise la modernité urbaine, industrielle et financière, qui se traduit par l'apparition d'une nouvelle culture et d'un nouveau mode de vie dont il faut penser les paramètres jusque-là inédits.

Parmi les précurseurs du futurisme, l'essayiste et théoricien Mario Morasso occupe une place de premier plan. Entre la fin du XIXe siècle et le début du XXe siècle, il publie des livres aux titres retentissants, tels *Uomini e idee di domani : L'egoarchia [Hommes et idées de demain : L'egoarchie], L'Imperialismo artistico [L'Impérialisme artistique], La Nuova Arma : La macchina [La Nouvelle Arme : La machine], Il Nuovo Aspetto meccanico del mondo [Le Nouvel Aspect mécanique du monde].* Très connus dans les milieux culturels italiens, ses essais sont également lus en France, où on le place parmi les « jeunes esthéticiens d'Italie », à côté de Benedetto Croce ou d'Angelo Conti. Selon Morasso, avec le mouvement moderne, l'art tend aujourd'hui à la vie et à la plus grande affirmation de la grandeur et de la jouissance ; ainsi ses créations sont-elles des représentations ou des excitations à l'énergie, au plaisir et à la conquête. Lecteur fervent de Nietzsche, Stirner et Gumplowicz, il parle de « la philosophie de la force » et préconise le déploiement d'une « énergie nationale », tout en annonçant l'avènement prochain de l'*egoarchie* qui, à travers la dissolution des structures sociales, conduirait à la puissante et totale liberté de l'individu.

Morasso voit la métropole moderne comme espace de l'esprit de conquête qui structure « le nouveau dynamisme des volontés humaines ». Les boulevards animés par la foule sont pour lui « d'immenses accumulateurs d'excitations différentes ». Il célèbre les enseignes lumineuses et les grands magasins, et polarise surtout le thème de l'énergie autour de la machine comme manifestation de puissance. Il revient souvent sur « les sensations de la vitesse » et le spectacle énergétique incarné par la machine. Dès 1902, il publie dans la revue florentine *Il Marzocco* un texte dans lequel, dépassant toute considération fonctionnaliste qui suppose le beau lié à l'utile, il souligne la beauté de la locomotive ou de l'automobile. Lancées dans leur course, elles lui impriment « dans l'âme un sentiment profond et grave d'admiration et de satisfaction, face à cette énergie domptée, et une excitation joyeuse face à cette impulsion ardente, à ce geste merveilleusement rapide[22] ». Morasso affirme que dans « les œuvres qui incitent à la course et à la vitesse se retrouve un élément particulier qui leur est inhérent, susceptible d'une appréciation esthétique, car les sensations dont je viens de parler sont précisément esthétiques ou du moins proches du sentiment esthétique[23] ». Il parle l'année suivante de l'automobile comme du « monument moderne » qui a substitué « le fer à la pierre » et « n'a aucun antécédent dans le passé[24] ».

Morasso est en réalité un grand admirateur de Gabriele D'Annunzio, le chef de file de la culture décadente et symboliste. Mais il n'en élabore pas moins une interprétation vitaliste de la machine conçue en opposition aux principes fonctionnels de l'art industriel. La définissant comme une image d'énergie virtuelle et nommant une esthétique de la vitesse, il formule une idée-force sur laquelle Marinetti construira son futurisme, lui empruntant différentes autres idées, y compris sa polémique contre Ruskin. Du point de vue politique, il existera même une totale continuité entre la pensée de Morasso et les excès du futurisme que l'on qualifiera de « marinettisme », c'est-à-dire cette sorte d'héraclitéisme survolté, nourri de social-darwinisme, qui poussera Marinetti à en appeler à la guerre comme esthétique en acte et apogée de la société industrielle.

18 L. Russolo cité dans G. Lista, *Le Futurisme : Création et avant-garde,* Paris, L'Amateur, 2001.
19 L'une des plus connues est la Centrale Taccani de Trezzo sull'Adda, près de Milan, conçue par Gaetano Moretti, dont la mise en activité date de 1906. Aujourd'hui en partie désaffectée, elle est classée Monument national.
20 L'historien de l'art belge Paul Fierens aimait à répéter que l'Exposition internationale des arts décoratifs et industriels modernes organisée à Paris en 1925 n'avait fait que reprendre l'idée de l'exposition turinoise.
21 Cf. U. Ojetti, « Le caricature di Cappiello », *Lettura* (Milan), 1re année, n° 2, février 1901.
22 M. Morasso, « L'Estetica della velocità », *Il Marzocco* (Florence), 14 septembre 1902, p. 13.
23 *Ibid.,* p. 14.
24 M. Morasso, *L'Imperialismo artistico,* Milan/Turin/Rome, Fratelli Bocca Editori, 1903, p. 210.

Les livres de Morasso sont également assimilés par Boccioni. Le « journal » qu'il tient dans les années qui précèdent le futurisme témoigne qu'il a non seulement lu *L'Imperialismo artistico,* mais aussi *La Vita moderna nell'arte,* une étude publiée par Morasso à propos de la Ve Exposizione internazionale de Venise[25]. Morasso est en Italie le premier théoricien de la culture urbaine et de la « modernolâtrie », selon l'expression forgée plus tard par Boccioni en opposition à la « modernité » de Charles Baudelaire. En 1907, sans se connaître, Boccioni et Marinetti se rendent au nouveau Circuito automobile de Brescia. Ils assistent à la course et en tirent une même exaltation vitaliste qu'ils décrivent en des termes semblables à ceux de Morasso.

Le thème de l'énergie, dont la valeur politique a été exaltée pour la première fois lors de la Révolution française, est très présent dans la culture de l'époque. Le jeune nationalisme italien orchestre ce thème, célébrant l'énergie guerrière et l'énergie éthique censées rendre à l'Italie sa grandeur perdue. Le nietzschéisme, assez répandu durant cette période[26], suggère que l'art lui-même doit inciter au sursaut vital. Le débat sur l'art moderne continue néanmoins d'être marqué par la quête d'une identité nationale, c'est-à-dire d'une culture artistique spécifiquement italienne. En d'autres termes, l'art italien n'arrive toujours pas à s'affranchir de ses références au passé. De plus, le poids de la tradition classique, qui caractérise la vie artistique en Italie, fait en sorte que, à quelques exceptions près, l'art ne sait pas non plus accueillir l'altérité culturelle du japonisme ou de l'art nègre. Ainsi, dans les œuvres futuristes, on ne trouvera aucune répercussion des formats en hauteur des kakémonos ou des synthèses formelles des masques africains. Ce sont plutôt les images modernistes du sport, des locomotives, des automobiles et de la ville qui font de plus en plus leur apparition en peinture chez des artistes comme Cominetti ou Aroldo Bonzagni. À cette même époque, un mécanicien de génie formé à l'Académie des beaux-arts, Ettore Bugatti, construit à Milan sa première voiture. Quelques années plus tard, il donnera naissance au design automobile. Il sera ainsi le premier interprète du concept marinettien saluant l'avènement d'une nouvelle esthétique liée à la machine : une voiture peut être plus belle que *La Victoire de Samothrace,* selon le *Manifeste du futurisme.*

Les nouveaux médias technologiques, le cinéma et la photographie, dont les innovations ouvrent le chemin vers le futurisme, deviennent très populaires. L'engouement collectif pour le cinématographe fait naître les premières maisons de production. Parmi celles-ci, la Cines de Rome réalise en 1908 le film *Le Farfalle* montrant une nuée de femmes-papillons qui interprètent la serpentine, la fameuse danse créée par Loïe Fuller, dont les figures gestuelles sont matérialisées dans l'espace par le sillage de voiles en mouvement[27]. Les fils du directeur de production de la Cines, Anton Giulio et Arturo Bragaglia, qui fréquentent alors les ateliers de tournage, seront quatre ans plus tard les créateurs du « photodynamisme » futuriste par lequel, s'opposant aux chronophoto-graphies d'Étienne Jules Marey, ils entendront fixer la seule trajectoire du geste traversant l'espace. L'exploration du médium cinématographique, notamment par la projection à rebours d'un film, est menée sur les scènes du théâtre de variétés par le transformiste Leopoldo Fregoli. Marinetti exaltera le prodige futuriste de ses spectacles multimédias fondés sur « la simultanéité de vitesse + transformations ». Pour la maison de production Ambrosio Film de Turin, l'écrivain Arrigo Frusta tourne *La Storia di Lulù,* une réussite du cinéma populaire montrant la vie d'une femme uniquement à travers le cadrage de ses pieds[28]. Marinetti s'en inspirera pour instaurer une révolution scénique au théâtre en faisant jouer les « synthèses futuristes » avec le rideau presque entièrement baissé de façon à exclure le visage des comédiens[29].

La révolution du regard provoquée par les nouvelles avancées de la photographie joue, à cette époque, un grand rôle au sein d'une culture marquée autant par le progrès scien-tifique que par la crise du positivisme. Enrico Imoda est l'un des photographes italiens qui pratiquent la « photographie transcendantale », c'est-à-dire des prises de vue censées documenter les recherches parascientifiques sur le spiritisme[30]. Boccioni et Russolo se montreront très réceptifs à ce genre d'images. Ils penseront y trouver des suggestions quant au contenu visuel de leurs tableaux sur le thème de l'énergie psychique en termes d'« état d'âme »[31]. La photographie expérimentale, qui documente le progrès des travaux en physique et en physiologie, obtient des résultats sensationnels dont font état les revues de divulgation populaire.

Des instruments de plus en plus performants accélèrent l'observation scientifique sur la nature des phénomènes qui, accompagnant l'activité humaine, font partie de son plus proche environnement. En allant au-delà du seuil de visibilité de l'œil humain, la

Une façade de la galerie des Beaux-Arts conçue dans un style Liberty par Raimondo D'Aronco à l'Esposizione internazionale d'arte decorativa, Turin, 1902
Archives Giovanni Lista, Paris.

Une façade avec la reproduction à l'identique de l'entrée du tunnel du Simplon à l'Esposizione internazionale del Sempione, Milan, 1906
Archives Giovanni Lista, Paris.

technique explique enfin les mouvements secrets de la matière et permet de les transcrire dans une forme objective. Marey est alors connu en Italie[32] où ses travaux rappellent les analyses du vol des oiseaux et des turbulences d'air que poursuivait Léonard de Vinci quelques siècles plus tôt[33]. Certains de ses écrits sont même publiés en Italie avant de paraître en France[34]. Le physiologiste français accomplit ses expériences dans sa villa de Naples, où il a l'habitude de séjourner plus de la moitié de l'année. Il confie d'ailleurs à des artistes napolitains la réalisation de ses études sculptées d'oiseaux en vol, destinées à son travail de laboratoire. Les futuristes seront les premiers à proposer un nouveau langage esthétique axé sur la transposition directe, en art, des signes scientifiques de la chronophotographie.

Les planches photographiques d'Eadweard Muybridge sur le cinétisme animal, ainsi que les microphotographies d'Ernst Mach sur les phénomènes atmosphériques produits par un corps en mouvement sont également connues en Italie[35]. Afin de peindre l'expérience sensible de la réalité, les futuristes voudront s'approprier les signes rythmiques, les diagrammes conceptuels et les formalisations abstraites de ces investigations scientifiques menées par la photographie. Mais ils n'en feront jamais une application studieuse qui viserait à la simple mise en œuvre d'une « esthétique scientifique ». Ces représentations visuelles de l'infravisible seront toujours utilisées de façon libre et intuitive, dans le but d'exalter l'intensité de la sensation vitale plutôt que de transcrire le phénomène. Le futurisme élaborera une vision du monde ancrée dans le stade premier de la sensation, une sorte de matérialisme de la jouissance sensorielle inhérente aux expériences de la vie moderne.

Durant les premières années du XXe siècle, les manuels scientifiques et philosophiques paraissant chez les éditeurs spécialisés, tels les Fratelli Bocca à Turin ou la Libreria Hoepli à Milan, introduisent en Italie les idées émergeantes de l'époque, notamment les différentes théories de la « psychophysique », mouvement scientifique fondé par Gustave Theodor Fechner qui s'attache à l'analyse des « sensations » comme éléments relationnels à la base de toute vie psychique et donc de tout système conceptuel. Bien que ne les citant pas directement, Boccioni montrera qu'il a lu des textes comme *Die Analyse der Empfindungen [L'Analyse des sensations]* de Ernst Mach[36], ou encore *First Principles [Les Premiers Principes]* et *The Principles of Psychology [Les Bases de la pensée]* de Herbert Spencer[37], qui fait alors de la sensation la matière première de la conscience. Grâce au travail culturel de Giovanni Papini et Giuseppe Prezzolini, qui dirigent la revue *La Voce* à Florence, l'intelligentsia italienne assimile de façon critique le pragmatisme de William James, analysé comme « volonté d'action » et principe opérationnel de la vérité pratique. Papini traduit en outre, sous le titre *La Filosofia dell'intuizione,* un ensemble des écrits de Henri Bergson[38], dans lequel, réunissant des extraits sélectionnés et assemblés selon sa lecture particulière, il propose une véritable interprétation de la philosophie bergsonienne. Les idées de Boccioni en seront profondément marquées.

Anton Giulio Bragaglia se référera lui aussi aux théories de Spencer, James et Bergson dans son argumentation sur la validité esthétique de ses photodynamiques futuristes. Dans un esprit semblable, Russolo utilisera les travaux de Hermann Ludwig von Helmholtz lors de son élaboration d'un « art des bruits ». Si ce dernier est connu en Italie par le débat intellectuel et philosophique qu'il a suscité, dès les années 1870, chez des scientifiques comme Mario Panizza[39] et Pietro Blaserna[40], son ouvrage *Théorie physiologique de la musique fondée sur l'étude des sensations auditives* n'a pas encore été traduit en italien[41]. Russolo s'appuiera donc sur l'édition française de ce traité pour définir la qualité musicale du bruit en termes de durée et de hauteur des vibrations perçues par le nerf auditif.

Le futurisme de Marinetti naîtra aussi à l'horizon des tensions et des contrastes sociaux de la première décennie du XXe siècle. Toute stabilité sociale sanctionnant un équilibre traditionaliste et conservateur – soit le programme de la vieille bourgeoisie liée à la production agraire et textile – est alors profondément remise en cause par la croissance rapide du jeune capitalisme industriel italien. Les bouleversements sociaux et la turbulence politique confortent la conception largement répandue selon laquelle le Risorgimento a échoué à apporter un renouveau spirituel et moral. La hantise de la décadence et le rêve de l'héroïsme nourrissent l'esprit de maints intellectuels italiens. L'anarchie entretient le radicalisme révolutionnaire. Les attentats politiques qui ont lieu en Europe sont souvent l'affaire d'anarchistes italiens à la recherche du geste exemplaire. Cette attitude s'intensifie lorsque les idées de Mikhaïl Bakounine et Errico Malatesta, très populaires dans les milieux de l'anarchie en Italie, commencent à être remplacées par celles de Georges Sorel,

25 M. Morasso, *La Vita moderna nell'arte*, Milan/Turin/Rome, Fratelli Bocca Editori, 1904.

26 Cf. M.A. Stefani, *Nietzsche in Italia, rassegna bibliografica, 1893-1970*, Rome, Biblioteca Nazionale, 1975 ; G. Michelini, *Nietzsche nell'Italia di D'Annunzio*, Palerme, S.F. Flaccovio, 1978.

27 Cf. G. Lista, *Loïe Fuller, danseuse de la Belle Époque*, Paris, Stock/Somogy, 1994. Pour la relation au cinéma et pour les films de la danse serpentine, voir en particulier la 2e éd. revue et augm. : Paris, Hermann, 2007.

28 Cf. *Id.*, *Cinema e fotografie futurista*, cat. exp., Trento-Rovereto, museo d'Arte moderna e contemporanea, 18 mai-15 juillet 2001 (Milan/Paris, Skira, 2001).

29 Cf. *Id*, *La Scène futuriste*, Paris, Éd. du CNRS, 1989.

30 E. Imoda, *Fotografie di fantasmi*, Milan/Turin/Rome, Fratelli Bocca Editori, 1912.

31 Cf. G. Lista, *Futurismo e fotografia*, Milan, Multhipla, 1979.

32 Les chronophotographies de Marey ont été présentées pour la première fois en Italie en 1887, lors d'une exposition internationale qui s'est tenue à Florence ; cf. L. Gioppi, « La Cronofotografia », *Rivista scientifico-artistica di fotografia* (Milan), vol. II, n° 9, mars 1894. Dès l'année suivante, Marey collaborait aux revues scientifiques italiennes ; cf. É.J. Marey, « Studio della locomozione animale colla cronofotografia » ; et É.J. Marey, G. Demeny, « Parallelo fra il passo e la corsa », *Annali universali di medicina e chirurgia* (Milan), vol. 283, n° 8, août 1888. Ce n'est que vingt ans plus tard, grâce à la poétique futuriste du dynamisme, que l'on osera introduire en art la répétition chronophotographique de la forme humaine.

33 C'est pour cela que Balla, lorsqu'on lui parlait de Marey à propos de ses images d'hirondelles cinétisées, répondait avec beaucoup d'ironie : « Au XVIe siècle, je m'appelais Léonard ».

34 Voir, par exemple, É.J. Marey, « La Cronofotografia », *Il Dilettante di fotografia* (Milan), IIIe année, du n° 23, mars 1892, au n° 32, décembre 1892.

35 Voir, par exemple, [Anonyme], « Cinematografia : Muybridge », *La Fotografia artistica* (Turin), VIIIe année, n° 1, janvier 1911. Dans ses tableaux abstraits consacrés à la « vitesse d'une automobile », Balla utilisera en particulier le cône de Mach, c'est-à-dire le signe de l'angle aigu obtenu par la « fixation photographique des phénomènes auxquels donne lieu le projectile dans l'air » ; cf. Barco, « La Fotografia dei proiettili durante la loro traiettoria », *Il Dilettante di fotografia* (Milan), IIIe année, n° 24, avril 1892.

36 E. Mach, *Analisi delle sensazioni*, Milan/Turin/Rome, Fratelli Bocca Editori, 1903. Traduction française : *L'Analyse des sensations*, trad. F. Eggers et J.-M. Monnoyer, Paris, J. Chambon, 1996.

37 H. Spencer, *The Principles of Psychology* (1855) livre traduit en Italie sous le titre *Le Basi del pensiero*, Milan/Turin/Rome, Fratelli Bocca Editori, 1907, puis republié par cet éditeur en 1909 sous le titre *L'Evoluzione del pensiero*.

38 H. Bergson, *La Filosofia dell'intuizione*, G. Papini (dir.), Lanciano, Carabba, 1909.

39 Cf. M. Panizza, *Il Positivismo filosofico e il positivismo scientifico : Lettere ad Hermann Helmholtz*, Florence, Bencini, 1871.

40 Cf. P. Blaserna, *La Teoria del suono nei suoi rapporti con la musica : Dieci conferenze*, Milan, Fratelli Dumolard, 1875. Ce livre italien a été traduit deux ans plus tard par la librairie Germer Baillière & Co., à Paris, avec en appendice le texte sur les « causes physiologiques de l'harmonie musicale » par Helmholtz.

41 Cf. L. Russolo, *L'Art des bruits*, textes établis et présentés par G. Lista, Lausanne, L'Âge d'homme, 1975. Russolo cite l'édition française de l'essai de Helmholtz parue chez Victor Masson et fils en 1868.

théoricien du syndicalisme révolutionnaire et nouveau maître à penser des mouvements extrémistes[42]. Au lendemain de la grève générale de 1904, qui se solde par un lourd échec pour la classe ouvrière, Marinetti finit de rédiger sa pièce *Le Roi Bombance,* une satire féroce des tribuns politiques de tout bord. Il leur oppose la figure du poète assoiffé d'idéal, véritable porte-parole de cette frustration qui, engendrée par la faillite des espoirs du Risorgimento, fait toute la spécificité de la situation italienne.

La naissance du futurisme date véritablement de 1905, alors que la fondation du « mouvement futuriste » ne se produira que quatre années plus tard. En 1905, Marinetti lance sa revue *Poesia,* l'ouvrant aux poètes et écrivains de toute l'Europe et entreprenant un travail culturel orienté vers le dépassement des valeurs symbolistes. C'est également en 1905 qu'il publie ses premiers poèmes sur l'automobile, qu'il intensifie sa dynamisation du vers libre et qu'il fait enfin paraître *Le Roi Bombance*, qui, inspiré par les idées de Nietzsche et de Schopenhauer, énonce déjà la « religion du devenir » à la base du futurisme. Un groupe de poètes se forme alors aux côtés de Marinetti. Parmi ceux qui feront partie du premier noyau du mouvement futuriste, se trouve Gian Pietro Lucini, le théoricien d'un « symbolisme italien » s'appuyant sur les philosophes de la Renaissance – Marsile Ficin, Pic de la Mirandole, Giordano Bruno – et sur une tradition littéraire nationale allant de Dante à la scapigliatura.

Avec *Poesia,* Marinetti multiplie les contacts et engage en même temps, selon ses propres mots, un combat culturel pour libérer la littérature italienne des « chaînes du traditionalisme et du mercantilisme[43] ». Il dit vouloir s'attaquer au « culte du passé » et à l'esthétisme dépourvu d'idéal de l'Italie du post-Risorgimento. À cette époque, le roman naturaliste, ainsi que l'expérimentalisme des scapigliati ont déjà introduit des thèmes et des formes de la modernité dans la littérature italienne. Dans le domaine de la poésie, le futurisme a été annoncé de différentes façons, autant formelles que thématiques. On peut ainsi énumérer l'utilisation insistante de l'onomatopée par Giovanni Pascoli, la célébration de la locomotive comme symbole du progrès par Giosué Carducci, les recherches modérées sur le vers libre conduites par Luigi Capuana, enfin, les plaquettes imprimées sur papier vélin avec jeux typographiques et encres de couleur par Augusto J. Sinadino. En fait, l'action de Marinetti est dirigée autant contre l'Italie des antiquaires que contre la poésie nostalgique et évocatrice du symbolisme. Dans son manifeste futuriste *Nous renions nos maîtres les symbolistes, derniers amants de la lune,* il rejettera tout à la fois les symbolistes italiens et les symbolistes français, tel Stéphane Mallarmé. Il rêve en effet d'une poésie militante, engagée dans le monde contemporain, qui serait moderne parce que capable d'adhérer à la vie et de seconder la marche en avant du progrès humain.

Marinetti écrit, peu après, *Les Poupées électriques,* un drame marqué par le théâtre de Henrik Ibsen et par les théories sur la relation entre hystérie et hypnose développées par l'école de la Salpêtrière de Jean-Martin Charcot[44]. Le thème du double y apparaît sous la forme de deux automates qui, par leur simple présence, agissent sur le fonctionnement de l'appareil psychique, libérant ainsi les désirs inconscients d'un couple. Il s'agit de corps-machines qui révèlent en fait une donnée anthropologique inhérente à la civilisation industrielle, c'est-à-dire la nécessité d'une redéfinition de l'homme face au nouveau monde de la technologie et de la grande industrie. Des philosophes comme Marx ou Bergson ont déjà cherché à appréhender l'avènement de l'« être mécanisé ». Le premier en étudiant, dans *Le Capital,* les conséquences du « machinisme » ; le second en faisant allusion à la disparition du tragique dans *Le Rire.* Marinetti propose en revanche la redécouverte de l'humain qui se trouve confronté avec le mécanique, cette nouvelle dimension de l'existence qui lui est imposée par la modernité. Si, par le théâtre, Marinetti met en scène cette image de l'homme assimilé à une machine, c'est parce que l'Italie est la patrie de l'humanisme et que la tradition du grand art italien a toujours célébré les fastes de la figure humaine. Il s'agit donc d'une réaction culturelle spécifique qui témoigne, bien que paradoxalement, des sources italiennes du futurisme. Ce n'est qu'en Italie que pouvait se manifester une telle image de l'automate, saisie par Marinetti dans une relation dialectique de fascination et d'angoisse avec la nature humaine : la machine est l'Autre qui est en nous-mêmes[45].

Les caractères largement endogènes du futurisme se laisseront vérifier à bien d'autres endroits, selon des mécanismes réactionnels générés par la culture italienne elle-même, à travers ses expressions les plus typiques. L'art des bruits naîtra en opposition aux mélodies du *bel canto,* tout comme le style télégraphique des mots en liberté sera conçu en opposition à une tradition rhétorique allant des poètes de l'Arcadie à D'Annunzio. Plus tard, les recherches de l'« aéropeinture » viseront une réélaboration de la perspective dont

Giuseppe Cominetti
Les Conquérants du soleil, 1907
Huile sur toile, 291 x 290 cm
Collection particulière.

l'invention a été l'événement fondateur de l'art italien. Par ailleurs, en tant qu'exaltation du futur, le futurisme ne pouvait voir le jour qu'en Italie. Depuis la vogue du Grand Tour, l'Italie était en effet considérée comme la terre du passé par excellence.

Marinetti accomplit, par le biais de sa revue *Poesia,* la traversée et le dépassement du symbolisme. Lorsqu'il lance une « enquête sur le vers libre » destinée à renouveler la forme poétique en Italie, son ami Lucini élabore une interprétation idéologique de la liberté métrique qui se revendique de l'anarchie. Il célèbre dans le vers libre l'expression concrète d'une révolte « contre le principe d'autorité ». Marinetti conçoit à son tour cette technique littéraire comme le modèle idéologique d'une évolution sociale, culturelle et politique : l'art, à travers sa propre révolution formelle, peut instaurer une véritable éthique du nouveau et contribuer ainsi au progrès humain. Mais, si Lucini pense à l'anarchie, Marinetti se réfère plutôt au syndicalisme révolutionnaire qui, au-delà du recours à l'action directe, a apporté la théorie d'un syndicat ouvrier comme force autonome, affranchie de la tutelle des partis et des institutions politiques. Arturo Labriola, le chef de file du syndicalisme révolutionnaire italien, développe alors dans sa revue *L'Avanguardia socialista* une théorie des minorités agissantes qu'il élabore jusqu'à envisager une fédération de tous les syndicats pour la conquête du pouvoir[46]. Marinetti s'appropriera cette stratégie en fondant le mouvement futuriste sur l'auto-organisation des artistes, des poètes et des créateurs, réunis en tant que « travailleurs de l'esprit » qui se sont engagés à « activer » l'avènement de « l'homme futur ». Il proposera ensuite un front commun entre futuristes et syndicalistes révolutionnaires[47].

Le futurisme inaugurera ainsi le militantisme et l'activisme de l'avant-garde, appelant l'artiste à jouer pleinement son rôle catalyseur au sein de la dynamique culturelle et politique de son époque. Dicté par le modèle idéologique porté par le vers libre, le programme futuriste reposera sur le refus de toute forme fermée et prédéterminée, sur l'exigence d'un renouvellement constant de l'art, sur l'affirmation de la liberté créatrice de l'individu contre toute hiérarchisation sociale. L'art futuriste voudra exprimer les valeurs nouvelles du XXᵉ siècle, telles que la rapidité, la multiplicité, la simultanéité et la « beauté mécanique[48] ». Selon la formule de Boccioni, sa tâche sera d'explorer et de représenter le « mouvement relatif » et le « mouvement absolu », autrement dit la *kinesis* (énergie en action) et la *dynamis* (énergie en puissance). Faisant de l'énergie le véritable sujet de l'œuvre, le futurisme pratiquera la défiguration par le mouvement. Il détruira la représentation au nom des forces qui travaillent la matière. Par la suite, la découverte et l'intégration de la syntaxe analytique du cubisme ne modifieront pas cette orientation formelle et idéologique. La peinture de Boccioni transformera alors l'interpénétration des plans en une articulation de larges cadences plastiques sans équivalent chez les cubistes. Par son travail sur les transitions immatérielles de l'énergie, le futurisme préparera l'avènement de l'autonomie de la peinture. Il pratiquera l'abstraction tout en évitant l'impasse de l'autosignifiance de l'art.

Avec son manifeste de 1909, Marinetti ouvre la phase activiste du futurisme. Il apporte surtout, au sein d'une modernité italienne constamment conditionnée par la référence au passé, l'énoncé d'un refus. Il proclame que la culture et l'art n'appartiennent pas au musée mais s'incarnent dans la vie en action. Affirmant le concept normatif de l'antitradition, il permet à l'artiste italien de s'identifier au modèle opérationnel de l'avant-garde et de se déterminer dans la posture de celui qui crée en fonction de l'avenir. Par la fondation du mouvement futuriste, Marinetti instaure cette idée fondamentale qui est la césure d'avec le passé[49], il promeut une idéologie de la rupture capable de produire une autre visibilité du nouveau. Le futurisme conduit ainsi l'artiste italien à ouvrir les yeux sur le monde en devenir. C'est par ce geste fondamental que la modernité devient réellement présente et par là même préfiguration de futur.

42 Cf. G. Sorel, *Lo Sciopero generale e la violenza,* Rome, Edizioni Industria e Lavoro, 1906.

43 F.T. Marinetti, *Guerra sola igiene del mondo,* Milan, Edizioni futuriste di « Poesia », 1915, p. 5.

44 Cf. G. Lista, *La Scène futuriste, op. cit.* La pièce est écrite en français. Son titre fait penser, à tort, à *L'Ève future* de Villiers de l'Isle-Adam. Marinetti cite néanmoins le titre italien, *I Fantocci,* lorsqu'il fait annoncer par la revue *Il Teatro illustrato,* en juin 1907, qu'il vient d'en terminer la rédaction.

45 Marinetti saisit en somme, à travers l'image de l'automate, la destitution de l'homme jadis placé au centre du monde par une tradition iconographique allant de Vitruve à Léonard de Vinci et rendu maître de lui-même et du réel par l'invention de la perspective. Bien des années plus tard, l'écrivain tchèque Karel Čapek, ami et traducteur de Marinetti, s'appuiera sur une idée bien plus banale pour écrire son drame *R.U.R.* d'où vient le mot Robot.

46 Cf. G. Lista, « Marinetti et les anarcho-syndicalistes », *Présence de F.T. Marinetti,* Lausanne, L'Âge d'homme, 1982. Sorel lui-même s'est exprimé plus d'une fois sur l'originalité du syndicalisme révolutionnaire italien. Il a par ailleurs collaboré à plusieurs revues italiennes, comme *La Critica* de Benedetto Croce et *La Voce* de Giuseppe Prezzolini et Giovanni Papini.

47 *Ibid.,* p.70.

48 F.T. Marinetti, *Le Futurisme* [1911], Lausanne, L'Âge d'homme, 1980.

49 Se construisant par opposition au futurisme, le dadaïsme préconisera quant à lui l'abolition du futur ; cf. G. Lista, *Dada libertin et libertaire,* Paris, L'Insolite, 2006.

Simultanéité, simultanéisme, simultanisme

par Ester Coen

L'année 1913, décisive dans l'histoire de la culture et des doctrines sociales, politiques, économiques du monde occidental, voit s'opposer les mouvements artistiques les plus novateurs. Tous brassent des thèses où domine l'approfondissement d'une pensée qui avait connu, au cours des décennies précédentes, des métamorphoses de grande ampleur, toutes aussi défendables et, de ce fait, encore plus inquiétantes. Si le mouvement du progrès pouvait alimenter un sentiment d'étonnement et de stupeur, la conscience d'une course vers l'inconnu et son corollaire, la perte d'un principe de réalité éprouvé et établi, ne manquaient pas de susciter un état inattendu de trouble et d'appréhension.
On était à la veille d'une guerre d'une échelle sans précédent, qui basculerait dans la violence extrême, aux conséquences imprévisibles. L'époque s'enivrait de cette course vers le progrès, vers une civilisation moderne, qui ne révèlerait qu'*a posteriori* sa face obscure : la perte absolue et brutale de tout sens d'humanité. Cette civilisation moderne, de nombreux artistes en avaient promptement perçu l'aspect menaçant et sinistre, se réfugiant dans l'intuition irrationnelle qu'existaient dans leur travail des mondes non contaminés, dont l'autonomie et la liberté ne pouvaient s'exprimer que par l'œuvre et son langage spécifique. L'œuvre, qui témoignait d'une tension anxieuse vers la couleur ou vers la forme, réfutait les thèmes sociaux ou politiques ; elle dissimulait, derrière son apparente obsession de la tonalité ou de l'objet, son souci de ne pas laisser filtrer, sinon à travers la transcendance du modèle ou de l'inspiration, sa relation avec le monde de tous les jours, rythmé par les nouvelles et articles des journaux. Comme dans le cubisme de 1912-1914, cette relation pouvait naître simplement à la surface des œuvres, avec l'insertion de fragments de matériaux divers, d'informations ou même simplement de lettres, circonscrivant ce plan à celui de la réalité, en l'idéalisant et en l'anoblissant comme pure spéculation phénoménologique. Grâce aux signes mêmes de la vie quotidienne qu'il intégrait, l'art soulignait sa propre autonomie et posait ainsi sa distance par rapport à ce quotidien-là. Mais si de nombreux artistes et intellectuels se réfugièrent dans un univers individuel et se retirèrent du monde concret, source de contraintes et de malheurs, d'autres revendiquèrent la nécessité d'assimiler à travers l'art ces idées venues de l'extérieur et d'en faire une source directe d'inspiration.
Perte des valeurs, suprématie fascinante de la machine, multiplication d'images d'un réel métamorphosé par les inventions technologiques : l'époque nouvelle entérine l'écroulement des idéologies positivistes sur lesquelles s'appuie une classe bourgeoise qui, à l'inverse, résiste et se bat pour les consolider. C'est une époque où, derrière les merveilles de la science et de toutes ces catégories épistémologiques qui remodèlent la perception même de l'univers, se dissimule le malaise du doute et de l'incertitude. Une époque qui semble marquer la fin d'une ère où circulent encore les illusions des moments passés, invisibles aux yeux d'un monde qui célèbre les nouveaux spectacles urbains avec une légèreté insouciante. Quelle conscience une génération d'artistes jeunes, pleins d'énergie et de force d'invention, pouvait-elle avoir de ce déchirement dramatique ? Le rythme soutenu des inventions, des débats, des controverses qui se succédèrent durant ces quelques années étourdissantes, pleines d'événements fracassants, est le signe d'un désir exubérant de confrontation et d'exaltation individualiste.
Avec la transformation foudroyante et radicale des arts visuels et plastiques, miroir d'une civilisation révolutionnaire portée à remodeler radicalement ses métropoles, s'impose comme une volonté supérieure le désir d'un renversement stylistique et formel. Volonté où domine la vitalité des arguments, qui ne s'exprime pas toujours dans une opposition directe mais montre l'urgence naturelle de dépasser l'empirisme pour traduire concrètement en images une nouvelle perception de la réalité ou de nouvelles approches spirituelles et immatérielles.
Dans la vive polémique qui voit s'opposer, en 1913, les différentes conceptions qui émergent sur le front de l'art, en Italie, en France, en Allemagne, cristallisant les aspirations combatives de ces âmes en lutte, l'animosité des lettres et des propos échangés, la violence du ton, la passion des élans peuvent se lire aujourd'hui comme l'expression passionnée,

Robert Delaunay
Champ de Mars. La Tour Rouge, 1911
[reprise vers 1923]
Huile sur toile, 162 x 130,8 cm
The Art Institute of Chicago
Collection Joseph Winterbotham.

Umberto Boccioni
Materia, 1912 [reprise en 1913]
Huile sur toile, 226 x 150 cm
Collection Gianni Mattioli, en dépôt longue durée
à la Collection Peggy Guggenheim, Venise.

incandescente, d'une pensée dont les motivations, spontanées mais loyales, sinon semblables, participent en réalité d'un même idéal ou d'une même conscience intellectuelle. La bataille qui, en cette année 1913, se déchaîne entre futurisme et orphisme met à nu la tension dramatique propre à toute une génération et offre le prétexte d'une radicalisation des différents courants de pensée. Des raisons spécieuses, parfois subtiles à l'excès, teintent ces quelques mois de couleurs sombres, dans un affrontement qui va au-delà de la simple polémique. Au centre de cette polémique se trouve le terme de « simultanéité », le désir d'en revendiquer la paternité, ou plutôt de le décliner sous toutes ses facettes pour définir un nouveau système de la contemporanéité. L'intensité des débats qu'il suscite en France s'alimente de l'animosité déclenchée par les provocations futuristes l'année précédente, qui avaient soulevé l'hostilité, l'irritation de nombreux intellectuels[1]. Elle signe une guerre de position, un désir expansionniste virulent, visant à élargir les limites des *credo*, des vérités artistiques abruptes qui étaient les leurs. Cette bataille est résumée avec une précision remarquable dans une lettre – organisée en huit points – écrite par Sonia Delaunay en novembre 1956[2]. Le début de la controverse y est identifié dans un article d'Umberto Boccioni sur la « Simultanéité futuriste », écrit à Milan le 25 novembre 1913, publié dans le numéro 190-191 de la revue *Der Sturm* du 15 décembre, dans lequel il « attaque directement R. Delaunay[3] ». Son second temps vient naturellement avec la réponse de Robert Delaunay, publiée dans les pages de la même revue (n° 194-195 du 15 janvier 1914)[4]. Ses troisième et quatrième points renvoient à deux articles de Guillaume Apollinaire auxquels se réfère la lettre de Delaunay (« Chronique mensuelle » dans le n° 18 des *Soirées de Paris* du 15 novembre et « Le Salon d'Automne » dans le n° 19 du 15 décembre de la même revue). Comme cinquième étape, Sonia Delaunay cite la chronique d'Apollinaire « La Vie artistique » de *L'Intransigeant* du 5 mars 1914, dans laquelle le poète évoque le tableau de Delaunay *Disque solaire simultané forme ; au grand constructeur Blériot*, qu'il dit animé d'un « futurisme tournoyant ». Suit, au sixième point, la réaction immédiate de Delaunay réfutant l'usage du terme de « futuriste » pour qualifier sa peinture dans « Au Salon des indépendants. Réponse à une critique », *L'Intransigeant* du 6 mars 1914[5], en contradiction avec les deux articles parus dans *Les Soirées de Paris*[6]. Au septième temps de la controverse vient la réponse de Carlo Carrà, Giovanni Papini et Ardengo Soffici[7], et au huitième et dernier point, Sonia Delaunay mentionne les extraits d'un manuscrit de Delaunay précisant certaines de ses idées à l'égard des recherches qui le préoccupent ces années-là[8].

La polémique porte donc essentiellement sur la question de la datation des recherches simultanéistes de Boccioni et de Delaunay, sur l'appartenance du terme de « simultanéité » au lexique strictement futuriste. À la lecture de ces documents et des innombrables pages qu'ils ont pu susciter, on ne peut qu'être sensible aujourd'hui à l'ingénuité de ces disputes héroïques menées au nom d'idéaux théoriques et abstraits démesurés.

Simultanéisme, simultanisme, simultanéité : ces termes, dans des contextes éloignés du champ strictement artistique, ont déjà été entendus, utilisés, bien avant que cette furieuse polémique s'empare en 1913 du cercle étroit du monde littéraire et artistique. La querelle née autour des subtiles variations et différences de sens entre eux propage l'incendie, suscitant des batailles plus profondes et concrètes. Leur proximité linguistique, qui permet toutes les déclinaisons possibles, nourrit le désir d'émancipation, fournit le prétexte à des luttes pour la suprématie, la revendication en paternité de logiques et de mécanismes bien enracinés dans le monde de l'art.

Le terme de « simultanéité », dans ses différentes acceptions, se retrouve dans de nombreux écrits futuristes, mais c'est son apparition dans la préface du catalogue signée par les jeunes artistes italiens à la galerie Bernheim-Jeune en février 1912 qui le transforme, de fait, en véritable déclaration de guerre. Le ton véhément qui caractérise les propos des cinq peintres et de leur chef de file, Filippo Tommaso Marinetti, l'écart net qui sépare « l'immobile, le glacé et tous les aspects statiques de la nature[9] » attribué au cubisme, auquel s'oppose la poétique du progrès prônée par le futurisme, fondé sur l'idée de la vitesse, constituent, de la part des Italiens, les actes d'accusation les plus offensifs et provocateurs qui soient contre les cercles artistiques du pays qui les accueille – même si Marinetti se sentait davantage en harmonie avec la France qu'il ne l'était avec le sol italien, auquel ne le rattachait que le fil ténu d'un lignage qui, bien que souvent invoqué, n'était jusque-là jamais vécu de façon réellement identitaire. Né à Alexandrie en Égypte, nourri de culture française, telle qu'elle se reflétait sur les rives

1 L'exposition des peintres futuristes italiens, présentée en février 1912 à la galerie Bernheim-Jeune, suscite de nombreuses polémiques dans les revues et les journaux français.

2 Lettre de Sonia Delaunay envoyée à Laura Drudi Gambillo qui tente de reconstituer les éléments de la polémique dont elle a trouvé la trace dans une lettre signée par Carrà, Papini et Soffici du 12 mars 1914, adressée au directeur de *L'Intransigeant*. (L'original de cette lettre est conservé à la Bibliothèque nationale de France [Fonds Delaunay-Don 36054/280] ; lettre publiée dans M. Drudi Gambillo, T. Fiori, *Archivi del futurismo*, Roma, De Luca Editore, 1958, p. 318.) À la fin de sa lettre, Sonia Delaunay mentionne l'auteur de cette recherche comme étant Guy Weelen. Mais cette lettre, datée du 27 février, n'est envoyée à L. Drudi Gambillo qu'en 1959, accompagnée d'une autre lettre où Sonia Delaunay précisait que sa réponse, au moment de la demande faite par la chercheuse italienne (13 septembre 1956), avait subi des retards considérables dus au fait que, dans sa revue *XXe Siècle*, Gualtieri di San Lazzaro avait l'intention de publier un texte autour de cette question. Par la suite, Pierre Francastel s'est servi de ces notes pour : R. Delaunay, *Du cubisme à l'art abstrait. Documents inédits publiés par Pierre Francastel et suivis d'un catalogue de l'œuvre de R. Delaunay par Guy Habasque*, Paris, SEVPEN, 1958.

3 Ce texte de Boccioni paru dans *Der Sturm* en décembre 1913, présenté par Sonia Delaunay comme une lettre, est en fait un article.

4 R. Delaunay, « Lettre ouverte au Sturm », 17 décembre 1913, adressée au directeur de la revue, Herwarth Walden.

5 Sonia Delaunay, dans sa lettre de novembre 1956, mentionne par erreur le 5 mars.

6 L'article d'Apollinaire, intitulé « Au Salon des Indépendants », a paru dans la rubrique « La Vie artistique » de *L'Intransigeant* du 5 mars 1914 (et non du 4, comme l'écrit Sonia Delaunay).

7 C. Carrà, G. Papini, A. Soffici, « Une querelle artistique », texte de Carrà, *L'Intransigeant* du 8 mars 1914 (et non le 7, comme l'écrit S. Delaunay).

8 Sonia fait référence à un manuscrit de Robert Delaunay, « Simultanisme de l'art moderne contemporain. Peinture. Poésie » (octobre 1913, retranscrit et publié par P. Francastel dans R. Delaunay, *Du cubisme à l'art abstrait...*, op. cit., p. 109-112) dans lequel, comme on le verra ensuite, Delaunay accuse le futurisme d'être un mouvement « machiniste et non vivant » (p. 110). Le passage que cite Sonia est le suivant (p. 111) : « La nécessité d'un sujet nouveau a inspiré les poètes en les lançant dans une voie nouvelle et en leur montrant la poésie de la Tour qui communique mystérieusement avec le monde entier. Rayons de lumière, ondes auditives symphoniques. / Les usines, les ponts, constructions en fer, dirigeables, les mouvements innombrables des aéroplanes, les fenêtres simultanément vues par les foules. / Ces sensibilités modernes se rencontrent simultanément. / Cendrars (avril 1912), Pâques, fait à New York – en se promenant la nuit de Pâques dans les quartiers de New York, sous les ponts suspendus, dans les quartiers chinois, parmi les gratte-ciel, en métro (paru en octobre 1912). De retour à Paris il alla voir Apollinaire en toute sincérité d'art. Cette rencontre a donné une ébullition [Sonia transcrit : émulation] à Apollinaire qui publia Zône [sic] (novembre 1912 dans *Les Soirées de Paris*, republié dans le *Sturm* et ensuite dans "Alcools"). »

9 U. Boccioni et al., « Les exposants au public », in *Les Peintres futuristes italiens*, cat. exp., Paris, Galerie Bernheim-Jeune & Cie, 5-24 février 1912, p. 2 // G. Lista, *Futurisme. Manifestes, proclamations, documents*, Lausanne, L'Âge d'homme, 1973, p. 168.

ensoleillées de la Méditerranée, Marinetti avait avec la France une relation affective, une correspondance intellectuelle. C'est au nom de ces affinités, et non pas seulement pour des questions de propagande et de plus large résonance, qu'il choisit Paris pour lancer, en 1909, son premier manifeste. L'écho, tant négatif que positif, que cette page du *Figaro* produit dans le monde littéraire est tel qu'en dépit de l'isolement culturel d'une Italie qui n'a alors proclamé son unité que depuis quelques décennies et reste en grande partie morcelée, il le projette au centre d'une polémique internationale qui demande à être affrontée avec des moyens nouveaux et plus énergiques. Et c'est l'exposition des peintres futuristes italiens de février 1912 qui apparaît ainsi comme l'outil puissant qui sera utilisé par Marinetti et les futuristes pour déstabiliser un équilibre aussi stable qu'inoffensif, et provoquer des controverses esthétiques entre différents courants et groupes qui n'avaient pas éprouvé jusque-là la nécessité d'une collision aussi directe. « La simultanéité des états d'âme dans l'œuvre d'art : voilà le but enivrant de l'art », proclament les futuristes dans le texte-manifeste de leur exposition parisienne. Ils ajoutent : « Expliquons-nous encore par des exemples. En peignant une personne au balcon, vue de l'intérieur, nous ne limitons pas la scène à ce que le carré de la fenêtre permet de voir ; mais nous nous efforçons de donner l'ensemble des sensations visuelles qu'a éprouvées la personne au balcon : grouillement ensoleillé de la rue, double rangée des maisons qui se prolonge à sa droite et à sa gauche, balcons fleuris, etc. Ce qui veut dire simultanéité d'ambiance et, par conséquent, dislocation et démembrement des objets, éparpillement et fusion des détails, délivrés de la logique commune et indépendants les uns des autres. / Pour faire vivre le spectateur au centre du tableau, selon l'expression de notre manifeste, il faut que le tableau soit la synthèse de *ce dont on se souvient* et de *ce que l'on voit*. / Il faut donner l'invisible qui s'agite et qui vit au-delà des épaisseurs, ce que nous avons à droite, à gauche et derrière nous, et non pas le seul petit carré de vie artificiellement serré comme entre les décors d'un théâtre. / Nous avons déclaré dans notre manifeste qu'il faut donner la *sensation dynamique*, c'est-à-dire le rythme particulier de chaque objet, son penchant, son mouvement ou, pour mieux dire, sa force intérieure[10]. »

Dans le contexte culturel français où évoluent désormais les futuristes, leur style textuel et la description de leur langage plastique s'enrichissent en quelques mois de nuances et de problématiques nouvelles. Partant de l'intuition d'une « peinture des états d'âme » comme pure traduction de sentiments en lignes et en couleurs, Boccioni, soutenu et entouré par ses camarades, développe une théorie du simultanéisme psychophysique. Il fait siennes, de façon peut-être trop hâtive, les idées philosophiques et scientifiques récemment divulguées, pour traduire en une contemporanéité extraordinaire les mutations de la vie, les processus récents d'altération de la réalité. Une théorie révolutionnaire, qui pose l'hypothèse d'une traversée spatio-temporelle de la représentation destinée à l'ouvrir aux dimensions incommensurables de la conscience. Comment représenter une réalité en devenir permanent, en peignant dans un même espace la nature dynamique de l'être, et la vérité intangible de mondes, d'émotions intérieures ? Les écrits convulsifs, le comportement agité des futuristes font écho au retentissement des nouvelles thèses scientifiques, à cette simultanéité décrite par Albert Einstein dans sa théorie de la relativité restreinte, concernant deux événements qui se produisent dans un même espace. Et, parallèlement à la physique moderne et aux spéculations philosophiques qui transformaient le système même de la pensée et ses repères, les futuristes poursuivaient l'illusion de redessiner le paysage des doctrines esthétiques à travers la négation d'un passé historique qu'ils jugeaient désuet, dénué de toute vitalité. À l'élan de l'énergie créatrice, à l'abstraction temporelle, à la durée et au temps vécus dans la conscience selon le nouveau principe bergsonien, les futuristes, et particulièrement Boccioni, réagissaient en cherchant une synthèse visuelle des fragments dissonants, sans toutefois remettre en cause une perception sensorielle fortement enracinée dans l'objectivité des choses. Mais dans cette fusion complexe d'éléments divers demeure l'idée qu'il existe une réalité absolue, à laquelle l'artiste fait appel pour trouver une explication métaphysique à des phénomènes de nature universelle : « S'il est vrai que la Relativité, avait déclaré Boccioni en 1911, gouverne le monde, il est également vrai que sans les éclairs de l'absolu que seuls quelques-uns possèdent, l'humanité avancerait dans le noir, et d'ailleurs n'existerait même pas, parce qu'elle ne se retrouverait pas en elle-même ! Et l'éclair n'est jamais précédé, que je sache, d'explications ou de préambules, et il faut un esprit bien petit [...] pour ne pas comprendre que l'*aspiration*

Gino Severini
Hiéroglyphe dynamique du Bal Tabarin, 1912
Huile sur oitle, 161,6 x 156,2 cm
The Museum of Modern Art, New York
Acquis grâce au legs de Lillie P. Bliss, 1948.

Umberto Boccioni
Dynamisme d'un footballeur, 1913
Huile sur toile, 192,3 x 201 cm
The Museum of Modern Art, New York
Collection Sidney et Harriet Janis.

Robert Delaunay
Une fenêtre (Étude pour les trois fenêtres),
1912-1913
Huile sur toile, 111 x 90 cm
Centre Pompidou-Musée national d'art moderne, Paris
Achat à Sonia Delaunay en 1950.

éternelle est l'*absolu* et que l'œuvre est le *relatif* ; que créer, c'est déjà circonscrire ; que commenter, c'est circonscrire le circonscrit, c'est subdiviser ce qui a été divisé, c'est réduire à la plus simple expression, c'est anéantir[11] ! »

Trouver une voie entre la relativité de l'œuvre et la dimension absolue de l'univers, et une perception spatio-temporelle dont les repères physiques changeaient à mesure que les nouvelles sciences bouleversaient les limites, voilà ce que se propose Boccioni, visionnaire car porté par un dessein titanesque : « Un temps viendra où le tableau ne suffira plus. Son immobilité sera un archaïsme par rapport au mouvement vertigineux de la vie humaine. L'œil de l'homme percevra les couleurs comme des sentiments en soi. Les couleurs multipliées n'auront pas besoin de formes pour être comprises et les œuvres picturales seront de tourbillonnantes compositions musicales d'énormes gaz colorés qui, sur la scène d'un horizon libre, émouvront et électriseront l'âme complexe d'une foule que nous ne pouvons pas encore concevoir[12]. » Un tel programme, et la recherche fébrile d'une formule capable d'intégrer tous les attributs de la nouvelle sensibilité auxquels se mêlent – particulièrement avec Gino Severini – les données de la mémoire, la notion de transcendantalisme physique revendiquée par le *Manifeste technique* contribue à faire de la simultanéité l'accomplissement logique des idées et des principes futuristes relatifs au dynamisme.

Suivra, dans *Pittura Scultura Futurista (Dinamismo plastico)*, publié en 1914[13], la mise en forme théorique à l'occasion de laquelle la polémique à propos de la simultanéité est rappelée et définie comme l'ultime défense d'une prééminence que les Italiens sentent désormais leur échapper : « La simultanéité est pour nous l'exaltation lyrique, la manifestation plastique d'un nouvel absolu : la vitesse ; d'un nouveau et merveilleux spectacle : la vie moderne ; d'une nouvelle fièvre : la découverte scientifique. [...] La simultanéité est la condition dans laquelle apparaissent les différents éléments constituant le DYNAMISME. C'est donc l'effet de cette grande cause qui est le *dynamisme universel*. C'est l'aspect lyrique de la conception moderne de la vie, basée sur la rapidité et la contemporanéité de la connaissance et des communications. Si nous considérons les différentes manifestations de l'art futuriste, nous voyons partout s'affirmer violemment la simultanéité[14]. »

Pour mieux mesurer les enjeux de la polémique qui éclate à propos du terme de « simultanéité », il est indispensable de garder présent à l'esprit l'irritation qu'avaient suscitée les affirmations futuristes, leur ton déclamatoire, et de réétudier le rôle important joué par Apollinaire et les autres protagonistes qui sont intervenus dans ce débat[15]. Un débat qui se resserre fatalement autour des spéculations d'Apollinaire sur le cubisme et sur l'orphisme. R. Delaunay fut fort mécontent de la définition qu'Apollinaire fit de lui, comme l'artiste incarnant un nouveau courant cubiste, celui de l'orphisme, en raison de la persistance de ses liens avec l'idée de réalité et de sa manière ambiguë de la restituer. Il faut rappeler également l'intention d'Apollinaire d'inclure les futuristes dans un texte qu'il s'apprête à publier, intention aussitôt signalée par Severini à ses amis italiens et interprétée comme le signe d'une allégeance à l'art français : « Apollinaire me parla d'un de ses livres sur les Cubistes qui va bientôt sortir. Il distingue, chez les Cubistes, les *Cubistes physiques* (Gleize [*sic*]), qui ajoutent un élément dramatique à leur vision de la réalité extérieure ; les *Cubistes scientifiques* (Picasso, Metzinger) et Orphiques (cette dernière classification, je te la dis en français parce que je ne sais pas la traduire). Selon Apollinaire, les Orphiques cherchent des éléments nouveaux pour exprimer des réalités abstraites ; et nous, les Futuristes, nous faisons partie de ces derniers[16]. » À ces épisodes, on peut en ajouter d'autres tout aussi importants : l'implication de Herwarth Walden, directeur de la galerie Der Sturm, et des artistes de la sphère allemande (de Kandinsky à Marc et à Macke)[17], du côté italien comme du côté français ; la tentative des futuristes de déplacer une nouvelle fois l'axe des alliances en lançant un nouveau manifeste à l'initiative d'Apollinaire et de Marinetti : *L'Antitradition futuriste*[18].

En quels termes, de toute façon très éloignés de la poétique des artistes italiens, R. Delaunay revendiquait-il une peinture simultanée, laquelle n'avait rien à voir avec la peinture des états d'âme de Boccioni ni avec la sensibilité spirituelle de Kandinsky, en dépit des assonances et correspondances qu'on peut y relever[19] ?

« Hérétique du cubisme », comme il aimait à se définir lui-même, artiste dont la peinture s'inscrivait dans la postérité de la tradition postimpressionniste française, comme d'ailleurs celle de Severini, R. Delaunay défendait l'idée d'un art plastique construit sur les couleurs et la lumière. Il s'éloignait ainsi des analyses débouchant sur le monochromatisme et la

10 *Ibid.*, p. 5-6 // *Ibid.*, p. 169.

11 Extrait de « La Pittura Futurista », conférence tenue à l'Associazione Artistica Internazionale, via Margutta 54, à Rome, en mai 1911 // Z. Birolli (dir.), *U. Boccioni – Altri inediti e apparati critici*, Milan, Feltrinelli, 1972, p. 13.

12 *Ibid.*, p. 11.

13 Milan, Edizioni Futuriste di *Poesia*, 1914. (Traduction française : *Dynamisme plastique. Peinture et sculpture futuristes*, Lausanne, L'Âge d'homme, [1975]).

14 *Ibid*, p. 263, 265-266. Version française : p. 87 et 88. L'exposition de l'Armory Show à New York en mars 1913, à laquelle les futuristes décident de ne pas participer, sera décisive, malgré la confusion entre les termes de cubisme et de futurisme, pour faire connaître et diffuser les recherches des artistes français avec une résonance majeure par rapport au groupe futuriste, non présent en Amérique.

15 Pour un approfondissement concernant le versant français, cf. le chapitre « Entre cubisme et futurisme : Le simultanéisme, un malentendu », S. Fauchereau, *Hommes et mouvements esthétiques du XXe siècle*, Paris, Éd. Cercle d'Art, 2005, p. 421-452. Cet essai récent met en relief la situation française et ses antécédents. On s'y référera pour une analyse plus détaillée des différents protagonistes, des Delaunay à Apollinaire, à Cendrars, à Barzun, à Léger.

16 G. Severini à U. Boccioni, 29 octobre 1912 (collection Calmarini, Milan), reproduite et en partie retranscrite dans *Apollinaire e l'Avanguardia*, cat. exp., Rome, Galleria nazionale d'arte moderna (Rome, De Luca Editore, 1980), p. 141. Dans cette lettre, Severini raconte à son ami ses impressions sur le Salon d'automne et sa rencontre avec Apollinaire. Pour reconstituer cet épisode dans ses moindres détails, il faudrait citer la correspondance de Severini à Marinetti et à Boccioni, l'échange épistolaire entre Apollinaire, Marinetti, Papini, Soffici, la correspondance Papini-Soffici, les lettres entre le groupe florentin et Marinetti, mais cette note ne peut être que l'anticipation d'un futur travail d'une plus grande ampleur.

17 Voir la correspondance avec Delaunay (Fonds Delaunay, BnF) et les lettres entre H. Walden, les futuristes et Kandinsky (Staatsbibliothek, Sturm-Archiv, Berlin).

18 Le texte en français (et sans typographie particulière) de *L'Antitradition futuriste* a paru dans *Gil Blas* (Paris), 3 août 1913. Cf. G. Apollinaire, *Lettere a F.T. Marinetti con il manoscritto Antitradizione Futurista*, par P. A. Jannini (Milan, All'Insegna del Pesce d'Oro, 1978). On y trouve tous les documents concernant l'histoire de ce manifeste et les relations entre Apollinaire et Marinetti. Jannini cite une phrase de Marinetti tirée de *Una sensibilità nata in Egitto* (éd. citée par L. De Maria, Milan, Mondadori, 1969, p. 288-289) : « Au Café des Lilas naît le mouvement appelé Orphisme ou Cubisme sensible ou Cubisme futuriste et nous le baptisons avec force Bourgogne au restaurant La Perousse [*sic*]. C'est en se régalant d'une oie délicieuse qu'Apollinaire écrivit le manifeste futuriste *L'Antitradition*, adhésion explicite au mouvement futuriste Italien. » Il cite, de plus, une lettre de Carrà du 30 novembre 1958 qui suivait une demande d'éclaircissement de sa part sur la genèse du manifeste : « Marinetti me dit : tu sais, Apollinaire va faire lui aussi un manifeste et ce sera quelque chose de très important pour notre mouvement, par l'écho que cela aura. Et en effet, le manuscrit d'Apollinaire arriva quelques jours plus tard. J'étais là par hasard, car je n'allais pas tous les jours chez Marinetti. Il y avait aussi Decio Cinti, le secrétaire du Futurisme. Marinetti lut le manuscrit avec un grand enthousiasme et, après une courte pause, ajouta : les idées exprimées sont très intéressantes, mais il faut donner à ce manuscrit la forme d'un manifeste : et prenant une grande feuille de papier, il recopia les phrases d'Apollinaire, en ménageant des espaces,

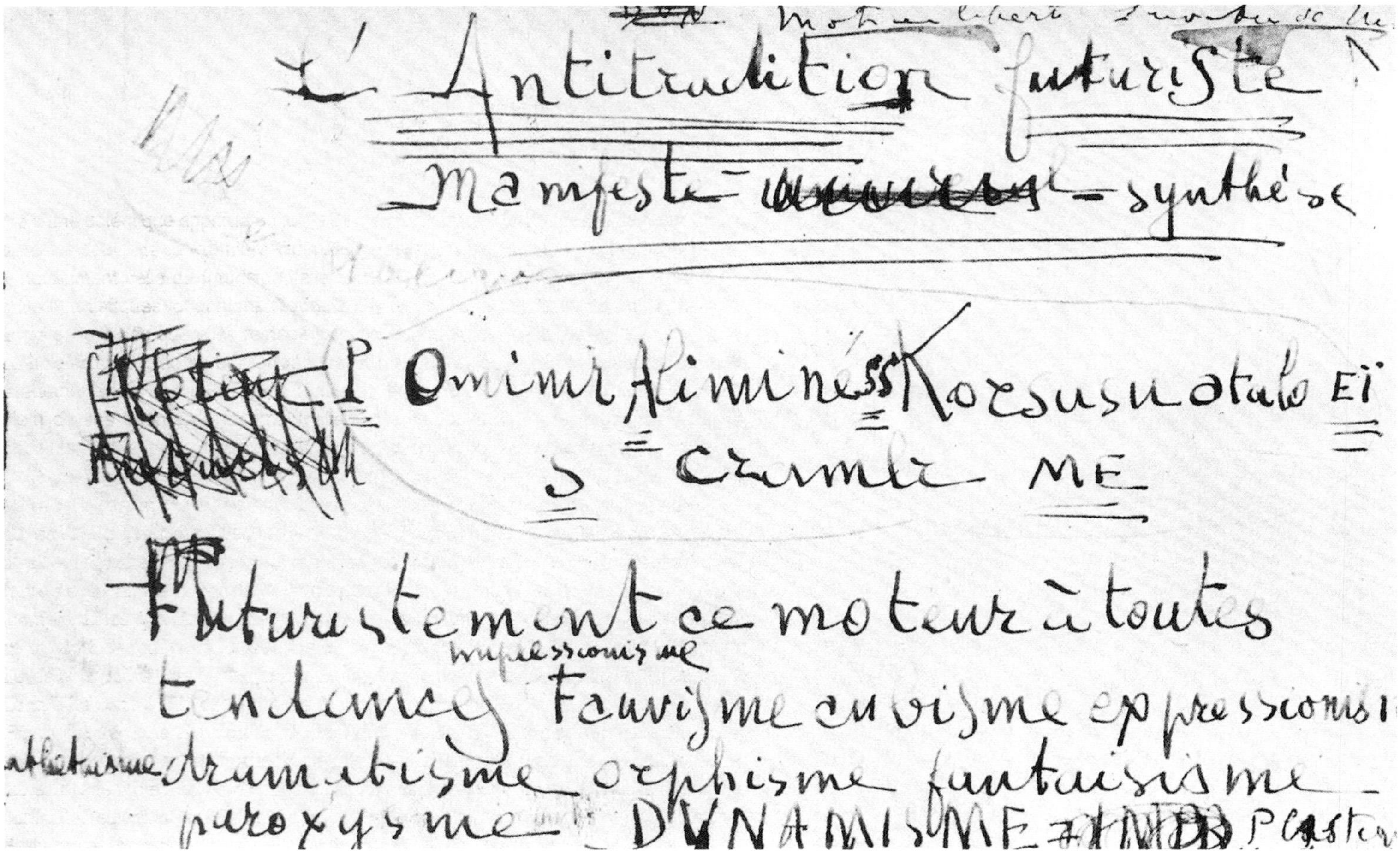

L'Antitradition futuriste

Manifeste ~~universel~~ = synthèse

P Omimr Alimiiniss Koersusuatale Ei
S = crumr ME

Futuristement ce moteur à toutes
impressionisme
tendances Fauvisme cubisme expressionis
athletisme dramatisme orphisme fantaisisme
paroxysme — DYNAMISME PLASTIQUE P. Caster

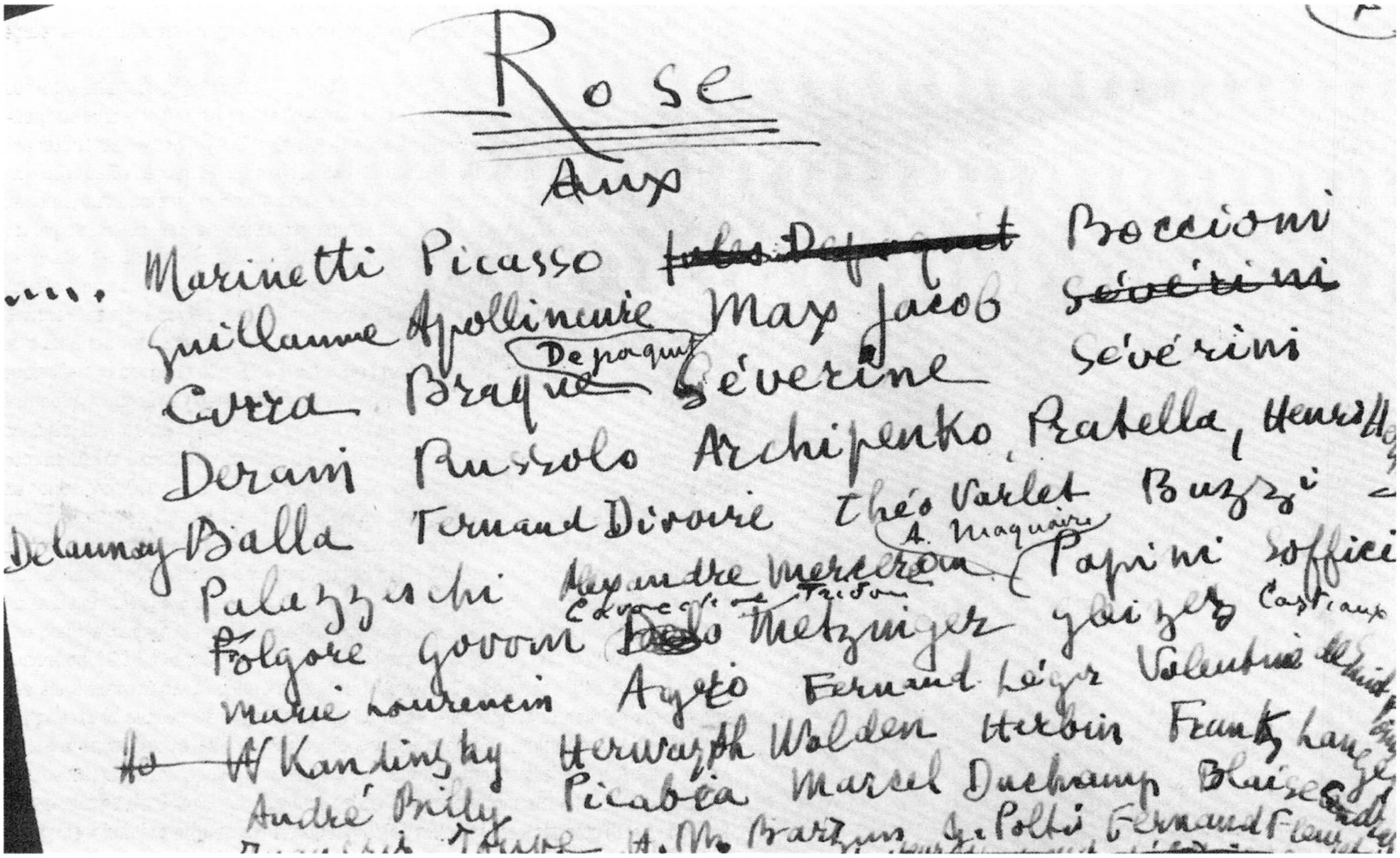

Rose
Aux

..... Marinetti Picasso ~~falais Depaquit~~ Boccioni
Guillaume Apollinaire Max Jacob ~~séverini~~
Corra Braque *Depaquit* Séverine Sévérini
Derain Russolo Archipenko, Pratella, Henri M
Delaunay Balla Ferdinand Divoire Théo Varlet Buzzi
Palazzeschi Alexandre Mercereau *A. Maquaire* Papini soffici
Folgore Govoni ~~Della~~ Metzinger glaizes Castiaux
E. Jaregui *Tridon*
marie Laurencin Aręto Fernand Léger Valentine d
H. W Kandinsky Herwarth Walden Herbin Frank lau
André Billy Picabia Marcel Duchamp Bluise
..... Tourr A. M Bartzun Ju Pottis Fernand Fleur

volumétrie de certains cubistes comme des études sur la forme conduisant d'autres artistes vers un décorativisme sans fondement. Mais son travail sur le chromatisme, et donc sur la lumière et la mobilité des corps, rattachait ses recherches à celles des futuristes, et il en percevait le danger[20].

« Le simultanisme, affirme Delaunay en 1913, fut découvert en 1912 dans les *Fenêtres* pour lesquelles Apollinaire fit le poème célèbre. Il était en formation ou transition dans *La Ville de Paris,* 1911 [1910-1912, cat. n° 53], dans les *Tours,* 1910, *les Villes,* 1909, qui influencent Cendrars dans son poème "La Tour" (*Poèmes élastiques,* éd. [Au] Sans Pareil). Dans les méditations esthétiques de G. Apollinaire, le premier livre sur le cubisme, ces tableaux sont classés comme deuxième tendance du cubisme. C'était la réaction de la couleur au clair-obscur du cubisme. C'était la première manifestation dans le groupe de la couleur pour la couleur que Cendrars appela simultané – métier spécifiquement pictural qui correspond à un état de sensibilité qui s'oppose à tout retour en art, à toute imitation de la nature ou des styles. Il écrit à ce sujet : "Nos yeux vont jusqu'au soleil…" Le contraste n'est pas un noir et blanc, au contraire (une dissemblance), le contraste est une ressemblance : L'art d'aujourd'hui est l'art de la profondeur. Le mot simultané est un terme de métier. Delaunay l'emploie quand il travaille avec tout : port, maison, homme, femme, joujou, œil, fenêtre, livre ; quand il est à Paris, New York, Moscou, au lit ou dans les airs. "Le simultané" est une technique. Le contraste simultané est le perfectionnement le plus nouveau de ce métier, de cette technique. Le contraste simultané, c'est de la profondeur vue – Réalité – Forme – construction, représentation. La profondeur est l'inspiration nouvelle. On vit dans la profondeur, on voyage dans la profondeur. J'y suis. Les sens y sont. Et l'esprit[21] !! »

Une simultanéité entendue par Delaunay comme pure sensibilité picturale au dynamisme chromatique, qui ouvre, à travers l'équilibre des parties, sur la conquête d'une « réalité pure », d'une « unité ». Une réalité pensée comme « pure expression de la beauté ». Des constructions formelles uniquement visuelles, face à une sensibilité futuriste qui n'est inspirée, selon Delaunay, que par le simple mouvement qu'engendre la succession des juxtapositions. À la clarté d'une vision spatiale, il oppose la logique d'une conception temporelle où l'objet, pour se manifester dans sa mobilité, doit se transformer en « simulacre du mouvement ».

Si la terminologie pouvait prêter à confusion, ce n'était pas la comparaison des œuvres qui créait le désordre et justifiait la foire d'empoigne des mouvements qui s'affrontaient. Mais la similitude même des thèmes traités aggravait sans doute la fracture désormais ouverte. Le scintillement de la ville, ses lumières irradiantes et sphériques, les reflets, les couleurs primaires, le fourmillant désordre de la métropole, l'architecture moderne, l'énergie vitale de l'athlète, autant de figures de cette contemporanéité en synchronie avec les idéaux d'une génération extrême et encore belliqueuse.

Traduit de l'italien par Françoise Brun.

comme c'était l'usage dans les manifestes précédents. Après quelques petites modifications sur certains mots, et le manuscrit porté à l'imprimeur en insistant sur l'urgence, dans la soirée du lendemain arrivèrent les épreuves du manifeste, aussitôt envoyées à Apollinaire. Trois ou quatre jours plus tard arrivait l'accord de l'auteur, très content de la forme typographique donnée par Marinetti à son texte. Imprimé à plusieurs milliers d'exemplaires, le manifeste d'Apollinaire rencontra un certain écho dans les milieux artistiques et littéraires. » Jannini émet l'hypothèse que la rédaction manuscrite du manifeste publié par lui fut ébauchée « dans le restaurant parisien » indiqué par Marinetti, pendant les jours mêmes où Marinetti comme Boccioni se trouvaient à Paris pour l'exposition des sculptures de Boccioni, inaugurée le 20 juin à la galerie La Boëtie. Le 21 juin, Marinetti avait donné une conférence, et il était parti le 29 juin. La version manuscrite porte la date du 29 juin, mais celle-ci semble avoir été modifiée : « sous le chiffre définitif, il semble qu'on peut lire 20 ou 21 (voire un impossible 31) ». Jannini ajoute : « L'hypothèse que la première version du manifeste ait pu être rédigée l'un ou l'autre de ces deux jours semble étayée par une autre page de Marinetti : "[…] Je me précipite au secours de Boccioni en reliant dans une improvisation le dynamisme plastique et les mots en liberté, simultanés, essentiels et surprenants, et j'annonce l'adhésion d'Apollinaire, qui s'est déclaré futuriste […]". »
19 Thème impossible à approfondir ici, mais qui, en vertu de toutes les archives publiées jusqu'alors, mériterait d'être traité à part et analysé de façon minutieuse.
20 Rappelons le rôle intéressant joué par Félix Fénéon, critique d'art et directeur artistique de la galerie Bernheim-Jeune, grand défenseur de la peinture impressionniste et postimpressionniste, qui invite les futuristes à exposer à Paris en 1912 puis, comme le montrent les documents rassemblés par P. Francastel, invite le peintre à rédiger des notes sur le « simultanisme » (cf. « Notes rédigées par R. Delaunay sans doute à la demande de Félix Fénéon », R. Delaunay, *Du cubisme à l'art abstrait…, op. cit.,* p. 108-109).
21 *Ibid.*

Le cubofuturisme russe

par Jean-Claude Marcadé

Le futurisme a fait, de façon générale, l'objet d'un discrédit, ce qui a permis d'occulter le plus souvent les liens entre le cubisme parisien et le futurisme italien, entre le futurisme et le dadaïsme[1]. Il y a eu un discrédit idéologique que Walter Benjamin a inauguré, puisqu'il voit dans le futurisme de Marinetti, en particulier dans son esthétisation de la politique ou de la guerre, une perversité en quoi s'accomplit le principe de l'art pour l'art : « *"Fiat ars, pereat mundus*[2]", tel est le mot d'ordre du fascisme qui, de l'aveu même de Marinetti, attend de la guerre la satisfaction artistique d'une perception sensible modifiée par la technique. *L'art pour l'art* semble trouver là son accomplissement[3]. »

Bien entendu, Marinetti n'est pas issu des arts plastiques, mais sa personnalité fut si forte que, pour Kazimir Malévitch par exemple, le poète et théoricien italo-français représente globalement le *prisme futuriste* : c'est ainsi que dans sa fameuse lettre à Alexandre Benois en mai 1916, le fondateur du suprématisme pouvait s'exclamer : « Les mufles [nom donné par l'écrivain symboliste Mérejkovski aux futuristes de tout acabit] continuent à se succéder et combien de mufles ont défilé à notre époque ! Monet, Courbet, Gauguin, Van Gogh, Millet, ce mufle de Cézanne et ces mufles fieffés que sont Picasso et Marinetti (sans parler de nous autres, les mufles d'ici)[4]. » Picasso et Marinetti sont placés côte à côte, ils sont en effet, aux yeux de Malévitch, les deux piliers du nouvel art du XXe siècle, ceux qui expriment de façon prestigieuse le cubisme et le futurisme.

Au discrédit idéologique s'est ajouté un discrédit esthétique qui a privilégié de façon disproportionnée le seul apport du cubisme dans la révolution opérée dans les arts plastiques au début du XXe siècle. De façon générale, devant le dynamisme conquérant et tonitruant des futuristes italiens, des réactions de protection se transformèrent en négation de l'apport fondateur du futurisme.

La Russie a été le terrain privilégié d'épanouissement du futurisme, au point même de concurrencer, par l'ampleur de ses réalisations, ceux qui ont donné la chiquenaude initiale et qui ont insufflé les idées créatrices – les futuristes italiens. C'est cela qui a souvent amené les protagonistes de l'art de gauche des années 1910 et, par la suite, beaucoup d'artistes et de critiques russes à nier toute influence importante du futurisme italien. Trois éminents spécialistes soviétiques de l'avant-garde russe, Nikolaï Khardjiev, Evguéni Kovtoune et Dmitri Sarabianov, ont propagé l'idée qu'il n'y avait pas de futurisme conséquent dans les arts plastiques russes. Khardjiev pouvait ainsi écrire : « En Russie, il n'y eut pas à proprement parler de peinture futuriste, abstraction faite des tentatives isolées de K. Malévitch (*L'Aiguiseur* (*Le principe de fuite*[5])), de Nathalie Gontcharova (*L'Aéroplane sur un train*[6], *Cyclisme – Dynamo*[7]), de M. Larionov (*Ville-Promenade*[8]), d'Olga Rozanova (*Incendie dans la ville*[9]). Par contre, le cubisme, presque dès son apparition, a exercé une influence directe sur les jeunes peintres russes[10]. » Kovtoune, lui, oppose le « machinisme » du futurisme italien à l'« organicisme » du futurisme russe[11]. De la même façon, Sarabianov a tendance à minimiser l'influence du futurisme sur l'art de gauche russe[12].

Il faut dire que le terme de « futurisme russe » recouvre des réalités esthétiques et stylistiques très disparates[13]. Le « futurisme » a été dans la Russie du début du XXe siècle la façon souvent négative, plutôt injurieuse, dont les adversaires de toute modernité ont stigmatisé tout ce qui mettait à mal dans les arts plastiques les codes issus de la Renaissance, qu'ils soient réalistes, naturalistes ou symbolistes. Autour de 1913, c'est-à-dire à l'acmé de la modernité sous sa forme avant-gardiste, ce mot désignait en Russie ce que nous appelons aujourd'hui « l'avant-garde russe ». C'est dire que ce que l'on désigne par « futurisme russe » est loin d'avoir le caractère stylistique et esthétique bien déterminé du futurisme italien. Le poète et théoricien Bénédikt Livchits pouvait donc affirmer : « Le terme "futurisme" est venu au monde chez nous illégalement : le mouvement était un torrent de *volontés hétérogènes et sans direction unique,* qui se caractérisaient avant tout par *l'unité d'un but négatif*[14]. »

Giacomo Balla
Dynamisme d'un chien en laisse, 1912
Huile sur toile, 89,85 x 109.85 cm
Albright-Knox Art Gallery, Buffalo (NY)
Legs Conger Goodyear et don de George F. Goodyear, 1964.

Georges Yakoulov
Sulky, 1918
Huile sur contre-plaqué, 102,5 x 150 cm
Centre Pompidou-Musée national d'art moderne, Paris
Don de Raphaël Khérumian, 1971.

Mais restons dans la perspective du futurisme strictement pictural, celui de Umberto Boccioni et de Giacomo Balla autour de 1913, dont l'importance est aussi grande que celle des cubistes parisiens dans la naissance de formes et d'actions radicalement inédites, dont les ramifications s'étendent jusqu'en ce début de XXIe siècle. Seuls quelques tableaux de Michel Larionov, de Nathalie Gontcharova, de Nikolaï Koulbine[15], de Vladimir Baranoff-Rossiné[16], d'Alexandre Chevtchenko[17] ou d'Ivan Klioune (*Paysage passant en courant* ; 1914-1915, musée de Kirov [Viatka]) dénotent une influence directe du principe de démultiplication du mouvement, tel que le représente quasi mythologiquement, à partir de 1912, le fameux tableau de Balla, *Dynamisme d'un chien en laisse*. Dans les années 1920, Malévitch a analysé devant ses étudiants de Leningrad et de Kiev une autre toile du peintre italien, para-digmatique de la démultiplication du mouvement, *Jeune Fille courant sur le balcon*[18] (1912, cat. no 69). Cela lui permit de mettre ce type d'œuvre dans « la catégorie du futurisme cinétique[19] » en l'opposant au « futurisme dynamique » du Balla des séries étonnantes de 1913-1914 ou du Boccioni des mêmes années. La structure de *Jeune Fille courant sur le balcon* est, selon Malévitch, « ennuyeuse et monotone, il n'y a pas en elle de grande tension[20] ». L'artiste italien « a utilisé dans ce tableau la méthode cinétique de fixation des instants, en laissant toutes les formes de la figure qui bouge dans une expression (un aspect) académique[21] ». De la même façon, le peintre et théoricien Georges Yakoulov, auteur du chef-d'œuvre cubofuturiste le *Sulky*, pouvait déclarer de façon polémique : « La tentative des futuristes de doter un chien qui court de quarante pattes est naïve et ne fait pas pour autant avancer le chien[22]. »

Dans *Promenade, Vénus de boulevard* de Larionov ([1912-1913], cat. no 89), comme dans *Le Cycliste* de Nathalie Gontcharova (1913, cat. no 86), on trouve, combinée au primitivisme, une application du principe plastique des futuristes italiens avec la juxtaposition répétitive des divers stades qui composent le mouvement d'une forme (corps, roue ou jambe). Ces tableaux restent isolés dans l'œuvre de Larionov et de Nathalie Gontcharova, comme dans l'ensemble de l'art de gauche russe. On peut dire la même chose du *Rémouleur* de Malévitch qui pousse le procédé de démulti-plication du mouvement à un tel maximum de tension qu'il en perd son caractère de représentation figurative, mimétique, du mouvement d'une forme dans l'espace. On a affaire cependant à un exemple de cubofuturisme quand les plans de l'architec-tonique cubiste sont mis en mouvement par des scintillements de plans colorés et des « décalages » *(sdvig)*. Malévitch dira plus tard : « Le dynamisme sera pour les œuvres futuristes la formule formante qui constituera toute œuvre futuriste, c'est-à-dire que le dynamisme sera l'élément additif qui reformera la perception artistique d'un état des phénomènes en un autre, par exemple, d'une perception statique en une perception dynamique[23]. » *Le Rémouleur* est une étape vers le dynamisme total quand les éléments figuratifs disparaissent pour ne former que des masses picturales en mouvement. C'est d'ailleurs le cas chez le Balla des toiles sur le thème de la *Velocità* ou le Boccioni de *Forme unique de continuité dans l'espace* (1913, New York, The Metropolitain Museum of Art) ou de *Dynamisme d'un cycliste* (1913, collection particulière).

Nous l'avons noté plus haut, Malévitch oppose le « futurisme cinétique », celui de la démultiplication « naturaliste » du mouvement, au « futurisme dynamique » dans lequel il voit le vrai futurisme, la quintessence du futurisme italien, celui qui, à côté du cubisme, est fondateur du nouvel art du XXe siècle. « L'art du *futurisme* […] a connu une amplitude énorme dans le premier quart du vingtième siècle et est resté le moteur principal du développement du nouvel art dans les formes nouvelles du *suprématisme,* du *simultanéisme,* du *purisme,* de l'*odorisme*[24], du *pancinétisme,* du *tactilisme*[25], du *haptisme*[26], de l'*expressionnisme* et du *légérisme*[27].[28] » Malévitch souligne que si le *principe dynamique* est bien ce que les futuristes italiens ont apporté de nouveau à côté des cubistes ; il ne se résume pas, répétons-le, à une reproduction mimétique du mouvement : « Il y a mouvement et mouvement. Il y a un mouvement de petite tension et un mouvement de haute tension, et il y a aussi un mouvement que notre œil n'est pas capable de saisir mais que nous pouvons sentir. Un tel état en art porte l'appellation du mouvement dynamique. Ce mouvement parti-culier a été trouvé par les futuristes en tant que phénomène nouveau, inconnu jusqu'ici en art, phénomène que quelques futuristes ont eu le bonheur d'exprimer[29]. » Boccioni et Balla sont analysés en détail par le fondateur du suprématisme, avec

1 Sur le refus de la réalité futuriste, voir mon article « Les rapports du futurisme italien et du futurisme russe vus par Livchits et Malévitch », *De Russie et d'ailleurs. Feux croisés sur l'histoire. Pour Marc Ferro,* Paris, IES, 1995, p. 477-485.

2 « Qu'advienne l'art, le monde dût-il périr. » (NdT).

3 W. Benjamin, *L'Œuvre d'art à l'époque de sa reproductibilité technique* [1935-1939], M. de Gandillac (trad.), Paris, Allia, 2004, p. 78.

4 K. Malévitch, « Lettre à Alexandre Benois », *Écrits II. Le Miroir suprématiste,* trad. et annotations J.-C. et V. Marcadé, Lausanne, L'Âge d'homme, 1977, p. 45.

5-8 Il s'agit respectivement du tableau *Le Rémouleur. Principe de scintillement* (1913, Yale University Art Gallery, New Haven (CT)) ; de *Aéroplane au-dessus d'une ville* (1913, musée des Beaux-Arts du Tatarstan, Kazan) ; du *Cycliste* (1913, cat. no 86) ; de *Promenade. Vénus de boulevard* ([1912-1913], cat. no 89).

9 1913-1914, musée d'Art régional, Samara, repr. dans *La Russie à l'avant-garde. 1900-1935,* cat. exp., Bruxelles, palais des Beaux-Arts, 5 octobre 2005-22 janvier 2006 (Fonds Mercator-Europalia, 2005), p. 162.

10 N. Hardžiev, « Formirovanie kubofuturisma » [La Formation du cubofuturisme], in *Stat'i ob avangarde* [*Articles sur l'avant-garde*], Moscou, 1997, t. I, p. 31.

11 Cf. E. Kovtoune, A. Povélikhina, « La ville futuriste de Sant'Elia et les idées architecturales de Khlebnikov », *Présence de Marinetti* (Actes du colloque « F.T. Marinetti », UNESCO, 15-17 juin 1976), Lausanne, L'Âge d'homme, 1982, p. 267 ; E. Kovtoune, « Les "mots en liberté" de Marinetti et la *transmentalité* [*zaum*] des futuristes russes », *ibid.,* p. 234-238.

12 Cf. D.V. Sarabânov, *Istoriâ russkogo iskusstva konca 19-načala 20 veka* [*Histoire de l'art russe de la fin du XIXe et du début du XXe siècle*], Moscou, 1993, p. 223.

13 Sur le « futurisme russe » dans sa diversité, voir mon livre : *Le Futurisme russe. 1907-1917 : Aux sources de l'art du XXe siècle,* Paris, Dessain & Tolra, 1989.

14 B. Livchits, *L'Archer à un œil et demi,* Lausanne, L'Âge d'homme, 1971, p. 269.

15 L'œuvre futuriste de Koulbine *Sappho* (1914, localisation inconnue) a été repr. dans K. Umanskij, *Neue Kunst in Russland 1914-1919,* Potsdam, Kiepenheuer/Munich, Goltz, 1920, planche 21.

16 Baranoff-Rossiné a peint de nombreuses et fortes œuvres dans le style futuriste (par ex., *Maternité,* coll. part.) et cubofuturiste (comme *Rhapsodie norvégienne. Motif hivernal de Trondheim* [1915-1916, Musée national russe, Saint-Pétersbourg]).

17 Voir, par exemple, *Le Cirque* de Chevtchenko (1913, Musée national des beaux-arts, Nijni-Novgorod, repr. dans *La Russie à l'avant-garde...,* op. cit., p. 157).

18 Malévitch attribue cette œuvre à Russolo et l'intitule *Déduction plastique d'une dame.*

19-21 K. Malévitch, « Le futurisme dynamique et cinétique » [1929], *Écrits III. Les Arts de la représentation,* V. et J.-C. Marcadé (trad.), Lausanne, L'Âge d'homme, 1994, p. 108-109.

22 G. Yakoulov « Bloc-Notes d'un peintre » [1924], *Notes et Documents édités par la Société des amis de Georges Yakoulov,* Paris, novembre 1975, no 4, p. 16.

23 K. Malévitch, « Le cubofuturisme » [1929], *Écrits III...,* op. cit, p. 88.

24 Cf. C. Carrà « La Pittura dei suoni, rumori, odori. Manifesto futurista » (11 août 1913), *Lacerba* (Florence), vol. I, no 17, 1er septembre 1913, p. 185-187. Trad. française « La Peinture des sons, bruits et odeurs », in G. Lista, *Futurisme. Manifestes, proclamations, documents,* Lausanne, L'Âge d'homme, 1973, p. 182-186.

25 Cf. le manifeste de Marinetti « Le Tactilisme » (11 janvier 1921), publié en français dans *Comœdia,* 16 janvier 1921 // G. Lista, *ibid.,* p. 341-345.

26 Cf. R. Hausmann, « Présentismus gegen den Puffkeïsmus der teutschen Seele » [Le Présentisme contre le bordélisme de l'âme boche], *De Stijl,* vol. IV, no 9, 1921, p. 141.

27 Ailleurs, Malévitch appelle le système pictural de Léger « légisme ».

28 K. Malévitch, « Le cubofuturisme », art. cité, p. 86.

29 *Ibid.,* p. 87.

une grande subtilité et une visible admiration : « Ce sont les figures centrales du futurisme dynamique[30]. » Et de faire apparaître le trait distinctif de l'art boccionien : « Chez Boccioni, la structure de la surface plane et la révélation de la sensation dynamique montrent une masse qui est en ébullition, pareillement à la masse dans les cratères volcaniques ou dans une chaudière[31]. » Quant à Balla, toujours selon Malévitch, il « a approfondi le futurisme dynamique [...] en s'approchant non pas du corps humain mais des machines en tant que muscles contemporains d'un homme d'aujourd'hui. [...] La structure même de chaque œuvre de Balla nous dit que la force dynamique que ressent le peintre est incomparablement plus grande que les corps mêmes d'une machine et que le contenu de chaque machine n'est que l'unité de la somme globale des forces de la modernité[32]. »

Il est intéressant de remarquer que Malévitch, qui n'analyse dans les cours publiés que le futurisme italien, commence d'abord par une leçon sur le cubofuturisme, puis consacre la suivante au « futurisme dynamique et cinétique ». De toute évidence, pour le fondateur du suprématisme, le cubofuturisme est, plastiquement, un stade intermédiaire entre le cubisme, considéré comme la base, et l'introduction du mouvement dans l'architectonique cubiste. Dans les œuvres de Soffici de 1913 (*Synthèse de la ville de Prato* [1912, tableau détruit] ; *Synthèse d'un paysage automnal* [1913, Estorick Collection of Modern Italian Art, Londres] ; *Danse des pédérastes (Dynamisme plastique)* [1913, tableau détruit]), il voit un cubisme « empreint d'une certaine inquiétude [...]. À ce propos, j'aurais été d'avis que nous devions distinguer de telles œuvres du système cubiste et créer une catégorie intermédiaire, "cubofuturiste", laquelle possède à la base de sa formation une formule falciforme selon la loi de laquelle on tente de former la sensation dynamique[33] ». Dans cette catégorie « cubofuturiste », Malévitch met également le Carrà de *Forces centrifuges* (1912) et de *Femme + bouteille + maison* (1913) ainsi que le Severini de *Le Train Nord-Sud* (1912, Pinacoteca di Brera, Milan) et du *Boulevard* (1911, cat. n° 45).

Cela, ce sont les analyses tardives de Malévitch sur les artistes italiens, mais lui-même avait utilisé pour ses propres toiles cette appellation en 1913 pour toute une série d'œuvres qu'il a groupées sous le titre de « *réalisme cubofuturiste* » à la dernière exposition pétersbourgeoise de L'Union de la Jeunesse[34]. De cette liste, nous ne connaissons aujourd'hui, comme peinture à l'huile, qu'une version du *Samovar* (1913, The Museum of Modern Art, New York), sans doute celle montrée au Salon des indépendants de 1914 et qualifiée, là aussi, lors de son envoi par Ksénia Bogouslavskaïa-Pougny, de « cubo-foutouristique[35] ». Nous remarquons dans ce *Samovar* une structure de base nettement cubiste, mais traversée par des mouvements sphériques (on retrouve le même système de mise en branle par des cercles et des demi-cercles dans sa *Machine à coudre* – 1913, ancienne collection Khardjiev[36]). Des autres œuvres présentées comme « cubofuturistes » par Malévitch dans l'exposition pétersbourgeoise de 1913, nous ne connaissons que des dessins ou des lithographies, tels ceux sur le thème de la « Femme moissonnant[37] » et un crayon sur papier pour *Portrait d'une propriétaire terrienne* (1913, musée de Bochum). Là aussi, nous avons affaire à une architectonique géométrisante que viennent perturber des courbes, des formes en éventail, dans un rythme syncopé.

Le cubofuturisme, c'est-à-dire la synthèse du cubisme parisien et du futurisme italien, se développe très tôt dans les arts novateurs russes. Le nom de *cubo-futurisme* désigne, en fait, l'originalité de l'interprétation entre 1912 et 1920, par les artistes russes, du *cézannisme géométrique* (ou *protocubisme*), des cubismes analytique et synthétique, et du futurisme. Malévitch avait bien vu que le principe dynamique était déjà présent, à l'état d'embryon, chez Paul Cézanne et, à sa suite, dans les toiles cézannistes géométriques de Georges Braque ou de Pablo Picasso (par exemple, *Famille d'Arlequin* ; 1908, Van der Heydt-Museum, Wuppertal). Et il ajoutait : « L'idéal du futurisme repose dans Van Gogh [...] qui [...] a fait passer l'idée du Mouvement Universel du Monde[38]. » Ainsi, nous assistons dans la Russie d'avant la révolution de 1917 à une efflorescence de toiles d'une très grande force plastique, combinant plusieurs cultures picturales (une spécificité de l'école russe) avec la géométrisation des éléments figuratifs par différents procédés de décalage des plans (toujours le *sdvig* !), la prise en compte de la métallisation des formes et des couleurs dans la nouvelle civilisation industrielle – le tout sur une architectonique

Vladimir Baranoff-Rossiné
Symphonie n° 1, 1913
Bois et carton polychromés et débris de coquilles d'œufs, 161 x 72 cm
The Museum of Modern Art, New York.

Alexandra Exter
Paysage avec pont, vers 1912
Huile sur toile, 51 x 73 cm
Collection particulière.

Lioubov Popova
Portrait de femme (dessin plastique), 1915
Huile sur papier et carton sur bois, 63,3 x 48,5 cm
Musée Ludwig, Cologne.

de base *primitiviste*. Pratiquement, tous les grands peintres russes de l'art de gauche russe – à l'exception notable de Kandinsky et de Larionov qui ignorent la discipline cubiste (la toile de ce dernier *Promenade, Vénus de boulevard* est essentiellement futuriste-primitiviste) – ont développé une phase importante cubofuturiste : Nathalie Gontcharova, David et Vladimir Bourliouk, Alexandra Exter, Chevtchenko, Mikhaïl Le Dentu, Malévitch, Klioune, Olga Rozanova, Lioubov Popova, Véra Pestel, Nadiejda Oudaltsova ; les sculptures et les reliefs picturaux des Ukrainiens Alexandre Archipenko, Baranoff-Rossiné (la prédadaïste *Symphonie n° 1* de ce dernier est très caractéristique de l'esprit cubofuturiste) ou de Lioubov Popova (par exemple, son *Portrait de femme*), sont parmi les réalisations majeures du XXe siècle.

Une spécificité du cubofuturisme russe réside dans les paysages. L'artiste kiévienne Alexandra Exter en offre une illustration éclatante. Mais Lioubov Popova, elle aussi, a traité ce sujet. Ainsi, son *Paysage urbain cubiste*[39] (1914, collection particulière) peut être mis en parallèle avec les nombreuses vues d'Alexandra Exter. Il y a chez ces deux peintres une futurisation du cubisme et un goût pour la polychromie chatoyante ; on retrouve le même jeu des arcs de ponts ou d'édifices avec les triangles et les quadrilatères. Dans le *Paysage avec pont* d'Alexandra Exter, nous sommes en présence d'une mise en mouvement de la structure cubiste : les objets sont découpés en facettes, selon un procédé « cristallin » cher à l'artiste, avec des courbes qui se démultiplient et se recoupent en ogives. Alexandra Exter, qui partage en 1914 l'atelier parisien du peintre et poète italien Ardengo Soffici, intègre les principes futuristes de façon franche, avec une dynamique à tendance baroque typiquement ukrainienne : les toiles se couvrent d'une profusion d'éléments figuratifs, de fragments d'objets, créant une harmonie des courbes, des spirales, des lignes droites et des plans tendant à la géométrie. Le biographe d'Alexandra Exter, Guéorgui Kovalenko, écrit à propos de *Ville la nuit* ([1913], cat. n° 85) : « On peut regarder ce paysage non pas comme un paysage mais comme une composition conventionnellement dynamique. L'artiste poursuit des objectifs purement expérimentaux, s'efforce de créer une certaine structure colorée, toute chargée de l'énergie du mouvement, dotée de la capacité de se transformer ou, en tout cas, d'imposer au spectateur l'idée de l'inéluctabilité de son mouvement et de ses changements[40]. »

Cela pourrait être dit pour toutes les œuvres qu'Alexandra Exter réalise sur le thème urbain entre 1912 et 1924 (une synthèse des procédés cubofuturistes est l'immense toile *Venise*, qu'elle réalisa pour la Biennale de Venise de 1924 – 268 x 639 cm, Galerie nationale Trétiakov, Moscou[41]) qui sont peut-être les plus significatives du « cubofuturisme russe » dans la mesure où les structures cubistes et les structures futuristes y sont combinées de façon parfaitement organique. N'eût été la forte gamme ukrainienne qui vient perturber les données du cubisme parisien et du futurisme italien, ces toiles sont, au sein de l'art russe de gauche, les plus « occidentales » dans la mesure où on y sent moins la composante « barbare » néoprimitiviste propre en général aux œuvres du cubofuturisme russe.

Le déploiement généreux des formes, la joie de la couleur avec ses harmonies de jaune-rouge-noir-bleu ciel-mauve-noir-blanc, se manifeste dans un des chefs-d'œuvre absolus d'Alexandra Exter, *Florence* (1914-1915, cat. n° 84). L'artiste y disloque le mouvement architectural des arcs, des rues, des édifices, en des rythmes tantôt droits (bandes noires et blanches horizontales), tantôt en zigzag ou en éventail. Le tableau est tout en frémissements colorés d'eau et de lumière. On remarque, comme élément figuratif, le drapeau italien, dont le rectangle tricolore se fond en bas à droite dans la composition générale. Alexandra Exter utilisera avec prédilection les rythmes colorés des drapeaux nationaux français, russe, ukrainien et italien, qui deviendront même des éléments constitutifs de beaucoup de ses *Dynamiques des couleurs*.

Malévitch a mis en avant le fait que le cubisme et le futurisme étaient des arts essentiellement urbains[42]. Or ses œuvres cubofuturistes montrent l'originalité de la combinaison de la statique et du dynamique sur le sol russe. La reconstruction de l'espace pictural à partir de la déconstruction de l'objet ainsi que la représentation du mouvement et la thématique urbaine et industrielle sont venues se greffer sur une pratique formelle et une thématique néoprimitiviste. L'opposition entre la ville et la campagne est ressentie de façon très aiguë par les artistes russes qui sont très imprégnés des structures de base populaires (icône, *loubok,* enseigne de boutique).

30 *Ibid.*

31 *Ibid.*, p. 101.

32 *Ibid.*, p. 103.

33 *Ibid.*, p. 90.

34 Cf. T. Andersen, *Malevich. Catalogue raisonné of the Berlin Exhibition 1927*, Amsterdam, Stedelijk Museum, 1970, p. 162 (n°s 67-72).

35 Cf. fac-similé dans la lettre de Ksénia Pougny à Jean Lébédeff du 22 janvier 1913, dans J.-C. Marcadé, « L'Avant-garde russe et Paris. Quelques faits méconnus ou inédits sur les rapports artistiques franco-russes avant 1914 », *Les Cahiers du Musée national d'art moderne*, n° 2, 1979, p. 183. La photographie de la cimaise du Salon des indépendants (repr. dans J.-C. Marcadé, *Le Futurisme russe. 1907-1917…, op. cit*, p. 10-11) montre le *Samovar* accroché tête-bêche par rapport à la manière dont il est reproduit, sans commentaire, dans A. Nakov, *Kazimir Malewicz. Catalogue raisonné*, Paris, Adam Biro, 2002, p. 140.

36 La *Machine à coudre* est reproduite dans *Kasimir Malevich*, cat. exp., Barcelone, Fondació Caixa Catalunya, 21 mars-25 juin 2006, p. 135.

37 Cf. A. Nakov, *Kazimir Malewicz. Catalogue raisonné, op. cit.*, p. 131 et 132.

38 K. Malévitch, « Aux novateurs du monde entier » [1919], *Écrits IV. La Lumière et la Couleur*, J.-C. et V. Marcadé (trad.), Lausanne, L'Âge d'homme, 1981, p. 42.

39 Le *Paysage urbain cubiste* de Lioubov Popova est reproduit dans J.-C. Marcadé, *L'Avant-garde russe 1907-1927* [1995], Paris, Flammarion, 2007, planche XXIX.

40 G.F. Kovalenko, *Alexandra Exter*, Moscou, Galart, 1993, p. 58.

41 *Venise* d'Alexandra Exter est reproduite dans *Id., Alexandra Exter - Cvetovye ritmy/Farbrhythmen [Rythmes colorés]*, Saint-Pétersbourg, Palace Éditions, 2001, p. 162.

42 K. Malévitch, « De l'élément additif en peinture » [années 1920], *Écrits IV. La Lumière et la couleur, op. cit.*, p. 134 sq.

Cela se lit de façon exemplaire dans l'œuvre de Nathalie Gontcharova avant 1914. Marina Tsvétaïéva, qui nous dit des choses essentielles dans son essai *Natalia Gontcharova,* consacre un chapitre à « Natalia Gontcharova et la machine » où elle affirme que l'auteur de *Machine électrique,* de *Dynamo-Machine,* de l'*Électricité* ou des *Lampes électriques* (cf. cat. n° 87) est « la première, [qui] a introduit la machine dans la peinture[43] ». Marina Tsvétaïéva oppose chez la peintre « la nature […], l'ancestral […], l'arbre » et la machine moderne menaçante, mortifère, assassine. Mais, selon la poétesse, Nathalie Gontcharova voit dans l'horloge « un cheval […] qui galope au bord du monde[44] ». Et de citer l'artiste : « Le principe du mouvement est le même dans la machine et dans l'être vivant. Quant à moi, toute la joie de mon travail, c'est de révéler l'équilibre du mouvement[45]. »

Le cycle paysan malévitchien autour de 1912 (le *Faucheur* du musée de Nijni-Novgorod, la *Femme moissonnant* d'Astrakhan, le *Bûcheron* et le *Ramassage du seigle* du Stedelijk Museum d'Amsterdam) traite le sujet en cylindres, cônes et sphères s'inscrivant ainsi dans un cézannisme géométrique sans influence parisienne sur une base iconique et primitiviste (l'art des enseignes de boutique[46]) avec un élément métallique futuriste. Cette collision et cette synthèse entre civilisation paysanne du bois et civilisation citadine du fer sont manifestes dans le *Portrait perfectionné d'Ivan Vassiliévitch Kliounkov* (1911, cat. n° 90). À la dernière exposition de l'Union de la Jeunesse à Saint-Pétersbourg à la fin de 1913, là où le *Samovar* faisait partie, nous l'avons vu, du « réalisme cubofuturiste », ce *Portrait,* lui, était mis dans la catégorie « réalisme transmental » *(zaumny realizm),* comme le *Rémouleur,* ou encore *Matin au village après la tempête de neige* du Solomon R. Guggenheim. Cette appellation couvre, à l'évidence, des réalisations stylistiques très diverses. Comme toujours, un tableau de Malévitch est une combinaison savante de plusieurs structures picturales et le regroupement en une seule catégorie ne rend compte que partiellement de la réalité du contenu formel.

Le mot « réalisme » dans la pratique des arts plastiques novateurs du XXe siècle est lancé en 1913 par Albert Gleizes et Jean Metzinger dans leur ouvrage *Du « cubisme »,* qui connut une fortune considérable en Russie dans le monde des arts en ébullition et eut un impact conceptuel énorme sur l'évolution de l'avant-garde dans ce pays[47]. Faisons ici une parenthèse. Alors que Gleizes et Metzinger, à cause en partie des jugements dépréciatifs de Guillaume Apollinaire, sont considérés avec condescendance par la critique occidentale, ils ont eu sur l'art de gauche russe une influence considérable, plastique et conceptuelle. Des toiles comme celles de Lioubov Popova *Personnage + Air + Espace* (1913, cat. n° 93) ou *Nu assis* (1913-1914, Museum Ludwig, Cologne) révèlent une structure venue directement de Metzinger (en particulier de sa *Femme au cheval* – 1911-1912, Statens Museum for Kunst, Copenhague) ; il en est de même, par exemple, pour *Figure rouge (modèle assis)* de Nadiejda Oudaltsova (1915, musée du Kremlin, Rostov). N'oublions pas que Lioubov Popova, Nadiejda Oudaltsova et Véra Pestel fréquentent en 1912-1913 les ateliers parisiens d'Henri Le Fauconnier, André Dunoyer de Segonzac et Metzinger à La Palette. Et elles ont vu, sans aucun doute, la grande manifestation des peintres futuristes italiens à la galerie Bernheim-Jeune & Cie et lu leurs manifestes. Le titre du tableau de Lioubov Popova *Personnage + Air + Espace* rappelle de toute évidence la manière dont Boccioni, lors de son exposition de sculptures à la galerie La Boëtie du 20 juin au 16 juillet 1913, avait intitulé une de ses œuvres : *Tête + Maisons + Lumière.*

Lioubov Popova a produit entre 1913 et 1915 un ensemble impressionnant d'œuvres cubofuturistes qui portent sa griffe inimitable. Ce sont essentiellement des portraits et des natures mortes. Elle varie les formes ondulées et multilinéaires des violons, des guitares ou des violoncelles du cubisme, qui sont traversées par des mouvements sismiques, par l'introduction franche des principes plastiques des futuristes italiens dans le système de décomposition des objets du cubisme. Des lettres de grand format, latines comme le « CUBOFUTURISMO » du *Portrait de philosophe* (1915, musée de Toula) et de l'*Étude pour un portrait* (1914-1915, cat. n° 95) ou cyrilliques, sont des éléments à part entière des compositions. Quant au chef-d'œuvre de Malévitch *Matin au village après la tempête de neige,* il n'aurait pas été possible sans le *Paysage à Meudon* de Gleizes (1911, Centre Pompidou-Musée national d'art moderne, Paris). À l'encontre de la pensée dominante, Marcel Duchamp pouvait

Kazimir Malévitch
Bûcheron, 1912
Huile sur toile, 94 x 71,5 cm
Stedelijk Museum, Amsterdam.

Kazimir Malévitch
Le Rémouleur, 1913
Huile sur toile, 79,5 x 79,5 cm
Yale University Art Gallery, New Haven (CT)
Don de la Collection Société Anonyme.

affirmer en 1915 : « On parle de Picasso comme du chef de file des cubistes, mais il n'est pas cubiste au sens strict du terme. Aujourd'hui il est cubiste – et sera autre chose demain. Les seuls vrais cubistes aujourd'hui sont Gleizes et Metzinger[48]. » Revenons au célèbre opuscule de Gleizes et de Metzinger Du « cubisme » où il est question d'un réalisme universel, de « régions où le réalisme profond insensiblement se change en spiritualisme lumineux[49] ». Cette réflexion est prolongée par celle de Fernand Léger qui, au début de 1913, à Montparnasse, à l'académie Marie Vassilieff, donc dans un milieu à dominante russe, déclare, lors de sa fameuse conférence « Les origines de la peinture contemporaine et sa valeur représentative », que « la valeur réaliste d'une œuvre est parfaitement indépendante de toute qualité imitative[50] ». L'association que fait Malévitch du mot « réalisme » avec l'adjectif « transmental » est une référence à la pratique des poètes cubofuturistes, amis de Malévitch, Khlebnikov et Kroutchonykh[51]. À cette transmentalité, le peintre donnera en 1914 le nom d'« alogisme » qui regroupera des œuvres comme Un Anglais à Moscou (1914, Stedelijk Museum, Amsterdam), Éclipse partielle (Composition avec Mona Lisa) (1914-1915, Musée national russe, Saint-Pétersbourg) et L'Aviateur (1914, cat. n° 91). Dans le « réalisme transmental » du Portrait perfectionné d'Ivan Vassiliévitch Kliounkov, le contour du visage est encore visible, mais les références au motif de la tête sont réduites au minimum. Dans le Portrait de Mikhaïl Vassiliévitch Matiouchine (1913, cat. n° 92), la lisiblité du tableau est obscurcie au maximum. Certes, des éléments figuratifs apparaissent çà et là (une portion de crâne, un clavier, les parties d'un piano), mais la distribution de ces éléments ne correspond plus à aucune figuration, même réduite à ses contours. L'élément futuriste se manifeste dans l'interpénétration du monde humain et de celui des objets, à la suite de Boccioni, Carrà, Russolo et Severini en 1910 : « Nos corps entrent dans les canapés sur lesquels nous nous asseyons, et les canapés entrent en nous. L'autobus s'élance dans les maisons qu'il dépasse, et à leur tour les maisons se précipitent sur l'autobus et se fondent avec lui[52]. »

Nous retrouvons ce phénomène chez Olga Rozanova qui, dans une série de tableaux de 1913-1914, adopte un coloris restreint et des teintes sourdes. Le sujet n'est suggéré que par quelques éléments se référant au monde visible. L'Homme dans la rue (Analyse de volumes) (1913, cat. n° 96) reste dans les tons ocre et gris du cubisme parisien. S'y ajoute la multiplication futuriste des mêmes séquences linéaires ou planes qui créent la dynamique d'un paysage urbain à travers la déambulation d'un personnage. Comme dans le Portrait de Mikhaïl Vassiliévitch Matiouchine de Malévitch, les objets rentrent dans cet homme en marche et le font éclater en une multitude d'unités : roues de véhicule et maisons ne font qu'un avec son corps. Ce sont ces mêmes principes plastiques cubofuturistes qui sont à l'œuvre dans deux toiles « jumelles » de Lioubov Popova : Homme voyageant (1915, cat. n° 94) et Femme voyageant (1915, Norton Simon Art Foundation, Pasadena). L'influence du Balla des variations sur le thème de Mercure passant devant le soleil se fait sentir dans le système des mouvements concentriques horizontaux traversés par des rayons triangulaires verticaux, créant des zones quadrilatérales, trapézoïdales, aux intersections des droites et des cercles. Dans chacune des deux toiles, un sujet de la vie quotidienne est l'objet d'un traitement de décomposition et de simultanéisation dynamique. Il y a de surcroît cet élément de bizarrerie, d'insolite, d'incongruité même, qui est la marque de ce « cubofuturisme alogiste », lancé, pourrait-on dire, par Malévitch.

Il en est ainsi de l'emblématique Ozonateur (Fan) (ou Ventilateur électrique portatif, 1914, cat. n° 88) du disciple de ce dernier, Klioune. Toute la construction en plans dissymétriques, la couleur réduite à une dominante ocre-jaune-marron avec quelques taches vertes et grisâtres, la reproduction de textures de bois et d'un grillage à petites mailles sont directement issues du cubisme parisien. Du futurisme vient tout d'abord le choix du sujet – une mécanique fonctionnant à l'électricité, la légère démultiplication qui rend le mouvement de rotation de l'instrument. L'ensemble du tableau, avec l'opposition des deux éléments circulaires sur fond de quadrilatères, dégage une atmosphère insolite.

L'image la plus emblématique de l'alogisme cubofuturiste est sans conteste L'Aviateur de Malévitch. La toile est directement liée à l'opéra-happening cubofuturiste La Victoire sur le soleil de Matiouchine (1913). Sur une structure de base

43-44 M. Tsvetaeva, Nathalie Gontcharova, sa vie, son œuvre [1929], Véronique Lossky (trad.), Paris, Clémence Hiver, 1990, p. 153.

45 Ibid., p. 157-158.

46 Voir l'ouvrage essentiel de E. Kovtoune et A. Povélikhina, L'Enseigne peinte en Russie et les peintres de l'avant-garde, Leningrad, Éditions d'art Aurora, 1991.

47 Il y a eu deux éditions russes de Du « cubisme » : celle, traduite par la sœur de Eléna Gouro, Ekatérina Nizen, dans la rédaction de Matiouchine, Saint-Pétersbourg, Zhuravl', 1913 ; et celle de M.V., Moscou, Sovrémiennyé problémy, 1913, voir l'article de A.A. Babin, « Kniga A. Gléza i Zh. Mecenzhe 'O kubizme' v vospriâtii russkih hudozhnikov i kritikov » [La réception par les artistes et les critiques russes du livre de Gleizes et de Metzinger Du « Cubisme »], in Russkij kubo-futurizm [Le Cubofuturisme russe], Saint-Pétersbourg, Dmitri Bulanin, 2002, p. 37-57.

48 M. Duchamp, « Un renversement complet des opinions sur l'art », Art and Decoration (New York), 1er septembre 1915 // B. Marcadé, Marcel Duchamp, Paris, Flammarion, 2007, p. 128.

49 A. Gleizes, J. Metzinger, Du « cubisme » [1912], Sisteron, Éd. Présence, 1980, p. 41.

50 F. Léger, « Les origines de la peinture contemporaine et sa valeur représentative » (5 mai 1913), Montjoie ! (Paris), n° 8, 29 mai 1913, p. 7 // Id., Fonctions de la peinture, Paris, Gallimard, 1997, p. 25.

51 Sur le cubofuturisme poétique, voir le livre pionnier de V. Markov, Russian Futurism : An History, Berkeley/Los Angeles, University of California, 1968, p. 117-163 ; N. Khardjiev, La Culture poétique de Maïakovski, op. cit. ; A. Sola, Le Futurisme russe. Pratique révolutionnaire et discours politique, tapuscrit de thèse pour le doctorat d'État, Sorbonne-Paris III, 1982 ; J.-C. Lanne, Vélimir Khlebnikov, poète futurien, Paris, IES, 1983 (2 vol.) ; J.-C. Marcadé, « Peinture et poésie futuristes », Les Avant-gardes littéraires au xxe siècle, Budapest, Akademiai Kiado, 1984, vol. II, p. 963-979 ; G. Janacek, The Look of Russian Literature. Avant-Garde. Visual Experiments 1900-1930, Princeton University Press, 1984 ; M. Rowell, Deborah Wye (réd.), The Russian Avant-Garde Book. 1910-1934, New York, The Museum of Modern Art, 2002 ; Georgij Kovalenko (réd.), Russkij kubo-futurizm, op. cit.

52 U. Boccioni et al., Manifeste des peintres futuristes (11 avril 1910), in Les Peintres futuristes italiens, cat. exp., Paris, galerie Bernheim-Jeune & Cie, 5-24 février 1912, p. 17-18 // G. Lista, Futurisme. Manifestes…, op. cit., p. 169 ; ce manifeste fut traduit en russe en 1913 dans le troisième numéro de l'Almanach de l'Union de la . Sur la question de la pénétration du futurisme italien dans le monde des arts russes, voir, outre V. Markov cité plus haut, l'indispensable C.G. De Michelis, Il Futurismo italiano in Russia 1909-1929, Bari, De Donato, 1973.

64

cubiste viennent se greffer des objets incongrus : un énorme poisson blanc, présent aussi dans *Un Anglais à Moscou,* traverse en diagonale le corps de l'aviateur ; une fourchette lui barre un œil ; la scie du Constructeur du *Portrait perfectionné d'Ivan Vassiliévitch Kliounkov* coupe ici verticalement les différents lieux du réel, de l'au-delà du réel et du pictural, tandis que les dents de cette scie sont répétées sur les nageoires du poisson ; l'as de trèfle dans la main de l'aviateur est également insolite (on trouve une forme de trèfle dans la main du dessin *Tailleur* et dans une esquisse pour *La Victoire sur le soleil* représentant un *Hercule futuraslave – [Budetlânskij silač],* années 1920, Musée national russe, Saint-Pétersbourg –, alors que l'autre bras est réduit à une manche sans main (un aviateur manchot !) ; le tabouret renversé en bas du tableau nous renvoie aux photographies avec les joyeux farceurs des spectacles de 1913 : *Vladimir Maïakovski. Tragédie* et *La Victoire sur le soleil* (Filonov, Matiouchine, Kroutchonykh, Malévitch[53]). Mais la plus forte incongruité est la figure même de l'aviateur, construite comme les personnages de la période cylindrique malévitchienne et portant un haut-de-forme carré noir (comme *Un Anglais à Moscou*). Sur ce carré noir est placé le chiffre zéro, qui nous renvoie à l'exposition « 0,10 » de la fin décembre 1915, où apparut pour la première fois le « suprématisme de la peinture » et où toute figuration était ramenée au zéro : « *Je me suis repêché du trou d'eau des détritus de l'Art Académique*[54]. »
Les flèches de l'emplacement du zéro montrent que c'est du crâne de l'homme que partent tous les faisceaux qui éclairent d'une manière nouvelle le monde, ce monde des objets qui est désigné par le mot en cyrillique, peint en majuscules, « A-PTIÉ-KA » (« Pharmacie »). Dans le texte d'esprit « dadaïste » avant la lettre, « Les vices secrets des académiciens », le peintre écrit : « L'œuvre artistique suprême est écrite quand l'intellect est absent. Extrait d'une telle œuvre :
– Je viens de manger des pieds de veau.
Il est terriblement dur de s'adapter au bonheur en ayant traversé toute la Sibérie. J'envie toujours le poteau télégraphique. Pharmacie[55]. »
Cet aviateur a bien l'air d'être un autoportrait symbolique de Malévitch lui-même, de l'artiste nouveau dans le crâne duquel doivent s'engloutir toutes les formes : « Le crâne de l'homme représente le même infini pour le mouvement des représentations ; il est égal à l'Univers, car en lui est placé tout ce qu'il voit en lui ; en lui passe aussi le soleil, tout le ciel étoilé des comètes et du soleil, et ils brillent et se meuvent ainsi que dans la nature […] Est-ce que tout l'Univers ne sera pas aussi le même crâne étrange dans lequel filent sans fin les météores des soleils, des comètes et des planètes[56] ? » Le mot « Pharmacie » désigne la « cuisine » picturale qui, dans l'art académique, a pris le dessus sur l'authenticité : « L'art est partout, la maîtrise est partout, le caractère artistique est partout, la forme est partout. / L'art-maîtrise lui-même est lourd, maladroit et, par sa pataudise, il gêne quelque chose d'intérieur […]. / Tout l'art, maîtrise et artisticité, en tant que quelque chose de joli – c'est la futilité, la médiocrité petite-bourgeoise[57]. »
On peut dire que le futurisme a introduit son *bacille* (pour reprendre la métaphore nosologique malévitchienne sur l'« élément additif ») dans les arts novateurs russes dès son apparition. Cela est évident dans le cubofuturisme avec sa combinaison du statique et du dynamique (ce que Duchamp a parfaitement réalisé en Occident à la même époque), à quoi s'ajoute, naturellement, l'éclatement de la gamme colorée. Mais l'impact du futurisme italien va au-delà. Il est à l'œuvre dans la première non-figuration russe, le rayonnisme de Larionov et de Nathalie Gontcharova en 1912-1913, avec les stries vigoureuses des lignes-forces qui scandent la surface picturale (on trouve cet élément dans les toiles de Mikhaïl Le Dentu et d'Alexandre Chevtchenko). Dans le *Monument à la IIIe Internationale* de Tatline (1920), c'est la spirale qui est le principe plastique dominant – dans la filiation directe de Boccioni. Le futurisme est omniprésent jusque dans le constructivisme soviétique à partir de 1921. Le célèbre praticable de Lioubov Popova en 1922 pour *Le Cocu magnifique* de Fernand Crommelynck est imprégné de bout en bout de futurisme : l'assemblage d'escaliers, de passerelles, de roues, d'hélices, de lettres latines, était mis en mouvement au gré de l'action dramatique. Il y avait d'ailleurs dans tout le théâtre de cette époque, et particulièrement chez Vsévolod Meyerhold et Nikolaï Foregger, une *horror quietis* qui, si elle revenait aux sources de la théâtralité, coïncidait singulièrement avec l'esprit futuriste.

Photographie « transmentale » montrant les protagonistes des spectacles cubofuturistes (*Vladimir Maïakovski. Tragédie* et *La Victoire sur le soleil*) présentés au théâtre du Luna Park de Saint-Pétersbourg en décembre 1913. De g. à dr., assis : Alexeï Kroutchonykh, Pavel Filonov, Iossif Chkolnik et Kazimir Malévitch ; debout : Mikhaïl Matiouchine. Quand les personnages ont les pieds sur terre, le piano les a au plafond, et vice versa…

Alexandre Chevtchenko
Composition rayonniste, 1914
Huile sur toile, 104 x 101 cm
Galerie nationale des beaux-arts, Perm.

Le futurisme italien a donc traversé l'avant-garde russe de manière indélébile. Peu s'y sont soustraits, c'est le cas du poète Khlebnikov et du peintre Pavel Filonov. Pour se démarquer du futurisme occidental, Khlebnikov a inventé le mot « *boudiet-lianstvo* », la *futuraslavie*[58]. Malgré l'importance considérable de Khlebnikov et de Filonov, leur exemple ne change pas le tableau que j'ai rapidement esquissé de l'osmose entre cubisme et futurisme parisiens en terrain russe.

53 Voir la reproduction d'une des photographies « alogistes » de 1913 dans J.-C. Marcadé, *Malévitch*, Paris, Casterman, 1990, p. 121.

54 K. Malévitch, « Du cubisme et du futurisme au suprématisme » [1916], *Écrits I. De Cézanne au suprématisme*, J.-C. et V. Marcadé (trad.), Lausanne, L'Âge d'homme, 1974, p. 49.

55 *Id.*, « Les vices secrets des académiciens » [1916], *Écrits II. Le Miroir suprématiste, op. cit.*, p. 49 ; voir aussi l'interprétation qu'Irina Kronrod développe, dans la notice de *L'Aviateur*, n° 91 du présent catalogue.

56 *Id.*, *Dieu n'est pas détrôné. L'Art. L'Église. La Fabrique*, [1922], J.-C. et V. Marcadé (trad.), Lausanne, L'Âge d'homme, 2002, p. 21, § 9.

57 *Id.*, « Sur la poésie » [1919], *Écrits II. Le Miroir suprématiste, op. cit.*, p. 81.

58 Je renvoie à mon article « La futuraslavie », *Alfabeta/La Quinzaine littéraire*, mai 1986, n° 84 (par les soins de S. Fauchereau, A. Porta, C. Salaris), p. 108-109.

Du futurisme au vorticisme : un vol de courte durée

par Matthew Gale

Né d'une polémique apparue en juin 1914, le vorticisme interrompt ses activités un an après le début de la Première Guerre mondiale. En introduisant l'ardeur combative – notamment celle du futurisme italien arrivé à Londres à partir de 1910 – dans les milieux artistiques londoniens respectables (en apparence), le vorticisme donne un large écho à des querelles restées jusqu'ici confidentielles. La presse, en acceptant complaisamment de se laisser séduire et manipuler, joue un rôle majeur dans ces événements lors desquels Filippo Tommaso Marinetti, chef de file des futuristes, use à plein de ses talents de communicateur, de manipulateur[1]. Les journalistes et les critiques d'art lancent ou alimentent les controverses, puis se délectent de la situation qu'ils ont eux-mêmes créée, comme en témoigne ce compte rendu (ironique) de juin 1914 : « Il est difficile de se tenir à jour, confronté à la multitude de groupes rebelles qui se sont créés cette saison. Un mouvement naît le lundi ; la semaine suivante, des dissidents exaltés font sécession pour en former un autre[2]. » Aux yeux des lecteurs, l'art de ces « exaltés » constitue un divertissement. Sa marginalisation se renforce, au moment où les qualificatifs de « cubiste » ou de « futuriste » finissent par désigner tout ce qui sort de l'ordinaire. C'est dans ce contexte que le peintre et écrivain Wyndham Lewis et le poète Ezra Pound annoncent publiquement l'avènement du vorticisme.

Le titre de cette étude est emprunté à un tableau perdu d'Edward Wadsworth (*A Short Flight*) illustré dans *Blast* (la publication des vorticistes). Elle rappellera certains des épisodes qui ont marqué l'accueil du futurisme à Londres et l'explosion du vorticisme. Le tableau aérien[3] de Wadsworth apparaît comme un hommage à l'aviation naissante et en particulier aux aviateurs qui ont singulièrement réduit la distance entre la Grande-Bretagne et le continent. Louis Blériot traverse la Manche en juillet 1909, Charles Rolls fait un aller-retour sans escale un an plus tard. Le titre du tableau de Wadsworth souligne également la brièveté du vorticisme, son caractère fugace et passablement insaisissable.

1910 : parler (français) aux Anglais

Avant de lancer le futurisme, Marinetti a été un poète symboliste déjà célèbre au-delà des frontières de son pays. Par de nombreuses traductions, conférences, spectacles, il va placer cette réputation au service de son mouvement, ne redoutant pas les affrontements, qu'ils soient politiques ou artistiques. Son désir de conquérir Paris s'exprime par la publication du *Manifeste du futurisme* à la une du *Figaro*. Sa présence à Londres est marquée, deux mois plus tard, par un duel dont la presse britannique se fait l'écho. (Une critique de sa pièce *Le Roi Bombance* est à l'origine de ce duel[4].) En 1910, la Grande-Bretagne devient à nouveau sa cible, lorsqu'il y fait une tournée de conférences et publie les traductions anglaises de certains de ses textes[5]. En 1912, Londres accueillera la seconde étape de l'exposition futuriste.

Marinetti, « qui aime passionnément l'Angleterre[6] », voit surtout le pays à travers sa capitale, métropole située au « centre du monde », bâtie sur l'héritage de l'empire commercial et industriel victorien. Le dynamisme de la ville repose aussi sur l'existence de zones d'ombre. Cette plaque tournante des richesses du monde s'orne, certes, de belles demeures, de parcs étendus et de magnifiques artères ; elle s'appuie aussi sur un fleuve industrialisé, un métro souterrain, une classe ouvrière miséreuse qui travaille jour et nuit. Enfin, la ville est enveloppée dans ce que Claude Monet appelait ses « brouillards noirs, bruns, jaunes, verts et violets[7] ». Cette mystérieuse énergie comporte une part de danger. Quand il visite les théâtres juifs et les fumeries d'opium de White-chapel en 1914, Marinetti envisage de se faire escorter par des policiers[8] (bien que ces sites fassent partie d'itinéraires touristiques). Ce cosmopolitisme fondamental – signe de la modernité polyvalente de Londres – imprègne toutes les strates poli-tiques et sociales que les autorités s'efforcent de contrôler. L'intrigue de *L'Agent secret* de Joseph Conrad repose sur l'idée d'un complot anarchiste visant à faire sauter l'observatoire de Greenwich. Le monde de ces révolutionnaires inefficaces baigne dans une « lumière diffuse dans laquelle ni les murs, ni les animaux, ni les arbres, ni

Edward Wadsworth
Un vol de courte durée, 1914
Huile sur toile
Localisation inconnue.

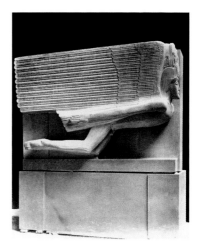

Jacob Epstein
Tombe d'Oscar Wilde (avant son implantation au cimetière du Père-Lachaise), 1909-1912
Pierre de Hoptonwood.

les êtres humains ne pouvaient projeter une ombre[9] ». Au cœur de cette ville dynamique, la vie privée ou les activités interlopes bénéficient de l'anonymat le plus complet.
Dans la première conférence publique qu'il prononce à Londres – en français – en
avril 1910, Marinetti fait l'éloge de la tolérance traditionnelle des Britanniques envers le
radicalisme politique. On ne peut s'étonner de telles louanges si l'on se souvient de la
nature politique des activités futuristes à l'époque. À Milan, en février, le poète avait été
arrêté lors d'une *serata* très animée. Il avait publiquement pris parti pour la cause des irré-
dentistes qui réclamaient le rattachement (par des moyens militaires si nécessaire) des
régions italophones de l'empire austro-hongrois[10]. Le même mois, il avait soutenu le « cri
de rébellion » lancé par ses confrères artistes – les peintres milanais Umberto Boccioni,
Carlo Carrà et Luigi Russolo, rejoints par Gino Severini et Giacomo Balla – dans leur
Manifeste des peintres futuristes[11]. Ce nouveau manifeste avait été précédé, deux jours
auparavant, d'un texte de Marinetti, « I nostri nemici comuni » [« Nos ennemis communs »],
qui en appelait à l'union des intellectuels anarchistes et des ouvriers syndicalistes, les
exhortant au « mouvement éternel et dynamique de la rébellion[12] ». C'est dans ce contexte
que Marinetti prononce, le 2 avril, son *Discours futuriste aux Anglais*[13], dans lequel il rend
hommage aux Britanniques, qui « ouvrent les bras aux individualistes de tous pays, qu'ils
soient libertaires ou anarchistes ». Au-delà de son engagement personnel, Marinetti pense
peut-être à la fréquentation des milieux anarchistes de la ville par Carrà, dix ans plus tôt.
Une sympathie politique que le peintre revendique dans *Les Funérailles de l'anarchiste
Galli*[14] (1910-1911, cat. n° 26).

Dans son *Discours futuriste aux Anglais,* Marinetti manque de courtoisie, comme il le
reconnaît lui-même, notamment en faisant ouvertement référence aux habitudes
sexuelles hypocrites du pays, de ces jeunes hommes « temporairement homosexuels…
qui épousent une jeune femme licencieuse et se hâtent de condamner les invertis de
naissance[15] ». Il fait précéder ces remarques d'une allusion à la condamnation ridicule
d'Oscar Wilde, dont le procès et l'exil à Paris (où il meurt en 1901) sont restés une
« cause célèbre ». Le propos est d'actualité pour le public londonien, qui apprenait à la
fin de 1908 qu'un monument, confié à Jacob Epstein, serait érigé en l'honneur d'Oscar
Wilde dans le cimetière du Père-Lachaise. Epstein venait d'être au centre d'une
polémique à propos de nus réalisés pour le bâtiment de la British Medical Association
(1907-1908)[16]. En juillet 1910, il commence son massif « ange-démon » en pierre de
Hoptonwood. Ce nu, qui sera acclamé deux ans plus tard, sera toutefois affublé d'une
feuille de vigne à la demande des responsables du cimetière parisien.

Les questions sexuelles abordées par Marinetti doivent être replacées dans le contexte
des opinions souvent contradictoires qu'il exprime en la matière. En octobre 1910, la
version italienne de son *Mafarka le futuriste,* mythe fondateur du futurisme, est interdite
à Milan pour « outrage à la pudeur ». Marinetti fait du procès une tribune publique,
obtient l'acquittement (en première instance). Pour sa défense, il affirme que le
surhomme Mafarka crée « son fils idéal… un héros ailé à qui il transfuse la vie au moyen
d'un baiser suprême, sans l'intervention d'une femme[17] ». Outre cette parthénogenèse
aussi nietzschéenne que misogyne, *Mafarka* dépeint une féminité corruptrice, faible,
objet de violence physique. Marinetti justifie cette violence en invoquant une métaphore
politique, celle du mythe anarchiste de la grève générale. Cette protestation virile et
révolutionnaire a été louée par Georges Sorel, qui voyait dans la masculinité active une
composante de l'aspiration révolutionnaire[18]. Ce contexte idéologique éclaire le
neuvième point du *Manifeste*, qui exprime certaines angoisses de la virilité : « Nous
voulons glorifier la guerre – seule hygiène du monde –… et le mépris de la femme[19]. »

Il peut dès lors paraître étonnant de voir Marinetti prononcer son *Discours futuriste aux
Anglais* (en avril) et sa conférence sur *Le Futurisme et la Femme* (en décembre) au
Lyceum Club for Women à Piccadilly[20]. Son prestige de penseur radical lui ouvrait les
portes de ce club exclusivement féminin. Peut-être misait-il sur le potentiel explosif d'un
tel public au moment même où le militantisme politique des suffragettes battait son
plein. La première diatribe de Marinetti contre les Britanniques est accueillie avec une
politesse à laquelle l'orateur s'attendait. Lors de sa seconde intervention, Margaret
Wynne Nevinson, secrétaire du club et ancienne militante des droits des femmes,
estime que son « langage superlativement vigoureux » ne compense pas son badi-
nage conservateur et sa condamnation de la femme comme idéal romantique et
érotique. Ces déclarations ne suscitent guère d'enthousiasme ; c'est « toujours la
même histoire[21] », écrit Wynne Nevinson. Analysant avec beaucoup de finesse les

1 Marinetti adresse à *Il Giornale d'Italia*, le 17 juin 1914
(Marinetti Libroni, Marinetti Archive, Beinecke Library,
Yale University [ci-après Yale], MSS 475/00493-06),
un télégramme sur le « succès » du concert
Intonarumori de Russolo à Londres. Les Archives
de la Tate (ci-après TGA) conservent les coupures
de presse collectées par C.R.W. Nevinson (TGA 7811),
E. Wadsworth (TGA 8112) et D. Bomberg (TGA 878).
2 C. Lewis Hind, « Rebel Art : Exhibits by the Philistines.
From the Ordinary to the Extraordinary », *Daily
Chronicle*, 25 juin 1914 (TGA 7811).
3 Cf. J. Black, *Edward Wadsworth : Form, Feeling and
Calculation ; The Complete Paintings and Drawings*,
Londres, Philip Wilson Publishers, 2005, p. 23.
4 « Furious Fight with Swords : Determined duel
between novelist and well-known poet », *Police Budget*
(Londres), 24 avril 1909 (Yale).
5 Marinetti publie *Contre Venise passéiste* (27 avril
1910) et des extraits du *Manifeste du futurisme* dans
The Tramp : An Open Air Magazine, août 1910.
6 F.T. Marinetti, C.R.W. Nevinson, *Contre l'art anglais*
[1914] // G. Lista, *Futurisme. Manifestes, proclamations,
documents*, Lausanne, L'Âge d'homme, 1973, p. 126.
7 E. Bullet, « Macmonnies, the Sculptor, Working Hard
as a Painter » [1901] // J. House, « The Thames
Transfigured », in *André Derain : The London Paintings*,
cat. exp., Londres, Paul Holberton Publishing/Courtauld
Institute of Art Gallery, 2005, p. 48.
8 G. Galza Redolo, « Di notte, nei bassi fondi
londinesi, in compagna di Marinetti », *Giornale d'Italia*,
31 mai 1914 (Yale).
9 J. Conrad, *L'Agent secret* [1907], trad. O. Lamolle,
Paris, Autrement, 1996, p. 22.
10 *L'Ode* de P. Buzzi au général anti-autrichien
A. di Bernezzo a été déclamée le 15 février 1910 ; cf.
G. Berghaus, *Futurism and Politics : Between Anarchist
Rebellion and Fascist Reaction, 1909-1944*, Oxford et
Providence (RI), Berghahn Books, 1996, p. 49-52.
11 *Manifeste des peintres futuristes* [11 février 1910] //
G. Lista, *Futurisme. Manifestes…, op. cit.*, p. 167-171.
12 F.T. Marinetti, « I nostri nemici comuni » [16 mars
1910] // U. Carpi, *L'Estrema avanguardia del
novecento*, Rome, Editori riuniti, 1985, p. 39-40 ; cf.
G. Berghaus, *Futurism and Politics…, op. cit.*, p. 54-55.
13 Cf. P. Edwards, *Wyndham Lewis : Painter and Writer*,
New Haven / Londres, Yale University Press, 2000,
p. 19, n° 15.
14 Sur l'amitié du peintre avec E. Malatesta à Londres
en 1900, cf. C. Carrà, *La mia vitta* [1945] // Milan,
Absondita SRL, 2002, p. 31.
15 R.W. Flint (dir.), *Marinetti : Selected Writings*,
trad. par R.W. Flint et A.A. Coppotelli, Londres,
Secker et Warburg, 1972, p. 60.
16 Cf. E. Silber, « The Tomb of Oscar Wilde », E. Silber,
T. Friedman (dir.), *Jacob Epstein : Sculpture and
Drawings*, cat. exp., Leed City Art Galleries ; Londres,
Whitechapel Art Gallery, 1987, p. 124, 127, 130.
17 F.T. Marinetti, « Il processo e l'assoluzione di *Mafarka
il Futurista* », *Distruzione : Poema futurista*, Milan, 1911,
cité dans C. Sartini Blum, *The Other Modernism :
F.T. Marinetti's Futurist Fiction of Power*, Berkeley/
Los Angeles/Londres, University of California Press,
1996, p. 55. L'édition italienne finit par être interdite.
Sartini Blum analyse les angoisses homosexuelles
refoulées contenues dans le texte (p. 55-78).
18 Sur l'importance des théories de G. Sorel pour
Marinetti , cf. G. Berghaus, *Futurism and Politics…,
op. cit*, p. 54-59. Voir aussi l'identification par H. Foster
d'une imagerie phallique blindée *et* menacée
(*Prosthetic Gods*, Cambridge (MA) / Londres, The MIT
Press, 2004, p. 114).
19 F.T. Marinetti, *Le Manifeste du futurisme, Le Figaro*,
20 février 1909.
20 Cf. « Woman and Futurism », tapuscrit (archives
Marinetti, Yale) ; cf. N. Locke, « Valentine de Saint-Point
and the Fascist Construction of Woman », in M. Affron,
M. Antliff (dir.), *Fascist Visions : Art and Ideology in France
and Italy*, Princeton University Press, 1997, p. 73, n° 3.
21 M. Wynne Nevinson, « Futurism and Woman »,
The Vote, 31 décembre 1910 (TGA 7811).

contradictions de Marinetti, elle s'étonne qu'il ait « trouvé le temps de chanter les louanges des suffragettes (se doutait-il que, dans son public londonien, il y aurait plus d'une femme à pouvoir se réclamer fièrement de ce titre ?) », et remarque : « Ce n'est pas le désir de liberté des suffragettes qui suscite l'admiration du Signor, mais seulement les moyens auxquels elles ont recours pour faire entendre leurs revendications[22]. » L'admiration de Marinetti pour les actions de masse violentes (les suffragettes ont attaqué la Chambre des communes le 18 novembre) est accueillie avec une certaine indulgence. Son point de vue sur les femmes apparaît moins convaincant. Wynne Nevinson réagit avec vigueur : « La femme érotique est un produit de l'absolutisme de l'homme, un produit qui décline rapidement, en même temps que le contrôle illimité de l'homme sur tout ce qui compte[23]. »

1912 : une peinture devenue folle

Si la présence du peintre et écrivain Percy Wyndham Lewis à la conférence d'avril de Marinetti est hypothétique, il est par contre avéré que la seconde visite du chef de file futuriste coïncide avec l'exposition de Roger Fry aux Grafton Galleries[24], intitulée « Manet et les postimpressionnistes ». Une exposition qui devait marquer un tournant décisif dans le modernisme britannique. Quand bien même les artistes se rendent régulièrement à Paris (y compris Lewis, qui y séjourne périodiquement entre 1902 et 1908) et connaissent les œuvres de Paul Cézanne, Vincent Van Gogh et Paul Gauguin, la présentation par Fry d'œuvres récentes de Henri Matisse, André Derain et Pablo Picasso, réunis sous le terme fourre-tout de « postimpressionnisme », produit l'effet d'une décharge électrique. La presse encourage le public à exprimer son indignation : « C'est une peinture devenue folle[25] », peut-on lire. Faisant fi des injonctions de leur professeur[26], C.R.W. Nevinson (le fils de Margaret Wynne Nevinson), Edward Wadsworth et David Bomberg visitent l'exposition. Son succès de scandale vaut à Fry d'être propulsé au centre des activités modernistes francophiles de Londres, position qu'il renforce en organisant la « Seconde Exposition postimpressionniste », à la fin de 1912[27].

Durant la période qui sépare les deux manifestations, Lewis noue ses alliances artistiques. Après plusieurs années passées à l'étranger, durant lesquelles l'écriture occupe une place prédominante, il s'associe au Camden Town Group pour exposer ses peintures, en juin et en décembre 1911. En novembre, Lewis est à Paris, où il visite le Salon d'automne. Dans la salle cubiste, il découvre les œuvres de grand format de Fernand Léger, Jean Metzinger et Albert Gleizes (y compris le *Portrait de Jacques Nayral* [1911, cat. n° 16] de ce dernier). La rigueur graphique propre au cubisme transparaît clairement dans l'œuvre qu'il présente à la « Seconde Exposition postimpressionniste », une *Mère et Enfant* aujourd'hui perdue[28]. L'intérêt que Lewis porte au cubisme et au futurisme est stimulé à cette époque par l'exposition « Les Peintres futuristes italiens », inaugurée à la Sackville Gallery le 1er mars 1912, après avoir été montrée quelques mois plus tôt à la galerie Bernheim-Jeune à Paris.

« Tout Londres parle des peintres futuristes italiens », rapporte le critique moderniste Frank Rutter une semaine après l'inauguration[29]. Ces œuvres fragmentées – qui cherchent à saisir ce que Henri Bergson appelle le flux de l'expérience quotidienne – suscitent des qualificatifs évoquant la folie, la dégénérescence et l'hystérie, autant de termes qui sont à l'opposé des prétentions futuristes à la virilité révolutionnaire et à la détermination dans l'action[30]. Même le critique P.G. Konody, qui s'entretient avec Marinetti et Boccioni et qui est pourtant acquis à leur cause, mentionne une « imagination débordante[31] ». De retour à Paris, dans un style télégraphique et sur un ton dédaigneux, Boccioni résume son expérience : « Londres, belle, monstrueuse, élégante, bien nourrie, bien habillée, mais des cervelles lourdes comme des beefsteaks. Intérieurs de maisons magnifiques : propreté, honnêteté, calme, ordre, mais, dans le fond, un peuple idiot ou à moitié[32]. »

Outre les œuvres principales de l'exposition, le catalogue de la Sackville Gallery reproduit trois textes majeurs : le premier *Manifeste du futurisme* de 1909 (sans la partie sur la « fondation »), *Peintres futuristes : manifeste technique* de 1910, ainsi qu'un écrit plus récent intitulé « Les exposants au public ». Ce dernier texte, en grande partie écrit par Boccioni, développe les notions de « simultanéité des états de conscience » et de « synthèse de *ce dont on se souvient* et de *ce que l'on voit* ». Il réaffirme la place du spectateur « au centre du tableau[33] ». Même les sceptiques lisent ces textes avec attention. Un des critiques les plus virulents est le correspondant de

Wyndham Lewis
The Thébaïde, 1913
Tate Gallery Archive, portfolio *Timon of Athens,* Londres.

guerre Henry Nevinson (époux de Margaret Wynne Nevinson) qui, comme son confrère Francis McCullagh[34] (également correspondant de guerre), voit le futurisme à la lumière de l'annexion de Tripoli par les Italiens au mois d'octobre 1911 : « C'est une "tactique militante" en peinture et du "syndicalisme" sur toile. En le regardant, on entend le fracas du verre cassé et on surprend un écho du cri de guerre de "l'action directe". La pulsion qui a conduit au massacre des Arabes de l'oasis relève de cette même frénésie, qui tente de coucher sur la toile de fantastiques "lignes de force"[35]. »

En dépit de l'hostilité du ton, les futuristes apprécient sans doute cette référence à leur énergie fébrile. Les figures de marins des *Adieux* (1911, cat. n° 18) – le panneau central du triptyque de Boccioni achevé à l'automne 1911 – peuvent être lus comme une allusion au départ pour l'invasion. À l'instar de ses deux confrères milanais, Boccioni s'est inspiré des thèmes de l'action de rue. À Londres, il a assisté aux manifestations des suffragettes : « Je les ai encouragées et je les ai applaudies quand je voyais qu'on les arrêtait[36]. » Il a vu l'action militante et révolutionnaire se métamorphoser en une geste guerrière (avec l'aventure libyenne). Si la rhétorique de Marinetti défend une telle violence, *Les Adieux* relate l'histoire plus ambiguë d'un sacrifice annoncé.

Ce qui, dans un premier temps, retient l'attention du public anglais est moins le culte de la violence des Italiens que leur sens de l'expérience festive. Dans un article paru vers la fin de l'année 1913, Lewis se rallie au sentiment général qui voit en Severini « le premier des futuristes[37] ». Sa *Danse du « pan-pan » au Monico* (1909-1911, cat. n° 39) domine l'exposition de 1912 ; une exposition personnelle attire à nouveau l'attention sur son œuvre en avril 1913. Dans son catalogue, Severini affirme que l'abstraction est « un signe de l'intensité… avec laquelle on vit aujourd'hui ». Dans la presse qui l'interroge, il déclare qu'un tableau doit être « la réalisation d'une vue complexe de la vie ou des choses qui vivent dans l'espace[38] ». Préparant cette exposition, Severini témoigne de sa défiance à l'égard de l'action collective, si prisée par les futuristes[39]. En dépit d'un succès commercial mitigé, il reconnaît que les choses vont « très bien du point de vue du moral et de l'extension du futurisme[40] ». Cette « extension » renvoie directement aux contacts qu'il noue avec C.R.W. Nevinson et sa famille[41]. Préparant une nouvelle visite de Marinetti à Londres, Severini écrit en novembre : « Nevinson m'a présenté à d'autres artistes qui, avec lui, sont tous devenus des futuristes convaincus… *Nevinson se présentera donc à toi de ma part ; dans ses lettres, il me parle avec enthousiasme du futurisme et il se met à ton entière disposition pour tout ce qui pourrait t'être utile[42].* »

Nevinson concilie l'influence de Severini avec une assimilation progressive du cubisme. *Le Vieux Port* – composition verticale inspirée de la structure des imposantes grues-portiques – appartient au répertoire des sujets proches de ceux des cubistes de Salon, tandis que *Le Départ du train de luxe* (aujourd'hui perdu) dénote une transposition plus hermétique conforme aux recherches futuristes. *Omnibus* de Wadsworth est de même marqué par les œuvres de Severini. Dans les peintures de Bomberg de 1913, Lewis fait allusion à « la blonde froide du tableau de Severini[43] ». Dans l'immense *Kermesse*, présentée pour la première fois en 1912, mais radicalement retouchée en 1913, Lewis lui-même évolue vers une figuration abstraite. Cette œuvre, comme beaucoup d'autres liées au vorticisme, est aujourd'hui perdue. Sa composition robotique la rapproche des œuvres qui composent le portfolio du *Timon d'Athènes* de 1913. Par le dynamisme de ses compositions, Lewis se démarque de la modernité plus lyrique des artistes des Omega Workshops de Fry, une association d'art appliqué qui garantissait aux artistes une certaine sécurité financière. Lewis, pour qui cette manne était une nécessité, ne pouvait cependant se résoudre à se plier aux règles d'Omega. Il profite d'une maladresse de Fry dans la gestion d'une commande publique pour rompre publiquement avec lui en octobre 1913, entraînant dans son sillage Frederick Etchells, Cuthbert Hamilton et Wadsworth[44].

Les derniers mois de 1913 marquent un renouveau d'intérêt pour les événements qui se déroulent sur le continent. En octobre, les Doré Galleries organisent une « Exposition postimpressionniste et futuriste », dont les œuvres sont choisies par Rutter. Elle est suivie, deux mois plus tard, par une « Exposition des postimpressionnistes anglais, cubistes et autres », organisée cette fois à Brighton. Les qualificatifs de « futuriste » et « cubiste » sont communément employés pour caractériser les artistes basés en Grande-Bretagne. Les critiques soulignent les liens qui existent avec l'art continental. Si *L'Équipe de Cardiff* (1912-1913, cat. n° 60) de Robert Delaunay domine la galerie, d'autres œuvres retiennent l'attention : *La Valse* et *La Polka* de Severini, *L'Omnibus* de Wadsworth, *Le Départ du train*

22 M. Wynne Nevinson, « Futurism and Woman », art. cité. La plupart des spécialistes ont fusionné à tort les deux conférences qui eurent lieu à six mois d'intervalle. Sur le contexte familial, cf. *ibid.*, p. 3-5.

23 *Ibid.* Sur le soutien aux suffragettes comme moyen de s'attaquer à la démocratie parlementaire, cf. C. Tisdall, A. Bozzolla, *Futurism*, Londres, Thames and Hudson, 1977, p. 153-163.

24 L'exposition eut lieu de novembre 1910 à janvier 1911. Selon P. Edwards, Lewis aurait assisté à la conférence d'avril 1910 (*Blast : Vorticism, 1914-1918*, Aldershot, Ashgate Press, 2000, p. 11).

25 *Daily Express*, 9 novembre 1910, cité dans P. O'Keeffe, *Some Sort of Genius*, Londres, Jonathan Cape, 2000, p. 101.

26 Sur la mise en garde du Pr Tonks, cf. M.J.K. Walsh, *C.R.W. Nevinson : The Cult of Violence*, New Haven/Londres, Yale University Press, 2002, p. 21.

27 « Second Post-Impressionist Exhibition », Londres, Grafton Galleries, octobre 1912-janvier 1913.

28 Cf. A. Gruetzner Robins, *Modern Art in Britain 1910-1914*, Londres, Merrell Holberton Publisher/Barbican Art Gallery, 1997, p. 64-107.

29 *Sunday Times*, 8 mars 1912, cité par J. Black, « Taking Heaven by Violence : Futurism and Vorticism as seen by the British Press c. 1912-20 », in *Blasting the Future ! Vorticism in Britain 1910-2002*, cat. exp., Londres, Estorick Collection of Modern Art, Whitworth Art Gallery, University of Manchester (Philip Wilson Publisher, 2004) p. 30.

30 Cf. *ibid.*, p. 30.

31 Interview parue dans *Pall Mall Gazette*, 14 mars 1912, citée par A. Gruetzner Robins, *Modern Art in Britain…*, op. cit., p. 57.

32 Boccioni à V. Baer, 15 mars 1912 // M. Drudi Gambillo, T. Fiori, *Archivi del Futurismo*, op. cit., vol. 2, 1962, p. 43. Nous traduisons.

33 « Les exposants au public » [1912] // G. Lista, *Futurisme. Manifestes…*, op. cit., p. 167.

34 Sur le rejet par F. McCullagh du militarisme italien, cf. J. Black, *Blasting the Future !…*, op. cit., p. 30.

35 Cet article est connu d'après une coupure de presse (Archives Marinetti, Yale).

36 Boccioni à V. Baer, 15 mars 1912, lettre citée.

37 P.W. Lewis, « The Cubist Room », *Exhibition of English Post-Impressionists, Cubists and Others*, Brighton, novembre 1913-janvier 1914 // W. Michel, C.J. Fox (dir.), *Wyndham Lewis on Art : Collected Writings*, Londres, Thames and Hudson, 1969, p. 56.

38 *The Futurist Painter Severini Exhibits his Latest Works*, cat. exp., Londres, Marlborough Gallery, avril 1913 // M. Drudi Gambillo, T. Fiori, *Archivi del Futurismo*, op. cit., vol. 1, 1958, p. 113-115. G. Severini, « Get Inside the Picture : Futurism as the Artist Sees it » (*The Daily Express*, 11 avril 1913 // *ibid.*, p. 37).

39 Severini (à Paris) à Marinetti, 31 mars 1913 (Yale) ; le premier informe le second de la préface du catalogue, sur lequel Milan ne peut plus intervenir.

40 Severini (à Londres) à Boccioni, lettre datée à tort (dans M. Drudi Gambillo, T. Fiori, *Archivi del Futurismo*, op. cit., vol. I, 1958, p. 235) « [1er mars 1912] », mais sans doute du 7 avril 1913, jour du vernissage de son exposition (date où il écrit également à Marinetti ; cf. A. Coffin Hanson, *Severini futurista, 1912-1917*, cat. exp., Yale University Art Gallery, New Haven (Yale University Press, 1995, p. 148). Nous traduisons.

41 La visite de Severini a été confirmée par Walsh (*C.R.W. Nevinson…*, op. cit., p. 54) grâce au journal de H. Nevinson : il est arrivé le 6 avril 1913 ; les Nevinson le rencontrent pour la première fois le 13.

42 Severini (à Pienza) à Marinetti, 3 novembre 1913. Nous traduisons.

43 P.W. Lewis, « The Cubist Room », art. cité.

44 Spencer Gore a cru que la commande pour le Ideal Home Exhibition lui était destinée (ainsi qu'à Lewis) à titre personnel ; Fry, lui, a compris qu'elle s'adressait à Omega, d'où les accusations de tromperie dans « Round Robin » de Lewis (cosigné par Etchells, Hamilton et Wadsworth). Cf. P. Edwards, *Wyndham Lewis : Painter and Writer*, op. cit., p. 95-99.

de luxe de Nevinson et *La Kermesse* retravaillée de Lewis (« une terrible guerre d'extermination entre insectes meurtriers[45] »). Pour Clive Bell, *La Kermesse* démontre que « Lewis promet de devenir cette chose rare, un véritable artiste académique… en ce sens qu'il utilise une formule dont il est le maître et non l'esclave[46] ». À propos de Severini, le critique est moins amène : « Le futurisme, conclut-il, est un accident négligeable. » Cette dernière remarque va à l'encontre du sentiment dominant. Du fait du retour à Londres de Marinetti, revenu pour tenir « avec une grande force dramatique des propos particulièrement sanguinaires[47] », le futurisme est bien présent à l'esprit du public. Le 18 novembre 1913, Lewis et Nevinson organisent un dîner en l'honneur de Marinetti au restaurant Florence. Témoignant d'un changement d'attitude, Nevinson père écrit : « Ceux qui l'ont entendu ces derniers jours au cabaret, au Florence, à la Poetry Shop ou au milieu des œuvres futuristes aujourd'hui réunies dans la galerie savent ce que veut dire le mot vitalité. Il en déborde ; il la dépense sans compter[48]. »

Marinetti attise l'enthousiasme en faveur du futurisme. Encouragé par Severini, il aspire à créer une branche anglaise du mouvement. Nevinson doit tempérer ses ardeurs, alors qu'il se propose d'annexer unilatéralement à sa cause toutes les personnes présentes au dîner du Florence[49]. On voit se rejouer à Londres un scénario utilisé au cours des mois précédents. À la fin de juin, Guillaume Apollinaire avait composé *L'Antitradition futuriste,* une œuvre typographique qui se proposait d'offrir de la « merde » aux adversaires du futurisme, et des « roses » à ses sympathisants[50]. En août, Marinetti avait accueilli favorablement le *Manifeste futuriste contre Montmartre,* rédigé par le peintre français Félix Del Marle. Marinetti lui avait confirmé, peu après la seconde parution de ce manifeste dans *Lacerba,* qu'il « est absurde de considérer le futurisme comme un monopole[51]… » Les futuristes de la première heure s'étaient opposés à une telle ouverture. Marinetti avait décidé d'ignorer les réserves de Severini, pour qui Del Marle « profit[ait] de la notoriété du nom de "futuriste"[52] ». En septembre, Boccioni insiste pour que le périodique florentin *Lacerba* réfute le *Fotodinamismo futurista,* ouvrage d'Anton Giulio Bragaglia défendu par Balla[53]. Deux mois plus tard, Carrà avait demandé l'exclusion d'Ugo Giannatasio, autre associé de Severini qui, comme Del Marle, était un des destinataires des « roses » d'Apollinaire[54]. Carrà exprimera plus tard les craintes des fondateurs du futurisme, évoquant les « imbéciles qui, en se disant futuristes, nous font à nous tous une contre-publicité désastreuse[55] ». La nouvelle de l'enrôlement de Nevinson (et peut-être d'autres artistes de Londres) par Marinetti n'atteindra pas Milan. Il est probable qu'elle y aurait suscité une réaction tout aussi hostile. Comme Del Marle, Nevinson n'exposera jamais avec les peintres qui composaient le noyau dur du futurisme.

Au-delà de l'enthousiasme de Nevinson, rien ne prouve que les Britanniques aient cherché d'autres bénéfices à la présence de Marinetti que la notoriété qu'elle pouvait leur apporter. Un groupe se constituait, qui n'était pas nécessairement futuriste, comme le montre l'exposition de Brighton. Dans l'introduction qu'il écrit pour la « salle cubiste », Lewis voit bien dans le futurisme une des voies de la peinture moderne. Il ajoute toutefois : « Ce ne sera jamais qu'une forme artistique pratiquée par cinq ou six peintres italiens[56]. » Il juge le cubisme d'une « sévérité superbe », et attribue à Etchells, Hamilton, Wadsworth, Nevinson et à lui-même une préoccupation commune pour l'art abstrait : « Toute la peinture révolutionnaire d'aujourd'hui a en commun les reflets rigides de l'acier et de la pierre dans l'esprit de l'artiste. » Rassemblant Epstein et Bomberg dans une même salle, Lewis identifie une « matière volcanique » qui forme « une île vertigineuse dans l'archipel placide et respectable de l'art anglais ». En décembre, se fait jour l'idée de lancer une revue. Le titre de *Blast,* proposé par Nevinson, qui a une saveur argotique entêtante, est approuvé par Wadsworth, faute de mieux. Le 17 décembre, il écrit à Lewis : « Je n'ai pas pu trouver un meilleur titre que *Blast,* mais je ne suis pas convaincu que ce soit un mauvais titre[57]. »

1914 : *Blast*

Le romancier H.G. Wells organisa un dîner en l'honneur de Marinetti, mais sa position pose question dans la mesure où lui-même semble annoncer le futurisme dans ses ouvrages de science-fiction. Un journaliste va jusqu'à s'interroger : « Qui est le futuriste : Wells ou Marinetti[58] ? » Dans *La Machine à explorer le temps,* encore édité près de vingt ans après sa première parution, Wells avait imaginé « l'euphorie hystérique » du voyage dans le temps[59]. Lewis souligne lui aussi – mais sur un registre plus critique vis-à-vis des

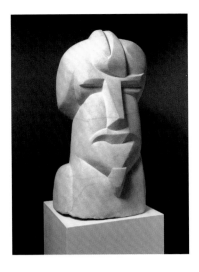

Henri Gaudier-Brzeska
Tête hiératique d'Ezra Pound, 1914
Marbre, 90,5 x 45,7 x 48,9 cm
The Nasher Art Collection, Dallas (TX).

Christopher R. Wynne Nevinson
devant *Tum-Tiddly-Um-Tum-Pom-Pom,* 1914
Huile et confetti sur toile (dernière peinture
reproduite dans The Western Mail, 15 mai 1914),
Tate Gallery Archive, Nevinson Papers, Londres.

deux personnages – que le futurisme « signifie le présent, un présent qui exclut vigoureusement le passé et s'imprègne fortement des rêves d'H.G. Wells, ceux de machines monstrueuses et arrogantes qui dansent sous les applaudissements frénétiques des hommes[60] ». Lewis, dénigrant l'obsession futuriste pour les machines, aurait déclaré à Marinetti : « Vous ne parlez que de courroies de transmission, vous vous enflammez pour les moteurs à combustion interne. Mais ce n'est pas d'hier que nous avons des machines en Angleterre. Pour nous, ce n'est pas une nouveauté[61]. » Avant même que les différentes positions ne s'expriment officiellement dans *Blast* à l'été 1914, Lewis avait établi une distinction entre un « automobilisme » romantique, fondé sur l'enregistrement impressionniste de sensations, et un « expérimentalisme » abstrait (implicitement classique) : voie qu'il choisit pour lui-même et pour ses compagnons[62]. L'opposition formulée par Lewis trouve un écho dans la polémique qui secoue le futurisme au début de cette même année, lorsque Giovanni Papini émet des doutes sur l'intégration de la réalité dans l'art, tandis que Boccioni, dont les sculptures sont visées par cette critique, répond en défendant la création synthétique de « réalités nouvelles[63] ».

La publication de *Blast* est annoncée en janvier 1914[64]. Le soutien que lui apporte Ezra Pound est renforcé par celui du critique et philosophe T.E. Hulme, qui combine un idéalisme sorélien et une conception de l'art abstrait influencée par *Abstraction und Einfühlung* de Wilhelm Worringer. Dans « Modern Art and its Philosophy », Hulme critique le naturalisme futuriste (celui qui gêne Papini), lui oppose « une certaine forme géométrique abstraite qui, étant durable et permanente, servira de refuge contre le flux et l'impermanence du monde extérieur[65] ». Il assimile cette abstraction à un instinct primitif de stabilité, notion directement dérivée de Worringer, pour qui ce désir est une réponse aux incertitudes de la vie moderne. Parallèlement, Hulme se fait le défenseur de Epstein et de Henri Gaudier-Brzeska, qui portent un intérêt profond aux formes artistiques non occidentales. Epstein s'inspire de l'art africain, dont il enrichit son imagerie sexuelle, comme en témoigne les trois versions de *Tourterelles* accouplées, réalisée en 1913. Il apporte également un soutien essentiel à Gaudier-Brzeska, qui se fait connaître de façon soudaine avec *La Danseuse en pierre rouge* (vers 1913, cat. n° 99) en janvier 1914. Là où les « lignes de force » de la sculpture de Boccioni témoignent d'une interaction de la forme avec son environnement, *La Danseuse* condense le mouvement, incarne le « vortex », terme mentionné pour la première fois par Pound en décembre 1913 à propos des artistes londoniens[66]. La *Tête hiératique d'Ezra Pound* vient alors sceller l'amitié entre les deux hommes. Ce portrait phallique du poète (inspiré d'une statue de l'île de Pâques) restera l'œuvre la plus extraordinaire de Gaudier-Brzeska[67].

En mars 1914, pour fédérer les dissidents de l'Omega, Lewis crée le Rebel Art Centre. Cette association éphémère, soutenue par Kate Lechmere, faillira dans son ambition d'être une institution de création et d'enseignement (bien que Marinetti eût donné une conférence pour réunir des fonds en sa faveur), mais renforcera la cohésion du groupe[68]. Au même moment, à l'exposition du London Group, Bomberg présente *Dans la cale* qui, dans son équilibre entre structures planes et lignes dynamiques, se distingue à la fois du futurisme et de l'art des « Rebelles ». Fry rend compte de la contribution de Lewis (avec notamment un *Christophe Colomb* aujourd'hui perdu), reconnaissant « son pouvoir d'organisation clair et précis », comparant l'effet produit par son œuvre à celui d'un « raisonnement serré[69] ». Nevinson confirme, quant à lui, son lien avec les Italiens en exposant *Tum-Tiddly-Um-Tum-Pom-Pom* (perdu), qui représente le parc de Hampstead Heath un jour férié. En dépit de son titre ironique (l'onomatopée fait allusion à la phrase finale d'un air de fanfare), c'est, dans le genre sévère, son tableau le plus ambitieux à ce jour. Le rythme implacable de cet activisme se poursuit avec l'exposition « Peintres et sculpteurs futuristes italiens », inaugurée aux Doré Galleries le 27 avril, à l'occasion de laquelle Nevinson apporte sa contribution musicale au spectacle de Marinetti, *Le Siège d'Andrinople*[70]. C'est probablement ce partenariat – Lewis parlera plus tard de « la bonne époque de l'effervescence[71] » – qui va donner naissance au manifeste publié par Marinetti et Nevinson dans *The Observer* du 7 juin 1914, puis dans *Lacerba,* sous le titre de *Vital English Art.*

Donnant « le signal de la bataille », *Vital English Art* est un appel aux armes dont la véhémence est conforme aux précédents manifestes de Marinetti. Il s'appuie sur le succès de scandale associé à l'exposition « Art du XXᵉ siècle : Un bilan des mouvements modernes » (qui contenait une section juive, sélectionnée par Bomberg), organisée à la Whitechapel Art Gallery et durant laquelle les Rebelles et leurs alliés affirmèrent

45 C. Phillips, « Post-Impressionism », *Daily Telegraph,* [octobre] 1913 (TGA 7811).

46 C. Bell, « Art : The New Post-Impressionist Show », *The Nation,* 25 octobre 1913 (TGA 7811). Bell ayant connaissance du schisme au sein d'Omega, cet éloge se veut sans doute ambigu.

47 Lewis à Mrs Percy Harris, [novembre 1913], in W.K. Rose (dir.), *The Letters of Wyndham Lewis,* Norfolk (VI), 1963 et Londres, 1965, p. 53-54.

48 H.W. Nevinson, « Marinetti : The Apostle of Futurism », *Manchester Guardian,* [novembre 1913] (Yale).

49 Cf. Nevinson à Lewis, 19 novembre 1913, cité dans R. Cork, *Vorticism and Abstract Art in The First Machine Age,* Londres, Gordon Fraser, 1976.

50 G. Apollinaire, *L'Antitradition futuriste,* 29 juin 1913.

51 Marinetti à Del Marle, 15 août 1913 // M. Drudi Gambillo, T. Fiori, *Archivi del Futurismo, op. cit.,* vol. 1, 1958, p. 25.

52 Severini à Marinetti, 17 juillet 1913 // A. Coffin Hanson, *Severini futurista...,* op. cit., p. 152-153.

53 Boccioni à Sprovieri, 4 septembre 1913 // M. Drudi Gambillo, T. Fiori, *Archivi del Futurismo, op. cit.,* vol. 1, 1958, p. 288. L'ouvrage fait l'objet d'une publicité dans *Lacerba* en juillet ; la réfutation y paraît en octobre ; cf. M.W. Martin, *Futurist Art and Theory, 1909-1915* [1968], New York, Hacker Art Books, 1978, p. 179.

54 Carrà à Soffici, 2 décembre 1913, in M. Drudi Gambillo, T. Fiori, *ibid.,* p. 307.

55 Carrà (à Paris) à Severini (parlant d'A. Ciacelli et de Giannattasio), 13 mars 1914 // M. Carrà, V. Fagone (dir.), *Carlo Carrà - Ardengo Soffici : Lettere 1913/1929,* Milan, Feltrinelli, 1983, p. 246. Nous traduisons.

56 P.W. Lewis, « The Cubist Room », art. cité.

57 Wadsworth à Lewis, 17 décembre 1913, cité dans P. O'Keeffe, *Some Sort of Genius...,* op. cit., p. 142.

58 H. Jackson, « Who's the Futurist : Wells or Marinetti ? », *TP's Weekly,* 15 mai 1914, p. 633.

59 H.G. Wells, *La Machine à explorer le temps* [1895], Paris, Gallimard, « Folio », 2001, trad. H.D. Davray.

60 P.W. Lewis, « The Cubist Room », art. cité.

61 *Id., Blasting and Bombardiering* [1937], Londres, Calder & Boyars, 1967, p. 37-38.

62 Dans « Long Live the Vortex ! », Lewis assimile le futurisme à l'impressionnisme (*Blast,* n° 1, « 20 juin » [2 juillet] 1914, p. 7-8). Severini avait qualifié le futurisme de « continuation de l'impressionnisme » dans *The English Review,* comme il le dit (depuis Londres) à Marinetti le 19 avril 1913 (cf. A. Coffin Hanson, *Severini futurista...,* op. cit., p. 149-150).

63 G. Papini, « Il cerchio si chiude », *Lacerba,* vol. II, n° 4, 15 février 1914, et Boccioni, « Il cerchio non si chiude », *ibid.,* n° 5, 1ᵉʳ mars 1914. On ne sait pas jusqu'à quel point Lewis était au courant des détails de cette scission.

64 *The New Age,* 8 janvier 1914, cité dans P. O'Keeffe, *Some Sort of Genius...,* op. cit., p. 143.

65 T.E. Hulme, « Modern Art and its Philosophy », conférence à la Quest Society, Kensington Town Hall, Londres, 22 janvier 1914, cité par P. Edwards (dir.), *Blast : Vorticism...,* op. cit., p. 113.

66 Le sens que Pound donne à ce terme n'est pas clair : « En trimant dur, tu obtiendras peut-être quelque chose que tu n'aurais pas dans le Vortex – et que nous ratons » (E. Pound à W. C. Williams, 19 décembre 1913, cité dans P. O'Keeffe, *Some Sort of Genius...,* op. cit., p. 142. Nous traduisons).

67 Sur Gaudier-Brzeska et la place de la sculpture vorticiste, cf. E. Silber, *Gaudier-Brzeska : Life and Art,* Londres, Thames and Hudson, 1996.

68 Nevinson « répartissait équitablement les bénéfices... entre les cinq membres du "groupe 'Blast'" », M.J.K. Walsh, *C.R.W. Nevinson...,* op. cit., p. 67, citant Nevinson à Lewis, 2 mars 1914.

69 R. Fry, « Two views of the London Group », *The Nation,* 19 mars 1914 (TGA 878).

70 « Futurist Painters », Doré Galleries, avril-mai 1914 ; les spectacles ont eu lieu les 28, 29 et 30 avril, selon M.J.K. Walsh, *C.R.W. Nevinson...,* op. cit., p. 71.

71 « In the golden booming days », Lewis, « Marinetti's Occupation », *Blast,* n° 1, op. cit., p. 26.

clairement leur radicalisme[72]. Dans leur manifeste, Marinetti et Nevinson condamnent l'idée des béotiens anglais selon laquelle « l'art serait un passe-temps inutile qui ne convient qu'aux femmes et aux écolières ». Ils fustigent la vision démodée de l'artiste de génie comme « ivrogne, sale, déguenillé, paria ». Ils revendiquent au contraire « une puissante avant-garde qui seule peut sauver l'art anglais… Ce sera un stimulant passionnant, une incitation violente pour le génie créateur, un encouragement constant à maintenir allumés les feux de l'invention[73]. » La supposition selon laquelle Lewis, Bomberg, Wadsworth ainsi que l'ensemble des artistes cités dans le texte partagent ce point de vue et se rattachent au mouvement italien (une annexion qu'avait tentée Marinetti six mois plus tôt) se révèle être une erreur de calcul. Elle est perçue par Lewis comme une tentative pour usurper son rôle de chef de file et par ses amis comme une présomption. La protestation ne se fait pas attendre ; elle a lieu le 13 juin : « Nous, soussignés, dont les idéaux sont mentionnés ou évoqués… tenons à nous désolidariser du manifeste "futuriste"[74]. » Outre Lewis et Pound, les dix signataires comprennent Bomberg, Etchells, Wadsworth, Gaudier-Brzeska et le jeune William Roberts, qui, la veille au soir, avaient présenté leur protestation à l'occasion de la lecture de *Vital English Art* donnée par Marinetti et Nevinson aux Doré Galleries. Marinetti, qui avait l'habitude de provoquer ses adversaires, est sans doute déçu, car, comme le rapporte un témoin oculaire : « Les nouveaux sécessionnistes du groupe de Marinetti, Wyndham Lewis et Cie, qui se donnent aujourd'hui le nom de vorticistes et avaient promis au début d'adopter une position belliqueuse, se sont cantonnés dans le silence très tôt dans la soirée[75]. » Nevinson fait paraître une réponse à la protestation. Il se retrouve désormais isolé, unique futuriste de Londres[76]. La vitesse à laquelle se déroulent les événements apparaît bien dans la réponse étonnée de Severini à *Lacerba,* le 22 juillet : « *J'ai lu dans le dernier numéro le manifeste de Marinetti-Nevinson[77]…* »

La définition du vorticisme – polémique, pertinente, provocatrice – s'éclaire dans le numéro de *Blast* daté du 20 juin 1914 (mais qui ne paraît que le 2 juillet), sous la plume virtuose de Lewis. Dans « Melodrama of Modernity », il feint d'accepter le terme « futurisme » : « Il est pittoresque et englobe facilement beaucoup de choses[78]. » Cependant, il ne cesse de le prendre pour cible. « Vive le vortex ! » commence par ces mots : « Vive le grand vortex artistique qui surgit au centre de cette ville ! Nous représentons la réalité du présent, pas le futur sentimental ni le passé honni. » Plus explicitement, il écrit : « L'Automobilisme (Marinettisme) nous barbe. Nous n'avons pas envie de faire tant de cas des automobiles, pas plus que des couteaux ou des fourchettes, des éléphants ou des tuyaux à gaz[79]. » Lewis s'est fait le virtuose de ces piques désobligeantes. Néanmoins, politiquement avisé lorsqu'il énumère ses cibles dans la rubrique « Blast » (comme Apollinaire avec ses « merdes » un an plus tôt), il se garde de tirer à vue sur le futurisme, sur Marinetti ou encore sur Nevinson.

Le manifeste paru dans *Blast* est ambivalent. Il revendique diverses positions mais ne définit guère que son propre individualisme. Rejetant « le mépris dans lequel on tient le misérable "intellectuel" face à tout ce qui vient de Paris » (c'est une allusion à Fry), il affirme que l'industrialisation britannique permet au monde moderne « de faire pousser des arbres en acier quand il manque d'arbres verts[80] ». Le manifeste n'est pas exempt de chauvinisme dans le point de vue national qu'il adopte, dans le clivage géographique qu'il opère : « Ce qui est vrai et vital pour le Sud ne convient pas pour le Nord[81]. » Au milieu des références au futurisme, on observe au contraire une allégeance à une sensibilité primitive qui, pour Lewis, est intemporelle et n'appartient à aucune classe sociale : « L'artiste du mouvement moderne est un sauvage (bien éloigné de l'individu futuriste démocratique, évolué et "avancé" sorti de l'imagination limitée de M. Marinetti) : cet immense désert magique, journalistique et tapageur de la vie moderne le sert, tout comme la nature a servi, sur un plan plus technique, l'homme primitif[82]. »

Convaincu que l'artiste moderne ne doit pas chercher à exprimer des sensations éphémères, Lewis souligne la différence entre le bergsonisme futuriste et la tendance à l'abstraction worringérienne du vorticisme. Les illustrations des œuvres de Wadsworth, d'Etchells et de Lewis lui-même qui accompagnent le texte montrent bien ces divergences. Dans son tableau *Atelier,* Lewis recourt à des formes rectilignes, à une structure abstraite qui échappe au caractère évanescent des masses en mouvement ou au dynamisme urbain. Le vorticisme se distingue en outre du futurisme par une forte présence de femmes : Jessica Dismorr, connue pour ses abstractions, mais également Dorothy Shakespear et Helen Saunders[83], dont *Blast* reproduit les œuvres. Livrant

Jessica Dismorr
Composition abstraite, vers 1915
Huile sur panneau, 41,3 x 50,8 cm,
Tate, Londres.

cependant ses réflexions sur la suffragette Mary Richardson, célèbre pour avoir entaillé la *Vénus au miroir* de Velázquez (au début de mars), Lewis a du mal à cacher une certaine condescendance : « Dans la destruction comme dans tout le reste, tenez-vous en à ce que vous connaissez... Laissez l'art tranquille, braves camarades ![84] »

L'existence du vorticisme sera malheureusement de courte durée. Les métaphores militaires qui émaillent *Blast* témoignent d'une étonnante prescience. Le 28 juin (quelques jours avant la sortie de la revue), après avoir échappé à un attentat à la bombe un peu plus tôt, l'archiduc François-Ferdinand, héritier du trône austro-hongrois, est assassiné à Sarajevo. Le 4 août, l'Autriche-Hongrie et l'Allemagne entrent en guerre contre la Russie, la France et la Grande-Bretagne. On a beaucoup écrit sur l'optimisme déplacé qu'a suscité cette guerre. La conjonction de l'anarchisme et des bombardements – avec ce jeu d'écho entre *Blast* et les événements internationaux – a pu un temps paraître excitante. L'enthousiasme a rapidement cédé la place à la désillusion, et la défiance par rapport à la guerre s'est fait partout sentir. Lorsque *La Foreuse* de Epstein est présentée pour la première fois à l'exposition du London Group, en mars 1915, elle suscite des réactions très mitigées. Lewis voit des allusions sexuelles dans cette figure robotique perchée sur une véritable perforatrice de mine, « qui besogne... illustration frappante de la plus grande fonction de la vie[85] ». D'autres la trouvent déshumanisante : « Un cauchemar en plâtre... un avorton cubiste-futuriste d'un aspect incroyablement repoussant[86]. » Epstein lui-même finit par trouver l'œuvre dérangeante, et la tronque sous la forme de l'actuel *Torse en métal pour « La Perforatrice »* (1913-1914, cat. n° 98), qui conserve malgré tout un caractère menaçant.

La réception de *La Foreuse* pose la question du rôle de l'art moderne dans le contexte de la guerre. Un débat qui conduit à réaffirmer insidieusement des valeurs conservatrices. Gaudier-Brzeska meurt sur le front le 5 juin 1915 ; son « Vortex Gaudier-Brzeska » paraît dans le second numéro de *Blast,* en juillet, accompagné d'une nécrologie[87]. Dans une critique de l'« Exposition vorticiste » organisée aux Doré Galleries une semaine plus tard, Konody évoque sa mort, pour répondre à ceux qui sont irrités par les constantes « bouffonneries des vorticistes à une époque aussi sérieuse et critique que la période actuelle[88] ». Dans un article à propos de la même exposition, *The Times* attaque le vorticisme, en fait un « junkérisme dans l'art », tout en concluant avec une certaine nonchalance : « Si l'on pouvait inciter les junkers à pratiquer les beaux-arts, au lieu de perturber la paix de l'Europe, peut-être peindraient-ils ainsi [c'est-à-dire comme les vorticistes] et y prendraient-ils goût[89]. » Lewis ripostera avec esprit, tout en reconnaissant que ces propos visaient à nuire en insinuant que le modernisme était antipatriotique.

Dans une interview accordée en février, Nevinson explique que « tous les artistes devraient aller au front » (où lui-même a servi comme chauffeur d'ambulance). Sans doute est-ce une formule rhétorique, destinée peut-être aux oreilles des collègues interventionnistes en Italie, car il a rédigé deux semaines plus tôt un texte beaucoup moins belliqueux : « J'ai passé les trois derniers mois sur le front, en France et en Belgique, au milieu des blessés et des morts, dans le sang, la puanteur, la typhoïde, les souffrances[90]. » Cette expérience brutale, qui s'incarne dans *Explosion d'obus* (1915, cat. n° 106), fait de Nevinson le premier peintre d'obédience futuriste à avoir intégré dans son art l'expérience des tranchées de la Première Guerre mondiale. En interprétant ainsi la fragmentation simplifiée héritée de Severini, peut-être montre-t-il à l'Italien qu'il cherche à élaborer sa propre esthétique inspirée par la guerre. Dès le 24 novembre 1914, Marinetti avait lancé un appel à Severini : « Essaie de vivre la guerre dans sa dimension picturale, en l'étudiant sous toutes ses formes mécaniques (trains militaires, fortifications, blessés, ambulances, hôpitaux, défilés, etc.)[91]. » On ignore si Nevinson a eu droit aux mêmes encouragements, mais sa production artistique est assurément centrée sur ces mêmes sujets.

Nevinson est invité à l'« Exposition vorticiste » de juin 1915 et son nom apparaît dans le numéro 2 de *Blast* en juillet malgré les divergences artistiques qui l'opposent à Lewis, preuve s'il en est du caractère restreint de l'avant-garde. Alors que le premier opte pour des lignes de force dynamiques, Lewis – comme on le voit dans *La Foule* ([? exposée en 1915], cat. n° 103) – choisit l'abstraction structurée propre au vorticisme. Son langage pictural sobre traduit une vision de l'ordre imposée à une réalité nouvellement construite. Une même abstraction caractérise son *Portrait d'une Anglaise*, reproduit en 1915 dans la revue futuriste de Saint-Pétersbourg *Strelec [Le Sagittaire]*, revue par laquelle le vorticisme va exercer une influence inattendue sur l'abstraction russe[92].

72 Cf. A. Gruetzner Robins, *Modern Art in Britain...,* *op. cit.,* p. 138-151.

73 Marinetti et Nevinson, « A Futurist Manifesto : Vital English Art », *Observer,* 7 juin 1914 (TGA 7811) // M.J.K. Walsh, *C.R.W. Nevinson...,* *op. cit.,* p. 76-77.

74 [Courrier des lecteurs], *News Weekly,* 13 juin 1914 (TGA 7811).

75 « Vorticism », *Manchester Guardian,* 13 juin 1914 (TGA 7811).

76 Cf. [Courrier des lecteurs], *News Weekly,* 20 juin 1914 (TGA 7811).

77 Carte postale de Severini (de Montepulciano) à Carrà, 22 juillet 1914, M. Carrà, V. Fagone (dir.), *Carlo Carrà – Ardengo Soffici : Lettere 1913/1929,* *op. cit.,* p. 252. Nous traduisons.

78 P.W. Lewis, « The Melodrama of Modernity », *Blast,* n° 1, *op. cit.,* p. 143.

79 *Id.,* « Long Live the Vortex ! », *ibid.,* p. 7, 8.

80 « Manifesto », III : 2 et IV : 4, *Blast,* n° 1, *op. cit.,* p. 34, 36.

81 *Ibid.,* III : 3, p. 34.

82 *Ibid.,* II : 9, p. 33.

83 Pour une analyse de l'exclusion des femmes vorticistes, cf. J. Beckett et D. Cherry, « Reconceptualizing Vorticism : Women, Modernity, Modernism », P. Edwards (dir.), *Blast : Vorticism...,* *op. cit.,* p. 59-72.

84 P.W. Lewis, « To Suffragettes », *Blast,* n° 1, *op. cit.,* p. 151.

85 « The London Group » (mars 1915), *Blast,* n° 2, juillet 1915, p. 78 // W. Michel, C.J. Fox (dir.), *Wyndham Lewis on Art...,* *op. cit.,* p. 86.

86 *Evening News,* 13 mars 1915 (TGA 7811).

87 *Blast,* n° 2, juillet 1915, p. 33-34.

88 P.G. Konody, « The Vorticists at the Doré Galleries », [juin 1915] (TGA 8112).

89 « Junkerism in Art : The London Group at the Goupil Gallery », 10 mars 1915 (TGA 7811).

90 Projet de réponse à « Sowing the Wild Oats in Art », *The Times,* 11 février 1915 (TGA 7811).

91 Marinetti à Severini, 20 novembre 1914 // M. Drudi Gambillo, T. Fiori, *Archivi del Futurismo, op. cit.,* vol. 1, 1958, p. 349-350.

92 *Strelec [Le Sagittaire],* mars 1915, voir S. Compton (*The World Backwards : Russian Futurist Books 1912-1916,* Londres, British Library, 1978, p. 41-42), qui rappelle ce que doit à *Blast* le *Vzâl : Baraban futuristov [Il prit : Le tambour des futuristes]* de D. Bourliouk et V. Maïakovski, publié en décembre 1915.

Edward Wadsworth
Camouflage en cale sèche à Liverpool, 1919
Huile sur toile, 302,3 x 243,5 cm
Musée des beaux-arts du Canada, Ottawa
Transfert des œuvres canadiennes commémoratives
de la guerre, 1921.

Le contrecoup

Le second numéro de *Blast* et l'exposition vorticiste de 1915 sont suivis d'une exposition organisée à New York en 1917 par Pound et le collectionneur John Quinn[93]. Ces manifestations contribuent à maintenir une illusion de vitalité. Le vorticisme ne retrouvera cependant jamais sa vigueur initiale. Gaudier-Brzeska et Hulme, personnalités de premier plan du mouvement, succombent à la guerre. Bomberg, Roberts et Lewis sont chargés par Konody de l'exécution d'immenses tableaux pour le mémorial de guerre canadien, une commande qui implique des compromis inévitables avec le réalisme. Tout en perpétuant l'abstraction géométrique dans *Composition vorticiste*, Wadsworth est le seul à trouver dans la guerre l'occasion de nouvelles expériences artistiques. Son affectation dans une unité de camouflage lui permet de concevoir de singulières abstractions monumentales. L'influence de la guerre n'épargne pas Lewis. *A Battery Shelled* de 1919 est une image tragique de ces destructions à grande échelle. Dans le premier numéro de *Blast*, avide de provocation, Lewis avait écrit : « Tuer quelqu'un doit être le plus grand plaisir de l'existence, soit qu'on se tue soi-même sans s'embarrasser de l'instinct de conservation, soit qu'on extermine l'instinct de conservation lui-même[94] ! » Un an plus tard, son ton a radicalement changé lorsqu'il déclare à propos de Marinetti : « La guerre a épuisé pour le moment l'intérêt pour les mugissements et les détonations. » Imaginant un art nouveau, Lewis convient de ce qui, au-delà de leur divergences, pouvait unir futuristes et vorticistes : « Il a toujours été évident que, en tant qu'artistes, deux ou trois peintres futuristes ont joué un rôle plus important que leur poète-impresario. Balla et Severini ont été, en tout état de cause, deux des peintres les plus amusants de notre époque. Et leur thème de prédilection n'était pas la guerre des militaires, comme ce l'était pour Marinetti, mais bien la paix dans ce qu'elle a d'intense et de vertigineux[95]. »

Traduit de l'anglais par Jean-François Allain.

93 « Exhibition of the Vorticists at the Penguin Club », New York, janvier 1917.
94 P.W. Lewis, « Futurism, Magic Life », *Blast,* n° 1, *op. cit.,* p. 133.
95 *Id.,* « Marinetti's Occupation », *Blast,* n° 2, *op. cit.,,* p. 26.

Wyndham Lewis
A Battery Shelled, 1919
Huile sur toile, 182,7 x 317,7 cm
Imperial War Museum, Londres.

55e Année — 3e Série — N° 51

La Numéro avec le Supplément = SEINE & SEINE-ET-OISE : 15 centimes = DÉPARTEMENTS : 20 centimes

Samedi 20 Février 1909

Gaston CALMETTE
Directeur-Gérant

RÉDACTION — ADMINISTRATION
26, rue Drouot, Paris (9e Arrt)

POUR LA PUBLICITÉ
S'ADRESSER, 26, RUE DROUOT
A L'HÔTEL DU « FIGARO »
ET POUR LES ANNONCES ET RÉCLAMES
Chez MM. LAGRANGE, CERF & Cie
8, place de la Bourse

LE FIGARO

« Loué par ceux-ci, blâmé par ceux-là, me moquant des sots, bravant les méchants, je me hâte de rire de tout... de peur d'être obligé d'en pleurer. » (BEAUMARCHAIS.)

H. DE VILLEMESSANT
Fondateur

RÉDACTION — ADMINISTRATION
26, rue Drouot, Paris (9e Arrt)

TÉLÉPHONE, Trois lignes : Nos 102.46 — 102.47 — 102.49

ABONNEMENT

	Trois mois	Six mois	Un an
Seine et Seine-et-Oise	15 »	30 »	60 »
Départements	18 75	37 50	75 »
Union postale	21 50	43 »	86 »

On s'abonne dans tous les Bureaux de Poste de France et d'Algérie.

SOMMAIRE

Le Futurisme

M. Marinetti, le jeune poète italien et français, au talent remarquable et fougueux, que de retentissantes manifestations ont fait connaître dans tous les pays latins, suivi d'une pléiade d'enthousiastes disciples, vient de fonder l'École du « Futurisme » dont les théories dépassent en hardiesse toutes celles des écoles antérieures ou contemporaines. Le *Figaro* qui a déjà servi de tribune à plusieurs d'entre elles, et non des moindres, offre aujourd'hui à ses lecteurs le manifeste des « Futuristes ». Est-il besoin de dire que nous laissons au signataire toute la responsabilité de ses idées singulièrement audacieuses et d'une outrance souvent injuste pour des choses éminemment respectables et, heureusement, partout respectées? Mais il était intéressant de réserver à nos lecteurs la primeur de cette manifestation, quel que soit le jugement qu'on porte sur elle.

Nous avions veillé toute la nuit, mes amis et moi, sous des lampes de mosquée dont les coupoles de cuivre aussi ajourées que notre âme avaient pourtant des cœurs électriques. Et tout en piétinant notre native paresse sur d'opulents tapis persans, nous avions discuté aux frontières extrêmes de la logique et griffé le papier de démentes écritures.

Un immense orgueil gonflait nos poitrines à nous sentir debout tous seuls, comme des phares ou comme des sentinelles avancées, face à l'armée des étoiles ennemies, qui campent dans leurs bivouacs célestes. Seuls avec les mécaniciens dans les infernales chaufferies des grands navires, seuls avec les noirs fantômes qui fourragent dans le ventre rouge des locomotives affolées, seuls avec les ivrognes battant des ailes contre les murs!

Et nous voilà brusquement distraits par le roulement des énormes tramways à double étage, qui passent sursautants, bariolés de lumières, tels les hameaux en fête que le Pô débordé ébranle tout à coup et déracine, pour les entraîner, sur les cascades et les remous d'un déluge, jusqu'à la mer.

Puis le silence s'aggrava. Comme nous écoutions la prière exténuée du vieux canal et crisser les os des palais moribonds dans leur barbe de verdure, soudain rugirent sous nos fenêtres les automobiles affamées.

— Allons, dis-je, mes amis! Partons! Enfin, la Mythologie et l'Idéal mystique sont surpassés. Nous allons assister à la naissance du Centaure et nous verrons bientôt voler les premiers anges! — Il faudra ébranler les portes de la vie pour en essayer les gonds et les verrous! Partons! Voilà bien le premier soleil levant sur la terre!... Rien n'égale la splendeur de son épée rouge qui s'escrime pour la première fois dans nos ténèbres millénaires.

Nous nous approchâmes des trois machines renâclantes pour flatter leur poitrail. Je m'allongeai sur la mienne...

Le grand balai de la folie nous arracha à nous-mêmes et nous poussa à travers les rues escarpées et profondes comme des torrents desséchés. Çà et là, des lampes malheureuses, aux fenêtres, nous enseignaient à mépriser nos yeux mathématiques.

— Le flair, criai-je, le flair suffit aux fauves!...

Sortons de la Sagesse comme d'une gangue hideuse et entrons, comme des fruits pimentés d'orgueil, dans la bouche immense et torse du vent!... Donnons-nous à manger à l'Inconnu, non par désespoir, mais simplement pour enrichir les insondables réservoirs de l'Absurde!

Comme j'avais dit ces mots, je virai brusquement sur moi-même avec l'ivresse folle des caniches qui se mordent la queue, et voilà tout à coup que deux cyclistes me désapprouvèrent, titubant devant moi ainsi que deux raisonnements persuasifs et pourtant contradictoires. Leur ondoiement stupide discutait sur mon terrain... Quel ennui! Pouah!... Je coupai court et, par dégoût, je me flanquai dans un fossé...

Oh! maternel fossé, à moitié plein d'une eau vaseuse! Fossé d'usine! J'ai savouré à pleine bouche ta boue fortifiante!

Le visage masqué de la bonne boue des usines, pleine de scories de métal, de sueurs inutiles et de suie céleste, portant nos bras foulés en écharpe, parmi la complainte des sages pêcheurs à la ligne et des naturalistes navrés, nous dictâmes nos premières volontés à tous les hommes *vivants* de la terre :

Manifeste du Futurisme

1. Nous voulons chanter l'amour du danger, l'habitude de l'énergie et de la témérité.

2. Les éléments essentiels de notre poésie seront le courage, l'audace et la révolte.

3. La littérature ayant jusqu'ici magnifié l'immobilité pensive, l'extase et le sommeil, nous voulons exalter le mouvement agressif, l'insomnie fiévreuse, le pas gymnastique, le saut périlleux, la gifle et le coup de poing.

4. Nous déclarons que la splendeur du monde s'est enrichie d'une beauté nouvelle : la beauté de la vitesse. Une automobile de course avec son coffre orné de gros tuyaux, tels des serpents à l'haleine explosive... une automobile rugissante, qui a l'air de courir sur de la mitraille, est plus belle que la *Victoire de Samothrace*.

5. Nous voulons chanter l'homme qui tient le volant, dont la tige idéale traverse la terre, lancée elle-même sur le circuit de son orbite.

6. Il faut que le poète se dépense avec chaleur, éclat et prodigalité, pour augmenter la ferveur enthousiaste des éléments primordiaux.

7. Il n'y a plus de beauté que dans la lutte. Pas de chef-d'œuvre sans un caractère agressif. La poésie doit être un assaut violent contre les forces inconnues, pour les sommer de se coucher devant l'homme.

8. Nous sommes sur le promontoire extrême des siècles!... A quoi bon regarder derrière nous, du moment qu'il nous faut défoncer les vantaux mystérieux de l'impossible? Le Temps et l'Espace sont morts hier. Nous vivons déjà dans l'absolu, puisque nous avons déjà créé l'éternelle vitesse omniprésente.

9. Nous voulons glorifier la guerre, — seule hygiène du monde, — le militarisme, le patriotisme, le geste destructeur des anarchistes, les belles Idées qui tuent et le mépris de la femme.

10. Nous voulons démolir les musées, les bibliothèques, combattre le moralisme, le féminisme et toutes les lâchetés opportunistes et utilitaires.

11. Nous chanterons les grandes foules agitées par le travail, le plaisir ou la révolte; les ressacs multicolores et polyphoniques des révolutions dans les capitales modernes; la vibration nocturne des arsenaux et des chantiers sous leurs violentes lunes électriques; les gares gloutonnes avaleuses de serpents qui fument; les usines suspendues aux nuages par les ficelles de leurs fumées; les ponts aux bonds de gymnastes lancés sur la coutellerie diabolique des fleuves ensoleillés; les paquebots aventureux flairant l'horizon; les locomotives au grand poitrail qui piaffent sur les rails, tels d'énormes chevaux d'acier bridés de longs tuyaux et le vol glissant des aéroplanes, dont l'hélice a des claquements de drapeaux et des applaudissements de foule enthousiaste.

C'est en Italie que nous lançons ce manifeste de violence culbutante et incendiaire, par lequel nous fondons aujourd'hui le *Futurisme*, parce que nous voulons délivrer l'Italie de sa gangrène de professeurs, d'archéologues, de cicérones et d'antiquaires.

L'Italie a été trop longtemps le marché des brocanteurs qui fournissaient au monde le mobilier de nos ancêtres, sans cesse renouvelé et soigneusement mitraillé pour simuler le travail des tarets vénérables. Nous voulons débarrasser l'Italie des musées innombrables qui la couvrent d'innombrables cimetières.

Musées, cimetières!... Identiques vraiment dans leur sinistre coudoiement de corps qui ne se connaissent pas. Dortoirs publics où l'on dort à jamais côte à côte avec des êtres haïs ou inconnus. Férocité réciproque des peintres et des sculpteurs s'entre-tuant à coups de lignes et de couleurs dans le même musée.

Qu'on y fasse une visite chaque année comme on va voir ses morts une fois par an!... Nous pouvons bien l'admettre!... Qu'on dépose même des fleurs une fois par an aux pieds de la *Joconde*, nous le concevons!... Mais que l'on aille promener quotidiennement dans les musées nos tristesses, nos courages fragiles et notre inquiétude, nous ne l'admettons pas!...

Admirer un vieux tableau, c'est verser notre sensibilité dans une urne funéraire au lieu de la lancer en avant par jets violents de création et d'action. Voulez-vous donc gâcher ainsi vos meilleures forces dans une admiration inutile du passé, dont vous sortez forcément épuisés, amoindris, piétinés?

En vérité, la fréquentation quotidienne des musées, des bibliothèques et des académies (ces cimetières d'efforts perdus, ces calvaires de rêves crucifiés, ces registres d'élans brisés!...) est pour les artistes ce qu'est la tutelle prolongée des parents pour des jeunes gens intelligents, ivres de leur talent et de leur volonté ambitieuse.

Pour des moribonds, des invalides et des prisonniers, passe encore. C'est peut-être un baume à leurs blessures, que l'admirable passé, du moment que l'avenir leur est interdit... Mais nous n'en voulons pas, nous, les jeunes, les forts et les vivants *futuristes*!

Viennent donc les bons incendiaires aux doigts carbonisés!... Les voici! Les voici!... Et boutez donc le feu aux rayons des bibliothèques! Détournez le cours des canaux pour inonder les caveaux des musées!... Oh! qu'elles nagent à la dérive, les toiles glorieuses! A vous les pioches et les marteaux!... sapez les fondements des villes vénérables.

Les plus âgés d'entre nous ont trente ans : nous avons donc au moins dix ans pour accomplir notre tâche. Quand nous aurons quarante ans, que de plus jeunes et plus vaillants que nous veuillent bien nous jeter au panier comme des manuscrits inutiles!... Ils viendront contre nous de très loin, de partout, en bondissant sur la cadence légère de leurs premiers poèmes, griffant l'air de leurs doigts crochus, et humant, aux portes des académies, la bonne odeur de nos esprits pourrissants déjà promis aux catacombes des bibliothèques.

Mais nous ne serons pas là. Ils nous trouveront enfin, par une nuit d'hiver, en pleine campagne, sous un triste hangar pianoté par la pluie monotone, accroupis près de nos aéroplanes trépidants, en train de chauffer nos mains sur le misérable feu que feront nos livres d'aujourd'hui flambant gaiement sous le vol étincelant de leurs images.

Ils s'ameuteront autour de nous, haletants d'angoisse et de dépit, et, tous, exaspérés par notre fier courage infatigable, s'élanceront pour nous tuer, avec d'autant plus de haine que leur cœur sera ivre d'amour et d'admiration pour nous. Et la forte et la saine Injustice éclatera radieusement dans leurs yeux. Car l'art ne peut être que violence, cruauté et injustice.

Les plus âgés d'entre nous n'ont pas encore trente ans, et pourtant nous avons déjà gaspillé des trésors, des trésors de force, d'amour, de courage et d'âpre volonté, à la hâte, en délire, sans compter, à tour de bras, à perdre haleine.

Regardez-nous! Nous ne sommes pas essoufflés... Notre cœur n'a pas la moindre fatigue! Car il s'est nourri de feu, de haine et de vitesse! Cela vous étonne? C'est que vous ne vous souvenez même pas d'avoir vécu! — Debout sur la cime du monde, nous lançons encore une fois le défi aux étoiles!

Vos objections? Assez! assez! Je les connais! C'est entendu! Nous savons bien ce que notre belle et fausse intelligence nous affirme. — Nous ne sommes, dit-elle, que le résumé et le prolongement de nos ancêtres. — Peut-être! soit!... Qu'importe?... Mais nous ne voulons pas entendre! Gardez-vous de répéter ces mots infâmes! Levez plutôt la tête!

Debout sur la cime du monde, nous lançons encore une fois le défi insolent aux étoiles!

F.-T. Marinetti.

LA VIE DE PARIS

"Le Roi" à l'Elysée... Palace

Il y eut avant-hier soir dans tous les théâtres de Paris, à l'heure où généralement s'éteignent les dernières chandelles et où les artistes remplacent en hâte par leurs sombres vêtements familiers les somptueux et éclatants oripeaux professionnels, un insolite et tout à fait surprenant branle-bas!

Les lampes électriques restèrent allumées dans les loges et chacun échangea au contraire ses costumes de théâtre contre des travestissements plus éclatants et plus somptueux encore : c'est que tous les artistes de Paris étaient conviés à venir fêter la 200e représentation du *Roi*, le magnifique succès du théâtre des Variétés!

Et à l'heure où, les autres nuits, filent seulement dans l'immense avenue quelques autos silencieuses ramenant vers les Passy ou les Auteuil les amateurs de spectacle, c'était la curieuse et ininterrompue chevauchée des HP de tous formats, de tous moteurs et de tous vernis.

Les autos s'arrêtaient devant la porte illuminée de l'Elysée-Palace et, entre deux haies de curieux acharnés autant que noctambules, déposaient des petits paquets de soie froufroutants qui étaient des femmes costumées, et des pantins plus ou moins comiques qui étaient des hommes déguisés.

Le seuil franchi, il fallait montrer patte blanche et carte beige personnelle à trois juges revêtus de pourpre qui, gravement, pointaient les arrivants sur une feuille de contrôle. Quand on avait franchi Minos, Eaque et Rhadamante, il fallait remettre sa carte à un cerbère, et alors seulement on était autorisé à recevoir la poignée de main de bienvenue d'un doge à lorgnon souriant, qui n'était autre que Fernand Samuel, directeur de l'heureux théâtre des Variétés et maire du palais sans soucis du triomphant roi de Cerdagne.

Une foule compacte et bigarrée, composée des plus jolies actrices de Paris et de tous les hommes qui de tout près ou d'excessivement loin ont des raisons de s'intéresser aux choses du théâtre, allait et venait dans les immenses salons éclairés *a giorno*, chacun examinant son voisin et s'amusant de reconnaître tout à coup sous l'accoutrement le plus baroque et le plus imprévu un grave confrère inséparable, dans son souvenir, de la plus sévère jaquette ou de la plus solennelle redingote!

⁂

Quand il parut que tous les privilégiés de cette fête ravissante devaient être arrivés, on vit s'avancer, puis se former en rond une fanfare de gardes républicains, qui, sous la conduite d'un chef de musique grassouillet à la mine et aux gestes prodigieusement comiques, se mit à défiler le répertoire classique des concerts de jardins publics... Il fallut à la foule quelques instants pour reconnaître sous ces uniformes tous les artistes des Variétés soufflant dans des instruments bigophones, au rythme de la baguette de l'impayable Guy. Ce fut un éclatement de rires et de bravos, qui devint de la frénésie quand Max Dearly fit entendre, accompagné en sourdine par ses camarades, le classique solo de piston des auditions en plein air.

La fanfare ayant ensuite entonné la *Marche de Cerdagne*, on vit entrer sur un cheval en carton à jupe le roi Jean IV lui-même, escorté d'un état-major chevauchant également des coursiers provenant de la même écurie.

Un cortège solennel se forma aussitôt spontanément et le peuple, suivant son souverain en poussant des vivats et des clameurs, gagna [illegible] s'éparpilla en groupements sympathiques autour d'une multitude de tables luxueusement fleuries.

Sur ces tables chacun trouva un très joli menu orné d'un dessin de de Losques et représentant spirituellement le Roi embrassant en même temps Mlle Lavallière et Mlle Lantelme, qui furent chacune exactement cent fois de suite l'espiègle et délurée petite You-You de la comédie de MM. de Caillavet, Robert de Flers et Emmanuel Arène.

Je renonce à vous donner une idée de l'aspect féerique que présentait alors cette foule de jolies actrices aux parures brillantes et chatoyantes encadrées de dominos et de costumes masculins variés à l'infini, et échangeant d'une table à l'autre des propos joyeux et des répliques — je vous jure — le plus souvent spirituelles!

A la table d'honneur présidait Samuel le Magnifique — le Doge de face, — ayant à ses côtés Mmes Lender, Séverine, Yvette Guilbert et Mily Meyer. Beaucoup plus préoccupé de savourer l'excellent menu que de faire du reportage, j'avoue à ma honte de soiriste n'avoir pas songé à noter exactement le nom de toutes les belles invitées; au reste, mes deux manchettes et mon plastron n'y auraient pas suffi... Cependant en forçant mon souvenir, je vois passer devant mes yeux fermés, se suivant en théories suggestives et galantes :

Mmes Lavallière, en délicieux petit cow-boy; [illegible] en mignonne bohémienne; Jeanne Saulier, charmante en toilette 1830; Germaine Gallois, si jolie en Hollandaise; Dieterle, en gitane, fraîche petite statue de Saxe; Marville, superbe en robe second Empire; Lyse Berty, ravissante en Espagnole de Zuloaga; Ginette, exquise en Mexicaine; Ugalde, si svelte en tambour royal; Juliette Clarens, toute gracieuse en Léonida de *Bohémos*; Cerciade, éclatante en fleur écarlate; Faber, très belle en dame Louis XV; Dolra, toute séduisante en son originale toilette premier Empire.

Mais comment sortir de ce recensement monstre sans avoir recours à l'ordre alphabétique? Et je note :

Mmes d'Argy, Azmiont, Raymonde Ariel, Yv. d'Arthagny, Arnould, Lebergy, Becker, Yv. Bariel, Brasseur, Chapelas, Cézanne, Clairville, Th. Cernay, Campton, Caumont, Th. Borka, Blangot, Gaby Boissy, Barat, Baretty, Baron, Cl. Barton, Paul Boyer, Debacker, Renée Desprez, Debério, Derys, Debrenne, Derval, Mitzy-Dalti, M. Delmad, Depas, Ad. Doré, Destailles, Delmares, Derminy, Desbarolles, Rose Demay, Ch. Dix, Demours, Dauzel, Delyane, Fursy, Gilberte, Gareda, Guillemin, Guérin, Guardis, Germaine, Heffer, M. L. Herrouet, Invernizzi, Isola, Issaurat, Ev. Janney, miss Lawler, Lender, Lukas, Henriette Lamy, Lynnès, Lillianne, Leduc, Lyan, Le Blanc, Laubert, Langay, Lenepveu, Laurière, de Méringo, Mérindol, Marcilly, Yves Mirier, Maria Magnier, Mérentié, Marco, Méry Picard, [illegible], Madry, Miot Darcyle, Flor Mignot, Andrée Milly, miss Parry, des Nillys, Prince, Pernyn, Polaire, Paris, Lucie Péret, Alice Perret, du Perray, Jeanne Rosny, M. L. Roger, Simon-Girard, Mary Stelly, Sandry, Andrée Sylvane, Spinelly, Tursanne, de Thau, Talmont, Jeanne Ugalde, G. Vix, Vitu, Valdey, Colette Willy, Vermeil, Veulzie, Villemain, Watson, Yahne, Yrven, etc., etc.

Lorsque tout le monde fut assis, on vit entrer non sans stupéfaction, très élégant dans son frac irréprochable, un souverain voisin, à la barbe chenue et soyeuse, qui s'avança majestueusement parmi les tables et s'en alla donner l'accolade à son collègue de Cerdagne. Cette étonnante Majesté n'était autre que l'excellent Huguenet qui, une fois de plus, savez-vous, remporta un magnifique succès.

Après le souper, on se répandit — selon l'expression consacrée — dans le hall immense, où, après que l'on eut écouté une amusante chanson improvisée par Fursy et avoir regardé une pièce d'ombres donnée par les chansonniers de la Lune rousse, on organisa des valses endiablées et des farandoles monstres!...

Et pendant ce temps les projecteurs répandaient sur les danseurs des faisceaux lumineux de toutes couleurs, et le magnésium des photographes faisait rage...

Et ce fut l'Aurore aux doigts de rose qui, en même temps qu'elle entr'ouvrait les portes de l'Orient, dut se charger de fermer celles de l'Elysée-Palace.

Un Monsieur de l'Orchestre.

Échos

La Température

Encore une très belle journée, hier, à Paris. Le ciel est de la plus grande pureté, et le soleil — réjouissant prélude du printemps — brille du plus vif éclat. Quant à la température, elle est sensiblement la même que celle de la veille, pendant la matinée. A sept heures du matin le thermomètre marquait 2° au-dessous de zéro; mais l'après-midi on notait 11° au-dessus. La pression barométrique, qui s'est un peu relevée, accusait, à midi, 766mm.

Une aire anticyclonique couvre l'Europe centrale, et le maximum barométrique se trouve près de Vienne (770mm).

Des neiges et des pluies sont tombées dans le nord et l'est du continent. En France, le temps a été beau partout, mais la mer est très houleuse sur les côtes de la Méditerranée.

La température se relève notablement sur nos régions du Sud.

Départements, le matin, au-dessus de zéro : 1° à Boulogne, à l'île d'Aix, 2° à Cherbourg, à Biarritz et à Bordeaux, 3° à Ouessant, 5° à Toulouse, 6° à Marseille, 8° à Perpignan et à Cette, 11° à Oran, 16° à Alger.

Au-dessous de zéro : 0°5 à Rochefort et à Limoges, 1° à Nantes, au Mans et à Lyon, 2° à Dunkerque et à Charleville, 3° à Nancy et à Besançon, 5° à Belfort.

En France, le temps va rester beau et frais, sauf dans le Midi où des pluies sont probables avec température relativement élevée.

(La température du 19 février 1908 était, à Paris : 8° au-dessus de zéro le matin et 9° l'après-midi; baromètre : 758mm; grande pluie.)

Monte-Carlo. — Température : à dix heures du matin, 12°; à midi, 14°; temps doux.

Nice. — Température : à midi, 15°; à trois heures, 14°.

Du *New York Herald* :

A New-York : Temps pluvieux. Température : maxima, 10°; minima : 3°. Vent d'est, modéré.

A Londres : Temps beau. Température : maxima, 8°; minima, 0°. Vent est-sud-est, faible. Baromètre : 768mm.

A Berlin : Temps beau.

Les Courses

Aujourd'hui, à 2 heures, Courses à Vincennes. — Gagnants du *Figaro* :

Prix Michelet : Frivole; Fringante.
Prix de Mayenne : Fada; Bourgogne.
Prix Léda : Farnèse; Frégoli.
Prix Mambrino : Fresnay; Escapade.
Prix de Maisons-Laffitte : Electa; Eclaireur.
Prix du Plateau : Fred Leyburn; Elizabeth.
Prix de La Varenne : Elysse; Etendard.

A Travers Paris

Le roi des Bulgares a chargé M. Stancioff, ministre de Bulgarie à Paris, de déposer en son nom une couronne sur le cercueil du marquis Costa de Beauregard et d'offrir ses condoléances à la famille du défunt.

M. Jean Richepin a fait jeudi son entrée sous la Coupole au son du tambour. C'est le rite. Lorsqu'un nouvel académicien, vêtu de son habit neuf, se présente devant la lourde porte verte, des militaires portent les armes et le tambour bat aux champs. Depuis Napoléon Ier, il y a toujours eu dans le vestibule du palais, aux jours de réception académique, un piquet d'honneur et un tambour.

Toujours, sauf une fois, voilà trois ans, quand M. Etienne Lamy vint prendre séance. Ce jour-là il y eut bien un piquet d'honneur, mais le tambour manquait. A sa place, il y avait un clairon.

Un clairon! tout le monde fut d'accord pour le prier de se taire. M. Etienne Lamy fut reçu sans tambour ni trompette.

Le secrétaire de l'Institut fit au ministère de la guerre les démarches nécessaires pour éviter le retour d'un pareil incident. On lui promit que jamais plus on ne verrait de clairon sur le passage du récipiendaire. Mais, pour plus de certitude, le secrétaire perpétuel, chaque fois qu'il écrit au ministre pour lui demander le piquet, prend soin d'ajouter : *avec un tambour*.

RUPTURE

FABLE

J'ai vu, jeudi soir, sur le quai
Noir de gens quittant la Coupole,
Une belle fille au galbe marqué
Digne d'un fronton d'Acropole.
Comme elle pleurait un sapin,
Je l'abordai, flâneur qui muse :
« Quoi? vous pleurez quand tout Paris s'amuse? »
Lors, elle dit : « C'est que j'étais la Muse,
La Muse de Jean Richepin!
Or, il me quitte, il me lâche, il me plaque!
Oh! je ne me plains pas d'ailleurs,
Car il m'a couverte de fleurs,
Et dans les termes les meilleurs!
Mais, avec l'habit vert et le chapal à claque,
Je sens, quitte à le regretter,
Qu'il ne peut plus me fréquenter!
Il ne le peut plus! c'est dommage!
Le voilà désormais forcé
D'être sage comme une image,
Officiel et compassé!
Pour mesurer au centimètre
Chaque pensée et chaque mot,
Je parle trop vite et trop haut :
Je ne pourrais plus que le compromettre!
Puis, ce n'est pas mon genre, à n'importe quel prix!
Donc il doit me mettre à la porte;
Et je l'ai fort bien compris.
C'est pour cela que j'ai pris
Ce taxi qui me transporte
Au prochain bouchon
Chez Ponchon! »

Louis MARSOLLEAU.

M. Alphonse Lemerre, éditeur du Parnasse, « l'homme qui bêche tout nu », était maire, maire de Ville-d'Avray, depuis de longues années.

Or hier il a adressé sa démission au préfet de Seine-et-Oise. Les motifs sont d'ordre politique, nous dit une dépêche. On ne sait pas si le préfet sera content. Mais les habitants de Ville-d'Avray, sûrement, auront des regrets.

Chaque année, en effet, au pied du Tapis-Vert, M. le maire faisait dresser une tente foraine où des artistes célèbres venaient donner les plus belles représentations du monde. C'étaient Worms et Mme Barretta-Worms; c'étaient les deux Coquelin. Le prix des places tombait dans le tronc tricolore des œuvres municipales. On ignore si le successeur de M. Alphonse Lemerre à la mairie lui succédera aussi comme imprésario. On en peut douter. Et tant pis pour les pauvres!

Réponse collective.

Pour répondre aux nombreuses demandes de renseignements qui lui sont adressées, Henri Petit, le grand tailleur-couturier, annonce que l'inauguration de ses nouveaux salons du boulevard Malesherbes aura lieu dans une huitaine de jours. Ses clients ne perdront rien pour attendre, car il leur promet des révélations et des créations sensationnelles au point de vue du genre et des prix spécialement établis pour cette circonstance.

Faire venir le public est bien, le retenir est mieux encore; tel est le cas de *la Revue des Folies-Bergère* qui voit chaque jour augmenter son succès, grandir son triomphe. Il est vrai que cette merveilleuse revue est interprétée par une troupe unique, comme jamais l'on n'en vit encore une : miss Campton, Marthe Lenclud, Clara Faurens, Claudius, Pougaud, Maurel, Morton et Marie Marville, tels sont les incomparables interprètes du « clou de la saison ».

Le commandeur Pini quittera Paris aujourd'hui. Il se rend à Londres, où il compte passer quelques jours.

Il a été, hier soir, l'hôte de M. Ad. Guyon, président de la société « le Sabre », qui donnait, en son honneur, un élégant dîner d'escrimeurs.

La plus goûtée, la plus appréciée de nos grandes marques françaises par la haute société russe est la plus aristocratique de nos marques, la Lorraine-Dietrich.

Une admirable six-cylindres Lorraine-Dietrich, destinée au prince Orloff, ce dilettante de l'automobile, vient précisément d'arriver à Monte-Carlo.

Elle l'a gagné par la route, conduite par Rougier, ce maître du volant, qui, avec elle, a brûlé les étapes. Ne disons pas en combien peu de temps, pour ne point effaroucher les célérophobes.

Le chasseur-statisticien :

Il ne s'agit pas d'un adepte de saint Hubert, mais du chasseur du théâtre Michel. En effet, ce jeune factotum s'étant amusé à relever chaque soir, pendant les cent premières représentations du *Pontailler* et de *Feu la Mère de Madame*, les deux étourdissantes pièces du théâtre Michel, le nombre d'autos et de voitures de maître dont il a ouvert les portières, est arrivé au chiffre fantastique de 6,932 automobiles, 1,985 voitures attelées en double et 3,832 voitures attelées d'un seul cheval.

Il n'a pas daigné s'occuper des taxi-autos ni des fiacres.

Les réceptions académiques ont toujours été de très brillantes manifestations d'élégance auxquelles l'auguste Coupole prête un peu de son imposante solennité. Celle de M. Jean Richepin n'a point failli à une tradition qui moins que toute autre risque de péricliter. Aussi fut-elle pour le « Parfum de la Dame en Noir » comme un baptême définitif de suprême élégance, comme une consécration dernière de cette « captivante et adorablement désespérante odeur » que fit sienne l'héroïne de Gaston Leroux, avant qu'elle fût adoptée par toutes les Parisiennes.

Nouvelles à la Main

Les crédits de la marine.

— On assure que M. Caillaux et M. Picard ne s'entendent guère. Il y a choc.

— Il y a même abordage...

Les agents des P. T. T. malmènent fort M. Simyan.

— Mais M. Simyan a du caractère. Il va prendre une rude revanche.

— Sur ses employés?

— Mais non, sur le public!

⁂

— Comment finiront ces manifestations des postiers?

— On en fourrera quelques-uns à la boîte...

Le Masque de Fer.

Le complot Caillaux

M. Caillaux fomente un petit complot (tout petit) contre ses collègues du ministère, et en particulier contre le président du Conseil auquel il voudrait bien succéder.

Le pétard éclaterait au lendemain du vote de l'impôt sur le revenu et par conséquent à la veille de la discussion des crédits sur la marine.

On sait que M. Alfred Picard va demander au Parlement les 225 millions qu'il estime indispensables pour la mise en état de notre flotte actuelle, c'est-à-dire de la flotte qui est sur mer ou dans les chantiers. D'autres sommes seront par la suite votées pour l'augmentation de nos escadres, si nous ne voulons pas tomber à bref délai au cinquième rang des puissances navales.

Mais en ce moment il n'est question que des dépenses immédiatement nécessaires pour l'entretien, l'achèvement, les réparations, les bassins de radoub, le matériel d'armement, les munitions, etc., que notre défense nationale exige depuis longtemps et qu'il est urgent de voter.

C'est sur cette question de défense nationale (la chose est à peine croyable) que M. Caillaux a décidé d'engager la lutte contre le cabinet Clemenceau.

D'après le ministre des finances, il n'y a aucune urgence pour le vote de ces 225 millions, et il y a en outre exagération dans l'évaluation de ces dépenses. Il faut, selon lui, connaître d'abord les réformes que M. Alfred Picard prépare dans le personnel des arsenaux, dans le mode de nos constructions navales, etc... Ces réformes, qui demandent encore plusieurs mois d'études et que M. Picard veut faire connaître avec le programme des commandes futures, M. Caillaux prétend qu'elles doivent précéder toute dépense, quelle qu'en soit la date, et il affirme que son collègue de la marine exagère d'ailleurs le péril de la flotte et le vide de nos arsenaux.

— « Et puis, ajoute-t-il, je ne veux pas être le ministre de la faillite de la République. Or, on va à la faillite avec les dépenses de la guerre et de la marine. »

Plutôt que d'accepter le devis de M. Picard, M. Caillaux donnera donc sa démission, au lendemain du jour où aura été voté au Palais-Bourbon l'impôt sur le revenu, qu'il considère comme la grande pensée de son règne et dont il s'attribue le mérite à l'exclusion des autres ministres qui l'ont, hélas! défendu au même titre que lui. Il veut même essayer de lier le sort des lois ouvrières au rejet des crédits de la flotte.

Il espère avoir sur ce terrain l'appui et l'adhésion de deux autres de ses col-

Genèse et analyse du *Manifeste du futurisme* de F.T. Marinetti, 1908-1909

par Giovanni Lista

Le « manifeste » en tant que genre littéraire et artistique n'est pas une invention propre au futurisme. Son histoire plonge dans la culture du romantisme et participe de l'ère moderne. Néanmoins, c'est le mouvement futuriste qui a utilisé le manifeste comme genre en soi, en tant qu'instrument privilégié par l'homme de lettres ou par l'artiste qui veut inscrire dans le réel sa propre vision du monde, son intuition poétique, son rêve ou simplement ses idées théoriques devant mener à la création d'une œuvre. Le futurisme a forgé un modèle de comportement qui s'est ensuite répercuté tout au long du siècle, jusqu'aux néoavant-gardes. Ainsi, pour ne donner que deux exemples, le 14 mars 1959, adoptant un style futuriste, Jean Tinguely a lâché les tracts de son manifeste *Pour le statique,* d'un avion survolant Düsseldorf. Le 12 décembre 1985, Georg Baselitz a divulgué depuis Dernburg son manifeste *L'Outillage des peintres,* imprimé sur un grand tract à l'encre rouge. Ces textes reprenaient également l'usage marinettien des lettres capitales afin d'animer la page et de transcrire la volonté de l'artiste. Baselitz, utilisant le mot « futurisme », illustrait poétiquement ce rapport au temps qui incarne le noyau même de l'élan futuriste, c'est-à-dire la relation intime de l'artiste avec la page blanche du devenir.

En effet, la signification profonde du futurisme va bien au-delà d'une pensée utopique qui exalte la machine et le progrès technologique. Dans un passage du manuscrit du *Manifeste du futurisme* supprimé dans la version imprimée, Marinetti définissait le futurisme en tant que projection en avant, en tant que dimension existentielle de l'artiste : « Tant qu'un artiste travaille à son œuvre, rien n'empêche qu'elle dépasse le Rêve. Dès qu'elle est achevée, il faut la cacher ou la détruire, ou mieux encore la jeter en proie à la foule brutale pour qu'elle la magnifie en la tuant de son mépris, intensifiant ainsi son absurde inutilité. Nous condamnons donc l'art en tant que réalisation, nous ne le concevons que dans son mouvement, à l'état d'effort et d'ébauche. L'art est simplement une possibilité de conquête absolue. Pour l'artiste, accomplir c'est mourir[1]. » Le futurisme a ainsi préconisé une esthétique de l'éphémère et de la performance précisément parce qu'il a privilégié le manifeste qui incarne le moment dionysiaque de l'art, exprime le projet et la volonté de l'artiste, concrétise sa pulsion créatrice à l'état pur avant qu'elle n'ait à se confronter au réel, à subir les fourches caudines de la matière, de son opacité et de son déterminisme physique.

Le manifeste n'est pourtant pas une catégorie univoque. Pour un linguiste, notamment dans les termes de la théorie du discours, un manifeste peut avoir différentes façons de signifier et différentes manières de communiquer. Chacune d'elles a par ailleurs ses antécédents historiques. Le texte qui énonce une nouvelle théorie littéraire, un renouvellement ou une transgression des règles traditionnelles, remonte au moins à la préface, sur les trois unités dramatiques et le rôle du chœur, de la tragédie *Il Conte di Carmagnola* (1816) d'Alessandro Manzoni, qui inspira la préface de *Cromwell* (1827) de Victor Hugo[2]. De même, le texte qui exprime une vision de l'esprit, évoquant sur le mode lyrique l'utopie d'une réalité à venir, apparaît en 1843 avec l'*Augurio dell'Italia futura* de Vincenzo Gioberti[3], que Marinetti devait certainement connaître. Gioberti avait par ailleurs utilisé le mot « futurisme » plus d'un demi-siècle avant Marinetti. Quant au texte à fonction perlocutive, qui vise à faire réagir le lecteur par une attaque *ad hominem* ou *ad ideas,* l'exemple le plus connu demeure l'éditorial « J'accuse » (1898) d'Émile Zola, un écrivain au tempérament polémique dû à ses origines italiennes, qui était l'une des idoles de jeunesse de Marinetti. Enfin, le texte qui fait appel au sursaut, qui proclame la volonté fondatrice d'un nouveau mouvement, émerge évidemment avec le célèbre *Manifeste du parti communiste* (1847) de Karl Marx et Friedrich Engels. Dès 1905, lors de la parution de sa revue *Poesia,* Marinetti avait adopté ce modèle propre à la rhétorique de l'activisme politique. En effet, il paraphrasait Marx dans un tract proclamant : « Idéalistes, travailleurs de la pensée, unissez-vous pour démontrer comment l'inspiration, le génie marchent du même pas que le progrès de la machine, de l'aéronef, de l'industrie, du commerce, des sciences, de l'électricité. » C'est à cette dernière catégorie qu'appartient le *Manifeste du futurisme,* bien que le corpus des

Marinetti au volant de sa voiture en 1908, à Milan
Archives Giovanni Lista, Paris.
La voiture de Marinetti après l'accident survenu
le 15 octobre 1908, rue Domodossola,
dans la banlieue de Milan
Archives Giovanni Lista, Paris.

F. T. Marinetti colla sua automobile in un fossato

Ieri poco prima di mezzogiorno F. T. Marinetti percorreva in automobile via Domodossola. Il proprietario stesso della vettura era alla sterza, e con lui si trovava il meccanico Ettore Angelini, d'anni 23. Non si sa in qual modo, ma pare per la necessità di scansare un ciclista, l'automobile andò a finire in un fossato.

Il Marinetti e il suo meccanico furono subito raccolti. Dallo stabilimento Isotta e Fraschini giunsero i corridori Trucco e Giovanzani, entrambi con automobili. Il primo condusse il Marinetti alla suá abitazione: pare che egli se la sia cavata collo spavento. Il meccanico invece fu dal Giovanzani accompagnato all'Istituto di via Paolo Sarpi, ove gli furono riscontrate contusioni leggere.

L'entrefilet paru dans *Il Corriere della Sera* (Milan),
le 16 octobre 1908, annonçant l'accident de voiture
de Marinetti
Archives Giovanni Lista, Paris.

Page précédente :
F.T. Marinetti
Manifeste du futurisme publié à la Une du *Figaro*
le 20 février 1909.

manifestes futuristes recouvre la gamme complète de ces différentes articulations ou rédactions textuelles. Les dernières découvertes historiographiques éclairent les circonstances de son lancement.

Marinetti affirme avoir eu la première intuition du mot « futurisme » dès octobre 1908, en compagnie des jeunes poètes de sa revue : « Le 11 octobre 1908, après avoir travaillé six années durant dans ma revue internationale *Poesia* afin de libérer des chaînes traditionnelles et mercantiles le génie lyrique italien menacé de mort, je sentis soudain que les articles, les poésies et les polémiques ne suffisaient plus. Il fallait absolument changer de méthode, descendre dans les rues, donner l'assaut aux théâtres et introduire le coup de poing dans la lutte artistique. Mes amis, les poètes Paolo Buzzi, Corrado Govoni, Enrico Cavacchioli, Armando Mazza, Luciano Folgore, cherchèrent avec moi le mot d'ordre. J'hésitai un moment entre les mots *dynamisme* et *futurisme*. Mon sang italien bondit plus fort quand mes lèvres inventèrent à haute voix le mot *futurisme*. C'était la nouvelle formule de l'Art-Action et une loi d'hygiène mentale[4]. » En fait, Marinetti eut un accident de voiture, le 15 octobre 1908, dans une rue de la banlieue de Milan[5]. Il a lui-même raconté cet épisode, sur un mode dramatique[6]. La « secousse émotionnelle » qu'il ressentit alors l'a sans doute libéré de son « complexe de Swinburne », effaçant un traumatisme originaire lié à la figure du père[7]. Dans le prologue de son manifeste, il donne à cet événement une forte signification symbolique[8]. Il est donc légitime de penser que la première idée du manifeste date effectivement d'octobre 1908. La rédaction du manifeste proprement dit, c'est-à-dire uniquement le « programme » du futurisme sans prologue de présentation, débute peu après. En novembre, Marinetti publie aux éditions de *Poesia* le traité *Raison poétique et programme du vers libre* de Gian Pietro Lucini. Ce dernier, plus âgé que Marinetti, jouit d'une autorité liée à sa renommée de poète et de théoricien d'une « voie italienne du symbolisme ». Participant à une « enquête sur le vers libre » lancée par la revue de Marinetti, Lucini a développé ses idées dans cet ouvrage théorique dont le titre fait allusion à la « raison pure » de Kant. Il a élaboré, à partir de la forme littéraire du vers libre appréhendée comme « insurrection contre tout principe d'autorité », une pensée du devenir conciliant l'évolutionnisme de Herbert Spencer et la « volonté de puissance » de Friedrich Nietzsche. Il a ainsi défini le caractère « libertaire » de l'art d'avant-garde, sa « socialité » et le statut continuellement « provisoire » de sa création. Marinetti s'applique à radicaliser ces mêmes idées dans le futurisme, écrivant un manifeste où il va jusqu'à reprendre la structure du traité de Lucini : un prologue conçu comme une « raison poétique » suivi d'un « programme[9] ». Par ailleurs, afin d'éviter toute polémique avec Lucini, Marinetti ne lui communiquera le texte du manifeste qu'au dernier moment, alors qu'il l'a déjà envoyé à la presse.

Enrico Cavacchioli a confirmé que Marinetti, Paolo Buzzi et lui-même ont établi ensemble « les canons d'une école de rebelles[10] ». Il s'agit du « programme » en onze points du manifeste, certainement rédigé entre octobre et novembre. Federico De Maria a affirmé avoir reçu ce « programme » en décembre 1908, Marinetti lui demandant de souscrire à son contenu[11]. Écrivant à son tour que Marinetti lui avait lu la « proclamation du futurisme » en décembre[12], Buzzi précisait : « Le mérite de ce texte formidable revient entièrement à Marinetti. Avec une modestie qui lui fait honneur, en communiquant à ses amis la formulation des idées, il sembla douter dans un premier temps de pouvoir enfermer dans l'étau d'une codification impérieuse ces normes si chargées d'avenir. Et il consulta certains d'entre nous. Mais par la suite, dans l'un de ses bouillonnements volcaniques qui l'ont toujours caractérisé, il en traça tout seul, en une nuit, le schéma en l'ouvrant et en le concluant par des formules qui sont à compter parmi ses plus grandes réussites[13]. » C'est donc en décembre, après avoir mis au point le « programme » du futurisme, que Marinetti écrit, vraisemblablement seul, la « raison poétique » du manifeste, c'est-à-dire le prologue[14]. Rédigé au passé et dans un style épique, ce dernier est un récit poétique préalable qui introduit aux principes du programme futuriste. L'intégralité du texte est ainsi achevée en décembre. Marinetti préfère alors attendre le début du mois de janvier pour lancer son manifeste. Ancien élève des jésuites, il veut que son geste coïncide avec un temps de recommencement, qu'il s'inscrive dans le climat d'attente du futur propre aux premiers jours d'un nouveau cycle. Très attentif aux stratégies de la communication, il veut aussi concevoir de façon articulée le lancement du mouvement futuriste.

Marinetti prépare alors soigneusement la diffusion de son manifeste. Il en insère le texte intégral sous forme de préface dans deux livres qu'il remet à son imprimeur. Le premier, en italien, est le recueil *Le Ranocchie turchine* de Cavacchioli[15], dont le

1 Cf. l'un des manuscrits du manifeste publié par J.-P. Andréoli de Villers, *Le Premier Manifeste du futurisme,* édition critique avec, en fac-similé, le manifeste original de F.T. Marinetti, Ottawa, Éd. de l'Université d'Ottawa, 1986, p. 84.

2 V. Hugo attaqua Goethe à cette occasion, afin de détourner l'attention du lecteur sur les emprunts inavouables qu'il avait faits aux théories de Manzoni ; cf. V. Laisney, « On est étonné de lire dans M. Goethe… » (« À propos de la "note XI" du *Cromwell* de Victor Hugo », *Revue d'histoire littéraire de la France* (Paris), vol. 104, n° 3, 2004, p. 637-665).

3 Il s'agit du célèbre « Chapitre de conclusion totale de l'ouvrage » qui clôt le livre *Del primato morale e civile degl'Italiani* publié en 1843.

4 F.T. Marinetti, *Guerra sola igiene del mondo,* Milan, Edizioni Futuriste di Poesia, 1915, p. 6. Marinetti parle du 11 du mois car, étant superstitieux, il se réfère systématiquement à ce chiffre. Ainsi, les différents manifestes du futurisme seront toujours datés du 11. Quant au mot « futurisme », dans le manuscrit du manifeste de fondation, Marinetti emploie également « avénirisme », supprimé par la suite car il devait trop rappeler *L'Œuvre d'art d'avenir* de Wagner ou « le soleil de l'avenir » du socialisme. Néanmoins, les mots « avénirisme » et « avéniristes » seront utilisés plusieurs fois dans les manifestes futuristes, jusqu'à être repris par les futuristes russes.

5 Cf. [Anonyme], « F.T. Marinetti colla sua automobile in un fossato », *Il Corriere della sera* (Milan), 16 octobre 1908, p. 5.

6 Cf. F.T. Marinetti, *Una sensibilità italiana nata in Egitto,* Milan, Mondadori, 1969, p. 88.

7 Pour une approche psychanalytique de cet épisode, cf. G. Lista, *F.T. Marinetti. L'anarchiste du futurisme. Biographie,* rééd., Paris, Séguier, 1995, p. 80-81.

8 Cf. W. Vaccari, *Vita e tumulti di Marinetti,* Milan, Omnia Editrice, 1959, p. 177-178.

9 Cette structure des plus particulières que Marinetti a donnée à son manifeste, en reprenant le modèle de Lucini, se retrouve ensuite dans d'autres textes de l'avant-garde des années 1920, à commencer par le *Manifeste du surréalisme* d'André Breton.

10 E. Cavacchioli, « I futuristi », *Attualità, rivista settimanale di letteratura amena* (Milan), 25 juin 1911, p. 1.

11 F. De Maria, « Contributo alla storia delle origini del futurismo e del novecentismo », *Accademia, rivista italiana di lettere arti scienze* (Palerme), vol. VII-VIII, n° 7-8, juillet-août 1945, p. 3-10.

12 P. Buzzi, « Toute la lyre », *Poesia* (Milan), V^e année, n° 1-2, février-mars 1909, p. 61.

13 *Id., Futurismo : Scritti, carteggi, testimonianze,* M. Morini et G. Pignatari (dir.), Milan, Quaderni di Palazzo Sormani, 1982, tome I, p. 14.

14 Les feuilles de deux manuscrits du manifeste sont reproduites par J.-P. Andréoli de Villers, *Le Premier Manifeste du futurisme, op. cit.* Mais l'auteur a commis l'erreur, à mon avis, de ne pas établir un classement chronologiquement correct des deux manuscrits. Le premier est sans doute celui du « programme », qui contient des corrections apportées avec la même calligraphie qui caractérise le second, lequel contient le programme complété du « prologue ».

15 D'après les registres du dépôt légal à la Biblioteca Nazionale Centrale de Florence, le recueil de Cavacchioli a été imprimé en 1908. Aucun doute n'est possible à ce sujet. Voir le *Bollettino delle Pubblicazioni italiane ricevute per diritto di stampa nell'anno 1909,* Florence, Edizioni Tipografia Galileiana, 1910, où *Le Ranocchie turchine* de Cavacchioli est répertorié au n° 1426 en tant que livre publié aux éditions de *Poesia* à Milan, en 1909, mais imprimé par l'Officina grafica Bertieri e Vanzetti en 1908. Le livre de Cavacchioli a été imprimé en 1908 également selon le *Catalogo cumulativo 1886-1957 delle Pubblicazioni italiane ricevute per diritto di stampa dalla Biblioteca Nazionale Centrale di Firenze,* vol. 9, Kraus-Thomson, n° 137 484.

titre – « Les Grenouilles turquoises » – fait allusion à la comédie *Les Grenouilles* d'Aristophane. Cavacchioli y dresse une satire des poètes assoiffés d'idéal, tels Giovanni Pascoli et Gabriele D'Annunzio, dans ce style contestataire qui deviendra la marque du futurisme. L'un des poèmes du recueil s'intitule déjà « La Zanzara futurista[16] » [« Le Moustique futuriste »], ce qui confirme que Marinetti a impliqué les jeunes poètes du cénacle de *Poesia* dans le prochain lancement de son manifeste, même s'il n'a encore rien dit à Lucini. Le second livre, en français, est l'anthologie *Enquête internationale sur le vers libre,* laquelle contient toutes les réponses parvenues à la revue durant les quatre années de l'enquête. Cet usage du manifeste, proposé comme préface suggérant un dépassement du contenu même du livre, procède d'une tactique de la révolution culturelle lucidement poursuivie par Marinetti[17].

Imprimés en décembre 1908, ces deux livres doivent sortir début janvier 1909, lors du lancement prévu du manifeste. Marinetti fait également imprimer en décembre, en plusieurs milliers d'exemplaires, deux tracts à l'encre bleue, une version française, l'autre en italien, contenant uniquement le « programme » du manifeste. Il prépare enfin chez l'imprimeur le numéro de décembre 1908-janvier 1909 de sa revue *Poesia,* où le texte intégral du manifeste est suivi de quatre pages consacrées à Marinetti lui-même : une page publicitaire sur la création imminente, à Turin et à Paris, de ses pièces *Les Poupées électriques* et *Le Roi Bombance,* et trois pages réunissant plusieurs appréciations critiques formulées par des écrivains français sur l'œuvre du jeune poète italien.

Le 28 décembre 1908, en pleine nuit, un terrible tremblement de terre dévaste villes et villages situés des deux côtés du détroit de Messine, faisant près de 150 000 morts. Il s'agit du plus gros séisme jamais enregistré en Europe. Cette tragédie, qui plonge l'Italie dans un deuil national, perturbe fortement le scénario de la fondation du mouvement futuriste. Marinetti reporte aussitôt la diffusion du texte. Dans le numéro de *Poesia* qui paraît début janvier, les pages prévues pour la publication du manifeste sont occupées par un poème de Lucini consacré aux victimes du « grand désastre national ». Mais ce poème de deuil est étrangement suivi de quatre pages d'articles de journaux faisant l'éloge du jeune poète Marinetti. Une violente polémique, quant à la désorganisation des secours italiens lors du tremblement de terre, occupe la presse italienne pendant tout le mois. Le texte fondateur de la culture des avant-gardes du XXᵉ siècle ne paraît ainsi que de façon discrète, comme préface du recueil de Cavacchioli et du dossier de l'enquête sur le vers libre.

C'est avec beaucoup de retard, vers la fin de janvier, que le « programme » du manifeste est envoyé à plusieurs milliers d'exemplaires à des écrivains, poètes, artistes, journalistes et hommes politiques du monde entier. Selon qu'il est destiné aux journaux ou à des personnalités, il est accompagné d'une circulaire ou d'une lettre manuscrite. Dans cette lettre, Marinetti invite ses destinataires à lui répondre avec un « jugement » ou avec une « adhésion totale ou partielle[18] » : les réactions des écrivains, notamment français, seront ensuite publiées dans sa revue[19]. Quant à Lucini, il n'accepte pas d'avoir été « doublé ». Il répond à l'envoi du manifeste par un très long courrier daté du 4 février 1909 dans lequel il refuse son adhésion et conteste point par point les principes du manifeste, notamment la négation du passé et l'attaque contre les musées[20].

En ce qui concerne les journaux, le premier compte rendu critique du programme futuriste paraît le 4 février dans le quotidien *L'Unione* de Milan[21] ; d'autres seront publiés le jour suivant dans *La Sera* de Milan[22] et dans *Il Caffaro* de Gênes[23], tandis que *La Gazzetta dell'Emilia* de Bologne reproduit le texte lui-même[24]. À Naples, le 6 février, *Il Pungolo*[25] reproduit des extraits du programme et le journal humoristique *Il Monsignor Perelli* éreinte des idées de Marinetti[26]. *I Tribunali* de Milan choisit également de publier le manifeste[27], le 7 février, alors que *Il Pasquino* de Turin se contente d'en faire un exposé ironique[28]. La troisième publication du programme paraît dans *La Gazzetta di Mantova,* le 8 février[29]. Le texte ou des comptes rendus sont divulgués les jours suivants par les journaux *Arena* de Vérone[30], *Il Corriere delle Puglie* de Bari[31], *Il Momento* de Turin[32], etc. Les critiques des intellectuels italiens les plus en vue, tels Enrico Thovez[33] et Ugo Ojetti[34], suivent quelques jours plus tard.

On apprend par les journaux que le manifeste a été envoyé en « lettre recommandée » et qu'il était accompagné d'une « longue circulaire imprimée » dans laquelle Marinetti avait pris le soin d'expliquer son geste. Le texte de ce courrier étant introuvable[35], nous réunissons ici, afin de le reconstituer en partie, les différents fragments cités par la

La revue *Poesia* (Milan, 1905-1909),
fondée et animée par Marinetti, avec sa couverture
dessinée par Alberto Martini
Archives Giovanni Lista, Paris.

presse italienne dès le 4 février 1909 : « Ce qu'est le *futurisme,* je l'ai expliqué dans ma préface à *Ranocchie turchine* du grand poète Enrico Cavacchioli, un livre qui vient de paraître, mais qui est déjà l'objet de commentaires et de discussions sans fin dans les milieux intellectuels du monde entier. […] Les principes fondamentaux de la nouvelle école littéraire des *futuristes* furent inspirés par un impérieux désir de lutte et de renouvellement à tout prix, un désir né de ce sentiment de satiété, de fatigue et de découragement qui opprime aujourd'hui quiconque est assez cultivé pour s'apercevoir que la littérature – spécialement en Italie – languit misérablement. Elle est esclave du passé et de mille traditions ou conventions devenues insupportables, restant ainsi aveugle, sourde et muette devant les merveilleux spectacles que l'ardeur ininterrompue de la vie contemporaine offre à l'artiste. Ainsi le *futurisme* peut être considéré comme un phénomène naturel et salutaire, déterminé dans notre art par l'inévitable rébellion d'un groupe choisi d'esprits jeunes et courageux qui ressentent toute la force puissante et irrésistible du *Nouveau,* et qui, fatigués par une trop longue adoration du passé, tendent leurs bras et lèvent leur voix vers l'avenir. L'intonation du manifeste lancé par *Poesia* devait être et est, nécessairement, d'une grande violence. […] Au côté de Marinetti, autour de *Poesia,* autour du flamboyant drapeau du *futurisme,* à présent levé et qui claque déjà superbement à la tête de l'extrême avant-garde intellectuelle italienne, est rassemblée une équipe d'esprits fervents et combatifs. Lucini, Buzzi, Govoni, De Maria, Cavacchioli et d'autres, et bien d'autres encore, tous jeunes, sont animés par un intense amour de l'art libre, de la vie qui accélère continuellement son grand battement universel, du nouveau qui vient de toute part, impétueux et despotique. Au poète Marinetti l'Italie doit donc être profondément reconnaissante de ce geste noble et audacieux. […] Au n° 2 de la via Senato, à Milan, on reçoit les inscriptions même par simple carte de visite. »

Le texte de cette circulaire confirme certains détails des plus importants. Ainsi, Marinetti indique que le livre de Cavacchioli, avec en guise de préface le manifeste complété du prologue, circule depuis le mois de janvier[36]. Il insère Lucini parmi les néophytes du futurisme alors que celui-ci n'en connaît pas encore le manifeste. Il dit qu'il faut lire dans le prologue l'explication des intentions de son futurisme. Il utilise le mot « avant-garde » en tant que métaphore d'un langage militaire et se réfère à « la force du Nouveau » dans un sens qui va bien au-delà de la volonté de « plonger au fond du gouffre » dont parlait Charles Baudelaire. Il donne son adresse personnelle, invitant quiconque à s'inscrire au futurisme qu'il conçoit à la manière d'un parti, d'un mouvement politique, d'un syndicat ou d'une « société » sur le modèle de la Giovane Italia de Giuseppe Mazzini.

Par ailleurs, l'aura mythique que Marinetti voulait donner à son manifeste, le faisant paraître au début d'un nouvel an, est plus qu'amplifiée par le tremblement de terre de Messine. Dans son poème pour les victimes, Lucini affirme que « mourir est renaître ». Le désastre est saisi par Buzzi en relation avec la fondation du futurisme : faisant allusion aux quatre cavaliers de l'Apocalypse, il écrit : « Les guerriers du futurisme naissent sur les 200 000 dépouilles du cataclysme infernal[37]. » Marinetti lui-même évoque la catastrophe dans le dernier chapitre du roman *Mafarka le futuriste* qu'il rédige pendant cette période, décrivant la naissance du futurisme dans des termes palingénésiques, c'est-à-dire, d'une véritable régénération de la vie.

Le lancement international du « programme » s'accomplit à la même date : il paraît par exemple dans le numéro de février du *Bulletin de Instrucción pública de México,* au Mexique, traduit en espagnol et commenté par Amado Nuevo, et dans le numéro du 20 février de la revue roumaine *Democratia,* à Craiova, traduit et présenté par Mihail Draganescu. Il semble en revanche que Marinetti ait réservé au quotidien français *Le Figaro* la primeur du texte intégral du manifeste, c'est-à-dire le prologue suivi du programme : il se rend à Paris et, grâce à Mohamed El Rachi, un actionnaire du journal qui est aussi un vieil ami de son père, il obtient la publication du manifeste à la une, le 20 février 1909. Il raconte avoir erré à partir de quatre heures du matin dans le quartier des Halles, au milieu de camions chargés de légumes, en attendant l'ouverture des kiosques à journaux afin de pouvoir acheter le quotidien diffusant son manifeste[38]. De retour à Milan, il sort le numéro de février-mars de sa revue *Poesia* qui en contient le texte complet, en français et en italien[39]. Il accroche également au balcon de sa maison, 2, via Senato, un grand drap blanc avec le mot « futurisme » en lettres gigantesques[40], et fait « placarder dans tout Milan un manifeste d'un mètre de hauteur et de trois mètres de longueur qui annonce le futurisme en caractères rouge feu[41] ». Il organise en même

16 C'est le poème écrit contre l'Arcadie et contre Giovanni Pascoli ; cf. E. Cavacchioli, *Le Ranocchie turchine,* Milan, Edizioni di *Poesia,* 1909, p. 195-197.

17 Cf. G. Lista, *F.T. Marinetti. L'anarchiste du futurisme…, op. cit.,* p. 147.

18 Pour un fac-similé de cette lettre-type que Marinetti a expédiée en version manuscrite signée de son propre poing, cf. *Ibid.,* p. 76.

19 Voir par exemple les réponses de Paul Adam, Pierre Loti, André Ibels, etc., dans *Poesia* (Milan), V^e année, n° 3-6, avril-juillet 1909, p. 5-11.

20 Cf. G. P. Lucini, *Marinetti, Futurismo, Futuristi,* recueil de textes établi par M. Artioli, Rome, Massimiliano Boni Editore, 1975, p. 144-156.

21-24 Cf. [Anonyme], « Intermezzi : Il Futurismo », *L'Unione* (Milan), 4 février 1909 ; Cf. Flok, « Dopo il caffé : Futurismo », *La Sera* (Milan), 4-5 février 1909 ; Cf. Il Cintraco, « Il Futurismo », *Il Caffaro* (Gênes), 5 février 1909 ; Cf. [Anonyme], « Cronache letterarie : il "Futurismo" », *La Gazzetta dell'Emilia* (Bologne), 5 février 1909.

25-28 Cf. C. Spada, « Punto e taglio », *Il Pungolo* (Naples), 6 février 1909 ; Cf. D. Carli, « Tieni in mano! », *Monsignor Perelli* (Naples), 6 février 1909 ; Cf. [Anonyme], « Futurismo da tribunale », *I Tribunali* (Milan/Naples), 7 février 1909, avec une lettre de A.G. Bianchi ; Cf. Il Beniamino, « Le Pasquinate della settimana », *Il Pasquino* (Turin), 7 février 1909. La revue publie ensuite des dessins satiriques de Manca sur le futurisme, le 28 février et les 7 et 21 mars.

29-30 Cf. [Anonyme], « Il "Futurismo" », *La Gazzetta di Mantova* (Mantoue), 8 février 1909 ; Cf. [Anonyme], « Il Futurismo », *Arena* (Vérone), 9-10 février 1909.

31 Cf. Paphnedo, « Una nuova scuola letteraria », *Il Corriere delle Puglie* (Bari), 11 février 1909. L'auteur de l'article semble être l'un des partisans de Lucini car il écrit que le futurisme vient d'être fondé « par deux jeunes auteurs ».

32 Cf. Snob, « I nipoti di Carneade », *Il Momento* (Turin), 13 février 1909.

33 Cf. Simplicissimus [Enrico Thovez], « La poesia dello schiaffo e del pugno », *La Stampa* (Turin), 20 février 1909. L'auteur écrit avoir reçu « le manifeste du futurisme conçu en onze articles et une page d'instructions supplétives ».

34 Cf. U. Ojetti, « Accanto alla vita », *L'Illustrazione italiana* (Turin), 28 février 1909.

35 Entre autres, la destruction des Archivi di Stato à Milan, lors d'un bombardement de la dernière guerre, ne permet pas de retrouver cette circulaire qui, apparemment, ne figure pas non plus dans les papiers de Marinetti conservés à la Beinecke Rare Books Library de la Yale University.

36 En revanche, Marinetti ne cite pas le recueil *Enquête internationale sur le vers libre* qui comporte également le texte complet du manifeste. Cela s'explique probablement, parce qu'étant presque intégralement en français, le livre était destiné à une circulation fort limitée en Italie. Publié comme préface, le manifeste n'y comporte aucune mention de la parution dans *Le Figaro,* au contraire des rééditions effectuées après le 20 février 1909.

37 P. Buzzi, « Toute la lyre », art. cité, p. 61.

38 Cf. F.T. Marinetti, *La Grande Milano tradizionale e futurista,* Milan, Mondadori, 1969, p. 279. Avocat et homme politique égyptien, Mohamed El Rachi s'était retiré des affaires et vivait à Paris. Il avait une villa sur la Seine où il recevait le jeune Marinetti lors des séjours de celui-ci. Le manifeste paru dans *Le Figaro* comporte quelques omissions et variantes sans doute dues à une intervention de la rédaction.

39 Cf. *Poesia* (Milan), V^e année, n° 1-2, février-mars 1909, p. 1-8. Marinetti n'y fait aucune allusion à la parution du manifeste dans *Le Figaro.* Ce numéro, où Buzzi se réfère déjà plus d'une fois au futurisme, était donc prêt au moins depuis le début de février.

40 Cf. R. De Angelis, *Noi Futuristi,* Venise, Edizioni del Cavallino, 1958, p. 33.

41 Note parue dans *Frankfurter Zeitung* (Francfort), 23 février 1909.

temps « l'affichage répété d'énormes placards publicitaires dans les rues des principales villes d'Italie[42] ». Sa démarche est aux antipodes des tours d'ivoire du symbolisme. Marinetti affirmait posséder l'« art de faire les manifestes[43] », dont les principes premiers seraient la violence et la précision de l'attaque menée avec « un laconisme foudroyant[44] ». Si le prologue du *Manifeste du futurisme* est écrit dans un style flamboyant qui rappelle le *Zarathoustra* nietzschéen, le programme en onze points adopte en revanche le ton impératif propre aux slogans de l'agitation culturelle. Enfin, le texte se conclut par un long passage où Marinetti manie avec brio et ironie le style de la comédie héroïque, à la façon du *Cyrano de Bergerac* d'Edmond Rostand.

Proposant une véritable révolution culturelle, Marinetti utilise un langage aux formules imagées, fracassantes et provocatrices. Le caractère péremptoire du « programme » le conduit à des affirmations parfois équivoques, comme la célèbre glorification du « mépris de la femme » qui soulève bien des polémiques. Il s'en explique aussitôt après, précisant qu'il voulait attaquer toute image idéalisée de la femme, propre à la littérature de D'Annunzio, afin justement d'accorder au sexe opposé la possibilité de participer activement à la vie moderne[45]. Son slogan exaltant « la guerre [comme] seule hygiène du monde, le militarisme, le patriotisme, le geste destructeur des anarchistes » résume en revanche ses convictions social-darwinistes, marquées par l'évolutionnisme des nations de Spencer, sa lecture de Sorel, son romantisme politique hérité du Risorgimento et son héraclitéisme envisageant « la guerre comme complément logique de la nature[46] ». La guerre lui semble non seulement être le moteur de l'histoire, mais aussi le remède le plus efficace, pour un peuple, contre le dépérissement et la mort. Ces idées exécrables, qui font par ailleurs partie du climat intellectuel de l'époque, ne soulèvent pas de véritable indignation. Le scandale qu'engendre le manifeste est surtout provoqué par son rejet du passé, formulé avec la plus grande violence par Marinetti, et par le fait qu'un tel propos puisse venir d'Italie, le pays que la culture internationale avait précisément sacralisé depuis deux siècles au moins comme « un musée à ciel ouvert », selon la formule de Quatremère de Quincy. Déclarer depuis la péninsule qu'il faut abolir le passé et brûler les musées équivaut à un acte de folie, tel a été du moins le propos le plus répandu dans les commentaires suscités par le manifeste.

En effet, Marinetti condamne le culte des chefs-d'œuvre et du musée, la vénération des « villes d'art » italiennes, la culture poussiéreuse issue des bibliothèques et tout ce qui rend l'homme insensible aux forces de la vie. Son manifeste est autant un texte théorique sur l'art qu'un appel à la révolte : « Et boutez donc le feu aux rayons des bibliothèques ! Détournez les cours des canaux pour inonder les caveaux des musées ! » Marinetti veut mettre fin à toute conception narcissique, contemplative, initiatique et saturnienne de l'art. Il rappelle que l'art est un but immanent à la vie elle-même et proclame que, face au monde moderne, la création artistique ne peut qu'être action et instrument de progrès. « Une automobile rugissante, qui a l'air de courir sur de la mitraille, est plus belle que *La Victoire de Samothrace*[47]. » C'est sur cette idée-force qu'il construit le principe même de son futurisme : l'automobile lancée à toute vitesse incarne les paramètres d'énergie et de dynamisme auxquels doit se référer désormais l'art du nouveau siècle.

Marinetti résume avec des formules extraordinaires à la fois la perte des repères immuables de l'expérience humaine et le nouveau sentiment vital résultant du progrès des sciences et de la technologie : « Le Temps et l'Espace sont morts hier. Nous vivons dans l'absolu, puisque nous avons déjà créé l'éternelle vitesse omniprésente. » Ainsi, un autre monde naît et prend forme avec l'homme contemporain. Le message de Marinetti s'organise au sein d'une prise de conscience plus générale qui transcende le domaine de la littérature et de l'art. L'avènement d'une civilisation technologique ne peut être pensé qu'en fonction d'une profonde mutation anthropologique, culturelle et sociale. La machine, modèle d'une réalité inédite, incarne alors la promesse d'un futur qui brise toute tradition. Pour Marinetti, le progrès scientifique et la révolution industrielle n'ont pas tué l'art, ils ont seulement fait naître de nouveaux prototypes de la beauté.

Avec la machine, ce n'est pas le sentiment du beau qui disparaît, mais plutôt sa possibilité de s'investir et de se reconnaître dans les formes et les valeurs du passé. L'acte radical qu'il faut désormais accomplir consiste en l'abolition des objets traditionnels de l'esthétique, telles les courbes organiques du corps féminin représenté par *La Victoire de Samothrace,* afin de redéfinir la matière première de l'art. Et c'est précisément en assumant les valeurs esthétiques neuves incarnées par la machine que l'art pourra

Le « programme » du manifeste du futurisme, imprimé sur un tract à l'encre bleue, tel qu'il fut envoyé aux journaux à la fin de janvier 1909 par Marinetti
Archives Giovanni Lista, Paris.

renouer avec la vie. Marinetti désigne donc les forces vives de la modernité comme le nouveau champ de la création esthétique. Le fil de la tradition étant irrémédiablement rompu, l'espace de l'art n'est plus le musée mais la réalité en devenir que l'artiste vit au sein de son temps.

Le futurisme est d'abord un acte de volonté qui consiste à se tourner résolument vers l'avenir, à miser sur un futur qui n'a plus besoin du passé pour naître. Avec le futurisme, l'art devient une action concrète, une force perturbatrice qui s'exerce non plus en référence au passé, mais en fonction de la vie. L'artiste futuriste, par son œuvre autant que par son action, provoquera une accélération du devenir en promouvant l'intégration dans le corps social des nouvelles valeurs esthétiques de la modernité urbaine et technologique. Les idées majeures de Marinetti, telles la nécessité d'une constante évolution du langage de l'art, l'éphémérisation de l'œuvre ou l'exigence d'un renouvellement répondant aux conditionnements que la machine impose à l'homme, se fondent sur une véritable foi en la régénération que la vie accomplit d'elle-même. Au nom de cet impératif du renouveau, Marinetti se fait l'apôtre d'une révolution continue : l'art doit se tenir dans un état insurrectionnel permanent afin de jouer au sein de la société le rôle que l'élan vital bergsonien joue au sein de la nature. Marinetti fixe ainsi les lois de l'esprit d'avant-garde qui dominera l'art du XXe siècle.

42 L. Altomare, *Incontro con Marinetti e il futurismo,* Rome, Corso, 1954, p. 10.

43 Cf. la lettre de Marinetti à Severini, septembre 1913 // *Archivi del Futurismo,* Rome, De Luca, 1958, vol. I, p. 294.

44 Lettre de Marinetti au poète belge Henry Maassen (1911) // G. Lista, *Futurisme. Manifestes, proclamations, documents,* Lausanne, L'Âge d'Homme, 1973, p. 18-19.

45 Cf. F.T. Marinetti, « D'Annunzio futuriste et le "mépris de la femme" », *Poesia* (Milan), n° 7-8-9, août-septembre-octobre 1909, p. 38-39.

46 F.T. Marinetti, « La guerra complemento logico della natura », *L'Italia futurista* (Florence), IIe année, n° 2, 25 février 1917, p. 1.

47 *Id.*, *Manifeste du Futurisme* (1908-1909), tract // G. Lista , *Futurisme. Manifestes…, op. cit.*, p. 87.

Page précédente :
de g. à dr. : L. Russolo, C. Carrà, F.T. Marinetti, U. Boccioni, G. Severini à Paris en février 1912 à l'occasion du vernissage de l'exposition « Les Peintres futuristes italiens », Paris, galerie Bernheim-Jeune & Cie du 5 au 24 février 1912.

Auteurs des notices

Mai-Lise Bénédic (M.-L. B.)
Pierre Brullé (P. B.)
Valentina Cefalu (V. C.)
Juliette Combes Latour (J. C. L.)
Zelda De Lillo (Z. D. L.)
Marion Diez (M. D.)
Irina Kronrod (I. K.)
Colin Lemoine (C. L.)
Irène Mercier (I. M.)
Camille Morando (C. M.)
Barbara Musetti (B. M.)
Didier Ottinger (D. O.)
Johan Popelard (J. P.)
Perrine Samsom Leroux (P. S.-L.)
Iveta Slavkova-Montexier (I. S.-M.)
Chiara Zippilli (C. Z.)

Catalogue des œuvres

1

Georges Braque
Le Viaduc à L'Estaque, **1908**
Huile sur toile, 72,5 x 59 cm
Centre Pompidou-Musée national d'art moderne, Paris / Dation, 1984

Sur les pas de Paul Cézanne, le motif du viaduc de l'Estaque inspire à Braque trois tableaux. La deuxième version, celle qui appartient au Musée national d'art moderne, sera conservée fidèlement par le peintre dans son atelier ; elle témoigne du passage déterminant dans son œuvre du fauvisme au cubisme. La première toile, *Le Viaduc (Le viaduc de l'Estaque),* (septembre-octobre 1907, The Minneapolis Institute of Arts) présente une composition pyramidale, des surfaces courbes et cernées, une harmonie chromatique de bleus et de verts, inspirées des paysages et des *Baigneuses* de Cézanne. Dans la troisième version, *Arbres et viaduc (Le viaduc de l'Estaque)* (1908, collection particulière), le paysage s'inscrit dans une sorte de mandorle formée par les arabesques des arbres, annonçant le format ovale des tableaux cubistes de Braque en 1912. Dans la toile du Musée, peinte de mémoire dans son atelier parisien à partir du début de 1908 (contrairement aux deux autres, réalisées à l'Estaque), Braque simplifie et économise les courbes au profit de la géométrisation des formes, tout en combinant une vue frontale et une vue oblique. Il poursuit la déconstruction de la perspective opérée par Cézanne afin de rendre palpables les volumes et de « rapprocher l'objet du spectateur en lui gardant sa beauté, sa saveur concrète[1] ». Du paysage, le peintre extrait les lignes de force et harmonise les plans cubiques par les couleurs, créant une vibration faite de hachures et de touches saccadées, des arbres verts rythmant la composition géométrique des maisons jusqu'au ciel, qui participe à un sentiment d'inachèvement du motif. Soulignons que ce tableau est le seul des trois où l'horizontale du viaduc se détache sur le ciel, sans être surmontée par d'autres maisons. Le paysage n'est plus un sujet mais un prétexte pour peindre. La lumière, retravaillée, n'accompagne plus le point de fuite que le peintre refuse en outre d'employer : « Pour éviter une projection vers l'infini, j'interpose des plans superposés à une faible distance. Pour faire comprendre que les choses sont l'une devant l'autre au lieu de se répartir dans l'espace[2]. » Il ne s'agit plus de peindre un paysage à partir d'un premier plan, mais de se fixer au centre du tableau en inversant la pyramide des formes de sorte que le spectateur pénètre dans l'espace de la toile. Néanmoins, les arêtes des divers plans des maisons et du viaduc, rehaussés par des tonalités bleues, instaurent une idée de profondeur entre les différents éléments. Les couleurs cézanniennes, limitées au vert, à l'ocre et à la terre de Sienne, sont lumineuses et créent une atmosphère vibratoire et musicale. Comme le *Grand Nu* (1907-1908, cat. n° 3) et *Maisons à l'Estaque…* (1908, musée d'Art moderne Lille Métropole, Villeneuve-d'Ascq), cette toile est refusée au Salon d'automne de 1908 et exposée chez Kahnweiler en novembre. À travers ce paysage, Braque, animé par l'inépuisable source que fut pour lui la peinture de Cézanne, confirme tout l'intérêt qu'il porte aux espaces intermédiaires, ce qu'il appelle « l'entre-deux qui constitue le sujet[3] ».

C. M.

1 G. Braque, « Entretien avec Jacques Lassaigne »
(1961) [demeuré inédit], *Georges Braque*, cat. exp.,
Saint-Paul, Fondation Maeght, 1980, p. XVI.
2 *Ibid.,* p. XVI.
3 G. Charbonnier, « Entretien avec Braque »,
Le Monologue du peintre, Paris, Julliard, 1959, p. 10.

2 **Pablo Picasso**
La Dryade, **1908**
Huile sur toile, 185 x 108 cm
Musée de l'Ermitage, Saint-Pétersbourg

Ce grand tableau, conservé sous la double appellation « Dryade » et « Nu dans la forêt », est commencé au printemps 1908 et achevé à l'automne suivant, au moment où s'ouvre la période de riches échanges quotidiens entre Picasso et Braque. Il appartient aux nombreuses figures de Picasso peintes en 1908, suite aux recherches menées pour *Trois femmes* (1907-1908, musée de l'Ermitage, Saint-Pétersbourg). Outre des paysages et des figures que le peintre rapporte de son séjour en août 1908 dans le village La Rue-des-Bois, près de Creil, l'analyse du volume et la monumentalité frontale du corps, accentuées par la couleur ocre délimitée par un cerne noir, renvoient aux paysages de Georges Braque peints à l'Estaque, l'été 1908. *La Dryade,* comme *Trois femmes,* fait l'objet d'une première version reprise par le peintre après qu'il eut vu les toiles de Braque. De l'étude très compartimentée à la toile définitive, Picasso adoucit les passages entre les plans ; les arêtes sont moins marquées et les volumes paraissent bouger, plongés dans une « atmosphère ténue et lumineuse[1] ». La posture, surprenante, de la figure oscille entre la station debout et la position assise[2]. Indécis, le corps pourtant massif et monumental s'avance au centre de la composition, entouré d'arbres qui semblent se rapprocher après le passage de la femme. L'aspect étouffant de la forêt, le feuillage n'étant visible qu'en haut à droite, est rendu par un traitement sculptural des troncs, identique à celui du nu : divisé en plans multiples, avec des lignes de force qui se complètent et s'harmonisent. Propre aux toiles de 1908, la gamme chromatique, toute cézannienne (vert, ocre, brun et singulièrement réduite), rend plus lumineux et éclatant le corps anguleux placé dans la lumière. Le traitement du visage soulignant à peine les volumes suggère que Picasso a abandonné les tensions extrêmes et les paroxysmes primitivistes des *Demoiselles d'Avignon* (1907, The Museum of Modern Art, New York) ou du *Nu à la draperie* (1907, musée de l'Ermitage, Saint-Pétersbourg). L'ombre, qui s'étend sur la moitié du visage, confirme également que la préoccupation du peintre est ailleurs. De fait, c'est la première fois qu'il donne au paysage un rôle autour de la figure humaine : avec des lignes et des plans de couleurs qui tendent à casser la perspective, le nu féminin s'inscrit là dans un décor rocailleux et abstrait. La dryade, figure sylvestre de la mythologie grecque, évoque les mystères des sous-bois et leur atmosphère d'étrangeté, rendus ici par l'inquiétude portée par les contours du corps et soulignée par les ombres environnantes. Il existe deux dessins préparatoires, dont le plus abouti (la gouache sur papier[3]) présentait une autre femme à l'arrière-plan sur la gauche. En l'éliminant, le peintre choisit de mettre l'accent sur le modelé et les vibrations de cette figure qui, désormais unique, devient sujet signifiant. La sobriété de la couleur, les volumes ronds du corps, la lumière et les ombres confèrent une dynamique hésitante, qui rompt avec le statisme des autres figures peintes par Picasso en 1908. Après être passé dans la collection de Daniel-Henry Kahnweiler, ce tableau est acheté vraisemblablement en 1913, avec d'autres toiles de 1908, par le collectionneur russe Sergueï Chtchoukine (dont les œuvres furent montrées aux artistes russes avant d'être nationalisées en 1918), puis transféré au musée de l'Ermitage en 1934. Il ne sera présenté qu'en 1958 à Bruxelles, dans l'exposition « Cinquante ans d'art moderne ».

C. M.

1 P. Daix, *La Vie de peintre de Pablo Picasso,*
Paris, Éd. du Seuil, 1977, p. 102.
2 Une étude (crayon sur papier, 1908, voir n° 191
dans *Tout l'œuvre peint de Picasso, 1907-1916,*
Paris, Flammarion, 1977, p. 95) présente la femme
assise dans un fauteuil.
3 Voir n° 192 dans *Tout l'œuvre peint de Picasso,
1907-1916, op. cit.,* p. 95.

3   **Georges Braque**
     Grand Nu, **1907-1908**
     Huile sur toile, 140 x 100 cm
     Centre Pompidou-Musée national d'art moderne, Paris /
     Dation Alex Maguy-Glass, 2002

Connue et étudiée[1], l'histoire de ce tableau est déterminante dans l'élaboration naissante du cubisme de Picasso et de Braque. Lors de sa visite dans l'atelier de Picasso, fin novembre-début décembre 1907, Braque découvre *Les Demoiselles d'Avignon* (1907, The Museum of Modern Art, New York) mais également *Nu à la draperie* (1907, musée de l'Ermitage, Saint-Pétersbourg) et un premier état de *Trois femmes* (1907, *id.*), retravaillé en 1908. Ces toiles retiennent toute l'attention du peintre qui entreprend à la fin de l'année 1907 une composition présentant une femme vue sous trois angles différents ([*La Femme*], exposée au Salon des indépendants en mars 1908 sans être mentionnée au catalogue et aujourd'hui perdue), ainsi que le *Grand Nu*. Ce dernier, le format le plus important de sa production d'alors, est achevé lors de son séjour à l'Estaque en juin 1908, seule date apposée par Braque au dos du tableau. Refusé au Salon d'automne, il est présenté par Kahnweiler lors de l'exposition « Braque » en novembre 1908. À propos de la toile exposée au Salon des indépendants, Guillaume Apollinaire et Gelett Burgess saluent la « volonté de construire[2] » de Braque, récente entreprise qui l'éloigne de la facture de ses dernières toiles fauves peintes pendant l'été 1907. Le *Grand Nu* – manifeste de cette nouvelle manière – renvoie aux premiers échanges de Braque et Picasso sur le traitement de la peinture de Paul Cézanne. Si les trois œuvres vues chez Picasso suscitèrent chez Braque le désir de repenser le motif du nu féminin, de fait, le modelé du corps cerné de noir, les touches parallèles, le dessin angulaire et noué, l'harmonie chaude des différents bruns, sont surtout inspirés des tableaux des *Baigneuses* de Cézanne exposés au Salon d'automne de 1907. Deux autres toiles, présentées au Salon des indépendants en mars 1907, participent également de la genèse du *Grand Nu* : le *Nu bleu (souvenir de Biskra)* de Henri Matisse (1907, Baltimore Museum of Art) et les *Baigneuses* d'André Derain (1906-1907, The Museum of Modern Art, New York). Du tableau disparu, [*La Femme*], le *Grand Nu* ne retient que la figure placée à gauche. Pour obtenir l'aperçu le plus exhaustif possible des volumes du corps, sa torsion s'appuie sur un mouvement de rotation (la jambe droite servant de point d'appui) donnant l'impression que le corps massif et anguleux tourne dans l'espace. Semblant déjouer le mouvement, la tête s'offre de face.

En outre, Braque stigmatise le problème posé par Picasso dans son *Nu à la draperie* où la composition de la silhouette dans la verticalité du tableau conduit toutefois à la voir couchée. La femme, allongée ou debout, se détache sur un drap ou un dais bleuté, tel un écrin ou une ouverture, dont les touches créent des plans abstraits aux couleurs plus soutenues. L'ombre portée du corps, comme un plan intermédiaire, semble effacer le motif même de la peinture et inscrire le nu sur un fond qui recouvre, en bas de la composition, les repentirs d'un autre dessin. Braque suggère ainsi le vide existant entre la femme et l'espace environnant. Les traits du visage, inspirés des masques fang, ne gardent pas le découpage violent de ceux des toiles de Picasso mais sont esquissés par de simples cernes noirs, qui épousent également les lignes du corps. Avec ce tableau (exposé à Moscou en janvier et février 1909 à la deuxième exposition de la Toison d'or, avant de disparaître des expositions jusqu'en 1933), Braque impose une construction architectonique baignée dans une harmonie de couleurs cézaniennes ainsi que le rayonnement du corps monumental dans l'espace.

C. M.

1 Voir notamment l'étude d'Ileana Parvu, « De l'histoire au tableau. *Grand Nu* (1907-1908) de Braque », *Les Cahiers du Musée national d'art moderne* (Paris), n° 91, printemps 2005, p. 28-43) qui cite, entre autres, W. Rubin (« Cézannism and the Beginnings of Cubism », *Cézanne. The Late Work,* cat. exp., New York, The Museum of Modern Art, 1977, p. 151-202) et P. Daix (« Le *Grand Nu* de Braque clé de la "cordée en montagne" avec Picasso », *Georges Braque,* cat. exp., Saint-Paul, Fondation Maeght, 1994, p. 61-63).

2 Longtemps les propos d'Apollinaire, suite au Salon des indépendants, puis ceux de Gelett Burgess (mai 1910) ont été attribués au *Grand Nu* (cf. I. Parvu, art. cité, note 41 et note 32 p. 43) alors qu'il s'agissait de la toile intitulée *La Femme* dont un dessin préparatoire est reproduit par I. Parvu, *ibid.,* p. 32.

4

Pablo Picasso
Femme assise dans un fauteuil, **1910**
Huile sur toile, 100 x 73 cm
Centre Pompidou-Musée national d'art moderne, Paris
Legs de Georges Salles, 1967

Cette toile, achevée au printemps 1910, suite à une série de portraits exécutés pendant l'été 1909 à Horta de Ebro, avec Fernande Olivier comme unique modèle, témoigne de l'évolution de Picasso, d'une structure formelle cézannienne à un découpage nerveux des plans. Reprenant un sujet cher à Paul Cézanne, *Femme assise dans un fauteuil* procède d'une analyse descriptive et minutieuse du corps décomposé en de multiples facettes et petits polyèdres gris, délaissant la forme construite en larges plans. Déjà, dans la sculpture *Tête de femme (Fernande)* (1909, cat. n° 11), qui a servi d'épreuve aux recherches picturales de cette époque, Picasso « met en pièces » le visage de Fernande en opposant les volumes en creux et en saillies. Dans *Femme assise dans un fauteuil,* le peintre innove en introduisant des passages qui rompent la ligne et la rendent indépendante des volumes : le processus de la brisure initiale des volumes conduit à l'indépendance des lignes de contour, ainsi qu'à la dissociation de la forme et de la couleur qui dominera toute sa période analytique. La palette se renouvelle avec des couleurs austères et limitées à des valeurs de gris, creusées d'ombres noires et rehaussées de jaune et de brun. Le portrait de Fernande échappe au déchiffrement, émaillé d'une fragmentation des volumes en prismes. La femme assise suggère un mouvement qui viendrait brouiller les traits et les contours. Les seuls tons lumineux, au premier plan, accentuent sensation de déplacement, un peu comme si le sujet désirait s'extraire de l'ombre. Le traitement de la femme se démarque clairement de l'arrière-plan, où s'esquissent les lignes d'une architecture volontairement déstructurée. Comme le souligne Isabelle Monod-Fontaine, « la distinction figure/fond tendra à s'abolir pour aboutir à un système de signes proches de l'abstraction[1] ». Ajouté à la dissociation de la forme et de la couleur, ce procédé trouve son aboutissement dans le *Portrait de Daniel-Henry Kahnweiler* (1910, cat. n° 10 ; de même format que le tableau du Musée), dans lequel Picasso conservait les traits de son modèle, contrairement à celui de la *Femme assise dans un fauteuil,* où l'identité du sujet devient interchangeable au profit du seul motif cézannien. Il existe deux autres versions de ce tableau, l'une à Londres (*Femme nue assise,* 1909-1910, Tate, Londres), où l'arrière-plan est soumis au découpage en facettes, l'autre à Prague (*Femme dans un fauteuil,* 1910, Národní Galerie, Prague), « la plus complexe et la plus audacieuse de l'expérimentation[2] », où le corps nu, doté pour une fois de jambes, semble être absorbé par le fond de la toile, traité tel un rideau monochrome. Dans son pamphlet de 1914, Umberto Boccioni déclare qu'« un tableau de Picasso n'a pas de loi, il n'a pas de lyrisme, pas de volonté[3] ». La toile du Musée, exposée pour la première fois à la galerie Georges Petit à Paris en 1932[4] pourrait bien déjouer ces mots virulents à travers son étrange monumentalité sculpturale d'une figure anonyme et son évocation vibratoire de la lumière et de l'ombre.

C. M.

1 I. Monod-Fontaine, « Femme assise dans un fauteuil », in *Collection Art moderne,* Paris, Éd. du Centre Pompidou, 2006, p. 512.
2 P. Daix, *Dictionnaire Picasso,* Paris, Éd. Robert Laffont, 1995, p. 340.
3 U. Boccioni : *id.,* « Ce qui nous sépare du cubisme », *Dynamisme plastique : Peinture et sculpture futuristes,* Lausanne, L'Âge d'homme, 1975, p. 54. Édition italienne : « Che cosa ci divide dal cubismo »,

Pittura e scultura futuriste (dinamismo plastico), Milan, Edizioni futuriste di « Poesia », 1914, p. 119.
4 L'œuvre porte le n° 61 dans l'exposition.

5 **Georges Braque**
Le Sacré-Cœur de Montmartre, **1909-1910**
Huile sur toile, 55 x 40,5 cm
Musée d'Art moderne Lille Métropole, Villeneuve-d'Ascq
Donation Jean et Geneviève Masurel, 1979

Commencé probablement pendant l'hiver 1909-1910, *Le Sacré-Cœur de Montmartre* montre la basilique parisienne vue en contrebas de la colline, sans doute depuis une fenêtre. Braque a voulu y restituer une sensation de verticalité, soulignée par les nombreux « étages » des maisons qui s'échelonnent sur la pente du Sacré-Cœur. Le paysage urbain est réduit à de larges facettes – losanges, pyramides, rectangles. Braque poursuit ici une géométrisation du paysage engagée à La Roche-Guyon, dont il peint, à plusieurs reprises, le château médiéval érigé au sommet d'une falaise[1]. Comparée à ces tableaux, la vue de Montmartre témoigne d'une austérité chromatique qui signe l'entrée du cubisme dans sa phase la plus spéculative : sa période « analytique ».

Alors que les cubes, les sphères et les cônes du *Sacré-Cœur* ouvrent à Braque la voie d'une géométrisation simplifiée jusqu'à l'épure, Robert Delaunay s'inspire d'une autre église parisienne, Saint-Séverin, pour inaugurer la « phase destructrice » de sa peinture, pour puiser dans les lignes de l'architecture gothique les ressources formelles d'un dynamisme, d'un lyrisme renouvelé[2]. Un lyrisme que les futuristes revendiquent alors de façon programmatique. Tout oppose *Le Sacré-Cœur de Montmartre* de Braque et *La ville qui monte* (1910-1911, cat. n° 22) peinte par Umberto Boccioni à la même période. La seconde se veut l'expression de l'énergie propre à la ville moderne, quand le tableau de Braque la fige dans une vision classique, immuable. Si Braque, la même année, peint un site industriel, *Les Usines de Rio Tinto à l'Estaque* (1910)[3], il néglige les attributs « modernes » d'un tel bâtiment pour n'en retenir que la distribution des plans et des volumes, l'harmonie de la composition. À la différence des peintres futuristes, ses préoccupations restent avant tout picturales.

I. S. M.

1 Braque peint en 1909 cinq versions sur
ce motif : musée d'Art moderne Lille Métropole,
Villeneuve-d'Ascq ; Stedelijk van Abbemuseum,
Eindhoven ; Moderna Museet, Stockholm ;
Musée Pouchkine, Moscou ; collection particulière.
2 R. Delaunay peint sept versions sur ce motif.
3 Braque peint deux versions sur ce motif : musée
d'Art moderne Lille Métropole, Villeneuve-d'Ascq ;
Centre Pompidou-Musée national d'art moderne, Paris.

6   **Albert Gleizes**
     La Cathédrale de Chartres, 1912
     Huile sur toile, 73,6 x 60,3 cm
     Sprengel Museum Hannover, Hanovre

En février 1912, les milieux cubistes réservent un accueil pour le moins méfiant à la première exposition parisienne des peintres futuristes italiens. Tandis que les toiles de ces derniers quittent la galerie Bernheim-Jeune afin de poursuivre leur périple européen, la contre-offensive cubiste se prépare dans les ateliers parisiens. Lancée à peine un mois plus tard, dès l'ouverture du Salon des indépendants, elle se prolonge pendant l'été, à l'occasion du Salon de la Société normande de peinture moderne[1]. Aux côtés des toiles de Jean Metzinger, Marcel Duchamp et Francis Picabia, Gleizes y expose une *Cathédrale* dont la version définitive serait contemporaine des *Tours de Laon* de Robert Delaunay (1912, Musée national d'art moderne, Paris).

Présentée au lendemain de l'exposition des futuristes, *La Cathédrale de Chartres* témoigne du désir des cubistes de définir leur peinture en contrepoint des propositions du mouvement italien. Au nom de la haine du passé et pour remédier au culte des ruines, les futuristes appelaient à la destruction de Venise : « Nous répudions l'antique Venise exténuée par de morbides voluptés séculaires. […] Hâtez-vous de combler ces petits canaux fétides avec les décombres de ces palais croulants et lépreux. Dressez jusqu'au ciel l'imposante géométrie des grands ponts de métal et des usines chevelues de fumée, pour abolir partout la courbe languissante des vieilles architectures[2]. » Gleizes répond à ces invectives en mettant à l'honneur une iconographie séculaire, emblématique d'un âge d'or de l'art français. Par sa monumentalité et sa stabilité, la *Cathédrale* incarne cette tradition française dont Gleizes avait annoncé le retour, et dont « la grandeur, la clarté, l'équilibre et l'intelligence sont les piliers[3] ». Par l'austérité de ses camaïeux de bruns et de verts, elle affiche nettement ses distances avec les incendies chromatiques des toiles futuristes présentées en février 1912 rue Richepance. L'œuvre, enfin, permet d'appliquer à un motif traditionnel les principes bientôt énoncés dans l'ouvrage de Gleizes et Metzinger, *Du « cubisme »* : multiplication des points de vue perspectifs, interpénétration des plans géométriques de l'architecture et de l'espace environnant, lutte contre la dissolution des formes héritée de l'impressionnisme. En écho aux piques que la critique cubiste avait dirigées vers les toiles de la galerie Bernheim-Jeune, Gleizes refuse la conception du sujet moderniste comme condition nécessaire de la modernité picturale. Sans ambiguïté, sa *Cathédrale de Chartres* renvoie les futuristes à leur naïveté.

Lorsqu'il est exposé à quelques mois d'intervalle au Salon de la Section d'or[4], le tableau de Gleizes connaît une nouvelle actualité. En cette fin d'année 1912, l'ouverture récente du Salon d'automne a en effet remis le feu aux poudres, et le scandale qui gagne la Chambre des députés soulève la question de l'appartenance nationale du cubisme[5]. La violence inouïe des attaques dirigées vers la nouvelle peinture amène ses défenseurs à réaffirmer son inscription dans une tradition authentiquement française, au sein de la revue *La Section d'or* comme sur les cimaises de la galerie La Boëtie. Ce n'est pas un hasard si la toile de Gleizes figure alors dans le catalogue de l'exposition à côté de deux autres vues de cathédrale[6]. Pour les *Soirées de Paris,* Apollinaire avait esquissé, quelques mois plus tôt, les contours d'un cubisme « gothique » qui prendrait sa source dans l'époque des bâtisseurs de cathédrales. L'avènement de cette nouvelle peinture en laquelle le poète voyait l'héritière d'une tradition artistique nordique devait sonner la fin des influences latines, consacrant ainsi la « renaissance de l'art français » : « On pourrait facilement établir un parallèle entre cet art français contemporain et l'art gothique qui a semé d'admirables monuments sur le sol de France et de toute l'Europe. Finies les influences grecques et italiennes. Voici la renaissance de l'art français, c'est-à-dire de l'art gothique et spontanément, sans apparence de pastiche[7]. ». Un thème que Gleizes ne tardera pas à reprendre dans *Montjoie !,* revue autoproclamée « organe de l'impérialisme artistique français », au titre tout droit issu de *La Chanson de Roland*[8]. De François Clouet puis de Philippe de Champaigne à Paul Cézanne, la prestigieuse généalogie picturale dont le peintre dotera alors le cubisme aura pour dénominateur commun d'incarner la résistance française à l'hégémonie culturelle italienne.

M.-L. B.

1 Rouen, Grand Skating, 15 juin-15 juillet 1912.
2 Poètes (F.T. Marinetti, P. Buzzi, A. Palazzeschi, E. Cavacchioli, A. Mazza, L. Altomare, L. Folgore, G. Carrieri, etc.) et peintres (U. Boccioni, A. Bonzagni, C. Carrà, L. Russolo, G. Severini, etc.) futuristes, «Venise futuriste », tract publié (avec des variantes) dans *Comœdia* (Paris) (accompagné de caricatures de A. Warnod), 17 juin 1910, p. 3. (La version italienne, « Contro Venezia passatista », est datée du 27 avril 1910).
3 A. Gleizes, « L'art et ses représentants.

Jean Metzinger », *Revue indépendante* (Paris), n° 4, septembre 1911, p. 171.
4 Le Salon de la Section d'or se tient à la galerie parisienne La Boëtie du 10 au 30 octobre 1912.
5 « Je ne puis admettre que notre administration des beaux-arts se prête à des plaisanteries de très mauvais goût et livre gracieusement nos palais nationaux pour des manifestations qui risquent de compromettre notre merveilleux patrimoine artistique », déclare Jules-Louis Breton à la Chambre des députés, le 3 décembre 1912 ; propos cités dans

P.F. Barrer, *Quand l'art du XXᵉ siècle était conçu par des inconnus : L'histoire du Salon d'automne de 1906 à nos jours,* Paris, Arts et Images du monde, 1992, p. 94-95.
6 Pierre Dumont expose une *Cathédrale de Rouen* (1912, Milwaukee Art Museum), et Luc-Albert Moreau, *Gisors, La Cathédrale.*
7 G. Apollinaire, « La peinture nouvelle. Notes d'art », *Les Soirées de Paris,* n° 4, mai 1912, p. 114.
8 A. Gleizes, « Le cubisme et la tradition », *Montjoie !* (Paris), nᵒˢ 1 et 2, 10 et 25 février 1913, p. 4 et p. 2-3.

7   **Robert Delaunay**
     Tour Eiffel, 1911
     Huile sur toile, 202 x 138,4 cm
     Solomon R. Guggenheim Museum, New York / Solomon R. Guggenheim
     Founding Collection / Don de Solomon R. Guggenheim, 1937

Détruit à Berlin en 1945 après être passé dans la collection Koehler, le tableau *Tour Eiffel* présenté en 1911 au Salon des indépendants de Paris suscita chez Guillaume Apollinaire un jugement péremptoire que rien, depuis, n'a entamé : « L'exubérance que [Robert Delaunay] manifeste garantit son avenir[1]. » Presque identique, la *Tour Eiffel* du Guggenheim fut exposée en juin sous le numéro 54 du Salon bruxellois homonyme. C'est donc en toute logique qu'elle a, depuis lors, cristallisé une glose d'autant plus abondante que devait lui échoir celle extorquée par l'histoire à sa jumelle. Que l'aura de l'œuvre new-yorkaise ait pu tenir pour partie du spectre qu'elle réveillait aurait pu attiser une critique inclémente. Il n'en fut rien car force est de constater que la peinture, donnée par l'artiste à une date inconnue au Solomon R. Guggenheim, fut l'objet d'études fort pertinentes[2].

Tour Eiffel s'inscrit au sein d'une série qui, réalisée de 1909 à 1912, commence alors que s'achève celle consacrée au déambulatoire de Saint-Séverin. Delaunay décide ainsi d'explorer les ogives métalliques d'un monument modernolâtre dont le vingtième anniversaire avait rappelé l'importance au sein de l'imaginaire et de l'imagerie populaires. Élisant cette gigantesque dentelle de fer puddlé, l'artiste aurait pu en sonder les jeux de lumière et les vides, la pureté linéaire et ajourée. Or, renonçant à transcrire la verticalité symétrique de l'édifice – celle-là même que Georges Seurat avait subtilement restituée en 1889 –, Delaunay préfère déstructurer sa composition. Multipliant les points de vue – de face, de profil, surplombant, en contre-plongée –, il exploite les ressources d'un cubisme enclin à désarticuler les formes. Mettant à mal l'ossature dont il effectue une radioscopie dépliée et déployée, il ligature ou éventre les éléments nodaux de la tour qu'il a(na)tomise sans échouer à traduire son vitalisme d'ascendance futuriste. Un rapide examen nosologique des *Tour Eiffel* suffit à montrer combien la toile du Guggenheim est celle qui présente les symptômes d'altération les plus avancés, tant l'artiste – pour reprendre les mots de Roger Allard – « fragmente et disloque la tour Eiffel pour matérialiser la divergence des forces plastiques environnantes[3] ».

Peinte vraisemblablement au mois de mai 1911, et non en 1910 comme Delaunay se plut à l'inscrire au verso de l'œuvre, la *Tour Eiffel* du Guggenheim, la plus large de la série, marque une rupture substantielle avec les versions précédentes. En effet, l'élimination des détails interdisant une parfaite lisibilité et le parti pris chromatique résolument agressif – des tons pourpres et sanguins contrastant avec une gamme d'ocres et de gris neutres – indiquent la prégnance de l'héritage marinettien dont la rigueur kaléidoscopique serait le codicille cubisant. À cet égard, il revient à Jean Metzinger d'avoir fourni une analyse des plus clairvoyantes : « Par horreur des hasards, des réminiscences, des équivoques, [Delaunay] userait volontiers, comme le fit Seurat pour d'autres fins, de procédés mécaniques[4]. » Tantôt distincts, tantôt effacés, le ciel peuplé de nuages ouatés et les immeubles saillants créent une alternance vibratoire entre une perception dynamique et une certaine stase dont l'issue visuelle serait la tour, immobile et autoritaire. La partie gauche de la toile, comme née d'un aveuglement lumineux – déjà présent, quoi que moins audacieusement, sur la version Koehler –, renforce l'impression photographique de mise au point qui, tentant de saisir son objet, ne parviendrait pas à figurer *objectivement* ce qui l'entoure. Ainsi, le tissu urbain – et ne sont-ce pas des rideaux qui préexistent aux bâtiments sur la version antérieure de Düsseldorf (1910-1911, Kunstsammlung Nordrhein-Westfalen) ? – est une contraction perspective de la rue Saint-Dominique telle qu'elle figure photographiée depuis le boulevard La Tour-Maubourg sur une carte postale aujourd'hui conservée dans le fonds Delaunay de la Bibliothèque nationale de France.

La simultanéité des points de vue et la recherche bergsonienne de « déroulement dans l'espace » nous invitent à penser cette œuvre cubofuturiste en termes photographiques mais, plus encore à notre sens, cinématographiques ou *cinéplastiques*[5]. La *Tour Eiffel* de Delaunay – que n'y a-t-on pris garde ! – n'incarne-t-elle pas cette formule éloquente énoncée en 1922 par Élie Faure : « La notion de la durée entrant comme élément constitutif dans la notion de l'espace, nous imaginerons facilement un art cinéplastique épanoui qui ne soit plus qu'une architecture idéale. [...] Un grand artiste pourra bâtir seul des édifices se constituant et s'effondrant et se reconstituant sans cesse par insensibles passages de tons et de modelés qui seront eux-mêmes architecture à tout instant de la durée, sans que nous puissions saisir le millième de seconde où s'opère la transition ?[6] »

C. L.

1 G. Apollinaire, « Le Salon des indépendants », *L'Intransigeant* (Paris), 21 avril 1911 // id., *Écrits sur l'art, OC*, Paris, Gallimard, « Bibliothèque de La Pléiade », t. II, 1991, p. 318.
2 Il convient, à ce stade, de mentionner le précieux article de P. Rousseau, « Tour Eiffel », *Robert Delaunay, 1906-1914. De l'impressionnisme à l'abstraction*, cat. exp., Musée national d'art moderne, Paris, 3 juin-16 août 1999

(Paris, Éd. du Centre Pompidou, 1999), p. 130-137.
3 R. Allard, « Sur quelques peintres », *Les Marches du Sud-Ouest* (Paris), n° 2, juin 1911, p. 62.
4 J. Metzinger, « Cubisme et tradition », *Paris-Journal*, 16 août 1911.
5 É. Faure, « De la cinéplastique », *L'Arbre d'Éden*, Paris, G. Crès & Cie, 1922 // id., *Œuvres complètes*, Paris, Jean-Jacques Pauvert Éd., t. III, 1964, p. 308.
6 *Ibid.*

8   **Georges Braque**
      Nature morte au violon, **1911**
      Huile sur toile, 130 x 89 cm
      Centre Pompidou-Musée national d'art moderne, Paris
      Donation de Mme Georges Braque, 1965

Céret, été 1911 : Braque et Picasso escaladent les cimes de la modernité picturale, concertés et solidaires « comme la cordée en montagne », selon les mots du premier. De cette alchimie riche en tâtonnements et en trouvailles naissent les expérimentations majeures, jamais infructueuses, d'un cubisme analytique qui, ne connaissant pas encore son nom, s'élabore dans la joyeuseté estivale et l'insouciance chronique d'un Sud apte à régénérer formes et idées, syntaxe et vocabulaire. C'est donc avec l'obsession d'un laborantin en quête d'une nouvelle formule que Braque composa *Nature morte au violon*.

Une taxinomie tardive pourrait laisser à penser que cette œuvre ne doit rien au passé, certains commentateurs avisés ayant rapidement souligné son actualité autant que sa consanguinité avec « Cézanne et Carrière, [...] Le Greco, les Vénitiens et de forts grands classiques[1] ». La toile est en effet savante et élaborée, construite et « analytique ». L'apparente facilité, voire frivolité, du processus déconstructif nécessitait, pour le restituer, des dons de bâtisseur. La structure pyramidale, composée de tons ocre s'estompant dans le haut du tableau, est densifiée par un réseau de traits diagonaux inclinés qui, selon un angle identique, portent des ombres brunes invariablement vers la droite. Ces traits, comme autant de biffures ou de coups de couteau, altèrent la lecture et confèrent une vision prismatique et syncopée. Des touches claires et horizontales ménagent le centre du tableau et, par voie de conséquence, son *sujet*. On le perçoit rapidement : si celui-ci est centré – un héritage ou une concession là encore classique –, il n'est pas central, à la différence d'une orthodoxie futuriste plus soucieuse de s'approprier le réel. La subsistance d'éléments déchiffrables peints de façon réaliste – ainsi la crosse du violon ou les moulures d'une cheminée – ne suffit pas au regardeur pour investir la toile d'un quelconque sens. N'étant pas donné d'emblée, le sens viendra *de surcroît*. Cette résistance du sujet et cet achoppement du discernement tendent à accentuer les moyens plastiques mis en œuvre. La disposition orchestrée des couleurs engendre un rythme disruptif et la compénétration des plans une matérialité importante. Bidimensionnalité ne saurait être synonyme de planéité : Braque, décidé à excéder la spatialité traditionnelle et le plan de la toile, fut l'un des premiers artistes à franchir le seuil de cet « espace nouveau ».

Carlo Carrà, lorsqu'il gagna Paris en 1911 puis 1912, ne fut pas insensible à la modernité expérimentée par Braque qui culminait depuis un an. La science constructive, la décantation formelle, la déclinaison des valeurs lumineuses et la structuration chromatique du cubisme analytique – dont *Nature morte au violon* et sa jumelle *Clarinette et bouteille de rhum* (1911, galerie Beyeler, Bâle) étaient les parangons – le séduisirent jusqu'à infléchir son œuvre. Aussi les camaïeux sourds firent-ils instamment leur apparition dans sa production avant qu'il n'orientât celle-ci, riche de la propédeutique cubiste, vers une « mesure classique ».

Nature morte au violon devait entrer depuis au panthéon des chefs-d'œuvre et, en 1965, au Musée national d'art moderne de Paris sur legs verbal de l'artiste. Pieusement conservée par l'institution, la toile l'avait été longtemps par Braque qui la tint jusqu'en 1947 dans son atelier, date à laquelle il consentit pour la première fois à s'en séparer pour l'exposition organisée par Yvonne Zervos dans l'auguste palais des Papes d'Avignon[2]. Cette rétention éloquente révèle la tendresse de l'artiste pour une période aussi fervente que courte – son séjour à Céret s'acheva le 19 janvier 1912 – dont la toile suffisait vraisemblablement à rappeler l'existence et, surtout, la richesse. Une relique autant qu'un suaire, donc : « On s'est dit avec Picasso pendant ces années-là des choses que personne ne se dira plus, des choses que personne ne saurait plus se dire, que personne ne saurait plus comprendre…, des choses qui seraient incompréhensibles et qui nous ont donné tant de joie[3]. »

C. L.

1 [Anonyme], « Notes d'art - Le cubisme au Salon
Biderman », *Gazette de Lausanne,* 4 mai 1913.
2 L'œuvre est présentée à l'« Exposition de peintures
et sculptures contemporaines », Avignon, palais
des Papes, 27 juin-30 septembre 1947, sous le titre
Le Violon.
3 D. Vallier [entretiens avec l'artiste], « Braque,
la peinture et nous », *Cahiers d'art* (Paris),
XIXe année, 1954, p. 14.

9   **Georges Braque**
     Le Guéridon, **1911**
     Huile sur toile, 116,5 x 81,5 cm
     Centre Pompidou-Musée national d'art moderne, Paris
     Don de Raoul La Roche, 1952

Le Guéridon fait suite à une série d'œuvres que Braque débute pendant l'été 1911 à Céret, où il séjourne avec Pablo Picasso. Sous l'effet d'une émulation réciproque, les deux peintres y approfondissent le mouvement de déconstruction qu'ils appliquent aux objets comme aux figures. Peinte à l'automne, soit après le départ de Picasso, cette toile reprend la construction pyramidale commune aux tableaux de cette période. La composition, dynamique et instable, fait basculer le guéridon vers le spectateur selon un principe appliqué par Paul Cézanne dans nombre de ses natures mortes (voir *La Corbeille de pommes* de 1895, The Art Institute of Chicago).

L'évocation d'un espace « tactile » est au centre des préoccupations de Braque lorsqu'il conçoit *Le Guéridon.* Il confie en 1954 à Dora Vallier : « [...] Je commençai à faire surtout des natures mortes, parce que dans la nature il y a un espace tactile, je dirais presque manuel[1]. » Cet intérêt pour un art plurisensoriel fait écho à une préoccupation des futuristes. Dans son article « Picasso et Braque[2] », première étude italienne consacrée au cubisme, Ardengo Soffici insiste sur la valeur tactile du cubisme qui réagit aux recherches essentiellement optiques de l'impressionnisme. C'est également un thème récurrent dans les textes futuristes. En 1913, dans un manifeste intitulé *La Peinture des sons, bruits et odeurs,* Carlo Carrà en appelle à la création d'œuvres explosives, capables de provoquer des sensations réelles, exigeant la « coopération active de tous les sens[3] ». En 1914, le poème visuel de Giacomo Balla et Francesco Cangiullo, *Palpavoce,* s'emploie à reconstituer l'« espace tactile » d'une cage d'escalier. Le manifeste *Tactilisme* de Marinetti, du 11 janvier 1921, confirme la place fondamentale du « toucher » dans l'esthétique futuriste. Il vise à « transformer la poignée de main, le baiser et l'accouplement en des transmissions continues de la pensée[4] ».

I. S. M.

1 D. Vallier [entretien avec l'artiste], « Braque, la peinture et nous », *Cahiers d'art* (Paris), XIXe année, 1954, p. 16.
2 A. Soffici, « Picasso e Braque », *La Voce,* vol. III, n° 34, 24 août 1911.
3 C. Carrà, « La Pittura dei suoni, rumori, odori. Manifesto futurista » (11 août 1913), *Lacerba* (Florence), vol. I, n° 17, 1er septembre 1913 // Traduction française : « La Peinture des sons, bruits et odeurs », dans G. Lista, *Futurisme. Manifestes, proclamations, documents,* Lausanne, L'Âge d'homme, 1973, p. 185.
4 F.T. Marinetti, « Le tactilisme » (11 janvier 1921), publié en français dans *Comœdia,* 16 janvier 1921 // G. Lista, *Futurisme. Manifestes...,* op. cit., p. 342.

10   **Pablo Picasso**
Portrait de Daniel-Henry Kahnweiler, 1910
Huile sur toile, 101,1 x 73,3 cm
The Art Institute of Chicago / Don de Mrs Gilbert W. Chapman
en souvenir de Charles B. Goodspeed

Daniel-Henry Kahnweiler ouvre sa galerie parisienne en 1907. Un an plus tard, il y expose les œuvres d'inspiration cézanienne que Georges Braque rapporte de l'Estaque. Qualifiant ces tableaux, le critique Louis Vauxcelles emploie pour la première fois le terme de « cubisme », appelé à connaître une singulière fortune. Le nom de Kahnweiler est dès lors lié de façon indissoluble à l'histoire du cubisme. Il en est le marchand, le stratège, le théoricien. Il organise sa diffusion, fait de sa galerie le lieu exclusif où, à Paris, Braque et Picasso exposent leurs œuvres nouvelles. Il fait bénéficier ses peintres de ses réseaux (à Berlin avec Alfred Flechtheim, à New York avec la Washington Square Gallery), contribuant ainsi à la diffusion internationale du cubisme. En 1915, Kahnweiler met en chantier son *Der Weg zum Kubismus*[1] qui impose sa conception d'un cubisme dont le développement se confond avec une exploration rationnelle du visible (un modèle d'inspiration kantienne appelé à devenir le catéchisme de l'historiographie moderniste).

À l'automne 1910, Picasso entreprend le portrait de Kahnweiler. Il fait suite à ceux de ses deux autres marchands de l'époque : Wilhelm Uhde (1909-1910, collection particulière) et Ambroise Vollard (1909-1910, musée des Beaux-Arts Pouchkine, Moscou). Entre la réalisation du portrait de Vollard et celui de Kahnweiler, Picasso a passé l'été à Cadaquès, où il a conduit son cubisme aux frontières de l'abstraction. En dépit de l'anecdote rapportée par Kahnweiler, témoignant de son identification par un enfant de quatre ans : « Ça, c'est voyard ! », l'œuvre de Picasso ne présente plus de ces ellipses graphiques caricaturales encore présentes dans les portraits de Uhde et de Vollard. Si quelques détails comme la chevelure évoquent encore le modèle, Picasso est résolument engagé sur la voie d'un arbitraire des signes plastiques qui culminera deux ans plus tard dans les portraits dessinés de Frank Burty Haviland (1912, The Metropolitan Museum of Art, New York) ou de Guillaume Apollinaire (1912-1913, collection particulière).

Umberto Boccioni a-t-il vu le *Portrait de Daniel-Henry Kahnweiler* à l'occasion de son séjour à Paris en octobre 1911 ? Les similitudes relevées par de nombreux historiens de l'art entre la nature morte qui apparaît dans la partie inférieure gauche du tableau de Picasso et certains dessins de l'artiste italien (notamment *Table + Bouteille + Lotissement* de 1912, Civiche Raccolte d'Arte, Milan) plaident en faveur de cette hypothèse. Au-delà de la recherche, un peu vaine, du jeu des influences, il est opportun de signaler dans le *Portrait de Daniel-Henry Kahnweiler* les convergences entre le cubisme du moment et la peinture futuriste telle que la définit le *Manifeste des peintres futuristes* (11 avril 1910). L'absence de contours nets de la figure, la perméabilité des facettes géométriques qui la constituent et l'atmosphère qui l'environne font écho – dynamisme en moins – au programme d'une peinture futuriste affirmant que « pour peindre une figure humaine, il ne faut pas la peindre ; il faut en donner toute l'atmosphère enveloppante[2]. » Assimilant à partir de 1912 certaines des données formelles du cubisme, Boccioni, avec sa *Construction horizontale* (1912, cat. n° 63), conciliera le réalisme résiduel du *Portrait d'Ambroise Vollard* et la pose du *Portrait de Daniel-Henry Kahnweiler.*

D. O.

1 D.-H. Kahnweiler, *Der Weg zum Kubismus,*
Munich, Delphin-Verlag, 1920.
2 U. Boccioni *et al., Manifeste des peintres futuristes,*
in *Les Peintres futuristes italiens,* cat. exp., Paris,
galerie Bernheim-Jeune & Cie, 5-24 février 1912,
p. 16 // G. Lista, *Futurisme. Manifestes,*
proclamations, documents, Lausanne,
L'Âge d'homme, 1973, p. 164.

11 **Pablo Picasso**
Tête de femme (Fernande), **1909**
Bronze, 41,3 x 24,7 x 26,6 cm
Museo Nacional Centro de Arte Reina Sofía, Madrid

Fernande Olivier, qu'il rencontre en 1904, est la première compagne de Picasso. À Horta de Ebro, où le couple passe l'été 1909, Picasso réalise de nombreux portraits de la jeune femme : *Tête de femme sur fond de montagnes* (Francfort-sur-le-Main) ; *Buste de femme (Fernande)* (The Art Institute of Chicago) ; *Portrait de Fernande* (Kunstsammlungen Nordrhein-Westfalen, Düsseldorf)… Ces œuvres couronnent la première phase du cubisme analytique, qui conduit à un éclatement de la forme.

Tête de femme (Fernande), première sculpture cubiste, qui est réalisée à Paris durant l'automne, reste très liée aux œuvres exécutées à Horta. La chevelure est transposée en courbes volumétriques, le visage est traité en facettes soulignant sa structure interne. En dépit de sa déconstruction audacieuse, le modèle reste ressemblant.

La *Tête de femme (Fernande),* qui ouvre une voie nouvelle dans le traitement des volumes, influencera les sculpteurs cubistes à Paris – Alexandre Archipenko, Henri Laurens, Jacques Lipchitz. Elle sera également déterminante pour Umberto Boccioni, qui a pu la voir à l'occasion de son voyage parisien à l'automne 1911, soit chez Ambroise Vollard où le bronze, coulé par ses propres soins, était visible en permanence, soit dans l'atelier de Picasso, qui conservait le plâtre original. Une photographie de l'automne 1911 prouve que la *Tête de femme (Fernande)* était bien présente dans son atelier montmartrois.

Trois œuvres importantes de l'artiste italien témoignent de l'impact sur son art de la sculpture de Picasso. *Dimensions abstraites* (Civiche Raccolte d'Arte, Milan), portrait de la mère de l'artiste datant du printemps 1912, est une transposition picturale littérale de la *Tête de femme (Fernande).* L'*Antigracieux* (1912, cat. n° 62) prolonge la recherche plastique engagée avec *Dimensions abstraites.* Boccioni y représente la figure de Margherita Sarfatti, sa maîtresse, une intellectuelle proche des futuristes, schématiquement décomposée en volumes élémentaires. Le titre, au masculin, ne saurait être interprété comme une allusion à l'absence de grâce de Margherita Sarfatti. Il dénote plutôt la volonté, commune aux futuristes, de donner une image réinventée de la féminité : énergique, intelligente, rompant avec les stéréotypes de passivité et de mièvrerie.

La troisième œuvre de Boccioni témoignant de l'impact de la *Tête de femme (Fernande)* est une sculpture – la première qu'il réalise –, un portrait de sa mère, commencé en juin 1912 et achevé en 1913, auquel il donne également le titre d'*Antigracieux.* Si les arêtes sont moins saillantes – révélant l'influence de *La Concierge* (1883, Museo Medardo Rosso, Barzio) de Medardo Rosso, cité dans le *Manifeste technique de la sculpture futuriste* du 11 avril 1912[1] –, la construction du visage en plans dynamiques, la hardiesse des creux et des pleins, la non-délimitation entre chevelure et visage, le sourire esquissé, les orbites oculaires très enfoncées témoignent de l'influence de la sculpture de Picasso, encore visible dans la composition *Construction spiralée* (1913-1914, Civica Galleria d'Arte Moderna, Milan).

I. S. M.

1 U. Boccioni, *Manifeste technique de la sculpture
futuriste,* in *Première exposition de sculpture futuriste
du peintre et sculpteur futuriste Boccioni,* cat. exp.,
Paris, galerie La Boëtie, 20 juin-16 juillet 1913,
p. 17-18 // G. Lista, *Futurisme. Manifestes,
proclamations, documents,* Lausanne,
L'Âge d'homme, 1973, p. 174-175.

12   **Jean Metzinger**
      Le Goûter, **1911** *(Femme à la cuillère)*
      Huile sur carton, 75,9 x 70,2 cm
      Philadelphia Museum of Art / Collection Louise et Walter Arensberg, 1950

Mona Lisa a disparu ! À la fin de l'été 1911, l'émotion gagne la France entière et le sourire de la belle évaporée hante les journaux. Alors que la cimaise du Louvre demeure désespérément vide, l'ouverture du Salon d'automne de 1911 est l'occasion pour les Parisiens de découvrir une Joconde d'un tout autre genre : la *Femme à la cuillère* de Metzinger, aussitôt désignée par André Salmon comme la « Joconde cubiste[1] ».

Accoudée à une table, une femme à demi-vêtue prend le thé, entre deux séances de pose. Le châssis d'une toile que l'on distingue dans le fond situe la scène dans l'intimité de l'atelier. La fascination de Metzinger pour les « figures magiciennes de la géométrie » remonte à l'enfance[2]. Initié aux délices des mathématiques nouvelles par Maurice Princet[3], il explore les mystères des géométries non-euclidiennes et de la quatrième dimension. L'ouvrage *Du « cubisme »* (1912), qu'il rédigera bientôt avec Albert Gleizes, témoigne de la volonté de donner des équivalents picturaux aux théories spatiales nées des travaux de Bernhard Riemann, Victor Schlegel ou Henri Poincaré. Placé lui aussi sous le signe de la recherche mathématique et philosophique (Salmon le qualifie également de « puzzle métaphysique[4] »), *Le Goûter* fait écho à la théorie du conventionnalisme formulée par Poincaré dans *La Science et l'hypothèse* (1902), dont il reprend la conception de l'espace représentatif comme l'expérience conjointe des espaces visuel, tactile et moteur.

Le tableau aurait été précédé de plusieurs études, qui témoignent d'une simplification accrue (épuration des lignes, suppression des accessoires). Celle du Musée national d'art moderne, dans laquelle triangles et rectangles relient la figure à l'espace environnant, a été rapprochée par Linda Dalrymple Henderson d'un diagramme issu des *Mélanges de géométrie à quatre dimensions* (1906) d'Esprit Pascal Jouffret[5].

Dans la version définitive, facettes et plans se juxtaposent, s'interpénètrent, parfois gagnés par la transparence, insufflant au tableau son dynamisme. En 1910, le peintre avait loué chez Pablo Picasso le recours à une « perspective libre, mobile[6] ». L'adoption de points de vue multiples – le visage est vu de face et de profil ; la tasse de trois quarts et de profil – fait ici cohabiter simultanément différents instants au sein de la toile.

Publié par Metzinger avant l'ouverture du Salon d'automne de 1911, l'article « Cubisme et tradition[7] » entend ancrer la nouvelle peinture dans le sillage des grands maîtres. Quelques mois auparavant, sa *Tête de femme* envoyée aux Indépendants avait déjà été jugée « très XVIIIe [8] ». Au moment où le cubisme est accusé de faillir à la tradition, voire d'être antinational, *Le Goûter* affiche une parenté troublante avec un portrait de Jean François de Troy, peintre de la vie élégante de l'époque des Lumières[9]. Même stabilité de la construction, même suspension du geste, même travail, également, sur la lumière et le raffinement du coloris.

Tableau programmatique, emblématique d'un cubisme qui entend s'ériger à la fois sur des bases scientifiques et sur l'héritage pictural des siècles passés, *Le Goûter* sera à nouveau présenté en 1912 au Salon de la Section d'or. Le titre de l'exposition place alors d'emblée au cœur des préoccupations des peintres la géométrie par laquelle ils souhaitent, loin de l'antipasséisme radical revendiqué par les futuristes, réconcilier cubisme et tradition. Une vingtaine d'années plus tard, il entrera dans la collection Arensberg par l'intermédiaire de Marcel Duchamp.

M.-L. B.

13
Étude pour « Le Goûter », **1911**
Crayon et encre sur papier gris, 19 x 15 cm
Centre Pompidou-Musée national d'art moderne, Paris / Achat, 1960

1 La Palette [A. Salmon], « Courrier des ateliers, Jean Metzinger », *Paris-Journal,* 3 octobre 1911, p. 5.
2 J. Metzinger, *Le Cubisme était né. Souvenirs,* Chambéry/Saint-Vincent-sur-Jabron, Éd. Présence, 1972, p. 20.
3 Son nom apparaît sous la plume de Metzinger dès l'automne 1910 dans sa « Note sur la peinture », *Pan* (Paris), III, n° 10, octobre-novembre 1910, p. 650. Le peintre l'introduira ensuite auprès

des artistes du groupe de Puteaux.
4 La Palette, « Courrier des ateliers », art. cité.
5 L. Dalrymple Henderson, *The Artist,* « *The Fourth Dimensions* » *and Non-Euclidean Geometry 1900-1930 : A Romance of Many Dimensions,* Ph. D., New Haven (CT), Yale University, 1975, p. 149-150.
6 J. Metzinger, « Note sur la peinture », art. cité.
7 *Paris-Journal,* 16 août 1911, p. 5.

8 J[ean] Granié, « Salon des indépendants », rubrique « Les Arts », *Revue d'Europe et d'Amérique* (Paris), juin 1911, p. 361 // G. Apollinaire, *Les Peintres cubistes. Méditations esthétiques,* Paris, Hermann, 1980, p. 193-194.
9 *Le Petit-déjeuner* (huile sur toile, 34 x 25 cm, Berlin, Gemälde Galerie). Le musée Ingres de Montauban en conserve une copie, dont le format carré rend « l'air de famille » encore plus frappant.

14 **Fernand Léger**
***Nus dans la forêt,* 1909-1911**
Huile sur toile, 120,5 x 170,5 cm
Kröller-Müller Museum, Otterlo

Léger constate *a posteriori* que *Nus dans la forêt*, achevé en 1911, marque un tournant dans son parcours : il écrira en décembre 1919, à son marchand Daniel-Henry Kahnweiler[1] que cette toile entérine sa rupture avec l'impressionnisme et ouvre un nouveau chapitre de son œuvre. À l'origine de cette évolution, l'exposition rétrospective consacrée à Paul Cézanne, qu'il voit au Salon d'automne de 1907, provoque un choc renforcé encore par sa découverte des premières toiles « cubistes » de Georges Braque, exposées à la galerie Kahnweiler au mois de novembre de l'année suivante.
Présenté au Salon des indépendants de 1911, *Nus dans la forêt*[2] déchaîne les critiques. Léger se rappelle être devenu le « tubiste » ou encore le « marchand de tuyaux[3] ». La nouveauté radicale de son œuvre est toutefois saluée par Guillaume Apollinaire qui perçoit, dans cette « sauvage apparence de pneumatiques entassés[4] » le talent de son créateur. L'œuvre applique à la lettre le principe cézannien visant à voir le monde comme un jeu de cônes, de cylindres et de cubes[5].
Le tableau annonce le projet pictural majeur de Léger : « Traiter de la même manière objets et figure humaine, matériaux indistincts que l'artiste doit modeler, traiter, agencer, polir[6]. » Dans *Les Peintres cubistes…,* Apollinaire souligne ce parti pris de l'art de Léger : « Les bûcherons portaient sur eux la trace des coups que leur cognée laissait aux arbres et la couleur générale participait de cette lumière verdâtre et profonde qui descend des frondaisons[7]. ».
Umberto Boccioni, qui a pu voir *Étude pour trois portraits*[8] (1911, Milwaukee Art Center) au Salon d'automne de 1911 admire l'œuvre de Léger. Dans son article « Il dinamismo futurista e la pittura francese », il rapproche clairement l'œuvre et les écrits de Léger des préoccupations futuristes : « Dès notre premier entretien à La Closerie des Lilas, le jour qui suivit l'ouverture de la première exposition de peinture futuriste, je me suis rendu compte que Fernand Léger était l'un des cubistes les plus doués et les plus prometteurs. […] L'article de Léger[9] est un acte de foi futuriste qui nous laisse pleinement satisfaits (d'autant plus que l'auteur a la bonté de nous y citer)[10]. » Léger, avec les futuristes, caresse le rêve d'une humanité nouvelle et infatigable, fille de l'âge des machines. Évoquant ses années passées au front, il décrit non seulement les horreurs de la guerre, mais aussi l'avènement d'une humanité nouvelle, fonctionnelle, efficace, produit de la guerre mécanisée : « Je fus ébloui par une culasse de 75 ouverte en plein soleil, magie de la lumière sur le métal blanc. Il n'en fallut pas moins pour me faire oublier l'art abstrait de 1912-1913. […] Cette culasse de 75 ouverte en plein soleil m'en a plus appris pour mon évolution plastique que tous les musées du monde. Revenu de la guerre, j'ai continué à utiliser ce que j'avais senti au front. Pendant trois années, j'ai utilisé les formes géométriques, période qui sera appelée l'époque "mécanique"[11]. » Les bûcherons robotisés de *Nus dans la forêt* annoncent cet homme nouveau, *superuomo* radicalement moderne, invincible, qu'annonce Marinetti, dans son roman *Mafarka le futuriste* (1909-1910).
En dépit de ses connivences idéologiques et plastiques avec le futurisme, une différence fondamentale subsiste entre l'attitude de Léger et celle des futuristes. Là où le premier cherche à ordonner de manière objective – à travers une nouvelle plastique de « Contrastes de formes » (cf. cat. n° 111) – cette « vie actuelle, plus fragmentée, plus rapide que les époques précédentes[12] », les seconds aspirent à une empathie fusionnelle avec la frénésie, le chaos propre à la vie moderne.

I. S. M.

1 D.-H. Kahnweiler acquiert *Nus dans la forêt* au début de l'année 1913.
2 L'œuvre figure au catalogue sous le titre *Nus dans un paysage*.
3 « Peintres et sculpteurs vous racontent leur première exposition : la critique fut impitoyable par Fernand Léger », *Les Lettres françaises* (Paris), n° 532, 2-9 septembre 1954, p. 8.
4 G. Apollinaire, « Les Salon des indépendants », *L'Intransigeant*, 21 avril 1911 // *id., Écrits sur l'art,* OC, Paris, Gallimard, « Bibliothèque de la Pléiade », t. II, 1991, p. 318.
5 Dans une lettre du 15 avril 1904 adressée à É. Bernard, Cézanne écrit : « Traiter la nature par le cylindre, la sphère, le cône, le tout mis en perspective. »

6 F. Léger, « Le spectacle – lumière – couleur – image mobile – objet-spectacle » (conférence prononcée à la Sorbonne en mai 1924), *Bulletin de l'Effort moderne* (Paris), n°s 7, 8 et 9, juillet, octobre et novembre 1924, p. 4-7, 5-9 et 7-9.
7 G. Apollinaire, *Les Peintres cubistes. Méditations esthétiques,* Paris, Hermann, 1980, p. 102.
8 Autre titre : *Trois figures.*
9 F. Léger, « Les origines de la peinture et sa valeur représentative » (notes réunies pour une conférence donnée à l'académie Vassilieff, 5 mai 1913), *Montjoie !* (Paris), n° 8, 29 mai 1913, p. 7 et n° 9-10, 14-29 juin 1913, p. 9.
10 U. Boccioni, « Il dinamismo futurista e la pittura francese », *Lacerba* (Florence), vol. I, n° 15,

1er août 1913, p. 169. Traduction française : « Le dynamisme plastique et la peinture française » dans *id., Dynamisme plastique. Peinture et sculpture futuristes,* G. Lista (préf.), Lausanne, L'Âge d'homme, [1975], p. 117. Édition italienne : *Pittura et scultura futuriste (Dinamismo plastico),* 1914, Z. Birolli (dir.), Milan, Abscondita, 2006, p. 118.
11 F. Léger cité dans *Fernand Léger. Rétrospective,* cat. exp., Saint-Paul, Fondation Maeght, 2 juillet-2 octobre 1988, p. 56.
12 F. Léger, « Les origines de la peinture et sa valeur représentative », art. cité, p. 9.

15 **Albert Gleizes**
Étude pour « La Chasse », **1911**
Crayon, aquarelle, gouache, lavis d'encre brune sur papier fixé sur carton,
20,2 x 16,2 cm
Centre Pompidou-Musée national d'art moderne, Paris / Legs du Dr Robert
Le Masle, 1974

« […] il faut balayer tous les sujets déjà usés, pour exprimer notre tourbillonnante vie d'acier, d'orgueil, de fièvre et de vitesse ![1] » avaient déclaré les peintres futuristes dans leur manifeste, première salve picturale lancée à l'intention de l'Europe. Alors qu'ils visitent le Salon d'automne de 1911, quelques mois avant de sonner la charge finale sur Paris[2], il leur faut bien se rendre à l'évidence et constater que leur appel n'a pas été entendu. Exposée par Gleizes dans la célèbre salle VIII du Grand Palais, *La Chasse* témoigne de l'impassibilité des jeunes cubistes face à la profession de foi des peintres italiens. Ici, point de locomotives et d'automobiles rugissant de toute leur puissance mécanique, mais l'équipage ancestral d'une chasse à courre ; point d'usines aux cheminées fumantes, mais un éternel village, sagement blotti derrière son clocher. Gleizes peuple son tableau de figures de veneurs, d'un berger et d'une femme à l'enfant, privilégiant ainsi une iconographie qui se situe résolument aux antipodes des thèmes modernistes que vénèrent les futuristes.

La petite étude conservée au Musée national d'art moderne s'avère très proche de la version définitive de l'œuvre, tant par sa composition que par son coloris. Elle rappelle que malgré l'attachement du jeune peintre à un sujet des plus traditionnels, *La Chasse* étudie le mouvement, et ce avant même de rendre hommage à la ruralité ou de proposer un commentaire sur la société. Chocs des lignes courbes et aiguës, ruptures de l'harmonie des bruns et des verts par l'écarlate des costumes, dialogues entre les formes circulaires de la trompe et celles des bombes des cavaliers : qu'ils soient formels ou chromatiques, les jeux de contrastes et de correspondances apparaissent comme autant de moyens mis au service de l'expression du dynamisme – une préoccupation que Gleizes, somme toute, partage avec les futuristes. À la même époque, Henri Le Fauconnier introduit le mouvement dans son *Chasseur* (1911-1912, Gemeentemuseum Den Haag, La Haye)[3] en recourant à la détonation et à la fumée d'un fusil qui en disloquent la surface. L'œuvre de Gleizes offre elle aussi un espace bouleversé, qu'elle doit cependant essentiellement à l'exacerbation systématique des volumes. Le maintien d'une distinction nette entre les différents plans spatiaux et l'absence de recours aux points de vue multiples ou à la transparence des plans[4] désignent nettement *La Chasse* comme une œuvre intermédiaire dans le cubisme de Gleizes. C'est sans doute à ce titre qu'elle est à nouveau exposée lors de la plupart des manifestations cubistes qui se tiennent au cours de l'année suivante[5].

Envisagé au sein de la production de Gleizes, l'intérêt pour la chasse peut de prime abord apparaître comme un phénomène isolé. L'engouement des peintres cubistes pour le sujet cynégétique s'avère pourtant réel dès que l'on se penche sur certaines de leurs œuvres contemporaines. En dehors du *Chasseur,* auquel il travaille à l'automne 1911, Le Fauconnier enverra en effet aux salons plusieurs toiles consacrées à ce thème[6]. Comme le tableau de Gleizes, elles évoquent une tradition picturale ancienne, celle des grandes chasses royales et des petits tableaux cynégétiques, et témoignent de l'ambition des jeunes peintres de se mesurer aux sujets traditionnellement destinés aux Salons. Au lendemain de l'exposition parisienne des futuristes, Gleizes poursuit l'exploration de ces grands sujets à travers des toiles telles que *Les Baigneuses* (1912, Musée d'art moderne de la Ville de Paris), qui prennent une dimension monumentale avec *Le Dépiquage des moissons* (1912, collection particulière). Parallèlement, il laissera le sujet moderne gagner sa peinture : les veneurs en costume anglais qui se pressent à la surface de *La Chasse* préfigurent ainsi ses *Footballeurs* aux maillots multicolores.

M.-L. B.

1 U. Boccioni et al., *Manifeste des peintres futuristes* (11 avril 1910) // G. Lista, *Futurisme. Manifestes, proclamations, documents,* Lausanne, L'Âge d'homme, 1973, p. 165.
2 L'exposition parisienne des peintres futuristes italiens accueillie par la galerie Bernheim-Jeune ouvre ses portes en février 1912.
3 Huile sur toile, 203 x 166,5 cm. Le tableau est présenté aux Indépendants de 1912.

4 Gleizes ne tardera pas à appliquer ces procédés dans des œuvres comme *La Cathédrale de Chartres* (1912, cat. n° 6).
5 Elle est présentée à Moscou à l'exposition du « Valet de Carreau » au début de l'année 1912, avant d'être exposée au Salon de la Société normande de peinture moderne à Rouen pendant l'été, puis à l'automne, au Salon de la Section d'or.
6 Le Fauconnier peint notamment une *Allégorie*

pour la chasse (1911, localisation inconnue), et envoie au salon d'automne de 1912 une composition monumentale mettant en scène des *Montagnards attaqués par des ours* (1912, Museum of Art, Rhode Island School of Design).

16   **Albert Gleizes**
Portrait de Jacques Nayral, **1911**
Huile sur toile, 161,9 x 114 cm
Tate, Londres / Achat, 1979

Quelques mois après le scandale du Salon des indépendants de 1911, la foule se presse devant les toiles cubistes présentées au Salon d'automne. Parmi les visiteurs, la petite troupe des peintres futuristes, venue préparer son offensive[1]. Dans la salle VIII, les accueille le *Portrait de Jacques Nayral* que Gleizes a achevé pendant l'été : « Un costaud au beau masque, à la crinière d'encre, un Vosgien […], un naturaliste tendant au fantastique[2]. » Ainsi André Salmon se souvient-il de Joseph Houot, plus connu sous le nom de Jacques Nayral. Journaliste, poète et romancier, proche des anciens de l'Abbaye de Créteil, c'est à Alexandre Mercereau qu'il doit sa rencontre avec Gleizes. Nayral est appelé à jouer un rôle important dans les développements du cubisme : en tant que directeur littéraire des Éditions Figuière, il publiera les ouvrages *Du « cubisme »* (1912), coécrit par Gleizes et Jean Metzinger, et *Les Peintres cubistes. Méditations esthétiques* (1913), de Guillaume Apollinaire.

Réalisé à la veille de la rédaction de *Du « cubisme »,* le *Portrait de Jacques Nayral*[3] annonce les principes développés dans cet essai de formulation théorique qui répond au *Futurisme* de Marinetti[4]. Au moment même de sa parution, s'ouvre le Salon de la Section d'or par lequel les cubistes entendent riposter à la tentative d'annexion menée par les peintres futuristes. Le *Portrait de Jacques Nayral* figure dans la rétrospective qui retrace, au sein du Salon, le cheminement de Gleizes vers le cubisme. Comme ancré dans le sol du jardin de l'artiste à Courbevoie, le personnage assis affiche une stabilité toute classique. De la grande diagonale des jambes au livre que l'écrivain tient sur ses genoux, de l'assise solide des bras à la tête qui couronne le losange du torse, l'œil circule, puis s'égare dans un réseau de formes géométriques. Réduite à une harmonie de gris, de bruns et de verts, rompue çà et là par quelques notes de rose, la palette du peintre soutient l'architecture du tableau en équilibrant la composition et en soulignant l'articulation des volumes. Cet ancrage revendiqué dans une tradition picturale et les « couleurs-musée[5] » ne peuvent avoir que peu d'attrait pour les futuristes déambulant, en 1911, dans les allées du Salon d'automne. Le portrait témoigne pourtant de recherches communes aux peintres cubistes et futuristes. Comme les *Souvenirs de voyage* peints par Gino Severini après avoir lu l'*Introduction à la métaphysique* (1903)[6], il met en évidence l'ascendant que peuvent avoir au sein des milieux cubistes et futuristes les travaux sur la temporalité menés par Henri Bergson. Les théories formulées par le philosophe sont alors diffusées par l'écrivain Tancrède de Visan auprès des habitués de La Closerie des Lilas. Parmi ces derniers figure un certain Nayral, ayant établi une correspondance avec Bergson[7].

Ce portrait évoque certaines œuvres futuristes réalisées de mémoire, tels *Souvenirs de voyage* (1910-1911, cat. n° 40) de Severini, *Les Funérailles de l'anarchiste Galli* (1910-1911, cat. n° 26) de Carlo Carrà, *Souvenirs d'une nuit* (1911, cat. n° 37) de Luigi Russolo. Sa version définitive est peinte en l'absence du modèle : aux séances de pose, le peintre préfère de longues discussions avec lui. À l'ombre des marronniers, naît aussitôt dans l'esprit du peintre tout un jeu de correspondances formelles entre la figure et son environnement. En mettant l'accent sur ces échos, par l'exacerbation des volumes comme par l'interpénétration des formes, Gleizes introduit le dynamisme au sein de sa composition sans même recourir à la perspective multiple. Apollinaire salue ces efforts : « Gleizes nous a montré deux côtés de son grand talent : l'invention et l'observation. Voyez le *Portrait de Jacques Nayral,* il est très ressemblant et cependant il n'y a pas dans cette toile impressionnante une forme, une couleur qui n'aient été inventées par l'artiste. Ce portrait revêt une apparence grandiose qui ne devrait pas échapper aux connaisseurs[8]. »

La disparition prématurée de Nayral sera pour le peintre l'occasion de réaliser une série de portraits posthumes (1914-1917). Mais pour l'heure, devenu le beau-frère de Gleizes, il poursuit sa route aux côtés des cubistes. Le catalogue de la Section d'or le mentionne comme le propriétaire de deux toiles[9]. Dans la préface qu'il rédige pour celui de l'exposition cubiste présentée à Barcelone, Nayral revient sur le tableau : « Le portrait de l'auteur de ces lignes […] atteste un sens profond de l'expression qui n'a rien de commun avec des caractérisations faciles ; autrement dit c'est à la fois un portrait et une peinture, la ressemblance et les qualités picturales s'équilibrant parfaitement : cela, c'est le *style*[10]. »

M.-L. B.

1 L'exposition des peintres futuristes italiens
devait se tenir à Paris, galerie Bernheim-Jeune,
du 11 novembre au 2 décembre 1911 ;
elle fut retardée en raison de la guerre
italo-turque et du départ de Marinetti pour Tripoli
en tant que correspondant de *L'Intransigeant.*
2 A. Salmon, *Souvenirs sans fin (1903-1944),*
Paris, Gallimard, 2004, p. 232.
3 La toile est reproduite dans *Du « cubisme »,* n. p.
4 L'ouvrage de Marinetti paraît chez Sansot
en août 1911.
5 G. Severini, « Apollinaire et le futurisme »,

XXe Siècle (Paris), n° 3, juin 1952, p. 14 ;
et aussi dans *La Vita di un pittore* [1946],
Milan, Edizione di Comunità, 1965, p. 82.
6 H. Bergson, « Introduction à la métaphysique »,
Revue de métaphysique et de morale (Paris),
janvier 1903 // M. Antliff, *Inventing Bergson,
Cultural Politics and the Parisian Avant-Garde,*
Princeton (NJ), Princeton University Press, 1993,
p. 54 ; M. Antliff, P. Leighten, *Cubisme et culture,*
Paris, Thames & Hudson, 2002, p. 89.
7 Citée dans M. Antliff, *ibid.,* p. 54,
et M. Antliff et P. Leighten, *ibid.,* p. 87.

8 G. Apollinaire, « Le Salon d'automne »,
L'Intransigeant (Paris), 10 octobre 1911, p. 2 //
id., Écrits sur l'art, OC, Paris, Gallimard, « Bibliothèque
de La Pléiade », 1991, t. II, p. 372-373.
9 Son portrait peint par Gleizes en 1911
et la *Femme au cheval* (1912, Statens Museum
for Kunst, Copenhague) de Metzinger.
10 J. Nayral, préface au catalogue de l'*Exposició
d'arte cubista,* Barcelone, galerie Dalmau,
20 avril-10 mai 1912 // G. Apollinaire, *Les Peintres
cubistes. Méditations esthétiques,* Paris, Hermann,
1980, p. 222.

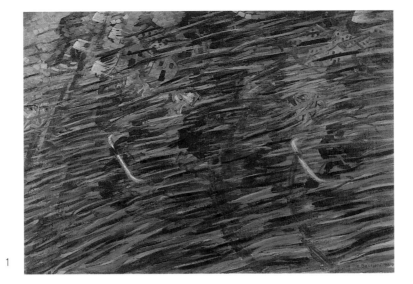

1

2

3

H.C.
Stati d'animo, 1911
1. **Quelli che vanno**
95,5 x 71 cm
2. **Gli Addii**
96 x 71 cm
3. **Quelli che restano**
96 x 71 cm
Première version du tryptique réalisée
avant le voyage du peintre à Paris
en octobre 1911
Huile sur toile
Civiche Raccolte d'Arte, Milan

17-19 **Umberto Boccioni**
Stati d'animo, **1911**
[États d'âme]
The Museum of Modern Art, New York
Don de Nelson A. Rockefeller, 1979

Les *États d'âme,* célèbre triptyque de Umberto Boccioni est présenté chez Bernheim-Jeune en février 1912, lors de la première exposition futuriste parisienne, avec sept autres toiles de l'artiste. Peints à la fin de l'année 1911, ces trois tableaux font suite à un premier essai qui inaugurait la transcription des sentiments et des mouvements d'une foule aux formes désindividualisées. Retenant l'un des mots d'ordre du futurisme, la « simultanéité », cette première série des *États d'âme* (H.C., cf. reproductions en page de gauche) subit l'empreinte du néo-impressionnisme et d'un symbolisme expressionniste, tant dans la touche que pour les couleurs. Lors de son séjour à Paris à l'automne 1911, Boccioni l'évoque à Guillaume Apollinaire, qui écrit la première notice sur les *États d'ame*[1]. Le peintre renouvelle l'entreprise futuriste : il ne s'agit plus seulement de représenter la vitesse d'une machine ou les effets de la lumière, mais de transcrire les mouvements de l'âme au cœur d'une séparation rythmée selon trois circonstances liées (*Les Adieux, Ceux qui partent, Ceux qui restent*) qui font chacun l'objet d'un tableau. La gare, le train, le voyage, qui renvoient aux thématiques chères aux futuristes, mettent en scène la rencontre de l'homme et du monde mécanisé, et donnent lieu aux émotions contradictoires du départ.

À la suite de son séjour parisien, Boccioni peint une seconde version des *États d'âme,* influencée par la géométrisation et la construction cubistes de Pablo Picasso et Georges Braque dans les volumes éclatés et les couleurs sourdes. De fait, la composition est structurée selon des lignes-forces et la compénétration dynamique des plans dans lesquels s'inscrivent les corps et les objets soumis à la radicalisation des formes selon la leçon de Paul Cézanne. Néanmoins, la suggestion du mouvement reste essentielle. Dans *Les Adieux,* les arabesques ondoyantes de la première version demeurent, mais elles séparent ici les divers espaces et temps en entourant les différentes projections d'un couple enlacé, traité en touches divisées de vert et cernées de noir, le tout organisé en volumes qui semblent tourner sur eux-mêmes. Traversée par une diagonale ondulante au centre, la composition fait apparaître une locomotive noire, imposante et fumante. Les panneaux de signalisation de la gare dessinent le train à l'arrêt et annoncent son parcours. Les chiffres 6943 inscrits au pochoir, influence directe de Braque et Picasso, indiquent le numéro du train. Les tons vert et marron sont animés par des jaunes, bleus, roses, mauves et rouges qui tranchent sur la morosité de l'ensemble. Boccioni dépeint le déchirement des adieux : l'étreinte et le détachement. La transcription psychologique ne repose pas sur des jeux de physionomie censés exprimer la tristesse ou l'enthousiasme, mais sur des contrastes et des rythmes linéaires, accentués par un chromatisme lui-même subjectif. Comme l'écrit Pontus Hultén, « les départs dans une gare apparaissent plus définitifs que ceux d'une diligence, par exemple, non à cause de la vitesse mais parce que les voyageurs du train deviennent partie intégrante d'un système tandis que ceux qui restent sont en dehors de ce système[2] ». Les lignes droites ou sinueuses imbriquées dans les plans décrivent le trouble des sentiments par des mouvements contraires, accentués par la touche divisée ou les hachures.

Cette toile accrochée au centre est encadrée à gauche par *Ceux qui partent* et à droite par *Ceux qui restent.* Ces deux tableaux s'organisent selon un rideau de lignes au premier plan, créant les effets d'un prisme et dissimulant les personnages ; la touche divisée a disparu. Dans *Ceux qui partent,* les lignes bleues horizontales ou diagonales assurent le mouvement, de gauche à droite, et dessinent la dynamique du passage de la lumière à l'ombre. L'intérieur et l'extérieur se superposent : les wagons aux abat-jour bleus éclairent faiblement les voyageurs ; la ville quittée, aperçue par les fenêtres du train qui prend de la vitesse, est symbolisée par la cheminée fumante d'une usine en haut à gauche puis par différents plans éclatés jaunes et rouges dessinant des maisons en haut de la toile. Les visages endormis sont peints sous tous les angles, indifférents au mouvement du train et figés dans l'expression d'une tristesse anonyme. La toile la plus mélancolique, *Ceux qui restent,* est pratiquement monochrome, d'un saisissant bleu-vert rehaussé de noir. Les lignes verticales assurent l'immobilité des personnages restés sur le quai. Imbriqués dans ce réseau, les corps aux formes géométriques simplifiées apparaissent comme des fantômes, du premier plan en bas à gauche au second presque invisible en haut à droite, effaçant toute empreinte, rendant presque abstraite la représentation. Trois dessins de 1912 (l'un conservé au Museum of Modern Art de New York, les deux autres dans des collections particulières) décrivent les étapes intermédiaires de la peinture.

Œuvre phare de l'exposition parisienne en 1912, le triptyque de Boccioni assure l'éclatement des tendances de la peinture cubiste. Il suscite des réactions partagées. Louis Vauxcelles émet des réserves : « Les larves de M. Boccioni sont un plat démarcage de Braque et de Picasso[3]. » Se positionnant par rapport au cubisme, Boccioni, Carlo Carrà, Luigi Russolo, Giacomo Balla et Gino Severini écrivent pour l'événement « Les exposants au public[4] », apologie de la « sensation dynamique » transcrite selon des « lignes-forces » et des « batailles de plans » qui prolongent l'objet dans l'espace et créent une interaction de ses formes avec le milieu ambiant. Ils précisent : « La simultanéité des états d'âme dans l'œuvre d'art : voilà le but enivrant de notre art. […] Dans la description picturale des différents états d'âme d'un départ, les lignes perpendiculaires, onduleuses et comme épuisées, çà et là accrochées à des silhouettes de corps vides, peuvent facilement exprimer la langueur et le découragement. Des lignes confuses, sursautantes, droites ou courbes qui se mêlent à des gestes ébauchés d'appel et de hâte exprimeront une agitation chaotique de sentiments. D'autre part, des lignes horizontales, fuyantes, rapides et saccadées, qui tranchent brutalement des visages aux profils noyés et des lambeaux de campagne émiettés et rebondissants, donneront l'émotion tumultueuse de celui qui part[5]. » La représentation des sentiments supplante celle du monde moderne et urbain, tout en assurant « la synthèse de *ce dont on se souvient et que l'on voit*[6] », ainsi qu'une simultanéité de la narration spatio-temporelle et de la symbolique formelle des émotions. La tentative est nouvelle : la valeur psychologique des lignes, selon qu'elles sont obliques ou horizontales, était employée à l'intérieur d'une figuration. Dans ce triptyque, Boccioni procède à rebours ; il réduit la part de la représentation et construit la toile à la manière d'un « hiéroglyphe dynamique », selon Severini. Ni les cubistes, ni Carrà ou Russolo, ne se risquent à cette introspection qui préfigure l'expressionnisme abstrait dans la mesure où celui-ci repose sur une rythmique chorégraphique des gestes du peintre. Le cubisme est réinterprété pour exprimer la simultanéité de la pudeur des états d'âme et des structures multiples du monde visible. Le fractionnement des plans suggère la sensation dynamique, rapide ou lente, le dessin se fait vecteur, et la couleur transcrit l'échauffement et la fébrilité. L'originalité des *États d'âme* de Boccioni inspire, des années plus tard, Mimmo Paladino qui renouvelle l'expérience dans son triptyque *Ceux qui vont et ceux qui restent* (1984, collection particulière).

C. M.

1 G. Apollinaire, « Les peintres futuristes », *Mercure de France* (Paris), n° 346, 16 novembre 1911, p. 436-437.
2 P. Hultén, in *The Machine as Seen by the End of the Mechanical Age*, cat. exp., New York, The Museum of Modern Art, 1968, p. 61.
3 L. Vauxcelles, « Les futuristes », *Gil blas* (Paris), 6 février 1912, p. 4.
4 « Les exposants au public », in *Les Peintres futuristes italiens*, cat. exp., Paris, galerie Bernheim-Jeune & Cie, 5-24 février 1912, p. 1-14 // G. Lista, *Futurisme. Manifestes, proclamations, documents*, Lausanne, L'Âge d'homme, 1973, p. 167-171.
5 *Ibid.*, p. 4 et 9-10 // *ibid.*, p. 169 et 170.
6 *Ibid.* p. 6 // *ibid.*, p. 169.

17 **_Stati d'animo : Quelli che vanno,_ 1911**
[États d'âme : Ceux qui partent]
Huile sur toile, 70,8 x 95,9 cm

18 **Stati d'animo : Gli addii, 1911**
[États d'âme : Les Adieux]
Huile sur toile, 70,5 x 96,2 cm

19   ***Stati d'animo : Quelli che restano,* 1911**
[États d'âme : Ceux qui restent]
Huile sur toile, 70,8 x 95,9 cm

20 **Umberto Boccioni**
La strada entra nella casa, **1911**
[La rue entre dans la maison]
Huile sur toile, 100 x 100 cm
Sprengel Museum Hannover, Hanovre

Au balcon est le premier titre que Boccioni attribue, lors de sa présentation en décembre 1911 à l'exposition annuelle de la Famiglia artistica de Milan, à *La rue entre dans la maison*. Ce nouvel intitulé, donné à l'occasion de l'exposition « Les Peintres futuristes italiens », organisée à Paris par la galerie Bernheim-Jeune, révèle la volonté didactique du peintre d'insister sur la thématique essentielle du tableau : la perception des manifestations sensorielles émanant de la ville. « Les exposants au public », publié dans le catalogue de l'exposition parisienne, relaie cette quête futuriste du sensoriel : « En peignant une personne au balcon, vue de l'intérieur, nous ne limitons pas la scène à ce que le carré de la fenêtre permet de voir ; mais nous nous efforçons de donner l'ensemble de sensations visuelles qu'a éprouvées la personne au balcon[1]. »

La fenêtre constitue un motif récurrent chez les peintres futuristes, notamment chez Boccioni qui, dès ses œuvres de jeunesse, est fasciné par cet élément iconographique. Elle permet la cohabitation de deux espaces antithétiques : l'univers intérieur du chez soi, calme et coupé du monde environnant, et la ville, espace propre à de nombreuses sollicitations sensorielles. Le catalogue de l'exposition des peintres futuristes présentée à Londres commente ainsi *La rue entre dans la maison* : « La sensation dominante est celle qu'on aurait en ouvrant une fenêtre : toute la vie, les bruits de la rue se précipitent à l'intérieur au moment même où le mouvement et la réalité des objets se précipitent dehors[2]. » On assiste alors à une « dissolution des frontières[3] ». La toile remet en question les distinctions traditionnelles de la peinture : l'intérieur et l'extérieur, le bas et le haut, le premier et l'arrière-plan. Les composants formels du tableau sont volontairement disloqués afin de rendre compte de la compénétration des espaces : ainsi, les chevaux projetés à l'avant-plan semblent pénétrer dans l'appartement.

Morcelée, la composition s'articule autour d'un personnage féminin à la silhouette massive, probablement la mère de l'artiste accoudée au balcon de leur appartement milanais du 23, via Adige. Sa tête est « le centre des sensations et le creuset où s'unissent les multiples impressions éprouvées[4] ». Autour de cette femme s'organisent les différents éléments de la composition, disposés de manière à donner à la construction une allure tournoyante. Les couleurs jaune et rose confèrent à l'œuvre un mouvement rotatoire en formant un halo autour de la figure centrale. Au cœur de ce schéma circulaire, Boccioni nous fait pénétrer dans « le bouleversant tourbillon de la modernité à travers ses foules, ses automobiles, ses télégraphes, ses quartiers populaires et nus, ses bruits, ses crissements, sa violence, sa cruauté, son cynisme, son implacable arrivisme[5] ».

L'agitation de la ville est également matérialisée par un vocabulaire formel proprement futuriste. Des angles aigus soulignent l'interpénétration des objets, des hommes, des bruits, du mouvement de la cité alors que des formes brisées, couplées à l'influence cubiste de la décomposition en facettes des immeubles, conduisent à la vision d'un espace urbain déstructuré. La présence répétitive des travailleurs, des chevaux, des murs en construction et des échafaudages, rythmant verticalement la partie centrale de l'œuvre, renforce l'activité frénétique de la cité. Cette multiplication des motifs constitue « une sorte d'hymne à l'expansion de la ville moderne[6] », sujet déjà évoqué par le peintre dans *La ville qui monte* (1910-1911, cat. n° 22). L'image de la cité futuriste perpétuellement en mouvement – motif récurrent dans l'œuvre des peintres futuristes italiens – trouve ici un nouvel écho.

P. S.-L.

1 U. Boccioni *et al.,* « Les exposants au public »,
in *Les Peintres futuristes italiens,* cat. exp., Paris,
galerie Bernheim-Jeune & Cie, 5-24 février 1912, p. 4
et 6 // G. Lista, *Futurisme. Manifestes, proclamations,
documents,* Lausanne, L'Âge d'homme, 1973, p. 169.
2 *Exhibition of Works by the Italian Futurist Painters,*
cat. exp., Londres, The Sackville Gallery, mars 1912,
p. 21. Nous traduisons.
3 E. Braun, « Vulgarians at the Gate », in *Boccioni's*

*Materia : A Futurist Masterpiece and the Avant-Garde
in Milan and Paris,* L. Mattioli Rossi (dir.), New York,
The Solomon R. Guggenheim Foundation, 2004, p. 7.
4 S. Martin, *Futurisme,* Cologne, Taschen, 2005, p. 30.
5 U. Boccioni, « [chap.] XVI – Simultanéité », *Dynamisme
plastique. Peinture et sculpture futuristes* [1914], G. Lista
(préf.), Lausanne, L'Âge d'homme, 1975, p. 88.
6 F. Roche-Pézard, *L'Aventure futuriste : 1909-1916,*
Rome, École française de Rome, 1983, p. 239.

21   **Umberto Boccioni**
La Risata, 1911
[Le Rire]
Huile sur toile, 110,2 x 145,4 cm
The Museum of Modern Art, New York
Don de Herbert et Nannette Rothschild, 1959

« Au lieu de s'arrêter dans l'obscurité de la douleur, il faut la traverser avec élan pour entrer dans la lumière de l'éclat de rire[1]. » Ainsi Aldo Palazzeschi fait-il l'apologie du rire dans le *Manifeste futuriste de la contre-douleur* du 15 janvier 1914. Trois ans plus tôt, Boccioni avait déjà, par un tableau monumental, célébré le rire.

Le cadre de son œuvre est celui des cafés bruyants, des bals surpeuplés chers à son compatriote Gino Severini. Le peintre s'efforce d'en restituer le chahut, l'ambiance chaotique, visuelle et sonore. Le visage démesuré de la femme qui rit est le point focal, irradiant, de la composition. C'est à partir de lui que rayonnent les lignes de propagation du rire. Une « cristallisation géométrique des formes[2] » permet à Boccioni de reproduire le cheminement d'une vibration sonore qui déchire le brouhaha du café. Il transpose la sonorité aiguë du rire dans une gamme de tons acides ; il donne la couleur jaune à une imposante plume d'autruche, fichée sur un chapeau, au premier plan de la scène, une plume qui dit la nature et l'intensité du « rire de la grotesque cocotte[3] ». La critique, en 1911, a vu dans l'œuvre un « strident orchestre d'harmonies[4] ».

Le Rire est peint à une époque charnière de l'œuvre de Boccioni. Il témoigne d'une rupture, illustre le renoncement de l'artiste à la technique du divisionnisme, à l'inspiration issue du symbolisme. « Bergsonien », *Le Rire* reprend le titre d'un ouvrage du philosophe français[5]. Il applique à la lettre les préceptes du programme futuriste. De même que l'eau des *Nageuses* de Carlo Carrà (1910-1912, cat. n° 32), les cafés et les bastringues favorisent l'immersion, la fusion de l'individu dans un monde en mouvement. Ils sont le creuset propice à une simultanéité des sensations, font se mêler les impressions sonores, visuelles, tactiles, gustatives, motrices. Le mouvement de leurs foules dansantes répond à la structure hélicoïdale par laquelle Boccioni entend donner forme à la conception dynamique du monde. À ces caractéristiques futuristes, *Le Rire* ajoute la géométrisation cubiste. Boccioni revendique explicitement les solutions spatiales adoptées par les artistes français. Le catalogue de l'exposition des peintres futuristes à la Sackville Gallery décrit ainsi son tableau : « Cette scène a lieu autour de la table d'un restaurant où l'atmosphère est joyeuse. Les personnages sont étudiés de tous les côtés, les objets de devant et ceux de derrière doivent également être vus, puisque tous présents dans la mémoire du peintre[6]. » Un écho différent de l'analytique cubiste est visible dans le traitement auquel Boccioni soumet ses natures mortes – verres et bouteilles, voire notamment *Table + bouteille + lotissement* (1912, Civiche raccolte d'arte, Milan). Le tiraillement du *Rire* entre formes cubistes et futuristes est tel qu'il suscite l'hypothèse d'une réalisation de l'œuvre en deux temps séparés.

Lors de sa première présentation au public, au printemps 1911, *Le Rire* est détérioré par un visiteur[7]. L'incident conduit Boccioni à repeindre son tableau. À partir de ces données, les avis divergent quant à l'ampleur de la restauration de l'œuvre. Certains historiens (Ragghianti, Ballo, Bruno) estiment que le tableau fut totalement repensé dans une optique cubiste après le voyage à Paris en automne 1911, durant lequel Boccioni découvre les tableaux de Pablo Picasso et de Georges Braque[8]. Les esquisses préparatoires de l'œuvre, très éloignées stylistiquement de la version aujourd'hui connue, tendent à accréditer cette thèse. Maurizio Calvesi croit à une autre chronologie[9]. Il date les repeints, qu'il estime limités, à l'été 1911. Le séjour parisien ne jouerait, pour lui, aucun rôle dans la conception du *Rire*. L'inspiration cubiste serait indirecte, due à la découverte d'œuvres de Severini – *La Danse du « pan-pan » au Monico* de 1909-1911 (cat. n° 39), *La Danseuse obsédante* de 1911 (cat. n° 42) – antérieure au voyage à Paris.

P. S.-L.

1 A. Palazzeschi, *Il Controdolore. Manifesto futuristo,* *Lacerba* (Florence), vol. II, n° 2, 15 janvier 1914, p. 21. Traduction française : « Manifeste futuriste de la contre-douleur », G. Lista, *Futurisme. Manifestes, proclamations, documents,* Lausanne, L'Âge d'homme, 1973, p. 356.
2 G. Lista, *Le Futurisme. Création et avant-garde,* Paris, Éd. de l'Amateur, 2001, p. 83.
3 A.M. Damigella, « Pittura », *Il Dizionario del futurismo,* Ezio Godoli (dir.), Florence, Vallecchi, 2001, vol. 2 (K-Z), p. 871.

4 « La Prima Esposizione d'arte libera », *Il Secolo* (Milan), 1er mai 1911, cité dans M. Calvesi, E. Coen, *Boccioni. L'opera completa,* Milan, Electa, 1983, p. 384.
5 H. Bergson, *Le Rire. Essai sur la signification du comique* paraît en 1900.
6 *Exhibition of Works by the Italian Futurist Painters,* cat. exp., Londres, The Sackville Gallery, mars 1912, p. 21. Nous traduisons.
7 C'est lors d'une conférence donnée le 7 mai 1911 au théâtre La Fenice de Venise que Marinetti évoque la détérioration de l'œuvre lors de sa présentation

à la « Mostra Arte libera » (Milan, Padiglioni Ricardo, 30 avril-7 mai 1911) ; cf. M. Drudi Gambillo, T. Fiori, *Archivi del futurismo,* Rome, De Luca Editore, vol. 1, 1958, p. 475.
8 Selon un témoignage de G. Severini ; cf. G. Ballo, *Boccioni : La vita e l'opere,* Milan, Il Saggiatore, 1964, p. 230.
9 M. Calvesi, E. Coen, *Boccioni. L'opera...,* op. cit., p. 384.

22   **Umberto Boccioni**
La città che sale, **1910-1911**
[La ville qui monte]
Huile sur toile, 199,3 x 301 cm
The Museum of Modern Art, New York / Fonds Mrs Simon Guggenheim, 1951

Boccioni travaille à *La ville qui monte* de l'été 1910 jusqu'au printemps 1911. Son projet, visant à exprimer l'énergie propre à l'époque moderne, le conduit à inventer de nouveaux codes expressifs, à reconsidérer ceux du divisionnisme, de l'expressionnisme, pour en faire un usage véhément, paroxystique. Le *Manifeste des peintres futuristes* décrit cette révolution plastique : « Nos sensations en peinture ne peuvent plus être chuchotées. Nous voulons désormais qu'elles chantent et retentissent sur nos toiles comme des fanfares assourdissantes et triomphales[1]. » Ce programme ne peut être accompli que par des œuvres à l'échelle de cette ambition qui vise à élever, pour célébrer cette vie moderne, un « nouvel autel vibrant de dynamisme, aussi pur et exaltant que ceux qui furent élevés au mystère divin par la contemplation religieuse[2] ». *La ville qui monte* est cette vision lyrique, cet énorme vortex de gaz colorés, cette masse d'énergie en fusion, cette expression des forces primordiales, cette image de la modernité en action ; une puissance inédite qui exige des moyens plastiques renouvelés. Les lignes-force, qui structurent le tableau suivant ses diagonales, appartiennent à ce vocabulaire nouveau. Elles soulignent les gestes des hommes, la fureur du cheval. La scansion des cheminées, des pylônes et des bâtiments achève de donner à l'image son rythme et son dynamisme. La couleur devient lumière, la lumière mouvement, le mouvement expression pure de l'espace propre aux temps modernes.

Le tableau réfute les anciennes lois de l'harmonie, il vise à la dissonance, exprime la simultanéité, la fragmentation, le caractère contradictoire, qui sont les traits de la sensibilité moderne. Une touche vibrante, nerveuse et aérienne, tantôt large et dense, tantôt effilochée et diaphane, devient le vecteur de forces, l'agent du passage des énergies d'un corps à l'autre, d'une forme à l'autre, d'une couleur à sa complémentaire.

La ville qui monte constitue une étape essentielle dans la recherche de Boccioni visant à réinventer l'espace plastique hérité de la Renaissance : « Nous avons aboli l'architecture en pyramide en faveur d'une architecture en spirale[3]. » La perspective brunelleschienne se dissout et se recompose sous l'effet d'un réseau de lignes, droites et obliques, de courbes et de contre-courbes, de mouvements vigoureux et d'arrêts soudains, de tourbillons de matière et de vide. La lumière y joue un rôle nouveau : « Toute ombre a sa lumière, en tant qu'ensemble autonome formant une nouvelle individualité avec son propre clair-obscur : ce n'est plus une forme moitié-ombre, moitié-lumière, comme c'était le cas jusqu'à ce jour, c'est une *forme-lumière*[4]. » De ce maelström naît un nouvel espace, une phénoménologie réinventée à l'aune d'une modernité lyrique.

C. Z.

1 *Manifeste des peintres futuristes*, in *Les Peintres futuristes italiens*, cat. exp., Paris, galerie Bernheim-Jeune & Cie, 5-24 février 1912, p. 19 // G. Lista, *Futurisme. Manifestes, proclamations, documents*, Lausanne, L'Âge d'homme, 1973, p. 165.
2 Lettre de Boccioni à Nino Barbantini, 11 mai 1910, citée dans U. Boccioni, *Gli Scritti editi e inediti*, Z. Birolli (dir.), Milan, Feltrinelli, 1971, p. 345. Nous traduisons.

3 Propos tenus par Boccioni lors de sa conférence « Dynamisme plastique », donnée au théâtre Verdi de Florence, le 12 décembre 1913 // G. Lista, *Le Futurisme. Création et avant-garde*, Paris, Éd. de l'Amateur, 2001, p. 172.
4 U. Boccioni, « Complémentarisme dynamique » (chap. XIV), *Dynamisme plastique. Peinture et sculpture futuristes*, G. Lista (préf.), Lausanne, L'Âge d'homme, [1975], p. 84. Édition italienne : *Pittura*

et scultura futuriste (Dinamismo plastico) [1914], Z. Birolli (dir.), Milan, Abscondita, 2006, p. 118.

23   **Umberto Boccioni**
     Visioni simultanee, **1911**
     [Visions simultanées]
     Huile sur toile, 60,5 x 60,5 cm
     Von der Heydt-Museum, Wuppertal

Février 1912, la simultanéité est au cœur de la production artistique futuriste présentée à Paris. Boccioni s'attribue la paternité de la mise en scène picturale de ce concept lorsqu'il déclare, deux ans plus tard : « Le premier tableau affirmant la simultanéité fut un des miens qui portait le titre suivant : *Visions simultanées*. Il était exposé à la galerie Bernheim, à Paris, et dans la même exposition figuraient d'autres tableaux de mes amis peintres futuristes, avec des recherches analogues de simultanéité[1]. » Ce principe devait permettre la manifestation plastique d'un « merveilleux spectacle : la vie moderne[2] ». Dans *Visions simultanées,* la frénésie de la ville contemporaine et la multiplicité des sensations qui en découlent se matérialisent autour du visage d'une jeune femme, peut-être Ines, l'amie du peintre. À la fenêtre de son appartement, elle se penche sur la rue où s'agitent voitures et piétons. La localisation de la scène n'est pas anodine. Le catalogue de l'exposition futuriste présentée à la Sackville Gallery de Londres en mars 1912, évoque ainsi l'œuvre : « La sensation de l'intérieur et de l'extérieur, de l'espace et du mouvement, dans toutes les directions est ressentie en approchant d'une fenêtre[3]. » Le cadrage du tableau correspond exactement à celui de la fenêtre. Par ce dispositif, le spectateur de l'œuvre fusionne avec le personnage féminin penché sur le monde extérieur.

La profusion des sensations perceptibles depuis le haut de l'immeuble est symbolisée par l'utilisation de la spirale, élément formel que Boccioni exploitera à de nombreuses reprises. Ces volutes bleues, grises et vertes constituent une référence explicite aux formes symbolistes et permettent de matérialiser « l'énergie sonore des bruits qui, montant de la ville, viennent violer l'espace bourgeois[4] ». Certains critiques y voient la représentation d'une cruche et d'un plat[5] : nature morte qui pourrait être une préfiguration de la structure hélicoïdale adoptée par la sculpture *Développement d'une bouteille dans l'espace* du même artiste (1912, cat. n° 65).

Pour matérialiser la thématique proprement futuriste de la simultanéité, Boccioni recourt à des solutions plastiques empruntées aux œuvres cubistes : la compénétration des plans et la déconstruction en facettes. La figure centrale de *Visions simultanées* est représentée selon deux points de vue différents. Dédoublé, le visage est visible de profil comme de face où il semble surgir de la rue.

Les expériences cubistes menées par Robert Delaunay ont particulièrement influencé l'œuvre de Boccioni, qui en retient l'iconographie urbaine, l'utilisation de couleurs vives et chatoyantes. La déformation des immeubles et leur convergence les uns vers les autres trouvent probablement leur origine formelle dans les tours Eiffel de Delaunay (cf. cat. n° 7). Boccioni utilise la même disposition d'éléments verticaux sur les contours du tableau : les édifices latéraux confèrent à la composition un aspect théâtral ; comme des rideaux de scène, ils constituent un écrin autour du personnage central.

Néanmoins, le schéma cubiste n'est qu'une source d'inspiration pour Boccioni. Il n'en reprend que la forme et en modifie la finalité. Dans *Visions simultanées,* l'objectif poursuivi est avant tout la représentation de la perception ; son titre témoigne d'ailleurs de cette volonté futuriste d'en stigmatiser les mécanismes. La dualité entre cubisme et futurisme est typique des œuvres que le peintre réalise en 1911.

La date d'élaboration de *Visions simultanées* est sujette à divergences. L'œuvre a-t-elle été peinte avant ou après le séjour de Boccioni à Paris à l'automne 1911 ? Une certitude cependant : elle est postérieure de quelques mois à l'exécution, durant l'été 1911, de *La rue entre dans la maison* (cat. n° 20), dont elle reprend le thème. De fait, elle révèle une meilleure compréhension des solutions cubistes de la part de l'artiste italien.

P. S.-L.

1 U. Boccioni, « [chap.] XVI – Simultanéité » [1913], *Dynamisme plastique. Peinture et sculpture futuristes* [1914], G. Lista (préf.), Lausanne, L'Âge d'homme, 1975, p. 87.
2 *Ibid.*
3 *Exhibition of Works by the Italian Futurist Painters,* cat. exp., Londres, The Sackville Gallery, mars 1912, p. 21. Nous traduisons.
4 G. Lista, S. Lemoine, A. Nakov, « Le Futurisme », *Les Avant-gardes,* Paris, Hazan, 1991, p. 31.
5 Cf. notamment M. Calvesi, E. Coen, *Boccioni. L'opera completa,* Milan, Electa, 1983, p. 81 ; M. W. Martin, *Futurist Art and Theory 1909-1915,* Oxford, Clarendon Press, 1968, p. 112.

24   **Umberto Boccioni**
Idolo moderno, **1910-1911**
[Idole moderne]
Huile sur carton, 60 x 58,5 cm
Estorick Collection of Modern Italian Art, Londres

La première apparition publique de l'*Idole moderne,* peinte par Boccioni entre la fin de 1910 et le début de 1911, a lieu à l'occasion de l'exposition des peintres futuristes organisée par la galerie Bernheim-Jeune en février 1912. Le contexte de cette exposition-manifeste ne pouvait être mieux choisi pour une image résumant les valeurs de la *modernité* futuriste. Idole urbaine, la figure peinte par Boccioni est une allégorie de l'énergie, du tumulte propre aux cafés des grandes cités. Les couleurs artificielles dont l'éclairage électrique pare l'*Idole moderne* lui confèrent un caractère acide et vénéneux. Maurizio Calvesi percevait, dans ce portrait inquiétant et halluciné, les souvenirs de l'expressionnisme de Edvard Munch, la marque du goût nordique pour le grotesque. Giulio Argan y voyait, lui, la somme du modernisme social d'Henri de Toulouse-Lautrec et du divisionnisme de Georges Seurat, deux leçons réinterprétées par le peintre italien via le symbolisme de Gaetano Previati et le divisionnisme de Giacomo Balla. Le divisionnisme que pratique Boccioni n'a pas de visées scientifiques ou positivistes, mais constitue un outil psychologique et émotionnel, capable de révéler « les attachements qui existent entre la scène extérieure (concrète) et l'émotion intérieure (abstraite)[1]. »
L'*Idole moderne* est une apparition primitive, le fruit d'une émotion violente, passionnée. L'application des lois du contraste simultané, théorisées par Eugène Chevreul, vise à l'exaspération de la frénésie que Boccioni attribue à son *Idole moderne.* Une « idole » qui réinvente la féminité pour en faire un être artificiel, une de ces *Poupées électriques* auxquelles Marinetti, au même moment (en 1909), consacre un roman[2]. Les couleurs de son maquillage, le blanc de sa poudre, le rouge de ses lèvres sont pour Boccioni à l'image de sa vie, qui se veut stupéfiante, démesurée, violente comme une décharge électrique. L'*Idole* « crie avec les plus déchirantes expressions de la couleur[3] » : « On s'apercevra bien vite que des teintes brunes n'ont jamais circulé sous notre épiderme ; on s'apercevra que le jaune resplendit dans notre chair, que le rouge y flamboie et que le vert, le bleu et le violet y dansent avec mille grâces voluptueuses et caressantes[4]. » L'*Idole moderne* prend sa place dans la longue théorie de femmes et d'hommes « nouveaux » enfantés par les prodiges d'une science prométhéenne. L'électricité qui lui confère son énergie est celle-là même qui anime *L'Ève future* de Villiers de L'Isle-Adam (1886), celle qui, sous la plume de Mary Shelley, en 1817, donne naissance à la créature du docteur Frankenstein.

D. O.

1 U. Boccioni *et al.,* « Les exposants au public »,
in *Les Peintres futuristes italiens,* cat. exp.,
Paris, galerie Bernheim-Jeune & Cie,
5-24 février 1912, p. 12
// G. Lista, *Futurisme. Manifestes, proclamations,
documents,* Lausanne, L'Âge d'homme,
1973, p. 171.
2 F.T. Marinetti, *Les Poupées électriques,* Paris,
Éd. Sansot, 1909.

3 U. Boccioni *et al., Manifeste des peintres futuristes,*
in *Les Peintres futuristes italiens, op. cit.,* p. 18
// G. Lista, *Futurisme. Manifestes…, op. cit.,* p. 164.
4 *Ibid.,* p. 19 // *ibid.*

25 **Umberto Boccioni**
Le Forze di una strada, **1911**
[Les Forces d'une rue]
Huile sur toile, 99,5 x 80, 5 cm
Osaka City Museum of Modern Art

Avec ses *Forces d'une rue,* Boccioni a voulu capter l'énergie de la ville moderne. Dans la nuit urbaine que déchirent les lumières électriques, un tramway ouvre son chemin parmi les passants et les fiacres. Depuis *La ville qui monte* (1910-1911, cat. n° 22), Boccioni et l'ensemble des peintres futuristes avec lui ont fait de la grande ville leur sujet de prédilection. Son agitation frénétique a donné lieu à plusieurs passages lyriques du *Manifeste du futurisme* de Marinetti : « Nous chanterons les grandes foules agitées par le travail, le plaisir ou la révolte ; les ressacs multicolores et polyphoniques des révolutions dans les capitales modernes[1]. » Le premier *Manifeste des peintres futuristes* (11 avril 1910) inscrit ce dynamisme au cœur de l'art nouveau.

Pour certains historiens de l'art, *Les Forces d'une rue* ont été achevées à la fin de 1911, à l'issue de la visite parisienne qu'effectue Boccioni à l'automne[2]. La structure cristalline de l'œuvre résulterait de la géométrisation cubiste découverte alors par le peintre italien. Pour d'autres, la toile pourrait avoir été achevée plus tôt, à la fin de l'été 1911[3]. Boccioni n'aurait pas eu besoin de découvrir le cubisme « réel » pour donner à son œuvre une structure proche de celle des œuvres cubistes. Ce tableau marque un tournant dans l'art de Boccioni. Au moment de sa réalisation, il constitue une de ses œuvres les moins descriptives. Sa composition, particulièrement dynamique, joue de plans abrupts, de lignes-force en zigzag. Le motif se réduit à quelques indices schématiques – les silhouettes de passants, les roues de fiacres, la rame de tramway réduite à une épure – pris dans le maelström de mouvements contradictoires. Le phare du tramway, visible en trois points, la forme cubique de la rame, démultipliée dans un réseau de lignes, développent le mouvement de la machine dans le temps. Sa décomposition est toutefois moins lisible que dans *Visions simultanées* (1911, cat. n° 23), œuvre quasi contemporaine, similaire par son sujet. *Les Forces d'une rue* témoignent d'une évolution de la technique picturale de Boccioni. La touche divisionniste – typique de sa première période – cesse d'être dominante, ne persistant que marginalement. La palette, assombrie, s'éclaire de triangles aux tons plus chauds marquant le mouvement rapide du tramway qui « éventre » la nuit. Un procédé que reprendra Luigi Russolo dans son *Dynamisme d'une automobile* (1913, Musée national d'art moderne, Paris).

Avec ce tramway qui avance à pleine vitesse vers le spectateur, Boccioni restitue la sensation de choc, d'excitation, propre aux rues de la ville moderne. Dans la préface du catalogue de leur exposition parisienne de février 1912, les peintres futuristes affirment que leur art doit faire du spectateur un participant actif, immergé dans la scène qu'ils dépeignent : « Ces *lignes-forces* doivent envelopper et entraîner le spectateur qui sera en quelque sorte obligé de lutter lui aussi avec les personnages du tableau[4]. » En dépit de connivences plastiques avec le cubisme, *Les Forces d'une rue* rendent compte de la différence qui distingue les mouvements parisien et italien. Le cubisme, peinture cognitive et intellectuelle, se distingue d'un futurisme lyrique qui invite son spectateur à une relation « extatique », fusionnelle avec l'œuvre. Le cubisme est un art d'atelier, une méditation savante sur la peinture elle-même, là où le futurisme se veut célébration de la culture de la rue, des sensations inouïes qu'elle inspire. C'est cette différence de nature qui conduit les peintres futuristes à voir dans le cubisme un art classique et académique, ignorant des forces explosives propres aux sujets modernes.

I. S. M.

1 F.T. Marinetti, *Manifeste du futurisme,*
Le Figaro (Paris), 20 février 1909.
2 Cf. M. Calvesi, E. Coen, *Boccioni. L'opera completa,* Milan, Electa, 1983, p. 412 ; *Boccioni. A Retrospective,* E. Coen (dir.), cat. exp., New York, The Metropolitan Museum of Art, 1988, p. 134.
3 Cf. L. Mattioli Rossi (« Boccioni between Painting and Sculpture », *Boccioni's Materia : A Futurist Masterpiece and the Avant-Garde in Milan and Paris,*

cat. exp., New York, The Solomon R. Guggenheim Museum, 2004, p. 36) émet l'hypothèse que l'article « Picasso e Braque » du peintre et théoricien Ardengo Soffici (*La Voce,* Florence, vol. III, n° 34, 24 août 1911) aurait suffi à infléchir la peinture de Boccioni vers plus de géométrie.
4 U. Boccioni *et al.,* « Les exposants au public », in *Les Peintres futuristes italiens,* cat. exp., Paris, galerie Bernheim-Jeune & Cie, 5-24 février 1912,

p. 8 // G. Lista, *Futurisme. Manifestes, proclamations, documents,* Lausanne, L'Âge d'homme, 1973, p. 170.

26   **Carlo Carrà**
      I Funerali dell'anarchico Galli, 1910-1911
      [Les Funérailles de l'anarchiste Galli]
      Huile sur toile, 198,7 x 259,1 cm
      The Museum of Modern Art, New York
      Acquis grâce au legs de Lillie P. Bliss, 1948

L'Italie voit se développer en 1904 un important mouvement de protestations ouvrières. La ville de Milan est paralysée par une grève générale. La rue Carlo-Farini est le théâtre d'une manifestation dont l'intensité croît rapidement jusqu'à son épilogue tragique : l'assassinat de l'anarchiste Galli. Ses funérailles donnent lieu à un rassemblement populaire que la police s'efforce de cantonner à la place du cimetière Musocco. Les anarchistes organisent néanmoins un cortège dont ils prennent la tête. Cette marche dégénère en une violente altercation avec une troupe montée, qui finit par donner la charge. Carrà, témoin des événements, s'emploie, par une série de dessins réalisés de mémoire, à en retranscrire la brutalité.
C'est d'après ces mêmes croquis qu'il met en chantier, six ans plus tard, un vaste tableau, *Les Funérailles de l'anarchiste Galli*. De 1910 à 1911, l'œuvre fait l'objet de plusieurs remaniements. Le lyrisme révolutionnaire que lui insuffle Carrà résulte de ses sympathies pour la cause anarchiste. À son arrivée à Paris, dans les premières années du siècle, il était entré en relation avec d'anciens communards, avait participé à quelques réunions anarchistes[1]. Quittant Paris pour Londres, Carrà s'était à nouveau trouvé en contact avec les cercles anarchistes : « Tombé au milieu des anarchistes, à peine âgé de dix-huit ans, moi aussi je me pris à rêver aux "inévitables transformations de la société humaine, à l'amour libre, etc."[2] »
À plusieurs reprises, Marinetti avait rapproché les valeurs du futurisme des valeurs anarchistes (rejet du passé, opposition à l'esprit de système, éloge de la *tabula rasa*[3]…).
Félix Fénéon, directeur artistique de la galerie Bernheim-Jeune, lui-même ancien militant anarchiste, ne fut pas insensible à cet idéalisme révolutionnaire partagé par les peintres futuristes. Outre la toile de Carrà, deux autres œuvres présentées dans l'exposition de 1912 ont pour sujet des scènes de violence révolutionnaires : *La Rafle* (1910, localisation inconnue) de Umberto Boccioni et *La Révolte* (1911, cat. n° 36) de Luigi Russolo. Cette iconographie des foules en mouvement trouvera un écho dans l'œuvre de Wyndham Lewis, *La Foule* ([? exposée en 1915], cat. n° 103).
Le texte d'introduction du catalogue de l'exposition des peintres italiens de février 1912 souligne le caractère exemplaire des *Funérailles de l'anarchiste Galli* qui résume les caractéristiques essentielles de la peinture futuriste. Outre son sujet lui-même, attaché à un « dynamisme » des idées révolutionnaires capable de mettre les masses en mouvement, l'œuvre procède à une analytique exemplaire du mouvement : « Si nous peignons les phases d'une émeute, la foule hérissée de poings et les bruyants assauts de la cavalerie se traduisent sur la toile par des faisceaux de lignes correspondant à toutes les forces en conflit, en suivant la loi de violence générale du tableau[4]. » Elle vise à immerger son spectateur au cœur de l'action : « Ces *lignes-forces* doivent envelopper et entraîner le spectateur qui sera en quelque sorte obligé de lutter lui aussi avec les personnages du tableau[5]. » Avec ses *Soldats en marche* (1913, cat. n° 76), Jacques Villon se souviendra de ces « lignes-forces », de ce positionnement du spectateur au cœur de l'action.

B. M.

1 Cf. C. Carrà, *L'Éclat des choses ordinaires,* éd. établie par I. Violante, Paris, Images modernes, 2005, p. 45-46.
2 *Ibid.,* p. 48.
3 Dans une lettre adressée à l'un de ses correspondants parisiens, il avait assimilé son manifeste à une « glorification de l'anarchisme ». Cf. G. Lista, *F.T. Marinetti. L'anarchiste du futurisme. Biographie,* Paris, Nouvelles Éditions Séguier, 1995, p. 43.

4 U. Boccioni *et al.,* « Les exposants au public », in *Les Peintres futuristes italiens,* cat. exp., Paris, galerie Bernheim-Jeune & Cie, 5-24 février 1912, p. 8 // G. Lista, *Futurisme. Manifestes, proclamations, documents,* Lausanne, L'Âge d'homme, 1973, p. 170.
5 *Ibid.* // *ibid.*

27 **Carlo Carrà**
Sobbalzi di carrozza, 1911
[Cahots d'un fiacre]
Huile sur toile, 52,3 x 67,1 cm
The Museum of Modern Art, New York
Don de Herbert et Nannette Rothschild, 1965

Comme *Ce que m'a dit le tram* (1911, cat. n° 29), *Cahots d'un fiacre*[1] choisit la rue et le mouvement d'un véhicule comme cadre et objet d'une expérience sensorielle renouvelée, point de départ d'une redéfinition de l'espace plastique. Le motif du fiacre, détail inséré à l'arrière-plan de *Sortie de théâtre* (vers 1910, cat. n° 33), est ici traité de manière autonome et fait l'objet d'une reconstruction radicale selon les principes de l'esthétique futuriste. Un dessin préparatoire à l'encre, intitulé *Carrozzella*, met en lumière la volonté de trouver dans la scansion rythmique des lignes, des courbes, des « arabesques », un équivalent plastique au mouvement.

Sur la toile, se déploie un dense réseau de lignes droites ou courbes qui se coupent, entrent dans des rapports de contrastes ou se font écho. La couleur obéit à la même loi des contrastes : on passe sans ménagement d'un rouge intense à un vert. L'articulation forte de l'ensemble offre une architecture plastique ouverte aux forces centrifuges. Les « chaos et entrechocs des rythmes absolument opposés » sont ramenés à « une harmonie nouvelle[2] ».

La toile offre l'équivalent synthétique des décompositions, torsions et démultiplications que le mouvement fait subir à la forme. Principe qu'un journaliste parisien, médusé et ironique, résumait ainsi, en 1912 : « Pour moi, j'ai retenu de ses démonstrations qu'un cheval a vingt jambes, pas moinsss [*sic*], et que, lorsqu'on fait un portrait, l'œil du modèle doit se trouver dans un coin du tableau et son faux col dans l'autre coin[3]. »

« Nous affirmons, écrit Carrà en 1913, que notre concept de la perspective est l'antithèse absolue de celui de la perspective statique. Dynamique et chaotique, il produit dans l'esprit de l'observateur une somme sensiblement plus grande d'émotion plastique[4]. »

Dans *La Peinture des sons, bruits et odeurs,* publié dans *Lacerba* le 1er septembre 1913, Carrà donne un sens élargi à la notion d'émotion plastique en y incluant « l'élément son », « l'élément bruit » et « l'élément odeur », liés aux formes et aux couleurs par des rapports d'analogie : « Ce bouillonnement vertigineux de formes et de lumières sonores, bruyantes et odorantes, a été exprimé en partie par moi dans *Les Funérailles d'un anarchiste [sic]* [1910-1911, cat. n° 26] et les *Cahots d'un fiacre ;* par Umberto Boccioni dans les *États d'âme* [1911, cat. nos 17 à 19] et les *Forces d'une rue* [1911, cat. n° 25] ; par Luigi Russolo dans *La Révolte* [1911, cat. n° 36] et par Gino Severini dans *Le Pan-pan* [1909-1911/1959-1960, cat. n° 39], tableaux qui soulevèrent de violentes discussions à notre première exposition de Paris (février 1912)[5]. »

Comme pour *Ce que m'a dit le tram*, la recomposition de la forme dans l'espace est aussi le résultat de la fusion de deux foyers de visions et de sensations. Le tableau a ainsi été présenté, dans le catalogue de l'exposition futuriste londonienne de 1912, comme la synthèse de « la double impression produite par les cahots du fiacre sur les passagers à l'intérieur et les spectateurs à l'extérieur de celui-ci[6] ».

Le sujet de l'œuvre demeure néanmoins identifiable par certains détails : un cheval vu de profil, la surface rainurée d'un marchepied ou encore le cercle scindé d'une roue. Ce dernier motif, déjà annoncé dans l'esquisse à l'encre, est peut-être le plus frappant par sa netteté et sa radicalité. Carrà coupe la roue en deux comme on sépare les deux moitiés d'une orange. On peut penser au jeu poétique de Guillaume Apollinaire dans le dernier vers de « Zone » : « Soleil cou coupé[7]. »

Si *Cahots d'un fiacre* a souvent été rapporté à l'influence grandissante du cubisme sur l'œuvre de Carrà entre 1910 et 1913, les critiques n'ont pas manqué de marquer ce qui le distinguait de l'esthétique cubiste : l'attention au mouvement, la variété chromatique ou l'usage impulsif et expressif de la touche[8]. Ce tableau met aussi en évidence la singularité de Carrà au sein du mouvement futuriste. Moins sensible que Boccioni à une peinture des « états d'âme », Carrà appartient à un futurisme « physique », attentif à la « densité du sensible », fouillant sans relâche les « épaisseurs » de la sensation[9].

J. P.

1 Le tableau, présenté à Paris lors de l'exposition « Les Peintres futuristes italiens » de février 1912, a été acquis pour la somme de 200 marks par le Dr Borchardt puis revendu aux Rothschild.
2 U. Boccioni *et al.,* « Les exposants au public », in *Les Peintres futuristes italiens,* cat. exp., Paris, galerie Bernheim-Jeune & Cie, 5-24 février 1912, p. 9 // G. Lista, *Futurisme. Manifestes, proclamations, documents,* Lausanne, L'Âge d'homme, 1973, p. 170.
3 É. Helsey, « Après le cubisme, le futurisme »,

Le Journal (Paris), 10 février 1912, p. 1.
4 C. Carrà, « Piani plastici come espansione sferica nello spazio », *Lacerba* (Florence), vol. I, n° 6, 15 mars 1913, p. 54 // id., *Tutti gli scritti,* Milan, Feltrinelli, 1978, p. 8. Nous traduisons.
5 *Id.,* « La Pittura dei suoni, rumori, odori. Manifesto futurista » (11 août 1913), *Lacerba* (Florence), vol. I, n° 17, 1er septembre 1913. Traduction française : « La Peinture des sons, bruits et odeurs », dans G. Lista, *Futurisme. Manifestes…, op. cit.,* p. 185.
6 *Exhibition of Works by the Italian Futurist Painters,*

cat. exp., Londres, The Sackville Gallery, mars 1912, p. 22. Nous traduisons.
7 Le dernier vers du poème tel qu'il paraît la première fois dans *Les Soirées de Paris* (n° 11, novembre 1912, p. 337) était « Soleil levant cou tranché ».
8 Voir notamment F. Roche-Pézard, *L'Aventure futuriste, 1909-1916,* Rome, École française de Rome, 1983, p. 344.
9 M. Calvesi, « I futuristi e la simultaneità : Boccioni, Carrà, Russolo e Severini », *L'Arte moderna,* vol. V, n° 39, 1967, p. 94.

28 **Carlo Carrà**
***Il Movimento del Chiaro di Luna,* 1910-1911**
[Le Mouvement du clair de lune]
Huile sur toile, 75 x 70 cm
Mart - Museo di Arte Moderna e Contemporanea di Trento e Rovereto

La production futuriste de Carrà peut, à certains égards, s'avérer déconcertante car l'artiste, avec une régularité métronomique et macrophage, digéra année après année de nombreuses leçons afin de les assimiler et, bien souvent, de les transgresser toutes. Le début de la décennie 1910 le voit ainsi renouveler incessamment des solutions qui, lorsque l'on prend le soin d'embrasser les productions de cette période, dessinent pourtant une continuité et une logique souterraines. À ce titre, un examen synoptique permet d'emblée de rapprocher *Le Mouvement du clair de lune* d'autres œuvres insignes de l'artiste telles que *Les Funérailles de l'anarchiste Galli* (1910-1911, cat. n° 26) et *La Gare de Milan* (1910-1911, cat. n° 35). Mais alors que la forte prégnance des cultures lombarde et piémontaise le conduit à s'emparer de thèmes engagés auxquels il injecte des innovations formelles, Carrà, en analysant le « clair de lune », fait montre d'un lyrisme vierge de toute composante sociale et attentif aux seuls jeux chromatiques induits par le déplacement du satellite. Lunes, soleils, astres, étoiles : la cosmologie était pourvoyeuse de nombreux motifs pour un futurisme sensible aux sensations fluctuantes et aux manifestations fugitives du monde extérieur. Avec *Lampe à arc* ([1910], The Museum of Modern Art, New York), Giacomo Balla avait ouvert la voie à des enchantements lumineux, quoique artificiels, dont *La Planète Mercure passe devant le soleil* (1914, Musée national d'art moderne, Paris) du même auteur, et *Maison + lumière + ciel* ([1912], Kunstmuseum, Bâle) de Luigi Russolo furent les prestigieux héritiers. Mais la méprise consisterait à ne considérer que la seule ascendance des principes futuristes pour *Le Mouvement du clair de lune.* Carrà, formé à l'académisme et versé dans l'histoire de l'art, ne pouvait être insensible aux précieux enseignements de ses aînés qui avaient fourni des antécédents déterminants, au rang desquels les toiles littéralement rayonnantes d'un Pellizza Da Volpedo (*Le Soleil naissant,* 1904, Galleria nazionale d'Arte moderna, Rome) ou celles d'une esthétique symboliste particulièrement avide en effets solaires ou lunaires. Aussi une peinture de Carrà comme *Nocturne à Piazza Beccaria* de 1910 (Civiche Raccolte d'Arte, Milan) est-elle fondamentale en ce qu'elle permet, un an à peine avant *Le Mouvement du clair de lune,* de conjuguer et de dépasser les expérimentations divisionnistes et symbolistes héritées notamment d'Odilon Redon. La toile du Museo di Arte Moderna e Contemporanea di Trento e Rovereto est ainsi de stricte obédience futuriste : deux ans après le pamphlet de Marinetti *Tuons le clair de lune !*[1] (avril 1909), Carrà décompose le mouvement de la lune qu'il restitue grâce à des zébrures chromatiques, créant une dynamique instable et mouvante, bergsonienne et disloquée. Exploitant audacieusement les complémentaires – orange et bleu, vert et rouge, violet et jaune –, Carrà dispose méthodiquement les formes éclatées et les hachures violentes en une vision kaléidoscopique et scintillante qui – le terme « mouvement », dans le titre, l'indique – confine à la musicalité et aboutit à une synesthésie savante. Du reste, il est permis de convoquer les essais futuristes d'un Bragaglia en photographie puisque, tandis que la locution photodynamisme pourrait à elle seule désigner la peinture de Carrà, il est à parier – et un effort de reconstitution virtuelle peut le laisser entrevoir – qu'une lente vitesse d'obturation de la *camera oscura* pourrait saisir des formes semblables. Vibrations, compénétrations, ondoiements, arêtes, simultanéité : d'une rigueur futuriste infaillible, *Le Mouvement du clair de lune* fut logiquement présenté dès 1912 lors de l'exposition fondamentale de la galerie Bernheim-Jeune pour susciter un plébiscite qui la vit voyager un an durant, de Paris à Bruxelles en passant par Londres et Berlin.

C. L.

1 Ce pamphlet est publié en français dans la revue
Poesia (Milan), n° 7-9, août-octobre 1909, p. 1-9
// G. Lista, *Futurisme. Manifestes, proclamations,
documents,* Lausanne, L'Âge d'homme, 1973,
p. 105-112.

29   **Carlo Carrà**
Ciò che mi ha detto il tram, **1911**
[Ce que m'a dit le tram]
Huile sur toile, 52 x 62 cm
Mart – Museo di Arte Moderna e Contemporanea di Trento e Rovereto,
Fondazione VAF

Ce que m'a dit le tram a été présenté pour la première fois à l'exposition « Les Peintres futuristes italiens », à la galerie Bernheim-Jeune à Paris en février 1912, sous le numéro 14 du catalogue, avec le titre *Ce que m'a dit le tramway*[1]. Ce tableau apparaît comme l'une des illustrations de la volonté futuriste de « donner la *sensation dynamique*[2] » des choses en créant un « style du mouvement[3] ». Le chaos apparent des lignes et des plans, la destruction des « formes réalistes et des détails évidents[4] » renvoient à cette volonté de rendre compte d'un monde en mouvement où les rapports mutuels entre les éléments sont sans cesse changés, où les profils des choses se heurtent et se mêlent.

Le tram ou l'autobus[5] en marche est l'une des expériences exemplaires où se donne à voir la nouvelle sensibilité futuriste, un *topos,* au sens propre et figuré, de la mobilité perpétuelle. « Les seize personnes que vous avez autour de vous dans un autobus en marche sont, tour à tour et à la fois, une, dix, quatre, trois ; elles sont immobiles et se déplacent ; elles vont, viennent, bondissent dans la rue, brusquement dévorées par le soleil, puis reviennent s'asseoir devant vous, comme des symboles persistants de la vibration universelle. Que de fois sur la joue de la personne avec laquelle nous causions n'avons-nous pas vu le cheval qui passait très loin au bout de la rue[6]. »

Ce topos se substitue à celui de la fenêtre, paradigme classique d'une peinture où les choses sont « posées devant nous », à distance les unes des autres, dans un espace régi par les lois de la perspective. Le tram se trouve au carrefour de deux obsessions futuristes qui se recouvrent partiellement : le mouvement et la ville. Il est ainsi l'un de ces « sujets » d'un ordre nouveau dont la peinture futuriste proclame la force visuelle et expressive. Le tram en mouvement agit comme le catalyseur qui absorbe et redistribue l'espace urbain. Les limites entre intérieur et extérieur se trouvent brouillées. Au sein d'un espace plastique scandé par l'emploi rythmique de plans abstraits, un certain nombre de détails demeurent plus ou moins reconnaissables, comme réchappés de la dislocation : profil d'un homme qui marche, tête de cheval, chapeau de femme surmonté d'une plume rouge, panneau où seules quelques lettres restent lisibles.

Les « chocs entre formes concrètes et formes abstraites », entre « formes rythmiques » et « arythmiques[7] » sont au cœur de la construction plastique du tableau. Le peintre fait par ailleurs un usage calculé des angles pour arriver à la force d'expression maximale : « L'angle aigu, comme l'explique par exemple Carrà, est passionnel et dynamique, il exprime la volonté et la force pénétrative[8] ».

Le mouvement, pour les futuristes, est plus qu'un simple phénomène physique accidentel. Par lui se trouve révélée la vérité propre de l'objet. « Les cubistes, pour être objectifs, se limitent à considérer les choses en tournant autour d'elles, pour en donner l'écriture géométrique. Ils en restent ainsi à un stade d'intelligence qui voit tout et ne sent rien, qui met tout à l'arrêt pour tout décrire. Nous futuristes nous cherchons au contraire, avec la force de l'intuition, à nous placer au centre même des choses, de sorte que notre moi forme avec leur propre unicité un seul complexe. Ainsi nous donnons les plans plastiques comme expansion plastique dans l'espace, obtenant ce sentiment de *perpétuellement mobile* qui est le propre de tout ce qui vit[9]. »

Dès lors, entre le « sujet-tram », véritable laboratoire visuel, et le peintre futuriste se noue un dialogue, dont rend compte le titre du tableau, qui aboutit à cette plastique nouvelle. Le *dit* du tram, chocs et rumeur, appelle à la création d'un nouveau *dire,* d'un nouveau langage plastique.

J. P.

1 Il est ensuite présenté la même année à Londres, à Berlin (où il est acheté par le Dr Borchardt pour 200 marks), puis à Bruxelles.
2 U. Boccioni *et al.,* « Les exposants au public », in *Les Peintres futuristes italiens*, cat. exp., Paris, galerie Bernheim-Jeune & Cie, 5-24 février 1912, p. 6 // G. Lista, *Futurisme. Manifestes, proclamations, documents*, Lausanne, L'Âge d'homme, 1973, p. 169.
3 *Ibid,* p. 2 // *ibid,* p. 168.

4 *Ibid.,* p. 13 // *ibid.,* p. 171.
5 Sur la récurrence de ce motif dans la peinture futuriste, nous renvoyons à M. Mimita Lamberti, « Milano. La città dei futuristi », in *Metropolis. La città nell'immaginario delle avanguardie, 1910-1920*, cat. exp., Galleria civica d'Arte moderna e contemporanea, Turin, 4 février-4 juin 2006 (Turin, Fondazione Torino Musei, 2006), p. 200-211.

6 U. Bocioni *et al., Manifeste des peintres futuristes*, in *Les Peintres futuristes italiens, op. cit.,* p. 17 // G. Lista, *Futurisme. Manifestes…, op. cit.,* p. 164.
7 C. Carrà, « Piani plastici come espansion sferica nello spazio », *Lacerba* (Florence), vol. I, n° 6, 15 mars 1913, p. 53 // *id., Tutti gli scritti*, Milan, Feltrinelli, 1978, p. 7.
8 *Ibid.,* p. 54 // *ibid.,* p. 7.
9 *Ibid.,* p. 54 // *ibid.,* p. 9. Nous traduisons.

30   **Carlo Carrà**
      Ritratto del poeta Marinetti, 1910
      [Portrait du poète Marinetti]
      Huile sur toile, 100 x 80 cm
      Collection particulière

« J'ai dit que Marinetti était […] exceptionnellement doué, et je dois ajouter que je ne l'ai jamais vu inactif dix minutes de suite ; […] il gardait souvent à côté de son bureau des piles de livres sur lesquels il inscrivait des dédicaces […], toujours dans le but de diffuser le futurisme[1]. » On ne peut manquer de rapprocher cette évocation de Marinetti, que nous livre Carrà dans ses mémoires, du portrait montré lors des différentes expositions futuristes de 1912 et acheté, dès cette date, par le poète pour sa collection personnelle.

Présenté sous le titre *Portrait du poète Marinetti* à Paris en février 1912, rebaptisé *Come sento Marinetti* pour l'exposition de Rome en 1913[2], puis *Comment je sens Marinetti* pour celle de Rotterdam[3], ce tableau est à la fois un souvenir personnel et un portrait officiel du « chef du futurisme[4] », poète viril, agitateur pressé, moteur de la « machine publicitaire[5] » futuriste. Marinetti apparaît à son bureau, un stylo à la main, une cigarette aux lèvres, le regard déterminé et fixé sur le spectateur.

La mise en scène du personnage projeté vers l'avant, l'inscription de plans géométriques au cœur de la structure organique, l'usage de couleurs vives témoignent de l'intérêt du futurisme pour le corps et son apparence qui trouve une de ses traductions les plus évidentes dans le *Manifeste futuriste du vêtement masculin* (1914) que Giacomo Balla[6] dédie à Marinetti.

Le portrait que nous voyons aujourd'hui diffère de manière significative de celui que le visiteur de la galerie Bernheim-Jeune pouvait voir en février 1912. La mise en regard des deux versions – la première nous étant connue par une photographie – révèle une série d'ajouts et de retouches. La dédicace à la marquise Casati[7] est l'ajout le plus manifeste. Autre détail d'importance qui n'apparaissait pas dans la première version : l'horloge. À la place qu'elle occupe aujourd'hui, on ne distingue sur la reproduction de la version antérieure qu'une forme claire circulaire. La feuille sur laquelle écrit Marinetti a, quant à elle, changé de position entre les deux états.

Les reprises opèrent, de manière plus essentielle, une modification du style et de l'architecture du tableau. Elles aboutissent à la mise en place de formes géométriques simples qui encadrent la figure humaine et empiètent sur elle : l'ellipse qui englobe le bas du portrait, le quadrilatère qui se superpose au corps de Marinetti et le contour de l'horloge sont accentués ou tout simplement ajoutés. Un semis de touches irrégulières et disjointes, brunes, rouges et jaunes apparaît, dans le deuxième état, à l'arrière-plan de la figure. Une ligne qui venait barrer le visage du poète dans l'axe de l'œil gauche a été au contraire effacée. Les modifications dans leur ensemble vont dans le sens d'une simplification et d'une plus grande lisibilité.

Au regard de l'importance des divergences et s'appuyant sur des différences dans les indications de dimensions, Fanette Roche-Pézard émet l'hypothèse de deux tableaux distincts, l'un peint entre 1910 et 1911, et présenté lors de l'exposition futuriste itinérante, et l'autre réalisé autour de 1914[8]. En l'absence d'une deuxième toile, rien ne permet pourtant de sortir du registre hypothétique. Si l'on adopte le postulat d'un seul tableau retouché, la question de la chronologie reste ouverte. La date à laquelle les retouches sont intervenues est incertaine. Il est possible que Carrà ait repris le portrait entre l'exposition de Rotterdam en 1913 et son exposition personnelle à la Galleria Chini de Milan en 1917. Certains critiques ont prudemment proposé une période beaucoup plus large dont le *terminus ad quem* serait 1950[9].

J. P.

1 C. Carrà, *L'Éclat des choses ordinaires,* éd. établie par I. Violante, Paris, Éd. Images modernes, 2005, p. 94.
2 « Prima Esposizione di pittura futurista », Rome, galleria G. Giosi, [février] 1913.
3 « Les Peintres et les sculpteurs futuristes italiens », Rotterdam, Kunstkring, 18 mai-15 juin 1913.
4 Dans *Exhibition of Works by the Italian Futurist Painters,* cat. exp., Londres, The Sackville Gallery, mars 1912, p. 15, on trouve la description suivante du tableau : « Une synthèse de toutes les impressions données par le chef du futurisme. »
5 C. Carrà, *L'Éclat des choses ordinaires, op. cit.,* p. 93.
6 On peut y lire l'injonction suivante : « UTILISER pour

les étoffes les couleurs MUSCLÉES très violettes, très rouges, très turquoise, très vertes, les jaunes vifs, les oranges, les vermillons, les tons OSSEUX, blanc, gris, noir, créer des dessins dynamiques, exprimés par des équivalents abstraits : triangles, cônes, spirales, ellipses, cercles, etc. » Demeuré inédit, non daté, conservé dans les archives Balla, ce manuscrit a fait l'objet d'une traduction en français dans G. Lista, *Marinetti et le futurisme,* Lausanne, L'Âge d'homme, 1977, p. 208.
7 « Je donne mon portrait peint par Carrà à la grande futuriste marquise Casati, à ses yeux lents de jaguar qui digère au soleil la volaille d'acier dévorée », signé Marinetti. Nous traduisons.

8 « Il y a deux portraits de Marinetti, ou tout au moins Carrà en a peint deux dont le premier, de format presque carré, a été peut-être détruit et dont le second, plus grand, peint sur un format standard à la française, ne saurait en tout état de cause être daté de 1910-1911 », cf. F. Roche-Pézard, *L'Aventure futuriste, 1909-1916,* Rome, École française de Rome, 1983, p. 394. Néanmoins, les dimensions du tableau en 1912, en l'absence d'indications dans les catalogues publiés à l'occasion des diverses expositions, restent incertaines.
9 Cf. A. Monferini, *Carlo Carrà 1881-1966,* cat. exp., Galleria nazionale d'Arte moderna, Rome, 15 décembre 1994-28 février 1995 (Milan, Electa, 1994), p. 196.

31 **Carlo Carrà**
Simultaneità. La donna al balcone, 1912
(Ragazza alla finestra)
[Simultanéité. La Femme au balcon ; Jeune Fille à la fenêtre]
Huile sur toile, 147 x 133 cm
Collection particulière

Simultanéité. La femme au balcon répond, comme en miroir, à la définition que Marcel Duchamp donnait de son _Nu descendant l'escalier n° 2_ (1912, cat. n° 70). Si le _Nu_ est rétrospectivement apparu à son auteur comme une « interprétation cubiste d'une formule futuriste[1] », le tableau de Carrà peut, lui, être vu comme une interprétation futuriste d'une formule cubiste. Le cubisme en question est plus précisément celui qu'interprète Fernand Léger dans ses _Nus dans la forêt_ (1909-1911, cat. n° 14), ou encore dans son _Étude pour trois portraits_ (1911, Milwaukee Art Center), soit un « tubisme » qui tend à transformer les figures humaines en robots métalliques désarticulés. Carrà découvre _Nus dans la forêt_ soit par sa reproduction dans les _Marches du Sud-Ouest_ de juin 1911[2], soit à l'occasion de son séjour parisien d'octobre 1911 ; quant à l'_Étude pour trois portraits,_ il a certainement pu la voir au Salon d'automne de la même année. Pour _La Femme au balcon,_ il retient de ces œuvres les teintes métalliques, la métamorphose d'une anatomie en pièces de tôles cintrées.
« Interprétation cubiste » oui, mais « d'une formule futuriste ». Le futurisme de _La Femme au balcon_ est d'abord celui de sa « simultanéité » revendiquée. Cette simultanéité ouvre les figures à leur environnement, tirant les conclusions formelles du constat opéré par le _Manifeste des peintres futuristes_[3], qui suppose l'interpénétration d'une forme avec le milieu où celle-ci prend place, d'un dedans et d'un dehors, interactions pour lesquelles une figure à sa fenêtre (à son balcon) constitue le sujet presque idéal. N'est-ce pas précisément à ce sujet que se réfère de façon pédagogique le texte-manifeste du catalogue de l'exposition de la galerie Bernheim-Jeune de février 1912 ? « Expliquons-nous par des exemples. En peignant une personne au balcon, vue de l'intérieur, nous ne limitons pas la scène à ce que le carré de la fenêtre permet de voir : mais nous nous efforçons de donner l'ensemble de sensations visuelles qu'a éprouvées la personne au balcon : grouillement ensoleillé de la rue, double rangée des maisons qui se prolongent à sa droite et à sa gauche, balcons fleuris, etc. Ce qui veut dire simultanéité d'ambiance et, par conséquent, dislocation et démembrement des objets, éparpillement et fusion des détails, délivrés de la logique courante et indépendants les uns des autres[4]. » Cette exemplarité de la figure au balcon explique que, outre le tableau de Carrà, deux œuvres de Umberto Boccioni présentées dans l'exposition de la galerie Bernheim (_La rue entre dans la maison_ [1911, cat. n° 20] et _Visions simultanées_ [1911, cat. n° 23]) soient consacrées au même sujet.
Le cubofuturisme de _Simultanéité. La femme au balcon_ fait entrer l'art de Carrà dans une phase pour laquelle l'équilibre de la forme devient un enjeu majeur. Une évolution qui le conduira graduellement à remettre en cause le futurisme, pour célébrer les vertus de la forme classique.

D. O.

1 M. Duchamp, _Entretiens avec Pierre Cabanne,_ Paris, Somogy éditions d'art, 1995, p. 43.
2 R. Allard, « Sur quelques peintres », _Les Marches du Sud-Ouest_ (Paris), n° 2, juin 1911, repr. p. 61. Cet article est un compte rendu du Salon des indépendants où l'œuvre de Léger était exposée.
3 U. Boccioni _et al., Manifeste des peintres futuristes,_ in _Les Peintres futuristes italiens,_ cat. exp., Paris, galerie Bernheim-Jeune & Cie, 5-24 février 1912

// G. Lista, _Futurisme. Manifestes, proclamations, documents,_ Lausanne, L'Âge d'homme, 1973, p. 164.
4 _Ibid.,_ p. 4 et 6 // _ibid.,_ p. 169.

32   **Carlo Carrà**
      Nuotatrici, 1910-1912
      [Nageuses]
      Huile sur toile, 105 x 156 cm
      Carnegie Museum of Art, Pittsburgh / Don de G. David Thompson, 1955

Les *Nageuses,* que Carrà présente à la galerie Bernheim-Jeune en février 1912, contrastent avec la thématique urbaine qui, dans cette exposition, caractérise ses tableaux[1]. L'œuvre est probablement inspirée par le poème de Libero Altomare « En nageant dans le Tibre », lu à plusieurs reprises par Marinetti lors des soirées futuristes. Le texte décrit la disparition de corps emportés par un courant tumultueux. Carrà traduit cette énergie par une composition en diagonale, une touche nerveuse qui reproduit le mouvement de l'eau. Vues en plongée, les figures semblent se fondre dans le flux dynamique qui les emporte. Quand bien même les *Nageuses* s'attachent à la restitution du mouvement, chantent les vertus « futuristes » du sport et de la vitesse, elles restent surprenantes dans le contexte du futurisme qui célèbre la machine et le monde urbain. Ses antécédents iconographiques sont avant tout symbolistes[2]. Par son traitement anguleux des figures, sa palette qui joue des accords stridents, l'œuvre de Carrà évoque aussi certains tableaux des artistes de Die Brücke[3]. Dans la perspective de l'exposition parisienne de février 1912, l'artiste introduit dans son tableau des éléments qui le distinguent des œuvres du symbolisme ou de l'expressionnisme[4].

Un dessin caricatural de Umberto Boccioni, *Une soirée futuriste à Milan* (1911), montre des futuristes (Balilla Pratella, Marinetti, Russolo, Carrà) gesticulant devant des toiles. Celle du milieu représente des nageuses nues et plantureuses qui pourraient représenter une première version de la toile de Carrà[5].

À l'issue de son voyage à Paris en octobre 1911, Carrà reconsidère ses *Nageuses,* les habille de longs maillots de bain, alors à la mode. Cette modernisation vestimentaire permet en outre à son tableau de bannir des nus que le *Manifeste des peintres futuristes* avait jugé aussi « nauséeux et assommant que l'adultère en littérature[6] ». Empruntant au cubisme sa technique de décomposition des formes en facettes, Carrà géométrise les corps, initialement lisses et curvilignes. Il renonce enfin à la technique divisionniste, encore très présente dans ses œuvres contemporaines des *Nageuses*[7].

Cette toile témoigne du désir de Carrà d'introduire dans sa peinture les innovations formelles du cubisme. Après son voyage parisien à l'automne 1911, de retour à Milan, il achève *Simultanéité. La femme au balcon* (1912, cat. n° 31) qui concrétise son projet d'approfondir les leçons du cubisme. Cette œuvre, qui fait s'interpénétrer la figure et le paysage, fait écho à *Materia* de Boccioni (1912, collection Mattioli, en dépôt à la Peggy Guggenheim Collection, Venise), également marquée par le cubisme. Le modelé métallique, les grands plans géométriques arrondis de *Simultanéité. La femme au balcon* montrent l'influence de Braque et de Picasso, mais aussi l'impact des peintures de Fernand Léger, découvertes par Carrà au Salon d'automne de 1911[8].

I. S. M.

1 Cf. notamment *Sortie de théâtre* vers 1910 et *La Gare de Milan* (cat. n°s 33 et 35).
2 Cf. F. von Stuck, *Vice* (1894, collection particulière) ; G. Klimt, *Eaux mouvantes* (1898, collection particulière).
3 Cf. E.L. Kirchner, *Baigneurs à Moritzburg* (1909/1926, Tate, Londres) ; Erich Heckel, *Baigneurs* (1912-1913, Saint Louis Art Museum).
4 Cf. l'article de S. Latchaw Hirsh, « Carlo Carrà's *The Swimmers* », Arts Magazine (New York), vol. 53, n° 5, janvier 1979, p. 122-129.
5 Cette « première » version des *Nageuses*

fut présentée en juin 1911 au Padiglione Ricordi lors de la « Mostra d'Arte Libero » de Milan. La caricature de Boccioni à été reproduite pour la première fois dans *Uno, due, e… tre* du 17 juin 1911. S. Latchaw Hirsh, dans « Carlo Carrà's *The Swimmers* » (art. cité), émet l'hypothèse de l'existence de cette première version de 1910 en s'appuyant sur les nombreux repeints postérieurs à cette date, visibles sur la version actuelle de l'œuvre (p. 126-127).
6 *Manifeste des peintres futuristes* (11 avril 1910), *Comœdia*, 18 mai 1910, p. 3 // *Les Peintres futuristes italiens*, cat. exp., Paris, galerie

Bernheim-Jeune & Cie, 5-24 février 1912, p. 21 // G. Lista, *Futurisme. Manifestes, proclamations, documents,* Lausanne, L'Âge d'homme, 1973, p. 165.
7 Cf. notamment *Scène de nuit place Beccaria* (1910, Pinacoteca di Brera, Milan).
8 Léger y expose *Étude pour trois portraits* (1911, Milwaukee Art Center). De plus, Carrà a certainement vu la reproduction des *Nus dans la forêt* (1909-1911, cat. n° 14) reproduits dans l'article de R. Allard, « Sur quelques peintres », *Les Marches du Sud-Ouest* (Paris), n° 2, juin 1911, p. 61).

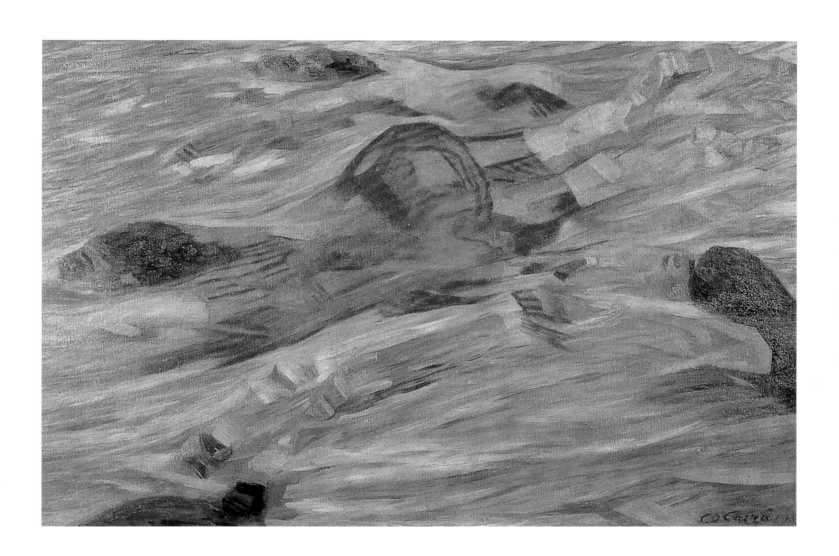

33   **Carlo Carrà**
      ***Uscita dal teatro,* vers 1910**
      [Sortie de théâtre]
      Huile sur toile, 69 x 89 cm
      Estorick Collection of Modern Italian Art, Londres

« Ce tableau m'avait été suggéré par une nuit d'hiver, alors que je sortais de la Scala. Au premier plan est représenté un balayeur de neige avec quelques couples d'hommes en haut-de-forme et de dames élégantes. Je crois que cette toile, complètement ignorée en Italie, est une des peintures où j'ai le mieux représenté la conception que j'avais alors de mon art[1]. » Ainsi Carrà évoque-t-il dans ses mémoires le tableau *Sortie de théâtre*. La scène est empruntée à cette vie nocturne des grandes villes modernes dont la célébration est au cœur de l'avant-garde futuriste, selon laquelle le noctambulisme, au même titre que la vitesse, offre l'expérience d'une intensification du visible. « Comment peut-on voir encore rose le visage humain, alors que notre vie, dédoublée par le noctambulisme, a multiplié notre perception de coloristes. Le visage humain est jaune, rouge, vert, bleu, violet[2]. »

La lumière artificielle des lampes se répand dans cette scène aux accents aquatiques, multipliant les jeux de reflets et de contre-jours. Les verts, les bleus, les mauves, les rouges sont déposés en touches allongées. Les masses sombres du balayeur, de l'homme au premier plan ou des deux fiacres se détachent, bordées ou striés d'éclats de couleur rouge. Carrà fait, dans ce tableau, un usage personnel du divisionnisme. Plus que les autres toiles présentées à l'exposition futuriste itinérante de 1912, *Sortie de théâtre* témoigne de l'influence majeure du divisionnisme, et notamment du peintre Gaetano Previati, dans les débuts du futurisme. Le *Manifeste technique de la peinture futuriste* n'affirme-t-il pas en 1910 qu'il ne peut exister de peinture moderne sans divisionnisme[3] ?

Au premier plan, trois formes féminines iridescentes, « fées phosphorescentes[4] », quittent la place devant le théâtre dans des directions divergentes. Le rythme conféré par ces trois figures est enrichi d'échos, de redoublements à l'arrière-plan. Un fiacre emporté par deux chevaux blancs s'enfuit en haut à droite du tableau. Une figure sombre reprend, comme en sourdine, le motif de la femme au centre. *Sortie de théâtre* recèle « un contenu mystérieux de rythmes complexes[5] ». La structure rythmique repose sur la mise en tension de deux séries d'obliques parallèles : le haut du corps du balayeur, le couple de droite, les chevaux d'une part, les deux femmes, l'homme sombre à l'arrière-plan, les fiacres inclinés, la jambe du balayeur d'autre part. Ainsi l'angle formé par les deux femmes de droite détermine un module rythmique répété dans l'ensemble du tableau. Si bien qu'aucune verticale, aucun point d'appui, aucune ligne dans laquelle pourrait se trouver le signe de l'immobilité n'est préservé.

Le ton de cette place de théâtre encore riche de mouvements, de lumières et de couleurs, mais sur le point de se vider, balance entre joie et mélancolie. C'est sans doute le tableau de Carrà qui se rapproche le plus de la peinture des « états d'âme » chère à Umberto Boccioni (cf. cat. nos 17 à 19). Les corps penchés des personnages ne sont d'ailleurs pas sans rappeler la première version des *États d'âme. Ceux qui restent* (1911, Civiche Raccolte d'Arte, Milan). Les formes féminines voilées, dont on ne distingue pas les visages, confèrent à la toile des accents symbolistes. L'aspect quasi surnaturel de la scène n'a pas manqué d'être noté par la critique.

À la fois *tranche de vie* nocturne et vision surnaturelle, hymne à la lumière artificielle et évocation symboliste, *Sortie de théâtre* témoigne de l'imbrication forte dans l'esprit du temps : entre science, symbolisme et spiritisme, « épistémè » au sein de laquelle s'insèrent les positions du premier futurisme. « Qui donc peut croire encore à l'opacité des corps, notait ainsi le *Manifeste des peintres futuristes*, du moment que notre sensibilité aiguisée et multipliée a déjà deviné les obscures manifestations de la médiumnité ? Pourquoi oublier dans nos créations la puissance redoublée de notre vue, qui peut donner des résultats analogues à ceux des rayons X ?[6] »

J. P.

1 C. Carrà, *L'Éclat des choses ordinaires* (éd. établie par I. Violante), Paris, Éd. Images Modernes, 2005, p. 109.

2 U. Boccioni et al., *Manifeste des peintres futuristes*, in *Les Peintres futuristes italiens*, cat. exp., Paris, galerie Bernheim-Jeune & Cie, 5-24 février 1912, p. 19 // G. Lista, *Futurisme. Manifestes, proclamations, documents*, Lausanne, L'Âge d'homme, 1973, p. 165.

3 *Ibid.*, p. 20 // *ibid.*, p.165.

4 F. Roche-Pézard, *L'Aventure futuriste, 1909-1916*, Rome, École française de Rome, 1983, p. 249.

5 C. Carrà, « Piani plastici come espansione sferica nello spazio », *Lacerba* (Florence), vol. I, n° 6, 15 mars 1913, p. 54 // *id., Tutti gli scritti*, Milan, Feltrinelli, 1978, p. 8.

6 *Manifeste des peintres futuristes*, in *Les Peintres futuristes italiens, op. cit.*, p. 17 // G. Lista, *Futurisme. Manifestes…, op. cit.*, p. 164.

34   **Carlo Carrà**
La Donna e l'assenzio, 1911 *(La Donna al caffè)*
[La Femme à l'absinthe ou La Femme au café]
Huile sur toile, 67 x 52 cm
Collection particulière

Comparer *La Femme à l'absinthe* avec l'*Idole moderne* (1910-1911, cat. n° 24) de Umberto Boccioni permet de mesurer la singularité de l'œuvre futuriste de Carrà. Sa recherche d'une synthèse formelle, héritée de Paul Cézanne et de Pablo Picasso, le distingue radicalement des autres membres du mouvement. Cette quête rend sont art relativement imperméable au spiritualisme, au symbolisme que partagent Boccioni et Luigi Russolo ; il le prédispose à assimiler les leçons du cubisme, mouvement qu'il découvre à l'occasion du séjour effectué à Paris, en compagnie de Boccioni, à l'automne 1911. *La Femme à l'absinthe* fut probablement réalisée entre ce voyage et l'exposition des futuristes organisée en février 1912 par la galerie Bernheim-Jeune. C'est à la peinture chromatiquement austère du cubisme analytique que l'artiste emprunte le camaïeu de cette œuvre. Quant aux principes futuristes, ils inspirent à Carrà le mouvement giratoire, l'énergie centrifuge qu'il donne à sa composition : l'ouverture de ses formes qu'il rend perméables à leur environnement spatial. L'usage de perspectives inversées, celle de la table au premier plan, tend en outre à inclure le spectateur dans l'espace de l'œuvre. Les recherches psychologiques, celles d'une transposition émotionnelle annoncée dans le *Manifeste des peintres futuristes,* s'expriment par la violence dramatique du jeu des ombres et de la lumière, par la confrontation des plans opaques et transparents, par l'alternance rythmique de courbes douces et de lignes tranchantes. Cette féminité moderne que veut restituer *La Femme à l'absinthe* transparaît dans la composition par des formes liées selon un mouvement circulaire au moyen duquel Carrà sonde toute la complexité psychologique de la femme en reconstruisant le cadre émotif, ainsi que l'implication du peintre. « Pour peindre une figure humaine il ne faut pas la peindre ; il faut en donner toute l'atmosphère enveloppante[1] », écrivent les futuristes dans leur manifeste technique. La féminité moderne que *La Femme à l'absinthe* veut restituer recompose et adoucit dans un mouvement circulaire les lignes-force, acérées et tranchantes, des œuvres précédentes de Carrà. La modulation subtile des couleurs, l'alternance de tons chauds et froids, la touche pointilliste destinée à évoquer le bruit du café donnent à la scène sa « polyphonie sensorielle[2] ». Guillaume Apollinaire, qui a été sensible à l'effort du peintre visant à traduire picturalement la sensation même de la modernité par une palette austère, a vu en Carrà une « sorte de Rouault plus vulgaire que le nôtre[3] ».

C. Z.

1 U. Boccioni *et al.,* « La Pittura futurista – manifesto tecnico », 11 avril 1910, *Lacerba* (Florence), 1914. Trad. française dans G. Lista, *Futurisme. Manifestes, proclamations, documents,* Lausanne, L'Âge d'homme, 1973, p. 164.
2 C. Carrà, « La Pittura dei suoni, rumori, odori. Manifesto futurista », *Lacerba* (Florence), vol. I, n° 17, 1er septembre 1913 ; trad. française « La peinture des sons, bruits et odeurs », dans G. Lista, *Futurisme.*

Manifestes…, op. cit., p. 182-186.
3 G. Apollinaire, « La vie artistique. Les peintres futuristes italiens », *L'Intransigeant,* 7 février 1912 // id., *Écrits sur l'art,* OC, Paris, Gallimard, « Bibliothèque de La Pléiade », t. II, 1991, p. 407.

35 **Carlo Carrà**
    ***La Stazione di Milano,* 1910-1911**
    [La Gare de Milan]
    Huile sur toile, 50,5 x 54,5 cm
    Staatsgalerie, Stuttgart

« Nous chanterons [...] la vibration nocturne des arsenaux et des chantiers sous leurs violentes lunes électriques ; les gares gloutonnes avaleuses de serpents qui fument ; [...] les locomotives au grand poitrail qui piaffent sur les rails, tels d'énormes chevaux d'acier. » « [...] Le Temps et l'Espace sont morts hier. Nous vivons déjà dans l'absolu, puisque nous avons déjà créé l'éternelle vitesse omniprésente[1]. »

Dans son *Manifeste du futurisme* paru à la une du *Figaro,* le 20 février 1909, Marinetti fait des lieux de rassemblement de foules urbaines les carrefours d'échange de biens et de marchandises, les symboles de cette modernité à laquelle doit s'attacher le futurisme. Les gares, les ports, les usines et les arsenaux, creusets ou carrefours des flux des forces modernes, passionnent les peintres futuristes. Sous l'effet de sa rencontre avec Marinetti en 1910, Carrà célèbre à son tour les sujets et les sites où le machinisme rencontre les foules urbaines. La gare est à la fois le temple et le vortex de ces énergies. Elle est le cadre du panneau central des *États d'âme : Les Adieux* de Umberto Boccioni (1911, cat. n° 18) et du *Train de banlieue arrivant à Paris* (1915, Tate, Londres) de Gino Severini.

À la différence de Boccioni, Carrà renonce ici au psychologisme hérité du symbolisme, comme à la technique du divisionnisme qu'il pratiquait encore quelques mois plus tôt. Sa création d'un espace fragmenté répond au dynamisme de la locomotive, à l'énergie que fait naître son mouvement. Le paysage urbain, éclaté, est repoussé aux marges de la composition. La machine, tel un coin, pénètre dans la ville, tout comme elle entre dans les consciences, suivant ainsi l'invitation du *Manifeste technique des peintres futuristes* à une perception faite de heurts et d'interpénétration des formes : « Nos corps entrent dans les canapés sur lesquels nous nous asseyons, et les canapés entrent en nous. L'autobus s'élance dans les maisons qu'il dépasse, et à leur tour, les maisons se précipitent sur l'autobus et se fondent avec lui[2]. »

Carrà ignore le pittoresque de la gare milanaise pour n'en retenir que sa nature de foyer d'énergie absorbant ses usagers ; il les piège dans une gigantesque toile où se dissolvent leurs consciences individuelles. Selon les lois de l'énergétique propre à la peinture futuriste, le dynamisme ici suggéré traverse le tableau selon un mouvement orienté vers la gauche de la composition, c'est-à-dire à l'inverse du sens usuel de lecture des images.

B. M.

1 F.T. Marinetti, *Manifeste du futurisme,*
Le Figaro, 20 février 1909 // G. Lista, *Futurisme.*
Manifestes, proclamations, documents, Lausanne,
L'Âge d'homme, 1973, p. 87.
2 *Manifeste des peintres futuristes,*
in *Les Peintres futuristes italiens,* cat. exp., Paris,
galerie Bernheim-Jeune & Cie, 5-24 février 1912,
p. 17-18 // *ibid.,* p. 164.

36 **Luigi Russolo**
La Rivolta, **1911**
[La Révolte]
Huile sur toile, 150,8 x 230,7 cm
Gemeentemuseum Den Haag, La Haye

Dans le catalogue de l'exposition à la Sackville Gallery de Londres en mars 1912, *La Révolte* est décrite, probablement par Russolo lui-même, comme étant l'illustration de « la collision de deux forces, celle de l'élément révolutionnaire faite d'enthousiasme et de lyrisme rouge contre la force de l'inertie et de la résistance réactionnaire de la tradition[1] ».

Russolo illustre le sentiment d'opposition inhérent à cette *Révolte* par un usage spécifique de la forme et de la couleur. L'atmosphère de revendications politiques et de tensions anarchistes est rendue par l'emploi du rouge, couleur permettant de peindre le tumulte et le vacarme de la manifestation. En témoigne le manifeste *La Peinture des sons, bruits et odeurs,* où Carlo Carrà réclamera, en 1913, des « rouges, rououououououges, très rouououougues qui criiiiient ». À la fin du texte, le peintre fait aussi référence à différentes œuvres futuristes, dont *La Révolte,* au sein desquelles un « bouillonnement vertigineux de formes et de lumières sonores, bruyantes et odorantes a été exprimé[2] ».

L'impact de la masse rouge des manifestants, précédée par une explosion de jaune et de vert, est renforcé par la forme pénétrante que prend la foule. À travers un vocabulaire géométrique simple, Russolo rend perceptible la puissance du groupe de révoltés qui « traversent la toile comme des flèches[3] » en adoptant le profil d'un angle à 45°. La ville, symbolisée par ses immeubles bleus à l'arrière-plan, semble frémir. On assiste ici à un choc symbolique entre la puissance populaire et la société bourgeoise traditionnelle, dont « la perspective des maisons est détruite de la même façon qu'un boxeur se plie en deux en recevant un coup[4] ».

Les manifestants, représentés par de petites silhouettes schématisées et répétitives, sont indifférenciés les uns des autres. Ils se fondent dans une même unité, conférant à la scène une certaine universalité. Dès lors, contrairement aux *Funérailles de l'anarchiste Galli* (1910-1911, cat. nº 26) de Carlo Carrà, *La Révolte* ne semble être le témoignage d'aucun événement historique précis. Ce tableau « violemment révolutionnaire[5] » fait écho aux propos de Marinetti qui, dans le *Manifeste du futurisme,* affirmait vouloir chanter « les grandes foules agitées par le travail, le plaisir ou la révolte ; les ressacs multi-colores et polyphoniques des révolutions dans les capitales modernes[6] ».

Contrairement à d'autres œuvres futuristes présentées à la galerie Bernheim-Jeune en février 1912, *La Révolte* ne semble pas influencée par les tableaux cubistes ; seule la simplicité géométrique de la composition pourrait être le témoignage d'un léger impact des peintres français. En revanche, les formes triangulaires mises à l'honneur par Russolo inspireront plusieurs artistes proches du mouvement futuriste. Ainsi, le vorticiste C.R.W. Nevinson choisit, en 1915, ce vocabulaire russolien d'angles aigus pour traduire picturalement l'explosion d'un obus (cf. cat. nº 106). Le peintre Max Weber utilise également une succession d'angles aigus, proche de celle employée dans *La Révolte*[7], quatre ans plus tôt, pour traduire les mouvements de foule d'une métropole américaine dans *Heures de pointe, New York* (1915, National Gallery of Art, Washington). El Lissitzky quant à lui s'en inspire dans *Monument à l'armée rouge* (1934, Izogiz, Moscou).

La Révolte est l'œuvre de Russolo qui rencontra le plus de succès dans la presse. Présentée à Londres en mars 1912, elle est qualifiée de « travail brillant et original[8] » par un journaliste du *Daily Telegraph.*

P. S.-L.

1 *Exhibition of Works by the Italian Futurist Painters,* cat. exp., Londres, The Sackville Gallery, mars 1912, p. 23. Nous traduisons.
2 C. Carrà, « La Pittura dei suoni, rumori, odori. Manifesto futurista » (11 août 1913), *Lacerba* (Florence), I, nº 17, 1ᵉʳ septembre 1913 // C. Carrà, *Tutti gli scritti,* Milan, Feltrinelli, 1978, p. 21 // Trad. française : « La Peinture des sons, bruits et odeurs », dans G. Lista, *Futurisme. Manifestes, proclamations, documents,* Lausanne, L'Âge d'homme, 1973, p. 185.

3 F. Roche-Pézard, *L'Aventure futuriste : 1909-1916,* Rome, École française de Rome, 1983, p. 6.
4 *Exhibition of Works by the Italian Futurist Painters, op. cit.,* p. 23. Nous traduisons.
5 [Anonyme], « Oui, mais les futuristes peignent mieux », *Excelsior* (Paris), 5 février 1912, p. 8 // M. Zanovello Russolo (Mémoires de), *Russolo l'uomo l'artista,* Milan, Cyril Corticelli, 1958, p. 29.
6 F.T. Marinetti, *Manifeste du futurisme* (20 février 1909) // G. Lista, *Futurisme. Manifestes…, op. cit,* p. 87.

7 *La Révolte* a pu être aisément étudiée par Max Weber puisqu'elle est reproduite, le 25 février 1912, dans un article sur le futurisme publié dans le *New York Sun* et dans *Cubists and Post-Impressionism* d'A. J. Eddy en 1914 (U.S.A., A.C. McClurg & Co, 2ᵉ éd : Londres, G. Richards, 1915).
8 C. Phillip, *The Daily Telegraph* (Londres), 2 mars 1912 // M. Zanovello Russolo, *op. cit.,* p. 29.

37   **Luigi Russolo**
      Ricordi di una notte, **1911**
      [Souvenirs d'une nuit]
      Huile sur toile, 100,3 x 100,3 cm
      Collection particulière

Russolo, poète et musicien, pratique la peinture en autodidacte dès 1909 au contact de ses amis de Milan, notamment auprès de Umberto Boccioni. Passionné par la recherche menée par ce dernier sur la simultanéité et la description des sentiments, Russolo utilise les *stimuli* les plus divers pour aborder dans sa peinture la part ineffable de la représentation plastique (*Le Parfum*, 1910, Museo di Arte moderna e contemporanea di Trento e Rovereto ; *La Musique,* 1910-1911, Estorick Collection of Modern Italian Art, Londres). Tel un leitmotiv, à partir de son tableau *Autoportrait aux crânes* (1909, Civico Museo d'Arte contemporanea, Milan) jusque dans les œuvres qui suivent, *Nietzsche* (1910), *L'Homme mourant* (1911) – toutes deux perdues –, le symbolisme de Russolo, empreint de références littéraires, demeure singulier. Les *Souvenirs d'une nuit* participent de cette première manière du peintre, soumise à la touche divisionniste. Contrairement à la composition structurée et frontale des *Souvenirs de voyage* de Gino Severini (1910-1911, cat. n° 40), exposés également chez Bernheim-Jeune en février 1912, les *Souvenirs d'une nuit* de Russolo sont conçus comme une évocation dessinée au gré de la mémoire troublée de l'artiste. Les images s'interpénètrent comme dans un rêve. Les cernes et les lignes obliques dessinent un triangle inversé au centre de la composition, invitant le spectateur à participer au récit d'une nuit, conduit par le personnage masculin (sans doute le peintre) du premier plan. Au terme d'une soirée, ce dernier quitte un cabaret, dépeint en bas à droite, pour la rue déserte et silencieuse baignée par la lumière électrique d'un lampadaire qui éclaire un couple, au second plan à gauche. Plongée dans le décor fantomatique d'une ville évoquée par les plans inclinés des immeubles, une calèche tirée par un cheval au second plan se dirige vers la droite et poursuit le lent mouvement circulaire du retour de cette soirée. Les cercles du halo de lumière interrompent les lignes obliques, verticales ou horizontales. Les ombres des personnages se prolongent d'un espace à un autre.
Une étude du tableau, *Visioni simultanee (studio per « Ricordi di una notte »), [Visions simultanées (étude pour « Souvenirs d'une nuit »)]* (1910-1911, collection particulière), esquisse la composition de la toile et les différents plans qui se juxtaposent, comme les souvenirs des lieux et des instants. La facture et le traitement des personnages rappellent la toile de Carlo Carrà, *Sortie de théâtre* (vers 1910, cat. n° 33) ou celle de Boccioni, *Rixe dans la galerie* (1910, Pinacoteca di Brera, Milan). Néanmoins, Russolo plonge ici le spectateur dans un espace où les images se superposent pour s'effacer au profit du souvenir le plus intime : la discrète présence d'une femme. Son visage de profil est dessiné en bas à droite, faisant face aux visages éclairés des hommes du cabaret ; son buste et le chignon sont déjà gagnés par l'obscurité de la rue. Puis, de face, les cheveux dénoués, le visage légèrement décentré se place au-dessus de l'homme courbé du premier plan, telle une évocation fantasmée, surgissant à la fois du halo du lampadaire et de la nuit. Russolo trouble ainsi la lecture des moments successifs, de la lumière à l'ombre, de la musique du cabaret au silence de la rue désertée, suivant le mélange opéré par l'intériorité des sentiments. Les couleurs bleues et vertes tranchent avec les jaunes et les rouges sourds. Le contraste des couleurs et la silhouette des personnages rappellent l'atmosphère sombre et mélancolique des toiles de Edvard Munch, connu de Boccioni sur la suggestion du peintre Gaetano Previati.

C. M.

38   **Luigi Russolo**
Chioma, **1910-1911** *(I Capelli di Tina)*
[Chevelure ; La Chevelure de Tina]
Huile sur toile, 71,5 x 49 cm
Collection particulière

En 1909, à l'occasion de l'exposition annuelle d'art de la Famiglia Artistica de Milan, Russolo fait la connaissance de Carlo Carrà et de Umberto Boccioni, avec qui il se lie d'une amitié profonde. L'année suivante, il rencontre Marinetti et rejoint le futurisme, auquel il apporte sa contribution tant littéraire que musicale, picturale et sculpturale. En 1916, l'intérêt tout particulier qu'il porte à l'expérimentation musicale aboutit à la publication de son *Art des bruits*[1]. Sa production picturale, qui débute en 1909, est caractérisée par une forte influence symboliste et divisionniste, inspirée de Gaetano Previati, associée à un fort ascendant boccionien. Le rapprochement de son *Parfum* (1910, Museo di Arte moderna e contemporanea di Trento et Rovereto) avec la *Tête féminine* de Boccioni (1909-1910, collection particulière) illustre cette affinité. Les deux peintres manifestent une même dilection pour une vigueur chromatique antinaturaliste, pour une touche filandreuse et une expression synesthésique (capable de fusionner différents registres de sensations) mises en œuvre par Previati.

Russolo et Boccioni s'emploient à la création d'un modèle de féminité presque surnaturel. La jeune sœur de l'artiste, déjà portraiturée dans deux gravures, en 1906 *(Les Cheveux de Tina)* et 1910 *(Chevelure),* est le modèle de *La Chevelure de Tina.* Dans sa peinture, Russolo fait de la chevelure le vecteur d'une mystérieuse force rayonnante, comparable au rayonnement de lumière électrique qui auréole l'*Idole moderne* (1910-1911, cat. n° 24). Plus explicitement encore que l'*Idole* de Boccioni, Russolo se concentre sur les aspects ésotériques du « non visible », sur les forces électriques et magnétiques emprisonnantes de la matière spiritualisée, qui prennent corps dans les traits de lumière bleue, irradiés par le regard de sa *Tina,* et dans les volutes hypnotiques de la chevelure, symboliquement ascendantes vers le ciel. En cohérence avec sa formation musicale, Russolo cherche à transposer picturalement la spiritualité, les sentiments indéfinis propres à la musique. Anticipant sur les recherches de l'orphisme, il traque dans les accords chromatiques harmoniques, par l'usage des complémentaires, l'équivalent des timbres et des colorations musicales. Sa quête d'un art plurisensoriel transforme son tableau en un flux dynamique et enveloppant d'énergie, l'équivalent d'une onde sonore dans laquelle espace et figure tendent à se dissoudre. Sensible à ce musicalisme, qui transcende les catégories artistiques, Guillaume Apollinaire, au lendemain de l'exposition des peintres futuristes à la galerie Bernheim-Jeune, écrit qu'« il faudrait chercher ses maîtres à Munich ou à Moscou[2] ».

C. Z.

1 Précédemment à cet ouvrage, Carrà avait rédigé
un manifeste du même titre (Milan, 11 mars 1913).
2 G. Apollinaire, « La vie artistique. Les peintres
futuristes italiens », *L'Intransigeant,* 7 février 1912
// *id., Écrits sur l'art, OC,* Paris, Gallimard,
« Bibliothèque de La Pléiade », t. II, 1991, p. 407.

39   **Gino Severini**
La Danse du « pan-pan » au Monico, **1909-1911/1959-1960**
Huile sur toile, 280 x 400 cm / réplique (1959-1960) de la peinture originale
(1909-1911), réalisée à Rome par l'artiste
Centre Pompidou-Musée national d'art moderne, Paris
Don de Mme Severini et des ses filles, 1967

L'ampleur exceptionnelle de son format, comme l'exubérance de son coloris, destinait *La Danse du « pan-pan » au Monico*
à attirer les regards. Lorsque le public parisien découvre, ahuri, les toiles des futuristes italiens sur les cimaises de la galerie
Bernheim-Jeune en février 1912, la toile de Severini s'impose d'emblée comme le clou de l'exposition. Interpellant les
badauds autant que les critiques, elle compte parmi les productions futuristes les plus commentées. En dépit de ses
réserves à l'égard des autres tableaux exposés rue Richepance, Guillaume Apollinaire la désigne même comme « l'œuvre
la plus importante qu'ait peinte un pinceau futuriste[1] ».
Sans doute la thématique de *La Danse du « pan-pan » au Monico* contribue-t-elle à expliquer la relative bienveillance de
l'accueil qui lui est réservé. Ce tableau aux rythmes enjoués et virevoltants est né des pérégrinations qui avaient mené
Severini du Moulin de la Galette au Bal Tabarin ou au Rat mort, dès son arrivée à Paris en 1906[2]. Du tout aussi célèbre
Monico, il avait rapporté les dessins préparatoires dans lesquels il avait saisi, à partir de 1910, les danseuses, les spectateurs
et les éléments de décor qui devaient servir à composer son immense toile[3]. La fascination du jeune peintre pour l'éclat
nocturne de la Ville lumière, avec son cortège de cabarets, de guinguettes et de cafés, inscrit indéniablement le « Pan-pan »
dans une tradition qui va d'Henri de Toulouse-Lautrec, mais aussi de Pierre-Auguste Renoir et d'Édouard Manet, au Seurat
des dernières années[4]. Hymne vibrant au spectacle de la vie nocturne des grandes capitales, l'œuvre offre ainsi un
contraste saisissant avec la violence latente des autres scènes que les futuristes jettent à la face des visiteurs de la
galerie Bernheim-Jeune.
Qu'elle se montre plutôt favorable ou radicalement opposée aux propositions futuristes, la critique parisienne n'a de cesse,
en 1912, de déceler d'éventuelles influences françaises dans les toiles exposées rue Richepance. Nul doute que la dette
de *La Danse du « pan-pan » au Monico* à l'égard du postimpressionnisme ait suscité l'enthousiasme d'un Gustave Kahn qui
avait, tout comme Félix Fénéon (le directeur artistique de la galerie Bernheim-Jeune), compté parmi les fervents défenseurs
de Georges Seurat et de Paul Signac[5]. Pour traduire le mouvement, qui est au cœur de ses préoccupations, Severini retient
de cet héritage le principe du divisionnisme de la couleur dérivé des théories d'Eugène Chevreul, de Hermann von Helmoltz
ou de Charles Henry, et s'applique à juxtaposer les zones de couleur pure. Au-delà de l'hommage évident à celui que Severini
considère comme son maître[6], *La Danse du « pan-pan » au Monico* se veut une ambitieuse tentative de réinvention de la leçon
néo-impressionniste. Le peintre abandonne la touche divisionniste, chère à ses aînés, au profit de facettes schématiques,
colorées et tourbillonnantes qui envahissent la totalité de la toile. Certes, ce procédé vaut à l'œuvre d'être infailliblement
comparée à un « grand puzzle[7] » ; quelques années plus tard et de l'autre côté de la Manche, David Bomberg se souviendra
de l'effet kaléidoscopique produit par la fragmentation des formes en segments géométriques[8].
En mars 1912, le catalogue de l'étape londonienne de l'exposition des futuristes place la toile de Severini sous le signe d'une
atmosphère sonore : « Sensation de l'agitation et du brouhaha créés par les Tsiganes, la foule ivre sous l'effet du champagne,
la danse perverse des professionnelles, le choc des couleurs et des rires dans un célèbre cabaret à Montmartre[9]. » Le peintre
évoquera même l'œuvre comme « un tableau seulement musical[10] ». Contrastes de lignes, contrastes de formes, contrastes
de couleurs complémentaires : la vibration optique qui parcourt la surface de la toile entraîne dans une joyeuse confusion
les objets, les formes humaines et les sons qui emplissent la salle du Monico, faisant ainsi du « Pan-pan » « la première
création picturale de sons et du mouvement[11] ».
Lors de l'exposition berlinoise des futuristes qui se tient à la galerie Der Sturm au printemps 1912, la version originale du
tableau est vendue par Herwarth Walden au collectionneur allemand Borchardt, avant de disparaître, probablement détruite
pendant la guerre. C'est donc d'après une carte postale et un émail peint que Severini réalisera en 1959-1960, dans un
geste commémoratif, la toile du Musée national d'art moderne.

M.-L. B.

1 G. Apollinaire, « Les peintres futuristes italiens »,
L'Intransigeant (Paris), 7 février 1912, p. 2 //
id., Écrits sur l'art, OC, Paris, Gallimard,
« Bibliothèque de La Pléiade », t. II, 1991, p. 407.
2 G. Severini s'était très vite établi sur la butte
Montmartre. Son atelier de l'impasse Guelma
devait servir de point de départ à ses fréquentes
expéditions nocturnes.
3 Voir D. Fonti, *Gino Severini, catalogo ragionato,* Milan,
Arnoldo Mondadori Editore / Edizioni Philippe Daverio,
1988, p. 121-122. Deux années lui auront finalement
été nécessaires pour achever le tableau.
4 On pense notamment à une toile comme *Le Chahut*
(1889-1890, Kröller-Müller Museum, Otterlo).

5 G. Kahn estime qu'« on n'avait certainement point
vu de mouvement novateur aussi considérable depuis
les premières expositions des pointillistes » (*Mercure
de France* [Paris], 16 février 1912, p. 868).
6 G. Severini indiquera plus tard dans *La Vita di
un pittore,* Milan, Edizioni di Comunità, 1965, p. 47 :
« Je choisis Seurat comme maître une fois pour
toutes et aujourd'hui encore je n'ai pas varié. »
Nous traduisons.
7 « Le grand puzzle clair de M. Severini est hurlant.
Il faut cligner les yeux (les fermer peut-être…)
pour discerner quelques détails amusants dans
son tohu-bohu », écrit L. Vauxcelles (*Gil Blas*
[Paris], 6 février 1912, p. 4).

8 D. Bomberg a pu voir la toile de Severini à la Sackville
Gallery de Londres qui accueille l'exposition des
peintres futuristes en mars 1912. L'influence
du « Pan-pan » est manifeste dans des œuvres
comme *In the Hold [Dans la cale]* (vers 1913-1914)
et *Ju-Jitsu* (vers 1913) conservées à la Tate
de Londres.
9 Cf. *Exhibition of Works by the Italian Futurist Painters,*
cat. exp., Londres, The Sackville Gallery, mars 1912,
p. 25. Nous traduisons.
10-11 Lettre de Severini à Soffici, 27 septembre 1913,
citée dans M. Drudi Gambillo, T. Fiori (textes rassemblés
et annotés par), *Archivi del futurismo,* vol. 1, Rome,
De Luca, 1958, p. 292.

40   **Gino Severini**
      Souvenirs de voyage, **1910-1911**
      Huile sur toile, 80 x 100 cm
      Collection particulière

On trouve plusieurs mentions de cette œuvre dans les textes de Severini. Dans « Les analogies plastiques dans le dynamisme. Manifeste futuriste », texte de 1913, l'artiste l'évoque ainsi : « J'avais prévu la possibilité d'élargir l'horizon de l'émotion plastique jusqu'à l'infini, en détruisant totalement l'unité de temps et de lieu avec une peinture du souvenir qui réunissait dans un seul ensemble plastique des réalités perçues en Toscane, sur les Alpes, à Paris, etc.[1] »

En 1931, Severini revient plus longuement sur ce tableau, précisant les intentions qui avaient présidé à son élaboration : « Il avait l'ambition démesurée de dépasser d'une manière absolue l'impressionnisme en détruisant l'unité de temps et de lieu du sujet. Au lieu de saisir l'objet dans son ambiance, dans son atmosphère, avec les objets ou les choses qui l'entouraient, je l'ai pris comme un être à part, et je lui ai associé d'autres objets ou choses qui n'avaient apparemment rien à faire avec lui mais qui, en réalité, lui étaient liés par mon imagination, par mes souvenirs ou par un sentiment. Dans la même toile, j'ai réuni l'Arc de triomphe, la tour Eiffel, les Alpes, la tête de mon père, un autobus, le palais communal de Pienza, le boulevard […] ; ce tableau est peut-être la base de tout mon art[2]. »

La destruction de « l'unité de temps et de lieu » s'accomplit par la juxtaposition et la superposition d'objets représentés selon des points de vue hétérogènes. Severini regroupe une locomotive, deux voitures, diverses maisons, l'Arc de triomphe, le Sacré-Cœur (mais pas la tour Eiffel), des arbres, des figures aux proportions et aux couleurs variées, etc. : « êtres à part » mis côte à côte, comme des jouets entassés dans une caisse. Les couleurs vives, à l'opposé des teintes grises et brunes du cubisme, sont privilégiées. Le souvenir, pour Severini, n'est pas « un vieux bagage nostalgique » mais « un élément d'intensification plastique[3] ».

« Peinture du souvenir », le tableau a souvent été rapproché de la pensée de Bergson. De l'aveu même de l'artiste, c'est après la lecture de l'« Introduction à la métaphysique »[4] qu'il entreprit de le peindre. Severini laisse libre cours aux associations et aux sauts mémoriels, entre les deux pôles affectifs de son existence, Paris et sa Toscane natale, le monde des boulevards et celui des champs. Certains codes de la peinture de paysage, la ligne d'horizon, les montagnes au loin, un certain rendu du proche et du lointain, certes brutalement bousculé par endroits, sont conservés, créant une forte tension entre unité et multiplicité. Cette tension est en partie résolue par la structure radiale de la composition : les éléments figuratifs semblent tourner autour du puits, au centre du tableau.

Dans ses mémoires, Severini fait à nouveau allusion à cette œuvre, rapportant une anecdote qui témoigne de sa relation étroite avec le milieu parisien de l'époque et notamment du dialogue presque quotidien qui l'unissait à Picasso : « Lorsque j'ai peint *Souvenir* [sic] *de voyage*, je l'ai montré à Picasso qui, peu de temps après, peignait *Souvenir du Havre* [collection particulière, Bâle], bien sûr d'un style tout à fait différent[5]. »

Souvenirs de voyage a été montré pour la première fois lors de l'exposition des peintres futuristes à Paris en février 1912. Longtemps perdu – Severini l'avait cru détruit pendant la guerre –, il n'a réapparu que récemment[6].

J. P.

1 G. Severini, *L'Art plastique néofuturiste* (1913-1914, texte traduit en français par l'auteur en 1957) // G. Lista, *Futurisme. Manifestes, proclamations, documents*, Lausanne, L'Âge d'homme, 1973, p. 186-187. La version italienne de ce manifeste (qui présente de nombreuses variantes) a été publiée sous son titre initial, *Le Analogie plastiche del dinamismo. Manifesto futurista* [Les Analogies plastiques du dynamisme. Manifeste futuriste], dans M. Drudi Gambillo et T. Fiori, *Archivi del Futurismo*, Rome, De Luca, 1958, t. I, p. 77.
2 *Id.*, « Processo e difesa di un pittore d'oggi », *L'Arte*, n° 6, novembre 1931, p. 525. Trad. française dans *Italia Nova. Une aventure de l'art italien, 1900-1950*,

cat. exp., Paris, Galerie nationales du Grand Palais, 5 avril-3 juillet 2006, p. 66.
3 *Id.*, *L'Art plastique néofuturiste* // G. Lista, *Futurisme. Manifestes…*, *op. cit.*, p. 187.
4 H. Bergson, « Introduction à la métaphysique », *Revue de métaphysique et de morale* (Paris), [n° 1], janvier 1903, p. 1-36.
5 G. Severini, *La Vita di un pittore*, Milan, Edizioni di Comunità, 1965, p. 118. Nous traduisons.
6 Cela explique l'indication de dimension erronée du catalogue raisonné (47 × 75 cm). D'autre part, l'illustration qu'on y trouve reproduite, comme celle qui accompagnait les ouvrages pionniers sur Severini de P. Courthion (*Gino Severini*) et de J. Maritain

(« Gino Severini », *Brefs écrits sur l'art*), parus en 1930, présente une différence par rapport à l'original : une forme claire aux contours ovoïdes apparaît au milieu du ciel. Comme l'a révélé A. Coffin Hanson (*Severini futurista : 1912-1917*, cat. exp., New Haven (CT), Yale University Art Gallery, 18 octobre 1995-7 janvier 1996, p. 63-64), cette différence s'explique par le fait que l'illustration était la reproduction d'une reproduction. L'image, parue dans *The Sketch* à Londres en mars 1912, avait été découpée et collée par Jeanne Severini dans un carnet et s'était trouvée endommagée à cet endroit : l'altération accidentelle s'est répercutée par la suite dans les différentes publications.

41　**Gino Severini**
Le Chat noir, **1910-1911**
Huile sur toile, 54,4 x 73 cm
Musée des Beaux-Arts du Canada, Ottawa / Achat, 1956

Severini, qui côtoie à Montmartre les artistes et les écrivains de l'avant-garde parisienne, influencé par les débuts du cubisme analytique, en applique certains principes dans ses toiles, notamment le découpage des plans. Sa peinture n'en demeure pas moins liée à celle de ses amis de Milan, à la fois par la technique néo-impressionniste qu'il emploie et par sa volonté de traduire la simultanéité et la dynamique. *Le Chat noir* est une scène isolée dans la production du peintre qui fait appel à une référence littéraire en évoquant la nouvelle homonyme d'Edgar Allan Poe. Ce court récit narre les actes diaboliques d'un ivrogne qui aveugle son chat avant de le pendre. Le drame se perpétue par la vengeance d'un second chat noir, qui devient la part maudite du narrateur, le témoin de sa cruauté. Severini ne fait que succinctement référence à la nouvelle cauchemardesque de Poe, mais de façon manifeste : par la représentation des deux chats noirs, celui de droite énucléé et celui de gauche au regard perçant et vainqueur (seule touche jaune de la composition), ainsi que par l'allusion à l'alcoolisme portée par le verre de vin rouge du premier plan. La composition frontale de ces éléments narratifs s'inscrit dans des plans géométriques colorés. Leur juxtaposition crée une mosaïque miroitante de tons essentiellement bleu et vert, rythmée par de courtes touches colorées appliquées verticalement à même la toile, la laissant par endroits apparente. Severini saisit les éléments dramatiques du récit, guidant le regard du spectateur depuis les deux chats pour revenir au verre, légèrement décentré, dont la transparence joue avec son ombre, ainsi qu'avec la tache du vin vraisemblablement renversé.

Comme l'attestent les spécialistes[1], cette œuvre a sans doute été commencée à la fin de l'année 1910 et achevée en 1911, juste avant *La Danseuse obsédante* (1911, cat n° 42), dans laquelle le motif des deux chats noirs est de nouveau proposé dans la partie inférieure de la composition. Ces deux toiles procèdent de la même manière dans la fragmentation des touches et des plans, créant une mosaïque colorée, même si la composition de *La Danseuse obsédante* possède une dynamique là où *Le Chat noir* impose un statisme évocateur des images décrites par l'écrivain américain. De fait, Severini entendait décrire « le sens de la morbide oppression après avoir lu le récit d'Edgar Poe[2] ». Ce tableau correspond à la période où l'artiste s'applique à peindre, comme Umberto Boccioni dans ses *États d'âme* (1911, cat. n°ˢ 17 à 19), des sensations. De plus, *Le Chat noir* contraste avec les autres œuvres de Severini présentées lors de l'exposition des peintres futuristes à Paris en 1912 par l'immobilisme dérangeant des deux chats qui hantent le protagoniste de la nouvelle et qui semblent nous observer dans le tableau, matérialisant ainsi une atmosphère trouble et sombre. Son titre l'associe également au célèbre cabaret parisien de la butte Montmartre du même nom que fréquentaient alors les artistes.

C. M.

1 Cf. la notice de l'œuvre dans
Gino Severini, cat. exp., Palazzo Pitti, Florence,
25 juin-25 septembre 1983 (Milan, Electa
Editrice, 1983), p. 164.
2 Commentaire de Severini dans *Exhibition
of Works by the Italian Futurist Painters,*
cat. exp., Londres, The Sackville Gallery,
mars 1912, p. 26. Nous traduisons.

42 **Gino Severini**
La Danseuse obsédante, 1911
Huile sur toile, 73,5 x 54 cm
Collection particulière

Thème récurrent de l'œuvre de Severini, la danse a inspiré de nombreux tableaux de sa période futuriste (*La Danse du « pan-pan » au Monico* [1909-1911/1959-1960, cat. n° 39] ; *La Danseuse bleue* [1912, Peggy Guggenheim Collection, Venise]). Néanmoins, l'énigmatique figure de *La Danseuse obsédante* diffère des autres « cocottes » de cabaret peintes par l'artiste ; certains critiques assimilent l'œuvre à une représentation éblouissante d'une danseuse de théâtre[1]. Ce portrait de femme, accompagné d'un chat noir – qui rappelle celui représenté antérieurement dans *Le Chat noir* (1910-1911, cat. n° 41) – est imprégné de mystère. Dédoublé (tout comme le félin) – au premier plan et en haut de la toile – et irradié par un faisceau de rayons lumineux qui fragmente le visage, ce portrait, véritable patchwork de figures géométriques colorées, évoque la composition de *La Modiste* (1910-1911, cat. n° 44).

Severini parvient ici à concilier l'héritage symboliste d'une atmosphère mélancolique avec la perception optique néo-impressionniste de Georges Seurat. « Somme totale des impressions, du passé et du présent, du proche et du lointain, du petit ou de l'excès de la DANSEUSE, en harmonie avec les différentes strates de la mémoire du peintre[2] […]», la toile renvoie à la poétique des *États d'âme* de Umberto Boccioni (1911, cat. n°ˢ 17 à 19) et au thème de la mémoire déjà transposé dans d'autres œuvres, elles aussi exposées en février 1912 à la galerie Bernheim-Jeune : *Souvenirs de voyage* (1910-1911, cat. n° 40) et *Les Voix de ma chambre* (1911, cat. n° 46).

En dépassant la conception aristotélicienne de l'unité spatio-temporelle, l'artiste réaffirme ici la théorie de la simultanéité chère aux peintres futuristes. À travers une « synthèse » de sensations, de souvenirs et de perceptions visuelles, il applique les principes énoncés dans le *Manifeste des peintres futuristes* de 1910 : « Un profil n'est jamais immobile devant nous, mais il apparaît et disparaît sans cesse. Étant donné la persistance de l'image sur la rétine, les objets en mouvement se multiplient sans cesse, se déforment en se poursuivant, comme des vibrations précipitées, dans l'espace qu'ils parcourent. […] Nous déclarons par exemple qu'un portrait ne doit pas ressembler à son modèle. […] Pour peindre une figure humaine, il ne faut pas la peindre ; il faut en donner toute l'atmosphère enveloppante[3]. » C'est précisément cette atmosphère, enveloppante et obsédante, comme le sont les souvenirs, qui émane de cette danseuse.

Une fois encore, le regard du spectateur est surpris et fasciné par l'altération cubiste du visage situé à droite de la composition : la figure est brisée par des plans intersécants ; l'œil est décentré. On peut supposer qu'il s'agit là d'une réminiscence de la figure de droite des *Demoiselles d'Avignon* (1907, The Museum of Modern Art, New York)[4]. Severini avouera plusieurs années plus tard dans ses mémoires : « Étais-je dans la ligne des cubistes ou dans celle des futuristes ? J'avoue que je ne m'en souciais pas du tout[5]. »

V. C.

1 Voir l'interprétation de M.W. Martin, *Futurist Art and Theory 1909-1915*, Oxford, Clarendon Press, 1968, p. 100, note 2 : Severini se souvient précisément de May Belfort (peinte à plusieurs reprises par Toulouse-Lautrec) qui n'entrait en scène qu'avec son chat noir.
2 Cf. G. Severini, *Exhibition of Works by the Italian Futurist Painters*, cat. exp., Londres, The Sackville Gallery, mars 1912, p. 26. Nous traduisons.

3 U. Boccioni *et al., Manifeste des peintres futuristes*, in *Les Peintres futuristes italiens*, cat. exp., Paris, galerie Bernheim-Jeune & Cie, 5-24 février 1912, p. 16 // G. Lista, *Futurisme. Manifestes, proclamations, documents*, Lausanne, L'Âge d'homme, 1973, p. 163-164.
4 M.W. Martin (*Futurist Art and Theory…, op. cit.,* p. 101) rappelle que Severini peut avoir vu le tableau en 1911 dans l'atelier de Picasso, fait évoqué par

le peintre italien dans son autobiographie (*La Vita di un pittore*, Milan, Edizioni di Comunità, 1965, p. 79-80).
5 G. Severini, *ibid.,* p. 126.

43   **Gino Severini**
     ***Danseuses jaunes,* vers 1911-1912**
     Huile sur toile, 45,7 x 61 cm
     Harvard University Art Museums, Fogg Art Museum, Cambridge (MA)
     Don de Mr et Mrs Joseph H. Hazen, 1961

Parmi les huit toiles exposées par Severini en février 1912 dans l'exposition parisienne « Les Peintres futuristes italiens » organisée par la galerie Bernheim-Jeune, les *Danseuses jaunes* annoncent directement le projet orphique d'une peinture capable de suggérer simultanément sons, mouvements et lumières. Le dynamisme des figures dansantes, associé à la fragmentation prismatique de la lumière, fait ici l'objet d'une transposition géométrique qui confine à l'abstraction. « Je regroupe d'un côté toutes les couleurs et les formes de la chaleur, de la danse, de la joie, et de l'autre côté toutes les couleurs et les formes de la fraîcheur, de la transparence, de la rumeur et des sons. Cependant, au milieu, je compose un faisceau de formes-couleurs en contraste avec les formes-couleurs latérales[1] […]. »

Le catalogue de l'étape londonienne de l'exposition des peintres futuristes en décrit « les formes dissoutes par la lumière électrique et le mouvement[2] ». Cette dissolution applique à la lettre une injonction du *Manifeste des peintres futuristes* constatant « que le mouvement et la lumière détruisent la matérialité des corps[3] ».

Par nombre de ses toiles – *La Danseuse obsédante* (1911, cat. n° 42), *La Danse du « pan-pan » au Monico* (1909-1911/1959-1960, cat. n° 39), *Hiéroglyphe dynamique du Bal Tabarin* (1912, The Museum of Modern Art, New York)… –, Severini a contribué à faire de la danse un des thèmes majeurs du futurisme et de sa postérité. Ce sera également un des sujets de prédilection de Francis Picabia dans les années 1912-1914 (voir notamment *Danses à la source I,* cat. n° 73 ; *Udnie,* cat. n° 74 et *Je revois en souvenir ma chère Udnie,* cat. n° 75).

Par la démarche analytique dont elles témoignent, par leur mise en œuvre de théories optiques et cinétiques, les *Danseuses jaunes* pourraient plutôt être mises en relation avec certaines œuvres de Giacomo Balla, telle la *Jeune Fille courant sur le balcon* (1912, cat n° 69). Severini, le plus parisien des peintres futuristes italiens, opère son passage du divisionnisme symboliste – hérité de Gaetano Previati, de Giovanni Segantini et de Guiseppe Pellizza Da Volpedo, et acquis durant sa formation en Italie – à l'esthétique futuriste au contact du milieu culturel français. Les *Danseuses jaunes* témoignent de l'influence des théories scientifiques relatives à la « dématérialisation des corps par les rayons X[4] », de celle de la décomposition néo-impressionniste de la lumière de Georges Seurat, modèle magistral pour Severini[5]. « Oui, je voudrais que mes couleurs soient diamants et pouvoir en utiliser abondamment dans mes tableaux pour les rendre plus brillants de lumière et de richesse[6]. » C'est par leur attachement commun aux leçons du postimpressionnisme que Severini, tout comme Robert Delaunay, Jean Metzinger et quelques autres, surmontera l'anathème anti-impressionniste des premiers temps du cubisme et placera la couleur au centre de leurs recherches picturales.

V. C.

1 Propos de Severini parus dans *L'Araldo poliziano* (Montepulciano, ville de Toscane où séjournait le peintre), 13 septembre 1914, en réponse à une critique d'un chroniqueur parue dans ce journal le 6 septembre ; citée par J. Gage, « I calzini di Severini o i colori danzanti », in *Gino Severini. La Danza 1909-1916,* cat. exp., D. Fonti (dir.), Peggy Guggenheim Collection, Venise, 26 mai-28 octobre 2001 (Milan, Skira, 2001), p. 35. Nous traduisons.
2 *Exhibition of Works by the Italian Futurist Painters,* cat. exp., Londres, The Sackville Gallery, mars 1912, p. 26 // G. Lista, *Le Futurisme. Création et avant-garde,* Paris, Éd. de l'Amateur, 2001, p. 65.
3 U. Boccioni *et al., Manifeste des peintres*

futuristes (11 avril 1910) // G. Lista, *Futurisme. Manifestes, proclamations, documents,* Lausanne, L'Âge d'homme, 1973, p. 165.
4 Cf. M.W. Martin, *Futurist Art and Theory 1900-1915,* Oxford, Clarendon Press, 1968, p. 101-102. « Dématérialisation des corps » qui n'est pas sans rappeler certains propos du *Manifeste des peintres futuristes* : « Qui donc peut croire encore à l'opacité des corps, du moment que notre sensibilité aiguisée et multipliée a déjà deviné les obscures manifestations de la médiumnité ? Pourquoi oublier dans nos créations la puissance redoublée de notre vue, qui peut donner des résultats analogues à ceux des rayons X ? » // G. Lista. *Futurisme. Manifestes…, op. cit,* p. 164.

5 Severini écrit dans son autobiographie : « Je choisis Seurat comme maître une fois pour toutes et aujourd'hui encore je n'ai pas varié. » (*La Vita di un pittore* [1946]) // id., *Écrits sur l'art,* S. Fauchereau (préf.), Paris, Éd. Cercle d'art, 1987, p. 8 (L'exposition rétrospective de Seurat en 1908 chez Bernheim-Jeune et la réédition en 1911 du livret théorique de Signac *D'Eugène Delacroix au néo-impressionnisme* sont, pour Severini, des sources fondamentales).
6 Lettre de 1910 // E. Pontiggia, « Il primo rapporto sul Cubismo : lettera di Severini a Boccioni », *Critica d'Arte,* LII/12, janvier-février 1987, p. 62-70.

44   **Gino Severini**
La Modiste, **vers 1910-1911**
Huile sur toile, 64,8 x 48,3 cm
Philadelphia Museum of Art
Don de Sylvia et Joseph Slifka, 2004

Dans *La Modiste,* Severini choisit un thème peint à plusieurs reprises par Henri de Toulouse-Lautrec, Edgar Degas et Pablo Picasso[1]. Cette figure féminine campée en archétype évoque les danseuses qu'il réalise dans cette période (*La Danse du « pan-pan » au Monico* [1909-1911, cat. n° 39] ; *Hiéroglyphe dynamique du Bal Tabarin* [1912, The Museum of Modern Art, New York]), exprimant le rythme dynamique des formes et des tons et, plus particulièrement, le « mouvement "arabesquisant" produit par des couleurs scintillantes et l'irisation de volants et de franges : la lumière électrique fragmentant la scène en zones délimitées. Une étude de pénétration simultanée[2]. »

La puissante énergie dynamique et l'intensité des couleurs, présentes dans d'autres œuvres de Severini (*Danseuses jaunes,* vers 1911-1912, cat. n° 43 et *Souvenirs de voyage,* 1910-1911, cat. n° 40), sont ici accentuées. Deux faisceaux de rayons lumineux propulsés du haut de la toile rappellent ceux de *La Danseuse obsédante* (1911, cat. n° 42) irradiant le visage de la figure, dont un éventail de couleurs prismatiques et de surfaces tailladées par la lumière anime le profil.

On retrouve, dans *La Modiste,* la présence de référents propres au mouvement de la lumière, à la fois rotatoire et irradiant, centripète et centrifuge, que Severini énoncera dans un de ses plus importants manifestes, *L'Art plastique néofuturiste :* « Toutes les sensations, en prenant forme plastiquement, se concrétisent dans la sensation *lumière,* elles ne peuvent donc être exprimées que par *toutes les couleurs du prisme.* Peindre des formes autrement qu'avec toutes les couleurs spectrales signifierait arrêter un des mouvements parmi les plus importants de la matière, celui de l'*irradiation.* L'expression colorée de la sensation *lumière,* en accord avec l'expansion sphérique dans la peinture futuriste, ne peut être que centrifuge ou centripète, en rapport avec la construction organique de l'œuvre[3]. »

Comparé aux autres tableaux de Severini présentés à l'exposition organisée par la galerie Bernheim-Jeune en février 1912, *La Modiste* témoigne de la distance prise par le peintre vis-à-vis d'une touche pointilliste – présente dans des œuvres comme *La Danseuse obsédante* et *Le Chat noir* (1910-1911, cat. n°s 42 et 41) – en faveur d'un coup de pinceau plus épais, d'un traitement plus substantiel de la matière picturale. Une mosaïque de figures géométriques se juxtaposant rapproche également *La Modiste* du *Boulevard* (1911, cat. n° 45). Cependant, la décomposition dynamique des formes ne correspond pas ici à une logique spatiale abstraite mais suggère le rythme ondulatoire des rubans et de la passementerie présents dans l'atelier de la modiste.

La toile fait l'objet d'une datation controversée : si l'artiste affirme dans ses mémoires l'avoir peinte en 1910 à Civray, en Charente, pendant un de ses séjours chez son ami Pierre Declide, il ne semble en fait l'avoir réalisée qu'un an plus tard[4]. Severini consacrera à nouveau plusieurs études à ce sujet en 1916, mélangeant des éléments cubistes et futuristes avant d'aboutir à une gravure publiée par la revue *Sic,* sous le titre *La Modiste*[5].

V. C.

1 Cf. H. de Toulouse-Lautrec, *La Modiste* (1900, musée Toulouse-Lautrec, Albi) ; E. Degas, *Les Modistes,* (1882-1883, musée d'Orsay, Paris) et *Les Repasseuses* (1884, *id.*) ; plus tardivement : P. Picasso, *L'Atelier de la modiste* (1926, Musée national d'art moderne, Paris).
2 G. Severini, *Exhibition of Works by the Italian Futurist Painters,* cat. exp, Londres, The Sackville Gallery, mars 1912, p. 26. Nous traduisons.
3 *Id., L'Art plastique néofuturiste* (1913-1914, texte traduit en français par l'auteur en 1957) // G. Lista.

Futurisme. Manifestes, proclamations, documents, Lausanne, L'Âge d'homme, 1973, p. 188. La version italienne de ce manifeste (qui présente de nombreuses variantes) a été publiée sous son titre initial, *Le Analogie plastiche del dinamismo. Manifesto futurista [Les Analogies plastiques du dynamisme. Manifeste futuriste],* dans M. Drudi Gambillo, T. Fiori, *Archivi del Futurismo,* Rome, De Luca, 1958, t. I, p. 76-80.
4 Une lettre d'invitation de Pierre Declide à Severini du 26 juin 1911 laisse entendre que la peinture

fut achevée l'année suivante. Cf. G. Severini, *La Vita di un pittore,* Milan, Edizioni della Comunità, 1965, p. 70 ; et D. Fonti, *Gino Severini. Catalogo ragionato,* Milan, Arnoldo Mondadori Ed./Éd. Philippe Daverio, 1988, p. 119.
5 *Sic* (Paris), n° 8-10, août-octobre 1916. Cf. D. Fonti, *ibid.,* p. 249-250 (n°s 263 et 264).

45 **Gino Severini**
Le Boulevard, 1911
Huile sur toile, 63,5 x 91,5 cm
Estorick Collection of Modern Italian Art, Londres

Le Boulevard a été interprété comme une transposition des vers du poème épique de Jules Romains, *La Vie unanime,* dans lequel la cité moderne retrouve une valeur positive, après avoir été considérée par la poésie de la fin du XIXe siècle comme le creuset de tous les vices, de toutes les déviances sociales[1]. La métropole, que Severini identifie à Paris, est ce lieu de prédilection des unanimistes, un espace dans lequel l'individu accède à son essence intime, se réalise au contact des énergies urbaines dans sa fusion avec les foules. « L'unanimisme » de Severini se confond avec la célébration futuriste de la grande ville, dont le rythme effréné s'oppose à l'archaïsme d'une civilisation passéiste. Le peintre définit dans cette œuvre les principes généraux sur lesquels se fonde son interprétation du dynamisme futuriste, du concept de simultanéité.

> « Qu'est-ce qui transfigure le boulevard ?
> L'allure de passants n'est presque pas physique.
> Ce ne sont plus des mouvements, ce sont des rythmes,
> Et je ne me sers plus de mes yeux pour les voir.
> L'air qu'on respire a comme un goût mental. Les hommes
> Ressemblent aux idées qui longent un esprit[2]. […] »

Le Boulevard met en évidence ce qui différencie la vision dynamique de Severini de celle de ses compagnons futuristes. S'inspirant de l'analyse de la couleur de Georges Seurat[3], il développe ses propres idées sur le complémentarisme et les rapprochements chromatiques. L'évocation du mouvement fébrile de l'artère parisienne n'est plus le fait du poudroiement impressionniste de l'atmosphère (cf. *Le Printemps à Montmartre,* 1909, collection particulière) mais d'une technique de transposition allusive, musicale de l'énergie de la scène. La touche divisionniste cède la place à une marqueterie de plans colorés, alternant entre figuration (arbres et passants bien que schématisés sont identifiables) et abstraction. Outre qu'il renforce la tendance décorative de la peinture de Severini, ce procédé met en relief la fonction dynamique de la couleur, son aptitude à suggérer reliefs et profondeurs. *Le Boulevard* donne ainsi lieu à des expérimentations que Severini développera dans son manifeste *L'Art plastique néofuturiste* : « Le complémentarisme en général et le divisionnisme des couleurs analogues constituent la technique des analogies des couleurs. Par ces analogies, on obtient *le maximum d'intensité lumineuse, chaleur, musicalité, dynamisme constructif et optique[4].* »

Véritable patchwork de figures géométriques, *Le Boulevard* – dont la structure rappelle celle du « grand puzzle » de *La Danse du « pan-pan » au Monico* (1909-1911, cat. n° 39) – a vraisemblablement été vu par David Bomberg lors de sa présentation à l'exposition londonienne des peintres futuristes italiens[5] ; en témoigne la composition de certaines œuvres du peintre anglais (cf. *Ju-Jitsu,* vers 1913 ; *In the Hold [Dans la cale],* vers 1913-1914, toiles appartenant aux collections de la Tate, Londres).

D. O.

1 D. Fonti, *Gino Severini, Catalogo ragionato,* Milan, Arnoldo Mondadori Ed./Edizioni Philippe Daverio, 1988, n° 92, p. 117.
2 J. Romains, « Intuitions », *La Phalange* (Paris), n° 2, 15 août 1906, p. 175.
3 Severini considère le peintre français comme son maître : « Je choisis Seurat comme maître une fois pour toutes et aujourd'hui encore je n'ai pas varié. » (G. Severini, *La Vita di un pittore,* Milan,

Ed. della Comunità, 1965, p. 47).
4 Id., *L'Art plastique néofuturiste* (1913-1914, texte traduit en français par l'auteur en 1957), paru dans M. Seuphor, *Dictionnaire de la peinture abstraite,* Paris, Hazan, 1957, p. 94 // G. Lista, *Futurisme. Manifestes, proclamations, documents,* Lausanne, L'Âge d'homme, 1973, p. 188. La version italienne de ce manifeste (qui présente de nombreuses variantes) a été publiée sous son titre initial, *Le Analogie*

plastiche del dinamismo. Manifesto futurista [Les Analogies plastiques du dynamisme. Manifeste futuriste], dans M. Drudi Gambillo, T. Fiori, *Archivi del Futurismo,* Rome, De Luca, 1958, t. I, p. 76-80.
5 *Exhibition of Works by the Futurist Italian Painters,* cat. exp., Londres, The Sackville Gallery, mars 1912. Dans le catalogue (p. 26), l'œuvre est ainsi décrite : « Lumière et obscurité scandent l'animation du boulevard en formes géométriques. »

46   **Gino Severini**
     Les Voix de ma chambre, **1911**
     Huile sur toile, 37,7 x 55,2 cm
     Staatsgalerie, Stuttgart

« Mon premier contact avec l'art de Seurat, que j'ai adopté et pour toujours comme mon maître, m'a beaucoup aidé à m'exprimer selon les deux aspirations simultanées et souvent opposées[1]. » En 1956, dans la préface de son exposition à la galerie Berggruen à Paris, Severini revient ainsi sur la façon dont il a tenté de concilier cubisme et futurisme.

Les Voix de ma chambre illustrent cette voie dans laquelle il se lance entre 1911 et 1915. Venu à Paris pour pénétrer « à la lettre et dans l'esprit l'œuvre de Seurat[2] », il assume alors le divisionnisme néo-impressionniste, densément exploité dans *Le Chat noir* (1910-1911, cat. n° 41), plus modérément dans *Les Voix de ma chambre* : les petites touches de peinture, qui habillent la surface de la toile d'une multitude de fleurs et de feuilles, sont davantage liées les unes aux autres au centre de la composition, donnant l'illusion de quelques zones en aplats.

Fidèle à la « perception de coloriste » préconisée par le *Manifeste des peintres futuristes* de 1910, Severini adopte un langage coloré exalté de teintes claires, une violence chromatique de bleus, de verts, d'ocres intenses qui l'éloignent des cubistes. De ces derniers – Pablo Picasso, qu'il découvre chez Daniel-Henry Kahnweiler début de l'année 1911, et Georges Braque, qu'il rencontre après avoir visité la fameuse salle XLI du Salon des indépendants au printemps de la même année –, il retient le sujet même du tableau, des objets du quotidien comme le sont les pipes, paquets de tabac, verres, journaux des cubistes, et leur décomposition, leur fragmentation géométrique : chandelier disloqué, livres déformés…

Illustrant la diversité des solutions futuristes, Severini mêle avec brio différents moyens – cubistes, futuristes, néo-impressionnistes – dans cette œuvre au titre mystérieux. *Les Voix de ma chambre* seraient celles des objets disposés sur la table de nuit, allusion à la vie silencieuse des choses ou « description picturale » d'un état d'âme, alors même qu'Umberto Boccioni s'intéresse dans son triptyque intitulé *États d'âme* (1911, cat. n°s 17 à 19) à la transcription psychologique.

I. M.

1 G. Severini, préface de *Severini : œuvres futuristes et cubistes,* cat. exp., Paris, galerie Berggruen, 1956.
2 *Ibid.*

47   **Félix Del Marle**
      Autoportrait, **1913**
      Craie et fusain sur papier, 64,1 x 49,2 cm
      The Museum of Modern Art, New York / Fonds J.M. Kaplan, 1973

Del Marle, originaire du Nord, est le seul peintre français à s'être réellement réclamé du futurisme tel qu'il avait été défini par Marinetti dans son *Manifeste du futurisme* de 1909. À son arrivée à Paris en 1911, après des débuts influencés par l'impressionnisme, il se tourne vers le cubisme. Ce n'est qu'au début de l'année 1913 qu'il se familiarise avec l'esthétique futuriste en rencontrant Gino Severini. Quelques mois plus tard, il confirme cette orientation en assistant à la conférence de Marinetti et au discours de Umberto Boccioni lors de l'exposition parisienne de ce dernier sur la sculpture futuriste[1].

Son adhésion au mouvement va de pair avec son engagement révolutionnaire et sa volonté de rupture avec l'ordre établi qui trouvent un écho dans les théories combattives de Marinetti. Il reprend d'ailleurs les formes stylistiques qu'affectionne le poète dans son *Manifeste futuriste contre Montmartre,* publié dans *Paris-Journal* le 13 juillet 1913. Ce manifeste déclenche une polémique entre Del Marle et Severini, ce dernier tenant à conserver seul son rôle de représentant du futurisme à Paris et récusant l'appartenance de Del Marle au mouvement. Une lettre ouverte datée du 28 juillet, dans laquelle Marinetti déclare : « Nous approuvons intégralement et avec enthousiasme votre Manifeste futuriste » fait cesser la polémique et légitime le futuriste Del Marle.

Cet *Autoportrait* de juin 1913 témoigne de l'intérêt de l'artiste pour les qualités constructives de la peinture, qui l'orienteront dans les années 1920 sur le chemin du néoplasticisme. Le visage présenté de trois quarts est sectionné en deux par une droite à laquelle répondent les deux pans du costume donnant les lignes-force de la composition. Les traits sont lisibles dans la partie gauche du visage tandis que la face dans l'ombre est uniquement suggérée par une forme elliptique délimitant le tracé de l'orbite et le pourtour de la joue, signifié par un angle aigu. Cette œuvre relève en effet d'un style que l'on pourrait qualifier de cubofuturiste. L'influence de Severini sur Del Marle est visible, notamment celle qu'a pu exercer l'*Autoportrait* réalisé par l'artiste italien en 1912 (Musée national d'art moderne, Paris), dont Del Marle a eu l'occasion d'étudier les caractéristiques lors du séjour de Severini dans son atelier, en mai 1913.

J. C. L.

1 « Première Exposition futuriste du peintre
et du sculpteur futuriste Boccioni », galerie La Boëtie,
Paris, 20 juin-16 juillet 1913.

48   **Félix Del Marle**
Le Port, 1913
Huile sur toile, 81 x 65 cm
Musée des Beaux-Arts de Valenciennes

Le Port, grande composition (environ 300 x 190 cm) que l'on peut sans doute considérer comme l'accomplissement futuriste de Del Marle, fut exposé au Salon des indépendants de 1914 et remarqué par Guillaume Apollinaire, qui constate que « cette année, le futurisme a commencé d'envahir le Salon[1] ». Cette œuvre, aujourd'hui perdue, marqua la consécration par la critique de Del Marle, « futuriste français [qui] expose un tableau qui n'est pas sans intérêt, où l'on retrouve l'influence d'Albert Gleizes[2] ». Plusieurs études, dont celle conservée à Valenciennes, sans doute la dernière, nous permettent d'appréhender ce que fut la version finale. La composition reste identique d'une étude à l'autre : le navire occupe le centre de la toile, constitué de deux ellipses ouvertes organisées autour d'un axe médian qui structure l'ensemble. Cette construction en ellipse brisée suscite une tension dynamique forte et apparaît être la forme privilégiée des compositions futuristes de Del Marle. Les grands aplats, au centre du tableau, contrastent fortement avec l'environnement du port, rendu par un foisonnement de touches colorées parcourues par des lignes enchevêtrées. Le vide central, essentiel dans la théorie marinettienne, est donc ici assuré, plaçant le spectateur au cœur de l'action.

« Nous avons abandonné le motif entièrement développé selon son équilibre fixe et par conséquent artificiel mais, comme en musique, nous coupons brusquement chaque motif par un ou plusieurs autres dont nous ne donnons que les notes initiales, centrales ou finales. On peut apercevoir dans nos toiles des taches, des lignes, des zones de couleur qui ne correspondent apparemment à aucune réalité. [...]. Pour ne citer que les lignes, si celles-ci sont confuses, sursautantes, courbes, elles donneront une agitation chaotique de sentiments. [...] Il en est de même pour les couleurs comme pour les sons[3]. » Plongé dans l'animation de la vie portuaire, on assiste à la symphonie de la vie moderne, avec ses bruits, ses odeurs, ses couleurs, dans une simultanéité conforme aux principales théories futuristes.

Cette œuvre reprend un thème que Pablo Picasso avait exploré en 1912 dans *Souvenir du Havre* (collection particulière, Bâle), toile que Marinetti considérait comme un témoignage évident de la perméabilité du peintre aux idées futuristes. Ce motif, son traitement rappellent l'invitation lancée par Carlo Carrà : désormais les tableaux expriment « les équivalences plastiques des sons, bruits et odeurs des théâtres, music-halls, cinématographes, bordels, gares, ports[4] ». Cette synthèse plastique de la vie portuaire est sans doute redevable de l'expérience de Del Marle à bord du paquebot de la Compagnie des Chargeurs réunis, entre 1907 et 1909. Les inscriptions au pochoir (« New York », « Niagara »...), intrusions du réel dans l'espace pictural, sont comme une réminiscence des procédés employés par Braque et par Picasso. La représentation synthétique s'ancre alors dans la réalité pour évoquer la traversée transatlantique record du *Touraine* (six jours et vingt et une heures) et son arrivée à New York, ville modèle de la modernité. Mais la compénétration des plans et la synthèse des perceptions de ce navire qui fusionne avec son environnement plongent le spectateur dans une confusion où se mêlent départ, traversée et arrivée.

J. C. L.

1 G. Apollinaire, « Le 30e Salon des indépendants »,
Les Soirées de Paris, n° 24, mars 1914, p. 184 //
id., Écrits sur l'art, OC, Paris, Gallimard, « Bibliothèque
de La Pléiade », t. II, 1991, p. 652.
2 *Id.,* « Au Salon des Indépendants », *L'Intransigeant*
(Paris), 5 mars 1914 // *ibid.,* p. 650.
3 F. Del Marle, « Un peintre futuriste à Lille »
Le Nord illustré (Lille), 5e année, n° 8, 15 avril 1913,
p. 122-123.

4 C. Carrà, *La Peinture des sons, bruits et odeurs.*
Manifesto futurista // G. Lista, *Futurisme. Manifestes,*
proclamations, documents, Lausanne, L'Âge
d'homme, 1973, p. 165. Manifeste publié en italien :
La Pittura dei suoni, rumori, odori. Manifesto futurista,
Lacerba (Florence), vol. I, n° 17, 1er septembre 1913,
p. 185-187.

49 **Félix Del Marle**
Les Six Jours ou La Patineuse, 1913
Huile sur toile, 81 x 65 cm
Yale University Art Gallery, New Haven / Fonds Katharine Ordway, acquis en échange des dons d'Archer M. Huntington,
B. A. 1897 (en souvenir de sa mère Arabella D. Huntington), de The Associates in Fine Arts, juin 1930, de J. Davenport
Wheeler, et avec le legs de Vine Stoddart

Le motif de la patineuse est l'un des premiers sujets auxquels Del Marle applique les principes futuristes. Dès avril 1913,
deux de ses œuvres sont reproduites dans *Le Nord illustré*[1] : *Les Six Jours ou La Patineuse* et *L'Effort*. Réalisées dans les
premiers mois de l'année 1913, *Patineuses* et *Les Six Jours...* inaugurent la période futuriste de Del Marle – son adhésion
officielle date de mars. Toute sa production futuriste privilégie la représentation de la vie moderne et particulièrement le
choix de sujets propres à exalter les sensations dynamiques. À l'instar des peintres italiens, qui prônent la glorification de
la vie moderne, Del Marle se tourne vers un sujet résolument novateur, non éloigné de l'univers de la danse, qui occupe
Gino Severini en 1912-1913 (cat. nos 39, 42 et 43), mais dans lequel la vitesse joue un rôle plus important encore. Le
patinage est alors un loisir en plein essor, grâce à la multiplication des patinoires artificielles depuis la fin du XIXe siècle.
Son choix de représenter une figure féminine est également un gage de modernité, les femmes n'ayant été admises à
concourir dans cette discipline qu'en 1906.
Dans une même logique, le titre qu'il donne à sa peinture renforce son inscription dans l'actualité. L'expression « Les Six
Jours » renvoie à une compétition de cyclisme qui se tint pour la première fois au Vélodrome d'hiver en 1913. Cet
événement sportif était de surcroît particulièrement prisé dans les milieux ouvriers, dont Del Marle était proche. Construit
en 1910, le Vélodrome d'hiver est alors une salle très populaire qui, outre les manifestations cyclistes, accueille des compé-
titions de patinage. En établissant un lien entre la patineuse et cette autre discipline sportive, Del Marle indique, dès le titre,
l'importance que tient la vitesse au sein de l'œuvre, à tel point qu'elle en devient le sujet réel.
Patineuses est à considérer comme une étude probable, faisant partie d'un ensemble de dessins sur ce sujet, pour le
tableau conservé à New Haven. La figure centrale présente le même mouvement instable (pied droit levé en arrière) que
celle de la version de Yale, mais les patineuses – à peines signalées par leur mouvement centrifuge – qui encadraient celle
du premier plan, ont laissé place à un public nombreux et anonyme massé sur les gradins du Vélodrome. Le mouvement
de la figure centrale est encore accentué par le contraste créé entre un arrière-plan surchargé, où dominent les couleurs
sombres, et l'avant-scène irradiée de lumière. Les réseaux de lignes qui suggèrent le mouvement sont plus nombreux et
plus appuyés dans la version à l'huile et leur effet est renforcé par les faisceaux lumineux des projecteurs qui se joignent
aux tracés dynamiques de la patineuse sur la glace. Toutes ces lignes convergent vers son pied droit qui est, de ce fait,
propulsé hors de l'espace-plan, augmentant ainsi la sensation de mouvement dans une avancée vers le spectateur.
Dans cette version sur toile, Del Marle respecte les principes du simultanéisme futuriste, rendu possible par la « compénétration » des plans, corps et objets, dans une fusion de l'espace et du temps. Le pied levé de la patineuse est fractionné
en plusieurs images qui se confondent. Et si dans le dessin, on distingue encore la forme du patin, dans l'œuvre définitive,
seul est conservé le tracé du mouvement qu'il exécute, illustré par une succession de lignes courbes parallèles où le patin
n'est plus reconnaissable. L'ensemble du corps et le visage de la patineuse sont enserrés dans le réseau des lignes qui
structure l'espace. Sa silhouette est altérée, déformée par la force du mouvement, pénétrée par le dynamisme qui traverse
et confond corps, espaces et objets.

J. C. L.

50
Patineuses, 1913
Fusain sur papier, 54,5 x 44 cm
Centre Pompidou-Musée national
d'art moderne, Paris / Achat, 1992

1 A[ndré] F[arge], « Un peintre futuriste à Lille »,
Le Nord illustré (Lille), n° 8, 15 avril 1913, p. 122.

51 **Félix Del Marle**
L'Effort, **1913**
Fusain sur papier, 42,2 x 69,8 cm
The Museum of Modern Art, New York / Fonds J. M. Kaplan, 1973

L'Effort est reproduit avec *Les Six Jours ou la patineuse* dans *Le Nord illustré* en mars 1913, en accompagnement de l'article par lequel Del Marle revendique son appartenance au groupe futuriste[1]. Ce dessin témoigne de sa parfaite connaissance des théories dans lesquelles il opère une sélection afin d'élaborer un futurisme français. Ce n'est d'ailleurs pas un hasard si, à l'inspiration de *La Ville qui monte* (1910-1911, cat. n° 22) de Umberto Boccioni, il ajoute en fond un paysage évocateur du Paris contemporain, alliant aux principes futuristes les symboles caractéristiques de peintres tels que Robert Delaunay. L'archaïsme du premier plan, où un cheval tire un lourd véhicule, contraste avec l'arrière-plan, constitué des éléments caractéristiques du Paris moderne et du monde du travail (tour Eiffel, ponts, cheminées d'usine…). Le sujet, comme dans toute la production de Del Marle, occupe la position centrale et confère son organisation à l'ensemble de la composition. Il reprend à Boccioni le principe des « secteurs irradiants de lumière » dans les lignes qui parcourent le dessin, concentrant l'attention sur le travail du cheval et de l'homme. La composition de l'œuvre est cependant simplifiée par rapport à celle du peintre italien. Del Marle réduit le nombre de personnages et, au foisonnement de la couleur, il répond par la sobriété du trait des lignes-force, recentrant le regard sur le sujet. Il oppose à l'arrière-plan statique de *La Ville qui monte* la projection dynamique du paysage. Le principe de la compénétration des plans est appliqué. Le paysage déformé semble vouloir, par son mouvement, encourager l'effort fourni : c'est toute la ville qui participe à cette tension. L'ensemble de l'œuvre est parcouru par une ascension dynamique qui entraîne à sa suite le spectateur. Del Marle analyse ici le mouvement décomposé et la trace visuelle laissée par un objet déplacé dans l'espace. Avec ce dessin, tout en se rattachant au futurisme, il affirme son indépendance par rapport au groupe italien en empruntant une voie personnelle.

J. C. L.

1 F. Del Marle, « Un peintre futuriste à Lille »,
Le Nord illustré (Lille), 5e année, n° 8, 15 avril 1913,
p. 122-123.

52 **Félix Del Marle**
Les Chats, 1913
Fusain et lavis d'encre de Chine sur papier, 49,2 x 76,2 cm
Musée des Beaux-Arts de Valenciennes

L'ensemble de la production futuriste de Del Marle n'a pas duré plus de trois ans, et la majorité de ses œuvres ont été réalisées durant l'année 1913. Privilégiant alors les sujets proprement futuristes – évocations du monde moderne –, il a également peint divers portraits et natures mortes, ainsi que des représentations animales, dont *Les Chats* sont une parfaite illustration. Le futurisme de Del Marle s'est souvent exercé dans le dessin, concentrant son attention sur le mouvement du trait plus que sur le foisonnement des couleurs. Les « hiéroglyphes dynamiques » empruntés à Gino Severini ainsi que les courbes ellipsoïdales, omniprésentes dans son travail, sont ici réduits et simplifiés à l'extrême. On ne voit plus trace de l'apologie du modernisme par le dynamisme mais, au contraire, on perçoit la volonté de tirer les manifestations essentielles et intimes du mouvement. Ce dernier devient chez Del Marle un signe de l'élan vital plus qu'une manifestation de l'époque moderne. La fluidité et la souplesse s'opposent au dynamisme tranchant des futuristes. Le motif est parcouru par l'arabesque qui transmet en douceur son mouvement à l'œuvre, conduisant à l'abstraction. On peut voir se profiler dans cette œuvre l'orientation future de Del Marle qui, à la fin de la guerre, se rapprochera des recherches musicalistes de František Kupka.

J. C. L.

53 **Robert Delaunay**
La Ville de Paris, 1910-1912
Huile sur toile, 267 x 406 cm
Centre Pompidou-Musée national d'art moderne, Paris / Achat, 1936
Attribution, 1937 / Dépôt au Musée d'Art moderne de la Ville de Paris, 1985

Delaunay a passé les deux premières années de sa formation de peintre dans les ateliers du décorateur de théâtre Eugène Ronsin[1]. C'est sans doute grâce à sa maîtrise du grand format qu'il parvient à réaliser, dans des délais exceptionnellement courts, la composition qu'il envoie au Salon des indépendants de 1912[2]. L'entreprise représente un véritable tour de force. Delaunay a certainement entendu l'appel de Guillaume Apollinaire plaidant pour un retour à de « vastes sujets[3] » en peinture, et sa *Ville de Paris* affiche des proportions monumentales qui lui permettent de rivaliser avec les « grandes machines » tradi-tionnellement destinées aux Salons.

Lorsque la toile est présentée aux Indépendants, l'effet Larsen produit par le tintamarre futuriste résonne encore aux oreilles des Parisiens. Un mois à peine s'est en effet écoulé depuis leur entrée sur la scène parisienne, à l'occasion de l'exposition « coup de poing » organisée par la galerie Bernheim-Jeune. Les peintres italiens avaient alors remis en question le *leadership* artistique de la capitale française dans la préface de leur catalogue, texte d'une insolence rare qui dirigeait ses foudres contre les cubistes : « Ils s'acharnent à peindre l'immobile, le glacé et tous les états statiques de la nature ; ils adorent le traditionalisme de Poussin, d'Ingres, de Corot, vieillissant et pétrifiant leur art avec un acharnement passéiste qui demeure absolument incompréhensible à nos yeux. […] Il est indiscutable que plusieurs affirmations esthétiques de nos camarades de France révèlent une sorte d'académisme masqué[4]. » Passant outre ces accusations, Robert Delaunay ancre solidement son tableau dans une filiation historique. D'emblée, la division tripartite de la toile – les parties étant unifiées par la transparence de plans colorés – inscrit l'œuvre au sein d'une longue tradition picturale. Du Greco à Cézanne et au Douanier Rousseau, les multiples références ou citations qui apparaissent au fur et à mesure que se déroule la frise témoignent par ailleurs du désir de s'inscrire dans le sillage de ceux qu'il considère comme ses maîtres[5]. En plaçant le motif antique des Trois Grâces au centre de sa composition, le peintre réhabilite le nu, sujet classique par excellence, dont les futuristes, estimant que sa prolifération avait « transformé les Salons en autant de foires aux jambons pourris ![6] », avaient réclamé le bannissement en peinture pour une période de dix ans.

L'alternative française au futurisme que propose Robert Delaunay suscite l'enthousiasme d'Apollinaire, qui considère *La Ville de Paris* comme la toile la plus importante du Salon et, narquois, salue en elle « l'avènement d'une conception d'art perdue peut-être depuis les grands peintres italiens[7] ». Pourtant, au-delà du refus de leurs principes, l'œuvre semble témoigner d'une affinité de recherche avec les futuristes. Delaunay n'écrit-il pas à Sam Halpert que « ce qu'ils disent est bien[8] » ! Ressurgissant de ses œuvres antérieures, les éléments d'une iconographie urbaine, symboles de la vie moderne (immeubles, toits, tour Eiffel embrasée), s'infiltrent dans la fresque pour cohabiter avec les figures pompéiennes. Si Delaunay fustige une transcription futuriste du dynamisme qu'il estime purement mécanique et conçue sur le modèle du cinématographe[9], le déroulé accéléré qui s'opère à mesure que l'œil parcourt la toile, selon un procédé « cinématique », évoque les solutions explorées par les futuristes. Enfin, la synthèse d'images mentales qui évoquent le passé, le présent et le futur de la ville renvoie indubitablement à la tentative de Umberto Boccioni : traduire une « simultanéité d'ambiance » dans ses *États d'âme* (1911, cat. nos 17 à 19).

À la veille de la grande bataille qui l'opposera aux futuristes[10], Delaunay retrace les étapes de son parcours artistique et revendique l'antériorité de ses recherches. *La Ville de Paris* résiste vaillamment aux assauts des peintres italiens et apparaît comme le premier essai de synthèse entre cubisme et futurisme.

M.-L. B.

1 Entre 1901 et 1902.
2 La toile pourrait avoir été exécutée entre le début de février et la mi-mars 1912. Cf. V. Spate, *Orphism : The Evolution of Non-Figurative Painting in Paris 1901-1914,* Oxford, Clarendon Press, 1979, p. 182.
3 G. Apollinaire, préface au catalogue du VIIIe Salon annuel des indépendants, Bruxelles, Cercle d'art, 10 juin-31 juillet 1911 // id., Écrits sur l'art, OC, Paris, Gallimard, « Bibliothèque de La Pléiade », 1991, t. II, p. 358.
4 U. Boccioni *et al.,* « Les exposants au public », in *Les Peintres futuristes italiens,* cat. exp., Paris, galerie Bernheim-Jeune & Cie, 5-24 février 1912, p. 2-3 // G. Lista, *Futurisme. Manifestes,*

proclamations, documents, Lausanne, L'Âge d'homme, 1973, p. 168.
5 R. Delaunay emprunte notamment une vue des quais de la Seine à l'autoportrait *Moi-même – portrait-paysage* du Douanier Rousseau (1890, Národní Galerie, Prague).
6 U. Boccioni *et al., Manifeste des peintres futuristes* (11 avril 1910), *Comœdia* (Paris), 18 mai 1910 // *Les Peintres futuristes italiens, op. cit.,* p. 22 // G. Lista, *op. cit.,* p. 166.
7 G. Apollinaire, « Le Salon des indépendants », *L'Intransigeant* (Paris), 19 mars 1912 // id., *Écrits sur l'art, op. cit.,* p. 428.
8 Lettre de février 1912 (Bibliothèque nationale de

France. Fonds Delaunay), citée dans *Robert Delaunay 1906-1914. De l'impressionnisme à l'abstraction,* cat. exp., Musée national d'art moderne, Paris, 3 juin-16 août 1999 (Éd. du Centre Pompidou, 1999), p. 157.
9 Cf. R. Delaunay, *Du cubisme à l'art abstrait.* Documents inédits publiés par P. Francastel et suivis d'un catalogue de l'œuvre de R. Delaunay par G. Habasque, Paris, SEVPEN, 1957, p. 142.
10 La querelle de l'orphisme qui débute à la fin de l'année 1913 se poursuivra jusqu'en 1914 dans la presse et les revues européennes : *Lacerba* (Florence), *Der Sturm* (Berlin), *Les Soirées de Paris* et *Paris-Journal.*

54   **Juan Gris**
      ***Hommage à Pablo Picasso,* 1912**
      Huile sur toile, 93,3 x 73,3 cm
      The Art Institute of Chicago / Don de Leigh B. Block, 1958

Gris réalise son *Hommage à Pablo Picasso* au cours des mois de janvier et de février 1912, au moment où il met un terme à ses activités de dessinateur humoristique. La toile est montrée de mars à mai 1912 au Salon des indépendants[1] où, pour la première fois, Gris expose ses œuvres. André Salmon, dans l'édition du 2 janvier 1912 de *Paris-Journal,* avait présenté Gris comme un disciple de Picasso. L'*Hommage à Pablo Picasso* confirme cette allégeance. Il s'insère dans une série de portraits – notamment ceux de Maurice Raynal (1911, collection particulière), de M. Legua (1911, Metropolitan Museum of Art, New York) et de Germaine Raynal (1912, collection particulière) – dans lesquels Gris expérimente les formules cubistes, avant de se détourner de ce genre, qui ne constitue qu'une part très marginale de sa production.

Daniel-Henry Kahnweiler affirmait que Gris « n'aurait jamais songé à peindre un portrait qui n'aurait été un vrai portrait[2] ». De fait, l'*Hommage à Pablo Picasso* reste fidèle à son modèle, reconnaissable à certains traits caractéristiques (comme la mèche de cheveux qui lui barre le front). Dans la gamme chromatique restreinte de gris, de verts et de bleus propre à ses premières peintures, Gris représente Picasso à mi-corps, tenant une palette qui offre le prétexte à quelques rehauts de couleurs vives. Le dynamisme des formes triangulaires et prismatiques qui constituent l'arrière-plan contraste avec la pose statique et massive de Picasso, dont la corpulence est accentuée par la large vareuse militaire (rappelant celle que porte Braque sur une photographie prise par Picasso au printemps 1911).

Commentant le Salon des indépendants, Guillaume Apollinaire écrit : « Juan Gris expose un *Hommage à Picasso,* où il faut louer surtout un grand effort et un grand désintéressement. L'envoi de Juan Gris pourrait s'appeler le *Cubisme intégral*[3]. » De quoi est donc fait ce « cubisme intégral » que loue Apollinaire ? D'une clarté dans l'énoncé formel, d'une grande rigueur et économie dans l'emploi de l'idiome cubiste, d'un équilibre savant entre la géométrie la plus précise et les courbes inspirées des formes du vivant.

I. M.

1 L'œuvre est exposée sous le titre *Figure.*
2 D.-H. Kahnweiler, *Juan Gris, sa vie, son œuvre,*
ses écrits, Paris, Gallimard, rééd. 1946, p. 164.
3 G. Apollinaire, « Vernissage aux Indépendants »,
L'Intransigeant (Paris), 25 mars 1912 // id., *Écrits*
sur l'art, OC, Paris, Gallimard, « Bibliothèque
de La Pléiade », t. II, 1991, p. 430-431.

55 **Fernand Léger**
La Noce, **1911-1912**
Huile sur toile, 257 x 206 cm
Centre Pompidou-Musée national d'art moderne, Paris / Don, 1937

Seul envoi de Léger au Salon des indépendants en mars 1912 sous l'appellation « Composition avec personnages », titre apposé au dos de la toile, ce tableau, d'un format alors exceptionnel, marque un tournant majeur au sein des recherches cubistes menées par le peintre dès 1909. Il poursuit la décomposition de l'image en facettes, plans et volumes multiples qui créent des effets de creux et de bosses. De l'héritage de Cézanne, Léger retient que le dessin « devait être rigide, pas du tout sentimental[1] », principe qu'il applique dans ce tableau. Le peintre y associe des éléments figuratifs et abstraits avec une exaltation non dissimulée, renvoyant à un sujet tout en souhaitant n'obéir à aucun référent. « Attaché à rendre sa toile non sentimentale (à l'opposé du thème choisi) », Léger disait qu'il s'était « inspiré de photographies de mariage consciemment posées »[2]. Il peut s'agir de celles des noces de son ami d'enfance, André Mare, célébrées en juillet 1910. Guillaume Apollinaire relève dans sa critique du Salon des indépendants que « le tableau de Léger ressortit à la peinture pure. Aucun sujet, beaucoup de talent[3] ». Suivant une construction verticale, les éléments narratifs (une série de maisons autour d'un clocher, une rangée d'arbres, le couple de mariés au centre, des mains qui se serrent ou qui se cherchent, les invités qui s'étagent les uns au-dessus des autres) sont confinés dans des espaces exigus envahis par de vaporeuses masses blanches et ocre qui tendent à effacer le motif dynamique. Ces formes géométriques et mouvantes, nuages ou fumées aux contours cernés de noir, cadrent l'agitation de la noce et lui donnent une dimension aérienne.
Lié aux artistes de la Section d'or, Léger, comme Robert Delaunay, réinvestit ici la couleur et le mouvement délaissés par Braque et Picasso, ainsi qu'un sujet qui s'apparente davantage à ceux des peintres futuristes, à l'instar de Gino Severini qui consacre de nombreux tableaux à la danse dès 1909. La composition même procède d'une inspiration – ou d'une anticipation – futuriste que la toile non datée – fait étonnant chez Léger – peut souligner. Ce tableau a sans doute été achevé à la fin de l'année 1911 ou au début de 1912 (voir aussi une *Esquisse pour la noce* à l'huile datée de 1912, collection particulière[4]). Selon Christopher Green, le peintre pourrait avoir repris sa toile en 1912 entre les ouvertures respectives de l'exposition des peintres futuristes chez Bernheim-Jeune en février et du Salon des indépendants en mars, s'inspirant notamment des *Adieux* des *États d'âme* de Umberto Boccioni (1911, cat. n° 18)[5]. Il peut s'agir également, à l'inverse, d'une influence de Léger sur les peintres italiens qui avaient visité son atelier à l'automne 1911. « Œuvre inachevée qui ne peut frapper que des esprits avertis[6] », selon Apollinaire, désignée également comme « un chef d'œuvre du cubisme[7] » par Alfred Flechtheim (qui achète la toile en 1912-1913), *La Noce* témoigne largement de la spécificité de Léger au sein du cubisme : le peintre bouscule la fragmentation des espaces, libère la couleur et se tourne vers une dynamique vibratoire proche des futuristes, établissant alors un vocabulaire plastique et esthétique personnel.

C. M.

1 F. Léger, cité dans G. Le Noci, *Fernand Léger, sa vie, son œuvre, son rêve,* Milan, Edizioni Apollinaire, 1971, p. 70 // *Œuvres de Fernand Léger au Musée national d'art moderne,* Paris, Éd. du Centre Pompidou, 1981, p. 20.
2 *Id.,* « Conversation avec Albert Elsen » (communication écrite d'A. Elsen du 3 juin 1979) // *ibid.,* p. 22.
3 G. Apollinaire, « Les "Indépendants". Les nouvelles tendances et les artistes personnels », *Le Petit Bleu* (Paris), 20 mars 1912 // *id., Écrits sur l'art, OC,* Paris, Gallimard, « Bibliothèque de La Pléiade », t. II, 1991, p. 438.
4 Cf. *Œuvres de Fernand Léger au Musée national d'art moderne, op. cit.,* p. 19-22.
5 C. Green, *Léger and the Avant-Garde,* New Haven (CT)/Londres, Yale University Press, 1976, p. 42-45.
6 G. Apollinaire, « Vernissage aux Indépendants », *L'Intransigeant* (Paris), 3 avril 1912 // *id., Écrits sur l'art, op. cit.,* p. 438.
7 Lettre d'Alfred Flechtheim à Georges Huisman, Londres, 7 février 1937 // *Œuvres de Fernand Léger au Musée national d'art moderne, op. cit.,* p. 22.

56 **Jean Metzinger**
Le Cycliste, **1912** *(Au vélodrome)*
Huile et collage sur toile, 130,4 x 97,1 cm
Peggy Guggenheim Collection, Venise / Solomon R. Guggenheim Foundation,
New York

Dans le premier ouvrage théorique publié sur le cubisme en 1912, Jean Metzinger et Albert Gleizes affirment que « les formes que l'on y [le plan du tableau] situe ressortissent à un dynamisme que nous assumons de dominer. […] Composer, construire, dessiner, se réduisent à ceci : régler sur notre propre activité le dynamisme de la forme[1]. » Poursuivant son dialogue avec les futuristes, Metzinger, à qui Marinetti avait dédicacé un exemplaire de son recueil *Le Futurisme* en 1911, répond aux peintres italiens qui font au cubisme le reproche d'être une peinture de l'immobilité.

Relevant le défi futuriste d'une évocation picturale du mouvement, Metzinger s'attache, avec son *Cycliste,* à la réalisation d'une peinture à la fois cubiste et résolument dynamique. Il distingue toutefois son « dynamisme plastique » du « dynamisme pictural » des peintres italiens. Deux dessins préparatoires de 1911-1912[2] témoignent de l'élaboration minutieuse de son œuvre. La silhouette du coureur cycliste se voit fragmentée en plans géométriques transparents qui créent la sensation d'un mouvement. Metzinger s'explique : « Je tentais de décomposer les volumes naturels en plans qui, par leurs différences d'éclairage, de mesure, de situation, devaient permettre aux spectateurs de reconstruire mentalement ces volumes, d'imaginer dans l'espace le corps considéré[3]. »

Ce tableau fait le choix d'une iconographie qui déroge au parti pris de statisme, de monumentalité formelle inhérente au cubisme. L'année où Metzinger peint son *Cycliste,* Umberto Boccioni, faisant le choix du même sujet, en affirme la nature profondément futuriste. Au fil de ses nombreuses études, le peintre italien abstrait les détails de l'anatomie du cycliste, de sa monture, pour les fondre dans une composition (*Dynamisme d'un cycliste,* 1913, collection particulière, Milan) qui exalte les lignes de force du mouvement. En Russie, au même moment, Nathalie Gontcharova peint, elle aussi, un cycliste (1913, cat. nº 86) dont elle suggère le mouvement par la démultiplication de ses contours. Si l'iconographie du *Cycliste* de Metzinger et certaines de ses caractéristiques formelles (la transparence des plans par exemple) témoignent d'emprunts aux théories futuristes, son analytique s'attache à une transposition plastique de la figure en plans ajustés dans la surface du tableau et relève incontestablement de l'orthodoxie cubiste.

I. M.

57
Étude pour « Le Cycliste », **1911**
(Recto d'un dessin sans titre)
Crayon et fusain sur papier beige,
38 x 26 cm
Centre Pompidou-Musée national
d'art moderne, Paris / Achat, 1960

1 A. Gleizes, J. Metzinger, *Du « cubisme »* [1912],
Saint-Vincent-sur-Jabron/Sisteron, Éd. Présence,
1980, p. 50-51.
2 Celui du Musée national d'art moderne, l'autre
se trouvant dans une collection particulière.
3 J. Metzinger, « Note à propos du *Nu debout,*
1911 », *Le Cubisme 1911-1918,* cat. exp., Paris,
galerie de France, 25 mai-30 juin 1945, n. p.

58 **Jean Metzinger**
Danseuse au café, **1912**
Huile sur toile, 146,1 x 114,3 cm
Albright-Knox Art Gallery, Buffalo (NY) / Fonds d'acquisition général, 1957

La *Danseuse au café* de Metzinger est un des témoignages plastiques les plus éloquents du dialogue qui se noue à Paris entre cubisme et futurisme. Par l'entremise de Max Jacob, Metzinger a été introduit à la fin de l'année 1907 dans cette constellation cubiste qui gravite autour de Picasso (Georges Braque, André Derain, André Salmon, Guillaume Apollinaire, etc.). Le *Nu,* qu'il présente au Salon d'automne de 1910, fait de lui une figure de proue de la recherche cubiste – une position qu'explique l'absence délibérée de Braque et de Picasso des Salons parisiens. D'un formalisme radical, son *Nu* est clairement inspiré des peintures contemporaines de Picasso. Dans la salle 41 du Salon des indépendants de 1911, qui rassemble pour la première fois les artistes se réclamant du cubisme, Metzinger expose quatre toiles parmi lesquelles un portrait de sa femme (*Portrait de madame Metzinger,* 1911, Philadelphia Museum of Art) et *Deux Nus* (1910-1911, œuvre détruite), dont le cubisme « assagi » tempère la radicalité de sa toile de 1910. Se rapprochant d'Albert Gleizes, avec qui il rédige à partir de 1911 le premier traité théorique consacré au cubisme[1], son art devient plus perméable aux idées bergsoniennes de mouvement, de durée, de remise en cause du formalisme cubiste. « Le tableau possédait l'espace, voilà qu'il règne aussi dans la durée[2] », écrit-il dès 1910. Cette inflexion de son œuvre le rend plus réceptif aux valeurs, à l'iconographie de son ami Gino Severini, un peintre avec lequel il partage un passé postimpressionniste et une passion pour l'œuvre de Georges Seurat.
En février 1912, dans l'exposition parisienne des peintres futuristes italiens organisée par la galerie Bernheim-Jeune, Severini a rassemblé trois des nombreux tableaux qu'il a consacrés à la danse (*La Danse du « pan-pan » au Monico,* 1909-1911, *La Danseuse obsédante,* 1911 et *Danseuses jaunes,* vers 1911-1912, cat. nᵒˢ 39, 42 et 43). Ce mouvement qui déplace les lignes est étranger à l'inspiration cubiste (un cubisme pour lequel, symptomatiquement, la nature morte constitue alors le sujet principal). Comme Gleizes ou Robert Delaunay, qui s'emparent de sujets liés au sport (cf. *Les Joueurs de football* et *L'Équipe de Cardiff,* deux tableaux de 1912-1913, cat. nᵒˢ 59 et 60), Metzinger réalise une *Danseuse au café* qui doit autant aux nombreuses danseuses de Severini qu'au souvenir de Seurat (cf. *Le Chahut,* 1889-1890, Kröller-Müller Museum, Otterlo).
L'année où il peint sa danseuse, Metzinger a rejoint les artistes qui ont pris l'habitude de se retrouver chaque dimanche sur les hauteurs de Puteaux, dans l'atelier de Jacques Villon. Il est un des artisans principaux du Salon de la Section d'or qui, en octobre 1912, témoigne de l'évolution récente du cubisme dans ses désormais multiples composantes (c'est à l'occasion de ce Salon qu'Apollinaire évoque un « cubisme éclaté[3] »). Conformément au titre que se donne le Salon de la galerie La Boëtie, un idéal d'équilibre, de construction, emprunté à la tradition (celle de Léonard de Vinci) est revendiqué par les protagonistes de la Section d'or. C'est cet exercice d'équilibre qu'accomplit la *Danseuse au café,* conciliant le dynamisme futuriste et la construction issue des spéculations mathématiques cubistes (celles que vulgarise le « mathématicien Princet », celles que Villon puise dans les bréviaires anciens). Avec elle, Metzinger élabore une de ces nombreuses « interprétation[s] cubiste[s] d'une formule futuriste[4] », de celles qui contribuent, de 1912 à 1914, à donner naissance au large spectre du cubofuturisme.

D. O.

1 L'ouvrage titré *Du « cubisme »* paraît aux Éditions Eugène Figuière en 1912.
2 J. Metzinger, « Cubisme et tradition », *Paris-Journal,* 16 août 1911, p. 5 // G. Apollinaire, *Les Peintres cubistes. Méditations esthétiques,* Paris, Hermann, 1980, p. 195.
3 Le 11 octobre 1912, dans les locaux mêmes de la galerie La Boëtie, Apollinaire donne la première conférence du Salon de la Section d'or,

intitulée « L'écartèlement du cubisme ».
4 M. Duchamp, *Entretiens avec Pierre Cabanne,* Paris, Somogy éditions d'art, 1995, p. 43.

59   **Albert Gleizes**
Les Joueurs de football, **1912-1913**
Huile sur toile, 225,4 x 183 cm
National Gallery of Art, Washington D.C. / Fonds Ailsa Mellon Bruce, 1970

« Avec ses *Joueurs de football,* Gleizes a fait un pas énorme. […] Le sujet est revenu dans la peinture et je ne suis pas peu fier d'avoir prévu le retour de ce qui constitue la base même de l'art pictural[1]. » Tels sont les mots enthousiastes que Guillaume Apollinaire réserve à la toile récemment achevée par Gleizes qui anime les cimaises du Salon des indépendants de 1913. C'est par ailleurs la même œuvre que le poète, d'une mention laconique – « Albert Gleizes figure à Berlin avec ses *Joueurs de Football*[2] » –, remarque lors du Salon berlinois Erster deutscher Herbstsalon organisé par la revue *Der Sturm* du 20 septembre au 1er décembre 1913. Ces seules remarques itératives suffiraient à établir le prestigieux pedigree d'une œuvre complexe.

Deux ans après le scandale mémorable suscité aux Indépendants de 1911 par la « salle cubiste », Gleizes poursuit son investigation au sein d'un mouvement dont il serait devenu, à la faveur de la récente parution de l'ouvrage *Du « cubisme »* (1912), qu'il a coécrit avec Metzinger, le cicérone improvisé. Frayer la voie, ouvrir les portes, baliser le chemin : telles sont les responsabilités que l'artiste semble décidé à assumer, depuis le groupe de Puteaux et la Section d'or qu'il irrigue de ses théories. *Les Joueurs de football* sont à cet égard une œuvre d'autant plus importante qu'elle s'empare d'un thème parmi les plus fertiles du moment. En effet, le rugby – qui porte encore pour nom « foot-ball » – est alors un sport particulièrement plébiscité par les artistes, comme en témoignent les singuliers *Joueurs de football* (1908, Solomon R. Guggenheim Museum, New York) du Douanier Rousseau ou la fameuse *Équipe de Cardiff…* (1912-1913, cat. n° 60) que Delaunay expose au même Salon des indépendants de 1913. Aussi la représentation du rugby ne relève-t-elle pas de la pure fantaisie badine mais bien plus du désir stratégique d'investir une imagerie moderne et populaire, fédératrice et efficace. Présidée par un effort certain de lisibilité, la toile figure plusieurs personnages en mouvement distribués selon différents plans qui, malgré la remarquable décomposition prismatique, sont une concession expresse à la perspective traditionnelle. Vêtus de maillots bariolés, les rugbymen sont nettement individualisés. L'un d'eux, au centre, s'échappe avec le ballon ovale, seul élément désigné par Gleizes pour expliciter le sport représenté. Les formes géométrisées et la juxtaposition colorée obéissent doctement aux principes cézanniens éprouvés depuis 1909 par le cubisme analytique d'un Braque et d'un Picasso. Arêtes, cônes et sphères définissent un réseau rigoureux comme autant d'équations logiques destinées à restituer « un équilibre initial par le jeu des lignes, des surfaces et des volumes[3] ». Au cœur de cette algèbre implacable et intransigeante, il semble qu'à chaque motif correspondent nécessairement une forme et une couleur idoines. La transgression du naturalisme procéderait donc d'une transcription quelque peu systématisée. Par conséquent, bien qu'il cherche à s'affranchir d'une expérience par trop photographique, mimétique et rétinienne, Gleizes ne parvient pas à gommer certaines analogies évidentes ou certains emprunts au réel. Ses mots sont à cet égard des plus lucides : « Par un certain coefficient imitatif nous vérifierons la légitimité de nos trouvailles[4]. » Ceux d'Apollinaire le sont tout autant lorsque, après s'être félicité de ce « grand effort vers la lumière et le mouvement », il en vient à déplorer « certaines fleurettes » sans lesquelles « tout [serait] neuf et vigoureux[5] ».

Salutaires, ces regrets ne doivent pas dissimuler – ainsi que ce fut (trop) souvent le cas s'agissant de Gleizes, volontiers stigmatisé comme « réactionnaire » – l'exceptionnelle science de la composition à l'œuvre dans *Les Joueurs de football.* En dépit de la passerelle métallique ou des fleurs rouges qui indiquent une fascination indélébile à l'endroit du monde extérieur, voire une certaine frilosité, l'artiste a su dynamiser la structure d'ensemble sans jamais l'altérer. Son analyse sagace du mouvement permet de rapprocher le cubisme le plus strict d'un futurisme auquel on estima longtemps que lui revenaient les seules prérogatives cinétiques. Pour sa part, Apollinaire, après avoir considéré le simultanéisme de Delaunay, n'est-il pas clairvoyant lorsqu'il constate que « *l'élan* constitue le sujet de la toile de Gleizes[6] » ? En outre, le parti pris chromatique résolument vif et acide, sans doute sous l'impulsion de ses camarades orphistes, excède l'austérité cubiste alors prévalente. Ainsi ces verts bleutés comme autant de crissements visuels ou encore cette trouée ménagée sur un paysage lointain, telle une interprétation astucieuse et littérale de l'éclaircie. Une éclaircie : *Les Joueurs de football* pourrait bien être cela, à y regarder de près. Une éclaircie sous les ciels menaçants d'une critique peu amène envers ce prétendu « cubisme de Salon[7] » que Gleizes sut pourtant démentir grâce à de subtiles innovations nées, pour partie, des contacts tacitement entretenus avec le futurisme contemporain.

C. L.

1 G. Apollinaire, « À travers le Salon des indépendants », *Montjoie !* (Paris), supplément au n° 3 : « Numéro spécial consacré au XXIXe Salon des indépendants », 18 mars 1913, p. 4 // id., *Écrits sur l'art,* OC, Paris, Gallimard, « Bibliothèque de La Pléiade », 1991, t. II, p. 538.
2 *Id.,* « Chronique mensuelle », *Les Soirées de Paris,* n° 18, 15 novembre 1913, p. 4 // *ibid.,* p. 623.

3 A. Gleizes, « Opinions », *Montjoie !,* n° 11-12, novembre-décembre 1913, p. 14.
4 *Ibid.*
5 G. Apollinaire, « Le Salon des Indépendants », *L'Intransigeant* (Paris), 2 avril 1913 // *id., Écrits sur l'art, op. cit.,* p. 548.
6 *Id.,* « À travers le Salon des Indépendants », art. cité // *ibid.,* p. 538. Nous soulignons.
7 Sur ce point, nous renvoyons à *Albert Gleizes.*

Le cubisme en majesté, cat. exp., Museu Picasso, Barcelone, 28 mars-5 août 2001 ; musée des Beaux-Arts, Lyon, 6 septembre-10 décembre 2001 (Paris, Réunion des Musées nationaux, 2001).

60   **Robert Delaunay**
L'Équipe de Cardiff (3e représentation), **1912-1913**
Huile sur toile, 326 x 208 cm
Musée d'Art moderne de la Ville de Paris

Avec *L'Équipe de Cardiff*[1], Delaunay réalise une peinture de la vie moderne : le sport, la conquête de l'air, les loisirs populaires, la culture visuelle de l'affiche et de la *réclame* sont évoqués, signifiés, magnifiés. Dans son compte rendu du Salon des indépendants de 1913, où le tableau est présenté pour la première fois, Guillaume Apollinaire salue le « grand caractère populaire[2] » de la toile. Au premier plan, Delaunay représente une scène sportive, saisie sur le vif[3]. En haut du tableau sont agencés trois sujets récurrents dans l'œuvre du peintre : la tour Eiffel, la Grande Roue et le biplan[4]. Entre ces trois structures et le rugbyman en extension existe une forte affinité visuelle et symbolique autour du thème de l'élan.

Par rapport à *La Ville de Paris* (1910-1912, cat. n° 53), *L'Équipe de Cardiff* constitue un dépassement des positions cubistes vers une réduction de la fragmentation et un usage libéré des contrastes chromatiques, propre à l'orphisme : « La Femme de *La Ville de Paris*, écrit le peintre en 1924, résume l'époque cubiste. […] *L'Équipe de Cardiff*, 1913, est plus significatif dans l'expression de la couleur, moins brisé. L'affiche jaune en plein tableau contraste avec les bleus, les verts, l'orange[5]. »

Après l'effacement du motif dans le cycle précédent des *Fenêtres,* Delaunay revient, avec *L'Équipe de Cardiff,* vers une peinture à sujet. « Le sujet, écrit Apollinaire toujours dans le compte rendu du Salon, est revenu dans la peinture et je ne suis pas peu fier d'avoir prévu le retour de ce qui constitue la base même de l'art pictural[6]. » L'affirmation semble tenir du revirement quand on la rapproche des jugements négatifs sur le sujet en peinture émis par Apollinaire dans ses recensions de l'exposition futuriste à la galerie Bernheim-Jeune en février 1912[7].

En faisant de la vie moderne le thème central de son tableau et en mettant la « simultanéité » au cœur de son esthétique, Delaunay bouscule les frontières en apparence établies entre le style analytique des natures mortes cubistes et le style dynamique des tableaux « modernolâtres » futuristes. C'est autour de ces deux points − retour au sujet et esthétique de la simultanéité − que se noue, durant l'année 1913, la querelle entre le futurisme et l'orphisme.

Dans son texte sur *L'Équipe de Cardiff* − l'un des éléments déclencheurs de la polémique −, Apollinaire associe simultanéité et orphisme : « C'est l'orphisme. […] C'est la simultanéité. […] C'est la nouvelle tendance du cubisme[8]. » Le critique ne fait pas mention des futuristes alors que le terme était au centre de la préface du catalogue de l'exposition futuriste de 1912[9]. Le passage est largement repris par Umberto Boccioni dans son article « Les futuristes plagiés en France », qui accuse, sur le ton de l'ironie amère, les orphistes de plagiat : « Ils nous copient et feignent de nous ignorer ![10]» Delaunay, quant à lui, affirme l'antériorité de sa découverte de la simultanéité et se démarque vivement du dynamisme futuriste, qu'il qualifie de « machiniste », de « simulacre de mouvement »[11].

Sans pour autant revenir ici en détail sur cette querelle[12], il faut marquer, au-delà des polémiques, l'écart qui existe entre la toile de Delaunay et l'esthétique futuriste. Quand la « simultanéité » futuriste plie le champ de vision selon les lignes-force d'un ou de plusieurs objets en mouvement, Delaunay cherche le « simultanisme des couleurs » : « La représentation rythmique des couleurs, qui n'est pas le mouvement dynamique ou seulement le mouvement de la sensibilité visuelle, mais la simultanéité harmonique des couleurs. Le mouvement des couleurs qui crée l'art dans le tableau[13]. » Le futurisme procède par pliages, fusions et heurts de lignes et de couleurs ; *L'Équipe de Cardiff* tient plutôt de l'esthétique du « montage »[14]. La mise en regard de la toile de Delaunay avec *Dynamisme d'un joueur de football* (1913, The Museum of Modern Art, New York) de Boccioni révèle la distance qui sépare les deux positions artistiques. À l'explosion dynamique du tableau italien s'oppose l'usage « harmonique », et comme en apesanteur, des couleurs dans le tableau de Delaunay.

J. P.

1 Robert Delaunay peint en 1913 deux autres versions (Bayersrische Staatsgemäldesammlungen, Munich ; Stedelijk Van Abbemuseum, Eindhoven).
2 G. Apollinaire, « À travers le Salon des indépendants », *Montjoie !* (Paris), supplément au n° 3 : « Numéro spécial consacré au XXIXe Salon des indépendants », 18 mars 1913, p. 4 // id., *Écrits sur l'art*, OC, Paris, Gallimard, « Bibliothèque de La Pléiade », 1991, t. II, p. 537.
3 Delaunay s'est inspiré d'un détail d'une photographie parue dans *Vie au grand air*, 18 janvier 1913, « match Toulouse-SCUF ». Cf. *Robert Delaunay 1906-1914. De l'impressionnisme à l'abstraction*, cat. exp, Musée national d'art moderne, Paris, 3 juin-16 août 1999 (Paris, Éd. du Centre Pompidou, 1999), p. 185.
4 La tour Eiffel en particulier est un thème exploré de manière presque obsessionnelle par Delaunay à partir de 1909. Severini raconte qu'il a dû renoncer

à peindre la tour Eiffel, devenue une marque de fabrique « delaunienne » ; cf. *La Vita di un pittore*, Milan, Edizioni di Comunità, 1965, p. 149.
5 R. Delaunay, « À Sam Halpert ? », *Du cubisme à l'art abstrait*, P. Francastel, G. Habasque (dir.), Paris, SEVPEN, 1958, p. 98.
6 Apollinaire écrit cela à propos des *Joueurs de football* de Gleizes (1912-1913, cat. n° 59), présenté comme *L'Équipe de Cardiff* aux Indépendants de 1913 et dont le thème est en convergence avec le tableau de Delaunay ; cf. G. Apollinaire, « À travers le Salon des indépendants », art. cité.
7 « Les futuristes italiens prétendent ne pas renoncer au bénéfice du sujet et cela pourrait être l'écueil contre lequel viendrait se briser leur bonne volonté plastique. » G. Apollinaire, « Les peintres futuristes italiens », *L'Intransigeant* (Paris), 7 février 1912 // id., *Écrits sur l'art, op. cit.*, p. 406.
8 *Id.*, « À travers le Salon des indépendants », art. cité.

9 U. Boccioni *et al.*, « Les exposants au public », in *Les Peintres futuristes italiens*, cat. exp., Paris, galerie Bernheim-Jeune & Cie, 5-24 février 1912, p. 4 // G. Lista, *Futurisme. Manifestes, proclamations, documents*, Lausanne, L'Âge d'homme, 1973, p. 169.
10 U. Boccioni, « I futuristi plagiati in Francia », [1er avril 1913], in G. Lista, *ibid.*, p. 387-388.
11 Voir en particulier R. Delaunay, « Simultanisme de l'art moderne contemporain. Peinture. Poésie » (octobre 1913), *Du cubisme à l'art abstrait, op. cit.*, p. 109-112.
12 Cf. E. Coen, « Simultanéité, simultanéisme, simultanisme », *supra*, p. 52.
13 R. Delaunay, « La peinture est proprement un langage lumineux (Cortège d'Orphée) » [vers 1924 ?], *Du cubisme à l'art abstrait, op. cit.*, p. 168.
14 P. Rousseau, « La construction du simultané. Robert Delaunay et l'aéronautique », *Revue de l'art* (Paris), n° 113, octobre 1996, p. 22.

61 **Sonia Delaunay**
La Prose du Transsibérien
et de la petite Jehanne de France, **1913**
Livre simultané. Poème de Blaise Cendrars. Exemplaire 139 / aquarelle, texte imprimé
sur papier simili japon / œuvre dépliée : 199 x 36 cm ; œuvre fermée : 18 x 11 cm
Centre Pompidou-Musée national d'art moderne, Paris / Donation Sonia et Charles Delaunay, 1964

En novembre 1913, les modestes Éditions des Hommes nouveaux, créées par Blaise Cendrars, publient son poème *La Prose du Transsibérien et de la petite Jehanne de France,* illustré par Sonia Delaunay. Avec ce « premier livre simultané », les auteurs réaffirment la paternité du concept de peinture simultanée revendiquée par les peintres futuristes[1]. Avant même sa sortie[2], cette « peinture-poème » vient alimenter une vive polémique entre les Delaunay, les futuristes italiens et les adeptes du phalanstère de l'Abbaye de Créteil, notamment le poète Henri-Martin Barzun, chacun d'entre eux s'attribuant la primeur du concept. « Le poème du Transsibérien fit naître des polémiques dans les journaux et les revues de Paris et de l'étranger. L'orphisme venait de battre son plein : le simultanisme naissait avec grand scandale. [...] Cependant, la critique avancée lui rendit hommage et le poème fut lu à Paris, dans le grenier de *Montjoie !* qui, à l'époque, était le rendez-vous de l'avant-gardisme français[3]. » C'est cette querelle qui fera écrire à Sonia Delaunay et Blaise Cendrars, dans une lettre adressée le 12 octobre 1913 à André Salmon : « Le simultanisme de ce livre est dans sa représentation simultanée et non illustrative. *Les contrastes simultanés des couleurs* et le *texte* forment des profondeurs et des mouvements qui sont l'*inspiration nouvelle*[4]. »

Cette peinture-poème se présente sous la forme d'une feuille étroite et haute, comportant à droite les vers du poème, imprimés avec plus de dix corps typographiques différents et rehaussés de couleurs, auxquels répond à gauche un entrelacement d'arabesques colorées de Sonia Delaunay : « C'était une feuille de 2 m sur 0,36 m qui devait se voir et se lire verticalement, dans le sens de la longueur. Pour cette raison, l'œuvre était un véritable tableau que l'on pouvait évidemment suspendre. Mais cela était aussi un livre dans la mesure où on pouvait le réduire à la manière d'un simple volume : il prenait alors la forme d'un pliage à la chinoise semblable à celui des cartes routières[5]. » Le poème qui évoque le long voyage d'un jeune poète et de la prostituée Jehanne de France, de Moscou à Paris, est lui-même une ode au rythme, à la lumière et à la couleur. De nombreuses allusions au métier de peintre jalonnent le texte : « Si j'étais peintre, je déverserais beaucoup de rouge, beaucoup de jaune sur la fin de ce voyage. » La musique est également très présente dans ce texte, dédié par l'auteur « aux musiciens[6] » : « Blaise Cendrars et madame Delaunay-Terk ont fait une première tentative de simultanéité écrite où des contrastes de couleurs habituaient l'œil à lire d'un seul regard l'ensemble d'un poème, comme un chef d'orchestre lit d'un seul coup les notes superposées dans la partition[7]. » Les paysages défilent devant les yeux du poète, offrant toute la richesse et la diversité de la vie moderne, rendue sensible également par la symphonie colorée de Sonia Delaunay. Aux rythmes lancinants du Transsibérien, dans lequel voyage le poète « enveloppé dans un plaid bariolé », répondent synchroniquement les rythmes colorés de Sonia Delaunay qui s'achèvent sur l'évocation d'une tour Eiffel flamboyante – seul élément « figuratif » de la composition : « Paris / Ville de la Tour unique du Grand Gibet et de la Roue. » L'ensemble, conçu pour être vu, lu et entendu en même temps, provoque une simultanéité des sensations qui rappelle les ambitions des futuristes. Ce livre réalise une synthèse entre la poésie, la peinture et la musique, qui répond au désir de Marinetti de réaliser un art total et à laquelle aspiraient les avant-gardes russes. Nombre de futuristes russes étaient à la fois poètes et peintres. Dès 1912, ils publièrent une série impressionnante de livres lithographiés conçus comme une surface picturale mêlant texte et dessin. Le 22 novembre 1913, lors de sa conférence « Le simultané » qu'il prononce au caveau artistique pétersbourgeois Le Chien errant, Alexandre Smirnov, critique littéraire et ami de Sonia Delaunay, présente au public russe un exemplaire de *La Prose du Transsibérien*... Si cette œuvre a pu catalyser la querelle entre cubistes, futuristes et orphistes quant à la paternité du concept de simultanéité, c'est qu'elle témoigne des aspirations communes à ces mouvements, et de la symbiose qui s'opère, autour de l'année 1913, entre leurs valeurs.

J. C. L.

1 Cf. notamment les articles d'U. Boccioni : « Les futuristes plagiés en France », G. Lista, *Futurisme. Manifestes, proclamations, documents,* Lausanne, L'Âge d'homme, 1973, p. 387-389 (traduction de « I futuristi plagiati in Francia », *Lacerba* [Florence], vol. I, 1er avril 1913, p. 66-68), et « Simultanéité futuriste », *Der Sturm* (Berlin), n° 190-191, décembre 1913, p. 151.
2 Blaise Cendrars avait au préalable lancé un bulletin de souscription dès le mois d'avril 1913, puis diffusé auprès de la presse du moment un prospectus. De plus, la maquette originale de la composition de Sonia Delaunay (côté gauche du futur livre)

fut exposée en octobre 1913 au Erster Deutscher Herbstsalon de Berlin [Salon d'automne], sous le numéro 99.
3 R. Delaunay, « Sonia Delaunay-Terk », *Du cubisme à l'art abstrait,* documents inédits publiés par P. Francastel et suivis d'un catalogue de l'œuvre de R. Delaunay par G. Habasque, Paris, SEVPEN, 1958, p. 201-202.
4 Cette lettre, adressée sous couvert de *Gil Blas* (en réponse à l'article « La dernière invention » de Salmon paru la veille dans le quotidien), ne fut pas publiée. // A. Sidoti, *Genèse et dossier d'une polémique. La Prose du Transsibérien et de la petite Jehanne*

de France, novembre-décembre 1912-juin 1914, Paris, Lettres modernes, 1987, p. 59.
5 A. Sidoti, *ibid.,* p. 26.
6 A. Sidoti (*ibid.,* p. 28) précise néanmoins que l'édition de 1913, contrairement aux suivantes, ne comportait aucune dédicace et qu'elle est, selon Sonia Delaunay, la seule qui corresponde « aux intentions "véritables" des auteurs ».
7 G. Apollinaire, « Simultanisme-Librettisme », *Les Soirées de Paris,* n° 25, 15 juin 1914, p. 323-324.

62 **Umberto Boccioni**
Antigrazioso, 1912
[Antigracieux]
Huile sur toile, 80 x 80 cm
Finlega S.p.A., Turin

Il est frappant de voir Boccioni adopter, en 1912, un vocabulaire pictural primitif et plastique qui renvoie aux origines du cubisme, au temps des *Demoiselles d'Avignon* de Picasso (1907, The Museum of Modern Art, New York). Si cette évolution remet en cause la lettre du futurisme – les orientations stylistiques définies par ses manifestes –, elle n'en contredit pas l'esprit. Le primitivisme de Boccioni n'est qu'une des modalités du combat futuriste contre l'art italien en général, contre les formes de son évolution moderne qu'il juge surannées. Dans ses « Fondements plastiques de la peinture et de la sculpture futuristes » (1913), il écrit : « Le voyage à Tahiti de Gauguin, l'apparition d'idoles et de fétiches d'Afrique centrale dans les ateliers de nos amis de Montmartre et de Montparnasse, représentent une fatalité historique dans le domaine de la sensibilité européenne, au même titre que l'invasion d'une race barbare dans l'organisme d'un peuple décadent ! Nous les Italiens, nous avons besoin du barbare pour nous renouveler ; nous les Italiens, plus que tous les autres peuples, parce que notre passé est le plus grand du monde et par conséquent le plus redoutable pour notre vie ! […] Nous devons fracasser, abattre et détruire notre harmonie traditionnelle qui nous fait verser dans un "*gracieux*" fabriqué grâce à de honteux artifices sentimentaux[1]. »

L'*Antigrazioso* est la réponse « barbare » que Boccioni oppose au raffinement sclérosant de l'art italien. La déclinaison masculine donnée comme titre au tableau s'applique au genre du portrait et non à la figure elle-même. Cependant, il n'est pas à exclure que cette masculinisation puisse renvoyer également à « l'Ève nouvelle », à cette égérie énergique, intellectuelle, qui constitue l'idéal féminin du futurisme.

Le primitivisme de l'*Antigrazioso* s'annonce dans la série des portraits de sa mère, pour culminer avec la *Figure* de 1912 (Civiche Raccolte d'Arte, Milan), qui semble sortir tout droit du bordel des *Demoiselles d'Avignon* de Picasso.

Une étude de l'*Antigrazioso* réalisée sur un papier à l'en-tête du restaurant Savini permet d'identifier le modèle de Boccioni comme étant Margherita Sarfatti[2]. Cette identification fait de l'*Antigrazioso* le pendant du *Portrait du poète Marinetti* réalisé par Carlo Carrà (1910, cat. n° 30). Un cadrage similaire, une même attitude, un environnement de bureau comparable fondent ce rapprochement. Laura Mattioli Rossi voit dans ce parallèle une intention polémique, faisant de Sarfatti une figure alternative à celle de Marinetti comme vigie et défenseur de l'art italien contemporain[3] ; une lecture qui sera validée par l'évolution de l'art italien tiraillé, sous le fascisme, entre le modernisme du poète futuriste et le Novecento, le mouvement de retour aux valeurs italiennes promu par Margherita Sarfatti.

D. O.

1 U. Boccioni, « Fondements plastiques de la peinture et de la sculpture futuristes », *Dynamisme plastique. Peinture et sculpture futuristes*, G. Lista (préf.), Lausanne, L'Âge d'homme, 1975, p. 65.
2 Cf. *Studio di una testa* (1912-1913, Civiche Raccolte d'Arte, Milan), repr. dans M. Calvesi, E. Coen, *Boccioni. L'opera completa*, Milan, Electa, 1983, n° 791, p. 444.

3 L. Mattioli Rossi, « Della scultura d'ambiente alle forme uniche della continuità nello spazio », *Boccioni. Pittore scultore futurista*, cat. exp., Palazzo Reale, Milan, 6 octobre 2006-7 janvier 2007 (Milan, Skira, 2006), p. 48 et 52.

63 **Umberto Boccioni**
Costruzione orizzontale,* 1912 *(Volumi orizzontali)
[Construction horizontale ou Volumes horizontaux]
Huile sur toile, 95 x 95,5 cm
Bayerische Staatsgemäldesammlungen, Pinakothek der Moderne, Munich

Assise, une femme pose depuis un balcon, les mains croisées sur les genoux. Lorsqu'il décide de représenter sa mère depuis l'appartement milanais qu'il occupe au 23, via Adige, Boccioni s'empare d'un sujet saturé d'antécédents insignes. Dernière toile d'une série de trois œuvres célébrant la même scène, *Construction horizontale* se distingue des deux premières – *La rue entre dans la maison* (1911, cat. n° 20) et *Matière* (1912, collection Mattioli[1]) – par son parti pris étonnamment classique. Alors que l'année précédente il avait choisi de figurer sa mère de dos, accoudée à la balustrade, avant d'opter pour un portrait de face en contre-plongée qui nécessitait de surélever la ligne d'horizon, l'artiste revient finalement à une mise en page plus traditionnelle qui, à l'exception du format carré, recourt à des expédients relativement académiques. Ainsi, la balustrade partage désormais la composition à mi-hauteur tandis que le personnage, en vertu d'un cadrage rapproché, devient le centre de la composition alors qu'il paraissait auparavant se refuser à être portraituré.

Plusieurs dessins préparatoires de 1912 révèlent l'intensité et la ferveur de la prospection de Boccioni, dont le séjour parisien, à l'automne de 1911, venait d'alimenter le répertoire. Ils témoignent notamment de ses nombreuses recherches pour restituer le visage de sa mère, qu'il hésita longtemps à rendre de profil ou de face. Optant pour la seconde solution, il pourrait paraître attentiste et frileux. Il n'en est rien. Cette apparente concession à une figuration traditionnelle devait lui permettre, *en retour,* d'exacerber de subtiles innovations. De fait, le titre même, purement formel et comme abstrait du sujet représenté, désigne la liquidation narrative effectuée par Boccioni. Il est en effet moins question de rendre compte d'une scène intimiste et familiale que de parvenir à réaliser le fantasme futuriste de la compénétration des plans et de la fusion entre l'objet et son environnement. À cet effet, la tête du personnage, dont le corps entier est disloqué par de nombreux effets vibrants et spiralés, se superpose, jusqu'à se confondre, avec les bâtiments du second plan. Sous couvert de hiératisme, la mère de l'artiste est une source dynamogène impliquant ce qui l'entoure : la balustrade se dérobe alors qu'elle devrait se poursuivre dans la partie droite, les toits et les murs contribuent à faire du visage un point de fuite magnétique alors que le ton violet du vêtement contamine chromatiquement les éléments qui le jouxtent. Le personnage est donc le cœur d'une structure vibratoire jusqu'à n'être, en définitive, qu'un épicentre énergétique, que seule la couleur de la tête et des mains, à bien y regarder, permet *réellement* d'identifier.

Les inscriptions disséminées sur la toile – « 122 m », « 200 m » ou encore « 60 pas » – attestent la rigueur présidant à cette savante édification figurée. Elles donnent à voir, littéralement, la mesure de chaque chose, que celle-ci soit décomposée ou ébranlée. À ce titre, le second plan géométrique, qui s'apparente aux ressources constructives du cubisme, est important en ce qu'il indique la propension de Boccioni à architecturer les formes et à les organiser diligemment. Aussi cette toile, présentée à Rome en 1913 lors de la « Prima Esposizione di pittura futurista[2] », procède-t-elle d'un syncrétisme singulier où transpirent les enjeux expérimentaux d'un sculpteur qui publia, l'année qui la vit naître, son célèbre *Manifeste technique de la sculpture futuriste*[3].

C. L.

1 En dépôt temporaire à la Peggy Guggenheim Collection de Venise.
2 « Prima Esposizione di pittura futurista » organisée par la galleria G. Giosi, inaugurée le 11 février 1913 au théâtre Costanzi de Rome.
3 Cf. G. Lista, *Futurisme. Manifestes, proclamations, documents*, Lausanne, L'Âge d'homme, 1973, p. 172-177.

64 **Umberto Boccioni**
Il Bevitore, 1914
[Le Buveur]
Huile sur toile, 87,5 x 87,5 cm
Civiche Raccolte d'Arte, Milan / Collection Jucker

C'est lors de son séjour à Naples, à l'occasion d'une exposition futuriste organisée en 1914[1], que Boccioni peint *Le Buveur.* On a souvent vu dans cette œuvre, de même que dans *Sous la pergola à Naples* (1914, Civico Museo d'Arte, Milan), un retour au cubisme et une inspiration cézannienne allant à rebours de la démarche futuriste du peintre. Mais loin de remettre en question des positions qu'il a affirmées à travers ses écrits et ses œuvres, cette toile marque une nouvelle étape dans son parcours.

Si la fête des couleurs, l'explosion des sensations qu'exaltent nombre de ses peintures des années précédentes[2] font ici place à un sujet et à un plan plus resserrés, le dynamisme reste au cœur du tableau. Il apparaît, bien que de façon moins évidente, aussi central que dans ses œuvres « de mouvement », tel *Dynamisme d'un footballeur* (1913, The Museum of Modern Art, New York). Après avoir saisi l'animation du monde urbain dans son immédiateté, Boccioni poursuit ici l'illustration de ses manifestes en peignant la vie portée par un sujet statique : « Il n'existe pas d'immobilité ; seul le mouvement existe, l'immobilité n'étant qu'une apparence ou une relativité[3]. » Et un homme seul, assis à une table, une bouteille, vivent d'autant plus fort qu'ils sont « morts » (telle une « nature morte »), immobiles, *a priori,* empiriquement vertigineux dans leur chute.

Seule la bouteille semble s'élever, soulignée par un halo qui, inversé et loin d'être lumineux, prend les tons foncés du vert et du bleu de l'objet dont il émane, le rapprochant de l'arrière-plan du tableau. À ces couleurs froides s'opposent les tons ocre-jaune du personnage, de la table, du sol et de la chaise. Seul le rouge du bonnet qui se reflète dans le verre et dans la bouteille par un minuscule éclat vient perturber cette impression. Il rappelle la couleur d'un contenu qui n'est plus, pour laisser place à l'amertume qui résulte de cette disparition. Ces objets semblent porter la trace d'un drame intime, renforcé par le « ciel » du tableau, aussi pesant que la « grotte » de *La Dryade* de Pablo Picasso (1908, cat n° 2).

Mais ce n'est pas une nouveauté chez Boccioni : la représentation des affects a toujours pris le pas sur celle de la modernité urbaine. Si le sujet ne semble pas, de prime abord, propre au futurisme, la palette ne l'est pas davantage. Moins acide, moins criarde que dans de nombreuses toiles futuristes, elle s'apparente à celle adoptée alors par les cubistes : les tons, jusque dans leur opposition, renvoient aux toiles peintes par Braque à l'été 1908, lors de son séjour à L'Estaque. Et pourtant, cette nouvelle palette sert un dessein futuriste, et même particulièrement boccionniste : c'est un *état d'âme* qui se révèle être le sujet réel de l'œuvre. Émanant du personnage, il envahit couleurs et objets. Boccioni place le spectateur derrière la figure vue de trois quarts, d'autant plus cassée, courbée que la lumière vient peser sur son épaule. Une main, presque aussi grosse que la tête, s'agrippe au verre jusqu'à le briser, créant une impression de compénétration des deux éléments. En dépit de sa facture fruste, cette main prend l'importance qu'elle avait dans *Materia* (1912, collection Mattioli[4]). Géométrisée, quasi cubiste, elle résiste encore à la décomposition que subit le visage du buveur, qui n'est plus que la juxtaposition d'une joue, d'un nez, d'une oreille… L'abrutissement et la léthargie produits par l'alcool résident dans le poids donné à cette main, telle une machine de Léger, devenue abstraction dynamique.

Le verre cristallise la simultanéité de deux états, fragilité psychologique et effondrement physique, traduits par cette attraction vers le bas qui passe par une statique de surface. Et c'est en cela que Boccioni parvient à démontrer combien la statique porte de dynamisme, et combien l'immobilité peut être tumultueuse au cœur même d'une fébrilité.

Faisant suite à l'*Antigracieux* (1912, cat. n° 62), *Le Buveur* tente de dépouiller l'art de sa robe aristocratique, pour le relier à ce que Hegel nommait « la prose de la vie humaine » ; « la pensée et la réflexion ont surpassé l'art beau »[5]. Au-delà de la bouteille, objet prosaïque qui était l'apanage des cubistes jusqu'aux sculptures qu'en fit Boccioni[6], au-delà d'une scène empruntée à la vie quotidienne, c'est un ciré ou une vareuse de marin[7], et non plus un drapé ou la peau lisse d'un nu, que Boccioni s'attache à représenter. Il démontre alors plastiquement ce qu'il affirmait dans son premier manifeste : « L'harmonie des lignes et des plis d'un costume contemporain exerce sur notre sensibilité la même puissance émouvante et symbolique que le nu exerçait sur la sensibilité des anciens[8]. »

Du futurisme du *Buveur,* nourri d'emprunts au cubisme, à la construction cézannienne, on retiendra l'accomplissement d'un état d'âme plastique. Boccioni invalide ici le sujet, s'en servant comme d'un moyen et non d'une fin et ce au profit, bien au-delà de l'abstraction à laquelle il était parvenu en 1913, de l'émotion.

M. D.

1 « Prima esposizione di pittura futurista », Galleria futurista, Naples, mai-juin 1914.
2 *Le Rire* (1911, cat. n° 21), *La ville qui monte* (1910-1911, cat. n° 22), etc.
3 U. Boccioni, *Peinture et sculpture futuristes* (1914) // G. Lista, *Futurisme. Manifestes, proclamations, documents,* Lausanne, L'Âge d'homme, 1973, p. 191.
4 L'œuvre est actuellement en dépôt à la Peggy Guggenheim Collection de Venise.

5 G.W.F. Hegel, *Esthétique,* Paris, LGF, 2004, p. 220 et 60.
6 *Développement d'une bouteille dans l'espace* (1912, cat. n° 65).
7 Le bonnet du personnage participe de cette interprétation, et Naples est déjà à l'époque l'un des plus importants ports de pêche d'Italie.
8 U. Boccioni *et al., Manifeste des peintres futuristes* (1910) // G. Lista, *Futurisme. Manifestes…, op. cit.,* p. 164.

65 **Umberto Boccioni**
Sviluppo di una bottiglia nello spazio, **1912**
[Développement d'une bouteille dans l'espace]
Bronze (1951/2), 39 x 60 x 30 cm
Kunsthaus, Zurich

« La sculpture de Boccioni surgit et s'impose dans ce qui était jusqu'alors le désert – aux oasis rares et assoiffées – de la sculpture moderne, et au cœur de ce désert, à sa zone la plus déprimée, l'Italie[1]. » L'assertion de Roberto Longhi dans son essai magistral sur l'artiste suffirait, à elle seule, à légitimer toutes les tentatives d'analyse de cette œuvre éminemment importante et d'une extrême complexité.

Péremptoire, voire frondeuse, l'assertion est surtout remarquablement réactive puisque, énoncée en 1914, elle fait suite de deux ans aux premiers essais notoires de Boccioni dans le champ sculptural. Car 1912 fut la date à laquelle, précisément, l'artiste s'ouvrit à la sculpture : le *Développement d'une bouteille dans l'espace* serait l'œuvre inaugurale, et le *Manifeste technique de la sculpture futuriste* du 11 avril, l'énonciation théorique. Le geste à la parole, donc, puisque 1912 fut aussi l'année de parution de l'ouvrage *Du « cubisme »* qui, rédigé par Gleizes et Metzinger, tentait non seulement d'asseoir les spécificités inhérentes à un mouvement, mais aussi de le définir celui-ci « en réaction à » ou « contre » le futurisme. Trouver la ligne d'étanchéité, circonscrire l'inviolabilité d'un territoire : 1912 devait être une année de dénis et de ripostes, de définitions et de clivages et, du reste, souvent de définition par le clivage.

Or Boccioni, avec cette sculpture cardinale, empiète précisément sur le territoire sacré du cubisme et sur l'autel majeur des expérimentations d'un Braque et d'un Picasso, à savoir la trivialité d'un quotidien dont la bouteille était devenue l'emblème métonymique et la chasse/châsse gardée. Profanatrice, la sculpture de Boccioni emprunte sans ambages son sujet au *Portrait de Daniel-Henry Kahnweiler* (1910, cat. n° 10) de Picasso dont le coin inférieur gauche laisse deviner une bouteille décomposée selon les préceptes du cubisme analytique. Une ordonnance délictueuse laisse, par ailleurs, entrevoir la chronologie de la violation et du complot : « Prends toutes les informations possibles sur les cubistes, sur Braque et Picasso. Va chez Kahnweiler et s'il a des photos d'œuvres récentes (faites après mon départ), achètes-en une ou deux », intime Boccioni à Gino Severini[2]. Le dessin à la mine de plomb *Table + bouteille + lotissement* (1912, Civiche Raccolte d'Arte, Milan), documenté et réalisé de mémoire à la suite de son séjour parisien en 1911, témoigne ainsi de l'assimilation d'un Boccioni qui reproduit fidèlement la bouteille picassienne à laquelle il adjoint une analyse dynamique et spatiale. Les deux annotations « 6 cm » laissent quant à elles deviner la possible traduction tridimensionnelle de l'œuvre graphique et, par voie de conséquence, le désir d'excéder les innovations de Picasso grâce au médium sculptural.

Le sacrilège du réemploi de l'objet cultuel cubiste – la bouteille – ne suffisait pas à garantir l'édification d'une sculpture futuriste. Pour y parvenir, Boccioni procède littéralement en iconoclaste : utilisant l'icône paradigmatique de la bouteille, il la brise pour la déconstruire et l'émietter, certain qu'elle renaîtra, neuve, de ses cendres. Dressée sur un plat – d'aucuns diraient un compotier –, la bouteille est décomposée selon différents mouvements – « absolu » et « relatif » – et s'enroule hélicoïdalement autour d'un axe devenu le moyeu de cette mécanique formelle éclatée. Les formes anguleuses et curvilignes donnent à voir l'intérieur et l'enveloppe de la bouteille, sa structure et sa dynamique. Ainsi, Boccioni procède tout autant à un déploiement qu'à un dépouillement qui sonderait le mystère de l'objet, son essence et ses arcanes. Il ne s'agit donc pas tant d'un squelette que d'une dissection ou d'une éviscération qui, explicitant le fonctionnement organique de l'objet et son rapport à l'espace, évoque les expérimentations constructivistes de Vladimir Tatline. Fondamentale, l'œuvre tourne à la démonstration jusqu'à l'illustration d'un flux énerg(ét)ique et d'un « élan vital ». Aussi, au sous-titre français de « Nature morte », qui la désignait lors de son exposition à la galerie La Boëtie en 1913 à Paris[3], serait-on en mesure de préférer son équivalent anglais, plus fidèle : *Still Life…*

C. L.

1 R. Longhi, « La sculpture futuriste de Boccioni », *Les Cahiers du Musée national d'art moderne*, n° 47, printemps 1994, p. 28 (trad. par P. Falguières de : *La Scultura futurista di Boccioni*, Florence, Libreria della Voce, 1914).
2 Lettre de Boccioni à Severini datée de juin-juillet 1911, conservée au Museo di Arte moderna e contemporanea di Trento e Rovereto, Archives Severini, Sev. 1.3.2.8 (rapportée également par

D. Ottinger, « Le Futurisme, la naissance de l'avant-garde », *Ligeia*, n° 69-72, juillet-décembre 2006, p. 41).
3 *Première Exposition de sculpture futuriste du peintre et sculpteur futuriste Boccioni,* cat. exp., Paris, galerie La Boëtie, 20 juin-16 juillet 1913, p. 28.

66   **Ardengo Soffici**
      Linee e volumi di una persona, **1912**
      [Lignes et volumes d'une personne]
      Huile sur toile, 65 x 48 cm
      Civiche Raccolte d'Arte, Milan

Trait d'union entre l'art français et le milieu culturel italien, Soffici traverse les années cruciales de la naissance des avant-gardes cubiste et futuriste, retrace les motivations profondes de leur volonté commune de renouveler le langage expressif. Tant artistique que littéraire, son expérience éclaire aussi la complexité des rapports au sein du mouvement fondé par Marinetti, notamment dans l'aventure très particulière du futurisme florentin. Comme ce fut le cas pour Severini, le cheminement de Soffici est influencé par un long séjour en France. Bien qu'il entretienne un lien fort avec ses racines, il ressent le besoin d'une action qui sortira l'art italien de son provincialisme. De 1900 à 1907, il s'installe à Paris ; puis il séjourne à plusieurs reprises en France, maintenant un contact étroit avec cette scène culturelle jusqu'à l'éclatement de la Première Guerre mondiale. Durant ces années, Soffici noue des relations avec d'éminentes figures de l'intelligentsia française : Jean Moréas, Gustave Kahn et Guillaume Apollinaire l'introduisent dans le milieu de la nouvelle poésie symboliste, dont la force créatrice représente une source d'inspiration précieuse, y compris pour la recherche formelle des arts figuratifs.
Parallèlement, toujours grâce à l'amitié d'Apollinaire, Soffici fréquente le cercle de la rue Ravignan où se retrouvent des artistes cubistes. Il instaure avec Pablo Picasso une profonde relation d'estime réciproque qui lui permet de suivre la réalisation des *Demoiselles d'Avignon* (1907, The Museum of Modern Art, New York). C'est cette intense participation à la vie artistique de l'avant-garde parisienne qui lui permet d'acquérir une connaissance approfondie du cubisme, de sa phase d'expérimentation initiale aux développements de sa maturité. Ses réflexions critiques leur offrent la matière de nombreuses études qui constituent les premières contributions théoriques importantes publiées en Italie[1].
Néanmoins, l'exploration de l'art cubiste revêt, chez Soffici, une signification plus large qui se reflète dans l'évolution de son langage pictural. *Lignes et volumes d'une personne* adhère parfaitement aux principes de la décomposition cubiste. La figure, figée dans une pose immobile, est structurée selon une compénétration de volumes géométrisants qui définissent les différentes parties du corps. Le choix des couleurs – qui intensifie le caractère monochrome de l'œuvre, oscillant tout au plus entre les tonalités poudreuses du gris et de l'ocre – dérive lui aussi de l'orthodoxie cubiste. La rigueur de la composition souligne la solide plasticité des formes, renforcée par des contrastes en clair-obscur soigneusement répartis. La proximité de cette œuvre avec certains thèmes et procédés empiriques du cubisme met en relief tout ce qui sépare la poétique de Soffici de la recherche futuriste contemporaine : l'idolâtrie de la modernité, le dynamisme, la couleur stridente ; les innovations d'ordre technique dans la structure de l'œuvre d'art semblent n'avoir eu aucune influence sur cette peinture. Ceci explique, en partie, les rapports difficiles qu'eut l'artiste avec le futurisme, jalonnés dès la naissance du mouvement en 1909 de polémiques et de divergences théoriques. Cependant, ces tensions s'atténuent dès la parution, dans la revue *La Voce,* de son article sur l'exposition parisienne des peintres futuristes de février 1912[2]. Elles seront résorbées par l'adhésion au futurisme du noyau dur des Florentins, regroupé autour de Soffici et de Giovanni Papini. Cette réconciliation sera à l'origine de la création, en janvier 1913, de la revue florentine *Lacerba,* un des principaux organes de diffusion et de propagande du mouvement futuriste. Ce changement de position, chez Soffici, a mûri dans l'optique d'un parcours critique au cours duquel l'artiste a reconnu, dans le mouvement de Marinetti, une nouvelle occasion de rompre avec la situation culturelle italienne, un instrument important du renouvellement artistique. Néanmoins, lorsque Soffici adhère au futurisme, prévaut toujours dans son œuvre une désinence cubiste, orientée vers l'exaltation des valeurs formelles.

Z. D. L.

1 Cf. notamment son article « Picasso e Braque »,
La Voce (Florence), vol. III, n° 34, 24 août 1911.
2 A. Soffici, « Ancora del futurismo », *La Voce,* vol. IV,
n° 28, 11 juillet 1912.

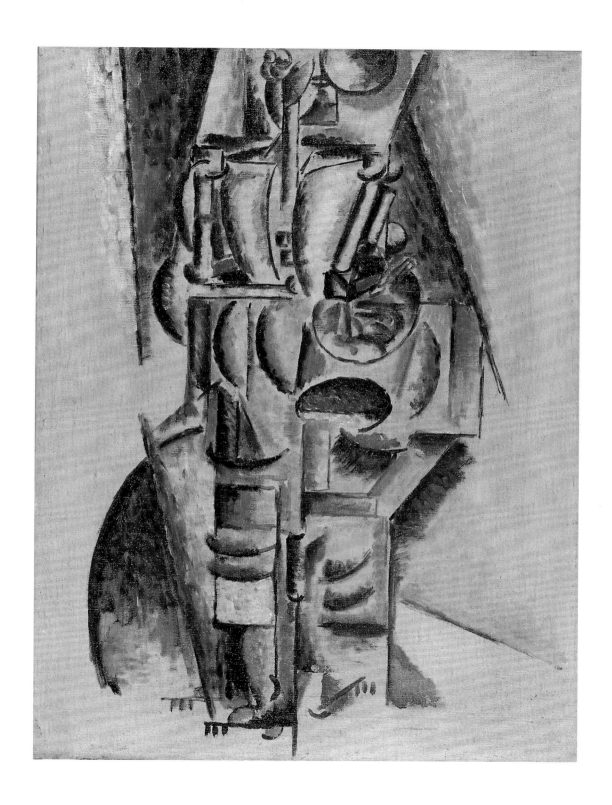

67   **Gino Severini**
      Nature morte au journal « Lacerba », 1913[1]
      Papiers collés, encre de Chine, crayon, fusain, gouache et craie sur papier,
      50 x 68 cm
      Fonds national d'art contemporain, ministère de la Culture et de la Communication,
      Paris / Dépôt au musée d'Art moderne de Saint-Étienne, 1956 / inv. 24875

« Il fut – et c'est là son originalité, voire, sans doute même, sa grandeur – il fut le pont jeté entre futurisme et cubisme[2]. »
Bernard Dorival résume ainsi le rôle prépondérant joué par Severini dans les rapports entre le futurisme et Paris, où il
fréquente dès 1911 Pablo Picasso, Georges Braque et nombre d'artistes de la scène parisienne. Élément moteur du
groupe futuriste italien, Severini invite ses camarades à lui rendre visite dans la capitale française, et les introduit en octobre
1911 dans les ateliers de Picasso, de Constantin Brancusi, d'Alexandre Archipenko et de Fernand Léger.
Nature morte au journal « Lacerba » révèle à quel point Severini est imprégné des recherches et des travaux des cubistes
parisiens. De toute évidence, il en reprend les thèmes de prédilection (journal, compotier, bouteille, verre), s'écartant ainsi
– ponctuellement d'abord – de ceux du futurisme. Il en adopte le vocabulaire formel, les teintes sobres, la composition
structurée : le compotier est bien ancré au centre, appuyé à droite par la forte verticale de la bouteille, et les formes,
géométriques, des objets sont nettement délimitées, soit par la découpe du papier, soit par des traits précis. Severini
s'approprie en outre une technique des cubistes, en l'occurrence celle du papier collé. Tout en usant de ce procédé
amplement développé depuis le printemps 1912 par Braque et Picasso, Severini fait montre de son audace et de son
inventivité en exploitant davantage encore la diversité des matériaux : chaque contour est différent, tracé à la craie, à
l'encre de Chine, à la gouache, au crayon ou au fusain ; chaque type de papier apporte sa spécificité – l'un suggère par
son motif le bois d'une table, l'autre rend la transparence du verre, le carton ondulé fait courir de longues horizontales sur
toute la surface du tableau. Et Severini de confier : « Je crois, écrit-il, pouvoir aujourd'hui avouer ma dette envers Braque
et Picasso sans me diminuer[3]. » Clin d'œil au futurisme dans cette composition d'inspiration cubiste, le fragment du journal
Lacerba trouve un écho dans *Pipe, verre, journal, bouteille de vieux marc* de Picasso (1914, Peggy Guggenheim Collection,
Venise), où la bouteille de rhum s'est changée en une bouteille de vieux marc.
Severini donne en 1913 un avant-goût de sa période cubiste, puisque, entre 1916 et 1920, il se détache du mouvement
futuriste et rejoint Picasso, Braque, Gris, Léger, Laurens et Metzinger, regroupés et soutenus par Léonce Rosenberg.
Ce dernier, dans la collection duquel se trouvait *Nature morte au journal « Lacerba »*, organise autour de l'œuvre de Severini
une exposition dans sa galerie de l'Effort moderne en mai 1919, à la suite de celle de Juan Gris en avril et juste avant
celle de Picasso en juin, l'inscrivant ainsi résolument au cœur de ce que l'on a appelé le « second cubisme ».

I. M.

1 L'œuvre est signée et datée par l'artiste 1913,
cependant, Daniella Fonti, dans le catalogue raisonné
de l'œuvre de Severini, date cette toile de 1918.
2 B. Dorival, *Gino Severini,* cat. exp., Paris, Musée
national d'art moderne, juillet-octobre 1967, p. 5.
3 G. Severini, cité par J. Maritain, « Gino Severini »
[1930], *Brefs écrits sur l'art,* Paris, Mercure
de France, 1999, p. 65.

68 **Gino Severini**
Portrait de Paul Fort, 1915
Papiers collés sur toile, 81 x 65 cm
Centre Pompidou-Musée national d'art moderne, Paris
Don de Mme Severini et de ses filles, 1967

« Parmi tant de poètes, le pur poète, le "poète intégral" comme l'appela Maeterlinck, était Paul Fort. Il s'était construit une prosodie personnelle entre l'alexandrin et le vers libre : prose rythmée et musicale ; […] rarement on avait vu un tel luxe de dons poétiques[1] », écrit Severini, évoquant le directeur de la revue *Vers et Prose* et le fondateur du Théâtre d'Art.

Paul Fort est aussi l'animateur de causeries littéraires au café La Closerie des Lilas. Marinetti y introduit Severini, qui peut ainsi assister au débat sur le renouvellement du langage artistique qui bouleversera bientôt la littérature, la poésie et les arts plastiques. La Closerie devient très vite le lieu de rendez-vous de nombreux jeunes artistes, notamment les cubistes indépendants : Jean Metzinger, Albert Gleizes, Francis Picabia et les frères Duchamp. Severini, parfaitement intégré à la vie culturelle de Montparnasse, devient le porte-parole officiel du mouvement futuriste à Paris. Il veille à maintenir un dialogue vivant entre les recherches italiennes et les débats propres aux avant-gardes françaises. Il s'efforce, avec diplomatie, d'effacer les désaccords et les aigreurs que suscite l'exposition des peintres futuristes italiens de février 1912[2]. L'année suivante, il épouse Jeanne, la fille de Paul Fort, choisissant Guillaume Apollinaire et Marinetti comme témoins de mariage.

L'œuvre de Severini est nourri par sa participation active aux débats culturels parisiens, et stimulé par des propositions hétérogènes. Dans son *Portrait de Paul Fort,* peint en 1915, l'artiste introduit ainsi l'usage du collage, une technique expérimentée par Georges Braque et Pablo Picasso depuis 1912. Sur le fond de la toile apparaissent des pages imprimées de la revue *Vers et Prose,* un programme du Théâtre d'Art et une carte de visite. À ces éléments descriptifs viennent s'ajouter de véritables objets : lunettes, moustaches, morceaux d'étoffe, qui constituent les « attributs » caractéristiques du modèle.

Z. D. L.

1 G. Severini, *Tutta la vita di un pittore* [1946], Milan, Edizioni di Communità, 1965, p. 89. Nous traduisons.
2 Cf. *ibid.*

69   **Giacomo Balla**
      ***Bambina che corre sul balcone,* 1912**
      [Jeune Fille courant sur le balcon]
      Huile sur toile, 125 x 125 cm
      Galleria d'Arte Moderna, Milan / Collection Grassi

Bien que d'une génération antérieure à celle de Carlo Carrà, Luigi Russolo, Umberto Boccioni, Gino Severini (ces deux derniers étant ses anciens élèves à l'Académie des beaux-arts de Rome), Balla se rallie au futurisme en 1910, alors que le mouvement se dote d'une composante picturale. S'il ne figure pas encore parmi les signataires de la première version du *Manifeste technique de la peinture futuriste,* son nom apparaît bien dans la version définitive qu'il cosigne.

Deux ans plus tard, sa participation à l'exposition de la galerie Bernheim-Jeune en février 1912 est annoncée dans le catalogue, qui mentionne une de ses peintures : *Lumière électrique* (n° 27). Pourtant, il est avéré que l'œuvre de Balla n'a pas figuré dans l'exposition des peintres futuristes italiens. Cet ostracisme fut le fait de Boccioni, qui estimait alors que la conversion futuriste de son ancien maître n'était pas encore suffisamment explicite dans sa production picturale. Est-ce pour répondre à cette mise en cause que Balla réalisa trois tableaux, *Dynamisme d'un chien en laisse* (1912, Albright-Knox Art Gallery, Buffalo, N.Y.), *Jeune Fille courant sur le balcon* et *La Main du violoniste* (1912, Estorick Collection of Modern Italian Art, Londres), ayant en commun de s'attacher à la représentation de cette *sensation dynamique elle-même*[1] que le *Manifeste des peintres futuristes* avait inscrite au cœur de son programme ?

L'analytique du mouvement mise en œuvre dans *Dynamisme d'un chien en laisse* ou dans *La Main du violoniste,* qui tend à produire des effets cinétiques par une évanescence des formes, fait écho aux « photodynamiques » des frères Bragaglia, découvertes par Balla quelque temps plus tôt. Une autre source, parisienne celle-ci, rend plus directement compte de la composition de la *Jeune Fille courant sur le balcon.* Dans un catalogue consacré à l'œuvre futuriste de Balla, Giovanni Lista mentionne sa découverte des photographies d'Étienne Jules Marey à l'Exposition universelle de 1900. L'artiste y témoigne alors de l'enthousiasme que lui procurent les études de mouvement de Marey. Dans une lettre qu'il adresse à sa fiancée, il fait état de sa mise en chantier d'un tableau inspiré par ces photographies : « Il intéressera les artistes parce que j'y ai fait une étude spéciale sur la *façon de marcher* de cette jeune fille et, en fait, j'ai réussi à *rendre l'illusion* qu'elle est en train d'avancer[2]. » Le souvenir des photographies de Marey est encore présent à l'esprit de Balla lorsque, plus de dix ans après, il entreprend de restituer « futuristiquement » la course de sa fille Luce sur le balcon de sa maison romaine. Les nombreuses études graphiques qui préludent à la peinture démontrent cette filiation. Elles réduisent la figure en mouvement à un jeu de lignes abstraites, celles-là mêmes que Marey avait inscrites sur le vêtement noir des personnages dont il analysait les gestes. Cette analyse scientifique du mouvement persiste sous forme de l'équation mathématique *Bambina x balcone* que Balla donne pour titre à son tableau lors de sa présentation publique à Naples en 1914[3].

La filiation de la peinture de Balla avec la chronophotographie de Marey a été à l'origine de son rapprochement avec les tableaux contemporains de Marcel Duchamp, particulièrement avec le *Nu descendant l'escalier n° 2* (1912, cat. n° 70). Par son évocation du mouvement, selon la démultiplication d'une figure dont est préservée l'intégrité physique, Duchamp se révèle être un disciple zélé de Marey, là où Balla tend à disséminer cette unité. La couleur que le peintre italien, à l'instar des autres futuristes, hérite de son passé postimpressionniste, est l'agent de cette dissolution. C'est sur ce point qu'il se montre un futuriste des plus « orthodoxes ». Il applique ici à la lettre le programme du *Manifeste des peintres futuristes* affirmant « que le mouvement et la lumière détruisent la matérialité des corps[4] ». En regard de cette « destruction », Duchamp se montre l'élève d'un cubisme (celui au moins de Braque et de Picasso des années 1908-1911) pour lequel l'intégrité de la forme est une donnée fondamentale.

Les trois tableaux de Balla de 1912 sanctionnent son adhésion inconditionnelle aux thèses et à l'esthétique du futurisme. Dans une lettre du début de l'année 1913 adressée à Severini, Boccioni rend compte de la conversion de son ancien maître : « Balla nous a époustouflés car non content de faire une campagne futuriste comme tu imagines bien qu'il peut en faire, il s'est lancé dans une transformation complète. Il renie toutes ses œuvres et toutes ses méthodes de travail. Il a commencé quatre tableaux de mouvement (encore véristes) mais incroyablement avancés [...]. Il a dit à Aldo Palazzeschi : "Ils n'ont pas voulu de moi à Paris et ils ont eu raison : ils sont beaucoup plus loin que moi mais je travaillerai et progresserai moi aussi"[5]. »

D. O.

1 U. Boccioni *et al., Manifeste des peintres futuristes,* in *Les Peintres futuristes italiens,* cat. exp., Paris, galerie Bernheim-Jeune & Cie, 5-24 février 1912, p. 16 // G. Lista, *Futurisme. Manifestes, proclamations, documents,* Lausanne, L'Âge d'homme, 1973, p. 163.
2 G. Lista, *Balla* [catalogue raisonné], Modène, Edizioni Galleria Fonte d'Abisso, 1982, p. 22.

3 Dans « Prima esposizione di pittura futurista », Naples, Galleria Futurista, mai-juin 1914. (En fait, la toile fut présentée pour la première fois, sous le titre *Bambina moltiplicato* dans « Prima esposizione di pittura futurista », Rome, galleria G. Giosi, [février] 1913.)
4 U. Boccioni *et al., Manifeste des peintres futuristes,* art. cité, p. 21 // G. Lista, *Futurisme. Manifestes...,* op. cit., p. 165.

5 Lettre citée dans P. Pacini, « Futurismo e oltre », *Critica d'arte* (Florence), n° 111, mai-juin 1970 // G. Lista, *Balla futuriste,* Lausanne, L'Âge d'homme, 1984, p. 44.

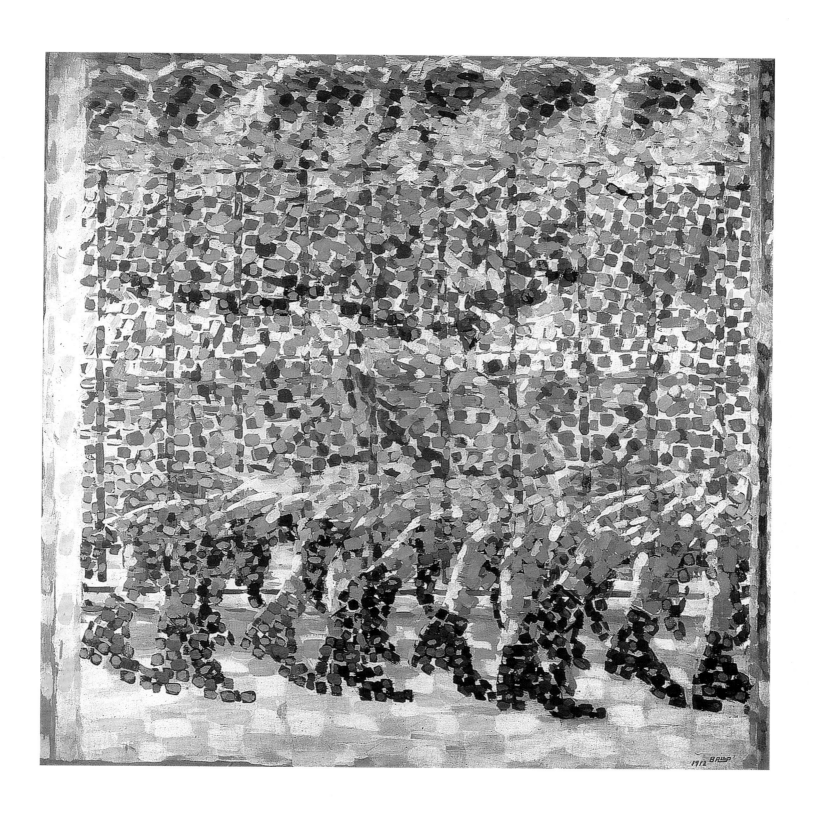

70 **Marcel Duchamp**
Nu descendant l'escalier n° 2, **1912**
Huile sur toile, 147 x 89,2 cm
Philadelphia Museum of Art / Collection Louise et Walter Arensberg, 1950

En décembre 1911, Duchamp entreprend la peinture d'une figure descendant un escalier. Depuis quelque temps déjà, son intérêt pour les chronophotographies d'Étienne Jules Marey – qu'il découvre probablement dans la revue *La Nature* – l'a conduit à explorer les voies de l'expression picturale du mouvement. En janvier 1912, il achève la seconde version de son *Nu descendant l'escalier,* dont le chromatisme « couleur de bois » – ainsi que le qualifie Duchamp lui-même – est celui des tableaux cubistes contemporains. Au Salon des indépendants, dont l'inauguration est prévue pour le 20 mars, l'œuvre est destinée à figurer dans la salle qui rassemble les artistes affiliés au cubisme. Découvrant le *Nu descendant l'escalier,* Albert Gleizes et Jean Metzinger s'indignent de ses parentés trop visibles avec les toiles que les peintres futuristes italiens viennent tout juste de présenter à la galerie Bernheim-Jeune qui s'est achevée le 24 février. Le succès tonitruant de l'exposition futuriste, qui passe par la remise en cause de la prééminence de la peinture parisienne, conduit les cubistes à resserrer les rangs. Ce contexte polémique conduit un Duchamp dépité à décrocher son tableau des cimaises du Salon des indépendants (sa présence reste attestée dans le catalogue du Salon).
À New York, un an plus tard, le *Nu descendant l'escalier* devient le clou de l'exposition de l'Armory Show. Il est popularisé dans des concours comiques par le détournement qu'en font les caricaturistes des grands journaux américains (*The American Art News* invite ses lecteurs à y « trouver la femme »).
Loin du chauvinisme du milieu parisien, aux États-Unis, Duchamp évoque librement ses sympathies pour les valeurs reven-diquées par les peintres futuristes. Interviewé par la presse américaine, il affirme que Georges Seurat est « le plus grand esprit scientifique du XIXe siècle, plus grand en ce sens que Cézanne[1] ». Ne cédant en rien à l'iconoclasme antipasséiste futuriste, il déclare encore : « Je crois que votre idée de démolir les vieux bâtiments, les vieux souvenirs est bonne[2]. »
Depuis longtemps déjà, comme les peintres de l'avant-garde italienne, il adhère au culte anarchiste d'un individualisme farouche (une exaltation du moi qu'il puise chez Max Stirner), fait preuve d'une fidélité à un psychologisme ancré dans le symbolisme, dont témoigne son *Jeune homme triste dans un train* (1911, Peggy Guggenheim Collection, Venise) qui fait suite à plusieurs œuvres authentiquement symbolistes. Pour attester de la proximité de ses recherches avec celles des peintres italiens, Duchamp rappellera à plusieurs reprises le *Dynamisme d'un chien en laisse* (1912, Albright-Knox Art Gallery, Buffalo, N.Y.) de Giacomo Balla, qu'il se persuadera d'avoir vu, en février 1912, à Paris lors de ses visites répétées de l'exposition présentée à la galerie Bernheim-Jeune (exposition dans laquelle le tableau en question ne figurait pas).
Le « futurisme » de Duchamp devient à New York si notoire que l'année même de l'Armory Show, J. Nilsen Laurvik publie *Is it Art ? Post-Impressionism – Futurism – Cubism,* qu'il illustre d'un portrait de groupe des frères Duchamp, accompagné d'une légende explicite : « The Futurist Brothers[3] ». Nuançant cette assimilation par trop exclusive, Duchamp, dans ses entretiens avec Pierre Cabanne, appliquera à son *Jeune homme triste dans un train* une définition qui vaut aussi pour son *Nu* : « une interprétation cubiste d'une formule futuriste[4] ». Le triomphe du *Nu descendant l'escalier n° 2* aux États-Unis est avant tout celui de la synthèse à laquelle aspire Duchamp, celle opérée par le cubofuturisme.

D. O.

1 M. Duchamp, « Un renversement complet des opinions sur l'art par Marcel Duchamp », *Art and Decoration* (New York), septembre 1915 // D. Ashton, *Rencontre avec Marcel Duchamp,* Paris, L'Échoppe, 1996, p. 12.
2 *Ibid.,* p. 13.
3 J. Nilsen Laurvik, *Is it Art ? Post-Impressionism – Futurism – Cubism,* New York, The International Press, 1913, n. p.

4 M. Duchamp, *Entretiens avec Pierre Cabanne,* Paris, Somogy éditions d'art, 1995, p. 43.

71   **Marcel Duchamp**
      Les Joueurs d'échecs, **1911**
      Huile sur toile, 50 x 61 cm
      Centre Pompidou-Musée national d'art moderne, Paris / Achat, 1954

Le jeu d'échecs a constitué une passion durable de Duchamp. Dans les années 1920, alors qu'il se présente comme « artiste défroqué », il participe aux tournois internationaux en tant que membre de l'équipe de France. Il contracte cette passion dès sa jeunesse, dans un milieu familial où les échecs sont un passe-temps privilégié. En 1904, Jacques Villon réalise une gravure montrant son frère Marcel et sa sœur Suzanne faisant une partie dans le jardin de la demeure familiale. Six ans plus tard, c'est Marcel, dans un style encore marqué par le fauvisme, qui consacre un premier tableau montrant ses deux frères Jacques et Raymond devant l'échiquier. Lorsque, un an plus tard, avec *Les Joueurs d'échecs,* il revient au même sujet, son style, ses ambitions ont radicalement changé. Au Salon des indépendants, le cubisme, pour la première fois, vient de se manifester collectivement et publiquement. En écho à ce nouveau contexte, son tableau adopte un camaïeu de bruns, caractéristique des tableaux cubistes, l'inscrivant dans la mutation chromatique que l'œuvre de Duchamp entame en octobre de la même année avec *Dulcinée* (1911, Philadelphia Museum of Art). Si *Les Joueurs d'échecs,* par leur palette et leur iconographie, que l'on peut interpréter comme un hommage aux *Joueurs de cartes* (1890-1895, musée d'Orsay, Paris) de Paul Cézanne, père putatif de la nouvelle école cubiste, semblent relever d'une démarche cubiste, le traitement du sujet témoigne de l'originalité foncière (de l'hétérodoxie ?) des recherches de Duchamp. L'ouverture et la dislocation des formes auxquelles il procède ne s'opèrent pas tant, comme dans les toiles cubistes, au nom d'une spéculation sur l'espace mais en fonction d'une recherche liée à la temporalité. Duchamp s'attache à un déploiement de la partie dans le temps. Ses protagonistes sont représentés plusieurs fois dans la composition, chacune de ces apparitions correspondant à un moment précis de la partie, à une décision à prendre concernant le déplacement de pièces, visible en superposition des figures. Ce souci d'expression de la durée rapproche Duchamp des peintres futuristes dont il semble, à la lettre, suivre le programme : « Nous avons non seulement abandonné d'une façon radicale le motif entièrement développé suivant son équilibre fixe et par conséquent artificiel, mais nous coupons brusquement et à plaisir chaque motif par un ou plusieurs autres motifs, dont nous n'offrons jamais le développement entier, mais simplement les notes initiales ou finales. […] Nous parvenons ainsi à ce que nous appelons *la peinture des états d'âme*[1]. »
Le *Jeune homme triste dans un train* (1911, Peggy Guggenheim Collection, Venise) avait déjà montré comment Duchamp restait tributaire de ce psychologisme que Umberto Boccioni, avec son triptyque des *États d'âme* (1911, cat. nᵒˢ 17 à 19) devait bientôt revendiquer comme un patrimoine futuriste. Non seulement Duchamp soustrait les « états d'âme » du registre des sentiments pour celui de la réflexion pure, mais il reste attaché à une peinture de la vie spirituelle : deux études pour *Les Joueurs d'échecs,* composées en triptyque, confirment cet attachement à la tradition du spiritualisme symboliste.

D. O.

1 U. Boccioni *et al.,* « Les exposants au public », in *Les Peintre futuristes italiens,* cat. exp., Paris, galerie Bernheim-Jeune, 5-24 février 1912, p. 9 // G. Lista, *Futurisme. Manifestes, proclamations, documents,* Lausanne, L'Âge d'homme, 1973, p. 170.

72   **Marcel Duchamp**
      Moulin à café, **1911**
      Huile et crayon sur carton, 33 x 12,7 cm
      Tate, Londres / Achat, 1981

« Mon frère [Jacques Villon] avait une cuisine dans sa petite maison de Puteaux et il a eu l'idée de la décorer avec des tableaux des copains. Il a demandé à Gleizes, Metzinger, La Fresnaye, Léger aussi je crois, de lui faire de petits tableaux de la même dimension, comme une sorte de frise. Il s'est également adressé à moi et j'ai exécuté un moulin à café que j'ai fait éclater[1]. » Tels pourraient être les premiers mots de la fable toute prosaïque qui vit naître le *Moulin à café* de Duchamp. La petite histoire derrière la grande, en somme. Un groupe d'amis – dont l'exégèse ne retiendra que la toponymie : « de Puteaux » – sollicité pour maquiller un mur nu et ingrat. Autrement dit, un pacte entre camarades, scellé en souvenir d'une grande peinture à fresque revisitée à l'échelle du foyer. Métamorphosée en *Arena* moderne et profane, intimiste et triviale, la cuisine abrite dans un premier temps une cafetière qui, réalisée par Roger de La Fresnaye, souffle vraisemblablement son sujet à Duchamp. Or, plus que celle-ci, le moulin à café autorise une étude anatomique puisque son mécanisme – rouages, manivelle, moyeu – pourra être, avant la *Mariée,* mis à nu et éviscéré. Aussi Duchamp opte-t-il pour un format singulièrement étiré en hauteur qui, en répondant aux contraintes ornementales – celles d'un art devenu littéralement « appliqué » –, permet de donner à voir une section verticale caractéristique de l'esthétique cubiste.

Une esquisse préparatoire à l'encre sur papier (1911, collection particulière) révèle en négatif la séduction chromatique dont est pourvue l'huile sur carton achevée : par les artifices de la couleur et du pinceau, l'artiste parvient en effet à restituer la cohabitation des effets ligneux et des formes métalliques du moulin. En ce sens, l'économie plastique et le « côté diagrammatique[2] » de son œuvre ne contrarient aucunement la souveraineté de ses talents matiéristes. Par conséquent, Duchamp contrevient à un langage traditionnel tout en empruntant *encore* certains de ses idiomes. S'il rompt toute alliance avec la vraisemblance mimétique, c'est moins par *comment* il peint que par *ce* qu'il peint. Il y a, malgré tout et malgré lui, une rémanence du savoir-faire, une persistance de la technicité ou, pour reprendre les mots d'Henri Focillon, un « éloge de la main ». Seule indication extra-picturale : la flèche qui, en haut à gauche, signifie le sens horaire du mouvement circulaire de la poignée. Plus qu'une simple annotation factieuse, elle constitue un signe surréel hors le champ conventionnel du tableau. Elle tient tête à la « peinture sérieuse » et, adjointe à la forme répétée de la manivelle, permet de suggérer sans précédent le mouvement dans une image statique. Ainsi, au sein de ce qui fait aujourd'hui figure de première toile « machiniste » de l'histoire de l'art, elle surajoute une dimension cinétique inaugurale qui n'est pas étrangère aux aspirations futuristes. Guillaume Apollinaire ne dit rien d'autre quand, pour souligner que « Marcel Duchamp n'a pas le culte des apparences », il note que ses « conceptions ne sont point déterminées par une esthétique mais par *l'énergie* d'un petit nombre de lignes (formes ou couleurs) »[3].

Empruntant certains des principes inhérents au cubisme et au futurisme, Duchamp les conjugue savamment en donnant ses lettres de noblesse à la décomposition et de la forme et du mouvement. L'on comprend dès lors que ce *Moulin à café* destiné à d'apparentes frivolités domestiques ait pu rapidement gagner le statut de peinture majeure. En témoignent les nombreuses reproductions qu'il suscita[4] ou les œuvres qu'il anticipa, depuis le remarquable *Ozonateur* d'Ivan Klioune (1914, cat. n° 88) aux toiles de Duchamp lui-même – *Le Grand Verre* (1915-1923, Philadelphia Museum of Art) – et de Francis Picabia – *Parade amoureuse* (1917, The Morton G. Neumann Family Collection) – qui adapteront cette froide mécanique à celle, plus ardente, du désir. La toile duchampienne garantissait une extrême latitude d'interprétations, littérales, symboliques ou plastiques. Elle ouvrait les possibles quand son auteur prit soin de garder à son sujet la plus grande modestie comme la plus grande discrétion. C'est là le secret des grandes œuvres et des grands artistes, comme le sentait Max Jacob : « L'art très moderne ne l'est déjà plus quand celui qui le fait commence à le comprendre. Quand ceux qui pourraient le comprendre commencent à ne plus vouloir le comprendre et quand ceux qui l'ont compris veulent d'un art qu'ils ne comprennent pas encore[5]. »

C. L.

1 M. Duchamp, *Entretiens avec Pierre Cabanne,* Paris, Somogy Éditions d'art, 1995 [rééd. Paris, P. Belfond, 1967], p. 38.
2 *Ibid.*
3 G. Apollinaire, *Les Peintres cubistes. Méditations esthétiques,* Paris, Hermann, 1980 [rééd. de : *Les Peintres cubistes,* Paris, Figuière, 1913, p. 110-111]. Nous soulignons.
4 Le *Moulin à café* fut reproduit maintes fois.

Signalons, parmi tant d'autres, la lithographie tirée de l'œuvre originale figurant dans la rééd. de 1947 de l'ouvrage *Du « cubisme »* de Gleizes et Metzinger (Paris, Compagnie Française des Arts Graphiques) ou les deux reproductions, imprimées par collotype et pochoir, illustrant la jaquette de protection ainsi que le frontispice du livre fondamental de Robert Lebel intitulé *Sur Marcel Duchamp* (Paris/Londres, Éd. Trianon, 1959), fac-similé de la 1re éd. augm.

d'un cahier de lettres inédites de Marcel Duchamp, Paris, Éd. du Centre Pompidou/Mazzota, 1996.
5 M. Jacob, *Art poétique* [1922], Paris, L'Élocquent, 1987, p. 17.

73 **Francis Picabia**
Danses à la source I, 1912
Huile sur toile, 120,5 x 120,6 cm
Philadelphia Museum of Art
Collection Louise et Walter Arensberg, 1950

Le thème de la danse acquiert une place cruciale dans l'œuvre de Picabia à partir de 1912. S'y réfèrent, outre les deux versions de *Danses à la source, Tarentelle* (1912, localisation inconnue), puis à partir de 1913, les œuvres inspirées de la rencontre avec la danseuse Stacia Napierkowska (*Udnie,* 1913, cat. n° 74), *Je revois en souvenir ma chère Udnie* ([1913]-1914, cat. n° 75). L'intérêt du peintre pour l'art chorégraphique – jusqu'à laisser imaginer un possible passage des frontières – avait été noté par Guillaume Apollinaire dans *Les Peintres cubistes* : « Picabia, qui semble souhaiter un art de la mobilité, pourrait abandonner la peinture statique pour aborder maintenant des moyens nouveaux (comme fit la Loïe Fuller)[1]. » L'importance accordée aux mouvements des corps dans l'espace constitue un point de rencontre essentiel entre l'œuvre de Picabia et les recherches futuristes. Dès 1910, Gino Severini fait de la danse son sujet de prédilection. *Danseuses jaunes* (1911, cat. n° 43), présenté à l'exposition de la galerie Bernheim-Jeune en février 1912, constitue, notamment de par sa composition en mosaïque, une source possible du tableau de Picabia. On peut néanmoins noter que, si Severini et les futuristes font l'expérience de la danse dans le cadre urbain et artificiel du music-hall et du cabaret, Picabia évoque, à travers ses titres, un univers naturel et bucolique.

Danses à la source I présente un espace fragmenté en une multitude de plans de « couleurs qui s'unissent ou contrastent, qui prennent une direction dans l'espace, se dégradent ou augmentent d'intensité pour provoquer l'émotion esthétique[2] ». Le tableau offre l'image d'un univers saccadé où les sensations de proche et de lointain, de suspens et de brutale accélération se succèdent en sauts brusques. Un critique américain avait comparé l'œuvre à un « morceau de sucre émietté[3] », tandis qu'un autre décrivait, sous la forme humoristique d'un dialogue entre une fillette et sa mère, les sensations de vertige et de haut-le-cœur ressenties à la vue du tableau[4]. Picabia crée un « style du mouvement », à l'image de celui défini par les futuristes : « dislocation et démembrement des objets, éparpillement et fusion de détails[5] ».

« Ce n'est pas une scène reconnaissable, écrivait Picabia à propos des deux versions de *Danses à la source*. Il n'y a pas de danseur, pas de source, pas de lumière, pas de perspective, rien d'autre que l'indice visible des sentiments que j'essaye d'exprimer […]. J'attire votre attention sur un chant de couleurs, qui fera ressentir à d'autres les sensations et les sentiments joyeux qui m'inspirèrent dans ces jours d'été lorsque je me trouvais dans un coin de campagne à la frontière de l'Italie où il y avait une source dans un merveilleux jardin. *Une photographie de cette source et de ce jardin ne ressemblerait en aucune manière à ma peinture[6].* »

Danses à la source I a été présenté pour la première fois au Salon d'automne à Paris en 1912[7]. Il fit ensuite partie des tableaux envoyés par Picabia à l'exposition de l'Armory Show à New York en mars 1913, dont il fut l'une des œuvres les plus remarquées, au même titre que le *Nu descendant l'escalier n° 2* de Marcel Duchamp (1912, cat. n° 70).

J. P.

1 G. Apollinaire, *Les Peintres cubistes. Méditations esthétiques*, Paris, Hermann, 1980, p. 108.
2 *Ibid.*, p. 107.
3 Cité dans W.A. Camfield, *Francis Picabia. His Art, Life and Time*, Princeton, Princeton University Press, 1979, p. 44.
4 [Anonyme], *Chicago Daily Tribune*, 31 mars 1913, cité dans *ibid.*, p. 44.
5 U. Boccioni *et al.*, « Les exposants au public », *Les Peintres futuristes italiens*, cat. exp., Paris, galerie Bernheim-Jeune & Cie, 5-24 février 1912, p. 6 // G. Lista, *Futurisme. Manifestes, proclamations, documents*, Lausanne, L'Âge d'homme, 1973, p. 169.
6 J.G. Bealty, « The New Delirium », *Kansas City Star*, 23 février 1913 ; cité dans A. Pierre, *Picabia.*

La peinture sans aura, Paris, Gallimard, 2002, p. 110. On connaît plusieurs versions discordantes quant à la source d'inspiration du tableau. Si Picabia parle d'un « coin de campagne à la frontière de l'Italie », Apollinaire situe, lui, la scène initiale « aux environs de Naples » (*Les Peintres cubistes…, op. cit,* p. 108). Selon Gabrielle Buffet-Picabia, c'est un épisode lors de leur voyage de noces en Espagne en 1909 qui fournit la clef biographique de l'œuvre. Les Picabia se seraient arrêtés pour regarder une jeune bergère dansant pour elle-même tout en surveillant son troupeau (*Rencontres avec Picabia, Apollinaire, Cravan, Duchamp, Arp, Calder*, Paris, Pierre Belfond, 1977, p. 44).
7 Cette toile ne manqua pas de déconcerter la critique. Dans un compte rendu du Salon,

un critique parisien notait ainsi : « Je crois que le record de la haute fantaisie est détenu cette année par M. Picabia… Ses deux envois s'intitulent *La Source* et *Danses à la source*. Ce sont de beaux titres… Les deux tableaux, je dois le dire, ne s'accordent aucunement avec eux. Ce sont de vastes panneaux, sur lesquels ont été tracés des triangles, des losanges, des trapèzes, des carrés, des rectangles, tout de guingois, et mêlant dans leur inextricable enchevêtrement le brun au rose, la brique au rouge capucine et le vert bleuâtre au noir roux… C'est laid. Ça évoque le linoléum incrusté et ça n'en a pas l'utilité… » (*Le Petit Parisien*, 30 septembre 1912 ; cité dans A. Pierre, *Picabia. La peinture sans aura, op. cit,* p. 82-83).

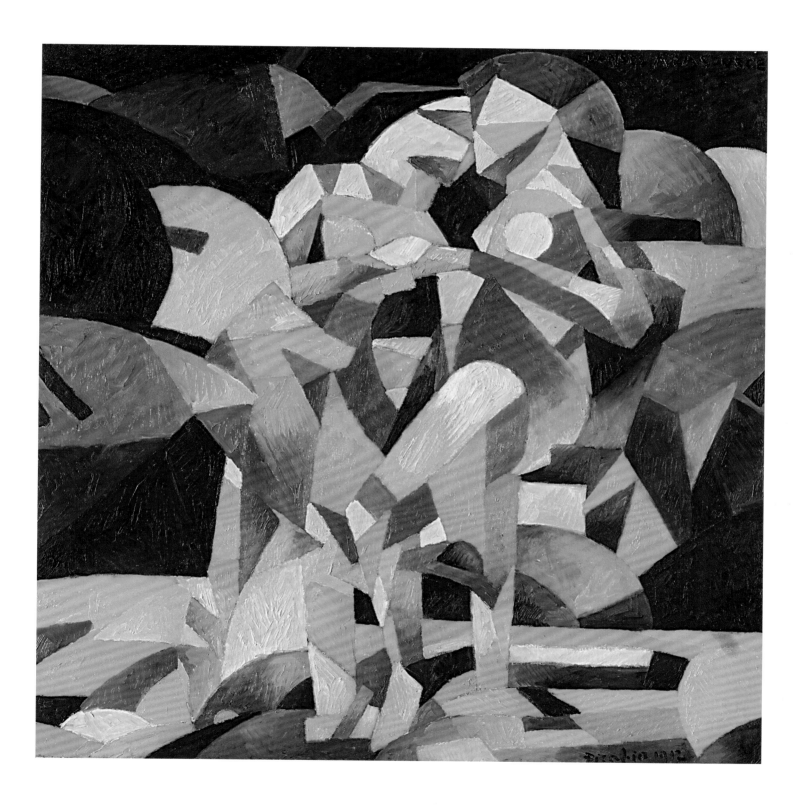

74 **Francis Picabia**
Udnie, **1913** *(Jeune fille américaine ; La Danse)*
Huile sur toile, 290 x 300 cm
Centre Pompidou-Musée national d'art moderne, Paris / Achat de l'État, 1948
Attribution, 1949

Magistral joyau de la peinture abstraite, cette toile est peinte durant l'été 1913, en souvenir des danses de Stacia Napierkowska qui se produisait sur le bateau emmenant Picabia à New York en janvier 1913, alors que le peintre se rendait à l'Armory Show, où il serait salué comme le « leader du cubisme ». Dans la lignée des toiles consacrées à la danse à partir de 1912 et qualifiées d'« orphiques » par Guillaume Apollinaire, ce grand tableau, de format presque carré, est l'aboutissement de recherches menées à New York au travers d'aquarelles inspirées par la danseuse, exposées chez Alfred Stieglitz en mars-avril et mêlant des éléments mécaniques et des formes anatomiques. *Udnie* et son pendant *Edtaonisl* (ecclésiastique) (1913, The Art Institute of Chicago), présentées au Salon d'automne en novembre 1913, suscitent peu de réactions en dehors de celle d'Apollinaire qui aime « beaucoup les grandes peintures si pures, si lucides de Picabia, […] peintures ardentes et lyriques[1] ». Picabia déclare à un journaliste : « *Udnie* n'est pas plus le portrait d'une jeune fille qu'*Edtaonisl* n'est l'image d'un prélat, tels qu'on les conçoit communément. Ce sont des souvenirs d'Amérique, des évocations de là-bas qui, subtilement apposés comme des accords musicaux, deviennent représentatifs d'une idée, d'une nostalgie, d'une fugitive impression[2]. »
La composition d'*Udnie* est une synthèse plastique des évolutions sensuelles de la danseuse, rendues par des arabesques et des fragments de volumes colorés, eux-mêmes soumis aux mouvements du bateau. La dynamique centrifuge est légèrement heurtée par des lignes de force divergentes et des plans aux arêtes aiguës. Au moyen de contrastes colorés, Picabia évoque également sa fascination pour la dynamique de la jeune femme américaine et pour la danse, comme l'indique la double appellation de la toile. Le titre, dont le jeu de mots est une nouveauté, serait formé sur « une dimension » selon lui, ou encore sur « nudité », ou bien sur le mythe d'« Ondine » et récemment, selon Arnauld Pierre, d'après le nom du critique musical Jean d'Udine, théoricien des synesthésies[3]. L'énigme du rébus participe au diagramme anecdotique de la composition dont les formes non-représentatives délivrent la musicalité des tonalités raffinées. L'influence des toiles de Gino Severini (l'éclatement des plans de la danse) et de celles de Umberto Boccioni (la force centrifuge), que Picabia a vues lors de l'exposition parisienne des peintres futuristes italiens en février 1912, est palpable. *Udnie* s'inspire également du « mécanisme » de *La Mariée* de Marcel Duchamp (1912, Philadelphia Museum of Art), donnée par le peintre à Picabia, ainsi que du « musicalisme » énoncé par Henri Valensi, František Kupka et Jacques Villon dans l'exposition des artistes de la Section d'or à la galerie La Boëtie, en octobre 1912, où Picabia expose également. Boccioni, dans son article « Les futuristes plagiés en France[4] », revendique la paternité de la simultanéité et du lyrisme des formes, repris par Apollinaire dans l'orphisme. Proposant un *Manifeste de l'école amorphiste*[5], Picabia inaugure dans *Udnie* les correspondances synesthésiques de la peinture, de la danse et de la musique, empreintes du processus de la mémoire ; l'image érotique et mouvante de Napierkowska inspira au peintre deux autres toiles (*Petite Udnie,* 1913-1914, collection particulière et *Je revois en souvenir ma chère Udnie,* [1913]-1914, cat. n° 75). Repeinte par Picabia en 1947 avec l'aide de Christine Boumeester, *Udnie* livre un vocable plastique selon une harmonie de sons et de sensations.

C. M.

1 G. Apollinaire, « M. Bérard inaugure le Salon d'automne », *L'Intransigeant* (Paris), 14 novembre 1913 // id., *Écrits sur l'art, OC,* Paris, Gallimard, « Bibliothèque de La Pléiade », t. II, 1991, p. 606.
2 Anonyme [F. Picabia], « Ne riez pas, c'est de la peinture et ça représente une jeune Américaine », *Le Matin* (Paris), 1er décembre 1913, p. 1 // id., *Écrits,* vol. 1, *1913-1920,* Paris, Belfond, 1975, p. 26.
3 A. Pierre, *Francis Picabia. La peinture sans aura,*

Paris, Gallimard, 2002, p. 102-103.
4 U. Boccioni, « Les futuristes plagiés en France », (version italienne in *Lacerba* [Florence], vol. I, n° 7, 1er avril 1913, p. 66-68). Traduction française dans G. Lista, *Futurisme. Manifestes, proclamations, documents,* Lausanne, L'Âge d'homme, 1973, p. 387-389.
5 *Camera Work* (New York), n° 41-44 (numéro spécial : *A Photographic Quaterly*), juin 1913, p. 57.

75 **Francis Picabia**
Je revois en souvenir ma chère Udnie, **[1913]-1914**
Huile sur toile, 250,2 x 198,8 cm
The Museum of Modern Art, New York / Fonds Hillman Periodicals, 1954

« Donner une réalité plastique à des états d'esprit intérieurs[1]. » En 1913, Picabia définit par ces mots l'enjeu de la peinture moderne. Reprenant des idées déjà largement diffusées, sinon toujours acceptées, l'artiste en appelle à se détourner de la reproduction « photographique » du réel. Comme d'autres grandes toiles de l'année 1913 (*Edtaonisl,* The Art Institute of Chicago) et *Udnie* (cat. n° 74), *Je revois en souvenir ma chère Udnie*[2] rompt radicalement avec toute représentation naturaliste, même stylisée ou réorganisée sur un mode cubiste. « Vous le savez, j'ai déjà dépassé ce stade, confie Picabia en 1913, et déjà je ne me désigne même plus comme un cubiste. J'en suis venu à réaliser que l'on ne peut toujours faire exprimer aux cubes la pensée du cerveau, le sentiment de l'âme[3]. » Sur ce chemin d'un art subjectif, Picabia rencontre des thèmes déjà développés dans les milieux de l'abstraction spiritualiste (par Vassily Kandinsky, František Kupka, etc.) ou par les futuristes italiens, qui, en 1912 à Paris, avaient défendu le principe d'une « peinture des états d'âme[4] », formule qui revient à de nombreuses reprises sous la plume de Picabia.

L'un des éléments clés du dépassement du cubisme tient au traitement de la sensation visuelle, qui n'est pas analysée, décomposée « à froid », mais décantée longuement au sein de la mémoire : « J'absorbe ces impressions, affirme Picabia. Je ne suis pas pressé de les mettre sur la toile. Je les laisse se déposer dans mon cerveau et puis, quand l'esprit de la création m'inonde, j'improvise mes tableaux comme un musicien improvise sa musique[5]. » La mémoire constitue le tiers terme essentiel – vers lequel le titre de *Je revois en souvenir ma chère Udnie* fait signe explicitement – dans l'articulation renouvelée entre peinture et réalité. Le tableau peut être vu comme l'extériorisation sur la toile d'un moment intérieur dans la réalisation du « souvenir-image[6] », un moment ambigu où la forme se cherche, comme une « nébulosité qui se condenserait[7] », pour reprendre une formule d'Henri Bergson, dont la pensée influence autant le futurisme que la scène artistique parisienne.

« Ces tableaux représentent si peu des abstractions *a priori* que, de chacun d'eux, le peintre pourrait vous raconter l'histoire[8] », écrivait Guillaume Apollinaire des œuvres de Picabia. L'histoire d'*Udnie* nous est connue : en janvier 1913, sur le bateau qui emmenait le couple Picabia à New York, où le peintre était invité à participer à l'Armory Show, Francis et Gabrielle font la rencontre de l'actrice d'origine polonaise Stacia Napierkowska, dont le spectacle de danse « hindoue » frappe vivement l'imagination de l'artiste. *Danseuse étoile et son école de danse* (1913, The Metropolitan Museum of Art, New York), *Danseuse étoile sur un transatlantique* (1913, localisation inconnue), *Udnie* et *Je revois en souvenir ma chère Udnie* se réfèrent tous à cette source d'inspiration.

Le vocabulaire formel du tableau évoque à la fois l'univers mécanique et le règne biologique, bulbe ou ampoule, tige ou vis. Dans la manière de fusionner ainsi corps féminin et mécanisme, la figure d'*Udnie* apparaît comme une parente exubérante des machines érotiques de Marcel Duchamp ou des ballerines mécaniques de Fortunato Depero. Les formes organiques du tableau ne sont pas sans rappeler les structures végétales de l'Art Nouveau, mais ces réminiscences sont prises dans un bourgeonnement sauvage, dans une multiplication par rejets.

Si le problème des liens entre peinture et mémoire s'enracine loin dans l'histoire de l'art, le futurisme a sans doute contribué à le replacer au centre des débats de l'avant-garde. « Il faut, affirmait le texte-manifeste du catalogue de l'exposition futuriste de Paris en 1912, que le tableau soit la synthèse de *ce dont on se souvient* et de *ce que l'on voit*[9]. » Pour autant, la volonté de Picabia apparaît sensiblement différente de celle des futuristes. Chez ces derniers, le souvenir est un élément perturbateur des cadres de la vision. Il introduit dans la représentation un *bougé*, permettant d'obtenir les lignes-force d'un objet en mouvement. L'esthétique mémorielle de Picabia implique plutôt la lente sublimation de la chose vue, peinture non d'une trajectoire dynamique mais d'un trajet intérieur de métamorphose.

J. P.

1 F. Picabia, cité dans H. Hapgood, « A Paris Painter », *The Globe and Commercial Advertiser,* 20 février 1913, p. 8. Traduction dans M.L. Borràs, *Picabia,* Paris, Albin Michel, 1985, p. 107 // A. Pierre, *Francis Picabia. La peinture sans aura,* Paris, Gallimard, 2002, p. 111.
2 Le titre de l'œuvre, selon un procédé déjà utilisé par Picabia, s'inspire de la traduction française d'une citation latine relevée dans les pages roses du *Petit Larousse* : « Mourant, il revoit en souvenir sa chère Argos » (Virgile, *Énéide,* X, 782). La toile a été présentée pour la première fois du 12 au

26 janvier 1915 à l'occasion de l'exposition « An Exhibition of Recent Paintings – Never Before Exhibited Anywhere – by Francis Picabia », à la Little Gallery-Photo-Secession [291] de New York.
3 F. Picabia, « Comment je vois New York. Pourquoi New York est la seule ville cubiste au monde », *The New York American* (New York), 30 mars 1913, p. 11 // id., *Écrits,* Paris, Pierre Belfond, 1975, vol. I, p. 25.
4 U. Boccioni *et al.,* « Les exposants au public », in *Les Peintres futuristes italiens,* cat. exp., Paris, galerie Bernheim-Jeune & Cie, 5-24 février 1912, p. 4-14 // G. Lista, *Futurisme. Manifestes,*

proclamations, documents, Lausanne, L'Âge d'homme, 1973, p. 169-171.
5 F. Picabia, *Écrits, op. cit.,* p. 25.
6 L'expression est de Bergson, voir par exemple H. Bergson, *Matière et mémoire* [1896], Paris, Presses Universitaires de France, 2004, p. 147.
7 *Ibid.,* p. 148.
8 G. Apollinaire, *Les Peintres cubistes. Méditations esthétiques,* Paris, Hermann, 1980, p. 108.
9 U. Boccioni *et al.,* « Les exposants au public », art. cité, p. 6 // G. Lista, *Futurisme. Manifestes…, op. cit.,* p. 169.

76   **Jacques Villon**
      Soldats en marche, **1913**
      Huile sur toile, 65 x 92 cm
      Centre Pompidou-Musée national d'art moderne, Paris / Achat, 1976

Une série de croquis, réalisés par Villon à l'occasion d'une manœuvre militaire, lui a inspiré ses *Soldats en marche*[1]. Ces études permettent de mesurer l'importance du travail de synthèse formelle qui a conduit à l'œuvre définitive. Le mouvement de la troupe s'est vu réduit à un système de lignes-force. La colonne de soldats a pris la forme de polyèdres échelonnés dans la profondeur du tableau. Le mouvement que s'est employé à restituer Villon est celui de deux colonnes de soldats marchant de part et d'autre d'un spectateur placé au centre de la composition. Si l'œuvre ne pouvait manquer d'être rapprochée du futurisme, Villon s'est toutefois défendu d'une telle assimilation. « Je fus bien surpris quand je lus des articles de critiques affirmant que j'avais subi l'influence du futurisme[2]. » Futuriste, indubitablement, est pourtant le projet du peintre de faire du mouvement l'objet même de son tableau. Futuriste, ou fruit de son impact sur le milieu parisien, est aussi le chromatisme de son œuvre, ses teintes acidulées étrangères à la palette cubiste. Futuriste essentiellement, la place que donne Villon au spectateur de la manœuvre militaire : « Marchant au milieu des autres, il avait fait un premier croquis ; à l'aide d'un compas, il a pris des mesures notant la distance indiquée par le compas des principaux points de son dessin au bord de celui-ci ; il a ensuite reporté ces mesures sur un nouveau dessin, notant chaque endroit par un point, puis il a réuni tous ces points essentiels du dessin par des droites », précise Colette de Ginestet[3]. La mise en œuvre d'une esthétique fusionnelle, l'apologie d'une phénoménologie dionysiaque sont inscrites au cœur du projet futuriste (s'opposant en cela, rigoureusement, à la distance prônée par le cubisme). Cette esthétique est annoncée clairement par le *Manifeste des peintres futuristes* : « Nous placerons désormais le spectateur au centre du tableau[4]. » Tant de parenté avec les principes futuristes justifie que les *Soldats en marche* aient pu être placés dans la mouvance du mouvement italien.
D'autres caractéristiques de l'œuvre justifient en revanche sa relation directe avec la peinture cubiste. Principal théoricien de la Section d'or, Villon a appliqué à sa toile la subdivision de la surface selon un tracé régulateur, en recourant à la numérologie de la Section d'or, puisée dans le *Traité de la peinture* de Léonard de Vinci ou dans le *De divina proportione* de Luca Pacioli. Le mouvement auquel s'attache Villon, loin de déstabiliser sa composition, en renforce la symétrie. Ni strictement cubistes, ni pleinement futuristes, les *Soldats en marche* illustrent parfaitement cet art cubofuturiste qui éclot dans la mouvance du Salon de la Section d'or. Le tableau pourrait se voir attribuer la formule inventée par Marcel Duchamp pour qualifier son *Jeune Homme triste dans un train* (1911, Peggy Guggenheim Collection, Venise), « l'interprétation cubiste d'une formule futuriste[5] ».

D. O.

1 La photographie d'un de ces dessins rehaussés de lavis appartient aux collections du Musée national d'art moderne.
2 J. Villon, « Un travail solitaire dans un chemin privé » (témoignage sur le futurisme), *Arts,* 26 avril 1961 ; cité dans *Jacques Villon,* cat. exp., musée des Beaux-Arts, Rouen, 14 juin-21 septembre 1975 ; Grand Palais, Paris, 11 octobre-15 décembre 1975 (Paris, Réunion des musées nationaux, 1975), p. 80.

3 Propos tenus par C. de Ginestet et C. Pouillon, rapportés dans *Jacques Villon, ibid. // La Section d'or 1925, 1920, 1912,* cat. exp., musées de Châteauroux, 21 septembre-3 décembre 2000 ; musée Fabre, Montpellier, 15 décembre 2000-18 mars 2001 (Paris, Éd. Cercle d'art, 2000), p. 271.
4 U. Boccioni *et al., Manifeste des peintres futuristes,* in *Les Peintres futuristes italiens,* cat. exp., Paris,

galerie Bernheim-Jeune & Cie, 5-24 février 1912, p. 18 // G. Lista. *Futurisme. Manifestes, proclamations, documents,* Lausanne, L'Âge d'homme, 1973, p. 164.
5 M. Duchamp, *Entretiens avec Pierre Cabanne,* Paris, Somogy éditions d'art, 1995, p. 43.

77   **Jacques Villon**
      Jeune Femme, 1912
      Huile sur toile, 146,2 x 114,3 cm
      Philadelphia Museum of Art
      Collection Louise et Walter Arensberg, 1950

S'il devait être des années charnières en histoire de l'art, 1912 en serait assurément une. Trois événements insignes – une publication et deux manifestations – plaident en faveur d'une telle assertion : en octobre, la parution de l'ouvrage *Du « cubisme »* de Gleizes et Metzinger, en février, l'exposition futuriste inaugurale sise galerie Bernheim-Jeune et l'exposition organisée par la Section d'or dans la galerie La Boëtie. Or, si ces trois faits saillants semblent avoir rencontré des fortunes historiographiques diverses, une simple généalogie suffirait à faire de Villon la figure cruciale – entendons étymologiquement « à la croisée » – de ceux-ci. L'on ne saurait donc s'étonner que cette même année 1912 fût un millésime décisif pour Villon lui-même qui s'imprégna, afin de n'en retenir que les meilleures fragrances, des plus fertiles cépages avant-gardistes.

Il faudrait, pour rendre tout à fait compte de la science des emprunts de l'aîné de la fratrie Duchamp, établir une éphéméride des innovations en cette année si féconde qu'elle hissa le quotidien au rang d'exception. Sa toile *Jeune femme* peut néanmoins permettre de les envisager. Elle s'inscrit dans une série cohérente commencée par une huile sur toile, logiquement intitulée *Étude pour Jeune Femme* (1912, collection particulière), et achevée un an plus tard avec sa transcription gravée (1913, Museum of Fine Arts, Boston). Ainsi, la célèbre *Jeune Femme* de Philadelphie n'est autre que le fruit d'un processus de décantation à partir d'une « étude » marquée par un grand respect de la réalité. En effet, en portraiturant sa sœur cadette Yvonne lisant dans un fauteuil, Jacques Villon ne fait qu'élire un sujet classique consacré par une tradition qu'il s'emploie à ne pas dénigrer. Mieux, qu'il aime à revendiquer, ainsi que l'atteste le choix de son patronyme, emprunté à l'un des principaux poètes français du xve siècle. Assise de trois quarts, le visage subtilement incliné et le regard perdu dans quelque rêverie solitaire, Yvonne s'improvise modèle docile : la légère afféterie de la pose ne peut laisser penser à une étude sur le vif. Aussi l'apparente trivialité de cette scène *a priori* intimiste est-elle réinvestie par un frère soucieux de l'ériger, par des truchements délibérément convenus et des artifices expressément traditionnels, au rang de portrait majuscule. La propension académique de Villon constitue l'un des ressorts avoués et, en cela, presque inédits de son esthétique puisque cette appropriation des normes, des règles et des mesures le rattache à l'histoire de l'art autant qu'elle suscite une contrainte qui, vécue souvent intuitivement, libère en retour des solutions innovantes. Et déjà transpire le dessein de la Section d'or dont les cimaises de la première exposition[1] accueillirent cette *Jeune femme,* aussi moderne que programmatique.

Villon parvient à restituer le modèle original au terme d'une décomposition prismatique qui, en éclatant les formes, tente de les réorganiser méthodiquement. Triangles et courbes alternent avec rigueur et leur juxtaposition définit un réseau figuratif dont émerge, centrale, la jeune sœur de vingt-trois ans. Pour ce faire, l'artiste se souvient des prescriptions vinciennes du *Traité de la peinture* récemment traduit, qui invitent à « peindre par pyramides les formes et les couleurs des objets contemplés ». Deux gammes chromatiques relativement distinctes se concurrencent sans jamais se nuire : l'une, fonctionnant sur un camaïeu raffiné de rouges et d'orangés, circonscrit le personnage, tandis que l'autre, composée de valeurs plus claires parfois violacées, est réservée à l'espace environnant. Ce parti pris coloré, résolument flamboyant bien qu'il soit sensible aux nuances tonales, contribue à rendre encore plus évidentes des formes que, déjà, la structuration linéaire laissait envisager. Les couleurs ont donc une valeur de surcroît et viennent confirmer les formes auxquelles elles sont rigoureusement assujetties. Par ailleurs, cette orientation chromatique toute scientificisée appartient bien plus aux recherches futuristes qu'aux expérimentations cubistes contemporaines, qui plébiscitent la couleur sans jamais l'asservir à la ligne. Quand les ocres cubistes contribuent à créer une certaine stase, les chatoiements et les scintillements futuristes dynamisent la composition. Il semble bien que Villon n'y fut pas indifférent, d'autant que sa *Jeune femme* est comme traversée d'une pulsation vibratoire exacerbée par la répétition de certains éléments, depuis le visage qui paraît dédoublé jusqu'aux hanches outrées par des courbes audacieuses. Marcel Duchamp n'avait-il pas, la même année, terminé son *Nu descendant l'escalier n° 2* (cat. n° 70) ? Et ces deux œuvres ne seront-elles pas exposées à New York, chacune avec un succès différent, lors de l'Armory Show de mars 1913 ?

C. L.

1 Après le Salon de 1912, les membres de la Section
d'or organiseront à Paris deux autres expositions :
à la galerie La Boëtie du 3 au 16 mars 1920,
à la galerie Vavin-Raspail du 12 au 31 janvier 1925.

78-82 **František Kupka**
Femme cueillant des fleurs
Centre Pompidou-Musée national d'art moderne, Paris
Don d'Eugénie Kupka, 1963

Les cinq pastels de la *Femme cueillant des fleurs* constituent un témoignage marquant de l'intérêt de Kupka pour le problème de la transcription du mouvement dans les arts plastiques au moment crucial où il est près de rejeter définitivement la mimesis[1]. Il ne faut pas pour autant en conclure hâtivement à une affinité entre Kupka et le futurisme, que l'artiste a vivement critiqué dans ses écrits, tout comme le cubisme, voyant dans ces approches des tentatives désespérées et trompeuses de « rendre » la réalité[2]. On peut estimer qu'avec ces variations Kupka est arrivé au constat d'une aporie dans la représentation des états foncièrement transitoires de la nature par les moyens essentiellement statiques de l'art : une raison décisive pour se dégager de la figuration « conventionnelle[3] ». Les pastels de la *Femme cueillant des fleurs* n'ont d'ailleurs pas connu d'aboutissement sous la forme d'une peinture à l'huile, à la différence d'autres études de la même époque, par exemple celles pour *Plans par couleurs* [*Femme dans les triangles*] ou encore celles d'après *La Petite Fille au ballon* qui devait conduire Kupka à *Amorpha, Fugue à deux couleurs*[4]. Comme Marcel Duchamp et Jacques Villon, qu'il connaît, ou encore Giacomo Balla, l'artiste s'est inspiré des enregistrements scientifiques du mouvement, notamment des chronophotographies d'Étienne Jules Marey et de Eadweard Muybridge, pour explorer ce qu'il appelle la « fiction du mouvement[5] ». Ses écrits renvoient d'ailleurs à plusieurs reprises à ces moyens techniques de parvenir à une grande exactitude descriptive, tout en opposant les démarches respectives de la science et de l'art[6]. Cette préoccupation rejoint sa réflexion sur les développements historiques de l'art : Kupka fait remonter au réalisme des Hollandais la recherche « [d']une perfection et [d']une précision croissantes dans la représentation des phénomènes de la nature[7] », qui culmine, selon lui, avec les impressionnistes. Il souligne que, paradoxalement, « pour éviter les erreurs qu'ils [auraient pu] facilement commettre en délimitant des solides dans l'espace ou en voulant trop accentuer les rapports réciproques de ces mêmes limitations dans la nature, [les impressionnistes ont renoncé] aux contours fixes[8] ». Son point de vue s'apparente à celui développé par le critique Alfredo Petrucci dans une analyse, plutôt critique, du *Dynamisme d'un chien en laisse* (1912, Albright Knox Art Gallery, Buffalo [NY]) de Balla lorsqu'il affirme que « les premiers à se poser le problème du mouvement avec des critères inusités furent les impressionnistes, qui évitèrent de définir l'objet en mouvement et le reproduisirent avec une certaine approximation, convaincus que définir l'objet était comme l'arrêter. Les futuristes se préoccupèrent au contraire de la durée de l'apparence[9]. » Kupka relève les limites de l'utilisation de la décomposition du mouvement d'un point de vue artistique[10]. Selon lui, les tentatives respectives des cubistes et des futuristes de « rendre » l'espace et le mouvement ne sont que d'ultimes perfectionnements du réalisme, contraires à sa conception de l'art.

Les pastels de la *Femme cueillant des fleurs* ont une évidente portée symbolique : Kupka retrace un changement d'état, de la vie contemplative à la vie active, de la position assise à la position debout, puis courbée, combinant, dans un déroulement discontinu, élan vertical et mouvement giratoire[11]. Par une coloration énergétique appropriée du corps – un corps désincarné, comme dématérialisé par des rayons X ou par un fort contre-jour[12] –, par le rythme du découpage spatio-temporel du mouvement, Kupka propose une synthèse cosmique de la présence au monde. Sur une étude où il a représenté le même mouvement vu de trois quarts, l'artiste tchèque a noté en français : « Le déplacement à trois dimens. se fait dans l'espace tandis que celui à 4. dim. par l'[échange] des atomes. Mais pour fixer un geste, un mouvement dans l'espace de la toile, – fixer plusieurs mouvements successifs », preuve s'il en était besoin de la polysémie de cette œuvre[13]. Kupka est parvenu dans cette série de pastels à décomposer, puis à recomposer la réalité pour en donner une synthèse non mimétique. En reprenant ce vocabulaire dans un registre non-figuratif, il devait aboutir aux dégradés chromatiques de *Compliment* (1912, Musée national d'art moderne, Paris) ou encore aux échelonnements structurels majeurs de *Localisations de mobiles graphiques I* et *II* (1913, National Gallery of Art, Washington DC ; Museo Thyssen-Bornemisza, Madrid).

P. B.

1 Sur les problématiques artistiques de Kupka à ce moment, cf. M. Theinhardt et P. Brullé, « L'organisme complexe de l'œuvre, la quête picturale et graphique de 1898 à 1912 », *Vers des temps nouveaux. Kupka, œuvres graphiques 1894-1912*, cat. exp., musée d'Orsay, Paris, 25 juin-6 octobre 2002 (Paris, RMN, 2002), p. 154-199.
2 Cf. par exemple P. Brullé, « La Création de Kupka et le cubisme "écartelé" de la Section d'or, un rapprochement problématique », *La Section d'or, 1925, 1920, 1912*, cat. exp., musées de Châteauroux, 21 septembre-3 décembre 2000 ; musée Fabre, Montpellier, 15 décembre 2000-18 mars 2001 (Paris, Cercle d'art), p. 85-98.
3 « Donner l'impression du mouvement en employant des moyens en eux-mêmes immobiles ! », s'exclame Kupka (*La Création dans les arts plastiques*, Paris, Cercle d'art, 1989, p. 198). Pour résoudre le problème

graphique et plastique de l'expression du mouvement dans une œuvre immobile, l'artiste doit « chercher les couleurs et les autres facteurs qu'il lui faudra mettre en œuvre pour obtenir au moins une *illusion* d'optique ». Nous soulignons.
4 L'existence des pastels de la *Femme cueillant des fleurs* n'a été révélée qu'en 1963. Sur les études d'après *La Petite Fille au ballon* (Museum of Modern Art, New York), on lit : « origine de la technique employée à la charpente de la Fugue ».
5 F. Kupka, *La Création dans les arts plastiques*, op. cit., p. 87. À propos de Kupka et la chronophotographie, cf. M. Rowell in *Kupka*, cat. exp., New York, Solomon R. Guggenheim Museum, 1976, p. 49-67.
6-8 F. Kupka, *La Création dans les arts plastiques*, op. cit., p. 77-84, 108, 224-225.
9 A. Petrucci, *Emporium* (1913), cité par G. Lista,

Balla [catalogue raisonné], Modène, galleria Fonte d'Abisso, 1982, p. 36.
10 F. Kupka, *La Création dans les arts plastiques*, op. cit., p. 245-246.
11 On pourrait relever que la femme cueille des fleurs et non des fruits. Le profil de la femme peut faire penser à celui du peintre « énervé » dans la *Fantaisie physiologique*.
12 On rejoint ici en quelque sorte la position des futuristes exprimée dans le *Manifeste des peintres futuristes* de 1910 : « Nous déclarons [...] que le mouvement et la lumière détruisent la matérialité des corps. » // G. Lista, *Futurisme. Manifestes, proclamations, documents*, Lausanne, L'Âge d'homme, 1973, p. 165.
13 Cf. repr. dans *František Kupka ou l'invention d'une abstraction*, cat. exp., musée d'Art moderne de la Ville de Paris, 22 novembre 1989-25 février 1990 (Paris-Musées), p. 2.

78   ***Femme cueillant des fleurs,* [1909-1910]**
Pastel sur papier gris, 42 x 39 cm
AM 2757 D

79 ***Femme cueillant des fleurs,* [1909]**
(Recto) / pastel sur papier, 42,3 x 39 cm
AM 2775 D

80   *Femme cueillant des fleurs,* [vers 1909]
Pastel, aquarelle et crayon sur papier, 45 x 47,5 cm
AM 2776 D

81 **_Femme cueillant des fleurs,_ [1910-1911]**
Pastel et fusain sur papier, 48 x 49,5 cm
AM 2777 D

82　***Femme cueillant des fleurs,* [1910-1911]**
Pastel sur papier, 48 x 52 cm
AM 2778 D

83 **Raymond Duchamp-Villon**
Le Grand Cheval, 1914/1931
Plâtre original du premier agrandissement à 1 mètre réalisé sous le contrôle
de Jacques Villon en 1930-1931, 101 x 55 x 95 cm
Centre Pompidou-Musée national d'art moderne, Paris / Achat, 1948

Rares sont les sculptures qui, comme *Le Grand Cheval* (1914) de Duchamp-Villon, peuvent se prévaloir d'avoir cristallisé une glose aussi abondante. Scrutateur attentif de la modernité, André Salmon a le mérite d'avoir rédigé une prescription parmi les plus aptes à asseoir une étude attentive de cette œuvre : « Je le dis tout net : la mort prématurée de Raymond Duchamp-Villon est une catastrophe comparable à la mort de Georges Seurat à trente ans, et à la mort de Guillaume Apollinaire avant la quarantaine[1]. »

Donatello, Verrocchio, Le Bernin : les précédents maîtres s'étant illustrés dans la représentation équestre auraient pu l'effrayer. Il n'en fut rien. D'autant que cette élection d'un sujet issu d'une importante tradition figurative s'apparentait singulièrement au futurisme – riche en couchers de soleil, effets de lune et portraits en pied – alors que le cubisme préférait, à ces images saturées de sens, la trivialité poétique du quotidien. Pour tuer la figuration académique, il fallait en passer par l'académisme : la dette du sacrifice futuriste fut souvent à ce prix. Duchamp-Villon s'en acquitta sans coup férir avec cette pièce que Alfred H. Barr Jr. considéra comme étant la « plus importante œuvre[2] » d'un artiste qui, si la guerre l'avait épargné, serait devenu, selon Bernard Dorival, le « premier sculpteur de l'avant-garde française contemporaine[3] ». L'on ne s'étonne donc pas que ce dernier se soit évertué avec succès à faire entrer en 1948 un plâtre – l'original ou le modèle d'atelier – dans les collections du Musée national d'art moderne.

Plusieurs ébauches de 1912 montrent l'intention de Duchamp-Villon, réaffirmée dès 1913 par ses croquis lors du polo de Bagatelle, de créer une statue équestre. En 1914, différents projets signifient son orientation vers une recherche dynamique excédant la simple vraisemblance anatomique que sa formation de médecin lui avait originellement soufflée. Dès lors, du *Cavalier penché* au *Petit Cheval mécanisé* en passant par le *Cavalier droit,* les formes se simplifient et se raidissent. L'altération des détails, la synthétisation des volumes et leur ordonnancement dans le *Cheval* intermédiaire permettent de transfigurer chaque partie de l'anatomie de l'animal par son corrélatif mécanique : bielle, essieu, engrenage ou piston. Le processus de décantation de la syntaxe est élaboré : le naturalisme *signifiant* du début a cédé la place, lors des études suivantes, à une prévalence du *signifié* jusqu'à ce que l'idée même de cheval ne soit plus qu'un simple *signe* qui ne renverrait à ce dont il émane qu'au terme d'une possible remontée à la source du sujet. Par conséquent, Christian Zervos est sans conteste parmi les plus pénétrants lorsqu'il évoque une « écriture idéographique[4] ». L'agrandissement du *Cheval* en *Grand Cheval,* réalisé dès 1931 par les soins de Jacques Villon, témoigne de la monumentalité de cette œuvre spiralée qui, articulée autour d'un axe médian, se déploie comme si elle était montée sur ressort. Tandis que les volutes, les arêtes, les pleins et les vides engendrent un cinétisme souverain, la répartition morcelée des formes crée un certain statisme : en résulte un élan audacieux, diagonal et comme figé, qui semble contrevenir aux lois présidant traditionnellement à la répartition des masses. Cette tension, tributaire de deux ascendances – Umberto Boccioni et les leçons de Puteaux, émane donc de la rencontre, jusqu'à leur parfaite conjonction, des esthétiques futuriste et cubiste. C'est précisément ces deux influences que Walter Pach, l'un des meilleurs commentateurs de l'œuvre de Duchamp-Villon, désigna tacitement dans la première étude d'importance parue sur cette sculpture incontournable : « De quelque point qu'on la regarde, l'équilibre se maintient à un degré égal, *les profils volent à leur sommet avec des lignes vivantes comme des flammes* ou fuient en perspective avec une *ordonnance orchestrale*[5]. »

C. L.

1 *Sculptures de Duchamp-Villon, 1876-1918,*
A. Salmon (préf.), cat. exp., Paris, galerie Pierre, 1931.
2 A. H. Barr. Jr., *Cubism and Abstract Art,* cat. exp.,
New York, The Museum of Modern Art, 1936,
rééd. 1964, p. 104. Nous traduisons.
3 B. Dorival, « Raymond Duchamp-Villon au Musée
d'art moderne », *Musées de France,* n° 3, avril 1949,
p. 68.
4 C[hristian] Z[ervos], « Raymond Duchamp-Villon »,

Cahiers d'art (Paris), VI, n° 4, 1931, p. 227.
5 W. Pach, *Raymond Duchamp-Villon sculpteur
1876-1918,* Paris, Éd. Jacques Povolozky,
1924, p. 15. Nous soulignons.

84   **Alexandra Exter**
      Florence, **1914-1915**
      Huile sur toile, 109,6 x 145 cm
      Galerie nationale Trétiakov, Moscou

S'affranchissant du cubisme analytique et du futurisme italien, s'éloignant des colères de ses compatriotes qui prônaient une « futuraslavie » *(budetlânstvo),* Alexandra Exter expose ses compositions urbaines en 1914 à Paris[1] et à Rome[2]. La ville reste le thème le plus à même de rendre la simultanéité du passé, du présent et de l'avenir annoncé, celui aussi des mondes nocturnes et cachés. Dès 1912, la peintre voyage en Italie et accompagne Ardengo Soffici à Florence où il dirigera, de 1913 à 1915, la revue *Lacerba.* Poursuivant ses explorations urbaines et influencée par le tableau de Soffici, *Synthèse de la ville de Prato* (1912-1913, œuvre détruite), elle s'engage à peindre Florence, joyau de la Renaissance. Contrairement à de nombreuses toiles cubofuturistes consacrées à la ville dont l'espace tendait à être anonyme, *Florence* est une synthèse de motifs architecturaux existants, tel celui de l'arc caractéristique de Santa Maria Novella. La composition, dont les lignes et les plans se font écho sans être hiérarchisés, paraît accumuler et étager des segments géométriques de manière frontale. Toutefois les arcs de cercle (dôme et pont) relient la profusion des morceaux d'architecture entre eux, du plus stylisé au plus effacé. La touche et la couleur livrent une sorte de mosaïque issue d'une alchimie douce et miroitante. Entre les éléments figuratifs au premier plan et les éléments abstraits dans la partie haute de la toile, se tissent des passages irisés ou transparents. Le support apparent de la toile et les touches fines ou épaisses (en zigzag, divisées ou en aplat) créent d'étonnants effets de couleurs, liquides et lumineux, frémissements de tons qui se répondent, se chevauchent pour faire cheminer le spectateur à l'intérieur de l'espace de la ville de Florence. La segmentation rigoureuse et variée des plans, de biais ou frontaux, en bas de la toile, ouvre plusieurs perspectives. Comme dans la toile de Soffici consacrée à Prato, Alexandra Exter multiplie le motif de l'escalier selon des formes concentriques étroites ou larges, invitation à pénétrer dans les recoins les plus secrets comme peuvent en offrir les arcades des façades de la ville. Le mot « Firenze » peint sur la toile tient davantage du panneau publicitaire, enseigne de boutique ou pancarte indicatrice que d'un élément aidant à la lecture de l'œuvre, à la manière de Picasso et de Braque. Le titre devient un élément graphique (« la lettre en tant que telle », disait Vélimir Khlebnikov), souligné par le plan oblique du drapeau italien en bas à gauche. Outre les mots, l'artiste réutilisera dans plusieurs de ses œuvres le motif des drapeaux nationaux pour leurs gammes colorées et leur forme géométrique. Le tableau *Florence* est présenté lors de la première exposition futuriste « Tramway V » (organisée par Jean Pougny à Pétrograd, et inaugurée le 3 mars 1915), aux côtés d'une toile homonyme[3] ainsi que de douze autres œuvres d'Alexandra Exter. Dans ses nombreux tableaux sur les villes, Alexandra Exter impose un cubofuturisme libre et personnel qui ne cesse de s'inventer, tant à travers les couleurs que les constructions spatiales. Son style poétique, loin des convulsions idéologiques et politiques qui agitent alors Moscou, Saint-Pétersbourg, Rome et Paris, la conduira à un art non-objectif. En 1914, la guerre ramène chez elle la plus occidentale des peintres russes.

C. M.

1 Au Salon des indépendants, Paris, Champ-de-Mars,
1er mars-30 avril 1914.
2 À l'« Esposizione libera futurista internazionale.
Pittori e sclutori italiani – russi – inglesi – belgi
– nordamericani », Galleria Futurista, Rome,
avril-mai 1914.
3 Ces deux toiles portent les n°s 79 et 80
dans l'exposition.

85   **Alexandra Exter**
      Gorod noč 'û, **[1913]**
      [Ville la nuit]
      Huile sur toile, 88 x 71 cm
      Musée national russe, Saint-Pétersbourg

Liée aux frères Bourliouk, avec lesquels elle organise l'exposition « Zveno[1] » [« Le Maillon »] présentée à Kiev en novembre 1908, et au poète Bénédikt Livchits dès 1909, Alexandra Exter est affublée de surnoms (comme « la messagère des avant-gardes » ou « la petite élève de Léger »). Se rendant régulièrement à Paris à partir de 1908, elle y fréquente le milieu cubiste autour de Guillaume Apollinaire, de Pablo Picasso, de Georges Braque et, notamment, de Fernand Léger. L'année 1912 est déterminante pour elle : elle participe aux expositions de Moscou (IIe Salon du Valet de Carreau), de Paris (Salons des indépendants et de la Section d'or) et de Saint-Pétersbourg (Ve Exposition de l'Union de la Jeunesse). En février 1912, lors de sa visite de l'exposition futuriste chez Bernheim-Jeune, Alexandra Exter s'offusque des propos de Marinetti sur les femmes et les musées mais s'intéresse au potentiel esthétique de Umberto Boccioni, en particulier à sa thématique urbaine redéfinie à partir d'une création postcézannienne et de la simultanéité. En avril 1912, par l'intermédiaire de Serge Férat et de la baronne Hélène d'Œttingen, elle rencontre à Paris le peintre futuriste Ardengo Soffici avec lequel elle partagera son atelier parisien du 18, rue Boissonade, de 1913 à 1914. À partir de 1912, la ville devient le sujet majeur de nombreuses toiles cubofuturistes, la plupart représentant des villes de nuit, comme celle exposée à Saint-Pétersbourg (certaines furent présentées à la sixième et dernière exposition de l'Union de la Jeunesse en novembre 1913-janvier 1914, qui consacrait le cubofuturisme).

Comme les artistes de l'avant-garde russe, Alexandra Exter s'appuie sur une gamme colorée beaucoup plus vive que ses référents cubistes et futuristes. Néanmoins, sa peinture ne retient pas le caractère « primitiviste » qui spécifie les œuvres cubofuturistes de Kazimir Malévitch ou de Nathalie Gontcharova. Le tableau *Ville la nuit* couronne le lyrisme futuriste du peintre et son goût non dissimulé pour un chromatisme éclatant issu de la fougue baroque de son Ukraine natale. La toile est composée à partir d'un éclatement central (peut-être les phares jaunes d'une voiture dévalant une rue désertée) qui précipite des éléments inertes et des fragments géométriques urbains : arcs de ponts, triangles et quadrilatères de maisons semblent s'animer et débordent de l'espace de la toile. Le chaos des plans inclinés et des lignes, attirés ou repoussés par la lumière centrale, se détache sur un fond d'immeubles délaissés dans l'obscurité. Par atavisme, Alexandra Exter, qui s'était vu reprocher par Léger « l'éclat démesuré de ses toiles[2] », laisse dominer la virulence des couleurs, qui donne à l'ensemble un caractère vibratoire et rythmique. *Ville la nuit* propose une des compositions les plus dynamiques de la série des *Villes,* non sans faire écho à celle de Robert Delaunay sur Paris. Par la frénésie centrifuge de ce tableau peint sans doute à Paris en 1913-1914, le peintre nous plonge au cœur même d'une ville écartelée entre la lumière et l'ombre, entre la frénésie et l'inquiétude, entre l'insaisissable et le transitoire.

C. M.

1. David Bouliouk y diffuse un tract-manifeste :
*La Voie de l'impressionnisme pour la défense
de la peinture.*
2 B. Livchits, *L'Archer à un œil et demi,* trad., préf.
et notes par É. Sébald, V. et J.-C. Marcadé, Lausanne,
L'Âge d'homme, 1971, p. 142.

86   **Nathalie Gontcharova**
Velosipedist, **1913**
[Le Cycliste]
Huile sur toile, 79 x 105 cm
Musée national russe, Saint-Pétersbourg

Par sa force dynamique, *Le Cycliste* de Nathalie Gontcharova se rattache à l'expression la plus pure du futurisme européen. Le peintre manifeste sa maîtrise du vocabulaire de la transcription du mouvement et du temps par la démultiplication des formes et la répétition des contours. L'association de cercles et de lignes rappelle indéniablement les procédés dont usent les futuristes italiens chez qui les énergies circulaires se heurtent aux rayons de lumière pour créer une force investie d'une valeur cosmologique. Nathalie Gontcharova reste peut-être plus prosaïque, en tout cas dans le choix du sujet[1]. En ce sens, elle se rapproche du fameux *Rémouleur* de Kazimir Malévich, peint en 1913 (Yale University Art Gallery, New Haven (CT). Jean-Claude Marcadé a d'ailleurs souligné le caractère isolé de ce tableau, tant dans l'œuvre de l'artiste que dans l'ensemble du futurisme russe[2]. Il n'en demeure pas moins que la toile s'apparente aux principes cinétiques explorés par Giacomo Balla entre 1912 et 1914. Mais si le peintre italien est fasciné par la vitesse de l'automobile, engin emblématique du monde moderne, Nathalie Gontcharova se tourne vers la bicyclette, véhicule plus paisible. Ce choix n'est pas anodin. On se rappelle Marinetti, ivre de vitesse au volant de sa voiture, réalisant les manœuvres les plus folles et se retrouvant, après un audacieux tête-à-queue, face à deux cyclistes, assimilés à « deux raisonnements persuasifs et pourtant contradictoires[3] ». Le récit épique de cet incident sert de préambule au *Manifeste du futurisme* publié le 20 février 1909 à la une du *Figaro*. Nathalie Gontcharova a pu prendre connaissance de ce texte dans sa traduction russe, publiée dès l'année de sa parution en langue française, dans *Večer [Le Soir]* du 8 mars 1909.

Il est notoire qu'elle a vivement critiqué Marinetti lors du séjour de ce dernier en Russie au début de l'année 1914. Elle reprochait au poète italien de se poser en père fondateur du futurisme. Rejetant cette hégémonie arrogante, elle déclarait : « Cet individu représente peu d'intérêt à mes yeux[4] », ou encore : « Marinetti et son futurisme n'apportent rien à l'art moderne[5]. » Elle revendiquait en effet une spécificité de l'avant-garde russe, cherchant sa source d'inspiration dans les formes de l'art traditionnel, notamment dans les icônes médiévales et dans toutes les formes d'art primitif, telles que l'estampe populaire *(loubok),* les enseignes et les idoles païennes remontant au lointain passé scythe de la Russie ainsi qu'à ses racines orientales.

Dans le tableau, le cycliste se dirigeant vers la gauche bouleverse le sens habituel de lecture des images. Ainsi, l'homme nouveau, qui vit une symbiose avec son véhicule – l'image n'est pas étrangère à l'automobiliste centaure dont rêvait Marinetti –, a la liberté de se tourner vers le passé pour atteindre la modernité. Il emprunte délibérément le chemin opposé à la direction indiquée par le doigt autoritaire pointé. Même si sa tête bute contre la ligne verticale ocre rouge et que la route à parcourir est pavée de pierres aux rondeurs massives, il avance avec obstination, poursuivant le chemin qu'il a lui-même choisi.

La voie russe est encore soulignée par le recours aux lettres des enseignes ou des affiches de l'univers urbain qui se superposent à la figure humaine, l'intégrant dans le paysage de la cité. Les inscriptions en alphabet cyrillique font résonner des mots tronqués, selon un procédé qui renvoie au concept de *sdvig,* forgé par les poètes et les artistes futuristes russes. Le terme, fondé sur une racine évoquant le mouvement, signifie décalage, déplacement, éboulement, glissement à l'intérieur de la matière verbale ou picturale. Même incomplets, les mots « *šlâ[pa]* » (chapeau), « *šëlk* » (soie), « *nit[ka]* » (fil) restent parfaitement identifiables. Cette irruption du domaine vestimentaire rappelle que Nathalie Gontcharova, avec plusieurs de ses compatriotes, a exploré le lien entre la vie et les beaux-arts, en valorisant les arts décoratifs. Lors de sa première exposition rétrospective inaugurée à Moscou en septembre 1913[6], elle a présenté, à côté de ses toiles, des projets de textiles et des broderies.

Le caractère statique des lettres s'oppose nettement à la dynamique du traitement rayonniste qui marque le motif central. Dans ce conflit formel, l'artiste a peut-être cherché à affirmer sa féminité. La lettre « Я » (« je » en russe) du mot chapeau se détache clairement des précédentes. Ainsi isolée, elle fait allusion au sujet « je » et apparaît comme une signature discrète du peintre, dont la personnalité n'est pas ébranlée par le vacarme des manifestes proclamés par ses contemporains.

I. K.

1 Il convient cependant de rappeler que le thème a retenu l'attention de Boccioni qui, en 1913, lui consacre 9 dessins et 1 tableau (*Dynamisme d'un cycliste).* En outre, Marinetti et les futuristes ont servi pendant la guerre dans une brigade motocyclée.
2 J.-C. Marcadé, *L'Avant-garde russe, 1907-1927,* Paris, Flammarion, 1995, p. 89.
3 F.T. Marinetti, *Manifeste du futurisme //* G. Lista, *Futurisme. Manifestes, proclamations, documents,* Lausanne, L'Âge d'homme, 1973, p. 86.
4 Cf. *Večernye izvestiâ,* n° 381, 24 janvier 1914, p. 2.
5 Cf. *Moskovskaâ Gazeta,* n° 297, 27 janvier 1914, p. 6.
6 Exposition organisée par la galeriste K.I. Mikhailova du 30 septembre au 5 décembre 1913.

87 **Nathalie Gontcharova**
La Lampe électrique, [1913]
Huile sur toile, 105 x 81,5 cm
Centre Pompidou-Musée national d'art moderne, Paris
Don de la Société des Amis du Musée national d'art moderne, 1966

La Lampe électrique est présentée avec dix-huit autres œuvres de Nathalie Gontcharova dont le tableau cubofuturiste *Dame au chapeau* (1913, Musée national d'art moderne, Paris) à Moscou, en mars-avril 1914, lors de la dernière exposition organisée par Michel Larionov avant la Grande Guerre, intitulée « Exposition de peinture n° 4 ». Cette manifestation, d'abord prévue au printemps 1913 pour affirmer la peinture néoprimitiviste, puis programmée à l'automne suivant, prenant une dimension internationale avec la présence des futuristes italiens et des orphistes français, annonçait, par son sous-titre, « des œuvres futuristes, rayonnistes et primitivistes ». Après avoir peint des œuvres néoprimitivistes, car elle partageait avec Michel Larionov la même revendication de l'identité russe de leur art renvoyant aux images populaires *(loubok)* ou religieuses (icônes), Nathalie Gontcharova crée, à partir de 1912, des « livres-objets » futuristes lancés par Alexeï Krout-chonykh, poète et théoricien de la transmentalité – ou *zaum,* notion inventée également par le poète Vélimir Khlebnikov pour désigner un art « au-delà de la raison ». Des lectures autour du *Manifeste du futurisme* de Marinetti, paru dès le 8 mars 1909 à Moscou dans *Večer [Le Soir],* ou du texte-manifeste « Les exposants au public », rédigé pour l'exposition pari-sienne des peintres futuristes en février 1912 (publié dès le mois d'avril suivant à Saint-Pétersbourg par l'Union de la Jeunesse), Nathalie Gontcharova ne retient pas tant l'exaltation de la machine ou la beauté de la vitesse que les lignes-force (chez elle, ornementales) et la succession de plans déclinant une image.

Dans le tableau du Musée, il ne s'agit pas seulement de peindre la lumière électrique émanant d'un réverbère comme chez Giacomo Balla (*La Lampe à arc,* 1911, The Museum of Modern Art, New York), mais de rendre son pouvoir de diffusion à l'aide de lignes courbes (semblables à des cordes) dessinant des ondes sonores. La source lumineuse (le globe d'une lampe kitsch aux couleurs violacées) s'efface au profit des formes aveuglantes blanches et jaunes. Les moulures d'un cadre reproduit en partie sur la toile peuvent évoquer la présence d'un miroir qui multiplierait à dessein le halo lumineux. L'élec-tricité, symbole du modernisme, renvoie ici une image abstraite où les cercles concentriques, les rayons blancs et le choix contrasté des couleurs complémentaires confirment la filiation « rayonniste » entre Nathalie Gontcharova et Michel Larionov (dont elle signe le manifeste en avril 1913).

Dans la préface du catalogue de l'exposition parisienne chez Paul Guillaume en juin 1914, où *La Lampe électrique* est présentée, Guillaume Apollinaire estime que l'esthétique de Nathalie Gontcharova ajoute « cette brutalité moderne qui est l'apport du futurisme métallique de Marinetti et aussi la lumière raffinée de ce rayonnisme qui est l'expression la plus dépouillée et la plus nouvelle de l'actuelle culture russe[1] ». En exaltant la lumière et en ayant recours à des touches dyna-miques en zigzag, à des ruptures de plans et de rythme, Nathalie Gontcharova propose à Paris, à partir d'un sujet visité par les futuristes italiens, une composition abstraite liée à la musique et à l'éclat doré des icônes.

C. M.

1 G. Apollinaire (préf.), *Natalie de Gontcharowa et Michel Larionow,* cat. exp., Paris, galerie Paul Guillaume, 17-30 juin 1914, n. p. // id., *Écrits sur d'art, OC,* Paris, Gallimard, « Bibliothèque de La Pléiade », t. II, 1991, p. 799.

88 **Ivan Klioune**
    Ozonator (èlektr. perenosnyj ventilâtor), **1914**
    [Ozonateur (Fan), (Ventilateur électrique portatif)]
    Huile sur toile, 75 x 66 cm
    Musée national russe, Saint-Pétersbourg

Ivan Klioune accordait une valeur particulière à son *Ozonateur.* Durant les cinq années qui suivent sa réalisation, il le présente à quatre reprises dans des expositions[1]. La toile attire l'attention du critique d'art Ossip Voljanine lors de sa première présentation publique. Dans son compte rendu, il inscrit le tableau dans la mouvance cubiste. Il note que Klioune « cherche à rendre la vitesse de la rotation du ventilateur. Bien sûr, il s'agit pour l'instant d'une fantaisie mais il est possible qu'elle recèle la voie du futur[2]. »

Le sujet même du tableau n'est pas étranger aux préoccupations futuristes. Le ventilateur électrique appartient de plein droit au monde technique et dynamique glorifié par les manifestes futuristes. Ustensile domestique, le ventilateur fait aussi partie de ces objets du quotidien qui composent les natures mortes cubistes. Son mouvement circulaire ne parvient pas à perturber une composition équilibrée, essentiellement fondée sur des quadrilatères disposés autour de l'ébauche d'une pyramide. Le traitement soigné de la texture du bois, la palette d'ocres et de bruns achèvent de rapprocher le *Ventilateur* de l'esthétique cubiste. Une esthétique que Klioune jugeait compatible avec le choix d'un objet industriel, propice à « la simplification de formes jusqu'à la réduction géométrique, ainsi que sur leur décalage dynamique[3] ». Le peintre rappelle dans ses mémoires que cette attitude était conforme à un esprit du temps, marqué par le triomphe de la technique. « À cette époque, j'ai peint l'ozonateur, l'arithmomètre, le phonographe et d'autres objets semblables… Malévitch, de son côté, peignait le réchaud à pétrole…[4] »

Les écrits de Klioune témoignent de sa profonde admiration pour l'œuvre de Pablo Picasso, dont il est devenu familier par sa fréquentation régulière de la collection de Sergueï Chtchoukine. Dès 1912-1914, ce mécène russe avait acquis auprès de Daniel-Henry Kahnweiler les toiles fondatrices du cubisme analytique (aujourd'hui conservées au musée Pouchkine). Peu enclin au tapage, Klioune a rejeté les manifestations tonitruantes des futuristes russes. Dans ses mémoires, il les décrit arpentant « les rues de Moscou dans des costumes extravagants (Maïakovsky, Golschmidt), les visages peinturlurés (Larionov et les autres) ». « Mon ami Malévitch bouillait dans le futurisme, comme dans un chaudron ; le futurisme n'a jamais su me conquérir… En art, je n'ai jamais été intéressé par le scandale (dans la vie non plus, d'ailleurs) ; j'ai toujours cherché la forme nouvelle et rigoureuse, une nouvelle vision du monde. Or, dans ce domaine, le futurisme n'a rien apporté de nouveau – il a juste fait l'effet d'une bulle remplie de petits pois, assénée sur la tête des gens, rien de plus. C'est pourquoi je me suis peu attardé sur le futurisme et très vite je suis passé au cubisme, dans la mesure où le cubisme possède sa propre vision du monde, une forme spécifique, un style rigoureux. Je me suis efforcé de convaincre Malévitch de renoncer au futurisme et d'adopter l'approche cubiste. C'est ce qu'il a fait assez rapidement. »[5] En dépit de cette critique acerbe du futurisme, Klioune a reconnu sa dette envers ce mouvement, se déclarant volontiers proche du cubofuturisme prôné par Kazimir Malévitch.

I. K.

1 L'œuvre a été exposée pour la première fois entre décembre 1914 et janvier 1915 à l'exposition de bienfaisance « Vystavka kartin i skul'ptury "Hudožniki Moskvy – žertvam vojny" » [« Exposition de tableaux et de sculpture "Les artistes de Moscou aux victimes de la guerre" »], Moscou, Maison de Lianozov (Kamergerskij per., 3), I. Klûn, n° 231, 1914, *Ozonator (èlektr. perenosnyj ventilâtor).* Quelques mois plus tard, elle figure dans la « Iʳᵉ Exposition futuriste de

peinture "Tramway V" » présentée en mars 1915 à Pétrograd, n° 3 ; l'année suivante à l'« Exposition futuriste "Magazine" », Moscou, n° 15 ; enfin à la « Vᵉ Exposition de peinture d'État », 1918-1919, musée des Beaux-Arts, Moscou, n° 67.
2 Cf. *Žurnal dlâ hozâek [Revue pour les ménagères],* 1ᵉʳ janvier 1915, n° 1, p. 30.
3 I.V. Klûn, *Moj put' v iskusstve [Ma voie dans l'art],* Moscou, RA, 1999, p. 83.

4 *Ibid.*
5 *Ibid.,* p. 77 et 83.

89 **Michel Larionov**
Promenade, Vénus de boulevard, **[1912-1913]**
Huile sur toile, 117 x 87 cm
Centre Pompidou-Musée national d'art moderne, Paris / Achat, 1983

Ce tableau a vraisemblablement été achevé en 1913 et présenté pour la première fois à l'exposition « *Mir iskusstva* » [« Le Monde de l'art »] à Moscou en décembre 1913, où il fut le seul envoi de Larionov. Daté de 1912[1] par l'artiste dans le catalogue de la grande exposition « Natalie de Gontcharowa et Michel Larionow » inaugurée à Paris, galerie Paul Guillaume, le 17 juin 1914 (qui le présente sous l'appellation « la Vénus du boulevard »), il est pourtant absent de la manifestation « *Mišen* » [« La Cible »] organisée à Moscou par le peintre en mars et avril 1913 (où figuraient ses œuvres néoprimitivistes et les premiers tableaux rayonnistes). Parmi les personnages d'un dessin exécuté pendant l'été 1913 – illustrant l'ouvrage de Konstantin Bolchakov, *Le Futur*[2] – se trouve celui de « la coquette provinciale », déjà présente chez Larionov dans la série des *Vénus,* traitée selon la « théorie de la transparence » attribuée au peintre moscovite Ivan Firsov. Dans *Promenade. Vénus de boulevard,* Larionov isole cette figure, vêtue de manière aguicheuse et dans des tons criards, flanquée d'un parapluie et affublée d'un chapeau ; il décrypte les mouvements successifs de son corps émanant du spectacle de la rue, telle une scène de parade.

Intéressé par les implications de la vision et de la lumière issues des théories optiques, Larionov élabore le rayonnisme, qui apparaît dans ses œuvres en 1912 comme une synthèse des avant-gardes occidentales (cubisme, futurisme italien, orphisme) et des traditions picturales russes (icône, *loubok,* enseigne de boutique). Comme le soulignaient les futuristes italiens en 1910 dans leur *Manifeste,* il s'agit de décomposer le motif d'après « la puissance redoublée de notre vue, qui peut donner des résultats analogues à ceux des rayons X[3] ». Au-delà de ces références, le rayonnisme forme son identité à partir de la théorie des « hommes-rayons », selon l'expression du poète Vélimir Khlebnikov, pour rendre visible le rayonnement qui lie un objet à son milieu et exprimer les seules vibrations que la couleur déterminante crée. Le rayonnisme de Larionov triomphe, accompagné d'un manifeste signé par dix peintres, dont Nathalie Gontcharova, à l'occasion de l'exposition « La Cible », au printemps de 1913.

Promenade. Vénus de boulevard témoigne du rayonnisme « réaliste » de Larionov, encore figuratif, où s'opère la dissolution de la distinction figure/fond. Sans renier ses affinités avec le futurisme italien (*Jeune Fille courant sur le balcon* de Giacomo Balla, 1912, cat. n° 69, et *Synthèse des mouvements d'une femme* de Luigi Russolo, 1912-1913, musée de Grenoble), ce tableau décrit les images consécutives des regards du spectateur et retient, selon Waldemar George, la figure dans sa « fulguration », soulignant l'originalité du peintre. Enthousiaste, Guillaume Apollinaire, que le peintre a rencontré en mai 1914, écrit la préface du catalogue de l'exposition parisienne à la galerie Paul Guillaume et plusieurs articles de presse. Il voit dans l'apport de Larionov à la peinture russe et européenne « un raffinement nouveau : le rayonnisme », une « véritable découverte esthétique » où « la lumière qui constitue les œuvres d'art arrive à exprimer les sentiments les plus subtils, les plus hilares, les plus cruels de l'humanité moderne »[4].

C. M.

1 Daté encore de 1911 dans la monographie de Waldemar George, Paris, Bibliothèque des arts, 1966 (repr. p. 85).

2 Cf. la lithographie repr. p. 19 dans *A Slap in the Face ! Futurists in Russia,* cat. exp., Londres, Estorick Collection of Modern Italian Art, 2007. Un exemplaire du livre de Bolchakov (qui ne passa sans doute pas la censure) est dédicacé par Larionov : « à mon sher [*sic*] ami Marinetti », mais n'a semble-t-il jamais été donné à son destinataire (conservé à Londres au Victoria and Albert Museum).

3 U. Boccioni *et al.,* « Manifeste des peintres futuristes » (11 avril 1910), in *Les Peintres futuristes italiens,* cat. exp., Paris, galerie Bernheim-Jeune & Cie, 5-24 février 1912, p. 17 // G. Lista, *Futurisme. Manifestes, proclamations, documents,* Lausanne, L'Âge d'homme, 1973, p. 164.

4 G. Apollinaire, *Natalie de Gontcharova et Michel Larionow,* cat. exp., Paris, galerie Paul Guillaume, 17-30 juin 1914, n. p. // *id., Écrits sur l'art, OC,* Paris, Gallimard, « Bibliothèque de La Pléiade », t. II, 1991, p. 799.

90 **Kazimir Malévitch**
Portret Ivana Klûna (Stroitel'), **1911**
[Portrait d'Ivan Klioune (Constructeur) ou Portrait perfectionné
d'Ivan Vassiliévitch Kliounkov]
Huile sur toile, 111,5 x 70,5 cm
Musée national russe, Saint-Pétersbourg

Dans le catalogue de la VIe exposition de l'Union de la Jeunesse *(Soûz Molodëži),* inaugurée à Saint-Pétersbourg le 10 novembre 1913, Malévitch a rangé le *Portrait perfectionné d'Ivan Vassiliévitch Kliounkov* parmi les toiles appartenant au *zaumnyj realizm*[1] (« réalisme transmental »). Si le mot réalisme suggère une intention de dépasser le phénomène physique pour atteindre l'essence du monde, au-delà des contingences figuratives, et donc illusoires, l'épithète « trans-mental » renvoie à une nouvelle pratique philosophique et esthétique, rejetant la logique commune.

L'amitié qui liait Malévitch à Ivan Klioune remonte à leurs années de formation. Ils ont fait connaissance dans l'atelier de F. Rerberg, au cours de la première décennie du XXe siècle[2]. De nombreux portraits de Klioune peints par Malévitch et les esquisses préparatoires au portrait de Malévitch dues à Klioune témoignent de la proximité des deux artistes. Il est manifeste que le *Portrait perfectionné d'Ivan Vassiliévitch Kliounkov* s'abstrait de la ressemblance physique et de toute démarche psychologique. Le visage schématisé reprend la structure explorée depuis un an dans une série de toiles et d'œuvres graphiques consacrées au thème du paysan, que Malévitch assimile, dans l'un de ses titres, à « l'orthodoxe[3] ». Selon John Milner, cette figure du monde rural qui resurgit dans les œuvres tardives, entre 1928 et 1932, devient l'emblème d'un nouvel espace-temps, l'icône de l'univers[4].

Cette dimension cosmique est inscrite dans la composition. La face de Klioune, dominée par une longue barbe, occupe toute la surface de la toile. Sa frontalité hiératique rappelle clairement le langage esthétique de l'icône. L'œil unique, décomposé en prisme, est soumis à un décalage qui renvoie à la notion du *sdvig,* le glissement prôné par les futuristes russes. Il pointe le spectateur, dans une posture presque hypnotique, tout comme le regard des icônes qui, dans la tradition orthodoxe, sont moins faites pour la contemplation que pour manifester la présence de la figure divine scrutant le fidèle. La tête de Klioune n'est pas circonscrite, chosifiée. Elle s'ouvre au contraire pour révéler le monde intérieur de la personne, tout en montrant la place qu'il occupe dans l'univers infini, une des obsessions fondamentales de Malévitch. Jean-Claude Marcadé a souligné que le portrait de Klioune place le nouveau visage de l'homme au centre du « repos éternel » du monde (l'expression est de Malévitch).

Si les paysans peints en 1912 étaient intégrés dans un environnement évocateur de la campagne russe, le portrait de Klioune reste plus énigmatique. Les quelques éléments identifiables – portion d'architecture en rondins, scie, fumée s'élevant d'une cheminée –, pour autant qu'ils sont des projections de l'univers intérieur du modèle, participent d'une chaîne associative d'idées conforme à l'alogisme prôné par Malévitch.

Avec le portrait de Klioune, Malévitch abandonne pour un temps les thèmes ruraux. En 1913, il manifeste un profond intérêt pour les recherches des cubistes et des futuristes. Il collabore avec les poètes Vélimir Khlebnikov et Alexeï Krout-chonykh, ainsi qu'avec le musicien Mikhaïl Matiouchine. Ensemble, ils créent l'opéra *La Victoire sur le soleil.* Jean-Claude Marcadé a relevé que les éléments primitivistes du portrait de Klioune se combinent à un « cézannisme géométrique très appuyé », à un traitement « stéréométrique des formes[5] ». Aux futuristes, l'artiste emprunte le souci de l'interpénétration entre l'homme et son univers. Les tons francs semblent faire écho à leurs injonctions : « Comment peut-on voir encore le rose du visage humain, alors que notre vie, dédoublée par le noctambulisme, a multiplié notre perception de coloriste ? Le visage humain est jaune, rouge, vert, bleu, violet[6]. » Toutefois, chez Malévitch, la gamme chromatique et la réduction des formes relèvent tout autant de la tradition de l'art populaire russe.

L'irruption de la scie, qui devient un motif récurrent dans les toiles de Malévitch peintes dans les années 1913 et 1914 – que l'on pense à *L'Aviateur* (1914, cat. no 91) ou à *Un Anglais à Moscou* (1914, Stedelijk Museum, Amsterdam) –, semble symp-tomatique des diverses sources d'inspiration de l'artiste. L'instrument découpe les formes, à la manière des cubistes, mais d'une manière très prosaïque dans laquelle pointe peut-être une part d'ironie. Dans le même temps, sa présence incongrue repousse la logique courante pour laisser la place au transmental.

I. K.

1 L'œuvre a été exposée une première fois dans le cadre de l'exposition « *Mišen´* » [« La Cible »] au cours du printemps 1913 (elle porte le no 92).
2 Cf. N. Avtonomova, *I.V. Klûn v Tret´âkovskoj galeree,* Moscou, RA, 1999, p. 18.
3 Un dessin et une lithographie, intitulés *Portrait perfectionné d'un constructeur,* sont également très proches du portrait de Klioune. L'image a paru dans le livre futuriste de A. Kroutchonykh, *Porosâta*

[Les Cochonnets], 1913.
4 J. Milner, *Kazimir Malevich and the Art of Geometry,* New Haven/Londres, Yale University Press, 1996, p. 78.
5 J.-C. Marcadé, *L'Avant-garde russe 1907-1927,* Paris, Flammarion, 1995, p. 84.
6 *Manifeste des peintres futuristes* (11 avril 1910), in *Les Peintres futuristes italiens,* cat. exp., Paris, galerie Bernheim-Jeune, 5-24 février 1912, p. 19

// G. Lista, *Futurisme. Manifestes, proclamations, documents,* Lausanne, L'Âge d'homme, 1973, p. 165.

91 **Kazimir Malévitch**
Aviator, **1914**
[L'Aviateur]
Huile sur toile, 125 x 65 cm
Musée national russe, Saint-Pétersbourg

Tant par son titre que par sa forme, *L'Aviateur*[1] récapitule les recherches de Malévitch lors de sa collaboration à l'opéra futuriste *Pobeda nad solncem [La Victoire sur le soleil]* monté à Saint-Pétersbourg en 1913[2]. La toile, qui appartient aux œuvres alogistes de cette période, intègre dans un espace cubofuturiste une figure humaine peinte selon le style néoprimitiviste. Le personnage, composé de cônes tronqués, rappelle à la fois le cycle des paysans et les esquisses pour les costumes du spectacle. Il est entouré d'objets insolites, émergence du monde de la « transmentalité ». Un gigantesque poisson traverse le torse de l'aviateur. Ses nageoires dorsales et ventrales dialoguent avec le motif de la scie, caractéristique des portraits alogistes peints entre 1912 et 1914[3].

C'est surtout par le choix du thème que l'œuvre se rattache à l'opéra futuriste. *La Victoire sur le soleil* met en scène un aviateur qui, comme un autre des protagonistes, le Voyageur à travers tous les siècles, incarne la figure héroïque de l'homme nouveau, capable de traverser le temps et l'espace. Son apparition dans la dernière scène, après que son avion s'est écrasé, détourne l'attention de tous les personnages qui en viennent à oublier l'action principale du drame, la victoire ultime sur le soleil, symbole du monde ancien. Ce dénouement marque le triomphe final de la raison intuitive et du nouvel espace-temps, affranchi de la perception euclidienne.

L'accident dont l'aviateur sort indemne, « les ailes juste un peu froissées et la chaussure abîmée », s'inspire d'un incident vécu par le poète futuriste Vassili Kamensky qui, peu de temps avant la création de l'opéra, a failli perdre la vie aux commandes de son avion. Dans le tableau, la syllabe « KA » du mot « A-PTE-KA » (pharmacie), découpée selon le principe futuriste du glissement *(sdvig),* fait vraisemblablement allusion au nom du pilote rescapé. Chez les poètes futuristes russes, elle possède cependant une autre valeur. John Milner a analysé la récupération du *Ka* de la religion égyptienne, la force vitale de l'être humain, fondement de la croyance en la vie dans l'au-delà[4]. Vélimir Khlebnikov, proche collaborateur de Malévitch et auteur du prologue de *La Victoire sur le soleil,* évoque le *Ka* dans nombre de ses œuvres. Pour lui, le *Ka* constitue « l'ombre de l'âme, son double. […] Il traverse le temps. […] Il s'installe à son aise dans les siècles, comme dans un rocking-chair[5] ». « Le *Ka* est la rencontre de nombreux points en mouvement et, par conséquent, leur fixation en un point immobile. De là découle son sens ultime – le repos[6]. » Dans la pensée mystique de Malévitch, le « repos éternel du monde » est l'état idéal auquel doit aspirer tout être humain, en dehors des limites du monde sensible et du temps linéaire[7].

Le rapport de l'homme au temps et à la mort est évoqué par le terme incongru de « PHARMACIE ». Depuis la publication en 1912 du poème d'Alexandre Blok, « Nuit, rue, pharmacie, réverbère », le mot *apteka* est associé au caractère cyclique du temps, à la réincarnation tragique et fatale : « Nuit, rue, pharmacie, réverbère. / Une lumière absurde et terne. / Même si tu vis encore un quart de siècle / Tout sera pareil. Il n'y a pas d'issue. / Puis, tu mourras et tout reprendra du début. / Tout se répétera comme avant : / Nuit, rides glacées du canal, / Pharmacie, réverbère, vent[8]. » Le futuriste Malévitch emprunte le thème au poète symboliste, avec une pointe de polémique.

L'aviateur de Malévitch s'est affranchi de la gravité terrestre. Ses pieds ne s'appuient pas sur le sol, ils flottent dans un espace qui n'est plus soumis aux lois empiriques. « Le passé s'en va, à toute vapeur »[9]. De la fumée grise qui sortait de la cheminée peinte dans le *Portrait d'Ivan Klioune* (cat. n° 90), il ne reste que de vagues traces, transformées en formes abstraites cubofuturistes. Pour Malévitch, l'apesanteur marque le signe du rapprochement de l'homme et de Dieu. Il a souvent insisté sur la nécessité de se libérer du poids de la vie quotidienne pour atteindre l'union avec l'apesanteur divine[10].

Les formes abstraites qui entourent l'aviateur, comme émanant de sa tête, appartiennent à son monde intérieur. Elles matérialisent sa contemplation, en russe *umozrenie*. Malévitch interprète à la lettre le terme composé des racines *um* [l'intellect] et *zrenie* [la vision], en montrant des rayons partant de l'œil et de la tête du personnage. Il évoque ainsi la lumière intérieure qui caractérise l'homme nouveau. « Notre face est sombre, notre lumière est en dedans[11] », chantent les vainqueurs du soleil dans l'opéra de Alexeï Kroutchonykh. Une flèche rouge pointe vers le zéro inscrit sur le couvre-chef de l'aviateur, réduit à un quadrilatère noir. Le chiffre annonce la déclaration de Malévitch : « Je me suis transfiguré dans le zéro des formes », phrase écrite en 1915, dans le contexte de la dernière exposition futuriste de tableaux « 0,10 », où l'artiste présente pour la première fois son *Carré noir*[12].

I. K.

1 Présenté à la première exposition futuriste « Tramway V », organisée à Pétrograd en mars 1915.
2 Le livret est de Kroutchonykh ; la musique, de Matiouchine ; les costumes et décors, de Malévitch.
3 L'image de la scie est présente dans la série des figures de paysans et dans les toiles du « réalisme alogiste » comme le *Portrait d'Ivan Klioune* et *Un Anglais à Moscou* (1914, Stedelijk Museum, Amsterdam).
4 Cf. J. Milner, *Kazimir Malevich and the Art of Geometry*, New Haven/Londres, Yale University Press, 1996, p. 100.
5 V. Khlebnikov, *Ka* [1916], in *Velimir Hlebnikov, Tvoreniâ,* Moscou, Sovetskij Pisatel', 1986, p. 524.

6 *Id., Zanghezi* [1922], in *ibid.,* p. 481.
7 Cf. son traité *Le Suprématisme. Le monde comme le sans-objet, ou le Repos éternel* (1922) [cf. *Kazimir Malevič, Sobranie sočinenij v pâti tomah,* vol. III, Moscou, Gileâ, 2000]. Le musée Ludwig de Cologne conserve une esquisse de Malévitch non datée dans laquelle le mot *Ka* est inscrit sur le vêtement d'une figure masculine alogiste.
8 A. Blok, *Textes choisis,* S. Laffitte (dir. et trad.), Paris, Seghers, 1958. J.-C. Marcadé fait référence à une autre source littéraire ; cf. supra p. 58.
9 A. Kroutchonykh *et al., La Victoire sur le soleil,* J.-C.

et V. Marcadé (trad.), J.-C. Marcadé (postf.), Lausanne, L'Âge d'homme, 1976, acte II, scène V, p. 41.
10 Cf. K. Malévitch, *Dieu n'est pas détrôné. L'art, l'église, la fabrique* (1922), *Écrits I. De Cézanne au suprématisme,* J.-C. Marcadé (trad., préf.), Lausanne, L'Âge d'homme, 1974, p. 145-180.
11 A. Kroutchonykh *et al., La Victoire sur le soleil, op. cit.,* acte I, scène IV, p. 39.
12 La référence au zéro est reprise dans le premier texte théorique de Malévitch, *Du cubisme au suprématisme. Le nouveau réalisme pictural* [1915], *Écrits I, op. cit.,* p. 43.

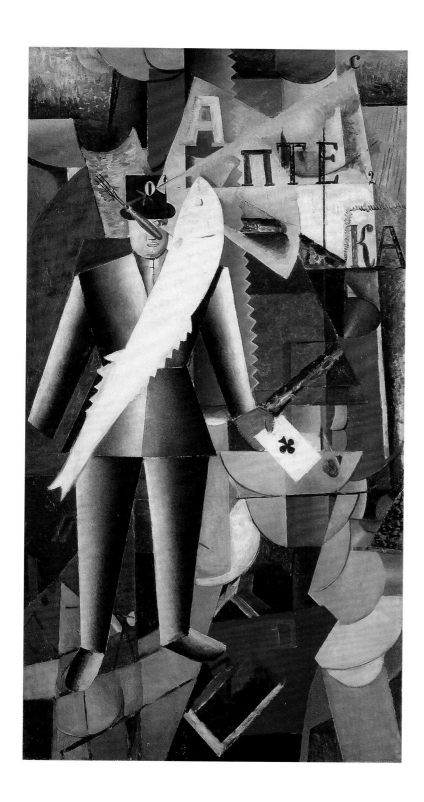

92 **Kazimir Malévitch**
Portret hudožnika Mihaila Vasilevič Matûšina, **1913**
[Portrait de Mikhaïl Vassiliévitch Matiouchine]
Huile sur toile, 106,6 x 106,6 cm
Galerie nationale Trétiakov, Moscou

Le portrait du compositeur Mikhaïl Matiouchine marque une nouvelle étape dans l'abandon de l'objet recherché par Malévitch. Il témoigne d'une maîtrise parfaite du vocabulaire cubiste que l'artiste entend cependant dépasser. La toile est envahie de surfaces géométriques constituant un tissu dense dans lequel se perdent les éléments référentiels – le front et la chevelure de Matiouchine, barrés par l'alignement des touches d'un clavier – pour atteindre un nouvel ordre, soumis à la logique irrationnelle. La gamme des couleurs empruntée au cubisme analytique – les ocres, les bruns et les gris striés – est complétée par des teintes franches. Les bleus et les verts, ainsi que l'association du rouge, du noir et du blanc, renvoient par leur contraste autant à la palette futuriste qu'à la tradition slave.

Dans une lettre adressée à Matiouchine en 1913, Malévitch déclare : « Nous avons rejeté la raison parce que chez nous est née une autre raison que l'on peut nommer transrationnelle qui, elle aussi, possède sa propre loi, sa construction et son sens. […] Cette raison s'est trouvé un moyen – le cubisme – pour exprimer l'objet[1]. » La démarche cubiste est donc retenue pour sa capacité à atteindre la logique alogiste, transmentale, qui bouleverse les notions établies et les dogmes de l'art ancien.

Malévitch a cherché à transcrire dans sa toile la sensation produite à l'écoute de la musique composée par Matiouchine pour l'opéra *La Victoire sur le soleil* : « Le son de Matiouchine a brisé l'écorce poisseuse des sons de la musique, salie par les applaudissements. Les paroles et les lettres-sons d'Alexeï Kroutchonykh ont pulvérisé le mot-objet. Le rideau s'est déchiré, déchirant du même coup le hurlement de la conscience du cerveau ancien[2]. » Le *Portrait de Matiouchine* se fonde sur des impressions visuelles et acoustiques, liées en chaînes associatives, visant à exprimer l'essence même de l'homme. Matiouchine a vu dans le cubisme une correspondance avec la pensée mystique du philosophe Piotr Ouspensky. La traduction russe du traité *Du « cubisme »* de Jean Metzinger et d'Albert Gleizes, que le compositeur fait paraître en 1913, est associée à des passages du *Tertium organum* d'Ouspensky (1911). Cet ouvrage, dans lequel sont décrits les principes de l'alogisme et du transmental, ainsi que les lois de l'infini, explore les différentes dimensions spatiales. À la quatrième dimension, assimilée à la notion du temps, s'ajoutent une cinquième – la hauteur de la conscience qui transcende le temps –, et une sixième – la ligne, concentration de toutes les consciences du monde. Le livre a exercé une profonde influence sur les théories de Malévitch. Dans ses écrits, l'artiste insiste sur cette capacité qu'a toute chose à contenir le tout. « Chaque chose est le Tout. […] Et chaque poussière isolée, sans même parler de chaque vie particulière et de chacune des consciences humaines –, partage la vie de l'*entier* et contient en elle-même la totalité. » Dmitri Sarabianov souligne que que, par la décomposition cubiste, le visage tend à devenir une image intégrale du monde[3]. Cette remarque peut également s'appliquer au portrait peint par Malévitch.

L'œuvre se présente comme un puzzle, une sorte de rébus alogique. Le trou de serrure du piano invite le spectateur à en trouver la clef de lecture. La référence à la clef joue sur les différents champs sémantiques du mot, renvoyant à la portée musicale. Ces associations d'idées sont parfaitement conformes à l'esprit du *budetlânstvo*, néologisme inventé par Vélimir Khlebnikov pour désigner le futurisme russe.

Malévitch a fait la connaissance de Matiouchine en 1912. Musicien, peintre, sculpteur et théoricien de l'art, ce dernier devient, avec le poète futuriste Alexeï Kroutchonykh, l'un des principaux collaborateurs de Malévitch au cours de l'année suivante. À partir de l'été passé en Finlande, dans la maison de villégiature de Matiouchine, les trois hommes travaillent à la création de l'opéra *La Victoire sur le soleil*, dans une ambiance très ludique. Jean-Claude Marcadé a suggéré que le *Portrait de Matiouchine*, sans doute réalisé durant cette période, s'inspire d'une photographie qui montre les trois amis s'amusant devant un piano à queue suspendu au plafond. Sur le cliché, la tête de Matiouchine semble pénétrer dans l'instrument[4].

Un autre lien, plus important sans doute, peut être établi entre le tableau et l'opéra. Le format presque carré de la toile caractérise les nombreuses esquisses pour le décor de *La Victoire sur le soleil*, conçues d'abord en 1913, puis deux années plus tard en vue de la reprise du spectacle. Ces compositions sont dominées par le carré que Malévitch considère comme « la source de toutes les possibilités ». Cette omniprésence du quadrilatère prépare la création de « l'icône de notre temps », le *Carré noir*.

I. K.

1. Lettre adressée à Matiouchine en juin 1913, Kountsevo (cf. I.A. Vakar, T.N. Mihiendo (dir.), *Malevič o sebe. Sovremenniki o Maleviče* (2 vol.), Moscou, RA, 2004, vol. I, p. 52.
2. K. Malévitch dans son article « Le théâtre » (1917) // *Kazimir Malevič, sobranie sočinenij v 5 tomah,* Moscou, Gileâ, vol. 5, p. 79.
3. N.L. Adaskina, D.V. Sarabianov, *Popova*, Paris, Phillipe Sers Éditeur, 1989, p. 68.

4. Cf. J.-Cl. Marcadé, *Malévitch*, Paris, Nouvelles Éditions françaises, 1990, chap. XIII : « Alogisme, 1914-1915 », p. 121.

93 **Lioubov Popova**
Čelovek + Vozduh + Prostranstvo, **1913**
[Personnage + Air + Espace]
Huile sur toile, 125 x 107 cm
Musée national russe, Saint-Pétersbourg

En 1910, le *Manifeste des peintres futuristes* exige « pour dix ans, la suppression totale du Nu en peinture[1] ! » C'est un nu cependant que choisit Lioubov Popova pour explorer la forme et les volumes à travers une série de tableaux qu'elle exécute en 1913. Ces œuvres, qui frappent par leur homogénéité presque répétitive, constituent un véritable champ d'investigation et d'assimilation des expériences des avant-gardes. Elles sont conçues après le retour d'un séjour à Paris où Popova, à l'académie La Palette, a approfondi sa connaissance du cubisme au contact d'Henri Le Fauconnier, d'André Dunoyer de Segonzac et de Jean Metzinger.

Popova organise la composition de *Personnage + Air + Espace* à partir d'un nombre restreint de formes volumétriques. Le corps monumental du modèle, réduit à un jeu de cônes et de cylindres, est pris dans un mouvement de spirales et de volumes aux arêtes rectilignes, dont le rythme se retrouve à l'arrière-plan de la figure. L'angle supérieur droit concentre deux motifs empruntés au vocabulaire futuriste : la ville, suggérée par un pont ou deux arcades, la lumière électrique, émanant d'un abat-jour. Les diagonales qui traversent la toile convergent vers la figure centrale pour la projeter au premier plan et lui donner une assise imposante, que rehaussent encore les effets de lumière. Le corps est entièrement intégré à son environnement, dont il ne se distingue que par le coloris de la chair. Cette fusion du motif et du fond constitue, au début des années 1910, une des préoccupations majeures de Lioubov Popova.

La gamme sourde de l'œuvre, réduite aux bruns et aux gris bleutés ou violacés, augmente l'impression de pesanteur née de sa puissante volumétrie. Le tableau de Lioubov Popova annonce les principes picturaux formulés quelques années plus tard dans sa contribution au catalogue de la « Xe Exposition d'État : Création non objective et suprématisme » (Moscou, avril 1919) : « La construction en peinture = la somme de l'énergie de ses parties. La surface est fixe mais les formes sont volumétriques. La ligne comme couleur et comme vestige d'un plan transversal participe à et dirige les forces de la construction. La couleur participe à l'énergétique par son poids[2]. »

Si, par sa construction et sa palette, le tableau s'apparente au cubisme, son titre tripartite, énoncé comme une équation mathématique *(Personnage + Air + Espace),* affirme son lien avec le futurisme italien. Il fait écho aux œuvres *Vitesse d'automobile + Lumière + Bruit* de Giacomo Balla (1913, Kunsthaus, Zurich), ou bien *Cheval + Cavalier + Lotissement* (1914, Galleria nazionale d'Arte moderna, Rome) et à la sculpture *Tête + Maisons + Lumière* (1912, œuvre détruite) de Umberto Boccioni. Lioubov Popova a découvert cette sculpture à l'occasion de sa visite de l'exposition de l'œuvre sculpté de Boccioni, présenté à Paris dans la galerie La Boëtie en juin-juillet 1913. L'année suivante, elle fait un nouveau voyage en Europe occidentale, se rendant d'abord en France, puis gagnant l'Italie où elle entre en contact avec les futuristes.

Personnage + Air + Espace se trouve à la confluence des différentes sources d'inspiration de l'artiste. Il est marqué par les leçons du cubisme et du futurisme et répond également aux recherches de Vladimir Tatline, dont Lioubov Popova fréquente l'atelier précisément au cours de l'hiver 1913-1914. Durant cette période, Tatline expérimente l'approche volumétrique qui le conduit peu à peu vers la réalisation de ses reliefs.

I. K.

1 *Manifeste des peintres futuristes,* in *Les Peintres futuristes italiens,* cat. exp., Paris, galerie Bernheim-Jeune & Cie, 5-24 février 1912, p. 22 // G. Lista, *Futurisme. Manifestes, proclamations, documents,* Lausanne, L'Âge d'homme, 1973, p. 166.

2 L. Popova, [Déclaration] in *Xe Exposition d'État : Création sans objet et suprématisme,* cat. exp., Moscou, 1919. Trad. française dans : *Art et théorie, 1900-1990, une anthologie,* C. Harrison, P. Wood (dir.), Paris, Hazan, 1997.

94   **Lioubov Popova**
     ***Homme voyageant* ou *Voyageur*, 1915**
     Huile sur toile, 158,5 x 123 cm
     State Museum of Contemporary Art / Collection George Costakis,
     Thessalonique

Homme voyageant, peint en 1915, marque une nouvelle étape dans l'évolution artistique de Lioubov Popova. Le tableau peut être comparé à *Personnage + Air + Espace* (cat n° 93) exécuté en 1913. On retrouve les mêmes éléments formels explorés par l'artiste au cours des deux années précédentes. Bien que le titre de l'œuvre reste encore référentiel, les éléments figuratifs et les formes géométriques qui dominent la toile se dissocient de plus en plus de la représentation du réel. La composition s'organise autour d'un grand triangle aigu qui traverse la toile, soulignant son axe vertical tout en le déviant légèrement par une inclinaison oblique. Sa base touche le bord inférieur du tableau, lui assurant une construction architecturale. Le mouvement vertical semble interrompre celui des triangles, des cercles, des spirales, des diagonales et des quadrilatères disposés sur les lignes de force horizontales ou obliques qui traversent la surface. Par cette distribution des formes, le fond ne se dissocie plus du premier plan, ni l'objet de son environnement. Tout est lié en un tissu homogène. Jean-Claude Marcadé a souligné l'influence réciproque des œuvres de Lioubov Popova et de celles de Giacomo Balla : « Dans la série des "personnages voyageant" de 1915, […] c'est l'influence du Balla des variations sur le thème de *Mercure passant devant le soleil* [1914, Musée national d'art moderne, Paris] que l'on retrouve, avec son système de mouvements concentriques horizontaux traversés par des rayons triangulaires verticaux […]. Dans *Femme voyageant* et *Homme voyageant*, un sujet de la vie quotidienne est l'objet d'un traitement de décomposition et de simultanéisation dynamique, alors que dans les constructions picturales de 1920, ce sera l'iconographie cosmique de Balla qui sera dépouillée jusqu'à des rythmes abstraits[1]. »
Lioubov Popova reprend la gamme restreinte des rouges profonds et des gris qui tendent vers le violet et le noir. Les rehauts de blanc exacerbent les contrastes et organisent le tableau en un clair-obscur dynamique, dominé par le triangle vertical qui forme comme un faisceau ténébreux. Ce vocabulaire formel, qui allie la décomposition presque totale de l'objet selon les principes du cubisme analytique d'une part, et la recherche de l'effet dynamique d'autre part, propose une véritable synthèse des mouvements français et italien.
L'artiste introduit dans sa toile des caractères cyrilliques. Les mots tronqués s'inscrivent dans la logique de décomposition des formes. Si les quatre lettres placées dans l'angle supérieur gauche semblent désigner la fin d'un terme – vraisemblablement *[sema]for*, « [séma]phore », qui évoque le thème du voyage –, les autres lettres ne se rattachent à aucun champ sémantique intelligible. Elles appartiennent plutôt à l'ordre alogique prôné par les poètes futuristes russes. En ce sens, elles s'apparentent à la démarche formelle qui refuse la logique euclidienne de la représentation du réel. Ainsi les lettres deviennent, elles aussi, des formes géométriques qui servent à souligner la planéité et la linéarité de la surface. Le tableau *Homme voyageant,* qui témoigne d'une assimilation assumée des expériences cubistes et futuristes, s'inscrit dans l'évolution qui a mené l'élève de Kazimir Malévitch à un art entièrement libéré de la figuration, à la création d'un monde « sans objet ».

I. K.

1 J.-C. Marcadé, *L'Avant-garde russe, 1907-1927,*
Paris, Flammarion, 1995, p. 111.

95 **Lioubov Popova**
Étude pour un portrait, **1914-1915**
Huile sur carton, 59,5 x 41,6 cm (recto[1])
State Museum of Contemporary Art / Collection George Costakis, Thessalonique

« Cubi[sme]-futurismo ». Rarement Lioubov Popova a utilisé les lettres de façon aussi explicite, en inscrivant sur la toile deux termes parfaitement identifiables. Le recours à l'alphabet latin et non plus cyrillique, contrairement aux caractères utilisés par exemple dans *Homme voyageant* (1915, cat. n° 94), est une invitation au dialogue avec les deux mouvements français et italien. Par cette sorte de clin d'œil ironique, Lioubov Popova souligne que l'époque est marquée par l'élaboration de différents « -isme » qui donnent parfois lieu à des polémiques. Or, dès 1913, Kazimir Malévitch, en inventant le vocable « cubofuturisme », semble rejeter le débat, affirmant une voie de synthèse. Dans l'*Étude pour un portrait,* commencée l'année suivante, Lioubov Popova montre qu'elle a assimilé les leçons du cubisme synthétique de Pablo Picasso. Les cheveux suggérés par des ondulations parallèles résultent d'un emprunt revendiqué, tout comme la forme du visage qui évoque la table d'harmonie d'un instrument à cordes et la décomposition des formes en larges facettes. Par ailleurs, c'est par la dynamique des lignes-force de la composition que l'œuvre s'apparente au futurisme.

L'artiste joue des surfaces planes, juxtaposées, imbriquées ou se chevauchant pour produire un effet de profondeur, accentué par l'utilisation des valeurs tonales. Ce traitement des plans n'est pas sans rappeler les contre-reliefs de Vladimir Tatline. Lioubov Popova a ainsi participé à l'expérimentation de ce nouveau genre où se mêlent la peinture, la sculpture et le bas-relief.

L'œuvre s'inscrit dans une série de portraits réalisés entre 1914 et 1915. Tous ont en commun une recherche de simplification des formes qui fait écho aux écrits théoriques du peintre. Lioubov Popova concevait en effet l'évolution de l'art contemporain comme un cheminement vers la non-figuration. Pour elle, le cubisme n'avait fait qu'amorcer cette quête par « l'omission de parties de la forme ». L'art devait désormais se concentrer sur « les valeurs picturales et non figuratives[2] ». Cette démarche aboutit aux compositions architectoniques des années 1918-1920 où seules demeurent les surfaces de couleurs superposées dans un rythme tectonique.

I. K.

1 Étude pour « Nature morte italienne ». Huile,
poussière de marbre, collage sur papier (verso)
2 L. Popova, [Déclaration] in *X*ᵉ *Exposition d'État :
Création sans objet et suprématisme,* cat. exp.,
Moscou, mai 1919. Traduction française dans :
Art en théorie, 1900-1990, une anthologie,
C. Harrison, P. Wood (dir.), Paris, Hazan, 1997.

96 **Olga Rozanova**
Homme dans la rue (Analyse de volumes), **1913**
Huile sur toile, 83 x 61,5 cm
Fundación Colección Thyssen-Bornemisza, Madrid

Dans un essai rédigé après la mort d'Olga Rozanova, le célèbre critique Abram Éfros a déclaré que l'artiste était « née futuriste. Si elle n'avait pas rencontré ce courant alors qu'il était déjà bien établi et formé, elle aurait inventé quelque chose de semblable, très proche dans sa forme et parfaitement identique dans son essence[1]. » De fait, à partir de 1913, son art s'oriente vers de nouvelles formes dont le caractère futuriste a été maintes fois souligné. Elle réalise notamment une série de toiles consacrées au thème de la ville. À côté de *Homme dans la rue (Analyse de volumes)*[2], on peut citer deux œuvres, chacune intitulée *La Ville,* respectivement conservées au Musée national d'Art de Nijni-Novgorod et au musée régional de Samara.

Fine observatrice des tendances artistiques de son temps, Olga Rozanova a cependant cherché à dépasser l'antagonisme apparent entre le cubisme et le futurisme. Ses réflexions théoriques élèvent le dialogue fécond qui s'instaure entre les deux courants. Cette même année 1913, elle rédige l'article « Les bases de la nouvelle création et les raisons de son incompréhension », qui paraît dans le troisième numéro de l'almanach de l'Union de la Jeunesse. Évoquant les deux mouvements, elle écrit : « Si l'on ne tient pas compte de leur opposition diamétrale du début (dynamisme, statisme), ils se sont ensuite enrichis mutuellement d'une série de positions communes. Ce sont ces positions communes qui ont donné cette unité de ton à tous les courants artistiques contemporains[3]. »

La toile *Homme dans la rue (Analyse de volumes)* illustre parfaitement son propos. Il serait vain de chercher à la disséquer pour distinguer les éléments qui se rattachent au cubisme ou au futurisme, tant ils y sont intrinsèquement liés. Le morcellement des formes en facettes, la palette restreinte au jeu entre les gris et les ocres, l'introduction de lettres, le sous-titre – *Analyse de formes* – qui possède une forte résonance cézannienne, apparaissent comme des réminiscences des expériences cubistes. Cependant, la surface est animée d'un mouvement rendu par des stries obliques acérées. Ce dynamisme évoque clairement les recherches futuristes. La référence au thème de la ville s'inscrit dans cette filiation. L'intégration totale de l'homme dans son environnement urbain constitue l'un des fondements des positions des futuristes, qui proclament : « Nos corps entrent dans les canapés sur lesquels nous nous asseyons, et les canapés entrent en nous. L'autobus s'élance dans les maisons qu'il dépasse, et à leur tour les maisons se précipitent sur l'autobus et se fondent avec lui[4]. »

Toute l'énergie cinétique de l'œuvre semble se concentrer dans le motif de l'angle inférieur droit, qui fait penser à un rouage mécanique. La même forme circulaire apparaît dans une illustration intitulée *La Destruction de la ville* que Olga Rozanova utilise dans son livre *La Guerre,* créé en collaboration avec le poète futuriste Alexeï Kroutchonykh en 1916. Le membre mécanisé de *Homme dans la rue...* devient, dans l'ouvrage, une roue de canon. Ainsi, l'homme-machine d'Olga Rozanova apparaît comme un emblème de la modernité.

L'artiste a inséré des lettres dans son tableau. Ces caractères d'imprimerie tracés à la main évoquent clairement la typographie des livres futuristes russes. Olga Rozanova, de concert avec les poètes Kroutchonykh et Vélimir Khlebnikov, a été une pionnière dans ce domaine. Éléments formels du tableau *Homme dans la rue...,* les consonnes sont également choisies pour leur valeur sonore. L'absence de voyelles, le « R » et le « T » cyrilliques clairement déchiffrables, accentuent la référence aux bruits mécaniques de la ville. L'effet recherché n'est pas étranger au principe de la « simultanéité polyphonique » avancé par les futuristes italiens. Les sons font partie du pictural – au même titre que les couleurs, les formes, le graphisme, la lumière – dans le but de saisir la sensation de la ville moderne. De leur côté, les poètes futuristes ont insisté sur la valeur visuelle du mot qu'ils ont souvent réduit aux sons rudimentaires, pour atteindre le *zaum* (le langage transmental).

I. K.

1 A. Éfros, *Profili,* Moscou, 1930, p. 339, cité par N. Gur'ânova, *Ol'ga Rozanova i rannij russkij avangard,* Moscou, Gileâ, 2002, p. 57.
2 Le tableau a été présenté à l'« Esposizione libera futurista internazionale. Pittori e sclutori italiani – russi – inglesi – belgi – nordamericani », organisée par la Galleria Futurista (G. Sprovieri) de Rome en avril-mai 1914, et a été acquis par Marinetti.
3 Cité dans *Art en théorie 1900-1990,* C. Harrison,

P. Wood (dir.), Paris, Hazan, 1997, p. 238.
4 *Manifeste des peintres futuristes,* in *Les Peintres futuristes italiens,* cat. exp., Paris, galerie Bernheim-Jeune & Cie, 5-24 février 1912, p. 17-18 // G. Lista, *Futurisme. Manifestes, proclamations, documents,* Lausanne, L'Âge d'homme, 1973, p. 164. La traduction russe de ce texte a été publiée en 1912 dans le deuxième numéro de l'almanach de l'Union de la Jeunesse.

97 **David Bomberg**
The Mud Bath, 1914
[Le Bain de boue]
Huile sur toile, 152,4 x 224,2 cm
Tate, Londres / Achat, 1964

L'année 1914 voit l'apogée de l'offensive futuriste sur la scène artistique britannique avec une seconde exposition de groupe aux Doré Galleries[1], accompagnée d'une série de concerts « rumoristes » de Luigi Russolo, de lectures et de performances. Cette vague futuriste est couronnée par la publication en juin du manifeste *Vital English Art [Contre l'art anglais]* signé par Marinetti et Nevinson et dans lequel ils appellent le public anglais à « défendre et glorifier ses artistes novateurs les plus révolutionnaires et les plus avancés[2] ». Les auteurs citent à l'appui une série d'artistes de l'avant-garde britannique parmi lesquels David Bomberg, mais aussi Wyndham Lewis, William Roberts ou Jacob Epstein, à côté de Christopher R.W. Nevinson lui-même. Cette initiative, qui n'avait pas reçu l'aval de plusieurs des peintres cités, provoque en retour de la part des artistes proches de Lewis, rassemblés au sein du Rebel Art Centre qui préfigure le mouvement vorticiste, un vif démenti et une proclamation d'indépendance face à ce qui est perçu comme une tentative d'annexion. Si Bomberg, en signant ce démenti, cherche à se démarquer du futurisme, il n'est pas moins soucieux de ne pas se voir enrôlé sous la bannière vorticiste, n'apparaissant pas dans les colonnes de la revue *Blast,* organe du mouvement britannique[3].
C'est dans ce contexte qu'a lieu en juillet 1914 la première exposition personnelle de Bomberg à la Chenil Gallery de Chelsea, qui réunit cinquante-cinq toiles, dont *Le Bain de boue.* Comme d'autres compositions de Bomberg – *Jewish Theatre* (1913, Leeds City Art Galleries), *Ju-Jitsu* (vers 1913, Tate, Londres), *Dans la cale* (1913-1914, Tate, Londres) –, *Le Bain de boue* prend comme point de départ une scène de la vie quotidienne de l'East End (ici les bains de vapeur de Schevzik à Brick Lane), mais une géométrisation extrême préside à la représentation. Dans « Les éclairs futuristes de monsieur Bomberg », article dont le titre témoigne de la diffusion à l'époque du vocable « futuriste », un journaliste de la *Pall Mall Gazette* déplorait ainsi les raccourcis formels (« *short cuts* ») de l'artiste[4]. Les figures du *Bain de boue* sont des assemblages de plans segmentés qui, abandonnant « tout superflu[5] », se détachent nettement sur un grand plan rouge qui traverse l'espace de la toile, sorte de plate-forme qui peut rappeler la composition de *Vision of Ezekiel* (1912, Tate, Londres). La répartition de l'ombre et de la lumière est traduite par une opposition tranchée entre des plans blancs et des plans bleus. Si pour certaines toiles précédentes (*Ju-Jitsu* et *Dans la cale*), Bomberg avait adopté une grille géométrique enserrant le jeu de fragmentation des plans colorés dans une manière proche des toiles de Gino Severini[6], *Le Bain de boue* met en place un espace plus libre parcouru d'une indéniable « vigueur physique[7] » (« *physical vigour* »). Les figures y acquièrent une densité et une simplicité qu'elles n'avaient pas auparavant. Par la fermeté du dessin et le choix restreint des couleurs, cette œuvre apparaît plus proche de certaines recherches contemporaines de Giacomo Balla et de Fortunato Depero ou de l'*Arte meccanica* des années 1920 que des représentations fragmentées des premières œuvres futuristes.
Si l'œuvre de Bomberg se veut indépendante des courants qui l'entourent, elle témoigne pourtant d'un rapport étroit avec les esthétiques futuristes ou vorticistes. La pureté formelle du *Bain de boue* n'est pas sans rappeler certaines positions du *Manifeste du vorticisme,* notamment l'éloge des « formes nettes et arquées et des terrains anguleux[8] ». On peut aussi penser à « la précision heureuse des engrenages[9] » que chante Marinetti au même moment dans *La Splendeur géométrique et mécanique et la sensibilité numérique.*
Au regard de ces principes formels, le titre de l'œuvre, qui évoque l'élément indistinct et premier par excellence – la boue –, ne manque pas d'apparaître surprenant. Ne pourrait-on y voir une allusion au récit halluciné de Marinetti qui ouvre le *Manifeste du futurisme* et, plus particulièrement, au moment-clé où l'automobiliste, après une sortie de route, plonge dans un fossé fangeux et fait dans ce « bain de boue » l'expérience de la mort et de la résurrection[10] ?

J. P.

1 « Exhibition of the Works of the Italian Futurist Painters and Sculptors », Londres, The Doré Galleries, avril 1914.
2 F.T. Marinetti, C.R.W. Nevinson, *Contre l'art anglais* (11 juin 1914), publié dans G. Lista, *Futurisme. Manifestes, proclamations, documents,* Lausanne, L'Âge d'homme, 1973, p. 127. Manifeste publié en anglais sous le titre *Vital English Art* et en italien sous le titre *Manifesto futurista* (avec quelques variantes) dans *Lacerba* (Florence), vol. II, n° 14, 15 juillet 1914, p. 209-211.
3 Cf. R. Cork, *David Bomberg,* New Haven (CT)/Londres, Yale University Press, 1987, p. 77.
4 *Ibid.,* p. 90.
5 La préface du catalogue de l'exposition, écrite par Bomberg, proclame : « Where I use Naturalistic Form, I have *stripped it of all* irrelevant matter »

[« Lorsque j'utilise la Forme Naturaliste, c'est après l'avoir *dépouillée* de toute matière inutile. »], cité dans *David Bomberg,* R. Cork (dir.), cat. exp., Londres, The Tate Gallery, 17 février-8 mai 1988, p. 72.
6 D. Bomberg avait pu voir les œuvres de Severini à Londres lors de l'exposition des peintres futuristes italiens de mars 1912 à la Sackville Gallery, puis lors de l'exposition personnelle de Severini (« The Futurist Painter Severini Exhibits his Latest Works », Londres, Malborough Gallery, avril 1913).
7 R. Cork, *Vorticism and Abstract Art in the First Machine Age,* Londres, Gordon Fraser, 1976, vol. I : « Origins and Development », p. 208.
8 *Manifesto,* in *Blast* (Londres), n° 1, 20 juin 1914, p. 25 ; cité dans C. Adams, « Futurism and the British Avant-Garde », *Blasting the Future ! Vorticism in*

Britain 1910-1920, J. Black (dir.), cat. exp., Estorick Collection of Modern Italian Art, Londres, 4 février-18 avril 2004 ; The Whitworth Art Gallery, Manchester, 7 mai-25 juillet 2004, p. 14.
9 F.T. Marinetti, *La Splendeur géométrique et mécanique et la sensibilité numérique* (11 mars 1914) // G. Lista, *Futurisme. Manifestes…, op. cit,* p. 148. (Parution en italien de la première partie de ce manifeste sous le titre *Lo Spendore geometrico e meccanico nelle parole in libertà, Lacerba,* vol. II, n° 6, 15 mars 1914, et de la seconde partie sous le titre *Onomatopee astratte e sensibilità numerica, Lacerba,* vol. II, n° 7, 1er avril 1914. L'édition italienne du texte complet en placard est datée du 18 mars 1914.)
10 F.T. Marinetti, *Le Futurisme, Le Figaro,* 20 février 1909, p. 1 // G. Lista, *Futurisme. Manifestes…, op. cit.,* p. 86.

98 **Jacob Epstein**
Torso in Metal from "The Rock Drill", 1913-1914
[Torse en métal pour « La Perforatrice »]
Bronze, 70,5 x 58,4 x 44,5 cm
Tate, Londres / Achat, 1960

« Les sculpteurs qui ont suivi Epstein dans ce pays auraient été beaucoup plus insultés qu'ils ne l'ont été si le public n'avait en grande partie passé sur lui sa fureur, et si une telle fureur ne s'était avérée complètement folle[1]. » C'est par ces mots que Henry Moore, au terme d'un vibrant hommage, rappela que son aîné avait été l'objet d'un acharnement critique qui pourrait et peut, aujourd'hui encore, paraître excessif. Or, si la production de Epstein a des allures de sinusoïde aussi féconde que multiforme, faite d'accélérations et d'assagissements, *Torse en métal pour « La Perforatrice »* est assurément une sculpture qui suffit à dénoter les innovations d'un éminent précurseur.

Il revient à son auteur d'avoir fourni la définition la plus appropriée de cette pièce majeure : « C'est dans les années d'expérimentation d'avant-guerre, en 1913, que j'ai brûlé d'envie de faire la perforatrice *[Rock Drill]* ; ma ferveur (de courte durée) pour les machines est allée jusqu'à me faire acheter d'occasion une véritable foreuse, sur laquelle j'ai fait et monté un robot machinique, muni d'une visière, l'air menaçant, et portant, nichée en son sein, bien protégée, sa progéniture[2]. » Marqué par les formes acérées et possiblement violentes de cette incarnation d'un nouvel âge mécanique et ensorcelant, l'artiste suréleva la perforatrice d'une figure en plâtre qui, géométrisée et anguleuse, l'épousait parfaitement en s'encastrant au niveau du bassin. En résulte un sentiment trouble : l'apparente disjonction entre le personnage robotisé, en plâtre blanc, et la machine, en métal sombre, est excédée par leur emboîtement savant et indistinct et permet malaisément de discerner quel élément gouverne voire domine l'autre. Autrement dit, quelle partie enjoint l'autre de la suivre et de lui obéir ? S'agit-il d'une machine anthropomorphe ou d'un homme mécanomorphe ? Le malaise subsiste d'autant plus que ce règne mécanique renvoie à un règne animal menaçant : le trépied tentaculaire et le casque à visière de la figure évoquent un insecte déployé que Epstein envisagea même de mouvoir grâce à un système à air comprimé élaboré. De plus, cette transfiguration effrayante d'un élément emprunté à la réalité des « temps modernes » positivistes revêtait un enjeu idéologique autant qu'esthétique. Aussi la subsistance du trouble dérive-t-elle non seulement d'un malaise esthétique, mais aussi et plus encore, pour reprendre les mots du père de l'« inquiétante étrangeté », d'un « malaise dans la civilisation », puisqu'il s'agit précisément, avec *La Perforatrice,* d'une mise en œuvre toute moderne de la pulsion de mort et du binôme attraction/répulsion.

Si Epstein succomba dans un premier temps à l'attrait exercé par cette machine chargée d'un sens qu'elle extorquait en retour à la part humaine, il s'en détourna peu à peu. De la sorte, quoique l'œuvre exposée en mars 1915 à la Goupil Gallery de Londres répondît aux aspirations futuristes et – sur leur versant anglais – vorticistes, Epstein préféra bientôt supprimer l'élément machine et fondre en bronze le seul torse humain après l'avoir au préalable rectifié, permutant notamment la position des bras. La sculpture ainsi aboutie, qui fait l'économie du caractère édifiant né de l'assemblage de ses deux parties originelles, ne perd pas en charge expressive et émotionnelle : la fascination est devenue répulsion – « Je me suis rendu compte que tout ceci n'était qu'un jeu puéril[3] » – et deux guerres mondiales mues par la barbarie « machinique » ont achevé de nous rendre plus saisissants l'œuvre de Epstein et son commentaire : « Voici le sinistre personnage armé d'aujourd'hui et de demain. Aucune humanité, seulement le terrible monstre de Frankenstein en qui nous nous sommes transformés[4]. »

C. L.

1 H. Moore, « Jacob Epstein » [notice nécrologique],
The Sunday Times, 23 août 1959 (rapporté
dans « Documents : Jacob Epstein, le *Rock Drill* »,
Un siècle de sculpture anglaise, cat. exp.,
Galeries nationales du Jeu de Paume, Paris [Réunion
des Musées nationaux, 1996], p. 76).
2 J. Epstein, *An Autobiography,* Londres,
Ed. Hulton, 1955, p. 56. Nous traduisons.
3-4 *Ibid.,* p. 57 et 56.

99   **Henri Gaudier-Brzeska**
Red Stone Dancer, **vers 1913**
[Danseuse en pierre rouge]
Pierre rouge de Mansfield, 43,2 x 22,9 x 22,9 cm
Tate, Londres
Frank Stoop par l'intermédiaire de la Contemporary Art Society, 1930

En choisissant, en 1911, la sculpture comme moyen d'expression, Gaudier-Brzeska s'apprête à expérimenter le vaste champ de la sculpture qui va d'Auguste Rodin, à qui il rendait hommage, jusqu'au cubisme et au futurisme, qu'il regardait avec un œil critique. Il définit rapidement son propre style – performance que Ezra Pound, son admirateur et premier biographe, considérait comme une véritable « victoire[1] », qui ne pourrait jamais être mésestimée. Mais la vitesse avec laquelle il traverse toutes les tendances semble présager une fin précoce et tragique (il fut tué sur le front en 1915, à l'âge de vingt-trois ans et demi), interrompant l'évolution d'un artiste qui, pourtant, marquera la sculpture moderne. Parmi les œuvres de référence citées dans sa profonde réflexion sur l'art (exposée dans son article « Vortex[2] »), *La Danseuse en pierre rouge,* en concentrant des idées véhiculées par les représentants du cubisme et plus plus encore par ceux du futurisme, est certainement la sculpture-manifeste de ce moment-clé.

Le 9 juillet 1914, Gaudier-Brzeska dresse une liste de ses sculptures, et inscrit au numéro 27 *La Danseuse en pierre rouge,* qu'il décrit ainsi : « La Danseuse, pierre rouge, vernissée. Reproduite en illustration ; très belle ». Il souligne avec satisfaction la beauté de cette pièce, probablement parce qu'elle est l'incarnation de ses recherches en matière de décomposition des volumes (notamment ceux du corps humain), du jeu entre les pleins et les vides et qu'elle manifeste sa facilité à donner l'impression de mouvement à chacune de ces masses. En 1911, il écrivait déjà à sa compagne, Sophie Brzeska : « La ligne est une barre, une limite, une infraction à la liberté, c'est l'esclavage. La masse est libre, je puis la multiplier à l'infini, la traiter de cent manières : je suis libre et par-dessus tout c'est vrai, ça existe[3]. »

Dans les nombreux dessins qui précèdent cette œuvre, sa préoccupation principale porte sur le mouvement qu'il traite dans « des séquences ininterrompues » et qu'il considère comme « une translation vers la vie ». Il observe et dessine aussi bien des lutteurs, des athlètes, des boxeurs que des danseurs. *La Danseuse* en bronze de 1913 garde encore la fluidité du mouvement, l'élégance du corps ondoyant. Gaudier-Brzeska, rompant avec ces caractéristiques, essaiera de traiter les masses dans une répartition circulaire autour d'un vide central d'où jaillit la force tourbillonnante. Avec *La Danseuse en pierre rouge,* l'artiste se libère de l'anatomie en déformant les parties du corps en fonction de la torsion à laquelle il soumet la silhouette.

Si Alexandre Archipenko, dans sa *Danseuse* de 1912, traduisait mouvement et rythme du corps à l'aide de formes synthétiques et fragmentaires, Gaudier-Brzeska suit le mouvement en l'encadrant dans des registres bien définis géométriquement. Ainsi, la spirale suggérée par la torsion du corps sur le pied gauche poursuit-elle l'entrelacement des éléments du torse dans un mouvement peu naturel : le bras droit allongé par une extrême extension se pose sur l'épaule gauche, enfermant la masse supérieure dans un triangle, renforcé à son tour par le triangle du visage schématisé. La main gauche, discrètement placée entre les deux seins, eux-mêmes accentués par deux figures géométriques différentes, prolonge et souligne cette spirale par une courbe serpentine. Ces entrelacs en train de se faire et de se défaire finissent par transcrire le mouvement complexe de la danse.

Dans une évocation de l'artiste, Ezra Pound établit que « le triangle évolue organiquement et devient un triangle sphérique (forme vitale centrale chez Brzeska comme chez Wyndham Lewis). Le développement de ces deux motifs opère comme les thèmes dans une fugue. [...] La nudité "abstraite" ou mathématique du triangle et du cercle est pleinement incarnée, faite chair, pleine de vitalité et d'énergie[4]. » Il relève également que ces éléments sont des signes de la liberté prise par Gaudier-Brzeska par rapport à ses prédécesseurs, voire par rapport à certains de ses contemporains.

D. L.

1 *A Memorial Exhibition of the Work of Henri Gaudier-Brzeska,* cat. exp., E. Pound (préf.), Londres,
The Leicester Galleries, 1918, cité dans E. Pound,
Henri Gaudier-Brzeska, Auch, Tristram, 1992, p. 226.
2 H. Gaudier-Brzeska, « Vortex », *Blast* (Londres),
n° 1, 1914.
3 Lettre à Sophie Brzeska, 19 mai 1911, archives
« Gaudier-Brzeska », Tate Gallery, Londres.
4 E. Pound, *op. cit.,* p. 228.

100-102 **Henri Gaudier-Brzeska**
***Portrait d'Ezra Pound,* [1913]**
***Étude pour « La Danseuse en pierre rouge »,* [1913]**
***Mitrailleuse en action,* [1915]**
Centre Pompidou-Musée national d'art moderne, Paris

Chez Gaudier-Brzeska, l'œuvre dessiné et l'œuvre sculpté sont indissociables. Si l'analyse de ses dessins est essentielle pour comprendre l'évolution de sa sculpture, on ne peut néanmoins réduire son œuvre graphique à un simple outil. Gaudier-Brzeska dessinait sans cesse : l'observation aiguë du monde animal et surtout de ses contemporains alimentait sa pratique quotidienne de l'annotation graphique. Il enregistrait frénétiquement sur le papier les traits et les attitudes de divers personnages, en vue d'un traitement ultérieur : la figure de Haldane Mac Fall (s. d., collection particulière), le visage ironique de son ami le peintre Horace Brodzky (s. d., collection particulière) ou la tête géométrique aux traits réguliers de Miss Borne (1914, Musée national d'art moderne, Paris) sont des esquisses préparatoires à des sculptures.

Les portraits de son grand ami Ezra Pound présentent beaucoup d'intérêt. Ils donnent du poète qui, par admiration pour Gaudier-Brzeska et pour Constantin Brancusi, s'était mis aussi à sculpter, une image emblématique. L'un d'eux, conservé à Kettle's Yard, à Cambridge, le représente de face : le trait à l'encre de Chine, ample et épais, dessine un visage volontaire dont on discerne le regard perçant à travers les yeux mi-clos. Un autre (celui présenté dans l'exposition) le saisit de profil. Plus élaboré, il est constitué d'un enchevêtrement de courbes et de lignes brisées qui révèlent la nature tourmentée de l'écrivain : le front tendu, en alerte, attentif à tout ce qui l'environne. Dans un autre dessin, très proche (qui appartient également aux collections du Musée national d'art moderne), le trait est plus heurté et la tête, presque cubiste, se réduit à des lignes anguleuses. En 1914, Gaudier-Brzeska réalise une synthèse de ces recherches dans une sculpture en forme de totem – *Tête hiératique d'Ezra Pound* (The Nasher Art Collection, Dallas, TX) – qu'il façonne dans un bloc de marbre. Cette tête schématisée, dont chaque détail incarne la personnalité affirmée d'Ezra Pound, révèle une remarquable maîtrise de la composition. L'artiste dépasse désormais les courants qu'il a traversés et assimilés et impose son propre style.

Dans son *Étude pour « La Danseuse en pierre rouge »*, un des dessins préparatoires de la sculpture *La Danseuse en pierre rouge* (vers 1913, cat. n° 99), il utilise la même technique – trait épais et ferme à l'encre de Chine – pour traduire le mouvement, démultipliant le corps de la danseuse dans un entrelacement continu au lieu de le décomposer à la manière des cubistes. Les trois têtes du corps en torsion marquent les étapes du mouvement. Cette torsion autour de la verticale est suggérée par un croisement de lignes courbes qui se brisent à chaque point de rencontre. À la même époque, Brancusi réalise pour la *Femme se regardant dans un miroir* (1910-1916, Musée national d'art moderne, Paris) une esquisse où la tête est déployée en éventail. Ce même procédé aboutissant à un mouvement harmonieux donne un effet plus rythmé chez Gaudier-Brzeska qui, prenant toute liberté vis-à-vis de l'anatomie, rompt les courbes afin de traduire l'énergie mise en jeu dans l'enchaînement gestuel. Ce dessin, qui associe décomposition des formes et répétition des séquences – procédé évoquant les dessins préparatoires du *Développement d'une bouteille dans l'espace* de Umberto Boccioni (1912, cat. n° 65) –, illustre ses conceptions vorticistes. Avec sa composition nette et affirmée, il apparaît comme un manifeste graphique de la rencontre du cubisme et du futurisme, dont résulte un troisième mouvement artistique : le vorticisme.

Les derniers dessins de Gaudier-Brzeska, réalisés pendant la guerre, dégagent la même intensité à laquelle s'ajoute un graphisme nerveux dû à la volonté de rendre le mouvement instantané. *Mitrailleuse en action,* avec ses formes géométriques abstraites et sa double figure qui se métamorphose en machine, est une œuvre singulière. Elle appartient à une petite série de 1914 dans laquelle la silhouette humaine perd ses attributs anthropomorphiques pour se transformer en pur mécanisme. Sur le plan technique, Gaudier-Brzeska continue ses recherches avec des dessins abstraits qui rappellent l'œuvre de Fernand Léger des années 1912-1913, et dont l'apparence schématique traduit l'angoisse de l'artiste face à la conflagration qui vient d'embraser le monde et devant la puissance meurtrière de la machine.

Disposés selon une diagonale que renforcent de nombreux éléments géométriques, les deux personnages enlacés, mi-hommes mi-machines, sont engagés dans un combat pour la survie : l'homme, transformé en mitrailleuse, est lui-même mitraillé. Cette figure hybride renvoie manifestement au *Torse en métal pour « La Perforatrice »* de Jacob Epstein (1913-1914, cat. n° 98) qui transmettait une telle impression de malaise que son auteur la détestait. *Mitrailleuse en action,* que l'on peut considérer comme un condensé de l'expérience brève mais dense de Gaudier-Brzeska dans le domaine graphique, est aussi une illustration des théories qu'il réaffirme dans son deuxième « Vortex », rédigé dans les tranchées et publié un mois après sa mort, en juillet 1915 dans le second numéro de la revue *Blast*[1]. Ce dessin, tout comme celui envoyé depuis le front – *Un de nos obus explosant* (1915, Musée national d'art moderne, Paris) – est présenté à Londres en mars 1915, à la Goupil Gallery, lors de l'exposition du London Group.

D. L.

1 H. Gaudier-Brzeska, « Vortex (written from the War) », *Blast* (Londres), n° 2, juillet 1915 (Reprint : Klaus Co., Millwood [NY], 1974, p. 33-34).

100 ***Portrait d'Ezra Pound,* [1913]**
Encre de Chine sur papier, 26 x 38 cm
Don d'Ezra Pound, 1967

101 ***Étude pour « La Danseuse en pierre rouge »,* [1913]**
Encre de Chine sur papier, 38,5 x 25 cm
Don de la Kettle's Yard Foundation, Cambridge (RU), 1964

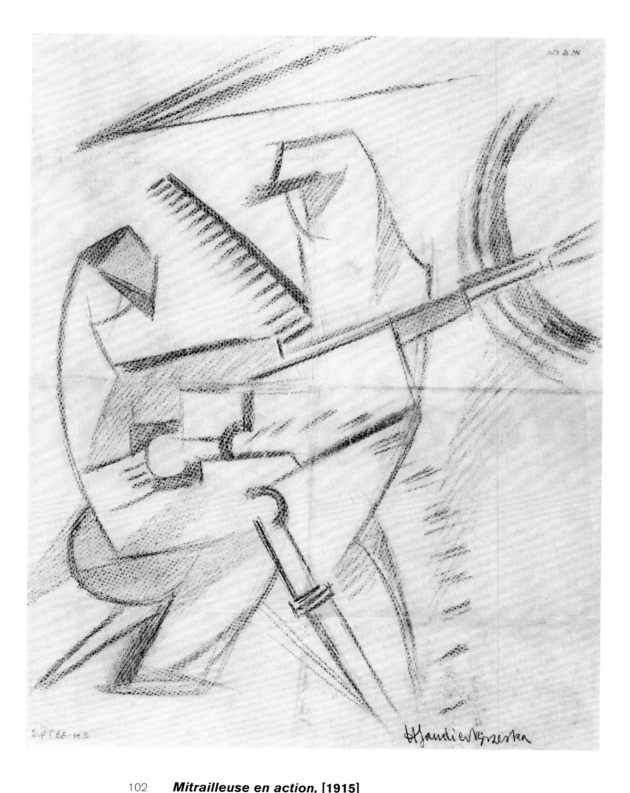

102 **_Mitrailleuse en action,_ [1915]**
Fusain sur papier pelure, 28,5 x 22 cm
Don de la Kettle's Yard Foundation, Cambridge (RU), 1964

103   **Percy Wyndham Lewis**
       The Crowd, [? exposé en 1915]
       [La Foule]
       Huile et crayon sur toile, 200,7 x 153,7 cm
       Tate, Londres / Présenté par les Amis de la Tate Gallery, 1964

1914. Alors que sourd la guerre et que paraît, le 2 juillet, le premier numéro de la revue *Blast* (daté du 20 juin), dont les pages inaugurales accueillent le *Manifeste du vorticisme,* Percy Wyndham Lewis commence *La Foule*. Présentée en mars 1915 à la Goupil Gallery de Londres, l'œuvre semble encore se dérober à toute circonscription exégétique, et ce en dépit des nombreuses analyses qu'elle suscita.

Renonçant au système euclidien traditionnel, Lewis parvient toutefois à restituer une vision géodésique toute personnelle au sein de laquelle la ville semble un labyrinthe orthonormé. Des formes géométriques, distribuées en plans superposés, dessinent un réseau flottant sacrifiant à une illusion perspective. Ombrant de larges aplats les contours de ce maillage monochrome, le peintre crée un vaste et complexe entrelacs architectural où l'étrangeté le dispute à la lisibilité. À cet égard, *La Foule* s'apparente à *La Révolte* de Luigi Russolo (1911, cat. n° 36), une toile que Lewis put contempler lors de la première exposition des peintres futuristes qui se tint à Londres en mars 1912, à la Sackville Gallery. Si le graphisme élaboré du tableau est une concession à l'enchevêtrement dynamique prôné par le futurisme, qui avait tenu sa troisième et dernière exposition londonienne aux Doré Galleries en avril 1914, la géométrisation de la composition hérite plus direc-tement du cubisme. C'est également aux expériences contemporaines de Braque et de Picasso que renvoie le chromatisme raffiné de la toile : au camaïeu d'ocres sourds répond la couleur terre de Sienne brûlée dont Mario Sironi ou Carlo Carrà exploiteront bientôt le pouvoir roboratif, né dans les plus strictes sphères de l'avant-garde.

Alternant une vision microscopique et macroscopique, Lewis oppose à des formes éloignées et kabbalistiques des figures aisément identifiables. Cette reconnaissance d'éléments issus du réel au premier plan demande au spectateur un va-et-vient exigeant : croyant s'être procuré les clefs de cette mystérieuse iconographie, il deviendrait capable, dès lors, d'ouvrir les portes dérobées d'un arrière-plan tenu pour énigmatique.

Étendards brandis vers le ciel, les nombreux personnages figurés, qui désavouent les prescriptions tacites d'un cubisme et d'un futurisme peu prodigues en représentations humaines, suffisent à désigner la dimension sociale et politique de l'œuvre que Paul Edwards[1], au terme d'une analyse pénétrante – selon laquelle les trois courbes en haut à droite seraient des réminiscences des roues du château de Carisbrooke –, évacue pourtant sans ambages. La présence du drapeau français en bas à gauche pourrait évoquer les opérations menées en 1908 à Paris par l'Action française[2], mouvement nationaliste et monarchiste dont Lewis fut un sympathisant et pour qui la notion de foule cristallisait des systématisations et des enjeux aussi spéciaux que spécieux. Nous pourrions aller plus loin encore : le patriotisme de ces phalanges souverainistes, installées au Café de Flore de Saint-Germain-des-Prés, n'affronterait-il pas le socialisme des bannières rouges du second plan ? Les lettres « ENCLO », identifiables sur une enseigne, pourraient ainsi renvoyer, en vertu d'un jeu de mots ironique, à la fameuse « Closerie » – celle des Lilas –, alors devenue l'un des repaires de la gauche intellectuelle.

Un texte de Lewis paru dans le second numéro de *Blast*[3] permet d'excéder ces seules spéculations. La ville, décrite comme le lieu des « masses » et de l'anéantissement des individualités, incarne la parabole moderne de l'Apocalypse. Objet de fascination et de répulsion, son urbanisation ne pouvait être que grillagée, carcérale et *limite*. Catalyseur de la vie, elle est le laboratoire *in vitro* et *intra muros* de la mort. La foule en est son expérience, là aussi, limite. Si Jacob Epstein et Lewis traduisent semblablement leur fascination inquiète devant la modernité, ainsi qu'en témoignent les précieux dessins du Victoria and Albert Museum *Combat n° 2* et *Combat n° 3* de 1914, la savante grammaire pictographique du second fait autant écho au *Bain de boue* de David Bomberg (1914, cat. n° 97) qu'elle résonne avec les productions de Kazimir Malévitch et de El Lissitzky. Tributaire de *La Révolte* de Russolo, *La Foule* s'en démarque puisqu'elle parvient à fixer, tout en l'ordonnant, le désordre d'une humanité. C'est bien ce refus de tout « automobilisme » que signifia verbalement Lewis à Marinetti en reprenant un vers de Charles Baudelaire : « Je hais le mouvement qui déplace les lignes.[4] »

C. L.

1 P. Edwards, *Wyndham Lewis Painter and Writer*, New Haven, Yale University Press, 2000, p. 131-137.
2 C'est là l'une des thèses développées dans *Wyndham Lewis*, cat. exp., Manchester, City Art Gallery, 1980, p. 69.
3 P.W. Lewis, « The Crowd Master 1914, London, July », *Blast* (Londres), n° 2, juillet 1915, p. 94.

4 C. Baudelaire, « La Beauté », *Les Fleurs du Mal, OC*, Gallimard, « Bibliothèque de La Pleiade », t. I, 1975.

104 **Christopher Richard Wynne Nevinson**
The Arrival, **vers 1913**
[L'Arrivée]
Huile sur toile, 76,2 x 63,5 cm
Tate, Londres / Présenté par la veuve de l'artiste, 1956

L'Arrivée de Nevinson possède le charme discret de la bourgeoisie. Le charme d'une peinture ayant recours à des avatars figuratifs traditionnels associés à une mise en page originale. La bourgeoisie d'une toile qui, malgré des recherches avant-gardistes, souscrit à une orthodoxie dont le titre même – descriptif – porte la marque.

En raison de ses effets miroitants et lumineux, l'eau ne cessa de retenir l'attention des artistes qui, symbolistes ou division-nistes, en exploitèrent les ressources aptes à assouvir un dessein plastique. Styx ou Méditerranée, fluide humoral ou « sentiment océanique », l'eau autorisa longtemps des raccourcis métonymiques et des innovations syntaxiques. Le début du XXe siècle voit ainsi la navigation s'affirmer comme un terrain d'expérimentation privilégié. Cristallisant les espérances progressistes d'une génération, la mer gagne en scientificité et incarne la promesse d'un ailleurs. Élément qui longtemps sépara, elle devient un trait d'union qui ne pouvait que fasciner le Britannique insulaire. Air-eau, ciel-mer : la terre s'agrandit à mesure que naissent les découvertes technologiques, bientôt relayées par l'armée, et que l'imaginaire des artistes leur donne corps. Si le paquebot est à l'océan ce que l'avion est au ciel, Nevinson livre ici une image toute solennelle du premier avant d'être bientôt envoûté par le second au cœur de la guerre.

Restituant une vision kaléidoscopique savante, l'artiste fait du transatlantique le motif central de sa composition. Tandis que la coque du bateau dessine deux diagonales fuyantes, l'arête de sa proue anguleuse permet de créer la seule verticale saillante de la toile. Le quai constitue, quant à lui, un raccourci perspectif hardi que seuls trois personnages parviennent à perturber légèrement. La composition prismatique est saturée d'éléments figuratifs fonctionnant comme autant d'indices empruntés à la réalité – cordes d'amarrage, lattes en bois, bastingage, passerelles métalliques – se jouant d'une éventuelle, quoique sans cesse ajournée, lisibilité. Cet agencement fragmentaire de zébrures et de courbes approche sans conteste le futurisme d'un Gino Severini, dont Nevinson put admirer le *Hiéroglyphe dynamique du bal Tabarin* (1912, The Museum of Modern Art, New York), et, peut-être plus encore, celui d'un Félix Del Marle dont *Le Port* (1913, cat. n° 48) évoque, à la faveur d'une troublante analogie, les options plastiques mises en œuvre dans *L'Arrivée*. Le peintre s'oriente ainsi vers un simultanéisme qui, parfaitement maîtrisé, n'en est pas moins traversé par une réticence à radicaliser des choix formels. La rigueur constructive et la fermeté linéaire de la toile, économe en pulsations optiques, indiquent l'influence du cubisme d'un Albert Gleizes, dont le *Port marchand* (1912, Art Gallery of Ontario, Toronto) fut exposé en 1913 aux Indépendants. De fait, la science de la couleur de Nevinson, qui participe d'une précision austère – comme en témoignent aussi bien les dégradés élégants que les facettes géométriques qui sont autant de cadres-limites à tout déploiement chromatique –, l'apparente à un cubofuturisme alors parfaitement installé.

« Je veux guérir l'art anglais de la plus grave des maladies : le passéisme. J'ai donc tous les droits de parler haut et sans périphrases et de donner, avec mon ami Nevinson, peintre futuriste anglais, le signal du combat[1]. » Marinetti sut voir chez l'artiste anglais un allié, un relais précieux pour diffuser ses idées en Grande-Bretagne. Si l'œuvre de Nevinson est en effet vierge de tout victorianisme, elle n'en est pas moins présidée par un classicisme qui laisse entrevoir, loin des confé-rences enfiévrées des Doré Galleries en 1914[2], une aspiration à l'ordre qu'exauceront ses toiles à venir. S'appropriant une imagerie traditionnelle réinvestie par une mythologie toute contemporaine, il exécute avec son *Arrivée* une œuvre qui, grisée par les solutions émancipatrices du futurisme, flirte avec un certain conformisme esthétique.

C. L.

1 F.T. Marinetti, C.R.W. Nevinson, manifeste *Contre l'art anglais* (Londres, 11 juin 1914), texte publié en italien et en anglais (sous le titre *Vital English Art)* dans *Lacerba* (Florence), vol. II, n° 14, 15 juillet 1914, p. 209-211 // G. Lista, *Futurisme. Manifestes, proclamations, documents,* Lausanne, L'Âge d'homme, 1973, p. 126-127.

2 Conférences données à l'occasion de : « Exhibition of the Works of the Italian Futurist Painters and Sculptors », Londres, The Doré Galleries, avril 1914.

105 **Christopher Richard Wynne Nevinson**
Returning to the Trenches, **1914-1915**
[Retour aux tranchées]
Huile sur toile, 51,2 x 76,8 cm
Musée des Beaux-Arts du Canada, Ottawa / Don de la collection Massey
de peinture anglaise, 1946

Nevinson est le premier des peintres anglais à se ranger officiellement sous la bannière du futurisme. Dès 1913, il conçoit des tableaux (cf. *Le Départ du Train de Luxe,* vers 1913, œuvre détruite) qui font appel à la stylistique et à l'iconographie des peintres futuristes italiens que l'Angleterre a découverts un an plus tôt, en mars 1912, à l'occasion de l'exposition présentée à la Sackville Gallery (étape londonienne de l'exposition de la galerie Bernheim-Jeune). Le zèle futuriste de Nevinson le conduit à partager le nationalisme et la fougue guerrière de Marinetti. Anticipant l'engagement du poète italien dans l'armée de son pays en mai 1915, le peintre anglais s'enrôle dans les services sanitaires de l'armée anglaise à l'automne 1914. À « l'arrière », où il est renvoyé pour des raisons de santé, il déclare au *Daily Express :* « Cette guerre sera un stimulant pour le futurisme, car nous croyons qu'il ne saurait y avoir de beauté sans conflit et de chef-d'œuvre sans agressivité. [...] Notre style futuriste est seul capable de rendre compte de la cruauté, de la violence et de la brutalité ressenties sur les champs de bataille européens contemporains[1]. » Notons qu'au même moment, lui aussi engagé dans les combats, Fernand Léger voit les mêmes champs de bataille comme un grand opéra cubiste. *Retour aux tranchées,* le premier des tableaux de guerre de Nevinson, se devait d'être à la hauteur de ces déclarations. L'œuvre fait l'objet d'un long travail préparatoire : de nombreuses études graphiques rendent compte de cette élaboration[2].
Les lignes-force de la composition s'inspirent, par leur orientation, des grands modèles que constituent *Les Funérailles de l'anarchiste Galli* de Carlo Carrà (1910-1911, cat. n° 26) et *La Révolte* de Luigi Russolo (1911, cat. n° 36). L'énergie des masses en mouvement se lit, selon le futurisme, de la droite vers la gauche de la composition. Comme dans les tableaux inspirés à Léger par le conflit, les individus peints par Nevinson ne sont plus que les rouages de cette gigantesque mécanique qu'est devenue la guerre moderne. Le rapprochement, souvent opéré, entre les *Soldats en marche* de Jacques Villon (1913, cat. n° 76) et le *Retour aux tranchées* précise l'écart qui existe entre le traitement cubiste et le traitement futuriste d'un même sujet. Au souci analytique du premier s'oppose la ferveur du second. Là où l'énergie est le maître mot de la recherche de Nevinson, l'équilibre, la mesure apparaissent comme les finalités ultimes de la quête de Villon. L'empathie que l'artiste anglais veut susciter chez les spectateurs de son tableau le conduit à en accentuer la dimension réaliste : « Mon engagement futuriste m'a convaincu qu'un homme qui vit parmi son peuple doit parler son langage[3]. »
Dans cette profession de foi réaliste, se marque la distance de Nevinson avec un vorticisme héritier direct du formalisme cubiste. Passé le temps des querelles opposant Nevinson et le groupe vorticiste qui lui reprochait son allégeance au futurisme, Wyndham Lewis consent à une réconciliation que sanctionne la reproduction du *Retour aux tranchées* dans le second numéro de la revue *Blast,* l'organe du mouvement d'avant-garde anglais. L'œuvre fait alors l'objet d'une « vorticisation » qui permet de mesurer en quoi l'esthétique prônée par Ezra Pound et Wyndham Lewis se distingue de celle du futurisme. Le *Retour aux tranchées* est reproduit sous la forme d'une gravure sur bois[4]. Technique autant que stylistique, cette traduction de l'œuvre de Nevinson lui fait subir une métamorphose quasi abstraite. Le monochromatisme de la gravure accentue l'homogénéisation des éléments constitutifs de la composition. La « vorticisation » du *Retour aux tranchées* rapproche l'œuvre des *Soldats en marche* et démontre la parenté profonde du vorticisme et du cubofuturisme français.

D. O.

1 C.R.W. Nevinson, « Interview », *Daily Express,* 25 février 1915, cité dans R. Cork, *Vorticism and Abstract Art in the First Machine Age,* Londres, Gordon Fraser, 1976, vol. 2 : « Synthesis and Decline », p. 483.
2 Cf. notamment *Study for « Returning to the Trenches »* (1914-1915, Tate, Londres).
3 C.R.W. Nevinson, *Paint and Prejudice,* Londres, Methuen, 1937, p. 91-92 ; cité dans R. Cork, *ibid.,* p. 484.

4 Gravure reproduite sous le titre *On the Way to the Trenches* (œuvre aujourd'hui perdue) dans *Blast* (Londres), n° 2, juillet 1915, p. 89 // R. Cork, *Vorticism and Abstract Art...,* op. cit., p. 486.

106   **Christopher Richard Wynne Nevinson**
       Bursting Shell, 1915
       [Explosion d'obus]
       Huile sur toile, 76 x 56 cm
       Tate, Londres / Achat, 1983

Pour une génération nourrie par ses lectures de Friedrich Nietzsche rêvant d'un renouveau de l'homme et de la culture, la guerre, libératrice des instincts les plus violents et sacrés, est apparue comme le catalyseur inespéré d'une réinvention du monde et de ses lois. En Allemagne, c'est Otto Dix qui peint les explosions nocturnes comme une fantastique féérie pyrotechnique. Ce spectacle de puissances irradiantes, celui de l'énergie fabuleuse des explosions d'obus, ne pouvait que fasciner les artistes qui avaient choisi de placer leurs œuvres sous la bannière d'une revue titrée *Blast* [Explosion]. Henri Gaudier-Brzeska succombe le premier à cette fascination macabre. Membre fondateur de ce vorticisme qui exalte les vertus d'un dynamisme sans freins, qui traque en chacune de ses manifestations son point de plus haute énergie (son vortex), il réalise sur le front de la Somme une série de dessins illustrant ces explosions qui bientôt devaient lui être fatales[1]. L'explosion que peint Nevinson en 1915 est d'une nature plus mélancolique. D'abord fasciné, au nom de son implication futuriste, par l'énorme mécanique guerrière, il découvre, par son engagement dans une unité de la Croix-Rouge, une réalité humaine de loin moins exaltante : « Au bout d'un mois, j'ai pensé avoir été transporté dans un cauchemar[2]. »
C'est Wyndham Lewis qui, dans le second numéro de *Blast,* témoigne de ce revirement : « Le seul et unique (mais néanmoins fervent et littéral) disciple de Marinetti dans ce pays n'a visiblement pas poussé à leur conclusion logique les préceptes de son mentor. D'après ce que j'ai pu apprendre, de retour du front, le premier geste de ce disciple a été d'écrire au volcan milanais [Marinetti] qu'il ne partageait plus, mieux, qu'il RÉPUDIAIT toutes ses outrances à propos de la guerre auxquelles il avait un temps souscrit. Le seul disciple anglais de Marinetti venait de découvrir que la guerre n'est pas magnifique, ou que la guerre de Marinetti n'est pas la guerre. Tant mieux[3]. » L'apparition, dans le même numéro de *Blast,* d'une reproduction gravée de *Retour aux tranchées* (1914-1915, cat. n° 105)[4] sanctionne un rapprochement de Nevinson avec les vorticistes accréditant, de fait, sa prise de distance avec le futurisme. *Explosion d'obus* qu'il peint en 1915 fait bien plus que détruire ses anciennes convictions futuristes. Dans une interview donnée après-guerre au *New York Times,* Nevinson associe, de façon apparemment étrange, l'art moderne lui-même avec le temps de terreur que vient de traverser l'Europe : « Tout, dans les arts, n'était que tumulte – tout explosait – les artistes ne parlaient que de guerre. Ils ne s'intéressaient qu'à la boxe et aux autres formes de combat. Ils étaient tous épris de cette gloire que procure la violence. Ils étaient dynamiques, bolcheviks, chaotiques. [...] Tout a été détruit, les canons de la beauté ont partout été sacrifiés. Quand la guerre fut venue, elle a trouvé les artistes modernes dotés de la technique parfaitement capable de l'exprimer[5]. » Par leurs propres expérimentations techniques, les artistes modernes avaient intégré la guerre avant même qu'elle n'éclate. Leur sensibilité rénovée était celle, inhumaine, du conflit et de la terreur mêmes ; tel est le singulier message que Nevinson, le plus futuriste des peintres anglais, délivrait après-guerre. Les arguments de cette introspection justifient, plus que les supposées pressions d'un commanditaire rétrograde (Paul George Konody, chargé du programme de peinture de guerre pour le compte du gouvernement canadien), l'évolution jugée « néoclassique » de Nevinson après 1915. Renouant avec une forme attachée aux conventions de la beauté et à la culture classique, c'est un certain humanisme qu'entend retrouver Nevinson. Ce qui explose dans sa peinture en 1915 n'a qu'apparemment la forme d'un obus : ce sont bien ses idéaux modernistes, son culte de la violence, son machinisme d'avant-guerre.

D. O.

1 Cf. notamment *One of Shells Exploding* (*[Une des explosions d'obus]*, 1915, Musée national d'art moderne, Paris).

2 C.R.W. Nevinson, *Paint and Prejudice*, Londres, Methuen, 1937, p. 78 ; cité dans R. Cork, *Vorticism and Abstract Art in the First Machine Age*, vol. II : « Synthesis and Decline », Londres, Gordon Fraser, 1976, p. 483. Nous traduisons.

3 P.W. Lewis, « The Six Hundred, Verestchagin and Uccello », *Blast* (Londres), n° 2, juillet 1915, p. 25. Nous traduisons.

4 Cette gravure intitulée *On the Way to the Trenches [Sur le chemin des tranchées]* (1914-1915, œuvre détruite) est reproduite en page 89 dans le second numéro de *Blast, op. cit.* // R. Cork, *Vorticism and Abstract Art...,* vol. 2, *op. cit.*, p. 486.

5 C.R.W. Nevinson, interview pour le *New York Times,* 25 mai 1919 ; cité dans R. Cork, *ibid.,* p. 485. Nous traduisons.

107 **Sonia Delaunay**
Contrastes simultanés, **1912**
Huile sur toile, 46 x 55 cm
Centre Pompidou-Musée national d'art moderne, Paris
Donation Sonia et Charles Delaunay, 1964

En 1912, après la naissance de son fils Charles, Sonia Delaunay revient à une activité picturale plus importante et commence à réaliser des œuvres abstraites parmi lesquelles les *Contrastes simultanés,* auxquels elle s'intéresse dès 1907-1908. Elle s'inspire ici de la série des « Fenêtres », peinte par Robert Delaunay la même année, dont le principe repose sur le jeu des contrastes de couleurs complémentaires, déduits de la loi de Chevreul. Si sa composition, s'appuyant sur la reconstruction de la forme par la couleur, est similaire aux « Fenêtres » de son mari, Sonia prolonge aussi ses propres recherches dans des œuvres « simultanées » sur tissu (*La Couverture de berceau* [1911, Musée national d'art moderne, Paris]). Le motif représenté s'efface dans une vibration colorée, les contours de la tour Eiffel sont à peine suggérés par les deux formes vertes ascendantes, tandis que le soleil, cercle coloré au rayonnement en anneaux, renforce, par son mouvement giratoire, le dynamisme d'ensemble. Cette utilisation des principes de la dynamogénie de Charles Henry et des contrastes simultanés d'Eugène Chevreul, déjà mis en pratique par Georges Seurat, apparaît en 1912 comme une revendication de l'héritage impressionniste rejeté par les cubistes. Dans un contexte où le terme de « simultané » est devenu l'apanage des futuristes italiens, il n'est pas étonnant que les Delaunay n'aient pas toujours été considérés comme des peintres cubistes par la critique de l'époque. Le principe de simultanéité, dont les mots-clés sont « lumière, rythme et couleur », constitue en effet un lien indéniable entre les recherches de Sonia et Robert Delaunay et celles des peintres italiens. Ces *Contrastes simultanés* de 1912 peuvent donc être perçus comme une réappropriation du terme « simultané » par les cubistes, à un moment où le public parisien venait de découvrir les œuvres futuristes des peintres italiens à la galerie Bernheim-Jeune & Cie en février de la même année. Dans la polémique que suscita la paternité de la « simultanéité picturale », l'invention de l'orphisme par Guillaume Apollinaire – terme qu'il utilisa à propos de la série des « Fenêtres » – tente de légitimer un héritage qui était en fait celui des Delaunay depuis leurs débuts – héritage auquel ils avaient renoncé un temps, du moins en terme de vocabulaire, afin de ne pas être assimilés aux futuristes.

J. C. L.

108 **Sonia Delaunay**
Prismes électriques, **1914**
Huile sur toile, 250 x 250 cm
Centre Pompidou-Musée national d'art moderne, Paris / Achat, 1958

« Premier poème sans métaphores

Sans images

Nouvelles

L'esprit nouveau

Les accidents des féeries

400 fenêtres ouvertes

L'hélice des gemmes des foires des menstrues[1]. »

Daté de juillet 1914, ce texte en prose de Blaise Cendrars ne semble-t-il pas décrire l'irréalité onirique des *Prismes électriques* contemporains de Sonia Delaunay ? Cendrars, l'ami qui, un an auparavant, réalise avec elle *La Prose du Transsibérien
et de la petite Jehanne de France* (1913, cat. n° 61), et qui, comme elle à cette époque, s'abandonne aux rêveries fiévreuses
suscitées par ces temps modernes (*Kodak*[2], 1924).

Car il s'agit bien de cela dans la toile du Musée national d'art moderne : d'une exaltation primesautière et émerveillée
devant les mutations d'une société que le Progrès majuscule aurait catalysées. Les becs de gaz ne sont plus et les halos
électriques ont renouvelé la vision – mieux : la *vue* – du monde. Aussi le titre de l'œuvre de Sonia Delaunay désigne-t-il
autant cet attachement originaire à la réalité que la propension de l'artiste à un géométrisme radical.

Un an après l'inaugural *Disque* de 1913 (collection particulière) réalisé par son époux à Louveciennes, Sonia Delaunay
exploite à son tour les solutions formelles d'une esthétique dont la locution d'« orphisme » a longtemps évacué la scientificité. À tort et à raison, puisque si ces *Prismes électriques* induisent un magnétisme hypnotique et volontiers chimérique,
la juxtaposition des couleurs et des formes ne doit rien au hasard, comme en témoigne la répartition élaborée et audacieuse
des deux disques astraux dans cette œuvre carrée dont les dimensions monumentales autorisent un déploiement programmatique sans pareil. La gamme chromatique, héritée des leçons d'Eugène Chevreul et de Ogden Rood, a évolué depuis
les formes vaporeuses et chatoyantes du *Bal Bullier* (1913, Musée national d'art moderne, Paris) au profit d'une trame
serrée tout en courbes et en ellipses. Le compas a remplacé la règle tandis que le bleu marin et le vert émeraude équi-
librent la saturation du rouge carmin et du jaune strident. Le dynamisme magistral des quarts de cercle, accrédité par la
théorie des « contrastes simultanés », met en valeur les halos scintillants d'une lumière artificielle qui, *décomposée,* pourrait
évoquer le cubisme et qui, *vibratile,* pourrait renvoyer au futurisme – qu'elle excède tous deux.

Les exégètes ont souvent négligé la puissance matiériste d'une œuvre dont la réfrangibilité lumineuse fut longtemps
la seule et unique clef de lecture. Ce serait oublier la touche remarquablement libre qui donna naissance à ces halos
concentriques, et l'on doit à Brigitte Leal d'avoir su le souligner subtilement : « Ils vibrent du mouvement qui circule dans
leurs veines, de l'énergie de la matière en fusion, et traduisent avec éclat l'infinité de l'espace sensible[3]. » Exposée
en 1914 au Salon des indépendants, l'œuvre jouxte *Hommage à Blériot* de Robert Delaunay (1914, Kunstmuseum, Bâle),
concrétisant ainsi des songes colorés et cinétiques, un demi-siècle avant les expérimentations savantes que plébiscitera
Denise René. « Premier poème sans métaphores » d'une longue série qui ne connaîtra pas de palinodie, la peinture *Prismes
électriques* participe bien de cette « féerie » qui, en prenant l'image de cibles bariolées de « foire » dont parle encore
Cendrars, invente un « esprit nouveau ». Nouveau et « sans image ». « Inobjectif », aurait dit Sonia Delaunay, malgré cette
ultime concession cubisante dans le cartouche à gauche de la toile où figure en toutes lettres… le nom du prospectus
qu'elle réalisa pour la *Prose du Transsibérien* de son ami suisse.

C. L.

1 B. Cendrars, « Titres », *Du monde entier au cœur
du monde,* [Paul Morand (préf.)], Paris, Denoël /
Gallimard, « Poésie / Gallimard », 2001, p. 119.
2 À la suite d'une plainte de la société Kodak, le
recueil sera rebaptisé *Documentaires* (Paris, Stock).
3 B. Leal, « Prismes électriques », *La Collection
du Musée national d'art moderne,* Paris,
Éd. du Centre Pompidou, 1986, p. 159.

109 **Robert Delaunay**
Formes circulaires, Soleil n° 2, **1912-1913**
Peinture à la colle sur toile, 100 x 68,5 cm
Centre Pompidou-Musée national d'art moderne, Paris
Don de la Société des Amis du Musée national d'art moderne, 1961

« Vos yeux habitués à la pénombre s'ouvriront bientôt à de plus radieuses visions de clarté. Les ombres que nous peindrons seront plus lumineuses que les pleines lumières de nos prédécesseurs, et nos tableaux, auprès de ceux des musées, resplendiront comme un jour aveuglant opposé à une nuit ténébreuse[1]. » Ce passage en forme de prophétie du *Manifeste technique de la peinture futuriste* de 1910 pourrait être mis en exergue à la peinture solaire de Delaunay.

Formes circulaires, Soleil n° 2 appartient à une série de toiles à laquelle travaille Delaunay au printemps et à l'été 1913, à Louveciennes (les *Formes circulaires, Soleil*, les *Formes circulaires, Lune* et les *Formes circulaires, Soleil et Lune*). Cette série constitue le fonds de l'envoi du peintre au premier Salon d'automne de Berlin, organisé par la revue *Der Sturm*, du 20 septembre au 1er décembre 1913.

Un récit de Sonia Delaunay met en scène la genèse de ces œuvres : « Robert voulait regarder en face le soleil de midi, le disque absolu. [...] Il se forçait à le fixer jusqu'à l'éblouissement. Il baissait les paupières et se concentrait sur les réactions rétiniennes. De retour à la maison, ce qu'il cherchait à jeter sur la toile, c'était ce qu'il avait vu les yeux ouverts et les yeux fermés ; tous les contrastes que sa rétine avait enregistrés. – Sonia, je vois les points noirs du Soleil... Il avait découvert des taches en forme de disques. Il allait passer de la couleur prismatique aux formes circulaires[2]. »

Sur une toile de format vertical, Delaunay dispose un ensemble de plages de couleurs franches (bleu, rouge, violet, jaune, etc.) qui composent un disque chromatique et dynamique, comme entraîné dans un mouvement giratoire[3]. Le tableau donne à voir des formes circulaires mobiles et multiples, un agencement de plans courbes, d'arcs colorés et de demi-cercles, une peinture de la « couleur vivante[4] ». Georges Roque a reconstitué avec précision les théories optiques dans lesquelles s'inscrit le travail du peintre sur la couleur et la lumière[5]. Certains dispositifs expérimentaux (disques de Newton ou de Maxwell, par exemple) peuvent d'ailleurs avoir inspiré la composition des *Formes circulaires*.

La disposition des couleurs dans *Soleil n° 2* reprend un ordonnancement déjà éprouvé dans *Soleil n° 1* (1912-1913, Wilhelm-Hack Museum, Ludwigshafen). Mais le mouvement giratoire y apparaît plus prononcé sur la seconde toile : dans le foyer du disque, les angles droits ont été abandonnés au profit de courbes. Cette libération de la couleur et du mouvement s'accentue encore avec *Soleil n° 3*.

Le lien entre forme circulaire, lumière et mouvement a aussi intéressé les futuristes. Le manifeste de Severini, *L'Art plastique néofuturiste,* en témoigne : « L'expression colorée de la sensation *lumière,* en accord avec l'expansion sphérique dans la peinture futuriste, ne peut être que centrifuge ou centripète [...]. J'appelle cette nouvelle expression plastique de la lumière : EXPANSION SPHÉRIQUE DE LA LUMIÈRE DANS L'ESPACE[6]. » Le thème astral du tableau de Delaunay peut aussi évoquer certaines recherches futuristes sur les phénomènes astronomiques, au cœur, par exemple, de la série *La planète Mercure passe devant le soleil* (1914) de Giacomo Balla.

Dans cette recherche d'une peinture de la lumière, le divisionnisme constitue le point avancé de la tradition à partir duquel aussi bien Delaunay que les futuristes italiens s'élancent. Parmi les sources communes, on peut sans doute citer Gaetano Previati. Dans ses *Principes scientifiques du divisionnisme* (1906), l'artiste italien affirmait que la peinture contemporaine « tend[ait] à identifier [...] le sujet du tableau avec l'expression significative de l'effet lumineux qui enveloppe le sujet[7] ». Les *Formes circulaires* de Delaunay, par la réduction du phénomène lumineux à des formes abstraites, se situent sur une voie parallèle à celle qu'emprunte Balla dans les *Compénétrations iridescentes* (1912)[8].

J. P.

1 U. Boccioni *et al., Manifeste des peintres futuristes* (11 avril 1910), in *Les Peintres futuristes italiens,* cat. exp., Paris, galerie Bernheim-Jeune & Cie, 5-24 février 1912, p. 20 // G. Lista, *Futurisme. Manifestes, proclamations, documents,* Lausanne, L'Âge d'homme, 1973, p. 165.
2 S. Delaunay, *Nous irons jusqu'au soleil,* Paris, Robert Laffont, 1978, p. 44.
3 Le disque est un motif récurrent dans l'œuvre de Delaunay. Le *Paysage au disque* de 1905-1906 témoigne d'un intérêt ancien du peintre pour la représentation de l'astre solaire. Le leitmotiv de la Grande Roue, présent dans les séries des « Fenêtres » (1912) et dans *L'Équipe de Cardiff* (1912-1913, cat. n° 60) constitue également le lieu d'une expérimentation sur le cercle que radicalise la série des *Formes circulaires*.

4 R. Delaunay, *Du cubisme à l'art abstrait,* documents inédits publiés par P. Francastel et suivis d'un catalogue de l'œuvre de R. Delaunay par G. Habasque, Paris, SEVPEN, 1958, p. 174.
5 G. Roque, « Les vibrations colorées de Delaunay : une vie des voies de l'abstraction », *Robert Delaunay. 1906-1914. De l'impressionnisme à l'abstraction,* cat. exp., Musée national d'art moderne, Paris, 3 juin-16 août 1999 (Paris, Éd. du Centre Pompidou, 1999), p. 53-64.
6 G. Severini, « L'art plastique néofuturiste » (texte traduit en français par l'auteur en 1957), paru dans Michel Seuphor, *Dictionnaire de la peinture abstraite,* Paris, Hazan, 1957, p. 94-95 // G. Lista, *Futurisme. Manifestes...,* op. cit., p. 188-189. La version italienne de ce manifeste (qui présente de nombreuses variantes) a été publiée sous son titre

initial, *Le Analogie plastiche del dinamismo. Manifesto futurista [Les Analogies plastiques du dynamisme. Manifeste futuriste]* (septembre-octobre 1913), dans M. Drudi Gambillo et T. Fiori, *Archivi del Futurismo,* Rome, De Luca, 1958, t. I, p. 79.
7 Cité dans *Robert Delaunay. 1906-1914. De l'impressionnisme à l'abstraction, op. cit.,* p. 195.
8 La comparaison est proposée par Boccioni dans une lettre adressée en 1913 à Roberto Longhi : « Bien qu'il ait parfois l'air de se lancer dans le vide, Balla est dans le vrai, profondément dans le vrai. Si tu voyais les abstractions coloristes de Delaunay, et formelles de Picabia, artistes souvent cités, tu verrais à quel niveau se situe Balla », cité par F. Grisi, « Boccioni e Longhi », *Boccioni cento anni,* L. Tallarico (dir.), Rome, Volpe Editore, 1982, p. 243.

110 **František Kupka**
La Primitive, [1910-1913] *(Éclats de lumière)*
Huile sur toile, 100 x 72,5 cm
Centre Pompidou-Musée national d'art moderne, Paris / Don d'Eugénie Kupka,
1963 / Dépôt au musée de Grenoble, 2004

Au début des années 1910, les expérimentations futuristes contaminent substantiellement la production artistique euro-péenne la plus saillante. À la faveur de la large diffusion des manifestes et des œuvres, le mouvement marinettien s'internationalise jusqu'à donner naissance à une taxinomie luxuriante dont les libellés néologiques – orphisme, rayonnisme, vorticisme – désignent la polysémie du champ d'action. Nul diagramme généalogique d'un Alfred Barr ne saurait donc attester la complexité des ascendances logiques, des atavismes silencieux ou des parentés locales en ces années capitales. Le cas de František Kupka est à cet égard éloquent puisque son parcours incoercible fait figure de récusation permanente des étiquettes. Ce sont, sans doute et entre autres, ses origines tchèques qui l'orientent précocement vers un ésotérisme singulier, nourri de la lecture d'Edgar Poe et des philosophes allemands. S'il eut l'occasion d'illustrer ses aspirations panthéistes avec des compositions qui comptent parmi les plus brillantes pages du symbolisme européen[1], Kupka s'intéresse par la suite aux innovations contemporaines que son installation à Puteaux, en 1906, lui permettent de d'étudier. De la sorte, sa participation à l'exposition de la Section d'or en octobre 1912[2] et ses relations avec Marcel Duchamp, Robert Delaunay et Francis Picabia l'immergent au sein de l'aventure indélébile des avant-gardes sans qu'il se départe de son désir impérieux et invariable de sonder l'Ineffable.
La Primitive s'inscrit précisément au terme d'un parcours figuratif aussi riche que cohérent dont elle serait l'un des points nodaux. L'on doit à Eugénie Kupka d'avoir éclairé les conditions qui virent naître cette peinture : la visite d'une église auvergnate[3]. L'assertion biographique vient confirmer ce que l'œuvre semblait dénoter, à savoir la transcription d'une imma-térialité spirituelle rendue tangible sur la toile. Du spirituel dans l'art, en somme, dont le titre révélateur, *La Primitive,* vient renforcer la dimension expressément sacrée. Fidèle à ses talents de coloriste hors pair, Kupka crée une composition irra-diante où des faisceaux bruns ponctués de touches vertes et bleues convergent vers une nébuleuse blanche et pubescente. Si les rayons terre de Sienne brûlée évoquent les touches de piano de la toile homonyme de 1909 (Národní Galerie, Prague), l'épicentre duveteux semble anticiper le biomorphisme des pistils à venir (*Conte de pistils et d'étamines n° 1,* 1919-1923, Musée national d'art moderne, Paris). Associé à un cadrage audacieux, le dynamisme de la construction géométrisée permet d'être formel : plus centripète que centrifuge, l'image procède d'une étonnante énergie éruptive. Quand Christopher R. W. Nevinson en exploite le potentiel violent (*Explosion d'obus,* 1915, cat. n° 106), Kupka préfère s'attacher à la gageure formelle que permet cette composition aux accents futurisants. En effet, la juxtaposition des « Recti-lignes » et des « Circulaires » – dont l'artiste s'emploiera à dévoiler les arcanes en 1923, dans *La Création dans les arts plastiques* – excède le seul sujet initial qui, comme le releva pertinemment Denise Fédit, « importe peu[4] ». *Forme du jaune* (1911, collection particulière), intitulée également *Notre-Dame,* avait déjà posé les jalons d'une déconstruction prismatique autour d'une vision cosmique. Il est à nouveau permis de penser que *La Primitive* investigue l'effusion lumineuse d'un vitrail bien que la distribution irradiante la rapproche davantage encore des gloires baroques, celles-là même qui, en Bohème, avaient révélé au jeune Kupka son amour de l'art. Peut-être fallait-il transfigurer la chapelle Cornaro sur l'autel de la modernité pour achever de rendre cohérente une œuvre éminemment syncrétique.
En ce sens, la structuration dynamique et le scintillisme lumineux de la toile l'apparentent aux recherches futuristes dont le nom de certaines succursales pourrait désigner l'entreprise résolument indépendante de Kupka : l'« orphisme » pour la simultanéité onirique, le « rayonnisme » pour les vibrations chromatiques, ou le « vorticisme » pour le tourbillonnement kaléidoscopique.

C. L.

1 Sur ce point précis, on doit à J.-D. Jumeau-Lafond d'avoir mené l'étude la plus sagace dans son ouvrage *Les Peintres de l'âme. Le symbolisme idéaliste en France,* publié à l'occasion de l'exposition itinérante présentée en premier lieu au musée d'Ixelles de Bruxelles du 15 octobre au 31 décembre 1999 (Anvers, Pandora, 1999), p. 81-83.
2 Bien que le nom de Kupka ne figure ni dans le catalogue du Salon ni dans son supplément,

de nombreux témoignages attestent que trois de ses œuvres y furent présentées. Cf. à ce sujet l'article de P. Brullé, « La création de Kupka et le cubisme "écartelé" de la Section d'or : un rapprochement problématique », *La Section d'or 1925, 1920, 1912,* cat. exp., musées de Châteauroux, 21 septembre-3 décembre 2000 ; musée Fabre, Montpellier, 15 décembre 2000-18 mars 2001 (Paris, Cercle d'art, 2000), p. 85-89.

3 Rapporté par D. Fédit, *L'Œuvre de Kupka,* Paris, Éd. des Musées nationaux, 1966, p. 52.
4 *Ibid.*

111   **Fernand Léger**
      Contraste de formes, 1913
      Huile sur toile, 100 x 81 cm
      Centre Pompidou-Musée national d'art moderne, Paris
      Donation Jeanne et André Lefèvre, 1952

La série des « Contrastes de formes », élaborée de 1913 à 1914, regroupe quarante-cinq toiles[1]. Pléthorique, elle a le privilège des corpus prodigieux : avoir suscité des études systématiquement dissonantes, quand elles ne furent pas radicalement antithétiques. Aussi sa principale cohérence est-elle de n'en avoir éveillé aucune chez ses commentateurs. La raison tient en partie au talent théorique et rhétorique de Fernand Léger, qui n'eut de cesse, eu égard à la réalité factuelle, de semer une certaine confusion en procédant par aveux et dénis. La locution même de « Contraste de formes » comporte sa part de responsabilité quant à cette apparente indistinction puisqu'elle tendrait à faire fi des couleurs qui, on le pressent en contemplant la toile du Musée national d'art moderne de Paris, jouent un rôle éminemment important. S'il est permis d'évoquer le cubofuturisme et l'orphisme pour identifier le tableau, toute tentative – et tentation – d'étiquetage passe nécessairement à côté de son objet. Bien que ces deux tendances permettent de restituer d'une part la rigueur méthodique et de l'autre – combinée – l'idée d'un mouvement, elles n'en demeurent pas moins inaptes à signifier l'extraordinaire modernité chromatique de Léger.

Cette toile, exécutée en 1913, est un assemblage de formes – cônes, tubes et ovales – héritées de la leçon cézannienne et qui, distribuées selon un savant enchevêtrement, donnent l'illusion de la profondeur et d'un dynamisme. Mieux, d'une profondeur dynamique, tant cet agencement analytique, bien que disloqué, crée un sentiment stéréoscopique. Indéchiffrable – et Léger, en ce sens, est catégorique lorsqu'il évoque avec Daniel-Henry Kahnweiler des tableaux « abstraits » –, la figure centrale semble émerger du plan de la toile. Quand l'observation de *Femme couchée* (1913, Musée national d'art moderne, Paris) et de *Femme en rouge et vert* (1914, *id.*) se solde par une certaine lisibilité, *Contraste de formes* n'invite qu'à émettre de simples hypothèses quant à la préexistence d'un sujet réaliste. S'agit-il d'un personnage dont l'ovale vert en haut au centre évoquerait le visage et les éléments tronconiques rouges les membres désarticulés ? De surcroît, les couleurs, au sein de cet abscons réseau de signes, ne semblent pas revêtir de signification. Si le fond bleu et blanc, traité en larges verticales, peut être une ultime concession à la tradition figurative, les autres couleurs vives – le jaune, le rouge et le vert – participent d'un code d'autant plus mystérieux et muet que l'artiste ne s'est jamais prononcé à son sujet. Leur distribution sur la surface rêche de la toile dont on devine le maillage pourrait laisser croire à une certaine négligence. Il n'en est rien. L'effet de vaporisation, oscillant entre l'aplat expressif et la nuance retenue, donne une force inédite aux couleurs qui semblent vivre par elles seules, tout juste dociles pour épouser les cernes noirs des formes qui les enserrent. Le blanc lumineux jouant, quant à lui, avec les parties en réserve, accentue l'intensité des tons qu'il côtoie, donnant à cette trame chromatique des allures de vitrail.

L'on pense, bien entendu, avec *Contraste de formes,* aux trois toiles que Kazimir Malévitch envoya au Salon des indépendants un an plus tard, en 1914[2], mais aussi et surtout au futurisme, dont l'exposition à la galerie Bernheim-Jeune en février 1912 avait contribué à diffuser les brûlots. Mais si l'imbrication dynamique des formes et la structuration zigzagante des lignes apparentent cette œuvre aux recherches d'un Gino Severini ou d'un Umberto Boccioni, l'exploitation audacieuse des couleurs outrepasse le scintillisme futuriste ou le monochromatisme cubiste. Année charnière pour Léger, 1913 le voit écrire en deux temps un brillant et docte article dans lequel il tente de se démarquer des idées panfuturistes[3]. D'aucuns – à raison – verront dans ce désaveu solennellement prononcé les marques d'un divorce pour des fiançailles rapidement conclues…

C. L.

1 Cf. G. Bauquier, N. Maillard, *Fernand Léger :
Catalogue raisonné de l'œuvre peint, 1903-1919,*
vol. I, Paris, Adrien Maeght Éd., 1990.
2 Les trois œuvres de Malévitch présentées au Salon
des indépendants de 1913 sont : *Le Matin au village
après la tempête de neige* (1912-1913, The Solomon
R. Guggenheim Museum, New York), *Samovar*
(1913, The Museum of Modern Art, New York)
et *Portrait d'Ivan Klioune* (1911, cat. n° 90).

3 F. Léger, « Les origines de la peinture
et sa valeur représentative », *Montjoie !* (Paris),
n° 8, 29 mai 1913, p. 7
et n° 9-10, 14-29 juin 1913, p. 9-10.

112 **Stanton Macdonald-Wright**
Conception Synchromy, 1914
[Synchromie conception]
Huile sur toile, 91,3 x 76,5 cm
Hirshhorn Museum and Sculpture Garden, Smithsonian Institution,
Washington D.C. / Don de Joseph H. Hirshhorn, 1966

La propédeutique du synchromisme à ses débuts est des plus orthodoxes : déclarations et déclamations, expositions et manifestes pourvoient nombre d'assimilations et de répudiations, souvent paradoxales et hyperboliques, selon une rhétorique éprouvée par les avant-gardes précédentes ou contemporaines. Signifier l'inviolabilité du mouvement passe par la célébration d'une immunité à l'égard des autres courants ainsi qu'une stricte endogamie. Par conséquent, bien que Stanton Macdonald-Wright rencontre Robert Delaunay et que sa production l'apparente à ce dernier, la profession de foi synchromiste du catalogue de l'exposition chez Bernheim-Jeune en 1913 récuse l'ascendance d'un orphisme vilipendé par des allégations offensives[1]. Ce déni obstiné laisse donc poindre des enjeux spécifiques : en nourrissant une esthétique délibérément préservée de toute intrusion exogène, Macdonald-Wright et son homologue Morgan Russell entendent consacrer leur mouvement à l'écart du tumulte de la scène parisienne et s'ériger en pionniers puisque l'eldorado moderniste ne s'accommode que rarement d'autres chercheurs d'or. De la sorte, si le synchromisme semble avoir été le premier mouvement d'avant-garde transatlantique, sa reconnaissance n'en demeurera pas moins largement tributaire de celle qui l'unit à des figures consacrées de l'histoire de l'art, au rang desquelles Delaunay ou František Kupka.

Conception Synchromy, exécutée en 1914, appartient à la période la plus féconde de l'artiste. La distribution des formes colorées emprunte certes aux théories scientifiques d'Eugène Chevreul mais aussi, comme si le truisme méritait qu'on le passât systématiquement sous silence, aux impressionnistes dont les œuvres majeures invitaient à penser la lumière en termes de couleur. Toutefois, la science luminescente de Macdonald-Wright est plus encore l'héritière de la *Théorie scientifique des couleurs* de l'Américain Ogden Rood qui adjoignit aux énoncés de Chevreul une analyse du potentiel lumineux des corps. Pigments et spectre devenus indissociables, l'artiste synchromiste s'improvise alchimiste d'une modernité que préside une scientificité illustrée par le fameux frontispice de Rood. Aussi, à partir des formes emblématiques du rythme et de la pulsation optiques – cercles et cônes –, Macdonald-Wright établit une remarquable structure dynamique dont les linéaments sont les couleurs elles-mêmes. Juxtaposant chaque primaire avec sa complémentaire – et investissant par ailleurs le violet et le mauve comme peu d'artistes surent et sauront le faire –, le peintre crée une eurythmie oscillant entre mathématiques et esthétique. La matérialité tantôt cotonneuse tantôt satinée de certains tons évoque la technique du pastel tandis que la disposition méthodique des teintes froides permet, à partir des principes cézanniens, d'induire un sentiment perspectif.

À l'image des vitraux dont il semble être une transcription radicalement moderne, ce canevas vibratoire procède d'une éminente complexité souterraine que certains commentateurs estiment redevable à l'analyse qu'Henri Focillon, dont l'artiste fut un temps l'élève à la Sorbonne, fit de l'art bouddhique[2]. Et si la répartition ondulatoire de ces couleurs lumineuses est harmonieuse, elle est aussi et surtout harmonique puisqu'elle vise à suggérer – à l'instar de l'hybridation néologique du terme « synchromisme » – la musique. La vitesse optique savamment créée et le rythme visuel né des interstices et des rapports chromogènes des formes entre elles confèrent à la toile cette « quatrième » dimension bergsonienne et futuriste qui donne l'illusion de la temporalité, ou plutôt d'un temps voire d'un tempo. L'assertion du catalogue de Bernheim-Jeune est à cet égard éloquente : « Le tableau se développe, comme une musique, dans la durée[3]. » Non qu'il fût résolument original, ce désir revendiqué d'une sorte d'*ut pictura musica* visait à octroyer à la théorie synchromiste, et à cette toile en particulier, une valeur *de surcroît* la distinguant de la production orphique contemporaine dont elle est pourtant, sans en être le pâle épigone, indissociable.

C. L.

1 M. Russell, S. Macdonald-Wright, « Introduction générale », *Les Synchromistes. Morgan Russell et S. Macdonald-Wright,* cat. exp., Paris, galerie Bernheim-Jeune & Cie, 27 octobre-8 novembre 1913, n. p.
2 W.P. South (dir.), *Color, Myth and Music : Stanton Macdonald-Wright and Synchromism,* cat. exp., Raleigh, North Carolina Museum of Art, 2001, p. 58. En vertu de notre connaissance de l'œuvre de l'historien de l'art français, cette hypothèse nous semble parfaitement recevable.
3 M. Russell, « Introduction particulière », *Les Synchromistes. Morgan Russell et S. Macdonald-Wright, op. cit.*

113 **Morgan Russell**
Cosmic Synchromy, **1914**
[Synchromie cosmique]
Huile sur toile, 41,3 x 33,3 cm
Munson-Williams-Proctor Arts Institute, Museum of Art, Utica (NY), 1957

La cohérence des expositions présentées à la galerie Bernheim-Jeune tend à en faire un bastion de l'anticubisme, le foyer d'une modernité alternative fondée sur une approche esthétique scientifique, sur une attention aux sujets puisés dans la réalité contemporaine.

En février 1912, son directeur artistique, Félix Fénéon, défenseur historique du postimpressionnisme, avait ouvert les portes de la galerie aux peintres futuristes italiens, dont les sympathies anarchistes, l'héritage postimpressionniste en avaient fait, à ses yeux, les héritiers de Georges Seurat et de Paul Signac. Moins de deux ans après cette exposition, la galerie accueille à nouveau, à l'automne 1913, les disciples picturaux des théoriciens scientifiques de la couleur (Eugène Chevreul, Ogden Rood, Charles Henry). Comme les futuristes avant eux, les synchromistes Morgan Russell et Stanton Macdonald-Wright affirment haut et fort leur opposition au cubisme, à son dernier avatar : l'orphisme, dont ils vilipendent l'atavisme réaliste – son chromatisme atmosphérique, son impuissance à « évoquer des volumes ».

Cependant, malgré les textes-manifestes qui ponctuent leur catalogue, Russell et Macdonald-Wright peinent à se démarquer d'un orphisme avec lequel leur peinture présente tant de similitudes. La parenté de leurs compositions avec les « disques » de Robert Delaunay ou ceux de František Kupka semble démentir leur revendication d'une originalité radicale. Leur héritage des théories scientifiques de la couleur est un bien commun à l'ensemble des cubistes transfuges du post-impressionnisme (Delaunay, Jean Metzinger, etc.). Dans son texte, Russell s'essaie à présenter comme un apport original ses « couleurs rythmes [qui] incorporent à la peinture la notion de temps[1] », négligeant le bergsonisme diffus de toute une partie de la peinture cubiste. De même, le parallèle qu'il établit entre peinture et musique fait partie, en 1913, de la vulgate de l'orphisme : « On s'achemine ainsi vers un art entièrement nouveau, qui sera à la peinture, telle qu'on l'avait envisagée jusqu'ici, ce que la musique est à la littérature. Ce sera de la peinture pure, de même que la musique est de la littérature pure[2]. »

En dépit de ces références communes, le synchromisme présente des caractéristiques propres, totalement étrangères aux productions de l'orphisme. Au risque de céder aux déterminismes d'un autre âge, osons suggérer que ces spécificités sont… « américaines ». La recherche d'une plasticité dynamique, d'une volumétrie expressive, lyrique, constitue la pierre de touche de cette distinction. « Sculpteur manqué » (pour reprendre la formule de Will South[3]), Morgan Russell fréquentait Auguste Rodin dont il partageait l'enthousiasme pour Michel-Ange. L'insistance des synchromistes à faire référence au sculpteur italien (dans la préface même du catalogue de l'exposition présentée à l'automne 1913[4]) inspire un trait ironique à un critique de *La Plume,* qui reproche à Macdonald-Wright de « copier avec un balai sale l'esclave de Michel-Ange[5] ». De retour aux États-Unis, Macdonald-Wright transmettra ces valeurs au peintre Thomas Hart Benton – un moment disciple du synchromisme –, qui en fera une des bases de son art, puis de l'enseignement qu'il transmettra, entre autres, à son élève Jackson Pollock. La postérité de ce dynamisme plastique propre au synchromisme connaîtra une autre fortune, lorsque l'enseignement de Hans Hofmann à New York divulguera la formule du *Push and Pull* (celle de couleurs creusant ou dilatant l'espace), réinterprétant le principe du *Hollow and the Bump* (le creux et la bosse) cher à Russell et Macdonald-Wright. Avec Hofmann, témoin à Paris – où il séjourne de 1904 à 1914 – de l'exposition des peintres futuristes italiens, élève de Delaunay, se referme le cercle de l'héritage américain d'un synchromisme nourri des débats suscités à Paris par le dialogue entre cubisme et futurisme.

D. O.

1 M. Russell, « Introduction particulière », *Les Synchromistes Morgan Russell et S. Macdonald-Wright,* cat. exp., Paris, galerie Bernheim-Jeune & Cie, 27 octobre-8 novembre 1913, n. p.
2 G. Apollinaire, « Du sujet dans la peinture moderne », *Les Soirées de Paris,* n° 1, février 1912, p. 2.
3 W. South, « Synchromies », *Color, Myth and Music, Stanton Macdonald-Wright and Synchromism,* cat. exp., North Carolina Museum of Art, Raleigh,

4 mars-3 juillet 2001 ; Los Angeles County Museum of Art, 5 août-29 octobre 2001 ; Museum of Fine Arts, Houston, 2 décembre 2001-24 février 2002, p. 48.
4 M. Russell, S. Macdonald-Wright, « Introduction générale », *Les Synchromistes…, op. cit.,* n. p.
5 A. Dervaux, « Le Salon d'automne », rubrique « Notes sur l'art », *La Plume* (Paris), n° 424, 1er décembre 1913, p. 244.

114 **Giacomo Balla**
Luna Park a Parigi, 1900
[Luna Park à Paris]
Huile sur toile, 65 x 81 cm
Civiche Raccolte d'Arte, Milan

De par les cours que dispense Cesare Lombroso à l'université de Turin à la fin du XIXe siècle, la capitale piémontaise devient le trait d'union entre les adeptes français et italiens du positivisme. Balla exprime cet héritage en intégrant à son art les principes de la photographie, ceux des théories scientifiques de la couleur.

Il séjourne à Paris, entre septembre 1900 et mars 1901, alors que l'Exposition universelle bat son plein. Le palais de l'Électricité, érigé comme un monument à cette lumière artificielle, symbole de la modernité technologique, constitue l'un des clous de la manifestation. Une fête foraine, installée à l'arrière du bâtiment serait, pour Giovanni Lista[1], le motif du tableau *Luna Park à Paris* réalisé par Balla pendant son séjour parisien. Dans une lettre à sa fiancée, Elisa Marcucci, le peintre exprime l'enthousiasme que lui inspirent les attractions : « Le soir, j'étudie une foire […] ; si tu voyais quel faste et quel luxe ont les manèges et les baraques. Tout est décoré en style baroque et doré, argenté ; il y a des miroirs, des étoffes, une illumination électrique. Le soir, l'ensemble demeure fantastique et bruyant. J'en ferai d'abord un petit tableau et ensuite des dessins pour des illustrations[2]. »

Luna Park à Paris consacre l'entrée de la modernité urbaine dans l'œuvre de Balla. Anticipant sur une iconographie appelée à devenir emblématique du futurisme, la lumière artificielle est ici associée au mouvement et à la machine qui prennent la forme du manège. Balla, en dotant cette œuvre d'une dimension cosmique, annonce la métaphore esthétique de la réalité, qu'il exprimera quinze ans plus tard dans le manifeste *Reconstruction futuriste de l'univers* cosigné avec Fortunato Depero[3]. Les lumières électriques du *Luna Park à Paris,* dont l'éclat tue littéralement le clair de lune et le romantisme qui lui est traditionnellement associé (l'année même de la publication du *Manifeste du futurisme,* Marinetti en rédigera un autre intitulé *Tuons le clair de lune !*), lui apparaissent comme l'une des manifestations les plus lyriques de la modernité scientifique et technique. Il est frappant de relever que lorsque l'artiste italo-américain Joseph Stella recherchera à New York un sujet capable d'illustrer son sentiment futuriste, c'est dans un autre « Luna Park », dans une autre débauche de lumières électriques, celle de Coney Island, qu'il trouvera lui aussi l'inspiration (1913-1914, cf. cat. n° 115).

C. Z.

1 Cf. G. Lista, *Giacomo Balla futuriste,* Lausanne, L'Âge d'homme, 1984, p. 28-30.
2 Cité dans *Giacomo Balla (1871-1958),* M. Fagiolo Dell'Arco (dir.), cat. exp., Galleria nazionale d'arte moderna, Rome, 2 décembre 1971-27 février 1972 (Rome, De Luca Ed., 1991).
3 G. Balla, F. Depero, *Reconstruction futuriste de l'univers* (11 mars 1915) // G. Lista, *Futurismes. Manifeste, proclamations, documents,* Lausanne, L'Âge d'homme, 1973, p. 202-204.

115 **Joseph Stella**
Battle of Lights, Coney Island, Mardi Gras, 1913-1914
[Bataille de lumières, Coney Island, Mardi gras]
Huile sur toile, 195,6 x 215,3 cm
Yale University Art Gallery, New Haven (CT) / Don de la collection Société anonyme

Un an après l'exposition de l'Armory Show, *Bataille de lumières, Coney Island, Mardi gras* de Stella devient, à l'instar du *Nu descendant l'escalier n° 2* de Marcel Duchamp (1912, cat. n° 70), une cause d'effarement et de scandale et fait l'objet de nombreuses caricatures. Aux yeux de la critique d'art, l'œuvre apparaît comme une des premières peintures produites sur le sol des États-Unis capable de rivaliser, par son audace et son accomplissement formel, avec la peinture d'avant-garde européenne.

À Paris, où il a séjourné au début des années 1910, Stella a assisté à l'émergence d'une peinture cubofuturiste. Il a été le témoin direct des préparatifs de l'exposition des peintres futuristes italiens organisée par la galerie Bernheim-Jeune en février 1912 en relation avec Gino Severini, l'auteur du plus grand tableau de l'exposition, *La Danse du « pan-pan » au Monico* (1909-1911/1959-1960, cat. n° 39), qui marquera pour longtemps la mémoire. De retour à New York, Stella a cherché un sujet capable d'exprimer l'énergie, le dynamisme loués par les manifestes futuristes.

Francis Picabia, présent à New York au moment de l'Armory Show, avait déclaré aux journalistes qui l'interviewaient à quel point la ville était en elle-même cubiste et futuriste. Ne restait plus à Stella qu'à trouver le site capable de concilier ce futurisme intrinsèque de la cité et le mouvement, la symphonie des lumières artificielles, que Severini avait découverts dans la salle du cabaret Monico.

Au moment du Mardi gras, en septembre 1913[1], Stella se rend en bus à Coney Island : « En arrivant sur l'île, j'ai été immédiatement frappé par le décor éblouissant des couleurs. C'est comme si elles combattaient les unes contre les autres. J'ai été saisi par la conviction qu'ici se trouvait ce que je recherchais plus ou moins consciemment depuis de nombreuses années[2]. »

Sous l'effet de cette révélation, le peintre réalise plusieurs tableaux, dans un style postimpressionniste qui rappelle les œuvres du protofuturisme. Dans l'exposition « American Cubists and Post-Impressionists », organisée en décembre 1913 au Carnegie Institute de Pittsburgh, il expose une toile *(Bataille de lumières, Coney Island, Mardi gras)* dont les courbes enlacées évoquent cette fois l'ancrage des artistes futuristes italiens dans la tradition symboliste (celle de Giovanni Segantini et Gaetano Previati). Entre la présentation de l'exposition à Pittsburgh et son étape new-yorkaise en février 1914, à la galerie Montross, Stella réalise une nouvelle version de sa toile. Formellement plus synthétique et plus « abstraite » que les œuvres précédentes, elle s'inscrit de plein droit dans la mouvance du cubofuturisme « orphique ». Davantage qu'une vue urbaine, le tableau est un paysage psychologique, la transposition picturale des sensations éprouvées par l'artiste. Sa conception répond au projet répété par Picabia à chacune de ses interviews américaines : « Le but de l'art est de nous faire rêver, tout comme la musique, car il exprime un état d'âme projeté sur une toile, qui suscite des sensations identiques chez le spectateur[3]. » Le « musicalisme » de *Bataille de lumières, Coney Island, Mardi gras* est celui-là même qu'explorent au même moment deux peintres américains, Morgan Russell et Stanton Macdonald-Wright qui, en 1913, sur les lieux de l'exposition parisienne des peintres futuristes, tirent, eux aussi, les conclusions esthétiques des débats éclos à Paris entre peinture cubiste et futuriste : « Un art peut naître qui dépasserait en puissance émotionnelle la peinture contemporaine comme l'orchestre moderne distance le vieux solo de clavecin. Précurseurs, nous aurons apporté à de vagues besoins quelque chose de tangible et de concret et montré dans quelle direction doivent s'orienter les efforts[4]. »

D. O.

1 Aux États-Unis, le Mardi gras se situe au lendemain de la fête du travail qui est célébrée le premier lundi du mois de septembre.
2 B. Haskell, *Joseph Stella*, cat. exp., New York, Whitney Museum of American Art, 22 avril-9 octobre 1994, p. 42.
3 Propos de l'artiste recueillis par H. Hapgood, « Un peintre de Paris », *The Globe and Commercial Advertiser*, 20 février 1913, p. 8, cités dans

M. L. Borràs, *Picabia*, Paris, Albin Michel, 1985, p. 107.
4 M. Russell, S. Macdonald-Wright, « Introduction générale », *Les Synchromistes. Morgan Russell et S. Macdonald-Wright*, cat. exp., Paris, galerie Bernheim- Jeune & Cie, 27 octobre-8 novembre 1913, n. p.

Annexes

Chronologie

par Nicole Ouvrard

1900

15 avril-12 novembre : à Paris, à l'occasion de l'Exposition universelle, premiers séjours parisiens de trois peintres futuristes italiens : Carlo Carrà, venu aménager certains pavillons ; Giacomo Balla, qui séjourne à Paris de septembre 1900 à mars 1901 – où il peint *Luna Park à Paris* (cat. nº 114) et découvre des photographies d'Étienne Jules Marey qui influenceront ses tableaux futuristes ; Ardengo Soffici, venu visiter l'exposition en compagnie d'amis. Ce dernier s'installe à Paris, où il restera jusqu'en 1907. De retour en Italie, il reviendra chaque année dans la capitale française.

Fin juin-mi décembre : Carrà se rend pour quelques mois à Londres, où il fréquente le milieu anarchiste italien.

Publication du *Rire* d'Henri Bergson.

1901

Installé à Paris, Soffici collabore entre autres aux revues satiriques *Le Rire, Gil Blas, L'Assiette au beurre* et *Frou-Frou,* ce qui lui permet de fréquenter le milieu littéraire et artistique parisien. Il se lie d'amitié avec le jeune poète hollandais Fritz Vanderpijl qui l'introduit auprès d'Alexandre Mercereau[1] et lui fait découvrir les œuvres de Jules Laforgue, de Lautréamont et d'Arthur Rimbaud.

À Rome, Umberto Boccioni et Gino Severini entrent en contact avec Balla, leur aîné, qui jouit déjà d'une certaine renommée.

Filippo Tommaso Marinetti, qui fait de fréquentes apparitions à Paris depuis 1894, assiste aux conférences de Gustave Kahn sur le thème de la valeur esthétique de la culture urbaine, publiées ensuite sous le titre *L'Esthétique de la rue* (Paris, E. Fasquelle).

1902

À l'Académie des beaux-arts de Rome, Boccioni et Severini suivent les cours de Balla sur les principes de l'impressionnisme et du divisionnisme.

À Paris, Soffici adhère à la Société des artistes indépendants. Il rencontre Max Jacob et Pablo Picasso, dont il visite l'atelier.

En Italie, Marinetti participe à des soirées littéraires destinées à faire connaître les symbolistes français en Italie.

Les peintres anglais viennent régulièrement à Paris, notamment Percy Wyndham Lewis qui y séjourne périodiquement jusqu'en 1908.

Parution de *La Conquête des étoiles* de Marinetti (Paris, Éd. La Plume).

Une des premières « photographies de groupe »
historiques de l'avant-garde futuriste.
De g. à dr., assis : Carlo Carrà, Umberto Boccioni ;
debout : Aldo Palazzeschi, Giovanni Papini,
F.T. Marinetti, 1914.
Archives Giovanni Lista, Paris.

1903

Août : Soffici s'installe dans un atelier à La
Ruche, passage Dantzig. Il fait la connaissance
d'Apollinaire par l'intermédiaire de Serge Férat,
parent de la baronne Hélène d'Œttingen avec
laquelle il aura une liaison jusqu'en 1907. Chez
elle, il côtoie l'avant-garde parisienne : « Elle
écrivait. Elle faisait de la peinture. Elle fut cubiste
ainsi que son frère puis je l'ai cru convertie au
futurisme par Soffici, avec qui on la rencontrait
toujours[2]. »
Parution de *Gabriele d'Annunzio intime* de
Marinetti (Milan, Éd. du journal *Verde e Azzurro*).

1904

Septembre : une grève générale secoue Milan,
épilogue de l'assassinat tragique de l'anarchiste
Galli, dont les obsèques seront peintes par
Carrà (*Les Funérailles de l'anarchiste Galli*,
1910-1911, cat. n° 26).
Marinetti fonde à Milan, avec Sem Benelli et
Vitaliano Ponti, la revue *Poesia* dont le premier
numéro est prévu pour le mois de novembre.
Il participe aux Jeudis littéraires qui ont lieu à
Marseille.
Parution de *Destruction, poèmes lyriques*
(Paris, Vanier-Messein), de *La Momie sanglante*
(Milan, Éd. du journal *Verde e Azzurro*) de
Marinetti, et de *La Beauté rationnelle* de Paul
Souriau (Paris, F. Alcan).

1905

1er février : parution du premier numéro de
Poesia, véritable « organe d'incubation » du
mouvement futuriste dont Marinetti assure seul
la direction à partir de juin-juillet 1906. Cette
livraison est marquée par le lancement d'une
enquête internationale sur le vers libre dont les
premières réponses (Émile Verhaeren, Gustave
Kahn, Gian Pietro Lucini, entre autres) sont
publiées dans le numéro 10-11 de novembre-
décembre. Jusqu'à sa disparition, à la fin de
l'année de 1909, la revue publiera de nombreux
poèmes inédits d'écrivains français et italiens.
Sonia Delaunay arrive à Paris et s'inscrit à l'académie de La Palette.
Publication de *La Nuova Arma : la macchina*
(Turin, Bocca) de Mario Morasso, collaborateur
de la revue *Poesia*.

[1] A. Mercereau (1884-1945), poète et écrivain.
En tant que représentant français de la revue
russe *Zolotoe Runo [La Toison d'or]*, il participa
à la sélection des artistes français figurant dans
certaines expositions présentées en Russie.
[2] F. Olivier, *Picasso et ses amis*, Paris, Stock, 1973.

L'atelier de l'Abbaye de Créteil.
Au 1er plan : Albert Gleizes. À l'extrême dr., debout :
Charles Vildrac ; et à demi-caché : Georges Duhamel.
Au 2nd plan, de g. à dr. : Henri-Martin Barzun,
Alexandre Mercereau (qui a rejoint le groupe
en 1907), René Arcos et le typographe
Lucien Linard qui enseigne le métier
d'imprimeur aux « abbés ».

Pages du manuscrit du *Manifeste du futurisme*
(1908) de Filippo Tommaso Marinetti sur papier
à en tête du Grand Hôtel – Paris, où le poète italien
écrivit le prologue du *Manifeste*.

1906

1er avril-27 août : Boccioni quitte Rome pour Paris, puis se rend en Russie. À son retour, il visite Varsovie et Vienne.

Octobre : Severini s'installe à Paris au 36, rue Ballu, près de la place Clichy. Au Lapin Agile, fréquenté par les jeunes peintres et poètes montmartrois, il rencontre notamment Max Jacob et André Salmon.

Automne : création du groupe de l'Abbaye de Créteil (37, rue du Moulin) par René Arcos, Albert Gleizes, Charles Vildrac, Georges Duhamel, Henri-Martin Barzun, Berthold Mahn, Jacques d'Otémar. Il s'agit d'un véritable phalanstère où se réunissent « quelques jeunes écrivains, poètes, peintres, dessinateurs, musiciens voués à leur art profondément. […] Ils fondent, loin de l'utilitarisme à outrance et des appétits, leur abbaye […], sans aucun joug et conservant tout leur individualisme, communiant dans leurs enthousiasmes, unissant leurs besoins, associant leurs ressources[3]. » « Pour augmenter les ressources de leur art respectif, ils créent et exploitent en leur abbaye […] une édition d'art et un atelier d'imprimerie lithographique et typographique (Lucien Linard) dont ils seront eux-mêmes les artisans[4]. »

De nombreuses personnalités artistiques fréquentent l'endroit : Paul Castiaux, Max Jacob, Pierre Jean Jouve, Mercereau, Marinetti, Jean Metzinger, le « mathématicien » Maurice Princet, Valentine de Saint-Point, Jules Romains, etc.

Soffici se lie d'amitié avec Guillaume Apollinaire : « Pendant longtemps, on discuta de nous, de nos préoccupations. Il parla avec ironie et amertume des difficultés de sa – notre – vie de poètes et d'artistes, plongés dans la "populeuse" solitude de Paris. […] Notre vraie amitié commença à ce moment-là[5]. »

Octobre : Michel Larionov découvre Paris ; avec Nathalie Gontcharova, ils participent à l'exposition d'art russe organisée par Serge Diaghilev dans le cadre du Salon d'automne. Metzinger fait la connaissance de Robert Delaunay.

Mercereau, représentant de la revue d'art russe *Zolotoe Runo [La Toison d'or]* se rend en Russie. Tout au long de cette année 1906, de nombreux artistes russes fréquentent les ateliers de peinture parisiens.

1907

Braque et Picasso se rencontrent – probablement pour la première fois – au Salon des indépendants. Au printemps, Picasso travaille aux *Demoiselles d'Avignon* (The Museum of Modern Art, New York) que Soffici a l'occasion de voir dans l'atelier du peintre.

Automne : après un séjour en Italie, Severini occupe un atelier rue de Turgot, à Paris. Aurélien Lugné-Poë, directeur du théâtre de l'Œuvre où il a ses entrées, l'introduit auprès de Félix Fénéon, critique d'art et responsable de la section d'art contemporain à la galerie Bernheim-Jeune.

1er-22 octobre : à Paris, se tient le Salon d'automne qui propose une rétrospective de l'œuvre de Paul Cézanne. Georges Braque y présente une première version du *Viaduc à l'Estaque* (Minneapolis Museum).

Novembre : Braque visite l'atelier de Picasso et découvre *Les Demoiselles d'Avignon*, *Nu à la draperie* (1907, Musée de l'Ermitage, Saint-Pétersbourg). Il met en chantier le *Grand Nu* qu'il achève en 1908 (cat. no 3).

Hiver : Braque retourne à l'Estaque et abandonne la stridence de sa palette fauviste pour une schématisation de la composition, une simplification du motif.

Alexandra Exter fait ses premiers pas à Paris. Elle s'inscrit à l'académie de La Grande Chaumière, rencontre Bergson qui vient de publier *L'Évolution créatrice* et fait la connaissance d'Apollinaire grâce à Férat.

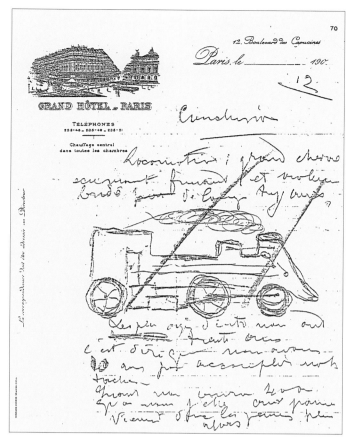

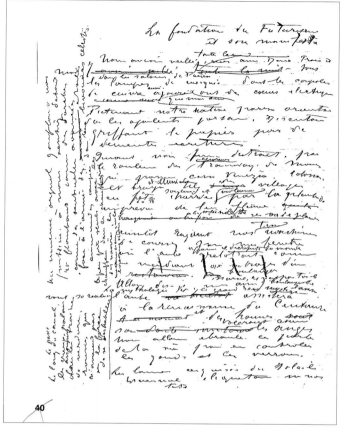

À la même période, Metzinger, par l'intermédiaire de Max Jacob, est introduit dans la constellation cubiste qui gravite autour de Picasso (Braque, Salmon, Apollinaire, etc.).

27 décembre 1907-15 janvier 1908 : à Moscou, se déroule l'exposition « Stephanos » [« La Couronne »] organisée par Michel Larionov, David et Vladimir Bourliouk, événement qui correspond à la première tentative antipasséiste, comme en témoigne la participation de nombreux futurs membres de l'avant-garde russe.

1908

À Paris, Severini participe au Salon des indépendants et au Salon d'automne.

18 avril-24 mai : à Moscou, le Ier Salon de La Toison d'or confronte des artistes russes et français (choisis par Mercereau), parmi lesquels Braque, Cézanne, Gleizes, Henri Le Fauconnier, Henri Matisse et Metzinger.

30 mai : à Paris, Marinetti donne une conférence sur la poésie.

Juin : dans la banlieue de Milan, Marinetti a un accident avec sa Fiat 4-cylindres : l'épisode est évoqué dans le prologue du *Manifeste du futurisme* : « Je me flanquai – Vlan ! – cul par-dessus tête, dans un fossé… oh ! maternel fossé, à moitié plein d'une eau vaseuse ! Fossé d'usine ! J'ai savouré à pleine bouche ta boue fortifiante qui me rappelle la sainte mamelle de ma nourrice soudanaise[6]. »

Été : à l'Estaque, Braque peint des paysages dont *Le Viaduc à l'Estaque* (cat. n° 1).

Octobre : Marinetti décide de fonder un mouvement d'avant-garde, précurseur de l'Art-Action.
À Paris, les membres du jury du Salon d'automne refusent la quasi-totalité des œuvres présentées par Braque qui décide alors de toutes les retirer. Le marchand et mécène Daniel-Henry Kahnweiler organise, du 9 au 28 novembre, une exposition de ses œuvres récentes dans sa galerie du 28, rue Vignon, exposition dont le catalogue est préfacé par Apollinaire. La critique s'indigne : « [Braque] part d'une géométrie a priori à laquelle il subordonne tout le champ de sa vision, et il cherche à rendre la nature tout entière par les combinaisons d'un petit nombre de formes absolues[7]. »

Novembre : à Florence, création de la revue *La Voce* dirigée par Giuseppe Prezzolini[8] et dont le premier numéro paraît le 20 décembre ; Soffici et Giovanni Papini y collaborent de façon régulière.

2-30 novembre : à Kiev, les frères Bourliouk et Alexandra Exter organisent l'exposition « Zveno » [« Le Maillon »] (itinérance à Saint-Pétersbourg et Ekaterinoslav). À l'occasion de cette première manifestation de l'avant-garde russe, David Bourliouk publie un texte, « La voie de l'impressionnisme pour la défense de la peinture ».

7 décembre : Marinetti donne une conférence sur D'Annunzio à l'université du peuple de Trieste. Il achève la rédaction du *Manifeste du futurisme*, dont la diffusion sera retardée en raison du deuil national décrété après le tremblement de terre de Messine survenu le 28 décembre.

À Montmartre, au 13, rue de Ravignan, est formé le groupe d'artistes et d'amateurs connu sous le nom de groupe du Bateau-Lavoir (outre Braque et Picasso, il comprend notamment Apollinaire, Kahnweiler, Juan Gris, Max Jacob, Marie Laurencin, Salmon, Princet, Maurice Raynal, Gertrude et Leo Stein).

Une relation privilégiée s'instaure entre Braque et Picasso : « À ce moment-là, presque chaque soir, j'allais voir Braque dans son atelier, ou bien il venait chez moi. Il fallait absolument que nous discutions du travail accompli pendant la journée[9] », dira plus tard Picasso à Françoise Gilot.
À Milan, Carrà fréquente les peintres Boccioni, Aroldo Bonzagni et Romolo Romani.

Parution de *La Vie unanime* de Jules Romains (Éd. de l'Abbaye de Créteil), de *Réflexions sur la violence* de Georges Sorel, de *Ragion e programma del verso libro* de Lucini et de deux livres de Marinetti, *Les Dieux s'en vont. D'Annunzio reste* (Paris, Éd. Sansot) et *La Ville charnelle* (Paris, Éd. Sansot).

[3] « Statuts de l'association », article 1, *Les Cahiers de l'Abbaye de Créteil* (Créteil), n° 25 : « L'abbaye de Créteil et ses prolongements », décembre 2006, p. 14.

[4] *Ibid*, article 2, p. 17. Quatorze ouvrages seront publiés par les éditions de l'Abbaye dont *La Vie unanime* de Jules Romains. L'Abbaye ferme ses portes le 28 janvier 1908.

[5] A. Soffici, *Opere*, Florence, Vallecchi, t. VI, 1959-1968, p. 230-231.

[6] F.T. Marinetti, *Manifeste du futurisme* (20 février 1909) // G. Lista, *Futurisme. Manifestes, proclamations, documents*, Lausanne, L'Âge d'homme, 1973, p. 286.

[7] C. Morice, « Exposition Braque (galerie Kahnweiler, 28, rue Vignon) », rubrique « Art moderne », *Mercure de France* (Paris), 16 décembre 1908.

[8] Revue dirigée par Giuseppe Prezzolini (de décembre 1908 jusqu'à décembre 1914), puis par Giuseppe De Robertis (jusqu'à décembre 1916).

[9] F. Gilot, *Vivre avec Picasso*, Paris, Calmann-Lévy, 1965, p. 88.

Première de couverture de la revue *Poesia* (Milan)
dirigée par F.T. Marinetti, n° 3-4-5-6, avril-juillet 1909 :
« Il Futurismo ». Numéro contenant un dossier sur la
réception du futurisme dans la presse internationale :
« Le futurisme et la presse internationale ».

1909

Janvier-février : depuis Milan, Marinetti adresse
sous forme de tract la première version du
Manifeste du futurisme aux journaux italiens et
étrangers. Elle est reprise le 5 février à la une du
quotidien bolonais la *Gazzetta dell'Emilia*, le 9
dans le quotidien la *Gazzetta di Mantova*, les 9 et
10 dans le journal de Vérone *L'Arena* et le 14
dans la revue littéraire napolitaine *Tavola rotonda*.
11 janvier-15 février : à Moscou, se tient le
IIe Salon de La Toison d'or, exposition franco-
russe moins importante que celle de 1908 ;
pour la participation française, l'accent est mis
sur les Fauves.
15 janvier : au théâtre Alfieri de Turin, création
de la pièce *La Donna è mobile [Les Poupées
électriques]* de Marinetti qui suscite une réaction du public plutôt hostile.
Mi-février : au Grand Hôtel de Paris, le chef de
file du futurisme écrit le prologue du *Manifeste*.
20 février : publication à la une du *Figaro* du
Manifeste du futurisme de Marinetti, accompagné du prologue[10] : « La littérature ayant
jusqu'ici magnifié l'immobilité pensive, l'extase
et le sommeil, nous voulons exalter le mouvement agressif, l'insomnie fiévreuse, le pas gymnastique, le saut périlleux, la gifle et le coup de
poing. Nous déclarons que la splendeur du
monde s'est enrichie d'une beauté nouvelle. La
beauté de la vitesse. [...] Nous chanterons les
grandes foules agitées par le travail, le plaisir
ou la révolte ; les ressacs multicolores et polyphoniques des révolutions dans les capitales
modernes ; la vibration nocturne des arsenaux
et des chantiers sous leurs violentes lunes électriques ; les gares gloutonnes avaleuses de serpents qui fument ; les usines suspendues aux
nuages par les ficelles de leurs fumées ; les
ponts aux bonds de gymnastes lancés sur la
coutellerie diabolique des fleuves ensoleillés,
les paquebots aventureux flairant l'horizon ; les
locomotives au grand poitrail, qui piaffent sur

Lettre de Marinetti accompagnant le tract
du *Manifeste du futurisme,* 1909, papier
à en-tête des Éditions futuristes de *Poesia.*
Archives Giovanni Lista, Paris.

« Après une grande assemblée futuriste »,
dessin de Manca paru dans le journal *Pasquino*
(Turin), puis repris dans la revue *Poesia* (Milan),
n° 7-8-9, août-octobre 1909.

Première de couverture du « roman africain »
de F.T. Marinetti, *Mafarka, le futuriste,* Paris,
Éditions Sansot, 1910.

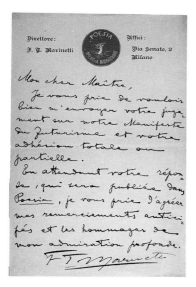

les rails, tels d'énormes chevaux d'acier bridés de longs tuyaux, et le vol glissant des aéroplanes, dont l'hélice a des claquements de drapeau et des applaudissements de foule enthousiaste[11]. »

Mars : la revue toulousaine *Poésie* publie le *Manifeste du primitivisme,* accompagné d'une enquête sur la réception du *Manifeste du futurisme.*

8 mars : des extraits du *Manifeste du futurisme* paraissent dans le quotidien russe *Večer* [Le Soir].

Mars-avril : à Saint-Pétersbourg, les frères Bourliouk (David, Nicolaï et Vladimir) organisent l'exposition « Venok » [« La Couronne »].

25 mars-2 mai : Braque, Delaunay, Marcel Duchamp et Raymond Duchamp-Villon, entre autres, exposent au Salon des indépendants. Louis Vauxcelles dénonce, dans le *Gil Blas* du 25 mai, les « bizarreries cubiques » de Braque.

3 avril : à Paris, création du *Roi Bombance* au théâtre de l'Œuvre, mais le public ne réagit pas mieux que lors de la précédente pièce de Marinetti : « Nous voici revenus aux jours héroïques. Le spectacle de l'Œuvre nous a rappelé les soirées tumultueuses d'*Ubu Roi* et de *Pan. Le Roi Bombance* a été accueilli de diverses façons ; on a joué autant dans la salle que sur scène. Il y a eu quelques sifflets et des applaudissements forcenés. On a surtout reproché à Marinetti sa crudité d'expression, sans songer que Rabelais, mis au théâtre, eût été autrement extraordinaire. Bref – et malgré tout –, la pièce n'est pas, ne peut pas être indifférente[12]. »

17 avril : au stade vélodrome Parc des Princes, le chef de file du futurisme se bat en duel avec Charles-Henry Hirsch qui avait émis quelques critiques au sujet du *Roi Bombance.*

Avant d'effectuer son premier séjour à Londres, Marinetti lance sa proclamation *Tuons le clair de lune !*[13].

Nathalie Gontcharova fait une déclaration à la presse, dans laquelle elle affiche son engouement pour les artistes français, notamment pour Le Fauconnier, Braque et Picasso[14].

À Vigglu, Marinetti écrit la préface de *Mafarka le futuriste. Roman africain,* dans laquelle il incite les peintres à adhérer à son mouvement : « Ô mes frères futuristes ! Regardez-vous tous en face ! [...] Au nom de l'Orgueil humain que nous adorons, je vous annonce que l'heure est proche où des hommes aux tempes larges et au menton d'acier enfanteront prodigieusement, d'un seul effort de leur volonté exorbitée, des géants aux gestes infaillibles[15]. »

Soffici publie à compte d'auteur *Medardo Rosso ; preceduto da l'Impressionismo e la pittura italiana.*

Été : Braque séjourne à La Roche-Guyon, sur les bords de Seine ; sa palette se fait plus restreinte (verts, gris et ocres) et ses formes de plus en plus géométriques. Picasso, lui, passe plusieurs semaines à Horta de Ebro, où il peint des paysages et des portraits de sa compagne Fernande (cf. *Tête de femme* (Fernande), cat. n° 11).

1er octobre-8 novembre : Boccioni et Balla exposent leur travail dans une section du Salon d'automne consacrée à l'art italien, mais leurs œuvres, en particulier celles de Balla, suscitent des réserves de la part d'Apollinaire : « Ce comité ne pense-t-il pas avoir trahi les intérêts de l'art français [...] en autorisant la grotesque exhibition des peintres italiens d'accaparer cinq ou six salles. [...] C'est lamentable. [...] Peut-être est-ce une manifestation futuriste que ces piteux vols d'aéroplanes. [...] Art italien ou non, on n'aurait pas dû admettre tout cela[16]. »

À partir de novembre : le mécène Sergueï Chtchoukine ouvre sa collection au public moscovite, permettant ainsi aux artistes russes de voir les œuvres des peintres français.

4 décembre 1909-24 février 1910 : à Odessa, s'ouvre le Ier Salon international Izdebski ; il présente 776 œuvres et se prolonge par une itinérance (jusqu'en juillet 1910) à Kiev, Saint-Pétersbourg et Riga.) Y participent, entre autres : Pierre Bonnard, Braque, Balla, Gleizes, Nathalie Gontcharova, Alexeï Jawlensky, Vassily Kandinsky, Larionov, Mikhaïl Matiouchine, Paul Signac, Le Fauconnier et Alexandra Exter.

27 décembre 1909-31 janvier 1910 : à Moscou, le IIIe [et dernier] Salon de La Toison d'or, exposition exclusivement russe, propose au public des productions d'art populaire et d'art contemporain.

À La Closerie des Lilas, Severini rencontre de nombreux poètes et artistes, notamment Paul Fort dont il épousera la fille Jeanne le 28 août 1913.

À partir de 1909, Picasso et Braque ne figurent plus dans les salons français (jusqu'en 1919 pour le premier, 1920 pour le second).

Publication des *Poupées électriques* (Paris, Éd. Sansot), de *Mafarka le futuriste. Roman africain* (Paris, Éd. Sansot) et de *L'Enquête internationale sur le vers libre* (Milan, Éditions de *Poesia*) de Marinetti.

[10] La revue *Poesia* en publie la version italienne datée du 11 février 1909 (n° 1-2, février-mars 1909). Dans le numéro suivant, seront publiés des extraits des comptes rendus parus dans la presse internationale. Entre 1909 et 1912, il sera traduit dans de nombreuses langues.

[11] Cité dans G. Lista, *Futurisme. Manifestes…, op. cit.,* p. 87.

[12] Georges Casella, « La vie au théâtre : *Le Roi Bombance* », *L'Intransigeant* (Paris), 4 avril 1909.

[13] Cette proclamation, « réponse aux insultes dont la vieille Europe a gratifié le "Futurisme" », est publiée en français dans les numéros 7, 8 et 9 de *Poesia* (août à octobre 1909), puis en italien et en français dans les numéros suivants, sous forme de placard replié. Sa version allemande paraît à Berlin dans les numéros 111 et 112 de *Der Sturm* (mai et juin 1912), où elle est présentée comme un « deuxième manifeste futuriste ».

[14] Cf. « Beseda s N. S. Gončarovoj » [« Discussion avec N.S. Gontcharova »], *Stoličnaâ Molva, [La Rumeur de la capitale],* n° 115, 5 avril 1910, p. 3.

[15] F.T. Marinetti, *Mafarka le futuriste. Roman africain* (1909-1910), Paris, Christian Bourgois, 1984, p. 17.

[16] G. Apollinaire, « Le Salon d'automne », *Le Journal du soir* (Paris), 20 septembre 1909 // *id., Écrits sur l'art, OC,* Paris, Gallimard, « Bibliothèque de La Pléiade », t. II, 1991, p. 117-118.

Umberto Boccioni, caricature de la soirée futuriste
du 18 mars 1910 au Politeama Chiarella de Turin.
Sur la scène : Carlo Carrà, Armando Mazza,
F.T. Marinetti et Umberto Boccioni.
Archives Giovanni Lista, Paris.

Les poètes et peintres futuristes, F.T. Marinetti *et al.*,
Venise futuriste, manifeste lancé du haut de la place
Saint-Marc de Venise, avril 1910.

1910

12 janvier : première « soirée futuriste[17] » au
Politeama Rossetti de Trieste, au cours de
laquelle le public proteste vivement : « Le début
est fort violent. [...] Marinetti affirme sa volonté
de libérer les vivants des morts, sa volonté
d'entreprendre une lutte implacable pour qu'un
bon nombre de poètes, de peintres, de musiciens, de sculpteurs de notre époque [...] trouvent une fois pour toutes la voie débarrassée
du culte du passé et des gloires consacrées et
archiconsacrées auquel l'humanité se voue
entièrement avec un paresseux misonéisme[18]. »
24 janvier : Soffici et Picasso entament une
correspondance.
Fin janvier (ou début février) : Marinetti, alors à
Milan, entre en relation avec Boccioni, Carrà et
Russolo[19] et les incite à rédiger un manifeste
des peintres futuristes. Associés au projet, les
peintres Bonzagni et Romani se désistent peu
après ; ils seront remplacés par Severini (qui vit
à Paris) et Balla (installé à Rome), qui se joint au
groupe en avril.
Deux ans après, Apollinaire reviendra sur ces
débuts agités : « Il n'y a comme futuristes de la
première heure que MM. Boccioni, Carrà et
Russolo. Eux-seuls parurent le 8 mars 1910
– date qui deviendrait célèbre si le futurisme
devenait un grand mouvement littéraire et artistique – sur la scène du théâtre Chiarella de
Turin[20]. C'était la troisième soirée futuriste. [...]
Les principaux futuristes firent leur apparition à
côté de M. Marinetti. C'étaient MM. Boccioni,
Carrà, Bonzagni, Russolo et Romani. Ils lurent
ensemble leur manifeste qui, d'après les
communiqués, "est un long cri de révolte contre
l'art académique, contre les musées, contre le
règne des professeurs, des archéologues, des
brocanteurs et des antiquaires", et un grand
tumulte se déchaîna aussitôt dans la salle. On
se battit à coups de poing et à coups de canne,
la police intervint, etc. Depuis ce jour-là, les

peintres futuristes ont perdu deux des leurs.
Qui nous dira jamais le destin de MM. Bonzagni
et Romani ? [Ils] ont été remplacés par Balla et
Severini. Ce sont eux qui ont signé un manifeste
qui, plein de pauvretés d'idées antiplastiques,
peut cependant par sa violence être considéré
comme un stimulant, bon pour les sens affaiblis
des Italiens[21]. »
11 février : publication sous forme de tract du
Manifesto dei pittori futuristi[22].
Février : à l'initiative de Prezzolini, Soffici se rend
à Paris pour sélectionner des œuvres impressionnistes en vue d'une exposition organisée par
La Voce – elle sera inaugurée le 20 avril au
Lyceum de Venise, avec une salle entière consacrée à Medardo Rosso. Lors de ce séjour parisien, il fréquente Picasso, Braque et Max Jacob.
3 mars : consacrée à la littérature et aux arts
plastiques, la revue berlinoise *Der Sturm*,
fondée par Herwarth Walden, fait paraître son
premier numéro.
Mars-avril : Boccioni, Bonzagni, Carrà et
Russolo exposent à Milan, à la Famiglia
Artistica. Le *Manifeste des peintres futuristes*
qualifie cette exposition de « manifestation
lumineuse » : « Ça y est ! Les futuristes révolu-
tionnent l'Italie. D'Annunzio s'est converti : à
Milan vient de s'ouvrir le Salon des peintres
futuristes ; dans les grandes villes, M. F.T.
Marinetti et ses amis ont commencé une série
de soirées futuristes. À Trieste, à Milan, à Turin,
on s'est flanqué des coups de canne. On s'en
flanquera encore à Rome, à Florence, à Naples, à
Palerme. Evviva il Futurismo ! Evviva Marinetti[23] ! »
Dans le même temps, à Saint-Pétersbourg,
débute la première exposition d'une sécession
(instiguée par Matiouchine et sa femme Elena
Gouro) nommée « Soûz molodëži » [« Union de
la Jeunesse »]. Y figurent, entre autres : Nathalie
Gontcharova, Pavel Filonov, Larionov et Olga
Rozanova. L'exposition se déplace ensuite à
Riga, avec de nouveaux participants.

En ce début de printemps, Marinetti entreprend
une tournée de conférences – en français. La
première a lieu au Lyceum Club for Women
à Piccadilly devant une assemblée féminine, à
laquelle se serait mêlé Lewis. Le 2 avril, il prononce son *Discours futuriste aux Anglais*
dans lequel il rend hommage à ceux qui
« ouvrent les bras aux individualistes de tous
pays, qu'ils soient libertaires ou anarchistes »,
mais dénonce leur pruderie.
18 mars-1er mai : à Paris, le Salon des indépendants propose pour la première fois des œuvres
d'inspiration cubiste. On y retrouve notamment
Delaunay, Duchamp, Duchamp-Villon, Gleizes,
Le Fauconnier, Léger, Metzinger et Severini.
Printemps : Braque et Picasso réalisent des
natures mortes de plus en plus abstraites ; le
second achève en outre plusieurs portraits très
structurés de ses marchands ou galeristes,
dont le *Portrait de Daniel-Henry Kahnweiler*
(cat. n° 10).
Delaunay et Fernand Léger se rencontrent.
Avril-mai : Soffici organise à Florence, au
Lyceum Club, l'exposition « Prima mostra italiana dell'Impressionismo ».
11 avril : publication sous forme de tract du
Manifeste des peintres futuristes, cosigné par
Boccioni, Carrà, Russolo, Balla et Severini[24] :
« Notre besoin grandissant de vérité ne peut plus
se contenter de la Forme et de la Couleur
comme elles furent comprises jusqu'ici. Le geste
que nous voulons reproduire ne sera plus un instant fixé du dynamisme universel. Ce sera simplement la sensation dynamique elle-même.
En effet, tout bouge, tout court, tout se transforme rapidement. [...] Étant donnée la persistance de l'image dans la rétine, les objets en
mouvement se multiplient, se déforment, en se
poursuivant, comme des vibrations précipitées,
dans l'espace qu'ils parcourent. C'est ainsi qu'un
cheval courant n'a pas quatre pattes, mais il en a
vingt, et leurs mouvements sont triangulaires[25]. »

André Warnod, « Venise futuriste », accompagné de caricatures du critique, *Comœdia* (Paris), 17 juin 1910, p. 3. Variante plus longue du texte imprimé sur le tract.

Manifeste des peintres futuristes, illustré de caricatures par André Warnod, publié dans *Comœdia* (Paris), 18 mai 1910, p. 3.

[17] La soirée futuriste était un genre de théâtre-tribune-spectacle avec exposition d'œuvres futuristes que Marinetti qualifie de « folles tempêtes électriques […] géométrisées par les coups de poing, avec leur corollaire de bagarres dans les rues et dans les places, [qui] exaltaient avec bonheur l'idée d'une Italie plus grande et plus rapide ». Cf. G. Lista, *F.T. Marinetti. L'anarchiste du futurisme. Biographie*, Paris, Éd. Séguier, 1995, p. 121.

[18] *Il Piccolo* (Trieste), 13 octobre 1910, cf. *ibid.*, p. 120.

[19] Dans un entretien avec Édouard Roditi (*Propos sur l'art*, Paris, Librairie José Corti, 1987, p. 30), Carrà situe, à tort, cette rencontre en 1909 : « C'est en 1909 que nous avons, Boccioni, Russolo et moi, rencontré Marinetti pour la première fois. […] Lors de cette première rencontre, nous avons consacré plusieurs heures à des discussions sur l'état désespérant de la peinture italienne et nous nous sommes vite mis d'accord pour publier un manifeste. »

[20] Cette soirée fut qualifiée de « véritable bataille d'*Hernani* ».

[21] G. Apollinaire, « Les Futuristes », rubrique « Chronique d'art », *Le Petit Bleu* (Paris), 9 février 1912 // id, *Écrits sur l'art*, op. cit., p. 408-409.

[22] Le *Manifeste des peintres futuristes* fut imprimé par Marinetti tout de suite après la défection de Romani, qui sortit du groupe en mars, mais avant l'adhésion, en avril, de Balla. L'édition originale du texte ne portait en fait que les signatures de Boccioni, Bonzagni, Carrà, Russolo et Severini (le manifeste est lu par Boccioni le 20 avril 1910 au théâtre Mercadante de Naples, soirée futuriste qui coïncide avec la nouvelle défection de Bonzagni effrayé par la violence qui accompagnait la contestation futuriste).

[23] Les Treize, [sans titre], *L'Intransigeant*, 29 mars 1910.

[24] Ce manifeste est la traduction du *Manifesto tecnico della pittura futurista* du 11 avril 1910 avec l'adjonction des déclarations finales du *Manifesto dei pittori futuristi* du 11 février 1910 dont il reprend le titre. Il fait l'objet d'un bref compte rendu dans *L'Intransigeant* du 17 mai et est publié le 18 dans *Comœdia* (Paris) accompagné de caricatures d'André Warnod : « Avec une belle ardeur, ils [les peintres futuristes] anéantissent tout ce qui représente l'art d'aujourd'hui et couvrent d'opprobre les écoles modernes.[…] Mais ils ne se contentent pas de détruire, ils veulent, eux aussi, échafauder, et les quelques principes qu'ils donnent comme devant guider l'art futur, révolutionneront certainement le monde des peintres. » Cité dans G. Lista, *Futurisme. Manifestes, proclamations, documents*, op. cit., p. 166). Il est publié en allemand dans *Der Sturm* (Berlin), n° 103, mars 1912, en russe dans *Soûz molodëži*, (Saint-Pétersbourg), n° 2, juin 1912 et en anglais dans *The Academy* (Londres), 30 novembre 1912.

[25] U. Boccioni et al., *Manifeste des peintres futuristes* // G. Lista, *Futurismes…*, op. cit., p. 163.

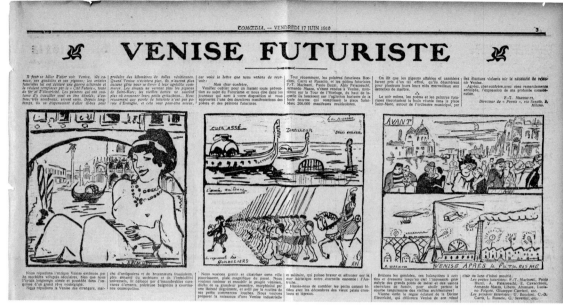

Carte postale de Guillaume Apollinaire adressée
à F.T. Marinetti le 24 août 1910 (recto verso).

La parution de ce manifeste ne laisse pas indifférents les peintres russes : « Nous avons récemment pu lire le manifeste des *pittori futuristi* italiens qui luttent pour la "destruction de toutes les normes artistiques" au nom de ce qu'ils appellent la "vérité" cinématographique… Il me semble indiscutable que cette voie "futuriste" qui conduit au déformisme contemporain mène, au-delà, vers une complète transformation et que, à côté… du travail de ces "fous" qui ont déclaré la guerre à toute continuité basée sur les normes stylistiques des siècles passés, les toiles de Matisse et de Picasso ne semblent très dépassées[26]. »

20 avril : soirée futuriste au théâtre Mercadante de Naples.

27 avril : Marinetti publie *Contre Venise passéiste,* texte cosigné par les peintres et les poètes futuristes[27]. Le 8 juillet, il est lancé à des milliers d'exemplaires du haut de la tour de l'Horloge.

Avril : Soffici fait la connaissance de Bergson qui, dans son *Journal,* brosse ainsi son portrait : « Soffici est un grand maigre, figure rasée, longue, air futé, beaucoup plus expansif et parleur que Prezzolini, et plus vivant ; mais diablement théoricien, esthéticien, chercheur de raisons aux chocs du sentiment et de l'art. »

11-18 mai : *Le Vivier des juges I,* première coproduction entre l'avant-garde de Moscou et celle de Saint-Pétersbourg, passe la censure (Saint-Pétersbourg, Éd. La Grue). Les futuristes russes considèrent ce recueil, auquel participent les frères Bourliouk, Elena Gouro, Vassili Kamienski et Vélimir Khlebnikov, comme leur premier manifeste. Un second tome du *Vivier des juges* sera publié en 1913 (avec la collaboration de Nathalie Gontcharova et de Larionov).

19 mai : dans *La Voce* (2e année, p. 324) paraît un article de Soffici, « Riposta ai futuristi », dans lequel les futuristes sont traités de « clowns plâtrés de céruse et de minium ».

Juin : Marinetti fait paraître *Proclama futurista a los Españoles.*

Juin-juillet : à la Bourse du travail de Naples, à la chambre du travail syndicaliste de Parme et à la Salle révolutionnaire de Milan, Marinetti donne une conférence, « Nécessité et beauté de la violence », préconisant à nouveau la création d'un front unique révolutionnaire entre artistes d'avant-garde et anarcho-syndicalistes.

Septembre : Boccioni expose quarante tableaux à la Ca' Pesaro de Venise ; le catalogue est préfacé par Marinetti. Soffici la visite, puis confesse à Prezzolini : « À Venise, j'ai rencontré Serge [Férat] et sa sœur [Hélène]. J'ai vu l'exposition [la Biennale] et aussi celle du futuriste Boccioni [à Ca' Pesaro]. Stupide, très médiocre et pas du tout futuriste. Je ne vois rien et je m'ennuie[28]. »

13 juin-8 août : à Riga, exposition de l'Union de la Jeunesse, considérée comme une itinérance de l'exposition précédente (celle de mars-avril 1910), malgré une liste d'œuvres différente ; parmi les nouveaux exposants, se trouvent Alexandra Exter, David et Vladimir Bourliouk.

Été : séjour de Larionov et de Khlebnikov dans la propriété des Bourliouk (Tchernianka), berceau du futurisme russe, situé dans la province de Tauride (l'Hylée d'Hérodote) en Ukraine.

1er août : au théâtre de La Fenice de Venise, soirée futuriste au cours de laquelle Marinetti lit son *Discours futuriste aux Vénitiens.* La rédaction de la revue *Poesia* en fait un compte rendu : « La bataille entre futuristes et passéistes fut épouvantable. Les premiers furent sifflés, les seconds furent cognés ; le discours fut entièrement entendu malgré le vacarme – les peintres futuristes Boccioni, Russolo et Carrà le ponctuèrent par des gifles sonores. Les coups de poing d'Armando Mazza, un poète futuriste qui est aussi un athlète, sont restés mémorables[29]. »

Août : traductions anglaises du manifeste *Contre Venise passéiste* et d'extraits du *Manifeste du*

futurisme publiées dans *The Tramp : An Open Air Magazine*.

Été : Severini séjourne à Milan, où il fait la connaissance de Carrà et Russolo.

20-30 septembre : Boccioni, Carrà et Russolo exposent à « L'Esposizione intima » de la Famiglia Artistica de Milan.

Septembre : Marinetti adhère à l'Association italienne d'avant-garde, futur noyau du nationalisme italien.

1er octobre-8 novembre : à Paris, Duchamp, Duchamp-Villon, Gleizes, Le Fauconnier, Léger, Metzinger et Francis Picabia participent au Salon d'automne.

8 octobre : à Milan, fin du procès de Marinetti, poursuivi depuis avril pour « outrage à la pudeur » après la publication en italien de *Mafarka le futuriste* – un procès que l'auteur transforme en tribune publique.

Octobre-novembre : publication dans *Pan*, revue artistique d'avant-garde (Paris, 3e année, n° 10), d'une « Note sur la peinture » de Metzinger, l'un des premiers artistes à théoriser les fondements du cubisme.

8 novembre 1910-15 janvier 1911 : à Londres, aux Grafton Galleries, exposition « Manet and the Post-Impressionists » organisée par le critique Roger Fry. Edward Wadsworth et David Bomberg la visitent. À cette occasion, Marinetti séjourne à nouveau à Londres.

10 décembre 1910-janvier 1911 : à Moscou, se tient la Ière exposition du Bubnovyj Valet [Le Valet de carreau] (l'association d'artistes portant le même nom ne sera créée que fin 1911). Cette exposition des « peintres de gauche », dont les yeux sont rivés sur les plus récentes productions occidentales, déchaîne les passions. On y retrouve les frères Bourliouk, Alexandra Exter, Nathalie Gontcharova, Kandinsky, Larionov, Malévitch[30], mais aussi des peintres français (Gleizes, Le Fauconnier, Metzinger) dont les œuvres sont sélectionnées par Mercereau.

À l'occasion de cet événement, Kazimir Malévitch rencontre Nathalie Gontcharova et Larionov.

Décembre : au Lyceum Club for Women de Piccadilly, Marinetti donne une conférence intitulée « Le Futurisme et la femme ».

Fin de l'année : Severini fréquente assidûment les cafés et cabarets de Paris (le Moulin de la Galette, le Moulin rouge, le Bal Tabarin, le Monico) ; la danse devient alors un de ses sujets de prédilection. Il rend visite à Picasso dans son atelier boulevard de Clichy où il rencontre Apollinaire.

Hiver : à Paris, les peintres, poètes et critiques d'art français partageant l'esthétique cubiste se retrouvent dans l'atelier de Le Fauconnier, rue Visconti, et à La Closerie des Lilas. Parmi eux : Apollinaire, Arcos, les Delaunay, Fort, Gleizes, Jouve, Léger, Metzinger, Mercereau et André Salmon.

Fin 1910-début 1911 : Picabia fait la connaissance de Duchamp.

À la galerie Kahnweiler, Léger rencontre Picasso et Braque.

Création à Paris de l'académie Vassilieff au 54, avenue du Maine, où se retrouve la communauté des artistes russes de Paris.

26 S. Makovski, « Hudožestvennye itogi » [« Bilans artistiques »], *Apollon* (Saint-Pétersbourg), 10, 1910, p. 27-28 ; cité dans C. Douglas, « Cubisme français / cubo-futurisme russe », *Les Cahiers du Musée national d'art moderne* (Paris), n° 2, octobre-décembre 1979, p. 187.

27 Publication dans *Comœdia* du 17 juin 1910, accompagné de caricatures de Warnod (« Venise et le futurisme »). Il existe plusieurs variantes de ce tract.

28 A. Soffici, Lettre à Prezzolini, 19 septembre 1910 ; citée dans *Soffici, immagini e documenti (1879-1964)*, (catalogue raisonné), Florence, Vallecchi Editore, 1986, p. 105.

29 Cité dans G. Lista, *Futurisme. Manifestes…*, *op. cit.*, p. 112.

30 Selon Malévitch, « le valet signifiait la jeunesse, le carreau, la couleur ».

De g. à dr. : Jacques Villon, Raymond Duchamp-Villon
et Marcel Duchamp devant l'atelier de Puteaux
(rue Lemaître), v. 1910-1915.

František Kupka préparant une toile dans son jardin
à Puteaux, vers 1910-1915.

1911

Au cours de l'année, formation du groupe de Puteaux dont les réunions ont lieu le dimanche au 7, rue Lemaître dans l'atelier que partagent les frères Duchamp, et le mardi aux soirées organisées par Gleizes dans son atelier de Courbevoie. Sont présents les frères Duchamp, Gleizes, Gris, La Fresnaye, Le Fauconnier, František Kupka, Léger, Metzinger, Picabia ; Apollinaire et Walter Pach se joignent parfois à eux. Ces artistes sont à l'origine d'un cubisme différent de celui de Montmartre. Ils organiseront en octobre 1912 le Salon de la Section d'or. Néanmoins, ni Braque ni Picasso n'assistent à ces rencontres, pas plus qu'à celles qui ont lieu à La Closerie des Lilas.

9 février : à Paris, au café Le Globe, Marinetti est convié en tant que représentant du mouvement futuriste au banquet préparé en l'honneur de Paul Fort.

11 février : publication dans la revue *Poesia* du *Manifeste des dramaturges futuristes*, signé par Marinetti.

[Janvier-mars] : à Odessa, se déroule le IIe Salon international *Izdebsky*, auquel participent, entre autres, les frères Bourliouk, Nathalie Gontcharova, Kandinsky, Larionov, Vladimir Tatline et Georges Yakoulov.

2 mars : intervention houleuse des futuristes au théâtre La Scala de Milan ; Marinetti lance son manifeste *Contre La Scala : Pompéi du théâtre italien*.

9 mars : à Paris, conférence de Marinetti sur le futurisme à la Maison des étudiants[31].

11 mars-mai : séjour de Soffici à Paris, où il fréquente régulièrement Picasso et Apollinaire.

14 mars : interview de Marinetti sur le futurisme publiée dans *Le Temps*.

Mars-avril : soirées futuristes au théâtre Bonaccosi de Ferrare (le 25 mars), à Mantoue, à Parme – celles prévues au théâtre Reinach du 26 au 28 mars furent interdites, ce qui

entraîna de violentes manifestations estudiantines à l'université, où Marinetti est arrêté – et à Côme.

Mi-avril-13 mai : IIe Exposition de l'Union de la Jeunesse à Saint-Pétersbourg. Dans la presse, on parle déjà d'une sécession au sein du Valet de carreau. En désaccord avec ce mouvement qu'il juge trop « cézannien », Larionov fonde à Moscou, avec Nathalie Gontcharova, Malévitch et Tatline, le groupe *Oslinnyj Hvost* [La Queue d'âne], plus proche de l'art vernaculaire.

21 avril-13 juin : à Paris, se tient le Salon des indépendants, première grande manifestation collective et spectaculaire des cubistes, regroupés dans la salle XLI : Duchamp, Duchamp-Villon, Gleizes (*Portrait de Jacques Nayral*, cat. n° 16) et *La Chasse* (cf. cat. n° 15), Kupka, Metzinger (*Le Goûter*, cf. cat. n° 12), Léger (dont les *Nus dans la forêt*, 1909-1911, cat. n° 14), Picabia et Jacques Villon. Alexandra Exter le visite. Le critique Gabriel Mourey déplore « leur nouveauté, qui est le retour à la sauvagerie, à la barbarie primitives, qui consiste dans la méconnaissance et dans l'avilissement de toutes les beautés de la nature et de la vie » et attaque les artistes « auxquels le snobisme des critiques et des amateurs, dits d'avant-garde, tresse des couronnes et élève déjà des statues[32] ».

Apollinaire, lui, voit dans ces artistes les promoteurs d'un nouvel art : « On y trouve cependant avec plus de force que partout ailleurs […] la marque de l'époque, le style moderne […]. Il se forme en ce moment un art dépouillé et sobre dont les apparences parfois encore rigides ne tarderont pas à s'humaniser. On dira plus tard l'influence qu'ont eue les œuvres d'un Picasso dans le développement d'un art aussi neuf[33]. »

Roger Allard est particulièrement élogieux : « Que la peinture, entre tous les arts, occupe actuellement sur la courbe idéale de l'évolution le point le plus avancé, cela ne saurait faire

aucun doute, pour tout observateur curieux et impartial. […] Je pourrais sans injustice omettre de parler, à propos d'influences, de Pablo Picasso et de Braque. La violente personnalité de l'un est résolument extérieure à la tradition française et les peintres [Robert Delaunay, Gleizes, Le Fauconnier, Léger, Metzinger] dont je me préoccupe ici l'ont instinctivement senti. […] Il importait d'autant plus, en l'espèce, de marquer de suite mon sentiment que je crois pouvoir discerner ailleurs les présages d'un heureux renversement des valeurs esthétiques. L'avènement d'un canon nouveau est donc une éventualité qu'il convient d'envisager avec la sympathie la plus attentive. Les tenants attardés de l'individualisme seront grandement choqués – il le faut – de voir un *groupe* se constituer fortement, sous l'empire d'une attraction vers ce même idéal : *Réagir avec violence contre la notation instantanée, l'anecdote insidieuse, et tous les succédanés de l'impressionnisme*[34]. »

Ce Salon ne laisse pas indifférents les artistes et les critiques russes de Paris : « Delaunay, Léger, Gleizes, Le Fauconnier qui se sont tournés vers l'architecturalité originelle, primitive, cisèlent par divers moyens et créent paysages et gens. Leurs compositions rappellent des corps géométriques, des colonnes de pierres tordues[35]. »

À en croire les observateurs, les peintres russes, « dans la majorité des cas, adhèrent aux tendances nouvelles de la peinture actuelle qui pour eux est, à cause de ses buts colorés et purement picturaux, un livre d'une extrême richesse où ils savent trouver des trésors. Les Russes sont les élèves les plus talentueux des nouveaux prophètes en peinture. »[36]

Avril : après avoir visité le Salon, Severini écrit à Boccioni au sujet de Braque et de Picasso : « Les sujets et les couleurs de ces artistes ne varient guère. […] Concernant les couleurs, ils

Caricature de Umberto Boccioni représentant une soirée futuriste à Milan en juin 1911.
De g. à dr. : Umberto Boccioni, Balilla Pratella, F.T. Marinetti, Carlo Carrà et Luigi Russolo.

Première de couverture du livre *Le Futurisme*
(Paris, Éditions Sansot, 1911) de F.T. Marinetti.

n'utilisent que trois tons de terre ainsi qu'un blanc et un noir. Cela parce que, selon eux, un être extrêmement sensible à la couleur n'a pas besoin de couleurs vives et belles pour vibrer. Les gris et les nuances suffisent. Il en est de même pour le mouvement[37]. »

Printemps : Braque et Picasso participent à la Sécession berlinoise.

22 avril : *Manifeste des auteurs dramatiques futuristes* rédigé en 1910 par Marinetti[38].

30 avril-7 mai : au Padiglione Ricordi de Milan, inauguration de la « Mostra d'arte libera », première grande exposition futuriste, où sont présentées des œuvres de Boccioni, Carrà et Russolo. *Le Rire* de Boccioni est détérioré.

7 mai : conférence de Marinetti au théâtre La Fenice de Venise.

29 mai : conférence de Boccioni au Cercle artistique international de Rome ; le texte sera à l'origine de la préface « Les exposants au public » publiée dans le catalogue de l'exposition parisienne des peintres futuristes italiens de février 1912.

3 juin : à Trévise, soirée futuriste tumultueuse qui contraint la police à protéger Boccioni, Marinetti et Russolo de l'auditoire.

14 juin : inauguration à Londres de la première exposition du Camden Town Group ; Lewis y présente des œuvres, tout comme à celle de décembre.

22 juin : en rentrant de Paris, où il séjourna après avoir visité l'exposition du Padiglione Ricordi, Soffici publie, dans *La Voce,* un article très critique intitulé « Arte libera e pittura futurista », dans lequel il compare les peintres italiens « aux plus pachydermiques marchands de porcs d'Amérique ».

29-30 juin : à Florence, lors d'une expédition punitive de Marinetti, Carrà et Boccioni au café Le Giubbe Rosse, ce dernier ouvre les hostilités en giflant Soffici. Le lendemain, nouvelle altercation entre Florentins et Milanais, qui se termine

au poste de police où Boccioni et Soffici finissent par entamer un dialogue. En novembre de la même année, Apollinaire, s'interrogeant sur les objectifs poursuivis par les peintres futuristes, évoque cet événement : « Je n'ai pas encore vu les tableaux futuristes mais si j'ai bien compris le sens des recherches auxquelles s'attachent les nouveaux peintres italiens [...], ces jeunes gens ont encore le désir de s'éloigner des formes naturelles et veulent être les inventeurs de leur art. [...] Cette peinture, [...] les futuristes la défendent, le cas échéant, à coups de bâton. Florence fut récemment le théâtre d'un de ces combats où les partis en présence étaient, d'une part, les futuristes ayant à leur tête M. Marinetti et, de l'autre, M. Ardengo Soffici et ses amis de *La Voce*. Il y eut des blessures, quelques chapeaux furent mis hors d'usage. [...] Finalement, tout le monde se réconcilia au poste, et devant le commissaire, MM. Boccioni et Soffici témoignèrent de leur estime réciproque. [...] C'est en mars [*sic*] 1912 que les futuristes exposeront à Paris. Nul doute que s'ils veulent avoir recours aux mêmes arguments, ils n'aient, à cette époque, fort à faire[39]. »

10 juin-3 juillet : la Société des artistes indépendants de Bruxelles organise une exposition où sont conviés plusieurs peintres cubistes. Apollinaire écrit la préface du catalogue : « Les peintres nouveaux qui ont manifesté ensemble cette année au Salon des artistes indépendants de Paris leur idéal artistique acceptent le nom de cubistes qu'on leur a donné[40]. »

Été : les peintres milanais découvrent la peinture cubiste grâce à la reproduction d'œuvres parues dans la presse, notamment celles qui illustrent l'article « Sur quelques peintres » de Roger Allard publié dans *Les Marches du Sud-Ouest*[41] : *Village* de Le Fauconnier, *Homme nu* de Gleizes, *Tour Eiffel* de Delaunay, et *Nus dans la forêt* de Léger.

Été : Braque (jusqu'en janvier 1912) et Picasso (durant trois étés) séjournent à Céret et entreprennent des expérimentations majeures à l'origine du cubisme analytique.

Août : à Paris, les Éditions Sansot font paraître *Le Futurisme* de Marinetti, premier ouvrage théorique sur le mouvement.

16 août : parution de « Cubisme et tradition » de Metzinger dans *Paris-Journal*.

24 août : Soffici publie dans la revue *La Voce* un article consacré aux pères du cubisme : « Braque et Picasso ont la qualité d'un hiéroglyphe qui sert à écrire une réalité physique [...], identique dans une certaine mesure avec la syntaxe elliptique et les transpositions grammaticales de Stéphane Mallarmé[42]. »

Fin de l'été : à Paris, Severini rencontre Soffici.

9 octobre : Marinetti se rend, en tant que correspondant du quotidien *L'Intransigeant*, sur le front de la guerre italo-turque en Libye. Il lance le *Manifeste à Tripoli* italien. Le projet de l'exposition des peintres futuristes prévue à Paris pour la fin de l'année est repoussé.

Automne : Boccioni et Carrà, sollicités par Severini, vont à Paris pour voir les œuvres cubistes, vérifier leur choix pour la future exposition et « tenir compte des structures cubistes ». Ils rencontrent Apollinaire, visitent le Salon d'automne, les ateliers des peintres français, se rendent à la galerie Kahnweiler où exposent les cubistes.

1er octobre-8 novembre : au IXe Salon d'automne, les cubistes, regroupés dans la salle VIII, provoquent un véritable scandale. Y exposent : Duchamp, Duchamp-Villon, Gleizes (*Portrait de Jacques Nayral* et *La Chasse*), Kupka, Léger, Metzinger (*Le Goûter*), Picabia et Villon (Delaunay n'y participe pas).

Une violente polémique autour du cubisme agite la « grande presse », en majorité hostile au mouvement. Rendant compte de la salle réservée aux cubistes, Gabriel Mourey écrit :

[31] 13 et 15, rue de la Bûcherie (quai de Montebello).

[32] G. Mourey, *Le Journal* (Paris), 20 avril 1911.

[33] G. Apollinaire, « Le Salon des indépendants », *L'Intransigeant*, 21 avril 1911 // id., *Écrits sur l'art...,* op. cit., p. 317-318.

[34] R. Allard, « Sur quelques peintres », *Les Marches du Sud-Ouest* (Paris), n° 2, juin 1911, p. 57-60.

[35] A. Kurgannyj, « L'Exposition des Indépendants », *Le Messager de Paris*, n° 19, 13 mai 1911, p. 5, cité dans J.-C. Marcadé, « L'avant-garde russe et Paris », *Les Cahiers du Musée national d'art moderne* (Paris), n° 2, octobre-décembre 1979, p. 177.

[36] Cité dans J.-C. Marcadé, *ibid.*

[37] Cité dans G. Lista, *Le Futurisme. Création et avant-garde,* Paris, Les Éditions de l'Amateur, 2001, p. 80.

[38] Publié pour la première fois dans *Il Nuovo Teatro*, n° 5-6, 25 décembre 1910-5 janvier 1911. L'édition italienne est datée du 11 janvier 1911.

[39] G. Apollinaire, « Les peintres futuristes », *Mercure de France*, 16 novembre 1911 // id., *Écrits sur l'art, op. cit.*, p. 436-437.

[40] Id., préf. au catalogue du VIIIe Salon annuel du Cercle d'art des indépendants, Bruxelles, musée moderne, 10 juin-3 juillet 1911, n. p. // *ibid.*, p. 358.

[41] R. Allard, « Sur quelques peintres », art. cité.

[42] A. Soffici, « Picasso e Braque », *La Voce* (Florence), 3e année, n° 34, 24 août 1911, p. 635-637.

1. M. MARINETTI. — 2. M. RUSSOLO. —
3. M. SEVERINI. — 4. M. CARRA. —
5. M. BOCCIONI.

Les cinq futuristes [à Paris en février 1912],
in F.T. Marinetti, « La peinture futuriste.
La doctrine de F.T. Marinetti », *Excelsior* (Paris),
15 février 1912, p. 2.

[43] G. Mourey, *Le Journal,* 30 septembre 1911.
[44] G. Apollinaire, « Le Salon d'automne »,
L'Intransigeant (Paris), 10 octobre 1911
// id., *Écrits sur l'art, op. cit.,* p. 371-372.
[45] A. Archipenko, « *Salon O-a Nezavisimyh* »
[« Le Salon de la Société des Indépendants »],
Parižskij Vestnik, n° 24, 17 juin 1911, p. 3 ;
cité dans J.-C. Marcadé, « L'avant-garde russe
et Paris », art. cité.
[46] A. Kurgannyj, « Le Salon d'automne »,
Le Messager de Paris, n° 41, 14 octobre 1911,
p. 3.
[47] G. Apollinaire, « Un vernissage »,
L'Intransigeant (Paris), 19 novembre 1911
// id., *Écrits sur l'art, op. cit.,* p. 380-381.

« Me permettra-t-on d'avouer que je ne crois pas à l'avenir du cubisme, pas plus du cubisme de son inventeur, M. Picasso, que du cubisme de MM. Metzinger, Le Fauconnier, Gleizes, etc., ses imitateurs. [...] Le cubisme, intégral ou non, a déjà dit son dernier mot : c'est le chant du cygne de l'impuissance prétentieuse et de l'ignorance satisfaite[43]. » Seuls quelques journaux et revues réservent aux cubistes une critique favorable : *Paris-Journal,* auquel collabore Salmon, *La Revue indépendante* dans laquelle Allard défend la nouvelle peinture, le *Mercure de France* où écrit Kahn, et *L'Intransigeant,* où Apollinaire tient la rubrique artistique : « Les moqueries qui ont accueilli l'exposition de leurs œuvres [...], tout en montrant l'importance de leur manifestation, ne prouvent absolument rien contre leur art. Ceux qui prennent le cubisme pour une fumisterie se trompent complètement. [...] Le public, habitué aux taches éclatantes mais presque informes des impressionnistes, n'a pas voulu comprendre du premier coup la grandeur des conceptions formelles de nos cubistes. Les contrastes de formes sombres et les parties éclairées ont tout d'abord choqué. [...] Le cubisme est une réaction nécessaire, de laquelle, qu'on le veuille ou non, il sortira de grandes œuvres. Car se peut-il, peut-on croire un instant que les efforts indéniables, je crois, de ces jeunes artistes demeurent stériles ? [...] Je sais bien que le cubisme est ce qu'il y a de plus élevé aujourd'hui dans l'art français[44]. »

Alexandre Archipenko, lui, prédit un grand avenir à ces cubistes : « Le groupe de ces artistes [Gleizes, Léger, Metzinger, Le Fauconnier] construit ses chefs-d'œuvre sur des principes extrêmement intéressants. Le géométrisme des formes qui se répète rythmiquement sur leurs toiles témoigne de ce que les peintres de cette École ont étudié non seulement les classiques, mais aussi le grand style égyptien dans lequel l'architecture des corps était construite à partir de figures géométriques presque exactes. Dans leurs œuvres, dans cet étalement de figures géométriques, on voit une logique étonnante. [...] Leurs tableaux présentent une tache rigoureuse entière, leur gamme variée de couleurs est réduite à un ton clair, tranquille. Cette École a un très grand avenir[45]. »

Tout comme le Salon des indépendants, le Salon d'automne suscite des réactions contrastées de la part de la critique russe : « Une salle entière est assignée à ceux que l'on appelle "cubistes", "cylindristes", "cristallistes" et Dieu sait encore quels "istes". C'est une très joyeuse compagnie bigarrée et bruyante ; devant l'éclat et le débordement de ses couleurs pâlit tout ce qui est plus ou moins calme et privé d'effronterie. Le public visite cette salle uniquement pour s'amuser[46]. »

Octobre : tandis qu'ils étudient à la Slade School of Art, Christopher Nevinson et Wadsworth forment un groupe qu'ils nomment « Neo-Primitives ».

Octobre-novembre : Gleizes rencontre Picasso.

Novembre : Lewis séjourne à Paris où il visite le Salon d'automne ; il y remarque notamment les œuvres de Gleizes, Léger et Metzinger.

Rue Tronchet, la galerie d'art ancien et d'art contemporain organise, sous l'égide de la Société normande de peinture moderne, une exposition des jeunes artistes français, véritable préfiguration du Salon de la Section d'or qui aura lieu en octobre 1912. Apollinaire est toujours aussi enthousiaste : « Le groupe le plus audacieux est bien représenté par Mlle Marie Laurencin, Albert Gleizes, R. de La Fresnaye, Fernand Léger, Duchamp, très en progrès, Jean Metzinger, devenu coloriste. Ce m'est une occasion de déclarer une fois de plus que je considère les préoccupations des jeunes artistes que l'on a appelés les cubistes comme les préoccupations les plus élevées que l'on puisse avoir aujourd'hui[47]. »

Nathalie Gontcharova et Larionov rompent définitivement avec le groupe du Valet de carreau.

Noël : David Bourliouk rencontre Bénédikt Livchits[48] chez Alexandra Exter. C'est au cours de cette année 1911 que s'est forgée une intense activité d'échange artistique entre les Russes installés à Paris et ceux restés au pays.

De g. à dr. : Umberto Boccioni et F.T. Marinetti lors de l'inauguration de l'exposition « Les Peintres futuristes italiens », galerie Bernheim-Jeune & Cie, Paris, 5-24 février 1912.
Au mur : *Le Rire* (1911) de Umberto Boccioni.

Une des salles de l'exposition « Les Peintres futuristes italiens » présentée à la galerie Bernheim-Jeune & Cie, Paris, 5-24 février 1912.
À g. et de h. en b. : *La Chevelure de Tina* (1909-1910) et *Une-trois Têtes* (1912, œuvre aujourd'hui disparue) de Luigi Russolo.
À dr. : *La Danse du « pan-pan » au Monico* (1909-1911) de Gino Severini.

Giacomo Balla, *Lampada ad Arco [Lampe à arc]*, 1910, huile sur toile, 174,7 x 114,7 cm
The Museum of Modern Art, New York

  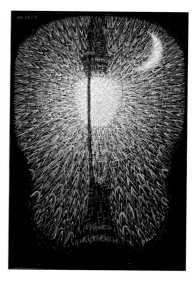

1912

4 janvier-12 février : à Saint-Pétersbourg, se tient la IIIe Exposition de l'Union de la Jeunesse, organisée conjointement avec le groupe La Queue-d'âne dirigé par Larionov.

25 janvier-fin février : à Moscou, a lieu la IIe Exposition du Valet de carreau, qui confronte les peintres russes aux artistes français (dont André Derain, Gleizes, Le Fauconnier, Léger, Matisse, Picasso et Kees Van Dongen), aux expressionnistes de Die Brücke (Erich Heckel, Ernest Ludwig Kirchner, Max Pechstein) et à ceux du Blaue Reiter (Kandinsky, Franz Marc, August Macke, Gabriele Münter). Delaunay, bien que mentionné au catalogue, n'expose pas. La critique dénonce le manque d'audace de cette avant-garde russe : « L'exposition de l'Union de la Jeunesse (à Saint-Pétersbourg), moins que tout autre, nous rappelle l'insolence de la jeunesse ; elle fait même plutôt penser à la sénilité. Là où on aurait aimé voir une passion originale – parfois même de l'impertinence –, on remarque une imitation presque servile des "nouveaux dieux". [...] Dans chacune des œuvres, le fantôme du maître se fait sentir. [...] Toute la tragédie de nos jeunes réside dans ce qu'ils rappellent toujours quelqu'un, et cela ne revient-il pas au même de mal imiter les "cubistes" ou d'être l'épigone de l'académie des Ambulants[49] ? »

5-24 février : exposition « Les Peintres futuristes italiens[50] » à la galerie parisienne Bernheim-Jeune & Cie, dirigée par Fénéon ; y sont présentées les œuvres des peintres signataires du manifeste, sauf celles de Balla dont *La Lampe à arc* a été « censurée » par Boccioni. Le catalogue comprend, outre le *Manifeste des peintres futuristes* du 11 avril 1910, leur texte-manifeste intitulé « Les exposants au public ». Alexandra Exter, Duchamp, Picabia et Joseph Stella sont au nombre des visiteurs.

Bien que les peintres fassent circuler leurs œuvres à travers la plupart des capitales européennes jusqu'en 1914, l'exposition suscite de nombreuses critiques dans la presse parisienne : « M. Marinetti ne badine pas. Le pétrole et la dynamite lui paraissent les instruments les plus idoines à régénérer la peinture. [...] Cet Érostrate déclamatoire[51] prêche une peinture "éthique, esthétique, dynamique et psychique". Le certain est que les peintres futuristes prétendent peindre sans pinceaux, sans couleurs, sans toile. Un jeune médecin aliéniste [...] aurait peut-être pu nous faire mieux comprendre "les principes dynamiques de la représentation des corps en mouvement par des groupements de gaz", tels que nous les a exposés, en un langage incendiaire mais fumeux M. Marinetti. Pour moi, j'ai retenu de ces démonstrations qu'un cheval à vingt jambes, pas moins, et que lorsqu'on fait un portrait, l'œil du modèle doit se trouver dans un coin du tableau et son faux-col dans l'autre coin[52]. "Les peintes futuristes – dit M. Marinetti – sont les primitifs du futur." Pour primitifs on ne peut le nier[53]. »

Salmon est plus circonspect : « Qu'avez-vous fait, mon cher Marinetti ? Je retrouvais un peu de calme, aucune exposition à la manière de la salle VIII n'était annoncée [...] Vous voici, cher poète, suivi de vos amis les Peintres Futuristes. [...] Commençant par un compliment auquel vos compatriotes et disciples seront sensibles, je reconnais bien volontiers que les peintres futuristes n'ont rien de commun avec la cohorte des barbouilleurs italiens modernes, lamentables confectionneurs d'enseignes pour confiseurs. Les Futuristes ont-ils plus de talent ? Ils ont, au moins, plus de fantaisie et, sans doute, plus de culture. Je n'ai pas encore écrit que je les aimais. [...] On s'écrasait devant *Souvenirs d'une nuit* de Russolo [1911, cat n° 37] ; on trépignait devant *Les Funérailles de l'anarchiste Galli*, par Carrà ; on hurlait devant *La Danse du pan-pan à Monico* [1909-1911/1959-1960,

cat n° 39], par Severini ; on demeurait cloué de stupeur devant *La Lumière électrique*, de Balla[54], ou les *États d'Âme*, de Boccioni [1911, cat n° 17-19]. Dois-je dire que je participais à l'affolement unanime ? Tout cela est tout neuf, peint à grands frais et avec agilité (vraiment de l'agilité plus que de l'habileté) pour nous étonner, braves Parisiens qui en sommes seulement au fauvisme, et il me semble avoir déjà vu tout cela quelque part. C'est le plus gros reproche qu'on puisse faire aux contempteurs du passé. Ils procèdent tous de quelqu'un, voire de plusieurs. Les méthodes du cubisme ont été mises à contribution ; la palette de Van Dongen grattée jusqu'au bois ; Picabia n'est pas un inconnu pour les jeunes maîtres, et je ne vois pas pourquoi l'auteur de *Tonton Lavilène* ou de *La Soif et la Volupté dans le Désert* ne prétendrait pas au titre enviable de précurseur du Futurisme[55]. » Gustave Kahn est plus admiratif : « Je n'ai point la place [...] d'étudier la théorie des peintres futuristes italiens et d'y confronter leur peinture. [...] Mais il faut tout de suite dire que des œuvres telles que *La ville qui monte* de M. Boccioni [1910-1911, cat n° 22], ou *La Rafle* du même peintre, *Les Funérailles de l'anarchiste Galli* de M. Carrà, *Le Train en vitesse* de Russolo[56], ou *La Danse à Monico* [sic] de M. Severini sont l'œuvre d'excellents artistes, que cette exposition mérite une sérieuse attention, qu'ainsi que ce Salon d'automne avec sa salle de cubistes elle marque une date de l'histoire de l'art. On n'avait certainement point vu de mouvement novateur aussi considérable depuis les premières expositions des pointillistes. Les futuristes sont très instruits des derniers efforts de la peinture contemporaine. Ils ont trouvé des guides à Paris, mais ils y ont ajouté beaucoup, qui vient d'eux-mêmes, avec beaucoup de fougue et d'éclat[57]. »

Loin des railleurs, André Warnod a bien conscience d'assister à un événement de

48. Auteur de *L'Archer à un œil et demi*, trad., préf. et notes de E. Sébald, V. et J.-C. Marcadé, Lausanne, L'Âge d'homme, 1971. Livchits évoque ses souvenirs où est restituée toute une partie importante de l'histoire de l'art d'avant-garde en Russie au début du XXe siècle.

49. N.V., *Apollon*, supplément au n° 3, février 1912 ; cité dans *Nathalie Gontcharova, Michel Larionov*, cat. exp., Paris, Éd. du Centre Pompidou, p. 230 ; Paris, Musée national d'art moderne, 21 juin-18 septembre 1995 ; Martigny, Fondation Pierre Gianadda, 10 novembre 1995-21 janvier 1996 ; Milan, Fondazione Antonio Mazzotta, 24 février-26 mai 1996.

50. L'exposition devait se tenir à Paris, dans le même lieu, du 11 novembre au 2 décembre 1911 ; elle fut retardée en raison de la guerre italo-turque et du départ de Marinetti pour Tripoli en tant que correspondant de *L'Intransigeant*.

51. Marinetti avait donné la veille (le 9 février 1912) une conférence à la Maison des étudiants de Paris.

52. Propos tenus par les peintres futuristes dans leur manifeste du 11 avril 1910. Cf. G. Lista, *Futurisme. Manifestes...*, op.cit., p. 163.

53. É. Helsey, « Après le cubisme, le futurisme », *Le Journal*, 10 février 1912.

54. La toile de Balla ne fut pas exposée, Boccioni l'ayant retirée de la sélection.

55. A. Salmon, « Les futuristes », *Paris-Journal*, 6 février 1912.

56. Localisation inconnue, toile probablement détruite.

57. G. Kahn, « Arts », *Mercure de France*, XXIII, t. XCV, n° 352, 16 février 1912.

Première de couverture du catalogue de l'exposition « Les Peintres futuristes italiens », étape londonienne : The Sackville Gallery, mars 1912.

L'aveugle du pont des arts, « Le Salon des indépendants », *Le Sourire* (Paris), 4 avril 1912, annoté par Pablo Picasso pour Daniel-Henry Kahnweiler.

THE SACKVILLE GALLERY, LTD.,
28, Sackville Street, Piccadilly.

EXHIBITION
of Works by the
ITALIAN FUTURIST
PAINTERS

MARCH. 1912.

Price - SIXPENCE.

première importance : « Les futuristes bien qu'employant parfois une facture qui ressemble au cubisme s'en éloignent totalement. Quant à l'âme même de leur art, ils semblent vouloir perfectionner l'impressionnisme en cherchant pour la forme ce qui a été trouvé pour le contenu. Les cubistes ne se préoccupent que de la forme, et c'est pourquoi la peinture futuriste est un art plus complet que le cubisme. [...] Sitôt entré dans la petite salle, ne commencez pas à vous esclaffer bruyamment parce que la facture que vous y verrez vous paraît extraordinaire. Si vous voulez aller là pour rire comme on va voir des pitreries à la foire, vous rirez certainement. [...] Ce n'est pas un art définitif ; bien loin de là. Beaucoup de gens crieront au scandale, ils auront presque raison. Mais il n'empêche qu'à travers ces toiles on voit parfois la sensation de quelque chose que jamais aucune autre école de peinture n'avait pu donner[58]. »

Lors de leur séjour parisien, Boccioni, Carrà, Marinetti et Russolo rencontrent diverses personnalités du monde artistique : Gleizes, Fénéon, Kahn, Léger, les collectionneurs Leo et Gertrude Stein, etc.

1er février : dans son article « La tendance de la peinture contemporaine », Olivier-Hourcade tente de faire une synthèse sur l'apport du cubisme[59].

Février : première livraison de la revue mensuelle *Les Soirées de Paris,* dirigée par Apollinaire, André Billy, René Dalize, Salmon et André Tudesq. (En difficulté financière durant l'hiver 1913-1914, la revue sera soutenue par Serge Férat et la baronne Hélène d'Œttingen.)

12 février : à Moscou, débat public organisé par l'association Le Valet de carreau, avec des conférences de Nicolaï Koulbine (« L'art d'avant-garde, base de l'univers ») et de David Bourliouk (« Le cubisme et les autres tendances de la peinture »). Nathalie Gontcharova et Larionov se séparent officiellement du Valet de carreau

après être intervenus de façon agressive, Larionov traitant Bourliouk de « disciple décadent de Munich » et taxant les cézanniens de conservatisme et d'éclectisme.

24 février : deuxième débat public du Valet de carreau, avec des exposés d'Ivan Axionov (« L'art contemporain ») et de David Bourliouk (« L'art contemporain en Russie et la manière dont il est reçu par la critique ») ; Vladimir Maïakovski se joint à l'assistance.

9 février : à Paris, conférence de Marinetti à la Maison des étudiants.

15 février : à la galerie Bernheim, Marinetti donne une conférence, tirée d'un texte inédit intitulé « Origines du futurisme pictural ». Face à l'hostilité d'une partie de la salle, Gleizes, Metzinger et Severini prennent la défense de leur ami.

Mars : Marinetti et Boccioni visitent Londres à l'occasion de l'exposition des peintres futuristes italiens organisée par la Sackville Gallery. Y sont présentées les mêmes œuvres qu'à l'exposition parisienne de février 1912 : « Les bons Londoniens avaient pris, à l'égard des futuristes, une résolution épatante. Ils devaient faire, en manière de dédain, la conspiration du silence autour des bruyants exposants de la Sackville Gallery. Nul ne devait en parler, nul ne devait y mettre pied, y jeter un coup d'œil. [...] Et l'accueil du public anglais n'est pas du tout celui que ce public avait prédit. [...] Il y a foule à l'exposition des futuristes à Londres[60]. »

7 mars : à Paris, à la Maison des étudiants, conférence de Valentine de Saint-Point, « La femme et les lettres », avec la participation de Marinetti.

11 mars-avril : à l'école Stroganov de Moscou, première exposition de La Queue d'âne, organisée par Larionov et à laquelle participent Nathalie Gontcharova, Malévitch, Tatline et Marc Chagall (un envoi depuis Paris).

12 mars-12 avril : à Berlin, la galerie Der Sturm présente sa première exposition, inaugurée par Walden et consacrée au Blaue Reiter.

20 mars-16 mai : à Paris, se tient le Salon des indépendants (Boccioni l'aurait visité), où l'on retrouve Alexandra Exter[61], Delaunay (*La Ville de Paris,* 1910-1912, cat. nº 53, et une *Tour Eiffel*), Gleizes, Gris (*Hommage à Pablo Picasso,* 1912, cat. nº 54), Léger (*La Noce,* 1911-1912, cat. nº 55) et Metzinger. Duchamp est contraint de décrocher son *Nu descendant l'escalier nº 2* (1912, cat. nº 70), jugé trop futuriste par Gleizes et Villon (il sera néanmoins présenté, cette même année, à l'exposition cubiste de Barcelone en avril-mai et à la Section d'or). Apollinaire et Severini discernent à cette occasion l'émergence de nouvelles tendances artistiques. Apollinaire : « Plusieurs tendances apparaissent nettement lorsqu'on traverse les salles. L'influence de Picasso est la plus profonde, elle se modifie cependant et les peintres mêmes qui en étaient les plus imprégnés ont fait de tels efforts depuis deux ans que leur personnalité se montre maintenant comme embellie et fortifiée par la rude discipline picassienne qu'ils ont subie avec amour et avec douleur. L'influence de Matisse semble presque complètement écartée. [...] Ces influences écartées, il reste deux grandes tendances bien marquées, dont l'une s'écartant de l'anecdote, tentant de se hausser jusqu'au sublime par des efforts qui ne sont pas risibles, est l'honneur même de la peinture actuelle. Elle réunit des artistes comme Delaunay, Le Fauconnier, Metzinger, Gleizes, Marie Laurencin, Dunoyer de Segonzac, Luc-Albert Moreau, Vlaminck, Rouault, etc.[62] »

Severini : « Le Salon des indépendants de cette année, et aussi le Salon d'automne suivant révélèrent non seulement l'influence des idées futuristes sur plusieurs artistes de valeur, mais une véritable transformation de l'atmosphère artistique en général : les couleurs-musée

Première de couverture du numéro 1
des *Soirées de Paris*, février 1912.

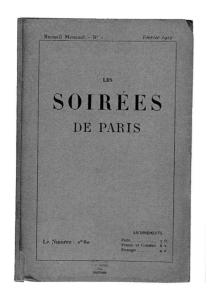

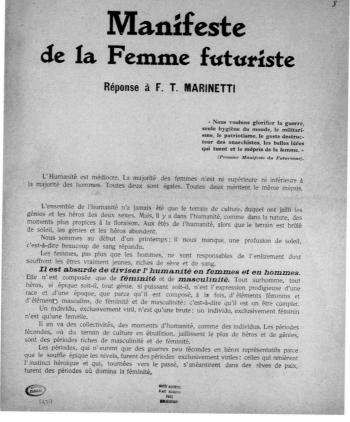

Première page du placard du *Manifeste
de la femme futuriste* (Paris, 25 mars 1912)
de Valentine de Saint-Point.

des premières toiles cubistes avaient disparu,
cédant la place aux couleurs vives du prisme[63]. »
25 mars : *Manifeste de la femme futuriste* de
Valentine de Saint-Point[64].
12 avril-15 mai : à Berlin, l'exposition des
peintres futuristes est présentée, sous le
titre « Futuristen », à la galerie Der Sturm
(Tiergartenstrasse 34a). Marinetti loue un taxi :
en compagnie de Walden, il parcourt les rues
en lançant ses manifestes et en criant « Vive le
futurisme ! »
L'exposition suscite l'intérêt des peintres allemands : « La notion de "peinture" est au
connaisseur bien au courant de l'art pictural
moderne, ce que la babine noire – ou tout autre
signe de race pure – est à l'éleveur. [...] Le
collectionneur de Picasso court à l'exposition
futuriste et s'écrie : très beau, merveilleux, mais
ce n'est pas de la "peinture", messieurs. Alors
quelqu'un de plus intelligent lui répond : ma
pittura, signore. La conversation se termine
là. Ensuite on peut lire une poésie japonaise :
"Si on ouvre une fenêtre, tout le bruit de la rue,
les mouvements et la matérialité des choses de
l'extérieur rentrent tout à coup dans la pièce." Ou
encore : "La force de la rue, la vie, les ambitions,
la peur que l'on peut observer dans la ville, la
sensation d'oppression que le bruit cause."
C'est tout cela que les futuristes réussirent à
peindre, d'une manière magistrale, même.
Carrà, Boccioni et Severini marqueront l'histoire
de l'art moderne. Nous enverrons encore à
l'Italie ses fils et nous suspendrons leurs
œuvres dans nos galeries[65]. »
Avril : grâce à la baronne d'Œttingen, Alexandra
Exter rencontre Soffici chez Serge Férat :
« Paris, le 3 avril, Café Niel, la nuit. On s'est
connu il y a une heure dans l'atelier de Serge,
[...] mais c'est comme si l'on avait vécu l'un à
côte de l'autre pendant des années[66] », écrit
Soffici. En 1914, ils partageront ensemble son
atelier.

11 avril : à Milan, Boccioni publie le *Manifeste
technique de la sculpture futuriste* (autre titre :
La Sculpture futuriste)[67]. Dans une lettre du 15
mars 1912, il note son profond intérêt pour cet
art : « Ces jours-ci je suis obsédé par la sculpture ! Je crois avoir vu une complète rénovation
de cet art momifié[68]. »
Avril : à Saint-Pétersbourg, IVe Exposition de
l'Union de la Jeunesse.
20 avril-10 mai : à la galerie barcelonaise Dalmau,
se déroule l'« Exposició d'art cubista », qui présente des œuvres de Duchamp, Gleizes, Gris,
Marie Laurencin, Metzinger, Le Fauconnier et
Léger. Jacques Nayral, beau-frère de l'éditeur
Eugène Figuière, préface le catalogue.
11 mai : *Manifeste technique de la littérature
futuriste* de Marinetti, suivi le 11 août de son
Supplément.
[Mai-juin] : à Saint-Pétersbourg, parution des
numéros 1 et 2 de la revue de l'Union de la
Jeunesse, dans lesquels paraissent la traduction russe du *Manifeste des peintres futuristes
italiens* et celle de leur préface au catalogue de
l'exposition de février 1912, « Les exposants au
public ».
31 mai-5 juin : à Bruxelles, à la galerie Georges
Giroux, se tient l'exposition « Les Peintres futuristes italiens » ; on y retrouve les mêmes
œuvres qu'à Paris, Londres et Berlin.
3 juin : dans la même galerie, lecture du
Manifeste de la femme futuriste par Valentine
de Saint-Point.
15 juin-15 juillet : Salon de la Société normande de peinture à Rouen (dirigée par Pierre
Dumont), Grand Skating, où exposent
Duchamp, Gleizes, Gris, Léger et Picabia.
27 juin : à Paris, à la salle Gaveau, conférence
de Valentine de Saint-Point avec lecture du
Manifeste de la femme futuriste, suivie d'un
débat dirigé par Marinetti.
Juin-juillet : de passage à Paris, Boccioni
marque un réel intérêt pour les sculptures

d'Archipenko, de Constantin Brancusi et de
Duchamp-Villon.
Juillet : Lewis expose *Kermesse,* une immense
toile influencée par le futurisme, au Ve Salon des
Allied Artists, qui se tient au Royal Albert Hall.
11 juillet : Soffici publie « Ancora del Futurismo »
dans *La Voce,* article très réservé à propos de
l'exposition des peintres futuristes de février.
Mi-juillet : à Düsseldorf, Balla crée ses premiers
vêtements futuristes (habit noir asymétrique à
bandes blanches) et entreprend la décoration de
la maison des Lowenstein chez qui il séjourne.
Été : Larionov élabore le « rayonnisme », mouvement « qui a trouvé l'affinité la plus proche en
particulier avec le futurisme[69] ».
Septembre : premier dîner des artistes de
Passy dans l'ancienne maison de Balzac (rue
Raynouard). Parmi les commensaux, on compte
Allard, Apollinaire, les trois frères Duchamp,
Gleizes, Metzinger, Le Fauconnier, Picabia,
Léger, Roger de La Fresnaye, Marie Laurencin
et Henry Valensi.
1er octobre : envoyé par *L'Intransigeant* comme
correspondant pour couvrir la guerre des
Balkans, Marinetti, assiste au bombardement
d'Andrinople.
1er octobre-8 novembre : le Xe Salon d'automne
accueille, entre autres, les trois frères Duchamp,
Gleizes (*Portrait de Jacques Nayral*), Metzinger
(*Danseuse au café,* 1912, cat. n° 58), Léger,
Kupka et Boccioni. Le Salon provoque à nouveau un scandale et renforce l'hostilité de son
Comité vis-à-vis du cubisme, notamment celle
de son directeur Frantz Jourdain. En signe de
protestation, Villon, sociétaire depuis 1904,
démissionne. Une violente polémique éclate à la
Chambre des députés en raison de la présence
des cubistes et des artistes étrangers à ce
salon : « J'espère même que vous direz tout
bas : ai-je bien le droit de prêter un monument
public à une bande de malfaiteurs qui se comportent dans le monde des arts comme les

58 A. Warnod, « L'exposition des futuristes »,
Comœdia, 6 février 1912.
59 Olivier-Hourcade, « La tendance de la peinture
contemporaine », *La Revue de France et des Pays
Français* (Paris), 1re année, n°1, février 1912,
p. 35-41.
60 R.-R.M. Sée, [s. t.], *Gil Blas* (Paris), 6 mars 1912.
61 Dans son compte rendu du Salon, Apollinaire
signalera sa présence : « Salle 17. Mme Exter
se souvient des anciennes études études de
Delaunay, dramatiques comme des écroulements. »
« Le Salon des indépendants. Suite de la
promenade à travers les salles », *L'Intransigeant,*
25 mars 1912 // id., *Écrits sur l'art, op. cit.,* p. 430.
62 *Id.,* « Les Indépendants. Les nouvelles tendances
et les artistes personnels », *Le Petit Bleu,*
20 mars 1912 // *ibid.,* p. 435.
63 G. Severini, « Apollinaire et le futurisme »,
XXe siècle (Paris), n° 3, juin 1952, p. 14.
64 Publié en allemand dans *Der Sturm* (Berlin),
3e année, n° 108, mai 1912, p. 26-27.
65 F. Marc, « Die Futuristen », *Der Sturm,*
3e année, n° 132, octobre 1912, p. 187.
66 L. Cavallo, *Soffici. Immagini e documenti
(1879-1964),* Florence, Vallecchi Editore,
1959-1968, p. 133.
67 Ce manifeste est publié en italien dans *L'Italia*
du 30 septembre 1912 ; en français, dans *Je dis
tout* du 6 octobre, dans *L'Escholier de France*
du 25 janvier 1913 ; en anglais, dans *The Tripod,*
n° 5, novembre 1912.
68 Lettre de Boccioni à Vico Baer, Paris,
15 mars 1912, repr. dans *Archivi del futurismo,*
t. 2, p. 43.
69 Lettre de Guiseppe Sprovieri à Anthony Parton,
reproduite dans A. Parton, *M. Larionov and
the Russian avant-garde,* Londres, Thames
and Hudson, 1993, p. 142.

Première de couverture du catalogues de l'exposition « Les Peintres futuristes italiens », étape bruxelloise : Galerie Georges Giroux, 20 mai-5 juin 1912.

Première de couverture du catalogues de l'exposition « Les Peintres futuristes italiens », étape berlinoise : Galerie Der Sturm, 12 avril-15 mai 1912.

Première page du *Manifeste technique de la sculpture futuriste* de Umberto Boccioni (Milan, 11 avril 1912).

Catalogue de l'exposition de la Section d'or, Paris, galerie La Boëtie, 10-30 octobre 1912.

apaches dans la vie ordinaire ? Vous vous demanderez, Monsieur le Ministre, en sortant de là si la nature et la forme humaine n'ont jamais subi de tels outrages ; vous constaterez avec tristesse que, dans ce Salon, on étale, on accumule les laideurs et les vulgarités les plus tristes qu'on puisse imaginer[70]. »

Octobre-janvier : à Londres, « Second Post-Impressionist Exhibition » organisée par Roger Fry aux Grafton Galleries, avec la participation d'artistes britanniques, français et russes (les œuvres russes n'arrivent qu'en novembre).

10-30 octobre : à Paris, la galerie La Boëtie reçoit le Salon de la Section d'or – « la plus grande exposition cubiste », selon Apollinaire –, qui rassemble les peintres se réunissant à Puteaux le dimanche, à Courbevoie dans l'atelier de Gleizes, aux dîners de Passy ou à La Closerie des Lilas. Trente et un artistes choisissent les œuvres les plus représentatives de leur évolution jusqu'au cubisme. Plus de deux cents œuvres sont ainsi exposées, parmi lesquelles on trouve celles de Duchamp (dont le *Nu descendant l'escalier n° 2* et le *Portrait de joueurs d'échecs* [1911, cat. n° 71]), de Duchamp-Villon (dont *Le Cheval*), d'Exter, de Gleizes (dont le *Portrait de Jacques Nayral* et *La Chasse*), de Gris (dont l'*Hommage à Pablo Picasso*), de Léger, de Metzinger (dont *Le Goûter*), de Picabia (dont *Danses à la source I*, 1912, cat. n° 73) et de Villon (*Jeune Femme,* 1912, cat. n° 77). Dans le cadre du Salon, Apollinaire, René Blum et Maurice Raynal donnent des conférences. La presse fait largement écho à celle prononcée le 11 octobre par Apollinaire, intitulée « L'écartèlement du cubisme ». Outre le catalogue, un premier et unique numéro de la revue *La Section d'or* paraît à cette occasion.

Louis Vauxcelles poursuit sa critique acerbe des cubistes : « La Section d'or et la salle XI du Salon d'automne font couler moult encre.

Je n'irai pas jusqu'à dire avec Salmon que des familles s'entre-déchirent […] pour ou contre les raseurs cubistes. Je ne pense point que cette éphémère crise de géométrie picturale ait un retentissement mondial[71]. »

Apollinaire, à l'inverse, voit dans ce mouvement un renouveau artistique : « Les cubistes, à quelque tendance qu'ils appartiennent, apparaissent à tous ceux qui ont souci de l'avenir de l'art comme les artistes les plus sérieux et les plus intéressants de notre époque. […] Pourquoi tant de colères, Messieurs les censeurs ? Les cubistes ne vous intéressent-ils point ? Ne vous y intéressez donc point. Mais voilà des cris, des grincements de dents, des appels au gouvernement. Tant de fiel entre-t-il au cœur des critiques d'art, cette violence, ces lamentations prouvent la vitalité de la nouvelle peinture et les œuvres qu'elle produit feront l'admiration des siècles, tandis que les pauvres détracteurs de l'art français contemporain seront vite oubliés[72]. »

Octobre : parution de *Du « cubisme »* de Gleizes et Metzinger (Paris, Éd. Figuière), premier ouvrage d'ensemble dédié à ce mouvement dont il consacre l'appellation. La traduction russe de ce traité, que Matiouchine publie en 1913, est fréquemment associée à des passages du *Tertium organum* de Piotr Ouspensky (1911) : « La publication de l'ouvrage de Gleizes et de Metzinger, *Du cubisme*, fut d'une importance immense et durable pour les peintres russes […] car le cubisme y était défini d'une manière complètement adéquate à leurs intérêts habituels et cela rendait accessible l'ensemble du vocabulaire pictural cubiste. Celui de Braque et de Picasso, aussi bien que celui du groupe de Passy[73]. »

Automne : séjour à Paris de Lioubov Popova et Nadiejda Oudaltsova qui s'inscrivent à l'atelier La Palette, où enseignent Metzinger, Le Fauconnier et André Dunoyer de Segonzac.

Vue de l'une des salles du Salon d'automne de 1912.
De g. à dr. : *Amorpha. Fugue à deux couleurs* de
František Kupka, *Le Printemps* de Francis Picabia,
La Danseuse au café de Jean Metzinger.
Au 1ᵉʳ plan : des sculptures de Amedeo Modigliani
à côté de petits tableaux cubistes.

Première page du premier et unique numéro
de *La Section d'or*, 9 octobre 1912.

3 décembre : Léon Bérard est interpellé à la Chambre des députés par Jules-Louis Breton à propos du dernier Salon d'automne : « Je lui demande tout simplement d'exiger, des sociétés concessionnaires, des garanties indispensables, notamment en ce qui concerne la constitution du jury d'admission, et de les prévenir que si, à l'avenir, le scandale de cette année se renouvelait, il se verrait alors dans l'obligation de leur refuser la concession du Grand Palais. [...] Il est, en effet, messieurs, absolument inadmissible que nos palais nationaux puissent servir à des manifestations d'un caractère aussi nettement anti-artistique et anti-national[74]. »

Marcel Sembat, député socialiste, prend la défense du cubisme : « On ne proteste pas quand l'État livre les palais nationaux à des intrigants, à des commerçants marrons, et l'on proteste quand il les livre à des artistes pour y présenter des tableaux que l'on juge mauvais. [...] Quand un tableau vous semble mauvais, vous avez un incontestable droit : celui de ne pas le regarder et d'aller en voir d'autres. Mais on n'appelle pas les gendarmes[75]. »

La presse se déchaîne, comme le constate Apollinaire : « Les cubistes massés au bout de la rétrospective de portraits, dans une salle sombre, ne sont plus moqués comme l'an dernier. Maintenant ils suscitent des haines. Ils se préparent à leur exposition d'ensemble : "La Section d'or"[76]. »

Le poète a perçu toute la singularité du travail des artistes présents : « Ceux-ci forment, cette année encore, le groupe caractéristique du Salon d'automne. Cependant, ils n'ont guère été favorisés par le jury, et si la plupart d'entre eux n'avaient été sauvés, au repêchage, nous n'aurions pas, cette année, d'exposition cubiste. [...] L'influence que cet art exerce déjà à l'étranger n'a pas échappé aux organisateurs du Salon d'automne. Ensembles nouveaux réali-

sés, non plus avec les éléments de la réalité de vision, mais avec ceux plus purs de la réalité de conception, les œuvres cubistes se prêtent bien en détail à la critique, mais les tendances auxquelles elles obéissent me paraissent *dignes d'intéresser ceux qui ont souci de l'avenir de l'art*[77]. »

4 décembre 1912-10 janvier 1913 : à Saint-Pétersbourg, Vᵉ Exposition de l'Union de la Jeunesse[78] à laquelle participent, entre autres, Vladimir Bourliouk, Nathalie Gontcharova, Malévitch, Matiouchine, Olga Rozanova et Larionov (première apparition d'une de ses œuvres rayonnistes).

Dans le courant de l'année, parution du *Monoplan du pape* (Paris, Éd. Sansot), de *La Bataille de Tripoli* (Éd. futuriste de *Poesia*) de Marinetti, et de l'anthologie *I Poeti futuristi* (juillet).

[70] Lettre ouverte de M. Lampué, doyen du conseil municipal de Paris, adressée à M. Léon Bérard, sous-secrétaire d'État aux Beaux-Arts ; citée dans P.F. Barrer, *Quand l'art du XXᵉ siècle était conçu par des inconnus*, Paris, Arts et Images du monde, 1992, p. 93-94.

[71] L. Vauxcelles, « Les Arts. Discussions », *Gil Blas* (Paris), 22 octobre 1912, cité dans *La Section d'or 1925, 1920, 1912*, cat. exp., Châteauroux, musées [de], 21 septembre-3 décembre 2000 ; Montpellier, musée Fabre, 15 décembre 2000-18 mars 2001 (Paris, Éd. Cercle d'art, 2000), p. 309.

[72] G. Apollinaire, « Jeunes peintres, ne vous frappez pas », *La Section d'or* (Paris), 9 octobre 1912 // *id.*, *Écrits sur l'art, op. cit.*, p. 484-485.

[73] C. Douglas, « Cubisme français/cubo-futurisme », art. cité, p. 190.

[74] Cité dans *ibid.*, p. 94.

[75] *Ibid.*, p. 98.

[76] G. Apollinaire, « Demain a lieu le vernissage du Salon d'automne », *L'Intransigeant* (Paris), 30 septembre 1912 // *id.*, *Écrits sur l'art, op. cit.*, p. 476-477.

[77] *Id.*, « Vernissage. L'inauguration du Salon d'automne », *L'Intransigeant* (Paris), 1ᵉʳ octobre 1912 // *id.*, *Écrits sur l'art, op. cit.*, p. 478-479.

[78] En raison de l'imprécision de la date mentionnée dans le catalogue, l'événement fut parfois antidaté d'un an.

Manifeste futuriste
de la
Luxure

RÉPONSE aux journalistes improbes qui mutilent les phrases
pour ridiculiser l'Idée ;
à celles qui pensent ce que j'ai osé dire ;
à ceux pour qui la Luxure n'est encore que péché ;
à tous ceux qui n'atteignent dans la Luxure que le Vice,
comme dans l'Orgueil que la Vanité.

La Luxure, conçue en dehors de tout concept moral et comme élément essentiel du dynamisme de la vie, est une force.

Pour une race forte, pas plus que l'orgueil, la luxure n'est un péché capital. Comme l'orgueil, la luxure est une vertu incitatrice, un foyer où s'alimentent les énergies.

La luxure, c'est l'expression d'un être projeté au-delà de lui-même ; c'est la joie douloureuse d'une chair accomplie, la douleur joyeuse d'une éclosion ; c'est l'union charnelle, quels que soient les secrets qui unifient les êtres ; c'est la synthèse senso-rielle et sensuelle d'un être pour la plus grande libération de son esprit ; c'est la communion d'une parcelle de l'humanité avec toute la sensualité de la terre ; c'est le frisson panique d'une parcelle de la terre.

La Luxure, c'est la recherche charnelle de l'In-connu, comme la Cérébralité en est la recherche spirituelle. La Luxure, c'est le geste de créer et c'est la création.

La chair crée comme l'esprit crée. Leur création, en face de l'Univers, est égale. L'une n'est pas supérieure à l'autre. Et la création spirituelle dépend de la création charnelle.

Nous avons un corps et un esprit. Restreindre l'un pour multiplier l'autre est une preuve de faiblesse et une erreur. Un être fort doit réaliser toutes ses possibilités charnelles et spirituelles. La Luxure est pour les conquérants un tribut qui leur est dû. Après une bataille où des hommes sont morts, **il est normal que les victorieux, sélectionnés par la guerre, aillent, en pays conquis, jusqu'au viol pour recréer de la vie.**

Après les batailles, les soldats aiment les voluptés où se détendent, pour se renouveler, leurs énergies sans cesse à l'assaut. Le héros moderne, héros de n'importe

Valentine de Saint-Point, *Manifeste futuriste de la luxure*, Paris, 11 janvier 1913.

Félix Del Marle avec le sculpteur Léon Fagel à Paris en janvier 1913.
Archives Giovanni Lista, Paris..

David Bourliouk *et al.*, *Poščëčina obščestvennomu vkusu [Une Gifle au goût public]*, manifeste, Moscou, Kouzmine et Dolinski, décembre 1912.

1913

1er janvier : à Moscou, inauguration de l'exposition française « L'Art contemporain » avec plus de deux cents œuvres des nabis, Fauves et cubistes (Gris, Léger et Picasso y participent).

1er janvier : parution du premier numéro de la revue bimensuelle *Lacerba* (Florence), dirigée de façon collégiale par Aldo Palazzeschi, Papini (alors chroniqueur au *Mercure de France*) et Soffici. Créée après de vives tensions au sein de la revue florentine *La Voce*, *Lacerba* ouvre ses colonnes aux peintres et aux écrivains français, notamment à Jacob, Apollinaire et Remy de Gourmont. Elle publie de nombreux manifestes futuristes, reproduit des œuvres des cubistes français et des futuristes italiens, et accueille les plumes de Boccioni, Carrà, Marinetti et Soffici.

Début janvier : séjour de Boccioni à Paris dans le but de préparer une exposition de ses sculptures qui doit s'y tenir en juin et juillet de la même année.

Janvier : Balla se rend à Milan pour rencontrer les peintres futuristes qui y résident.

11 janvier : le *Manifeste futuriste de la luxure* de Valentine de Saint-Point est publié simultanément en français et en italien[79]. Il suscite peu de réactions dans la presse parisienne[80], mais reçoit un meilleur accueil de l'ensemble du public féminin que le *Manifeste de la femme futuriste* du 25 mars 1912. Avec pour mot d'ordre « Cessons de bafouer le désir », il valorise la luxure comme fin en soi.

Début d'année : Félix Del Marle rencontre à Paris Severini qui lui fait découvrir la peinture futuriste ; ensemble, ils partagent l'atelier du peintre italien installé au 32, rue Dutot.

17 janvier-1er février : à la galerie parisienne Berthe Weill, exposition d'œuvres cubistes de Gleizes, Léger et Metzinger.

23 janvier-20 février : Delaunay expose à la galerie Der Sturm (Königin Augustastrasse 51).

À cette occasion, les Delaunay se rendent à Berlin en compagnie d'Apollinaire qui donnera une conférence sur l'orphisme.

Janvier : à Moscou, parution aux éditions Kouzmine et Dolinski du recueil *Une gifle au goût public* (prêt dès décembre 1912, l'ouvrage ne passe la censure qu'entre le 7 et le 14 janvier 1913). Il contient le premier manifeste du groupe *Gileâ* [« Hylée »] – premier mouvement futuriste tiré du nom grec de la Tauride en Ukraine, dans lequel David Bourliouk, Khlebnikov, Kroutchonykh et Maïakovski formulent, en une préface provocante, les concepts des futuristes russes : « Toi qui lis notre nouvelle ; première, inattendue / Nous sommes seuls la face de notre Temps / Par nous retentit le cor du temps dans l'art des mots. / Le passé est étroit. / L'académie et Pouchkine sont plus incompréhensibles que les hiéroglyphes. / Il faut jeter Pouchkine, Dostoïevski, Tolstoï et Cie, par-dessus le bord du Navire de l'Époque contemporaine[81]. »

À la même époque, Nevinson fait la connaissance de Lewis par l'intermédiaire de Wadsworth.

10 février : à Paris, parution du premier numéro de la gazette mensuelle *Montjoie !*[82], sous-titré « Organe de l'impérialisme artistique français ». Son directeur, Ricciotto Canudo, a pour objectif de trouver un lien commun entre tous les arts (danse, musique, arts décoratifs, arts plastiques, etc.) et d'ouvrir la revue à « toutes les renaissances promises de l'art ». De nombreux artistes appartenant à l'avant-garde y collaborent (Gleizes et Léger, entre autres), tout comme Apollinaire, Mercereau et Salmon, qui publient des articles favorables au cubisme et à l'orphisme. Les Lundis de *Montjoie !*, qui ont lieu dans les locaux de la Chaussée-d'Antin, réunissent quelques-uns des plus grands créateurs de l'époque, parmi lesquels Barzun, Patrick Henry Bruce, Léon Bask, Blaise Cendrars,

Delaunay, Duchamp-Villon, Léger, Morgan Russell, Erik Satie, Stefan Zweig, Edgar Varèse, Villon et Walden.

17 février-15 mars : à New York, exposition de l'Armory Show (International Exhibition of Modern Art, at the Armory of the Sixty-Ninth Infantry). Refusant de voir leurs œuvres exposées aux côtés de celles d'autres artistes, les futuristes italiens n'y figurent pas, portant ainsi préjudice à la diffusion outre-Atlantique de leur mouvement. On y retrouve néanmoins Braque (trois œuvres), Duchamp (quatre œuvres, dont *Nu descendant l'escalier n° 2*), Duchamp-Villon (cinq œuvres), Jacob Epstein (une œuvre), Gleizes (deux œuvres), Léger (deux œuvres), Picabia (quatre œuvres, dont *Danses à la Source I*), Picasso (sept œuvres), Russell (deux œuvres), Stella (deux œuvres), Villon (neuf œuvres, dont *Jeune Femme*). Delaunay devait y exposer trois toiles, dont *La Ville de Paris* qui ne put être accrochée en raison de ses dimensions, mais il fit retirer ses tableaux lors de l'ouverture de la manifestation. L'exposition est présentée, avec des variantes, à l'Art Institute de Chicago du 24 mars au 16 avril, puis à la Copley Society de Boston du 28 avril au 19 mai.

21 février-9 mars : à Rome, la galerie G. Giosi accueille la « Prima Esposizione pittura futurista » où sont présentées des toiles de Balla (*Jeune fille courant sur le balcon*, 1912, cat. n° 69), Boccioni (dont le triptyque des *États d'âme*, *Construction horizontale* [1912, cat. n° 63] et *Antigracieux* [1912, cat. n° 62]), Carrà, Russolo, Severini et Soffici (dont *Lignes et volumes d'une personne* [1912, cat. n° 66]). Les œuvres choisies diffèrent, en grande partie, de celles exposées chez Bernheim-Jeune et Cie en février 1912. Lors du vernissage, Papini lit son manifeste *Contre Rome et contre Benedetto Croce*[83]. Quelques jours plus tard, le 26 février, Boccioni donne une conférence interrompue par le public.

[79] Italo Tavolato rédige une réplique critique de ce manifeste, *Glossa sopra il manifesto futurista della lussuria*, qui paraît dans *Lacerba* (vol. I, n° 6, 15 mars 1913, p. 58-59).

[80] Soucieuse de son indépendance, Valentine de Saint-Point prend ses distances vis-à-vis des futuristes italiens. La plupart des artistes et des critiques parisiens la tiennent à l'écart, exceptions faites des Delaunay et de Cendrars qui entretiennent des liens amicaux avec elle et Ricciotto Canudo, et les encouragent dans leur œuvre de propagande anticonformiste. Malgré le faible retentissement de ses proclamations futuristes à Paris, ses positions rencontrent un certain succès à l'étranger, en particulier dans plusieurs capitales européennes.

[81] Cité dans V. Marcadé, *Le Renouveau de l'art pictural russe*, Lausanne, L'Âge d'homme, 1971, p. 210.

[82] Le titre de la revue est emprunté au cri de guerre des rois de France, repris dans un vers de la *Chanson de Roland*. À partir de 1914, le rythme de parution de *Montjoie !* sera plus espacé.

[83] Discours publié dans *Lacerba* (vol. I, n° 5, 1er mars 1913, p. 37-41), sous le titre « Il Discorso di Roma », puis diffusé sous forme de manifeste // G. Lista, *Futurisme. Manifestes....*, *op. cit.*, p. 114-119.

Luigi Russolo, *L'Art des bruits. Manifeste futuriste,*
daté « Milan, 11 mars 1913 ».

Première de couverture de l'almanach (revue-recueil)
de l'Union de la Jeunesse (Saint-Pétersbourg), n° 3,
1913. Dessin de la couverture de I. Skol'nik.

L'ART DES BRUITS

Manifeste futuriste

Mon cher Balilla Pratella, grand musicien futuriste,

Le 9 Mars 1913, durant notre sanglante victoire remportée sur 4000 passéistes au Théâtre Costanzi de Rome, nous défendions à coups de poing et de canne ta **Musique futuriste**, exécutée par un orchestre puissant, quand tout-à-coup mon esprit intuitif conçut un nouvel art que, seul, ton génie peut créer: l'Art des Bruits, conséquence logique de tes merveilleuses innovations.

La vie antique ne fut que silence. C'est au dix-neuvième siècle seulement, avec l'invention des machines, que naquit le Bruit. Aujourd'hui le bruit domine en souverain sur la sensibilité des hommes. Durant plusieurs siècles la vie se déroula en silence, ou en sourdine. Les bruits les plus retentissants n'étaient ni intenses, ni prolongés, ni variés. En effet, la nature est normalement silencieuse, sauf les tempêtes, les ouragans, les avalanches, les cascades et quelques mouvements telluriques exceptionnels. C'est pourquoi les premiers sons que l'homme tira d'un roseau percé ou d'une corde tendue, l'émerveillèrent profondément.

Les peuples primitifs attribuèrent au son une origine divine. Il fut entouré d'un respect religieux et réservé aux prêtres qui l'utilisèrent pour enrichir leurs rites d'un nouveau mystère. C'est ainsi que se forma la conception du son comme chose à part, différente et indépendante de la vie. La musique en fut le résultat, monde fantastique superposé au réel, monde inviolable et sacré. Cette atmosphère hiératique devait nécessairement ralentir le progrès de la musique, qui fut ainsi devancée par les autres arts. Les Grecs eux-mêmes, avec leur théorie musicale fixée mathématiquement par Pythagore et suivant laquelle on admettait seulement l'usage de quelques intervalles consonants ont limité le domaine de la musique et ont rendu presqu'impossible l'harmonie qu'ils ignoraient absolument. La musique évolua au Moyen Age avec le développement et les modifications du système grec du tétracorde. Mais on continua à considérer le son dans son déroulement à travers le temps, conception étroite qui persista longtemps et que nous retrouvons encore dans les polyphonies les plus compliquées des musiciens flamands. L'accord n'existait pas encore: le développement des différentes parties n'était pas subordonné à l'accord que ces parties pouvaient produire ensemble; la conception de ces parties n'était pas verticale, mais simplement horizontale. Le désir et la recherche de l'union simultanée des sons différents (c'est-à-dire de l'accord, son complexe) se manifestèrent graduellement: on passa de l'accord parfait assonant aux accords enrichis de quelques dissonances de passage, pour arriver aux dissonances persistantes et compliquées de la musique contemporaine.

L'art musical rec'hercha tout d'abord la pureté limpide et douce du son. Puis il amalgama des sons différents, se préoccupant de caresser les oreilles par des harmonies suaves. Aujourd'hui l'art musical, recherche les amalgames de sons les plus dissonants, les plus étranges et les plus stridents. Nous nous approchons ainsi du *son-bruit.* **Cette évolution de la musique est parallèle à la multiplication grandissante des machines** qui participent au travail humain. Dans l'atmosphère retentissante des grandes villes aussi bien que dans les campagnes autrefois silencieuses, la machine crée aujourd'hui un si grand nombre de bruits variés que le son pur, par sa petitesse et sa monotonie ne suscite plus aucune émotion.

Pour exciter notre sensibilité, la musique s'est développée en recherchant une polyphonie plus complexe et une variété plus grande de timbres et de coloris instrumentaux. Elle s'efforça d'obtenir les successions les plus complexes d'accords dissonants et prépara ainsi le **bruit musical.**

Cette évolution vers le son-bruit n'est possible qu'aujourd'hui. L'oreille d'un homme du dix-huitième siècle n'aurait jamais supporté l'intensité discordante de certains accords produits par nos orchestres (triplés quant au nombre des exécutants). Notre oreille au contraire s'en réjouit, habituée

---

Février : à Saint-Pétersbourg, l'Union de la Jeunesse organise deux soirées-débats, au cours desquelles Larionov expose les principes de son nouveau mouvement : le rayonnisme.

Début mars : à Saint-Pétersbourg, aux éditions *Žuravl'* [La Grue], parution de *Sadok sudej II [Vivier des juges II],* recueil des futuroslaves « hyléens » comprenant des textes de David Bourliouk, Khlebnikov, Maïakovski (illustrés par David Bourliouk, Nathalie Gontcharova, Elena Gouro, Khlebnikov et Larionov).

Mars : parution dans le troisième et dernier almanach de l'Union de la Jeunesse de larges extraits de l'ouvrage *Du « cubisme »* de Gleizes et Metzinger, traduits et commentés par Matiouchine et accompagnés de passages du *Tertium organum* de Pyotr Demianovitch Ouspensky. Cette même année 1913, l'intégralité du texte des peintres français est publiée à Saint-Pétersbourg dans la traduction d'Ekaterina Nizen, et à Moscou dans celle de Maximiliane Volochine.

11 mars : manifeste *L'Art des bruits* de Russolo[84], dédié au « grand musicien futuriste Balilla Pratella » : « Le 9 mars 1913, durant notre sanglante victoire remportée sur 4 000 passéistes au théâtre Costanzi de Rome, nous défendions à coups de poing et de canne ta *Musique futuriste,* exécutée par un orchestre puissant, quand tout à coup mon esprit intuitif conçut un nouvel art que, seul, ton génie peut créer : l'Art des bruits, conséquence logique de tes merveilleuses innovations[85]. » Dans son manifeste, Russolo remet en cause la hiérarchie des sons et des bruits inhérente au monde moderne : « Dans l'atmosphère retentissante des grandes villes aussi bien que dans les campagnes autrefois silencieuses, la machine crée aujourd'hui un si grand nombre de bruits variés que le son pur, par sa petitesse et sa monotonie, ne suscite plus aucune émotion[86]. » Pour lui, la musique doit suivre cette évolution en produisant

non seulement des sons, mais des sons-bruits qui permettent d'éprouver « infiniment plus de plaisir à combiner idéalement les bruits de tramways, d'autos, de voitures et des foules criardes qu'à écouter, par exemple, l'*Héroïque* ou la *Pastorale*[87] ».

17 mars : Apollinaire publie aux éditions Eugène Figuière *Les Peintres cubistes. Méditations esthétiques,* recueil qui rassemble, entre autres, un certain nombre d'articles déjà parus dans la revue *Les Soirées de Paris* et des études sur les « peintres nouveaux » (Braque, Duchamp, Duchamp-Villon, Gleizes, Gris, Metzinger, Marie Laurencin et Picasso). Le poète y propose un historique du cubisme et en précise les caractéristiques, mais son travail est la cible de critiques acerbes : « Des *Méditations esthétiques* qui constituent le texte du volume, je ne dirai donc rien sinon mon admiration pour la virtuosité avec laquelle l'auteur défend les paradoxes les plus étranges. […] Quant aux reproductions de toiles cubistes qui ornent le volume, elles ont un intérêt indéniable. On peut y suivre la marche vertigineuse des maîtres de l'école cubiste vers leur idéal d'obscurité et voir comment, depuis deux années, ils réussissent à chaque exposition, à reculer toujours plus loin les bornes d'incompréhensibilité. Mais quel dommage que ces reproductions ne concernent que le seul cubisme ! On aurait pu montrer ainsi, avec document à l'appui, comment de l'impressionnisme, puis du néo-impressionnisme et du pointillisme, on en est arrivé au sauvagisme, au futurisme et au cubisme[88]. »

Picasso et Kahnweiler n'apprécient guère ce livre. Le peintre écrit à son marchand : « Vous me donnez de bien tristes nouvelles des discutions [*sic*] sur la peinture. Moi, j'ai reçu le livre de Apollinaire sur le cubisme. Je suis bien désolé de tous ces potins[89]. » Apollinaire réagit en s'adressant à Kahnweiler : « J'apprends que vous jugez que ce que je dis sur la peinture

Première de couverture de la revue *Montjoie !* (Paris), Supplément au numéro 3, 18 mars 1913 (compte rendu de Guillaume Apollinaire sur le Salon des indépendants).

Valse attribuée à F.T. Marinetti par la revue *Fantasio* (Paris), 15 avril 1913. Archives Giovanni Lista, Paris.

n'est pas intéressant, ce qui de votre part me paraît singulier – J'ai défendu seul comme écrivain des peintres que vous n'avez choisis qu'après moi[90]. »

19 mars-18 mai : à Paris, au Salon des indépendants, une nouvelle tendance du cubisme émerge, l'orphisme, qui marque le retour de la couleur et l'épuration des formes. Parmi les œuvres exposées, on retrouve des toiles de Delaunay (dont *L'Équipe de Cardiff* (3e représentation), 1912-1913, cat. n° 60), de Gleizes (dont *Les Joueurs de football*, 1912-1913, cat. n° 59), de Kupka, Léger, Stanton Macdonald-Wright, Metzinger et Russell.

Apollinaire se fait le défenseur de cette nouvelle tendance du cubisme : « Si le cubisme est mort, vive le cubisme. Le règne d'Orphée commence[91]. » « Cette année le Salon des indépendants est plus vivant que jamais. Les dernières écoles de peinture y sont représentées : le Cubisme impressionnisme des formes et sa dernière tendance l'Orphisme, peinture pure, simultanéité[92]. »

Les propos d'Apollinaire, qui associent étroitement « peinture pure » et « simultanéité », sont à l'origine d'une polémique sur la paternité et la signification du concept de simultanéité. Cette querelle opposera violemment Boccioni et Delaunay de novembre 1913 à mars 1914[93].

23 mars : à Moscou, se déroule le colloque intitulé « L'Orient, le nationalisme et l'Occident », journée de débat organisé par Larionov qui fait un exposé sur « Le rayonnisme ». Ilia Zdanievitch y donne une conférence sur « Le futurisme de Marinetti », en exhibant des souliers d'homme « plus beaux que la *Vénus de Milo* », ce qui provoque un tel scandale que la police est contrainte d'intervenir.

23-24 mars : à Saint-Pétersbourg, deux débats publics sont organisés par l'Union de la Jeunesse, avec des exposés de David Bourliouk (« L'art des novateurs et l'art acadé-

mique des XIXe et XXe siècles ») et de Malévitch (« Le Valet de carreau et La Queue d'âne »). À cette occasion, est également diffusé un tract-manifeste d'Olga Rozanova.

24 mars-7 avril : à Moscou, Larionov organise l'exposition « La Cible », qui confirme la rupture, déjà amorcée avec l'exposition « La Queue d'âne », entre son groupe et celui du Valet de carreau (auquel il reproche sa dépendance vis-à-vis des peintres munichois, des principes cézanniens et des peintres français d'avant-garde). « La Cible » est la dernière d'un cycle d'expositions commencé avec « Le Valet de carreau » et poursuivi avec « La Queue d'âne »[94]. Malévitch expose *Portrait d'Ivan Klioune* (1911, cat. n° 90). Le catalogue de l'exposition comprend un texte-manifeste cosigné par Larionov.

Publication de la traduction russe du *Manifeste technique de la peinture* futuriste qu'Alexandra Exter avait rapporté de Paris.

1er avril : Boccioni publie dans le numéro 7 de *Lacerba* « Les futuristes plagiés en France », article qui contribue, lui aussi, à alimenter la violente polémique entre peintres français et italiens quant à la paternité et à la signification du concept de simultanéité : « Les cubistes amorcent donc une nouvelle tendance, à ce qu'écrit G. Apollinaire dans la nouvelle revue *Montjoie !* [...] dirigée par notre ami Ricciotto Canudo, né à Bari. Avec cette nouvelle tendance, le cubisme "impressionisme des formes", selon Apollinaire, entre dans une dernière et glorieuse phase : "... l'orphisme, peinture pure, simultanéité...". [...] Et voilà autant de plagiats évidents de ce qui a formé, à partir de ses premières manifestations, l'essence de la peinture et de la sculpture futuristes. Voici comment nos collègues de France reconnaissent la solidarité, la sincérité et la sympathie dont nous avons toujours fait preuve vis-à-vis d'eux. Ils nous copient, et feignent de nous ignorer. [...] Nous tenons

pourtant à mettre les choses au clair. [...] L'Orphisme, disons-le tout de suite, n'est qu'une élégante mascarade des principes fondamentaux de la peinture futuriste. Cette nouvelle tendance témoigne simplement du profit qu'on su tirer de notre première exposition futuriste à Paris nos collègues français[95]. » Cette controverse connaît de multiples rebondissements entre novembre 1913 et juin 1914 : Apollinaire, Boccioni, Delaunay, Carrà, Papini et Soffici publient tour à tour des articles où chacun revendique la paternité du concept litigieux[96].

7 avril-7 mai : à Londres, grand succès pour l'exposition personnelle de Severini (« The Futurist Painter Severini Exhibits his Latest Works ») à la Marlborough Gallery. Les Severini profitent de leur séjour londonien durant le mois d'avril pour rencontrer les Nevinson le 13. Par ailleurs, le peintre italien prépare le prochain voyage de Marinetti dans la capitale anglaise, prévu pour l'automne.

15 avril : Del Marle confirme son adhésion au mouvement futuriste à travers la parution de « La peinture futuriste » dans le numéro 8 du *Nord illustré* (Lille).

Fin avril : la brochure de Larionov *Lučizm [Le Rayonnisme]* est publiée à Moscou aux éditions Munster ; elle est considérée comme le premier manifeste de cette tendance artistique[97] : « Le rayonnisme est la peinture de ces formes non tangibles, de ces produits *infinis* dont tout l'espace est rempli. [...] Il veut considérer la peinture comme un but en soi, et non plus comme un moyen d'expression[98]. »

5 mai : à l'académie Vassilieff (54, avenue du Maine), fréquentée par les artistes russes de Paris, Léger donne une conférence intitulée « Essai sur les origines de la peinture contemporaine et sur sa valeur représentative[99] ». Il y prône un nouveau « réalisme » en l'opposant au réalisme imitatif de la peinture antérieure :

[84] Un compte rendu de ce manifeste est publié dans le *Paris-Journal* du 1er avril 1913. En 1916, Russolo fait également paraître un ouvrage éponyme (Milan, Ed. futuriste di *Poesia*).

[85] L. Russolo, *L'Art des bruits* // G. Lista, *Futurisme. Manifestes..., op. cit.*, p. 312.

[86] *Ibid.*, p. 323.

[87] *Ibid.*

[88] L. Perceau, *La Guerre sociale*, 7-13 mai 1913 ; cité dans G. Apollinaire, *Les Peintres cubistes. Méditations esthétiques*, Paris, Hermann, 1980, p. 163.

[89] Picasso à Kanwheiler, 11 avril 1913, Céret // *Donation Louise et Michel Leiris. Collection Kahnweiler-Leiris*, cat. exp., Paris, Musée national d'art moderne, 22 novembre 1984-28 janvier 1985 (Paris, Éd du Centre Pompidou, 1985, p. 170).

[90] Lettre d'Apollinaire à Picasso // W. Spies, « Vendre des tableaux – donner à lire », *Daniel-Henry Kanhweiler, marchand, éditeur, écrivain...*, p. 35. Selon W. Spies (p. 34), elle aurait été adressée à Picasso fin avril 1913.

[91] G. Apollinaire, « Le Salon des indépendants », *Montjoie !* (Paris), I, n°4, 29 mars 1913, p. 7 // *id., Écrits sur l'art, op. cit.*, p. 540.

[92] *Id.*, « À travers le Salon des indépendants », *Montjoie !*, I, supplément au n° 3, 18 mars 1913, p. 1 // *ibid.*, p. 529-530.

[93] Cf. l'essai de E. Coen, « Simultanéité, simultanéisme, simultanisme », *supra* p. 60.

[94] Après l'exposition « La Cible », les expositions organisées par Larionov seront identifiées par un numéro.

[95] U. Boccioni, « Les futuristes plagiés en France », publié en italien dans *Lacerba*, vol. I, n° 7, 1er avril 1913, p. 66-68 // G. Lista, *Futurisme. Manifestes..., op. cit.*, p. 387-388.

[96] Cf. les articles de G. Apollinaire (« Chronique mensuelle », *Les Soirées de Paris*, n° 18, 15 novembre 1913, p. 2-6 ; « Le Salon d'automne (suite) », *Les Soirées de Paris*, n° 19, 15 décembre 1913, p. 46-49 ; « La Vie artistique. Au Salon des indépendants », *L'Intransigeant* (Paris), 5 mars 1914 // *Id., Écrits sur l'art, op. cit.*, p. 650) ; de U. Boccioni (« Simultanéité futuriste », *Der Sturm* (Berlin), 15 décembre 1913, n° 190-191, p. 151) ; de R. Delaunay (« Lettre ouverte au Sturm », *Der Sturm*, n° 194-195, 15 janvier 1914, p. 167 et « Au Salon des indépendants. Réponse à une critique », *L'Intransigeant*, 6 mars 1914, p. 2) ; de C. Carrà, G. Papini et A. Soffici (« Une querelle artistique », *L'Intransigeant*, 8 mars 1914, p. 2).

[97] La revue *Montjoie !* publie ce texte en français, sous le titre « Le rayonnisme pictural » (II, n° 4-5-6, avril-mai-juin 1914, p. 15), attestant des relations constantes entre les artistes français et russes de l'époque.

[98] M. Larionov, « Le Rayonnisme », *La Queue d'âne et la Cible*, in *id., Une avant-garde explosive*, édition, traduction et notes de M. Hoog et S. de Vigneral, Lausanne, L'Âge d'homme, 1978, p. 84.

[99] Le texte de cette conférence sera publié dans *Montjoie !*, I, n° 8, 29 mai 1913, p. 7 et I, n° 9-10, 14-29 juin 1913, p. 9-10 // E. Fry, *Le Cubisme*, Bruxelles, Éd. de La Connaissance, 1966, p. 120-126.

Couverture du catalogue de l'exposition de sculptures de Umberto Boccioni, Paris, Galerie La Boëtie, 20 juin-16 juillet 1913.

Boccioni dans son atelier, vers 1913 avec au premier plan la sculpture *Synthèse du dynamisme humain* (œuvre détruite ?).

Première de couverture du n° 18 de la revue *Lacerba* (Florence), vol. II, 15 septembre 1913, organe de diffusion du futurisme dirigé par Giovanni Papini et Ardengo Soffici. De nombreux poètes français y étaient publiés.

« Si l'imitation de l'objet dans le domaine de la peinture avait une valeur en soi, tout tableau du premier venu ayant une qualité imitative aurait en plus une valeur picturale ; comme je ne crois pas qu'il soit nécessaire d'insister et de discuter un cas semblable, j'affirme donc une chose déjà dite, mais qu'il est nécessaire de redire ici : "La valeur réaliste d'une œuvre est parfaitement indépendante de toute qualité imitative[100]". »

11 mai : Marinetti publie *Imagination sans fils et les mots en liberté*, manifeste dont il donnera lecture lors de sa conférence contradictoire du 22 juin, organisée dans le cadre de l'exposition de sculptures de Boccioni[101].

16 mai : Valentine de Saint-Point publie « Théâtre de la femme » dans *Montjoie !* (I, n° 7 : « Numéro consacré à la crise du théâtre français », p. 6).

18 mai-15 juin : le Kunstkrink de Rotterdam accueille l'exposition « Les Peintres et les Sculpteurs futuristes italiens ». On y retrouve les mêmes œuvres que celles présentées à Rome au mois de février, auxquelles viennent s'ajouter trois nouvelles toiles de Russolo et deux sculptures de Boccioni.

Mai : Del Marle, en difficultés financières, est hébergé par Severini dans son atelier situé au 32 de la rue Dutot.

Auteur de tableaux qui font appel à la stylistique et à l'iconographie futuristes (cf. *Le Départ du Train de Luxe*, vers 1913, œuvre détruite), Nevinson séjourne à Paris où il revoit Severini.

2 juin : à Modène, au théâtre Storchi, Russolo donne le premier concert des bruiteurs futuristes, au cours duquel le public découvre l'instrument appelé « éclateur ». Ce concert est suivi le 11 août d'une présentation à la Maison Rouge de Milan de quatre compositions par un orchestre comprenant seize bruiteurs[102].

20 juin-16 juillet : à la galerie La Boëtie, « Iʳᵉ exposition de sculpture futuriste du peintre et sculpteur futuriste Boccioni » (*Développement d'une bouteille dans l'espace*, 1912, cat. n° 65),

visitée notamment par Lioubov Popova. Lors de l'inauguration, Del Marle fait la connaissance du sculpteur et de Marinetti. Une conférence contradictoire sur la sculpture futuriste, avec pour intervenants Boccioni et Marinetti, a lieu dans la galerie le 27 juin. Kahn fait part de ses réserves sur cette exposition : « M. Boccioni expose actuellement des sculptures et je lui dois encore toute la vérité, ou du moins toute la sincérité, car je puis bien me tromper et être simplement dérouté par la nouveauté de son effort ; je crois qu'il fait fausse route. Je retrouve bien, dans ces essais de dynamisme des forces, son relief et sa vigueur, mais je n'en vois pas l'emploi rationnel. […] Il est fâcheux qu'un peintre tel que M. Boccioni condescende à ces petits jeux de juxtaposition de matière d'art et de matériaux vulgaires qu'ont pratiqués et bien à tort, hors l'exemple des mieux doués, quelques enfants perdus du cubisme. Il ne sera jamais artiste de mêler à la glaise ou de coller sur la toile du verre, des cheveux, du bois découpé. […] Sa volonté de suivre dans l'espace les formes d'un objet fini et inerte, comme une bouteille, ne peut le mener à l'œuvre d'art. […] C'est un saut dans l'invisible et ce n'est point un bond vers une harmonie. M. Boccioni n'en est, je crois, qu'à une étape de sa recherche[103]. »

Juin : à Florence, aux éditions Libreria della Voce, parution de *Cubismo e oltre* de Soffici qui rassemble un certain nombre d'articles parus précédemment dans la revue *Lacerba*.

8 juillet : à Londres, ouverture officielle d'Omega Workshops (association d'art appliqué garantissant une certaine sécurité financière aux artistes) fondée par Fry, Duncan Grant et Vanessa Bell. Parmi ses membres, on compte Frederick Etchells, Henri Gaudier-Brzeska, Cuthbert Hamilton, Lewis et Wadsworth.

10 juillet : Del Marle publie le *Manifeste futuriste à Montmartre*[104], critique virulente des peintres montmartrois qualifiés de « vieille lèpre

romantique ». Le ton de ce manifeste est très marinettien : « Hardi les démolisseurs !!! / Place aux pioches !!! / Il faut détruire Montmartre !!! […] Vous chercherez comme nous à dégager toute la beauté neuve des constructions géométriques des gares, des appareils électriques, des aéroplanes de toute notre vie tourbillonnante d'acier, de fièvre et de vitesse. Il y a des morts qu'il faut qu'on tue ! Il faut tuer Montmartre[105]. » La publication de ce manifeste fait l'objet d'une polémique médiatique lancée par Severini qui, dans une lettre adressée à Salmon, écrit : « Je vous prie de prendre note que le manifeste *style futuriste* auquel vous avez fait allusion dans *Gil Blas* d'aujourd'hui est un plagiat de quelqu'un qui désire se faire de la réclame à l'aide du futurisme. Il est facile de se rendre compte de l'inexistence artistique la plus absolue de ce monsieur en voyant les clichés publiés par un de vos confrères. Le groupe futuriste l'ignore totalement[106]. » Marinetti met fin à cette controverse le 28 juillet dans une « Lettre ouverte au futuriste Mac Delmarle » : « J'ai suivi la polémique que vous avez eue avec notre ami Severini qui est à la fois un homme sympathique et un grand peintre futuriste. Sachez que nous n'accordons aucune importance à ce petit malentendu personnel que vous pourrez facilement dissiper à l'occasion d'une prochaine rencontre avec lui. Seules les idées explosives du futurisme comptent. Les futuristes peuvent même périr, le cas échéant, après avoir lancé ces idées[107]. »

Mi-juillet : Varsanophie Parkine fait paraître *La Queue d'âne et La Cible* (Moscou, Éd. Munster), qui rassemble cinq textes dont trois de Larionov : « La peinture rayonniste » (écrit en juin 1912), « Le rayonnisme » et le « Manifeste des rayonnistes et des aveniriens »[108], cosigné par Larionov, Nathalie Gontcharova et onze artistes de son groupe, dont Malévitch et

Marinetti au Salon d'automne de Berlin, galerie
Der Sturm, 20 septembre 1913. Au mur : à g. :
Portrait de Marinetti de Gino Severini. À dr. :
Simultanéité. Femme au balcon de Carlo Carrà.

Tatline. Les auteurs de ce manifeste colligent
de cinglantes critiques contre les « parasites »
et les vulgarisateurs de l'art moderne et contre
les principaux groupes littéraires et artistiques :
« Assez de Valets de carreau, qui dissimulent
sous ce nom, leur art de misère, des gifles de
papier données par la main d'un poupon [...] ;
assez des unions vieilles et jeunes ! Nous n'avons
pas besoin de tenir de vulgaires comptes avec le
goût du public ; que s'occupent de cela ceux qui
donnent une gifle sur le papier et qui, en fait, font
l'aumône. Assez de ce fumier, maintenant il est
temps de semer. [...] Nous nous exclamons : tout
le style génial de nos jours est dans nos pantalons, nos jaquettes, nos chaussures, les tramways, bus, avions, trains, bateaux à vapeur ; quel
enchantement, quelle grande époque sans
pareille dans l'histoire universelle[109]. »
3 août : parution dans *Gil Blas* du texte
« manifeste-synthèse » *L'Antitradition futuriste*
d'Apollinaire (daté du 29 juin), accompagné de
ce commentaire de Salmon : « Le futurisme a
vécu. C'est M. Apollinaire [...] qui lui a porté le
coup fatal en signant le manifeste qu'on va lire.
Il fallait trouver ceci : être plus futuriste que
Marinetti ! M. Guillaume Apollinaire y a réussi,
pour notre joie. Voici le document dont nous
regrettons de ne pouvoir respecter entièrement
l'originalité typographique. [...] Nous garderons
la rose qui nous est décernée, cher poète, mon
ami, en souvenir de la plus colossale bouffonnerie du siècle. Le futurisme a vécu, et cela vaut
bien qu'on se réjouisse[110]. » Toutefois, ce manifeste rencontre peu d'échos dans la presse
française.
11 août : Carrà publie *La Peinture des sons,
bruits et odeurs,* manifeste exaltant dans les
œuvres présentées à l'exposition des peintres
futuristes de février 1912 « ce bouillonnement
vertigineux de formes et de lumières sonores,
bruyantes et odorantes. [...] Pour obtenir cette
peinture totale qui exige la coopération active

de tous les sens : *peinture d'état d'âme plastique de l'universel,* il faut peindre comme les
ivrognes chantent et vomissent, des sons, des
bruits et des odeurs[111]. »
28 août : Apollinaire et Marinetti sont les
témoins du mariage de Severini avec la fille de
Paul Fort, Jeanne.
Août : parution en langue française, dans *Der
Sturm,* de l'article de Léger sur « Les origines
de la peinture contemporaine et de sa valeur
représentative[112] ».
20 septembre-1er décembre : à Berlin, se tient
le « Erster deutscher Herbstsalon » [« Premier
Salon d'automne allemand »] organisé par
Walden dans sa galerie Der Sturm, événement
qui réunit les peintres de l'avant-garde internationale parmi lesquels Balla, Boccioni, David
et Vladimir Bourliouk, Carrà (avec *Simultanéité.
La femme au balcon,* 1912, cat. n° 31), Robert
Delaunay (avec, entre autres, *L'Équipe de
Cardiff (3e représentation)*), Sonia Delaunay
(avec la maquette de *La Prose du Transsibérien
et la petite Jehanne de France,* 1913, cat.
n° 61), Gleizes (avec *Les Joueurs de football,*
1912-1913, cat. n° 59), Nathalie Gontcharova,
Larionov, Léger, Metzinger, Picabia, Severini,
Soffici et Russolo.
29 septembre : manifeste *Le Music-Hall* de
Marinetti[113].
5 octobre : Lewis, qui peine à se plier aux règles
de l'Omega, profite d'une maladresse financière
de Fry pour rompre avec lui, entraînant dans son
sillage Etchells, Hamilton et Wadsworth.
12 octobre-16 janvier 1914 : à Londres, aux
Doré Galleries, la « Post-Impressionist and
Futurist Exhibition », dont le catalogue est préfacé par Frank Rutter, regroupe de nombreux
artistes de différentes tendances. Parmi les
peintres exposés, se trouvent Robert Delaunay,
Epstein, Etchells, Hamilton, Lewis, Nevinson,
Picasso, Severini et Wadsworth.
19 octobre : au cabaret moscovite La Lanterne

rose, Nathalie Gontcharova et Larionov provoquent un scandale en proposant de peintur-
lurer les spectateurs, initiative assortie de la
publication de la proclamation « Pourquoi nous
nous peinturlurons », signée par Larionov et
Zdanievitch : « Nous nous peinturlurons pour un
instant et le changement de sensation appelle
le changement du peinturlurage, comme un
tableau dévore un autre tableau, comme par la
vitre d'une automobile on voit scintiller les
vitrines qui s'emboîtent les unes dans les
autres. C'est cela notre visage[114]. »
27 octobre-8 novembre : la galerie parisienne
Bernheim-Jeune accueille l'exposition « Les
Synchromistes : Morgan Russell et Stanton
Macdonald-Wright ». Dans la préface du catalogue, les deux peintres tiennent à se différencier de l'orphisme : « Nous estimons que
l'orientation vers la couleur est la seule direction où puissent pour le moment s'engager les
peintres. Ainsi ne parlerons-nous pas ici de
cubistes ni de futuristes, trouvant leurs efforts
secondaires et superficiels, sans d'ailleurs que
nous en contestions la légitimité. Pour fixer les
idées et mettre en évidence par un contraste
le caractère particulier de notre action, envi-
sageons d'abord cette jeune école de peinture, l'orphisme. Une ressemblance superficielle
entre les œuvres de cette école et une toile
synchromiste[115] exposée au dernier Salon des
indépendants a permis à certain critique de les
confondre : c'était prendre un tigre pour un
zèbre, sous prétexte que tous deux ont un
pelage rayé[116]. »
10 novembre-12 janvier 1914 : à Saint-
Pétersbourg, VIe [et dernière] Exposition de
l'Union de la Jeunesse, où sont présentées,
entre autres, des œuvres de David et Vladimir
Bourliouk, d'Alexandra Exter, d'Ivan Klioune, de
Malévitch, de Matiouchine et d'Olga Rozanova.
Le groupe de Larionov n'y participe pas.
Novembre : les Éditions des Hommes Nouveaux

[100] F. Léger, « Les origines de la peinture
et sa valeur représentative », *Montjoie !,* I, n° 8
et n° 9-10, 29 mai 1913, p. 7 et 14-19 juin 1913,
p. 9-10 // E. Fry, *ibid.,* p. 120.

[101] Manifeste publié en italien dans *Lacerba,* vol. I,
n° 12, 15 juin 1913, p. 121-124 // en français dans
G. Lista, *Futurisme. Manifestes...,* op. cit.,
p. 142-147. Des comptes rendus en sont publiés
dans le *Comœdia* du 22 juin, le *Paris-Journal*
et l'*Excelsior* du 23 juin avant même sa diffusion
en placard, puis dans le *Gil Blas* du 7 juillet
et le *Magazine de la revue des Français* du 10
juillet. Sa traduction anglaise paraît en septembre
1913 dans le numéro 3 de *Poetry and Drama.*

[102] Ces concerts sont à l'origine du tract intitulé
« Premier concert des bruiteurs futuristes »
diffusé en langue française en septembre 1913 et
publié en première page de *L'Intransigeant* du
30 septembre 1913, accompagné de ce
commentaire : « La musique futuriste n'adoucit
pas les mœurs. » // G. Lista, *Futurisme.
Manifestes...,* op. cit.,
p. 317-318.

[103] G. Kahn, « 1re exposition de sculpture futuriste
de M. Umberto Boccioni », *Mercure de France,* t.
CIV, n° 386, 16 juillet 1913.

[104] F. Del Marle le publie à ses frais dans
le *Paris-Journal* du 13 juillet 1913. Le manifeste
paraît à nouveau dans le *Comœdia* du 18 juillet
1913, accompagné de caricatures et des réponses
des peintres montmartrois, puis dans *Lacerba*
(vol. I, n° 16, 15 août 1913, p. 173-174) sous
le titre *Manifeste futuriste contre Montmartre*
et cosigné par Marinetti. Cf. G. Lista, *Futurisme.
Manifestes...,* op. cit., p. 119-121.

[105] G. Lista, *ibid.,* p. 119-120.

[106] G. Severini, Lettre à A. Salmon, 18 juillet 1913,
reprise dans *Gil Blas* et *Comœdia* le 19 juillet 1913
// *ibid.,* p. 390.

[107] Lettre traduite en italien publiée dans *Lacerba*
(vol. I, n° 16, 15 août 1913, p. 173-174),
accompagnée du *Manifeste futuriste contre
Montmartre* en langue française. Cf. G. Lista,
Futurisme. Manifestes..., op. cit., p. 395.

[108] Avenirien (traduction de « *budetlâne* ») :
néologisme créé par Khlebnikov pour différencier
les écrivains d'avant-garde russes des futuristes
italiens.

[109] *Manifeste des rayonnistes et des aveniriens,*
in *La Queue d'âne et La Cible* ; cité dans
M. Larionov, *Une avant-garde explosive,* op. cit.,
p. 76-77.

[110] Le placard avec sa typographie qui, selon Carrà,
revient à Marinetti, est édité en français et en italien
à la fin du mois de juillet. Sa version italienne paraît
deux mois plus tard dans *Lacerba* (vol. I, n° 18,
15 septembre 1913, p. 202-203).

[111] Publié en italien dans *Lacerba,*
vol. I, n° 17, 1er septembre 1913, p. 185-186
// en français dans G. Lista, *Futurisme.
Manifestes...,* op. cit., p. 182-186.

[112] F. Léger, « Les origines de la peinture
contemporaine et sa valeur représentative »,
Der Sturm, n° 172-173, août 1913, p. 76-79

[113] Publié en italien dans *Lacerba,* vol. I, n° 19,
1er octobre 1913, p. 209-211 ; en anglais dans
Daily Mail (Londres), 21 novembre 1913
(sous le titre *The Meaning of the Music-Hall*) ;
en russe dans *Iskusstvo,* n° 5, 1914.

[114] Le texte de ce manifeste fut publié dans la revue
Argus (1913) ; cf. V. Marcadé, *Le Renouveau
de l'art pictural russe,* op. cit., p. 218.

[115] Il s'agit de *Synchromie en vert* de Russell.

[116] M. Russell, S. Macdonald-Wright, « Introduction
générale », « Les Synchromistes
Morgan Russell et Stanton Macdonald-Wright »,
cat. exp., Paris, Galerie Bernheim-Jeune, 27
octobre-8 novembre 1913, n. p.

La réponse du Pierrot Montmartrois au futuriste A.-F. M.c D.lm.rl.

(Dessin de Supparo.)

Caricatures illustrant le *Manifeste futuriste
à Montmartre* de Félix Del Marle, *Comœdia* (Paris),
18 juillet 1913, p. 1-2.

La scie à M.c D.lm.rl.   (Dessin de Depaquit.)

publient *La Prose du Transsibérien et de la petite Jehanne de France,* « premier livre simultané », comprenant un long poème de Cendrars et des illustrations de Sonia Delaunay : « Blaise Cendrars et Madame Delaunay-Terk ont fait une première tentative de simultanéité écrite où des contrastes de couleurs habituaient l'œil à lire d'un seul regard l'ensemble d'un poème, comme un chef d'orchestre lit d'un seul coup les notes superposées dans la partition, comme on voit d'un seul coup les éléments plastiques et imprimés d'une affiche[117]. » Avec cet ouvrage, les auteurs réaffirment l'antériorité du concept de peinture simultanée revendiquée par les peintres futuristes italiens. Cette peinture-poème alimente, elle aussi, la polémique entre les Delaunay, les futuristes italiens et les adeptes du phalanstère, notamment Barzun : « Le poème du Transsibérien fit naître des polémiques dans les journaux et les revues de Paris et de l'étranger. L'orphisme venait de battre son plein : le simultanisme naissait avec grand scandale[118]. » 11 novembre : lors d'une conférence à Moscou, Maïakovki critique ouvertement Marinetti qui réplique, le 31 décembre, dans une lettre adressée au journal *Russkie vedomosti* [*Le bulletin russe*] : « Il est hors de doute que la théorie futuriste, créée par moi et mes amis italiens, s'est répandue en Russie avec une rapidité extraordinaire, grâce au succès littéraire de mon livre *Le Futurisme* qui, d'après ce que vient de m'apprendre mon éditeur Sansot, s'est mieux vendu en Russie que dans toute autre partie du monde[119]. »

15 novembre-5 janvier 1914 : à Paris, a lieu le Salon d'automne, où l'on retrouve Duchamp-Villon, Gleizes, Kupka, Metzinger, Picabia (avec notamment *Udnie,* 1913, cat. n° 74) et Jacques Villon : « Salle VI – C'est la plus franchement cubiste, de l'aveu même des jurés récalcitrants qui s'y résignent. [...] Depuis que les cubistes ont rompu avec l'étroite discipline d'école, le

sectarisme qui m'irrita souvent naguère, la palette de Gleizes s'est enrichie. Il montre ses plus beaux dons de coloriste dans un grand paysage industriel. "*Une Chicane*" : laissons aux futuristes cette coquetterie, dérobée à Picasso, d'inscrire, çà et là, des noms et des chiffres. C'est un très puéril hommage qui, trop répété, touche à la vulgarité. Gleizes serait sage d'y renoncer[120]. »

16-20 novembre : de passage à Londres, Marinetti donne des récitals de poésie dans les hauts lieux de l'avant-garde locale, The Cave of the Golden Calf (où il rencontre Bomberg), The Poetry Bookshop, Clifford Inn Hall et aux Doré Galleries. À propos de ces lectures poétiques, le poète anglais Richard Aldington écrit : « M. Marinetti déclame actuellement ses nouveaux poèmes à Londres. Londres est vaguement alarmé et émerveillé et ne sait pas si l'on doit rire ou non. Il est stupéfiant qu'un Anglo-Saxon renfrogné regarde les prodigieuses gesticulations de M. Marinetti[121]. » Le 18, au restaurant Florence de Londres, Lewis et Nevinson organisent un dîner en l'honneur de Marinetti, auquel sont conviés notamment Etchells, Hamilton et Wadsworth.

Entre novembre 1913 et juin 1914, Marinetti aura donné plus de dix conférences dans la capitale anglaise.

30 novembre-18 janvier 1914 : à Florence, l'« Esposizione di pittura futurista di *Lacerba* », qui se tient à la galerie Gonnelli, présente des travaux de Balla, Boccioni, Carrà, Russolo, Severini et Soffici. Le temps de l'exposition, les artistes commentent leurs œuvres aux visiteurs. Novembre : André Billy, lassé par les difficultés financières et le manque de collaborateurs, cède à Apollinaire la direction des *Soirées de Paris*. Désormais soutenue par les fonds apportés par la baronne d'Œttingen (alias Jean Cérusse), la revue devient, selon les termes de Billy lui-même, « l'organe des

tendances les plus nouvelles, les plus avancées en poésie et en art[122] ».

2-5 décembre : deux spectacles cubofuturistes sont présentés en alternance au théâtre Luna-Park de Saint-Pétersbourg : *Vladimir Maïakovski, tragédie* de Maïakovski (joué par l'auteur, avec des décors de Filonov et de Viktor Chkolnik) et *La Victoire sur le soleil,* opéra de Matiouchine (avec un prologue de Khlebnikov, un livret d'Alexeï Kroutchonykh, des décors et des costumes de Malévitch).

12 décembre : soirée futuriste organisée au théâtre Verdi de Florence, au cours de laquelle le public manifeste violemment sa colère.

16 décembre 1913-14 janvier 1914 : la Brighton Art Gallery ouvre ses portes à l'exposition « English Post-Impressionists, Cubists and Others ». Les œuvres de Bomberg, Epstein, Etchells, Hamilton, Lewis, Nevinson, William Roberts et Wadsworth sont présentées dans une même salle. À l'occasion de cette exposition, les artistes anglais créent le London Group.

20 décembre : à la Comédie des Champs-Élysées, première de *La Métachorie* de Valentine de Saint-Point, œuvre qui vise à la création d'un art nouveau reposant sur la disjonction entre la musique et le geste chorégraphique[123] : « Au lieu d'une danse instinctive et sensuelle, j'ai rêvé d'une danse qui s'égalerait à tous les autres arts en n'étant inférieure à aucun et surtout à la musique. [...] Je cherche à exprimer une idée, l'esprit qui anime un de mes poèmes [...]. La *Métachorie* fait donc de la danse au lieu d'une esclave une égale de la musique moderne évoluée cérébralement aux antipodes de la danse de nos jours[124]. »

22 décembre : à Saint-Pétersbourg, au cabaret artistique Le Chien errant, le critique littéraire Alexandre Smirnov, proche de Sonia Delaunay, donne une conférence intitulée « Simultanéité, nouveau courant de l'art français », au cours de laquelle il présente au public un exemplaire

[117] G. Apollinaire, « Simultanisme – Librettisme », *Les Soirées de Paris,* n° 25, 15 juin 1914, p. 323-324.

[118] R. Delaunay, « Sonia Delaunay-Terk », *Du cubisme à l'art abstrait* (Documents inédits publiés par P. Francastel et suivis d'un catalogue de l'œuvre de R. Delaunay établi par G. Habasque), Paris, SEVPEN, 1958, p. 201-202.

[119] V. Maïakovski, cité dans J.-P. Andréoli de Villers, « Marinetti et les futuristes russes lors de son voyage à Moscou en 1914 », *Ligeia* (Paris), n° 69-72, juillet-décembre 2006, p. 134.

[120] A. Salmon, « Le Salon d'automne », *Montjoie !,* I, n° 11-12, novembre-décembre 1913, p. 5 et 6.

[121] R. Aldington, *The New Freewoman* (Londres), 1er décembre 1913 ; cité dans R. Cork, *Vorticism and Abstract Art in the First Machine Age,* vol. I : *Origins and Development,* Londres, Gordon Fraser, 1976, p. 224.

[122] A. Billy, préface du catalogue de l'exposition « Les Soirées de Paris », Paris, galerie Knoedler, 16 mai-30 juin 1958, n.p.

[123] Véritable entreprise de renouvellement de l'art chorégraphique que Valentine de Saint-Point promeut dans son atelier autant que dans ses conférences. La première d'entre elles a lieu à Paris le 29 décembre 1913 ; des extraits en sont publiés dans le numéro 7 du *Miroir* en date du 11 janvier 1914.

[124] Le texte de ce manifeste est publié dans *Montjoie !,* II, n° 1-2 : « Numéro consacré à la danse contemporaine », janvier-février 1914, p. 5-7 (où paraît également le *Manifeste de l'art cérébriste* de Canudo, p. 9) // G. Lista, *Futurisme. Manifestes...,* op. cit., p. 255.

Valentine de Saint-Point dans un « poème dansé »,
1913.

de *La Prose du Transsibérien et de la petite Jehanne de France*.

28 décembre : conférence de Boccioni à la galerie romaine Sprovieri. En ce début d'hiver, il rédige en outre un *Manifeste de l'architecture futuriste* qui restera inédit.

Décembre : première mention du terme « vortex » dans une lettre d'Ezra Pound à William Carlos Williams. Les peintres anglais envisagent de créer une revue que Nevinson suggère d'appeler *Blast [Explosion]*.

Severini écrit « Le Grand Art religieux du XXᵉ siècle. La Peinture de la lumière, de la profondeur, du dynamisme »[125], mais aussi un manifeste où il développe le concept des analogies plastiques du dynamisme : *L'Art plastique néofuturiste,* resté inédit jusqu'en 1957[126].

En Russie, paraissent *Le Futurisme sans masque* de Vadim Cherchénévitch ; *Le Futur* de Konstantin Bolchakov, un poème lithographié illustré par Nathalie Gontcharova et Larionov, dont les dessins, jugés scandaleux, amèneront la saisie du livre. Le tirage du recueil *Le Parnasse rugissant*[127] est financé par Jean Pougny et sa femme Xénia Bogouslavskaïa, auquel prirent part les peintres Pavel Filonov et Olga Rozanova. La violence des attaques, la volonté d'anéantir les adversaires sont tout entières contenues dans la première phrase du *Parnasse rugissant* – « Allez vous faire fiche ! » – qui se termine par une fanfaronnade à l'égard des autres tendances artistiques russes : « Aujourd'hui nous recrachons le passé qui a englué nos dents et nous communiquons : Tous les futuristes ne sont réunis que dans notre groupe. Nous avons rejeté nos sobriquets fortuits d'"ego" et de "cubo" et nous nous sommes réunis dans la seule compagnie littéraire des futuristes. » (Signé David Bourliouk, Alexeï Kroutchonykh, Bénédikt Livchits, Vladimir Maïakovski , Igor Sévérianine, Victor Khlebnikov).

1914

Cette année marque une prise de distance des cubofuturistes russes et des vorticistes vis-à-vis du futurisme marinettien.

1er janvier : dans un article paru dans la revue londonienne *The Egoist*, Lewis s'oppose au futurisme de Marinetti ; la révolution picturale répond, selon lui, à un besoin de stabilité : « Le vortex proclame l'énergie de l'immobilité, l'intensité de son centre, de ses tourbillons arrêtés, vidés enfin de leur effort des girations concentriques pour se fixer à la pointe de ce cône que le vorticisme exalte selon la formule lapidaire du sculpteur Gaudier-Brzeska : "Nous avons cristallisé la sphère en cube."[128] » Pour Lewis et Ezra Pound, Marinetti est également associé à l'impressionnisme passéiste : « Nous sommes tous des futuristes dans la mesure où nous pensons avec Guillaume Apollinaire qu'on ne peut pas porter partout avec soi le cadavre de son père. Mais "le futurisme" quand il s'applique à l'art est en grande partie un descendant de l'impressionnisme. C'est en quelque sorte un impressionnisme accéléré[129]. »

8 janvier : à Rome, soirée futuriste à la galerie Sprovieri.

11 janvier : proclamation *À bas le tango et Parsifal !* de Marinetti[130].

26 janvier : dans un article intitulé « Faits tirés de l'histoire du futurisme russe », Kamienski s'oppose, lui aussi, au futurisme italien : il affirme que l'émergence d'une nouvelle esthétique en accord avec le monde industriel contemporain est apparue dès 1907 en Russie, les idées de Marinetti n'ayant fait que théoriser les élans d'un mouvement déjà apparu : « Notre énergie = l'énergie du radium. Notre époque est une époque de la renaissance. Notre avènement est l'évènement de la vérité, revêtue des étoffes ultraviolettes de l'avenir. / Notre création = intuition + connaissance + ardeur. […] / Notre siècle = l'aérosiècle, la vitesse, la beauté de la

forme. / Notre principe = le renouvellement éclatant des sentiments de l'homme sous l'influence des découvertes scientifiques. / Notre chant c'est un cantique ivre sur les degrés du temple de l'art[131]. »

Janvier : les futuristes italiens, y compris Marinetti, occupent pendant quelques jours l'université de Bologne pour présenter leur mouvement aux étudiants.

Fin janvier : invité par Genrikh Edmundovitch Tasteven, délégué russe de la Société des grandes conférences de Paris et éditeur de la revue symboliste *La Toison d'or,* Marinetti se rend en Russie[132] : à Moscou et à Saint-Pétersbourg, il donne huit conférences en français[133].

Les futuristes russes ne sont pas unanimes sur l'accueil à réserver au chef de file du mouvement italien. Déplorant les propos tenus par Larionov qui appelle à agresser Marinetti, certaines personnalités russes s'indignent : « À propos de l'arrivée de F.T. Marinetti, M. Larionov a déclaré : "Marinetti a trahi les principes du futurisme, c'est pourquoi nous, pour qui le futurisme est cher, nous allons couvrir ce rénégat d'œufs pourris, nous l'arroserons de yaourt, etc." Bien entendu ce n'est pas à M. Larionov de juger ce qu'a fait Marinetti pour le futurisme et, de plus, je reste perplexe : qu'entend-il sous les mots "nous, pour qui le Futurisme est cher ?" Je vous prie de porter à la connaissance des lecteurs que les paroles et la menace de M. Larionov n'ont aucun rapport avec les intentions des futuristes russes, car, bien que le futurisme nous soit cher aussi, personne parmi nous n'a envie de manifester une inculture évidente à la conférence de Marinetti[134]. » « M. Larionov assure que le futurisme, c'est le passé, car il y a maintenant le rayonnisme. Mais si on juge tout à la date seulement, le rayonnisme, c'est aussi du passé, car il y a le simultanéisme[135]. […] Je regrette encore une fois que mes amis Vl. Maïakovski,

I. Sévérianine, R.I. Ivnev, D. Bourliouk, Kamienski et autres ne soient pas à Moscou et ne puissent pas confirmer ma lettre de leurs signatures[136]. » La réponse du chef de file du rayonnisme ne se fait pas attendre : « Pour plus de clarté, j'ajouterai qu'il convient de considérer comme vrai le fait que Marinetti mérite seulement les œufs pourris des futuristes d'aujourd'hui et que ce ne sont que les petits bourgeois russes qui l'applaudissent. Personnellement, je considère les idées de Marinetti comme peu intéressantes et depuis longtemps périmées. Il faut souligner le fait que ceux qui l'ont imité, reçu et ont écrit des lettres pour le défendre ne sont pas de vrais futuristes dans le sens où Marinetti le propage. […] En réponse à M. Malévitch[137], qui tient à se distinguer de moi, je puis dire que je ne suis plus lié à lui par aucune communauté d'opinions artistiques, et je suis étonné qu'il se compte parmi les futuristes. Pour moi, M. Malévitch comme futuriste, est un indigène non colonisé[138]. »

26-27 janvier : à Moscou, Marinetti donne deux conférences[139] devant un large public, mais en l'absence des futuristes russes : l'une, intitulée « Le futurisme en Italie », au Polytechnicum Museum, l'autre au Conservatoire de musique, où il fait la lecture de la première partie de son livre *Zang Tumb Tumb* et magnifie les mots en liberté.

31 janvier : Marinetti quitte Moscou pour Saint-Pétersbourg, plus précisément pour les locaux de la bourse Kalachnikov, où sont organisées deux conférences les 1er et 4 février. Tout comme à Moscou, l'absence de la plupart des futuristes russes est remarquée : Bourliouk, Kamienski, Maïakovski, Igor Sévérianine ont entrepris une « tournée de propagande » sur leur mouvement dans tout le sud de la Russie : « Au temps de nos randonnées à travers la province, nous avons suivi de loin la conquête tragi-comique de Moscou par M. Marinetti. Puisque nous nous sommes rendu compte que

[125] Texte publié pour la première fois dans *Mostra antologica di Gino Severini,* Rome, Palazzo Venezia, 1961, p. 32-37.

[126] Le premier titre envisagé pour ce manifeste destiné à paraître dans la revue *Lacerba* était *Le Analogie plastiche del dinamismo.* En 1957, Severini le traduit en français pour les besoins du *Dictionnaire de la peinture abstraite* de M. Seuphor (Paris, Hazan, 1957, p. 91-96) // G. Lista, *Futurisme. Manifestes…, op. cit.,* p. 186-189. Cette version française présente de nombreuses variantes par rapport à l'édition italienne publiée dans *Archivi del futurismo,* textes rassemblés et commentés par M. Drudi Gambillo et T. Fiori, Rome, De Luca Editore, vol. I, 1958, p. 76-80.

[127] Avant sa mise en vente, la censure confisqua la presque totalité du tirage de ce recueil à cause des dessins de D. et V. Bourliouk, de Filonov, et d'expressions indécentes.

[128] P.W. Lewis, cité par L. Veza, « Marinetti et le vorticisme », in *Présence de Marinetti,* Actes du colloque international tenu à l'Unesco, J.-C. Marcadé (dir.), Lausanne, L'Âge d'homme, 1982, p. 280.

[129] *Ibid.*

[130] F.T. Marinetti, *À bas le tango et Parsifal* (Milan, 11 janvier 1914), *Lacerba,* vol. II, n° 2, 15 janvier, 1914, p. 27 (le texte, en italien et en anglais, paraît aussi sous forme de tract) // G. Lista, *Futurisme. Manifestes…, op. cit.,* p. 351-352.

[131] *Iz istorii russkogo futurizma [Extraits de l'histoire du futurisme russe]* ; ce manuscrit inédit de Kamienski se trouve dans le département des manuscrits de la bibliothèque Lénine de Moscou et porte la date du 26 janvier 1914 ; cité dans V. Marcadé, *Le Renouveau de l'art pictural russe, op.cit.,* p. 211.

[132] Marinetti décrit son séjour à Moscou dans son livre *Sensibilità italiana nata in Egitto* (Milan, Mondadori, 1969, p. 296-317).

[133] Le nombre des conférences données par Marinetti lors de son voyage en Russie varie, selon les sources, de six à huit.

[134] V. Cherchénévitch, « Lettre à la rédaction. Un futuriste parle de Marinetti », *Nov,* 28 janvier 1914, cité dans V. Marcadé, *Le Renouveau de l'art pictural russe, op. cit.*

[135] À la fin de 1913, Yakoulov, après avoir passé l'été chez les Delaunay, était considéré comme le représentant du simultanéisme russe.

[136] V. Cherchénévitch, « Lettre à la rédaction », *Nov,* 28 janvier 1914, art. cité.

[137] Malévitch avait écrit une lettre publique condamnant l'attitude de Larionov vis-à-vis de Marinetti.

[138] M. Larionov, « Lettre à la rédaction », *Nov,* 29 janvier (11 février) 1914.

[139] Marinetti donne une troisième conférence à Moscou le 30 janvier (à l'issue de laquelle Larionov l'interpelle violemment) ; sa programmation est due au succès des deux premières.

Anonyme, Soirée futuriste avec Carlo Carrà,
Luigi Russolo, F.T. Marinetti sur la scène du Teatro
del Corso à Bologne en 1914.
Archives Giovanni Lista, Paris.

les auteurs des articles sur le futurisme italien étaient complètement déconcertés par notre absence – où sont donc les futuristes russes, quelle est leur opinion sur M. Marinetti et quel parti prendra la majorité, celui de Larionov et Cie (les œufs pourris), ou celui de Tasteven (le bouquet de fleurs) – nous nous croyons en devoir de déclarer ici que déjà il y a deux ans, dans *Le Vivier des juges II,* nous avions indiqué ne rien avoir de commun avec les futuristes italiens, sauf le nom, puisque dans l'art les conditions lamentables de l'Italie ne peuvent pas se mesurer à la haute tension de la vie artistique russe pendant les cinq dernières années[140]. »

À Saint-Pétersbourg, ce furent Livchits et Khlebnikov qui se montrèrent les plus virulents à l'égard de Marinetti en distribuant un tract lors de sa conférence sur « Les rapports entre futurisme russe et futurisme italien » : « Aujourd'hui certains indigènes et la colonie italienne des bords de la Néva tombent pour des raisons personnelles aux pieds de Marinetti, trahissant le premier pas de l'art russe sur le chemin de la liberté et de l'honneur et courbent le noble cou de l'Asie sous le joug de l'Europe[141]. »

Le lendemain de la première conférence donnée à Saint-Pétersbourg, Koulbine organise un souper en l'honneur de Marinetti auquel sont conviés la plupart des futuristes russes. Dans ses mémoires, Livchits en donne un compte rendu qui révèle combien la coopération entre les groupes italien et russe était devenue impensable : « Le lendemain de la première conférence de Marinetti, nous nous réunîmes chez Koulbine en l'honneur de l'hôte italien. Nous étions une quinzaine, mais ne prirent part à la conversation […] que ceux qui parlaient plus ou moins le français. Khlebnikov ne vint pas ostensiblement et me considéra probablement comme un traître, bien qu'il admît théoriquement l'existence de moutons de l'hospitalité qui n'étaient pas parés des dentelles de la servilité.

Marinetti se comportait avec beaucoup de tact, s'efforçant de ressembler le moins possible à une vedette en tournée[142]. »

Marinetti va finalement séjourner une semaine à Saint-Pétersbourg et passera ses nuits au cabaret du Chien errant, fréquenté par les artistes d'avant-garde russe.

9 février : retour de Marinetti à Moscou où il fait une dernière conférence le 13[143], avant de repartir pour l'Italie.

11 février-mars : à Rome, la Galleria Futurista dirigée par Sprovieri accueille l'« Esposizione di pittura futurista » où l'on retrouve des œuvres de Balla, Boccioni, Carrà, Russolo, Severini et Soffici. Durant cette manifestation, les peintres italiens (Balla, Francesco Cangiullo, Fortunato Depero) organisent chaque dimanche des soirées futuristes qui prennent un caractère nettement dadaïste.

15 février : vifs désaccords au sein du mouvement futuriste entre les groupes de Florence et de Milan, qui se traduisent par une succession d'articles publiés dans la revue *Lacerba* : « Le cercle se ferme » de Papini[144], suivi d'une réponse de Boccioni intitulée « Le cercle ne se ferme pas ![145] », article auquel Papini réplique par « Cercles ouverts[146] ».

Février : publication du premier livre mot-libriste de Marinetti, *Zang Tumb Tumb* (commencé en 1912), dont plusieurs extraits avaient déjà paru dans des revues.

À Moscou, se tient la IVe Exposition du Valet de carreau avec notamment des œuvres de Braque, Alexandra Exter, Malévitch, Picasso et Lioubov Popova.

1er mars-30 avril : à Paris, le Salon des indépendants ouvre ses portes à Patrick Henry Bruce (*Mouvement Color, Space : Simultaneous,* œuvre détruite), Del Marle (*Le Port,* 1913, cat. n° 48), Robert Delaunay (*Hommage à Blériot,* 1914, Kunstmuseum, Bâle), Sonia Delaunay (*La Prose du Transsibérien et de la petite*

Jehanne de France), Alexandra Exter, Gleizes, Macdonald-Wright, Malévitch (trois œuvres, dont le *Portrait d'Ivan Klioune,* Metzinger et Picabia.

Apollinaire signale les influences réciproques entre peintres italiens et français : « Cette année, le futurisme a commencé d'envahir le Salon et tandis que les futuristes italiens paraissent, d'après les reproductions qu'ils publient, subir de plus en plus l'influence des novateurs (Picasso, Braque) de Paris, il semble qu'un certain nombre d'artistes parisiens se soient laissés influencer par les théories des futuristes[147]. »

Salmon émet des réserves quant à la réception des œuvres présentées : « Naguère, au quai d'Orsay, il fallait marcher longtemps avant de trouver à faire halte devant une œuvre caractéristique. Les Simultanistes [*sic*] ont changé tout cela, en pavoisant au seuil. C'est là, en effet, qu'exposent M. Robert Delaunay, Mme Sonia Delaunay, M. Bruce et M. Picabia, lequel, cependant, n'est pas simultaniste, mais qui ne pavoise pas avec moins de générosité. […] Orphisme ou simultanisme m'apparaissent périlleux, quant à l'avenir de la forme miraculeusement retrouvée. Il ne faut revenir ni au fauvisme, ni à l'impressionnisme… et cependant ce que je dis ici, je le dis pour les autres et non pour M. Delaunay et son groupe. Un accord trop complet sur ce point lui ferait perdre le don de boute-feu qui le conduit. Au reste, son œuvre d'hier, et qu'il ne condamne pas, atteste un peintre qui saura se défendre et résister à lui-même. Je crois que peu de gens trouveront aux envois de ce groupe une séduction immédiate. On n'en pourra nier la puissance, fût-ce pour en blâmer l'emploi, non plus que reconnaître qu'il s'agit d'une de ces manifestations inédites, médecine héroïque, indispensable à la vie de la déjà vieille société. C'est ce qui accrochera l'attention du millier, comme elle inquiètera

Couverture du catalogue de l'« Esposizione Libera
Futurista Internazionale. Pittori e scultori Italiani
– Russi – Inglesi – Belgi – Nordamericani »,
Rome, galleria Futurista, avril-mai 1914.

[140] Lettre de V. Khlebnikov parue dans *Nov*, n° 19,
5 février 1914 ; citée dans J.-P. Andréoli De Villers,
« Marinetti et les futuristes russes lors de son
voyage à Moscou en 1914 », article cité note 118,
p. 137.

[141] B Livchits, *L'Archer à un œil et demi*, Lausanne,
L'Âge d'homme, 1971, p. 209.

[142] *Ibid.*, p. 215.

[143] Bien que J.-P. Andréoli de Villers évoque
cette conférence, il précise qu'aucune coupure
de presse ne la mentionne.

[144] G. Papini, « Il cerchio si chiude », *Lacerba*,
vol. II, n° 4, 15 février 1914, p. 49-50.

[145] U. Boccioni, « Il cherchio no si chiude ! »,
Lacerba, vol. II, n° 5, 1er mars 1914, p. 67-69.

[146] G. Papini, « Cerchi aperti », *Lacerba*, vol. II,
n° 6, 15 mars 1914, p. 83-84.

[147] G. Apollinaire, *Les Soirées de Paris*, n° 22,
15 mars 1914, p. 184-185 // id., *Écrits sur l'art*,
op. cit., p. 652-653.

[148] A. Salmon, « Le Salon », *Montjoie !*, II, n° 3,
mars 1914, p. 22

[149] U. Boccioni, *Pittura scultura futuriste
(Dinamismo plastico)*, Milan, Ed. futuriste di *Poesia*
(1914), traduction, édition, notes et préfaces de
C. Minot et G. Lista, *Dynamisme plastique. Peinture
et sculpture futuristes*, Lausanne, L'Âge d'homme,
1975.

[150] Manifeste publié en italien : la première partie
paraît sous le titre *Lo Spendore geometrico
e meccanico nelle parole in libertà*, dans *Lacerba*
(vol. II, n° 6, 15 mars 1914, p. 81-83) ; la seconde
est également reprise, sous le titre *Onomatopee
astratte e sensibilità numerica*, dans *Lacerba*
(vol. II, n° 7, 1er avril 1914, p. 99-100). L'édition
italienne du texte complet en placard est datée
du 18 mars 1914. Cf. G. Lista, *Futurisme.
Manifestes…*, *op. cit.*, p. 148 (pour la citation),
p. 147-152 (pour le manifeste intégral).

[151] F. Del Marle, « Quelques notes sur la simultanéité
en peinture », *Poème et Drame* (Paris), n° 7,
janvier-mars 1914, p. 17 // E. Fry, *Le Cubisme*,
op. cit., p. 130-131.

[152] Initialement programmée pour le printemps 1913
comme exposition néoprimitivisme, puis
programmée sous la forme d'une exposition
internationale – avec les peintres futuristes italiens
et les orphistes français – à l'automne 1913,
son sous-titre définitif annonce « des œuvres
futuristes, rayonnistes et primitivismes ». Il s'agit de
la première exposition organisée par Larionov avant
la Grande Guerre.

[153] R. Cork, *Vorticism and Abstract Art in the First
Machine Age, op. cit.*, vol. I, p. 234.

[154] Selon certaines sources, des œuvres de Nathalie
Gontcharova et de Kandinsky y auraient également
été exposées.

[155] La version française de ce manifeste
est publiée par les soins d'Apollinaire dans
le *Mercure de France* du 16 avril 1914.

[156] Publiée dans *Les Soirées de Paris*, n° 25,
15 juin 1914, p. 349-356.

ou suggestionnera quelques-uns. Aussi en
devais-je longuement parler. J'ai dit que
M. Picabia expose, lui aussi, au seuil du Salon.
C'est un coloriste, mais obstiné ; un homme à
système et sans méthode. […] S'il est impossible de nier la fougue généreuse des simultanistes, sans souhaiter, bien loin de là, qu'ils
fassent directement école (nous n'avons que
faire d'aucune école), il faut résolument dénon-
cer la fausse audace des synchromistes, alors
même qu'elle mobilise des tempéraments aussi
indiscutables que celui du peintre Rossiné[148]. »
3 mars-avril : à Florence, la galerie Gonnelli
présente l'« Esposizione di pittura futurista
del pittore e sculture futurista U. Boccioni ».
À cette occasion, Boccioni fait paraître
Peinture et sculpture futuristes, qui rassemble, entre autres, des articles déjà publiés[149].
6 mars : à la Goupil Gallery, inauguration de
la première exposition du London Group,
baptisée « First London Group Exhibition ».
Parmi les exposants, se trouvent Bomberg,
Epstein (*Torse en métal pour « La Perforatrice »*,
1913-1914, cat. n° 98), Etchells, Cuthbert
Hamilton, Lewis, Nevinson et Wadsworth.
11 mars : Marinetti publie un autre manifeste :
*La Splendeur géométrique et mécanique et la
sensibilité numérique*[150].
13 mars : Del Marle publie « Quelques notes
sur la simultanéité en peinture » dans la revue
Poème et Drame, dirigée par Barzun. Cet
article souligne l'importance que revêt le concept
de simultanéité autant chez les cubistes que
chez les futuristes : « La simultanéité dans
l'œuvre d'art est l'un de ces nombreux buts qui
attirent les peintres les plus intéressants de
notre époque. […] À la recherche de simultanéité des aspects, chère au Cubisme et manifeste dans les dernières œuvres de ses
protagonistes, il faut joindre l'affirmation des
futuristes italiens : "la simultanéité des états
d'âme, voilà le but de notre art"[151]. »

30 mars : pour fédérer les dissidents des
Omega Workshops, Lewis crée le Rebel Art
Centre. Si cette association éphémère n'atteint
pas son objectif – être une institution de créa-
tion et d'enseignement –, et ce en dépit des
efforts de Marinetti qui aura donné une conférence pour réunir des fonds en sa faveur, elle
renforce néanmoins la cohésion du groupe.
Parmi ses membres, on compte Etchells,
Hamilton, Lewis, Nevinson et Wadsworth.
Mars : Carrà, Papini et Soffici séjournent à Paris
chez la baronne Hélène d'Œttingen, où ils
rencontrent Apollinaire, Kahnweiler, Amedeo
Modigliani et Picasso.
Mars-avril : à Moscou, « Exposition n° 4 »,
Larionov y montre ses œuvres abstraites,
« pneumo-rayonnistes », parmi les autres participants : Nathalie Gontcharova, Kamienski,
Le Dentu, Alexandre Chevtchenko[152].
1er avril : parution de la première publicité pour
Blast dans *The Egoist* qui se veut la cham-
pionne du « Cubisme, Futurisme, Imagisme et
toutes les formes vitales de l'art moderne[153] ».
9 avril : à Saint-Pétersbourg, au cabaret Le Chien
errant, conférence de Zdanievitch intitulée « Les
visages peinturlurés ».
13 avril-mai : à Rome, est organisée la première
« Esposizione libera futurista internazionale :
pittori e scultori italiani, russi, inglesi, belgi,
nordamericani ». Quatre artistes russes y présentent des œuvres : Archipenko, Alexandra
Exter, Koulbine, Olga Rozanova – dont Marinetti
acquiert la toile *Homme dans la rue (Analyse
de volumes)* (1913, cat. n° 96)[154].
21 avril : premier grand concert futuriste des
« intonarumori » de Russolo au Teatro dal Verme
de Milan, vives réactions du public suivies de
bagarres.
Fin avril-mai : à Londres, troisième « Exhibition of
the Works of the Italian Futurist Painters and
Sculptors » aux Doré Galleries. Aux côtés de
Balla et Soffici dont c'est la première partici-

pation à une exposition londonienne, on
retrouve Boccioni, Carrà, Marinetti, Russolo et
Severini. Cet événement est assorti d'une série
de conférences et de concerts « rumoristes »
de Russolo. Le 30 avril, accompagné de
Nevinson, Marinetti déclame à nouveau « Le
siège d'Andrinople », renouvelant sa performance d'octobre 1912 qui s'était déroulée au
même endroit.
Printemps : Lioubov Popova séjourne en Europe
occidentale, d'abord en France (au mois d'avril),
puis en Italie où elle entre en contact avec les
futuristes.
L'opposition entre Orient et Occident, chère à
l'avant-garde futuriste russe, fait l'objet du manifeste *Nous et l'Occident* (signé par Yakoulov
pour les arts plastiques, par Livchits pour la
poésie et par Arthur Lourié pour la musique)[155].
8 mai-20 juin : à Londres, dans les locaux de
la Whitechapel Art Gallery accueillent la
« 20th Century Exhibition », à laquelle participent
notamment Bomberg, Etchells, Gaudier-
Brzeska, Lewis, Nevinson, William Roberts et
Wadsworth.
9 mai : deuxième conférence de Léger à l'académie Vassilieff, « Les réalisations picturales
actuelles »[156].
20 mai : Balla rédige le manifeste du *Vêtement
masculin futuriste* (resté inédit).
24 mai : création à l'Opéra de Paris du *Coq d'or*
de Nicolaï Rimsky-Korsakov, sur une chorégraphie de Michel Fokine, et avec des décors et
des costumes de Nathalie Gontcharova.
30 mai : dans le *New Weekly*, Lewis, qui avait
déclaré à Marinetti en avril 1914 « Je ne suis
pas futuriste. Je hais le mouvement qui déplace
les lignes », en vient à considérer que l'art du
même Marinetti « distille dans les êtres l'importance du présent, l'importance de la vie » et le
qualifie de « Cromwell de notre temps ».
Mai : à la galerie bruxelloise Georges Giroux,
s'ouvre l'exposition « Cubisme, Orphisme,

Idéogramme lettre-océan de Guillaume Apollinaire
publié dans *Les Soirées de Paris,* n° 15, 15 mai 1914,
p. 340-341.

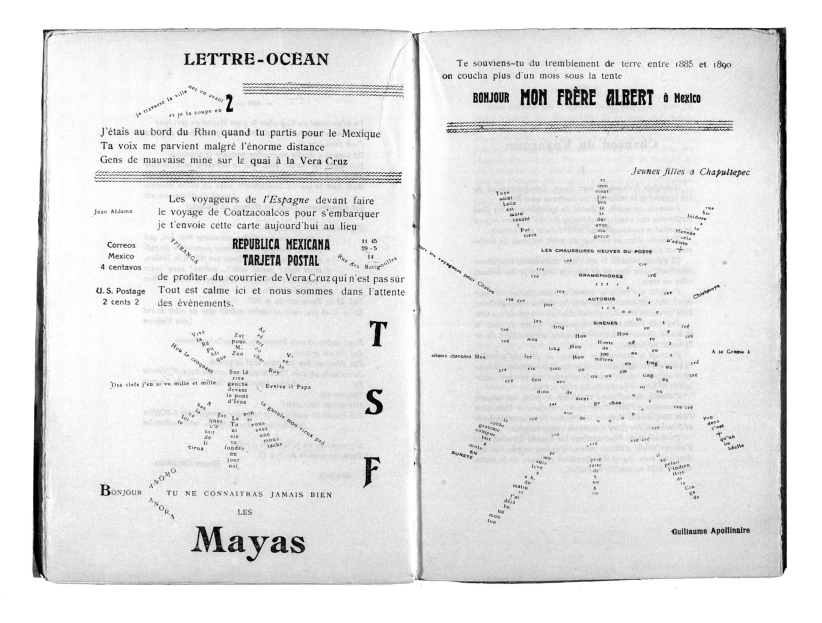

CONTRE L'ART ANGLAIS

Manifeste futuriste

lu à la Doré Galerie (Exposition des peintres futuristes Boccioni, Carrà, Russolo, Balla, Severini, Soffici) et à l'Université de Cambridge. — Juin 1914.

Je suis un poète futuriste italien qui aime passionnément l'Angleterre. Je veux guérir l'art anglais de la plus grave des maladies : le passéisme. J'ai donc tous les droits de parler haut et sans périphrases et de donner, avec mon ami Nevinson, peintre futuriste anglais, le signal du combat.

CONTRE :

1. — le culte de la tradition, le conservatisme artistique des académies, la préoccupation commerciale des artistes anglais, la mièvrerie efféminée de leur art, et leurs recherches purement décoratives ;

2. — les goûts pessimistes, sceptiques et nostalgiques du public anglais, qui adore stupidement le mièvre, le modéré, l'atténué, le médiocre, les ignobles Gardens Cities, Maypole, Morris dances et Fairy stories, le Moyen-âge, l'Esthétisme, Oscar Wilde, les Préraphaélites, les Néo-primitifs et tout ce qui vient de Paris ;

3. — le Snobisme mal canalisé qui ignore ou méprise toutes les originalités, les inventions et les audaces anglaises, et s'empresse d'adorer toutes les originalités et les audaces étrangères. Il ne faut pas oublier que l'Angleterre a eu de vaillants pionniers tels que Shakespeare, Swinburne, Turner, Constable, (qui fut le premier initiateur du mouvement impressioniste de l'école de Barbizon) Watts, Stevenson, Darwin, etc. ;

4. — les prétendus révolutionnaires de The New English Art Club qui hérita le prestige de la Royal Academy et son attitude grossièrement hostile aux mouvements d'avant-garde ;

5. — l'indifférence du Roi, de l'Etat et des Politiciens pour les Arts ;

6. — la conception anglaise selon laquelle l'art est un passetemps inutile, bon pour amuser les femmes et les jeunes filles, les artistes sont des pauvres fous à plaindre et à protéger, l'art une maladie bizarre dont tout le monde peut parler ;

7. — le droit universel de discuter et de juger en matière d'art ;

8. — le vieil idéal brûlé du génie ivrogne, crasseux, débraillé et hors cadre ; l'ivrognerie synonyme d'art ; Chelsea, le Montmartre de Londres ; les sous-Rossetti à longs cheveux sous le sombrero et autres immondices passéistes ;

F.T. Marinetti et Christopher R.W. Nevinson, *Contre l'art anglais. Manifeste futuriste* (Londres, 11 juin 1914) diffusé en anglais sous le titre *Vital English Art.*

De g. à dr. : Cuthbert Hamilton (?), Edward Wadsworth, Christopher Nevinson et Wyndham Lewis accrochant la peinture *Caprice* de Edward Wadsworth au Rebel Art Centre, Londres, 1914.

Futurisme », où sont présentées des œuvres de Archipenko, Picabia, Villon et Metzinger. Dans les locaux de la galerie, Del Marle tient une conférence sur la peinture cubiste.

Mai-juin : à Naples, la Galleria Futurista dirigée par Sprovieri reçoit la « Prima Esposizione di pittura futurista », où le public peut voir des œuvres de Balla, notamment la *Jeune fille courant sur le balcon*, de Boccioni, Carrà, Russolo, Severini et Soffici. Pour l'occasion, les peintres italiens organisent des soirées futuristes.

7 juin : le manifeste *Vital English Art*, cosigné par Marinetti et Nevinson, est publié dans *The Observer* puis, quelques jours plus tard, dans *The Times* et *The Daily Mail*. La version française, *Contre l'art anglais,* est datée du 11 juin 1914[157].

12 juin : Marinetti et Nevinson donnent des conférences sur le futurisme aux Doré Galleries. Ils sont interrompus par les membres du Rebel Art Centre : Lewis, Epstein, Gaudier-Brzeska, Thomas Ernest Hulme et Wadsworth.

13 juin : *The Spectator* présente *Blast*, la revue des vorticistes, comme l'organe du « mouvement anglais parallèle au cubisme et à l'expressionnisme [et] la mort assénée à l'impressionnisme et au futurisme[158] ».

14 juin : Lewis adresse au rédacteur en chef de *The Observer* une lettre, cosignée par Lawrence Atkinson, Bomberg, Etchells, Gaudier-Brzeska, Hamilton, Pound, Roberts et Wadsworth, dans laquelle il s'en prend violemment au manifeste *Vital English Art,* officialisant par ce biais la rupture du Rebel Art Centre avec Marinetti qui avait qualifié ces artistes de « grands futuristes de l'art anglais », point de vue que les intéressés n'ont jamais partagé, comme le rappelle Laurette Veza : « Les vorticistes entendaient bien ne rien devoir aux futuristes pour des raisons tactiques, à cette date, mais aussi pour des raisons infiniment plus profondes. D'une part, il leur fallait endiguer la marée montante du futurisme sous peine de se voir engloutir, d'autre part, dans l'esprit de Lewis

et de Pound, toute confusion entre les deux mouvements équivalait à une trahison. En effet, le vorticisme épelle le *lieu* du vortex alors que le futurisme ne peut échapper au temps puisque l'étiquette même implique que le mouvement se situe dans le temps[159]. » Entre Lewis et Marinetti, les pierres d'achoppement n'ont pas manqué : « Les futuristes italiens avec leur évangile d'action et ses corollaires, vitesse, violence, impressionnisme et sensationalisme [...], étaient des adeptes convaincus de la philosophie du temps et Marinetti, leur prophète, était un bergsonien pur sang[160]. »

15-20 juin : au London Coliseum, Buzzi, Russolo et Ugo Piatti proposent une série de concerts pour leurs « intonarumori », accompagnés de déclamations de Marinetti.

17, 20 et 24 juin : concert des Bruiteurs de Russolo à Paris.

17-30 juin : à Paris, la galerie Paul Guillaume accueille une exposition consacrée à Larionov et à Nathalie Gontcharova, dont le catalogue est préfacé par Apollinaire. Cette manifestation fait l'objet d'articles élogieux dans la presse parisienne : « Ce sera la première fois, depuis bien longtemps, que l'on verra à Paris de la peinture russe de Russie, et la première fois aussi, que l'on y verra de la peinture rayonniste[161]. » C'est probablement à cette occasion que Larionov rencontre Mercereau, organisateur des expo-sitions d'art français en Russie.

2 juillet : parution à Londres du premier numéro de la revue *Blast* (daté du 20 juin), acte de naissance du vorticisme. Dans ces pages séminales, est publié le *Manifeste du vorticisme (Manifesto)* cosigné par Malcolm Arbuthnot, Lawrence Atkinson, Gaudier-Brzeska, Jessica Dismorr, Hamilton, Lewis, Pound, Roberts, Helen Saunders et Wadsworth.

Les attaques frontales à l'égard du futurisme se multiplient dans les pages de *Blast*: « Nous ne tenons pas à changer l'apparence du monde

parce que nous ne sommes pas des naturalistes, des impressionnistes ou des futuristes (forme la plus récente de l'impressionnisme). [...] L'Automobilisme (Marinettisme) nous barbe. [...] Le futurisme est un mélange sensationnel et sentimental de l'esthète des années 1890 et du réaliste des années 1870[162]. »

« Pour notre vortex, le présent seul est action. [...] Le passé et le futur sont les prostituées que la Nature propose. L'art consiste à fuir ce Bordel périodiquement. [...] Le Vorticiste trouve son point maximum d'énergie dans l'immobilité. Le Vorticiste n'est pas l'Esclave du mouvement mais son Maître[163]. »

On lit en outre, dans le manifeste publié par la même revue : « Le monde moderne est presque entièrement le produit du génie anglo-saxon, sa manifestation et son esprit. [...] La machine, les trains, les bateaux à vapeur, tout ce qui, apparemment, distingue notre époque trouve son origine ici plus que n'importe où ailleurs[164]. »

« Les Anglais sont les inventeurs de cette nudité, de cette dureté, ils devraient être les plus grands ennemis du romantisme[165]. »

« Ce sera aujourd'hui, dans leur découverte du sport par exemple, leur sentimentalisme futuriste à l'égard des machines, des aéroplanes, etc., les "modernes" les plus romantiques et les plus sentimentaux que l'on puisse trouver[166]. »

11 juillet : Antonio Sant'Elia publie un manifeste sur *L'Architecte futuriste*, texte déjà paru en mai dans le catalogue de l'exposition de groupe « Nuove Tendenze » (Milan), avec des compléments apportés par Marinetti[167].

30 juillet : inauguration à la Scarborough School of Art (Vernon Place) d'une exposition rassemblant des futuristes, des cubistes et des postimpressionnistes.

Juillet : à Londres, première exposition personnelle de Bomberg (qui préface le catalogue), organisée à Chelsea par la Chenil Gallery.

[157] Le manifeste est publié en italien et en anglais dans *Lacerba* (vol. II, n° 14, 15 juillet 1914, p. 209-211).

[158] « The Manifesto of the Vorticists – The English Parallel Movement to Cubism and Expressionism [and] Death Blow to Impressionism and futurism. »

[159] L. Veza, « Marinetti et le vorticisme », art. cité, p. 281.

[160] P. W. Lewis, *Time and Western Man*, New York, Paul Edwards (ed.), 1928, cité dans *ibid*.

[161] Anonyme, « Mme Nathalie de Goucharova et M. Larionow », *Paris-Journal*, 13 juin 1914.

[162] P. W. Lewis, « Long Live the Vortex ! », *Blast* (Londres), n°1, 20 juin [2 juillet] 1914, p. 7-8. Nous traduisons.

[163] Id., « Our Vortex », *Blast*, n° 1, 20 juin [2 juillet] 1914, p. 147-148. Nous traduisons.

[164] « Manifesto », *ibid*., p. 39.

[165] *Ibid.*, p. 41.

[166] *Ibid.*

[167] A. Sant'Elia, « L'Architecte futuriste », *Lacerba*, vol. II, n° 15, 1er août 1914, p. 228-230. // G. Lista, *Futurisme. Manifestes...*, op. cit., p. 233-234.

MANIFESTO.

I.

[1] Beyond Action and Reaction we would establish ourselves.

[2] We start from opposite statements of a chosen world. Set up violent structure of adolescent clearness between two extremes.

[3] We discharge ourselves on both sides.

[4] We fight first on one side, then on the other, but always for the SAME cause, which is neither side or both sides and ours.

[5] Mercenaries were always the best troops.

[6] We are Primitive Mercenaries in the Modern World.

30

[7] Our Cause is NO-MAN'S.

[8] We set Humour at Humour's throat.
Stir up Civil War among peaceful apes.

[9] We only want Humour if it has fought like Tragedy.

[10] We only want Tragedy if it can clench its side-muscles like hands on it's belly, and bring to the surface a laugh like a bomb.

31

De passage à Paris, Carrà rencontre Kahnweiler par l'intermédiaire d'Apollinaire : un projet de contrat avec le peintre se profile, mais la déclaration de guerre viendra interrompre les négociations.

17 août : la revue Lacerba et Marinetti mènent une campagne en faveur de l'entrée en guerre de l'Italie aux côtés de l'Angleterre et de la France (alors que l'Italie est membre de la Triple Alliance avec l'Autriche-Hongrie et l'Allemagne). Braque, Duchamp-Villon, Gleizes, Léger, Metzinger, Raynal, Salmon et Villon, entre autres, sont mobilisés. Apollinaire s'engage ; Delaunay, réformé, est retenu en Espagne où il séjournait avec sa femme ; Picasso et Gris travaillent à Paris ou en province.

11 septembre : manifeste Il Vestito antineutrale de Balla.

15-16 septembre : à Milan, au Teatro dal Verme et sur la place du Dôme, manifestations anti-autrichiennes des futuristes à l'issue desquelles ils sont arrêtés.

20 septembre : manifeste-affiche Synthèse futuriste de la guerre signé par Boccioni, Carrà, Marinetti, Piatti et Russolo.

Octobre : à Berlin, la galerie Der Sturm organise « Die Futuristen. Umberto Boccioni, Carlo D. Carrà, Luigi Russolo, Gino Severini », reprise partielle de l'exposition présentée à la galerie Bernheim-Jeune à Paris en 1912.

13 novembre : Nevinson sert avec les Friend's Ambulance Unit (service sanitaire de l'armée anglaise) dans le nord de la France et dans les Flandres.

9 décembre : devant l'université de Rome, début d'une série de manifestations interventionnistes auxquelles se joignent Marinetti et Cangiullo, vêtus pour l'occasion du vêtement futuriste aux couleurs du drapeau italien.

Décembre : Bomberg, Epstein et Roberts, qui veulent exposer ensemble, se rencontrent régulièrement chez l'avocat Stuart Gray.

Dans le courant de l'année : selon Soffici[168], Alexandra Exter collabore de très près au livre Pikasso i okresnosti [Picasso et ses alentours] mis en chantier dès 1912-1913 par le poète russe Axionov (Moscou, Centrifuga, 1917). Plus qu'une monographie sur Picasso, il s'agit d'un véritable manifeste artistique qui « sonne le glas du cubisme parisien et du futurisme italien ». Alexandra Exter réalise un collage cubofuturiste pour la couverture.

À Florence, les éditions Libreria della Voce publient Cubismo e Futurismo de Soffici, une version de Cubismo e oltre (juin 1913) remaniée et augmentée de quelques articles parus postérieurement dans la revue Lacerba.

Luigi Russolo et Ugo Piatti avec les bruiteurs dans l'atelier de la rue Stoppani à Milan, 1915.

La salle futuriste avec, au centre, la sculpture *Muscles en vitesse* de Umberto Boccioni à la « Panama Pacific International Exhibition » de San Francisco en 1915.

William Roberts, *The Vorticists at the Restaurant de la Tour Eiffel, été 1915,* 1961-1962. De g. à dr., assis : Cuthbert Hamilton, Ezra Pound, William Roberts, Wyndham Lewis, Frederick Etchells and Edward Wadsworth ; debouts : Jessica Dismorr, Helen Saunders, Joe, le serveur, et Rudolph Stulik, le propriétaire du restaurant. Huile sur toile, 232,5 x 97 cm
Tate, Londres. Présenté par The Trustees of the Chantrey. Legs 1962. T00528

1915

1er février [ou 11 janvier]-18 février : rédaction du manifeste *Le Théâtre futuriste synthétique,* signé par Bruno Corra, Marinetti et Emilio Settimelli.

14 février : par un article publié dans le numéro 7 de la revue *Lacerba* (« Futurismo et Marinettismo »), Palazzeschi, Papini et Soffici signent leur rupture définitive avec le mouvement futuriste[169].

18 février : à Rome, lors d'une manifestation interventionniste, arrestation de Balla, Cangiullo, Depero et Marinetti.

Février-décembre : à San Francisco, la « Panama-Pacific International Exhibition » (PPIE), initialement programmée pour l'automne 1914, mais retardée à cause de la déclaration de la guerre, fait appel à presque tous les pays du monde. Y figure une section française avec les postimpressionnistes, Cézanne, Léger, Matisse, Picabia et Picasso, mais également une section « Italian Futurists » comprenant les œuvres présentées aux Doré Galleries de Londres en avril 1914. Transportées à bord du *Jason* depuis la ville de Bristol, les œuvres des futuristes italiens arrivent à San Francisco en avril 1915, et sont présentées dans l'annexe du palais des Beaux-Arts (la salle CXLI est entièrement consacrée aux avant-gardes italiennes). Ce sera l'unique voyage américain des peintres futuristes italiens[170]. L'exposition voyagera ensuite à San Diego, dans une version allégée.

3 mars : à Pétrograd, inauguration de la « Première Exposition futuriste de tableaux "Tramway V" » organisée par Ivan Albertovich Puni, dit Jean Pougny. On y retrouve, entre autres, Alexandra Exter *(Florence),* Klioune *(Ozonateur (Fan),* 1914, cat. n° 88), Malévitch *(L'Aviateur,* 1914, cat. n° 91, avec des œuvres cubofuturistes), Olga Rozanova et Tatline.

5 mars : à Londres, s'ouvre la seconde exposition du London Group à la Goupil Gallery, où sont présentées des œuvres d'Epstein *(Torse en métal pour « La Perforatrice »),* de Lewis *(La Foule,* [? exposée en 1915], cat. n° 103), Nevinson *(Retour aux tranchées,* 1914-1915, cat. n° 105) et Wadsworth.

11 mars : manifeste *Reconstruction futuriste de l'univers* de Balla et Depero.

Mai : l'Italie entre en guerre. La revue *Lacerba* suspend sa parution.

Boccioni, Depero, Marinetti, Piatti, Russolo, Sant'Elia, Sironi et Soffici ne tardent pas à porter volontaires et à partir au front.

1er juin-janvier 1916 : Nevinson se met au service du Royal Army Medical Corps dans un hôpital londonien.

5 juin : combattant avec l'armée française, Gaudier-Brzeska est tué au combat à Neuville-Saint-Vaast.

10 juin : aux Doré Galleries de Londres, vernissage de l'« Exposition vorticiste », dont le catalogue est composé par Lewis. Y sont présentées les œuvres de Dismoor, Etchells, Gaudier-Brzeska, Roberts, Saunders, Wadsworth, et de Lewis.

20 juillet : parution du second (et dernier) numéro de la revue *Blast,* baptisé « War Number (Review of the Great English Vortex) », dans lequel sont reproduites des œuvres d'Etchells, de Nevinson et de Wadsworth. Le texte de Gaudier-Brzeska « Vortex Gaudier-Brzeska » accompagne sa nécrologie.

17 décembre-18 janvier 1916 : à Pétrograd, dernière exposition futuriste, « 0,10 », où sont exposées l'ensemble des toiles de Malévitch intitulées *Suprématisme de la peinture.* À cette occasion, est distribué un tract-manifeste *(0,10),* dans lequel sont réunies des déclarations de Klioune, Malévitch, Mikhaïl Mienkov et Pougny.

Diverses parutions : *Du cubisme au suprématisme. Le nouveau réalisme pictural,* première brochure-traité de Malévitch ; *Guerrapittura,* de Carrà ; *Simultaneità e Chimismi lirici,* de Soffici ; *Guerra sola igiene del mondo,* de Marinetti (traduction remaniée du *Futurisme,* paru en 1911).

[168] A. Soffici, *Opere, op. cit.,* vol. VII, p. 725.
[169] A. Palazzeschi, G. Papini, A. Soffici, « Futurismo e Marinettismo », *Lacerba,* vol. III, n° 7, 14 février 1915, p. 49-51.
[170] J.-P. Andréoli De Villers, « Les futuristes à la Panama Pacific International Exposition de San Francisco en 1915 », in *Ligeia* (Paris), n° 57-60, janvier-juin 2005, p. 5.

LISTE DES ŒUVRES

Giacomo Balla (cat. n° 114)
Luna Park a Parigi, 1900
[Luna Park à Paris]
Huile sur toile, 65 x 81 cm
Civiche Raccolte d'Arte, Milan

Giacomo Balla (cat. n° 69)
Bambina che corre sul balcone, 1912
[Jeune Fille courant sur le balcon]
Huile sur toile, 125 x 125 cm
Galleria d'Arte Moderna, Milan / Collection Grassi

Umberto Boccioni (cat. n° 62)
Antigrazioso, 1912
[Antigracieux]
Huile sur toile, 80 x 80 cm
Finlega S.p.A., Turin

Umberto Boccioni (cat. n° 63)
Costruzione orizzontale, 1912 *(Volumi orizzontali)*
[Construction horizontale ou Volumes horizontaux]
Huile sur toile, 95 x 95,5 cm
Bayerische Staatsgemäldesammlungen,
Pinakothek der Moderne, Munich

Umberto Boccioni (cat. n° 22)
La città che sale, 1910-1911
[La ville qui monte]
Huile sur toile, 199,3 x 301 cm
The Museum of Modern Art, New York
Fonds Mrs Simon Guggenheim, 1951

Umberto Boccioni (cat. n° 24)
Idolo moderno, 1910-1911
[Idole moderne]
Huile sur carton, 60 x 58,5 cm
Estorick Collection of Modern Italian Art, Londres

Umberto Boccioni (cat. n° 17)
Stati d'animo : Quelli che vanno, 1911
[États d'âme : Ceux qui partent]
Huile sur toile, 70,8 x 95,9 cm
The Museum of Modern Art, New York
Don de Nelson A. Rockefeller, 1979

Umberto Boccioni (cat. n° 18)
Stati d'animo : Gli addii, 1911
[États d'âme : Les adieux]
Huile sur toile, 70,5 x 96,2 cm
The Museum of Modern Art, New York
Don de Nelson A Rockefeller, 1979

Umberto Boccioni (cat. n° 19)
Stati d'animo : Quelli che restano, 1911
[États d'âme : Ceux qui restent]
Huile sur toile, 70,8 x 95,9 cm
The Museum of Modern Art, New York
Don de Nelson A. Rockefeller, 1979

Umberto Boccioni (cat. n° 20)
La strada entra nella casa, 1911
[La rue entre dans la maison]
Huile sur toile, 100 x 100 cm
Sprengel Museum Hannover, Hanovre

Umberto Boccioni (cat. n° 21)
La Risata, 1911
[Le Rire]
Huile sur toile, 110,2 x 145,4 cm
The Museum of Modern Art, New York
Don de Herbert et Nannette Rothschild, 1959

Umberto Boccioni (cat. n° 23)
Visioni simultanee, 1911
[Visions simultanées]
Huile sur toile, 60,5 x 60,5 cm
Von der Heydt-Museum, Wuppertal

Umberto Boccioni (cat. n° 25)
Le Forze di una strada, 1911
[Les Forces d'une rue]
Huile sur toile, 99,5 x 80,5 cm
Osaka City Museum of Modern Art

Umberto Boccioni (cat. n° 65)
Sviluppo di una bottiglia nello spazio, 1912
[Développement d'une bouteille dans l'espace]
Bronze (1951/2), 39 x 60 x 30 cm
Kunsthaus, Zurich

Umberto Boccioni (cat. n° 64)
Il Bevitore, 1914
[Le Buveur]
Huile sur toile, 87,5 x 87,5 cm
Civiche Raccolte d'Arte, Milan / Collection Jucker

David Bomberg (cat. n° 97)
The Mud Bath, 1914
[Le Bain de boue]
Huile sur toile, 152,4 x 224,2 cm
Tate, Londres / Achat, 1964

Georges Braque (cat. n° 3)
Grand Nu, 1907-1908
Huile sur toile, 140 x 100 cm
Centre Pompidou-Musée national d'art moderne, Paris
Dation Alex Maguy-Glass, 2002

Georges Braque (cat. n° 1)
Le Viaduc à L'Estaque, 1908
Huile sur toile, 72,5 x 59 cm
Centre Pompidou-Musée national d'art moderne, Paris
Dation, 1984

Georges Braque (cat. n° 5)
Le Sacré-Cœur de Montmartre, 1909-1910
Huile sur toile, 55 x 40,5 cm
Musée d'Art moderne Lille Métropole, Villeneuve-d'Ascq
Donation Jean et Geneviève Masurel, 1979

Georges Braque (cat. n° 8)
Nature morte au violon, 1911
Huile sur toile, 130 x 89 cm
Centre Pompidou-Musée national d'art moderne, Paris
Donation de Mᵐᵉ Georges Braque, 1965

Georges Braque (cat. n° 9)
Le Guéridon, 1911
Huile sur toile, 116,5 x 81,5 cm
Centre Pompidou-Musée national d'art moderne, Paris
Don de Raoul La Roche, 1952

* Carlo Carrà (cat. n° 33)
Uscita dal teatro, vers 1910
[Sortie de théâtre]
Huile sur toile, 69 x 89 cm
Estorick Collection of Modern Italian Art, Londres

Carlo Carrà (cat. n° 30)
Ritratto del poeta Marinetti, 1910
[Portrait du poète Marinetti]
Huile sur toile, 100 x 80 cm
Collection particulière

Carlo Carrà (cat. n° 26)
I Funerali dell'anarchico Galli, 1910-1911
[Les Funérailles de l'anarchiste Galli]
Huile sur toile, 198,7 x 259,1 cm
The Museum of Modern Art, New York / Acquis grâce au legs
de Lillie P. Bliss, 1948

Carlo Carrà (cat. n° 28)
Il Movimento del chiaro di luna, 1910-1911
[Le Mouvement du clair de lune]
Huile sur toile, 75 x 70 cm
Mart – Museo di Arte Moderna e Contemporanea
di Trento e Rovereto

Carlo Carrà (cat. n° 35)
La Stazione di Milano, 1910-1911
[La Gare de Milan]
Huile sur toile, 50,5 x 54,5 cm
Staatsgalerie, Stuttgart

Carlo Carrà (cat. n° 32)
Nuotatrici, 1910-1912
[Nageuses]
Huile sur toile, 105 x 156 cm
Carnegie Museum of Art, Pittsburgh
Don de G. David Thompson, 1955

Carlo Carrà (cat. n° 27)
Sobbalzi di carrozza, 1911
[Cahots d'un fiacre]
Huile sur toile, 52,3 x 67,1 cm
The Museum of Modern Art, New York / Don de Herbert
et Nannette Rothschild, 1965

Carlo Carrà (cat. n° 29)
Ciò che mi ha detto il tram, 1911
[Ce que m'a dit le tram]
Huile sur toile, 52 x 62 cm
Mart – Museo di Arte Moderna e Contemporanea
di Trento e Rovereto, Fondazione VAF

* Carlo Carrà (cat. n° 34)
La Donna e l'assenzio, 1911 *(La Donna al caffè)*
[La Femme à l'absinthe ou La Femme au café]
Huile sur toile, 67 x 52 cm
Galleria dello Scudo, Vérone

* Carlo Carrà (cat. n° 31)
Simultaneità. La donna al balcone, 1912 *(Ragazza alla finestra)*
[Simultanéité. La femme au balcon ; Jeune Fille à la fenêtre]
Huile sur toile, 147 x 133 cm
Collection particulière

Félix Del Marle (cat. n° 47)
Autoportrait, 1913
Craie et fusain sur papier, 64,1 x 49,2 cm
The Museum of Modern Art, New York / Fonds J.M. Kaplan, 1973

Félix Del Marle (cat. n° 48)
Le Port, 1913
Huile sur toile, 81 x 65 cm
Musée des Beaux-Arts de Valenciennes

Félix Del Marle (cat. n° 50)
Patineuses, 1913
Fusain sur papier, 54,5 x 44 cm
Centre Pompidou-Musée national d'art moderne, Paris / Achat, 1992

Félix Del Marle (cat. n° 49)
Les Six Jours ou La Patineuse, 1913
Huile sur toile, 81 x 65 cm
Yale University Art Gallery, New Haven (CT) / Fonds Katharine Ordway,
acquis en échange des dons d'Archer M. Huntington, B.A. 1897
(en souvenir de sa mère Arabella D. Huntington), de The Associates
in Fine Arts, juin 1930, de J. Davenport Wheeler, et avec le legs
de Vine Stoddart

Félix Del Marle (cat. n° 51)
L'Effort, 1913
Fusain sur papier, 42,2 x 69,8 cm
The Museum of Modern Art, New York / Fonds J.M. Kaplan, 1973

Félix Del Marle (cat. n° 52)
Les Chats, 1913
Fusain et lavis d'encre de Chine sur papier, 49,2 x 76,2 cm
Musée des Beaux-Arts de Valenciennes

Robert Delaunay (cat. n° 53)
La Ville de Paris, 1910-1912
Huile sur toile, 267 x 406 cm
Centre Pompidou-Musée national d'art moderne, Paris / Achat, 1936.
Attribution, 1937 / Dépôt au Musée d'Art moderne de la Ville de Paris,
1985

Robert Delaunay (cat. n° 7)
Tour Eiffel, 1911
Huile sur toile, 202 x 138,4 cm
Solomon R. Guggenheim Museum, New York / Solomon R. Guggenheim
Founding Collection / Don de Solomon R. Guggenheim, 1937

Robert Delaunay (cat. n° 60)
L'Équipe de Cardiff (3e représentation), 1912-1913
Huile sur toile, 326 x 208 cm
Musée d'Art moderne de la Ville de Paris

Robert Delaunay (cat. n° 109)
Formes circulaires, Soleil n° 2, 1912-1913
Peinture à la colle sur toile, 100 x 68,5 cm
Centre Pompidou-Musée national d'art moderne, Paris
Don de la Société des Amis du Musée national d'art moderne, 1961

Sonia Delaunay (cat. n° 107)
Contrastes simultanés, 1912
Huile sur toile, 46 x 55 cm
Centre Pompidou-Musée national d'art moderne, Paris
Donation Sonia et Charles Delaunay, 1964

Sonia Delaunay (cat. n° 61)
La Prose du Transsibérien et de la petite Jehanne de France, 1913
Livre simultané. Poème de Blaise Cendrars. Exemplaire 139
Aquarelle, texte imprimé sur papier simili japon / œuvre dépliée :
199 x 36 cm ; œuvre fermée : 18 x 11 cm
Centre Pompidou-Musée national d'art moderne, Paris
Donation Sonia et Charles Delaunay, 1964

Sonia Delaunay (cat. n° 108)
Prismes électriques, 1914
Huile sur toile, 250 x 250 cm
Centre Pompidou-Musée national d'art moderne, Paris / Achat, 1958

Marcel Duchamp (cat. n° 71)
Les Joueurs d'échecs, 1911
Huile sur toile, 50 x 61 cm
Centre Pompidou-Musée national d'art moderne, Paris / Achat, 1954

Marcel Duchamp (cat. n° 72)
Moulin à café, 1911
Huile et crayon sur carton, 33 x 12,7 cm
Tate, Londres / Achat, 1981

Marcel Duchamp (cat. n° 70)
Nu descendant l'escalier n° 2, 1912
Huile sur toile, 147 x 89,2 cm
Philadelphia Museum of Art / Collection Louise et Walter Arensberg,
1950

Raymond Duchamp-Villon (cat. n° 83)
Le Grand Cheval, 1914/1931
Plâtre original du premier agrandissement à 1 mètre réalisé
sous le contrôle de Jacques Villon en 1930-1931,
101 x 55 x 95 cm
Centre Pompidou-Musée national d'art moderne, Paris / Achat, 1948

Jacob Epstein (cat. n° 98)
Torso in Metal from "The Rock Drill", 1913-1914
[Torse en métal pour « La Perforatrice »]
Bronze, 70,5 x 58,4 x 44,5 cm
Tate, Londres / Achat, 1960

Alexandra Exter (cat. n° 85)
Gorod noč 'û, [1913]
[Ville la nuit]
Huile sur toile, 88 x 71 cm
Musée national russe, Saint-Pétersbourg

Alexandra Exter (cat. n° 84)
Florence, 1914-1915
Huile sur toile, 109,6 x 145 cm
Galerie nationale Trétiakov, Moscou

Henri Gaudier-Brzeska (cat. n° 99)
Red Stone Dancer, vers 1913
[Danseuse en pierre rouge]
Pierre rouge de Mansfield, 43,2 x 22,9 x 22,9 cm
Tate, Londres / Frank Stoop par l'intermédiaire de la Contemporary
Art Society, 1930

Henri Gaudier-Brzeska (cat. n° 100)
Portrait d'Ezra Pound, [1913]
Encre de Chine sur papier, 26 x 38 cm
Centre Pompidou-Musée national d'art moderne, Paris
Don de Ezra Pound, 1967

Henri Gaudier-Brzeska (cat. n° 101)
Étude pour « La Danseuse en pierre rouge », [1913]
Encre de Chine sur papier, 38,5 x 25 cm
Centre Pompidou-Musée national d'art moderne, Paris
Don de la Kettle's Yard Foundation, Cambridge (RU), 1964

Henri Gaudier Brzeska (cat. n° 102)
Mitrailleuse en action, [1915]
Fusain sur papier pelure, 28,5 x 22 cm
Centre Pompidou-Musée national d'art moderne, Paris
Don de la Kettle's Yard Foundation, Cambridge (RU), 1964

Albert Gleizes (cat. n° 15)
Étude pour « La Chasse », 1911
Crayon, aquarelle, gouache, lavis d'encre brune sur papier
fixé sur carton, 20,2 x 16,2 cm
Centre Pompidou-Musée national d'art moderne, Paris
Legs du Dr Robert Le Masle, 1974

Albert Gleizes (cat. n° 16)
Portrait de Jacques Nayral, 1911
Huile sur toile, 161,9 x 114 cm
Tate, Londres / Achat, 1979

Albert Gleizes (cat. n° 6)
La Cathédrale de Chartres, 1912
Huile sur toile, 73,6 x 60,3 cm
Sprengel Museum Hannover, Hanovre

Albert Gleizes (cat. n° 59)
Les Joueurs de football, 1912-1913
Huile sur toile, 225,4 x 183 cm
National Gallery of Art, Washington D.C.
Fonds Ailsa Mellon Bruce, 1970

Nathalie Gontcharova (cat. n° 86)
Velosipedist, 1913
[Le Cycliste]
Huile sur toile, 79 x 105 cm
Musée national russe, Saint-Pétersbourg

Nathalie Gontcharova (cat. n° 87)
La Lampe électrique, [1913]
Huile sur toile, 105 x 81,5 cm
Centre Pompidou-Musée national d'art moderne, Paris
Don de la Société des Amis du Musée national d'art moderne,
1966

Juan Gris (cat. n° 54)
Hommage à Pablo Picasso, 1912
Huile sur toile, 93,3 x 73,3 cm
The Art Institute of Chicago / Don de Leigh B. Block, 1958

Ivan Klioune (cat. n° 88)
Ozonator (èlektr. Perenosnyj ventilâtor), 1914
[Ozonateur (Fan), (Ventilateur électrique portatif)]
Huile sur toile, 75 x 66 cm
Musée national russe, Saint-Pétersbourg

František Kupka (cat. n° 79)
Femme cueillant des fleurs, [1909]
(Recto) / pastel sur papier, 42,3 x 39 cm
Centre Pompidou-Musée national d'art moderne, Paris
Don d'Eugénie Kupka, 1963 / AM 2775 D

František Kupka (cat. n° 80)
Femme cueillant des fleurs, [vers 1909]
Pastel, aquarelle et crayon sur papier, 45 x 47,5 cm
Centre Pompidou-Musée national d'art moderne, Paris /
Don d'Eugénie Kupka, 1963 / AM 2776 D

František Kupka (cat. n° 78)
Femme cueillant des fleurs, [1909-1910]
Pastel sur papier gris, 42 x 39 cm
Centre Pompidou-Musée national d'art moderne, Paris
Don d'Eugénie Kupka, 1963 / AM 2757 D

František Kupka (cat. n° 81)
Femme cueillant des fleurs, [1910-1911]
Pastel et fusain sur papier, 48 x 49,5 cm
Centre Pompidou-Musée national d'art moderne, Paris
Don d'Eugénie Kupka, 1963 / AM 2777 D

František Kupka (cat. n° 82)
Femme cueillant des fleurs, [1910-1911]
Pastel sur papier, 48 x 52 cm
Centre Pompidou-Musée national d'art moderne, Paris
Don d'Eugénie Kupka, 1963 / AM 2778 D

František Kupka (cat. n° 110)
La Primitive, [1910-1913] *(Éclats de lumière)*
Huile sur toile, 100 x 72,5 cm
Centre Pompidou-Musée national d'art moderne, Paris
Don d'Eugénie Kupka, 1963 / Dépôt au musée de Grenoble, 2004

Michel Larionov (cat. n° 89)
Promenade, Vénus de boulevard, [1912-1913]
Huile sur toile, 117 x 87 cm
Centre Pompidou-Musée national d'art moderne, Paris
Achat, 1983

Fernand Léger (cat. n° 14)
Nus dans la forêt, 1909-1911
Huile sur toile, 120,5 x 170,5 cm
Kröller-Müller Museum, Otterlo

Fernand Léger (cat. n° 55)
La Noce, 1911-1912
Huile sur toile, 257 x 206 cm
Centre Pompidou-Musée national d'art moderne, Paris
Don, 1937

Fernand Léger (cat. n° 111)
Contraste de formes, 1913
Huile sur toile, 100 x 81 cm
Centre Pompidou-Musée national d'art moderne, Paris
Donation Jeanne et André Lefèvre, 1952

Percy Wyndham Lewis (cat. n° 103)
The Crowd, [? exposé en 1915]
[La Foule]
Huile et crayon sur toile, 200,7 x 153,7 cm
Tate, Londres / Présenté par les Amis de la Tate Gallery, 1964

Stanton Macdonald-Wright (cat. n° 112)
Conception Synchromy, 1914
[Synchromie conception]
Huile sur toile, 91,3 x 76,5 cm
Hirshhorn Museum and Sculpture Garden, Smithsonian Institution,
Washington D.C. / Don de Joseph H. Hirshhorn, 1966

Kasimir Malévitch (cat. n° 90)
Portret Ivana Klûna (Stroitel'), 1911
[Portrait d'Ivan Klioune (Constructeur) ou
Portrait perfectionné d'Ivan Vassiliévitch Kliounkov]
Huile sur toile, 111,5 x 70,5 cm
Musée national russe, Saint-Pétersbourg

Kasimir Malévitch (cat. n° 92)
Portret hudožnika Mihaila Vasilevič Matûšina, 1913
[Portrait de Mikhaïl Vassiliévitch Matiouchine]
Huile sur toile, 106,6 x 106,6 cm
Galerie nationale Trétiakov, Moscou

Kasimir Malévitch (cat. n° 91)
Aviator, 1914
[L'Aviateur]
Huile sur toile, 125 x 65 cm
Musée national russe, Saint-Pétersbourg

Jean Metzinger (cat. n° 13)
Étude pour « Le Goûter », 1911
Crayon et encre sur papier gris, 19 x 15 cm
Centre Pompidou-Musée national d'art moderne, Paris
Achat, 1960

Jean Metzinger (cat. n° 12)
Le Goûter, 1911 *(Femme à la cuillère)*
Huile sur carton, 75,9 x 70,2 cm
Philadelphia Museum of Art / Collection Louise
et Walter Arensberg, 1950

Jean Metzinger (cat. n° 57)
Étude pour « Le Cycliste », 1911
(Recto d'un dessin sans titre)
Crayon et fusain sur papier beige, 38 x 26 cm
Centre Pompidou-Musée national d'art moderne, Paris
Achat, 1960

Jean Metzinger (cat. n° 56)
Le Cycliste, 1912 *(Au vélodrome)*
Huile et collage sur toile, 130,4 x 97,1 cm
Peggy Guggenheim Collection, Venise / Solomon R. Guggenheim
Foundation, New York

Jean Metzinger (cat. n° 58)
Danseuse au café, 1912
Huile sur toile, 146,1 x 114,3 cm
Albright-Knox Art Gallery, Buffalo (NY) / Fonds d'acquisition
général, 1957

Christopher Richard Wynne Nevinson (cat. n° 104)
The Arrival, vers 1913
[L'Arrivée]
Huile sur toile, 76,2 x 63,5 cm
Tate, Londres / Présenté par la veuve de l'artiste, 1956

Christopher Richard Wynne Nevinson (cat. n° 105)
Returning to the Trenches, 1914-1915
[Retour aux tranchées]
Huile sur toile, 51,2 x 76,8 cm
Musée des Beaux-Arts du Canada, Ottawa / Don de la collection
Massey de peinture anglaise, 1946

Christopher Richard Wynne Nevinson (cat. n° 106)
Bursting Shell, 1915
[Explosion d'obus]
Huile sur toile, 76 x 56 cm
Tate, Londres / Achat, 1983

Francis Picabia (cat. n° 73)
Danses à la source I, 1912
Huile sur toile, 120,5 x 120,6 cm
Philadelphia Museum of Art / Collection Louise
et Walter Arensberg, 1950

Francis Picabia (cat. n° 74)
Udnie, 1913 *(Jeune fille américaine ; La Danse)*
Huile sur toile, 290 x 300 cm
Centre Pompidou-Musée national d'art moderne, Paris
Achat de l'État, 1948. Attribution, 1949

Francis Picabia (cat. n° 75)
Je revois en souvenir ma chère Udnie, [1913]-1914
Huile sur toile, 250,2 x 198,8 cm
The Museum of Modern Art, New York / Fonds Hillman Periodicals,
1954

Pablo Picasso (cat. n° 2)
La Dryade, 1908
Huile sur toile, 185 x 108 cm
Musée de l'Ermitage, Saint-Pétersbourg

Pablo Picasso (cat. n° 11)
Tête de femme (Fernande), 1909
Bronze, 41,3 x 24,7 x 26,6 cm
Kunsthaus, Zurich

Pablo Picasso (cat. n° 4)
Femme assise dans un fauteuil, 1910
Huile sur toile, 100 x 73 cm
Centre Pompidou-Musée national d'art moderne, Paris
Legs de Georges Salles, 1967

Pablo Picasso (cat. n° 10)
Portrait de Daniel-Henry Kahnweiler, 1910
Huile sur toile, 101,1 x 73,3 cm
The Art Institute of Chicago / Don de Mrs Gilbert W. Chapman
en souvenir de Charles B. Goodspeed

Lioubov Popova (cat. n° 93)
Čelovek + Vozduh + Prostranstvo, 1913
[Personnage + Air + Espace]
Huile sur toile, 125 x 107 cm
Musée national russe, Saint-Pétersbourg

Lioubov Popova (cat. n° 95)
Étude pour un portrait, 1914-1915
Huile sur carton, 59,5 x 41,6 cm (recto)
Étude pour « Nature morte italienne »
Huile, poussière de marbre, collage sur papier (verso)
State Museum of Contemporary Art / Collection George Costakis,
Thessalonique

Lioubov Popova (cat. n° 94)
Homme voyageant ou Voyageur, 1915
Huile sur toile, 158,5 x 123 cm
State Museum of Contemporary Art / Collection George Costakis,
Thessalonique

Olga Rozanova (cat. n° 96)
Homme dans la rue (Analyse de volumes), 1913
Huile sur toile, 83 x 61,5 cm
Fundación Colección Thyssen-Bornemisza, Madrid

Morgan Russell (cat. n° 113)
Cosmic Synchromy, 1914
[Synchromie cosmique]
Huile sur toile, 41,3 x 33,3 cm
Munson-Williams-Proctor Arts Institute, Museum of Art, Utica (NY),
1957

* Luigi Russolo (cat. n° 38)
Chioma, 1910-1911 *(I Capelli di Tina)*
[Chevelure ; La Chevelure de Tina]
Huile sur toile, 71,5 x 49 cm
Collection particulière

Luigi Russolo (cat. n° 36)
La Rivolta, 1911
[La Révolte]
Huile sur toile, 150,8 x 230,7 cm
Gemeentemuseum Den Haag, La Haye

Luigi Russolo (cat. n° 37)
Ricordi di una notte, 1911
[Souvenirs d'une nuit]
Huile sur toile, 100,3 x 100,3 cm
Collection particulière

Gino Severini (cat. n° 39)
La Danse du « pan-pan » au Monico,
1909-1911/1959-1960
Huile sur toile, 280 x 400 cm / réplique (1959-1960)
de la peinture originale (1909-1911), réalisée à Rome par l'artiste
Centre Pompidou-Musée national d'art moderne, Paris
Don de Mme Severini et de ses filles, 1967

Gino Severini (cat. n° 40)
Souvenirs de voyage, **1910-1911**
Huile sur toile, 80 x 100 cm
Collection particulière

Gino Severini (cat. n° 41)
Le Chat noir, **1910-1911**
Huile sur toile, 54,4 x 73 cm
Musée des Beaux-Arts du Canada, Ottawa / Achat, 1956

Gino Severini (cat. n° 44)
La Modiste, **vers 1910-1911**
Huile sur toile, 64,8 x 48,3 cm
Philadelphia Museum of Art / Don de Sylvia et Joseph Slifka, 2004

* Gino Severini (cat. n° 42)
La Danseuse obsédante, **1911**
Huile sur toile, 73,5 x 54 cm
Collection particulière

Gino Severini (cat. n° 45)
Le Boulevard, **1911**
Huile sur toile, 63,5 x 91,5 cm
Estorick Collection of Modern Italian Art, Londres

Gino Severini (cat. n° 46)
Les Voix de ma chambre, **1911**
Huile sur toile, 37,7 x 55,2 cm
Staatsgalerie, Stuttgart

Gino Severini (cat. n° 43)
Danseuses jaunes, **vers 1911-1912**
Huile sur toile, 45,7 x 61 cm
Harvard Art Museum, Fogg Art Museum, Cambridge (MA)
Don de Mr et Mrs Joseph H. Hazen, 1961

Gino Severini (cat. n° 67)
Nature morte au journal « Lacerba », **1913**
Papiers collés, encre de Chine, crayon, fusain, gouache et craie
sur papier, 50 x 68 cm
Fonds national d'art contemporain, ministère de la Culture
et de la Communication, Paris / Dépôt au musée d'Art moderne
de Saint-Étienne, 1956 / inv. 24875

Gino Severini (cat. n° 68)
Portrait de Paul Fort, **1915**
Papiers collés sur toile, 81 x 65 cm
Centre Pompidou-Musée national d'art moderne, Paris
Don de Mme Severini et de ses filles, 1967

Ardengo Soffici (cat. n° 66)
Linee e volumi di una persona, **1912**
[Lignes et volumes d'une personne]
Huile sur toile, 65 x 48 cm
Civiche Raccolte d'Arte, Milan

Joseph Stella (cat. n° 115)
Battle of Lights, Coney Island, Mardi Gras, **1913-1914**
[Bataille de lumières, Coney Island, Mardi gras]
Huile sur toile, 195,6 x 215,3 cm
Yale University Art Gallery, New Haven (CT) / Don de la collection
Société anonyme

Jacques Villon (cat. n° 77)
Jeune Femme, **1912**
Huile sur toile, 146,2 x 114,3 cm
Philadelphia Museum of Art / Collection Louise
et Walter Arensberg, 1950

Jacques Villon (cat. n° 76)
Soldats en marche, **1913**
Huile sur toile, 65 x 92 cm
Centre Pompidou-Musée national d'art moderne, Paris
Achat, 1976

* Les œuvres précédées d'un astérisque ne sont pas exposées
au Centre Pompidou.

BIBLIOGRAPHIE DES OUVRAGES CITÉS

Le Futurisme et les avant-gardes littéraires et artistiques au début du xxᵉ siècle, actes du colloque international, Nantes, Université de Nantes-Centre international des Langues, 2002.

Natalia Adaskina, Dmitri Sarabianov, *Lioubov Popova,* Paris, Philippe Sers Éd., 1989.

Matthew Affron, Mark Antliff (dir.), *Fascist Visions : Art and Ideology in France and Italy,* Princeton (NJ), Princeton University Press, 1997.

Troels Andersen (dir.), *Malevich, Essays on Art. 1915-1933,* New York, George Wittenborn, 1971.

Roger Allard, *Le Bocage amoureux ou le divertissement des amants citadins et champêtres,* Paris, Éd. Eugène Figuière, 1911.

Libero Altomare, *Incontro con Marinetti e il futurismo,* Rome, Corso, 1954.

Jean-Pierre Andréoli de Villers, *Le Premier Manifeste du futurisme,* édition critique avec fac-similé du manifeste original de F.T. Marinetti, Ottawa, Éd. de l'Université d'Ottawa, 1986.

Mark Antliff, *Inventing Bergson : Cultural Politics and the Parisian Avant-Garde,* Princeton (NJ), Princeton University Press, 1993.

Mark Antliff, Vivienne Green (dir.), *Vorticism* (à paraître, 2010).

Mark Antliff, Patricia Leighten, *Cubisme et culture,* Paris, Thames & Hudson, 2002.

Guillaume Apollinaire, *Les Peintres cubistes. Méditations esthétiques* [Paris, Éd. Eugène Figuière, 1913], Paris, Hermann, 1980.
— *Anecdotiques,* Paris, Librairie Stock, 1926.
— *Lettere a F.T. Marinetti con il manoscritto Antitradizione futurista,* Pasquale. A. Jannini (dir.), Milan, All'Insegna del Pesce d'Oro, 1978.

Dore Ashton, *Rencontre avec Marcel Duchamp,* Paris, L'Échoppe, 1996.

Natalâ Avtonomova, *I.V. Klûn v Tretʹâkovskoj galeree,* Moscou, RA, 1999.

Ivan Aksënov [Axionov], Aleksandra Ekster [Exter] (dir.), *Pikasso i okresnosti [Picasso et ses alentours],* Moscou, Centrifuga, 1917.

François Azouvi, *La Gloire de Bergson. Essai sur le magistère philosophique,* Paris, Gallimard, 2007.

Guido Ballo, *Boccioni : La vita e l'opere,* Milan, Il Saggiatore, 1964.

Patrick Barrer, *Quand l'art du xxᵉ siècle était conçu par des inconnus : l'histoire du Salon d'automne de 1906 à nos jours,* Paris, Arts et Images du monde, 1992.

Henri-Martin Barzun, *La Terrestre Tragédie,* Créteil, L'Abbaye, 1907.

Walter Benjamin, *L'Œuvre d'art à l'époque de sa reproductibilité technique* [1935-1939], Maurice de Gandillac (trad.), Paris, Allia, 2004.

Günter Berghaus, *Futurism and Politics : Between Anarchist Rebellion and Fascist Reaction, 1909-1944,* Providence (RI)/Oxford, Berghahn Books, 1996.

Henri Bergson, *Matière et mémoire. Essai sur la relation du corps à l'esprit,* Paris, Félix Alcan, 1896.
— *Le Rire. Essai sur la signification du comique,* Paris, Félix Alcan, 1900.
— *L'Évolution créatrice* [1907], Paris, Presses universitaires de France, « Quadrige », 2007.
— *La Filosofia dell'intuizione,* Giovanni Papini (dir.), Lanciano, Carabba, 1909.

Pietro Blaserna, *La Teoria del suono nei suoi rapporti con la musica : Dieci conferenze,* Milan, Fratelli Dumolard, 1875. Traduction française : *Le Son et la Musique,* Paris, Librairie Germer Baillière & Cie, 1877 [avec en appendice le texte sur les « causes physiologiques de l'harmonie musicale » par Hermann Helmholtz].

Zeno Birolli (dir.), *Umberto Boccioni, Gli Scritti editi e inediti,* Milan, Feltrinelli, 1971.
— *Altri inediti e apparati critici,* Milan, Feltrinelli, 1972.
Umberto Boccioni, *Pittura et scultura futuriste (Dinamismo plastico),* Milan, Ed. futuriste di *Poesia,* 1914.

Maria Lluïsa Borràs, *Picabia,* Paris, Albin Michel, 1985.

Anton Giulio Bragaglia, *Fotodinamismo futurista* [1913], Turin, Giulio Einaudi, 1970.

Christian Brinton, *Impressions of the Art at the Panama Pacific International Exposition,* New York, John Lane Company, 1916.

David Burlûk [Bourliouk], Vladimir Maâkovskij [Maïakovski], *Vzâl : Baraban futuristov [Il prit : Le tambour des futuristes],* Moscou, décembre 1915.

David et Nikolaj Burlûk [Bourliouk], Elena Gouro, Vasilij Kamenskij, Velimir Hlebnikov, Sergej Mâsoedov, Ekaterina Nizen, *Sadok sudej [Le Vivier des juges],* Saint-Pétersbourg, Žuravlʹ, 1910.

David Burlûk [Bourliouk], Velimir Hlebnikov [Khlebnikov], Vladimir Maâkovskij [Maïakovski], *Sadok sudej II [Le Vivier des juges II],* Saint-Pétersbourg, Žuravlʹ, 1913.

Gabrielle Buffet-Picabia, *Rencontres avec Picabia, Apollinaire, Cravan, Duchamp, Arp, Calder,* Paris, Pierre Belfond, 1977.

Paolo Buzzi, *Futurismo : Scritti, carteggi, testimonianze,* Mario Morini, Giampaolo Pignatari (dir.), Milan, Quaderni di Palazzo Sormani, 1982.

Maurizio Calvesi, *Il Futurismo : La fusione della vita dell'arte,* Milan, Fratelli Fabri Ed., 1975.

William A. Camfield, *Francis Picabia. His Art, Life and Time,* Princeton (NJ), Princeton University Press, 1979.

Umberto Carpi, *L'Estrema avanguardia del novecento,* Rome, Editori riuniti, 1985.

Carlo Carrà, *La Mia Vita* [1943], Massimo Carrà (dir.), Milan, Absondita, 2002.
— *Tutti gli scritti,* Milan, Feltrinelli, 1978.
— *L'Éclat des choses ordinaires,* Isabel Violante, Jérôme Picon (dir.), Paris, Éd. Images modernes, 2005.

Massimo Carrà, Vittorio Fagone (dir.), *Carlo Carrà – Ardengo Soffici : Lettere 1913/1929,* Milan, Feltrinelli, 1983.

Enrico Cavacchioli, *Le Ranocchie turchine,* Milan, Edizioni di *Poesia,* 1909.

Ippolito Castiglioni [Adriano Cecioni], *I Critici profani all'Esposizione nazionale di Torino,* Florence, Tipografia del Vocabolario, 1880.

Blaise Cendrars, *Dix-neuf Poèmes élastiques,* Paris, Au Sans Pareil, 1919.
— *Du monde entier au cœur du monde,* Paul Morand (préf.), Paris, Denoël/Gallimard, 2001.

Georges Charbonnier, *Le Monologue du peintre,* Paris, Julliard, 1959.

Alexandre Ševenko [Chevtchenko], *Principy kubizma i drugih sovremennyh tečenij v živopisi vseh vremenʹ i narodov [Les Principes du cubisme et des autres courants contemporains en peinture de tous les temps et de tous les peuples],* Moscou, 1913.

Giovanni Cianci (dir.), *Futurismo/Vorticismo,* Palerme, Quaderno 9, 1979.

Susan P. Compton, *The World Backwards : Russian Futurist Books 1912-1916,* Londres, British Library, 1978.

Joseph Conrad, *L'Agent secret [The Secret Agent]* [Londres, 1907], Odette Lamolle (trad.), Paris, Autrement, 1996.

Richard Cork, *David Bomberg,* New Haven (CT)/Londres, Yale University Press, 1987.
— *Vorticism and Abstract Art in the First Machine Age,* Londres, Gordon Fraser, 1976, 2 vol.

Pierre Courthion, *Gino Severini* [1930], Giancomo Pamprolini (trad.), Milan, Ulrico Hoepli Editore, 1941.

Pierre Daix, *La Vie de peintre de Pablo Picasso*, Paris, Éd. du Seuil, 1977.
— *Dictionnaire Picasso*, Paris, Robert Laffont, 1995.

Linda Dalrymple Henderson, *The Artist, « The Fourth Dimensions » and Non-Euclidean Geometry 1900-1930 : A Romance of Many Dimensions*, New Haven (CT), Yale University Press, 1975.

Richard Davenport-Hines, *A Night at the Majestic : Proust and the Great Modernist Dinner Party of 1922*, Londres, Faber & Faber, 2006.

Rodolpho De Angelis, *Noi Futuristi*, Venise, Edizioni del Cavallino, 1958.

Marc Décimo, *Maurice Princet. Le mathématicien du cubisme*, Paris, L'Échoppe, 2007.

Robert Delaunay, *Du cubisme à l'art abstrait*, documents inédits publiés par Pierre Francastel et suivis d'un catalogue de l'œuvre de Robert Delaunay par Guy Habasque, Paris, SEVPEN, 1957.

Sonia Delaunay, *Nous irons jusqu'au soleil*, Paris, Robert Laffont, 1978.

Cesare G. De Michelis, *Il Futurismo italiano in Russia 1909-1929*, Bari, De Donato, 1973.

Maria Drudi Gambillo, Teresa Fiori, *Archivi del futurismo*, vol. I, 1958, vol. II, 1962, Rome, De Luca Ed.

Marcel Duchamp, *Entretiens avec Pierre Cabanne*, Paris, Somogy éditions d'art, 1995.

Félix Dubois, *Le Péril anarchiste*, Paris, Flammarion, 1894.

Arthur Jerome Eddy, *Cubists and Post-Impressionism*, Chicago, A.C. McClurg & Co, 1914.

Paul Edwards, *Wyndham Lewis : Painter and Writer*, New Haven (CT)/Londres, Yale University Press, 2000.

Paul Edwards (dir.), *Blast : Vorticism 1914-1918*, Aldershot, Ashgate Press, 2000.

Abram Éfros, *Profili [Profils]*, Moscou, 1930.

Jacob Epstein, *Epstein : An Autobiography*, Londres, Éd. Hulton, 1955.

Serge Fauchereau, *Hommes et mouvements esthétiques du XXe siècle*, Paris, Cercle d'Art, 2005.

Élie Faure, *L'Arbre d'Éden*, Paris, Georges Crès & Cie, 1922.

Denise Fédit, *L'Œuvre de Kupka*, Paris, Éd. des Musées nationaux, 1966.

Hal Foster, *Prosthetic Gods*, Cambridge (MA)/Londres, The MIT Press, 2004.

Edward Fry, *Le Cubisme*, Bruxelles, La Connaissance, 1968.

Waldemar George, *Larionov*, Paris, Bibliothèque des arts, 1966.

David J. Getsy (dir.), *Sculpture and the Pursuit of a Modern Ideal in Britain, c. 1880-1930*, Aldershot, Ashgate Press, 2004.

Françoise Gilot, *Vivre avec Picasso*, Paris, Calmann-Lévy, 1965.

Albert Gleizes, *Souvenirs. Le cubisme 1908-1914*, Ampuis, Association des Amis d'Albert Gleizes, 1997.

Albert Gleizes, Jean Metzinger, *Du « cubisme »* [Paris, Éd. Eugène Figuière, 1912], Saint-Vincent-sur-Jabron/Sisteron, Éd. Présence, 1980.

Ezio Godoli (dir.), *Il Dizionario del futurismo*, Florence, Vallecchi, 2001, 2 vol.

Nina Gur'ânova, *Ol'ga Rozanova i rannij russkij avangard [Olga Rozanova et la première avant-garde russe]*, Moscou, Gileâ, 2002.

Elena Guro, Velimir Hlebnikov, Alexeï Kručěnyh, Mihajl Matûšin, *Troe [Les Trois]*, Saint-Pétersbourg, Žuravl', 1913.

Christopher Green, *Léger and the Avant-Garde*, New Haven (CT)/Londres, Yale University Press, 1976.

Christopher Green (dir.), *Roger Fry's Vision of Art*, Londres, Merrell Holberton Publishers/Courtauld Art Gallery, 1999.

Anna Gruetzner Robins, *Modern Art in Britain 1910-1914*, Londres, Merrell Holberton Publishers/Barbican Art Gallery, 1997.

Charles Harrison, Paul Wood (dir.), *Art en théorie, 1900-1990, une anthologie*, Paris, Hazan, 1997.

Georg Wilhelm Friedrich Hegel, *Esthétique*, Paris, LGF, 2004.

Jana Howlett, Rod Mengham (dir.), *The Violent Muse : Violence and the Artistic Imagination in Europe, 1910-1939*, Manchester, Manchester University Press, 1994.

Richard Humphreys, John Alexander, Peter Robinson, *Pound's Artists : Ezra Pound and the Visual Arts in London, Paris and Italy*, Londres, Tate Gallery, 1985.

Enrico Imoda, *Fotografie di fantasmi*, Milan/Turin/Rome, Fratelli Bocca Editori, 1912.

Max Jacob, *Art poétique* [1922], Paris, L'Élocquent Éd., 1987.

Gerald Janacek, *The Look of Russian Literature. Avant-Garde. Visual Experiments 1900-1930*, Princeton (NJ), Princeton University Press, 1984.

Pasquale A. Jannini, Giovanni Lista, G. Orlandi Cerenza (dir.), *La Fortuna del futurismo in Francia*, Rome, Ed. Bulzoni, 1979.

Jean-David Jumeau-Lafond, *Les Peintres de l'âme. Le symbolisme idéaliste en France*, Anvers, Pandora, 1999.

Gustave Kahn, *L'Esthétique de la rue*, Paris, Eugène Fasquelle, 1901.

Daniel-Henry Kahnweiler, *Der Weg zum Kubismus*, Munich, Delphin Verlag, 1920.
— *Juan Gris, sa vie, son œuvre, ses écrits*, Paris, Gallimard, rééd. 1946.

Nikolaï Khardjiev, Vladimir Trénine, *La Culture poétique de Maïakovski*, Gérard Conio (trad.), Lausanne, L'Âge d'homme, 1982.

Vélimir Khlebnikov, *Zanguezi et autres poèmes*, Jean-Claude Lanne (trad.), Paris, Flammarion, 1996.
— *Tvoreniâ*, M. Polâkov (dir.), Moscou, Sovetskij Pisatel', 1986.

Vélimir Khlebnikov, Alexei Kroutchonykh, Mikhaïl Matiouchine, *La Victoire sur le soleil. Un opéra [Pobeda nad solncem. Opera*, Saint-Pétersbourg, 1913], Jean-Claude et Valentine Marcadé (trad.), Jean-Claude Marcadé (postf.), Lausanne, L'Âge d'homme, 1976.

Ivan Klûn [Klioune], *Moj put' v iskusstve [Ma voie dans l'art]*, Moscou, RA, 1999.

Georgij Kovalenko, *Aleksandra Ekster*, Moscou, Galart, 1993.
— *Aleksandra Ekster – Cvetovye ritmy [Rythmes colorés]*, Saint-Pétersbourg, Palace Éd., 2001.
— *Russkij kubo-futurizm [Le Cubofuturisme russe]*, Saint-Pétersbourg (rééd.), Dmitrij Bulanin, 2002.

Evgeni Kovtoune, Alla Povélikhina, *L'Enseigne peinte en Russie et les peintres de l'avant-garde*, Leningrad, Éditions d'art Aurora, 1991.

Max Kozloff, *Cubism-Futurism*, New York, Charterhouse, 1973.

Aleksej Kručěnyh [Kroutchonykh], Zina V., *Porosâta [Les Cochonnets]*, Saint-Pétersbourg, 1913.Ò
— *Utinoe gnezdyško... durnyh slov [Le Petit Nid de canard... des gros mots]*, Saint-Pétersbourg 1913.

František Kupka, *La Création dans les arts plastiques* [1923], Paris, Cercle d'art, 1989.

Sophie Laffitte, *Alexandre Blok : une étude*, Paris, Seghers, 1958.

Jean-Claude Lanne, *Vélimir Khlebnikov, poète futurien*, Paris, IES, 1983, 2 vol.

Mihajl Larionov, *Lučism [Le Rayonnisme]*, Moscou, Éd. Mûnster, 1913.

Mihajl Larionov, Varsanofij Parkin, *Oslinnyj hvost' i mišen' [La Queue d'âne et La Cible]*, Moscou, Éd. Mûnster, 1913.

Claude Laugier, Michèle Richet, *Œuvres de Fernand Léger au Musée national d'art moderne (1881-1955)*, Paris, Éd. du Centre Pompidou, 1981.

John Nilsen Laurvik, *Is it Art ? Post-Impressionism – Futurism – Cubism*, New York, The International Press, 1913.

Brigitte Leal (dir.), *Collection Art moderne*, Paris, Éd. du Centre Pompidou, 2006.

Robert Lebel, *Sur Marcel Duchamp*, Paris/Londres, Éd. Trianon, 1959 ; fac-similé de la 1re édition augmentée d'un cahier de lettres inédites de Marcel Duchamp, Paris, Éd. du Centre Pompidou/Mazzota, 1996.

Fernand Léger, *Fonctions de la peinture* [Paris, Gonthier, 1965], Paris, Gallimard, 1997.

Guido Le Noci, *Fernand Léger, sa vie, son œuvre, son rêve*, Milan, Edizioni Apollinaire, 1971.

Roberto Longhi, *La Scultura futurista di Boccioni*, Florence, Libreria della Voce, 1914.

Percy Wyndham Lewis, *Blasting and Bombardiering* [1937], Londres, Calder & Boyars, 1967.

Giovanni Lista, *Futurisme. Manifestes, proclamations, documents*, Lausanne, L'Âge d'homme, 1973.
— *Marinetti et le futurisme. Études, documents, iconographie*, Lausanne, L'Âge d'homme, 1977.
— *Futurismo e fotografia*, Milan, Multipla, 1979.
— *Giacomo Balla futuriste*, Lausanne, L'Âge d'homme, 1984.
— *La Scène futuriste*, Paris, Éd. du CNRS, 1989.
— *F.T. Marinetti. L'anarchiste du futurisme. Biographie*, Paris, Nouvelles Éditions Séguier, 1995.
— *Le Futurisme. Création et avant-garde*, Paris, Éd. de l'Amateur, 2001.
— *Dada libertin et libertaire*, Paris, L'Insolite, 2005.
— *Loïe Fuller, danseuse de la Belle Époque*, Paris, Stock/Somogy éditions d'art, 1994 ; 2e éd. revue et augmentée, Paris, Hermann, 2007.

Giovanni Lista, Serge Lemoine, Andrei Nakov, *Les Avant-Gardes*, Paris, Hazan, 1991.

Bénédikt Livchits, *L'Archer à un œil et demi*, Emma Sébald, Valentine et Jean-Claude Marcadé (dir.), Lausanne, L'Âge d'homme, 1971.

Gian Pietro Lucini, *Marinetti, Futurismo, Futuristi*, recueil de textes établi par Mario Artioli, Bologne, Massimiliano Boni Editore, 1975.

Ernst Mach, *Analisi delle sensazioni*, Milan/Turin/Rome, Fratelli Bocca Editori, 1903. Traduction française : *L'Analyse des sensations*, Françoise Eggers, Jean-Maurice Monnoyer (trad.), Paris, Jacqueline Chambon, 1996.

Kazimir Malévitch, *Écrits I. De Cézanne au suprématisme ; Écrits II. Le Miroir suprématiste ; Écrits III. Les Arts de la représentation ; Écrits IV. La Lumière et la Couleur*, Jean-Claude Marcadé (dir.), Lausanne, L'Âge d'homme, 1974-1994.
— *Kazimir Malevič. Sobranie sočinenij v pâti tomah*, vol. III, Moscou, Gileâ, 2000.

Bernard Marcadé, *Marcel Duchamp*, Paris, Flammarion, 2007.

Jean-Claude Marcadé, *Les Avant-Gardes littéraires au XXe siècle*, Budapest, Akademiai Kiado, 1984.
— *Le Futurisme russe. 1907-1917 : Aux sources de l'art du XXe siècle*, Paris, Dessain & Tolra, 1989.
— *Malévitch*, Paris, Casterman/Nouvelles Éditions françaises, 1990.
— *L'Avant-Garde russe, 1907-1927*, Paris, Flammarion, 1995.
— *De Russie et d'ailleurs. Feux croisés sur l'histoire. Pour Marc Ferro*, Paris, IES, 1995.

Jean-Claude Marcadé (dir.), *Présence de F.T. Marinetti,*
Actes du colloque international tenu à l'UNESCO du 15 au 17 juin 1976,
Lausanne, L'Âge d'homme, 1982.

Filippo Tommaso Marinetti, *La Conquête des étoiles, poème épique*
[Paris, Éd. de la Plume, 1902], Paris, Éd. Sansot, 1904.
— *D'Annunzio intime,* Milan, Éd. du journal *Verde e Azzurro,* 1903.
— *Destruction, poèmes lyriques,* Paris, Vanier-Messein, 1904.
— *La Momie sanglante,* Milan, Éd. du journal *Verde e Azzurro,* 1904.
— *Le Roi Bombance, tragédie satirique en quatre actes, en prose,*
Paris, Mercure de France, 1905.
— *Les Dieux s'en vont. D'Annunzio reste,* Paris, Éd. Sansot, 1908.
— *La Ville charnelle,* Paris, Éd. Sansot, 1908.
— *Poupées électriques, drame avec une préface sur le futurisme,*
Paris, Éd. Sansot, 1909.
— *Enquête internationale sur le vers libre,* Milan, Ed. di *Poesia,* 1909.
— *Mafarka le futuriste, roman africain,* Paris, Éd. Sansot, 1910 [1909].
— *Le Futurisme,* Paris [Éd. Sansot, 1911], Lausanne, L'Âge d'homme,
1980.
— *Monoplan du pape, roman politique en vers libre,* Paris, Éd. Sansot,
1912.
— *La Bataille de Tripoli (26 octobre 1911), vécue et chantée*
par F.T. Marinetti, Milan, Ed. futuriste di *Poesia,* 1912.
— *I Poeti futuristi,* Milan, Ed. futuriste di *Poesia,* 1912 (anthologie
collective).
— *La Grande Milano tradizionale e futurista. Una sensibilità italiana*
nata in Egitto [1913], Milan, Mondadori, 1969.
— *Zang Tumb Tumb : Adrianopoli Ottobre 1912, parole in libertà,* Milan,
Ed. futuriste di *Poesia,* 1914.
— *Guerra sola igiene del mundo,* Milan, Ed. futuriste di *Poesia,* 1915.

Jacques Maritain, « Gino Severini », *Brefs écrits sur l'art,* Paris,
Mercure de France, 1999.

Vladimir Markov, *Russian Futurism : A History,* Londres,
MacGibbon & Kee Limited, 1968.

Marianne W. Martin, *Futurist Art and Theory 1909-1915,* Oxford,
Clarendon Press, 1968.

Sylvie Martin, *Futurisme,* Cologne, Taschen, 2005.

Laura Mattioli Rossi (dir.), *Boccioni's Materia : A Futurist*
Masterpiece and the Avant-Garde in Milan and Paris, New York,
The Solomon R. Guggenheim Foundation, 2004.

Jean Metzinger, *Le Cubisme était né. Souvenirs,* Chambéry,
Éd. Présence, 1972.

Walter Michel, C.J. Fox (dir.), *Wyndham Lewis on Art : Collected Writings*
1913-1956, Londres, Thames & Hudson, 1969.

Gaia Michelini, *Nietzsche nell'Italia di D'Annunzio,* Palerme,
Éd. Salvatore F. Flaccovio, 1978.

John Milner, *Kazimir Malevich and the Art of Geometry,*
New Haven (CT)/Londres, Yale University Press, 1996.

Mario Morasso, *L'Imperialismo artistico,* Milan/Turin/Rome,
Fratelli Bocca Editori, 1903.
— *La Nuova Arma : La macchina,* Milan/Turin/Rome,
Fratelli Bocca Editori, 1904.
— *La Vita moderna nell'arte,* Milan/Turin/Rome, Fratelli Bocca Editori,
1904.

Christopher R.W. Nevinson, *Paint and Prejudice,* Londres, Methuen, 1937.

Paul O'Keeffe, *Some Sort of Genius : A Life of Wyndham Lewis,* Londres,
Jonathan Cape, 2000.

Fernande Olivier, *Picasso et ses amis,* Paris, Librairie Stock, 1933.

Walter Pach, *Raymond Duchamp-Villon sculpteur 1876-1918,* Paris,
Éd. Jacques Povolozky, 1924.

Mario Panizza, *Il Positivismo filosofico e il positivismo scientifico :*
Lettere ad Hermann Helmholtz, Florence, Bencini, 1871.

David Peters Corbett, *The Modernity of English Art 1914-1930,*
Manchester, Manchester University Press, 1997.

David Peters Corbett, Ysanne Holt, Fiona Russell (dir.), *The Geographies*
of Englishness : Landscape and the National Past 1880-1940,
New Haven (CT)/Londres, Yale University Press, 2002.

Francis Picabia, *Écrits,* Paris, Pierre Belfond, 1975.

Pablo Picasso, *Propos sur l'art,* Marie-Laure Bernadac,
Androula Michael (dir.), Paris. Gallimard, 1998.

Gaëtan Picon, *La Naissance de l'art moderne,* Genève, Skira, 1974.

Arnauld Pierre, *Francis Picabia. La peinture sans aura,* Paris, Gallimard,
2002.

Henri Poincaré, *La Science et l'hypothèse* [1902], Paris, Flammarion,
1968.

Ezra Pound, *Henri Gaudier-Brzeska,* Auch, Tristram, 1992.

Gaetano Previati, *I Principi scientifici del divisionismo : La tecnica*
della pittura, Milan/Turin/Rome, Fratelli Bocca Editori, 1906. Traduction
française : *Les Principes scientifiques du divisionnisme (la technique*
de la peinture), V. Rossi-Sacchetti (trad.), Paris, A. Grubicy, 1910.

Corrado Ricci, *L'Arte dei bambini,* Bologne, Nicola Zanichelli Editore, 1887.

Fanette Roche-Pézard, *L'Aventure futuriste : 1909-1916,* Rome,
École française de Rome, 1983.

Jules Romains, *La Vie unanime,* Créteil, L'Abbaye, 1908.

William Kent Rose (dir.), *The Letters of Wyndham Lewis,* Londres,
Nethuen, 1963.

Margit Rowell, Deborah Wye (dir.), *The Russian Avant-Garde Book.*
1910-1934, New York, The Museum of Modern Art, 2002.

Cinzia Sartini Blum, *The Other Modernism : F.T. Marinetti's Futurist Fiction*
of Power, Berkeley/Los Angeles/Londres, University of California Press,
1996.

André Salmon, *La Jeune Peinture française,* Paris, Société des Trente/
Albert Messein, 1912.
— *Souvenirs sans fin* [1956], Paris, Gallimard, 2004.

Dmitrij Sarabânov [Sarabianov], *Istoriâ russkogo iskusstva konca*
19-načala 20 veka [Histoire de l'art russe de la fin du xixe et du début
du xxe siècle], Moscou, AST-Press : Galart, 1993.

Gino Severini, *La Vita di un pittore* [1946], Milan, Edizione di Comunità,
1965.
— *Écrits sur l'art,* Serge Fauchereau (préf.), Paris, Éd. Cercle d'art, 1987.

Antoine Sidoti, *Genèse et dossier d'une polémique. La Prose*
du Transsibérien et de la petite Jehanne de France,
novembre-décembre 1912-juin 1914, Paris, Lettres modernes, 1987.

Paul Signac, *D'Eugène Delacroix au néo-impressionnisme*
[Éd. de *La Revue blanche,* 1899], Françoise Cachin (dir.), Paris,
Hermann, 1978.

Evelyn Silber, *Gaudier-Brzeska : Life and Art,* Londres,
Thames & Hudson, 1996.

Kenneth Silver, *Esprit de Corps : The Art of the Parisian Avant-Garde*
and the First World War, 1914-1925, Londres, Thames & Hudson, 1989.

Ardengo Soffici, *Il caso Medardo Rosso ; preceduto da L'Impressionismo*
e la pittura italiana, Florence, B. Seeber Editori, 1909.
— *Cubismo e Oltre,* Florence, Ed. Libreria della *Voce,* 1913.
— *Cubismo e Futurismo,* Florence, Ed. Libreria della *Voce,* 1914.

Agnès Sola, *Le Futurisme russe. Pratique révolutionnaire et discours*
politique, tapuscrit de thèse de doctorat, Université Paris III-Sorbonne
nouvelle, 1982.

Georges Sorel, *Lo Sciopero generale e la violenza,* Rome,
Edizioni Industria e Lavoro, 1906.
— *Réflexions sur la violence,* Paris, Librairie de « Pages libres », 1908.

Paul Souriau, *La Beauté rationnelle,* Paris, Félix Alcan, 1904.
Virginia Spate, *Orphism : The Evolution of Non-Figurative Painting in Paris*
1901-1914, Oxford, Clarendon Press, 1979.

Herbert Spencer, *Principes de psychologie* [1855], Paris, L'Harmattan,
2007.

Manuela Angela Stefani, *Nietzsche in Italia, rassegna bibliografica,*
1893-1970, Rome, Biblioteca nazionale, 1975.

Luigi Tallarico (dir.), *Boccioni cento anni,* Rome, Volpe Editore, 1982.

Caroline Tisdall, Angelo Bozzolla, *Futurism,* Londres, Thames & Hudson,
1977.

Marina Tsvetaeva, *Nathalie Gontcharova, sa vie, son œuvre* [1929],
Véronique Lossky (trad.), Paris, Clémence Hiver, 1990.

Konstantin Umanskij, *Neue Kunst in Russland 1914-1919,*
Potsdam/Munich, Kiepenheuer/Goltz, 1920.

Joan Ungersma Halperin, *Félix Fénéon. Art et anarchie dans le Paris*
fin de siècle, Paris, Gallimard, 1991.

Walter Vaccari, *Vita e tumulti di Marinetti,* Milan, Omnia, 1959.

I.A. Vakar, Tat'âna N. Mihienko (dir.), *Malevič o sebe. Sovremenniki*
o Maleviče [Malévitch sur lui-même. Les contemporains à propos
de Malévitch], Moscou, RA, 2004, 2 vol.

Émile Verhaeren, *Les Villes tentaculaires,* Bruxelles, Edmond Deman,
1895.
— *Forces tumultueuses,* Paris, Mercure de France, 1902.

Michael J.K. Walsh, *C.R.W. Nevinson : The Cult of Violence,*
New Haven (CT)/Londres, Yale University Press, 2002.

William C. Wees, *Vorticism and the English Avant-Garde,* Toronto,
University of Toronto Press, 1972.

Herbert Georges Wells, *The Time Machine : An Invention,* Londres,
Heinemann, 1895.

Andrew Wilson (dir.), *ICSAC Cahier 8/9 : Vorticism,* décembre 1988.

Annamaria Zanovello Russolo (Mémoires de), *Russolo l'uomo l'artista,*
Milan, Cyril Corticelli, 1958.

CATALOGUES D'EXPOSITIONS MONOGRAPHIQUES

Giacomo Balla

Maurizio Fagiolo Dell'Arco (dir.), *Giacomo Balla (1871-1958)*, Rome, Galleria nazionale d'Arte moderna, 2 décembre 1971-27 février 1972 (Rome, De Luca Ed., 1971).

Umberto Boccioni

1re Exposition de sculpture futuriste du peintre et sculpteur futuriste Boccioni, Umberto Boccioni (préf.), Paris, galerie La Boëtie, 20 juin-16 juillet 1913.

Ester Coen (dir.). *Boccioni. A Retrospective*, New York, The Metropolitan Museum of Art, 1988.

Boccioni. Pittore scultore futurista, Milan, Palazzo Reale, 6 octobre 2006-7 janvier 2007 (Milan, Skira, 2006).

Boccioni's Materia : A Futurist Masterpiece and the Avant-Garde in Milan and Paris, New York, The Solomon R. Guggenheim Museum, 6 février-9 mai 2004.

David Bomberg

Bomberg, David Bomberg (préf.), Londres, Chenil Gallery at Chelsea, juillet 1914.

Richard Cork (dir.), *David Bomberg*, Londres, The Tate Gallery, 17 février-8 mai 1988.

Georges Braque

Braque, Guillaume Apollinaire (préf.), Paris, galerie Kahnweiler, Paris, 9-28 novembre 1908.

Georges Braque, Saint-Paul, Fondation Maeght, 1980.

Georges Braque, Saint-Paul, Fondation Maeght, 1994.

Carlo Carrà

Carlo Carrà 1881-1966, Rome, Galleria nazionale d'Arte moderna, 15 décembre 1994-28 février 1995 (Milan, Electa, 1994).

Paul Cézanne

Cézanne. The Late Work, New York, The Museum of Modern Art, 7 octobre 1977-3 janvier 1978.

André Derain

André Derain : The London Paintings, Londres, Courtauld Institute of Art Gallery (Londres, Paul Holberton Publishing, 2005).

Robert Delaunay

Robert Delaunay, 1906-1914. De l'impressionnisme à l'abstraction, Paris, Musée national d'art moderne, 3 juin-16 août 1999 (Paris, Éd. du Centre Pompidou, 1999).

Raymond Duchamp-Villon

Sculptures de Duchamp-Villon, 1876-1918, André Salmon (préf.), Paris, galerie Pierre, 1931.

Jacob Epstein

Evelyn Silber, Terry Friedman (dir.), *Jacob Epstein : Sculpture and Drawings*, Leeds City Art Galleries ; Londres, Whitechapel Art Gallery, 1987.

Henri Gaudier-Brzeska

A Memorial Exhibition of the Work of Henri Gaudier-Brzeska, Ezra Pound (préf.), Londres, The Leicester Galleries, mai 1918.

Albert Gleizes

Albert Gleizes : Le cubisme en majesté, Barcelone, Museu Picasso, 28 mars-5 août 2001 ; Lyon, musée des Beaux-Arts, 6 septembre-10 décembre 2001 (Paris, Réunion des Musées nationaux, 2001).

František Kupka

František Kupka (1871-1957). A Retrospective, New York, The Solomon R. Guggenheim Museum, 10 octobre-7 décembre 1975.

František Kupka ou l'invention d'une abstraction, Paris, musée d'Art moderne de la Ville de Paris, 22 novembre 1989-25 février 1990 (Paris-Musées, 1989).

Vers des temps nouveaux. Kupka, œuvres graphiques 1894-1912, Paris, musée d'Orsay, 25 juin-6 octobre 2002 (Paris, Réunion des Musées nationaux, 2002).

Fernand Léger

Fernand Léger. Rétrospective, Saint-Paul, Fondation Maeght, 2 juillet-2 octobre 1988.

Fernand Léger, Paris, Musée national d'art moderne, 29 mai-29 septembre 1997 (Éd. du Centre Pompidou, 1997).

Percy Wyndham Lewis

Wyndham Lewis, Manchester, City Art Gallery, 1er octobre-15 novembre 1980.

Kazimir Malévitch

Kazimir Malevich, Barcelone, Fondació Caixa Catalunya, 21 mars-25 juin 2006.

Medardo Rosso

Medardo Rosso : Le origini della scultura contemporanea, Museo de Arte Moderna e Contemporanea di Trento e Rovereto, 28 mai-22 août 2004, (Milan, Skira, 2004).

Gino Severini

The Futurist Painter Severini Exhibits his Latest Works, Gino Severini (préf.), Londres, Marlborough Gallery, 7 avril-7 mai 1913.

Drawings, Pastels, Watercolours and Oils of Severini, Gino Severini (préf.), New York, Photo Secession Gallery, mars 1917.

Severini : œuvres futuristes et cubistes, Paris, galerie Berggruen, 1956.

Gino Severini, Bernard Dorival (préf.), Paris, Musée national d'art moderne, juillet-octobre 1967.

Gino Severini, Florence, Palazzo Pitti, 25 juin-25 septembre 1983 (Milan, Electa, 1983).

Anne Coffin Hanson (dir.), *Severini futurista : 1912-1917*, New Haven (CT), Yale University Art Gallery, 18 octobre 1995-7 janvier 1996 (New Haven, Yale University Press, 1995).

Daniela Fonti (dir.), *Gino Severini. La Danza 1909-1916*, Venise, Peggy Guggenheim Collection, 26 mai-28 octobre 2001 (Milan, Skira, 2001).

Joseph Stella

Barbara Haskell (dir.), *Joseph Stella*, New York, Whitney Museum of American Art, 22 avril-9 octobre 1994.

Jacques Villon

Jacques Villon, Rouen, musée des Beaux-Arts, 14 juin-21 septembre 1975 ; Paris, Grand Palais, 11 octobre-15 décembre 1975 (Paris, Réunion des musées nationaux, 1975).

CATALOGUES D'EXPOSITIONS COLLECTIVES

Les Peintres futuristes italiens, Umberto Boccioni et al. (préf.), Paris, galerie Bernheim-Jeune, 5-24 février 1912 ; Londres, The Sackville Gallery, mars 1912 *(Exhibitions of Works by the Italian Futurist Painters)* ; Berlin, Galerie Der Sturm, 12 avril-15 mai 1912 *(Zweite Austellung. Futuristen)* ; Bruxelles, galerie Georges Giroux, 20 mai-5 juin 1912.

Robert Delaunay, Marie Laurencin, Maurice Princet (préf.), Paris, galerie Barbazanges, 28 février-13 mars 1912.

Exhibition of Works by the Italian Futurist Painters, F.T. Marinetti (préf.), Londres, The Sackville Gallery, mars 1912.

Exposició d'art cubista, Jacques Nayral (préf.), Barcelone, galeries Dalmau, 20 avril-10 mai 1912.

Second Post-Impressionist Exhibition, Roger Fry (préf.), Londres, Grafton Galleries, 5 octobre-31 décembre 1912.

Salon de la Section d'or, Paris, galerie La Boëtie, 10-30 octobre 1912.

Armory Show-International Exhibition of Modern Art, New York, Armory of the Sixty-Nineth Infantry [dépôt de matériel du 69e régiment d'artillerie], 17 février-15 mars 1913 ; Art Institute of Chicago, 24 mars-16 avril 1913 ; Copley Society of Boston, 28 avril-19 mai 1913.

Mihajl Larionov (dir.), *Mišen' [La Cible]*, Moscou, 24 mars-7 avril 1913.

Post-Impressionist and Futurist Exhibition, Frank Rutter (préf.), Londres, Doré Galleries, 12 octobre 1913-16 janvier 1914.
Les Synchromistes. Morgan Russell et S. Macdonald-Wright, Paris, galerie Bernheim-Jeune & Cie, 27 octobre-8 novembre 1913.

Esposizione di pittura futurista di « Lacerba », Florence, galerie Gonnelli, 30 novembre 1913-18 janvier 1914.

Exhibition of English Post-Impressionists, Cubists and Others, Brighton, décembre 1913-janvier 1914.

Exhibition of the Works of the Italian Futurist Painters and Sculptors, Londres, The Doré Galleries, fin avril-mai 1914.

Natalie de Gontcharowa et Michel Larionow, Guillaume Apollinaire (préf.), Paris, galerie Paul Guillaume, 17-30 juin 1914.

Vorticism Exhibition, Londres, Doré Galleries, juin-juillet 1915,

Xe Exposition d'État : Création sans objet et suprématisme, Lioubov Popova (préf.), Moscou, mai 1919.

La Section d'or, Paris, galerie La Boëtie, 3-16 mars 1920.

Alfred H. Barr (dir.), *Cubism and Abstract Art*, New York, The Museum of Modern Art, 1936, rééd. 1964.

Le Cubisme 1911-1918, Paris, galerie de France, 25 mai-30 juin 1945.

The 1913 Armory Show in Retrospect, Amherst College, 17 février-17 mars 1958.

The Machine as Seen by the End of the Mechanical Age, New York, The Museum of Modern Art, 1968.

Richard Cork (dir.), *Vorticism and its Allies*, Londres, Hayward Gallery, 27 mars-2 juin 1974.

Apollinaire e l'Avanguardia, Rome, Galleria Nazionale d'Arte Moderna (Rome, De Luca Editore), 1980.

Donation Louise et Michel Leiris. Collection Kahnweiler-Leiris, Paris, Musée national d'art moderne, 22 novembre 1984-28 janvier 1985 (Paris, Éd. du Centre Pompidou, 1984).

Il Secondo Ottocento italiano : Le postiche del vero, Milan, Palazzo Reale, 26 mai-11 septembre 1988 (Milan, Ed. Mazzotta, 1988).

Richard Cork (dir.), *A Bitter Truth : Avant-Garde Art and the Great War*, Londres, Barbican Art Gallery, 1994.

Nathalie Gontcharova, Michel Larionov, Paris,
Musée national d'art moderne, 21 juin-18 septembre 1995 ; Martigny,
Fondation Pierre Gianadda, 10 novembre 1995-21 janvier 1996 ;
Milan, Fondazione Antonio Mazzotta, 24 février-26 mai 1996
(Paris, Éd. du Centre Pompidou).

Un siècle de sculpture anglaise, Paris, Galeries nationales
du Jeu de Paume, 6 juin-15 septembre 1996 (Paris,
Réunion des Musées nationaux, 1996).

De Fattori à Morandi : Macchiaioli et modernes, Caen,
musée des Beaux-Arts, 25 juillet-27 septembre 1998.

La Section d'or, 1925, 1920, 1912, musées de Châteauroux,
21 septembre-3 décembre 2000 ; Montpellier, musée Fabre,
15 décembre 2000-18 mars 2001 (Paris, Éd. Cercle d'art, 2000).

Color, Myth and Music, Stanton Macdonald-Wright and Synchromism,
Raleigh, North Carolina Museum of Art, 4 mars-3 juillet 2001 ;
Los Angeles County Museum of Art, 5 août-29 octobre 2001 ; Houston,
Museum of Fine Arts, 2 décembre 2001-24 février 2002.

Giovanni Lista (dir.), *Cinema e fotografie futurista*,
Museo di arte moderna e contemporanea di Trento e Rovereto,
18 mai-15 juillet 2001 (Milan/Paris, Skira, 2001).

Jonathan Black (dir.), *Blasting the Future ! Vorticism in Britain
1910-1920*, Londres, Estorick Collection of Modern Italian Art,
4 février-18 avril 2004 ; Manchester, The Whitworth Art Gallery,
7 mai-25 juillet 2004 (Philip Wilson Publishers, 2004).

La Russie à l'avant-garde. 1900-1935, Bruxelles, palais des Beaux-Arts,
5 octobre 2005-22 janvier 2006 (Fonds Mercator-Europalia, 2005).

Metropolis. La città nell'immaginario delle avanguardie, 1910-1920, Turin,
Galleria civica d'Arte moderna e contemporanea, 4 février-4 juin 2006
(Turin, Fondazione Torino Musei, 2006).

Italia Nova. Une aventure de l'art italien, 1900-1950, Paris,
Galerie nationales du Grand Palais, 5 avril-3 juillet 2006 (Paris,
Réunion des musées nationaux / Skira, 2006).

A Slap in the Face ! Futurists in Russia, Londres, Estorick Collection
of Modern Italian Art, 30 juin-15 août 2007.

CATALOGUES RAISONNÉS

Giovanni Lista, *Balla*, Modène, Edizioni Galleria Fonte d'Abisso, 1982.

Maurizio Calvesi, Ester Coen, *Boccioni. L'opera completa*, Milan, Electa,
1983.

Piero Bigongiari et Massimo Carrà, *L'Opera completa di Carrà
dal futurismo alla metafisica e al realismo mitico 1910-1930*, Milan,
Rizzoli Ed., 1970.

Judith Collins, *Eric Gill : The Sculpture, A Catalogue Raisonné*, Londres,
Herbert Press, 1998.

Georges Bauquier, Nelly Maillard, *Fernand léger : Catalogue raisonné
de l'œuvre peint, 1903-1919*, vol. 1, Paris, Adrien Maeght Éd., 1990.

Troels Andersen, *Malevich. Catalogue raisonné of the Berlin Exhibition
1927*, Amsterdam, Stedelijk Museum, 1970.

Andréi Nakov, *Kazimir Malewicz. Catalogue raisonné*, Paris, Adam Biro,
2002.

Tout l'œuvre peint de Picasso, 1907-1916, Paris, Flammarion, 1977.

Daniela Fonti, *Gino Severini, catalogo ragionato*, Milan, Arnoldo
Mondadori Editore/Edizioni Philippe Daverio, 1988.

Luigi Cavallo, *Soffici, immagini e documenti (1879-1964)*, Firenze,
Vallecchi Editore, 1986.

Jonathan Black, *Edward Wadsworth : Form, Feeling and Calculation ;
The Complete Paintings and Drawings*, Londres, Philip Wilson Publishers,
2005.

ARTICLES DE PRESSE 1908-1916

[Anonyme], « F.T. Marinetti colla sua automobile in un fossato »,
Il Corriere della sera (Milan), 16 octobre 1908.

[Anonyme], « Intermezzi : Il Futurismo », *L'Unione* (Milan), 4 février 1909.

[Anonyme], « Cronache letterarie : il "Futurismo" », *La Gazzetta dell'Emilia*
(Bologne), 5 février 1909.

[Anonyme], « Futurismo da tribunale », *I Tribunali*, (Milan/Naples),
7 février 1909, avec une lettre de A.G. Bianchi.

[Anonyme], « Il "Futurismo" », *La Gazzetta di Mantova* (Mantoue),
8 février 1909.

[Anonyme], « Il Futurismo », *Arena* (Vérone), 9-10 février 1909.

[Anonyme], « Furious Fight with Swords : Determined duel between
novelist and well-known poet », *Police Budget* (Londres), 24 avril 1909.

[Anonyme], « Beseda s N.S. Gončarovoj » [« Discussion avec
N.S. Gontcharova »], *Stoličnaâ Molva [La Rumeur de la capitale]*
(Moscou), n° 115, 5 avril 1910.

[Anonyme], « Cinematografia : Muybridge », *La Fotografia artistica* (Turin),
8e année, n° 1, janvier 1911.

[Anonyme], « La Prima Esposizione d'arte libera », *Il Secolo* (Milan),
1er mai 1911.

[Anonyme], « Oui, mais les futuristes peignent mieux », *Excelsior* (Paris),
5 février 1912.

[Anonyme], « Picabia, le révolté de l'art, est ici pour révéler le nouveau
mouvement », *New York Times*, section 5, 16 février 1913.

[Anonyme], « Notes d'art : Le cubisme au Salon Biderman »,
Gazette de Lausanne, 4 mai 1913.

[Anonyme], « Vorticism », *Manchester Guardian*, 13 juin 1914.

[Anonyme], « Un renversement complet des opinions sur l'art
par Marcel Duchamp », *Art and Decoration* (New York), septembre 1915.

Roger Allard, « Au Salon d'automne de Paris », *L'Art libre* (Lyon),
n° 12, novembre 1910, p. 442.
— « Sur quelques peintres », *Les Marches du Sud-Ouest* (Paris),
n° 2, juin 1911.
— « Les arts plastiques », *Les Écrits français* (Paris), n° 1,
5 décembre 1913.

Guillaume Apollinaire, « À propos du Salon d'automne », *Poésie* (Toulouse),
automne 1910.
— « Le Salon des indépendants », *L'Intransigeant* (Paris), 21 avril 1911.
— « Le Salon d'automne », *L'Intransigeant* (Paris), 10 octobre 1911.
— « Les peintres futuristes », *Mercure de France* (Paris), n° 346,
16 novembre 1911.
— « Du sujet dans la peinture moderne », *Les Soirées de Paris*,
n° 1, février 1912.
— « La vie artistique. Les peintres futuristes italiens »,
L'Intransigeant (Paris), 7 février 1912.
— « Les Futuristes », *Le Petit Bleu* (Paris), 9 février 1912.
— « Le Salon des indépendants », *L'Intransigeant* (Paris),
19 mars 1912.
— « Les "Indépendants". Les nouvelles tendances et les artistes
personnels », *Le Petit Bleu* (Paris), 20 mars 1912.
— « Vernissage aux Indépendants », *L'Intransigeant* (Paris), 25 mars 1912.
— « Vernissage aux Indépendants », *L'Intransigeant* (Paris), 3 avril 1912.
— « La peinture nouvelle. Notes d'art », *Les Soirées de Paris*, n° 4,
mai 1912.
— « Demain a lieu le vernissage du Salon d'automne », *L'Intransigeant*
(Paris), 30 septembre 1912.
— « À la Section d'or, c'est ce soir que les cubistes inaugurent
leur exposition », *L'Intransigeant* (Paris), 10 octobre 1912.
— « À travers le Salon des indépendants », *Montjoie !* (Paris),
supplément au n° 3 consacré spécialement au XXIXe Salon
des indépendants, mars 1913.
— « Le Salon des indépendants », *L'Intransigeant* (Paris), 25 mars 1913.
— « Le Salon des Indépendants », *L'Intransigeant* (Paris), 2 avril 1913.

— « L'Antitradition futuriste », *Gil Blas* (Paris), 3 août 1913.
Republié dans *Lacerba* (Florence), vol. I, n° 18, 15 septembre 1913.
— « M. Bérard inaugure le Salon d'automne », *L'Intransigeant* (Paris),
14 novembre 1913.
— « Chronique mensuelle », *Les Soirées de Paris*, n° 18, 15 novembre 1913.
— « Le Salon d'automne », *Les Soirées de Paris*, n° 19, 15 décembre 1913.
— « Le 30e Salon des Indépendants », *Les Soirées de Paris*, n° 22,
mars 1914.
— « Au Salon des Indépendants », *L'Intransigeant* (Paris), 5 mars 1914.
— « Simultanisme-Librettisme », *Les Soirées de Paris*, n° 25, 15 juin 1914.

Barco, « La Fotografia dei proiettili durante la loro traiettoria »,
Il Dilettante di fotografia (Milan), IIIe année, n° 24, avril 1892.

J.G. Bealty, « The New Delirium », *Kansas City Star*, 23 février 1913.

Clive Bell, « Art : The New Post-Impressionist Show », *The Nation*,
25 octobre 1913.

Umberto Boccioni, « Il cerchio non si chiude », *Lacerba* (Florence), vol. II,
n° 5, 1er mars 1914.

E. Bullet, « Macmonnies, the Sculptor, Working Hard as a Painter »,
The Eagle (Brooklyn), 8 septembre 1901.

Paolo Buzzi, « Toute la lyre », *Poesia* (Milan), Ve année, n° 1-2,
février-mars 1909.
D. Carli, « Tieni in mano! », *Monsignor Perelli* (Naples), 6 février 1909.

Carlo Carrà, « Piani plastici come espansione sferica nello spazio »,
Lacerba (Florence), vol. I, n° 6, 15 mars 1913.

Enrico Cavacchioli, « I futuristi », *Attualità, rivista settimanale di letteratura
amena* (Milan), 25 juin 1911.

Jacques Copeau, « *Poesia* et le futurisme », *La Nouvelle Revue française*
(Paris), n° 7, 1er août 1909.

Albert Croquez, « Le Salon des Indépendants », *L'Autorité* (Paris),
19 mars 1912.

Robert Delaunay, « Lettre ouverte au Sturm » (adressée, en français,
à Herwarth Walden le 17 décembre 1913), *Der Sturm* (Berlin),
n° 194-195, janvier 1914.

Félix Del Marle, « La peinture futuriste », *Le Nord illustré* (Lille), Ve année,
n° 8, 15 avril 1913.
— « Quelques notes sur la simultanéité en peinture »,
Poème et drame (Paris), n° 7, janvier-mars 1914.

A. Dervaux, « Notes sur l'art : Le Salon d'automne », *La Plume* (Paris),
n° 424, 1er décembre 1913.

Marcel Duchamp, « Un renversement complet des opinions sur l'art »,
Art and Decoration (New York), 1er septembre 1915.

André Farge, « Un peintre futuriste à Lille », *Le Nord illustré* (Lille),
n° 8, 15 avril 1913.

Flok, « Dopo il caffé : Futurismo », *La Sera* (Milan), 4-5 février 1909.

Roger Fry, « Two Views of the London Group », *The Nation*,
19 mars 1914.

Gino Galza Redolo, « Di notte, nei bassi fondi londinesi,
in compagnia di Marinetti », *Giornale d'Italia* (Rome), 31 mai 1914.

Henri Gaudier-Brzeska, « Vortex (written from the War) »,
Blast (Londres), n° 2, juillet 1915.

Palazzeschi [Aldo Giurni], Giovanni Papini, Ardengo Soffici,
« Futurismo e Marinettismo », *Lacerba* (Florence), n° 7, 14 février 1915.

Albert Gleizes, « L'art et ses représentants. Jean Metzinger »,
Revue indépendante (Paris), n° 4, septembre 1911.
— « Le cubisme et la tradition », *Montjoie !* (Paris), n° 1, 10 février 1913,
et n° 2, 25 février 1913.
— « Opinions », *Montjoie !* (Paris), n° 11-12, novembre-décembre 1913.

Hutchins Hapgood, « A Paris Painter [Picabia] », *The Globe
and Commercial Advertiser* (New York), 20 février 1913.
Traduction dans M.L. Borràs, *Picabia, op. cit.*, p. 107.

Raoul Hausmann, « Présentismus gegen den Puffkeïsmus der teutschen
Seele » [« Le Présentisme contre le bordélisme de l'âme boche »],
De Stijl (Leyde), vol. IV, n° 9, 1921.

Édouard Helsey, « Après le cubisme, le futurisme », *Le Journal* (Paris),
10 février 1912.

C. Lewis Hind, « Rebel Art : Exhibits by the Philistines ; From the Ordinary
to the Extraordinary », *Daily Chronicle* (Philadelphie), 25 juin 1914.

Sharon L. Hirsh, « Carlo Carrà's *The Swimmers* », *Arts Magazine*
(New York), vol. LIII, n° 5, janvier 1979.

Olivier-Hourcade, « Courrier des arts. Discussions. A.M. Vauxcelles »,
Paris-Journal, LIIIe année, n° 1478, 23 octobre 1912.

Il Beniamino, « Le Pasquinate della settimana », *Il Pasquino* (Turin),
7 février 1909.

Il Cintraco, « Il Futurismo », *Il Caffaro* (Gênes), 5 février 1909.

H. Jackson, « Who's the Futurist : Wells or Marinetti ? », *TP's Weekly*
(Londres), 15 mai 1914.

Paul G. Konody, « The Italian Futurists : Nightmare Exhibition
at the Sackville Gallery », *Pall Mall Gazette* (Londres), 1er mars 1912.
Fernand Léger, « Les origines de la peinture et sa valeur
représentative », *Montjoie !* (Paris), n° 8, 29 mai 1913, p. 7 et n° 9-10,
14-29 juin 1913, p. 9 // *Der Sturm* (Berlin), n° 172-173, 1re quinzaine
d'août 1913.
— « Les réalisations picturales actuelles », *Les Soirées de Paris*, n° 25,
15 juin 1914.
— « Le spectacle – lumière – couleur – image mobile – objet-spectacle »
(conférence à la Sorbonne, mai 1924), *Bulletin de l'Effort moderne*
(Paris), n°s 7, 8 et 9, juillet, octobre et novembre 1924.

Percy Wyndham Lewis, « Long Live the Vortex ! », *Blast* (Londres), n° 1,
2 juillet 1914 (daté du 20 juin).
— « Futurism, Magic Life » / The Melodrama of Modernity » /
« To Suffragettes » / « One Six Hundred Vereschagin and Uccello » /
« Marinetti's Occupation » / « The London Group » / « The Crowd Master
1914, London, July », *Blast* (Londres), n° 2, juillet 1915.

Filippo Tommaso Marinetti, « D'Annunzio futuriste et le "mépris
de la femme" », *Poesia* (Milan), n° 7-8-9, août-septembre-octobre 1909.
— « I nostri nemici comuni », *La Demolizione*, 16 mars 1910.
— « La guerra complemento logico della natura », *L'Italia futurista*
(Florence), IIe année, n° 2, 25 février 1917.

Frank Jewett Mather, « Newest Tendencies in Art », *The Independent*,
6 mars 1913.

Jean Metzinger, « Note sur la peinture », *Pan* (Paris), III, n° 10,
octobre-novembre 1910.
— « Cubisme et tradition », *Paris-Journal*, 16 août 1911.

Frédéric Mistral, « Du futurisme au primitivisme », *Poésie* (Toulouse),
n° 31-33 [été 1909].

Henry Moore, « Jacob Epstein » [notice nécrologique], *The Sunday Times*,
23 août 1959.

Mario Morasso, « L'Estetica della velocità », *Il Marzocco* (Florence),
14 septembre 1902.

Charles Morice, « Exposition Braque (galerie Kahnweiler,
28, rue Vignon) », rubrique « Art moderne », *Mercure de France* (Paris),
16 décembre 1908.

Christopher Nevinson, « Painter of Smells at the Front :
A Futurist's Views on the War », *Daily Express*, 25 février 1915.

H.W. Nevinson, « Marinetti : The Apostle of Futurism », *Manchester
Guardian*, novembre 1913.

Ugo Ujetti, « Accanto alla vita », *L'Illustrazione italiana* (Turin),
28 février 1909.

Paphnedo, « Una nuova scuola letteraria », *Il Corriere delle Puglie* (Bari),
11 février 1909.

Giovanni Papini, « Il cerchio si chiude », *Lacerba* (Florence), vol. II, n° 4,
15 février 1914.
— « Cerchi aperti », *Lacerba* (Florence), vol. II, n° 6, 15 mars 1914.

Giovanni Papini, Ardengo Soffici, « Une querelle artistique »,
L'Intransigeant (Paris), 8 mars 1914.

Sir Claude Phillips, « Post-Impressionism », *Daily Telegraph* (Londres),
octobre 1913.

Francis Picabia, « Comment je vois New York. Pourquoi New York est la
seule ville cubiste au monde », *The New York American*, 30 mars 1913.
— « Ne riez pas, c'est de la peinture et ça représente une jeune
Américaine », *Le Matin* (Paris), 1er décembre 1913.

R. Rabov, « Le futurisme : une nouvelle école littéraire », *Vestnik literatury
tovaričestva Vol'f [Le Messager littéraire de la société Volf]* (Moscou),
n° 5, [1909].

M. Raynal, « L'exposition de la Section d'or », *La Section d'or* (Paris),
1re année, n° 1, 9 octobre 1912.

Valentine de Saint-Point, « Théâtre de la femme », *Montjoie !* (Paris),
année I, n° 7 (« Numéro consacré à la crise du théâtre français »).

La Palette [André Salmon], « Courrier des ateliers : Jean Metzinger »,
Paris-Journal, 3 octobre 1911.
André Salmon, « Bergson et le cubisme », *Paris-Journal*,
30 novembre 1911.
— « La fin du futurisme », *Gil Blas* (Paris), 3 août 1913.
— « Le Salon [des indépendants] », *Montjoie !* (Paris), n° 3, mars 1914.

Antonio Sant'Elia, « L'Architecte futuriste d'Antonio », *Lacerba* (Florence),
vol. II, n° 15, 1er août 1914.

Gino Severini, « Get Inside the Picture : Futurism as the Artist Sees it »,
The Daily Express, 11 avril 1913.

Simplicissimus [Enrico Thovez], « La poesia dello schiaffo e del pugno »,
La Stampa (Turin), 20 février 1909.

Snob, « I nipoti di Carneade », *Il Momento* (Turin), 13 février 1909.

Ardengo Soffici, « Riposta ai futuristi », *La Voce* (Florence), vol. II, n° 23,
19 mai 1910.
— « Arte libera e pittura futurista », *La Voce* (Florence), vol. III, n° 25,
22 juin 1911.
— « Picasso e Braque », *La Voce* (Florence), vol. III, n° 34, 24 août 1911.

Cino Spada, « Punto e taglio », *Il Pungolo* (Naples), 6 février 1909.

Louis Vauxcelles, « Exposition Braque », *Gil Blas* (Paris),
14 novembre 1908.
— « Salon des indépendants », *Gil Blas* (Paris), 25 mai 1909.
— « Les futuristes », *Gil Blas* (Paris), 6 février 1912.
— « Au Salon des indépendants », *Gil Blas* (Paris), 19 mars 1912.
— « Les Arts. Discussions, *Gil Blas* (Paris), 22 octobre 1912.

Tancrède de Visan, « La philosophie de M. Bergson et le lyrisme
contemporain », *Vers et prose* (Paris), tome XXI, avril-mai 1910.

Le Wattman, « On dit que… », *L'Intransigeant* (Paris), 14 février 1912.

Margaret Wynne Nevinson, « Futurism and Woman », *The Vote*,
31 décembre 1910.

MANIFESTES ET PROCLAMATIONS

1909

Filippo Tommaso Marinetti, *[Manifeste du Futurisme]* (1908-1909),
tracts (plusieurs versions) // *[Manifeste du futurisme], Poesia* (Milan),
Vᵉ année, n° 1-2, février-mars 1909, p. 1-8 // *Le Futurisme,
Le Figaro* (Paris), 20 février 1909, p. 1 // Traduction russe :
Večer [Le Soir] (Moscou), 8 mars 1909.
— *Manifeste du primitivisme, Poésie* (Toulouse), mars 1909.
— *Tuons le clair de lune* ! (avril 1909), *Poesia* (Milan), n° 7-9,
août-octobre 1909 // *Uccidiamo di Chiaro di Luna !,* Milan,
Ed. Futuriste di *Poesia,* juin 1911. Traduction allemande :
Der Sturm (Berlin), nᵒˢ 111 et 112, mai et juin 1912.

1910

Umberto Boccioni et al., *Manifeste des peintres futuristes,* tract,
daté « Turin, 11 avril 1910 » // *Comœdia* (Paris), 18 mai 1910
// *Les Peintres futuristes italiens,* Galerie Bernheim-Jeune, 5-24 février
1912.

Filippo Tommaso Marinetti, *Contre Venise passéiste* (27 avril 1910),
Comœdia (Paris), 17 juin 1910.

Les poètes et peintres futuristes [F.T. Marinetti et al.], *Venise futuriste,*
manifeste lancé du haut de la place Saint-Marc de Venise, avril 1910
// *Comœdia* 17 juin 1910.

Umberto Boccioni, *Manifeste des auteurs dramatiques futuristes, Il Nuovo
Teatro,* n° 5-6, 25 décembre 1910-5 janvier 1911 // tract en langue
française, daté « Milan, 22 avril 1911 ».

1912

Valentine de Saint-Point, *Manifeste de la femme futuriste* (tract, Paris,
25 mars 1912) // *Der Sturm* (Berlin) n° 108, mai 1912.

Filippo Tommaso Marinetti, *Manifeste technique de la sculpture futuriste,*
tract, daté « Milan, 11 avril 1912 » // *Première Exposition de sculpture
futuriste du peintre et sculpteur futuriste Boccioni,* Paris, galerie
La Boëtie, 20 juin-16 juillet 1913.

David Burlûk [Bourliouk] *et al.,* Poščëčina obščestvennomu vkusu
[Une gifle au goût public], Moscou, Kuzmin et Dolinskij, décembre 1912.

1913

Luigi Russolo, *L'Art des bruits. Manifeste futuriste,* tract, daté « Milan,
11 mars 1913 ».

Filippo Tommaso Marinetti, *Imagination sans fils et les mots en liberté*
(11 mai 1913), publié en italien dans *Lacerba* (Florence), vol. I, n° 12,
15 juin 1913.

Francis Picabia, *Manifeste de l'école amorphiste, Camera Work*
(New York), n° 41-44 (numéro spécial : *A Photographic Quaterly*),
juin 1913.

Valentine de Saint-Point, *Manifeste futuriste de la luxure,* tract,
daté « Paris, 11 juin 1913 ».

Henri-Martin Barzun, *Manifeste pour le simultanéisme poétique,
Paris-Journal,* 27 juin 1913.

Félix Del Marle, *Manifeste futuriste contre Montmartre, Paris-Journal,*
13 juillet 1913 // *Manifeste futuriste à Montmartre, Comœdia* (Paris),
18 juillet 1913 // *Manifeste futuriste contre Montmartre, Lacerba*
(Florence), I, n° 16, 15 août 1913 // *Umělecký Měsíčník [Revue
mensuelle des arts]* (Prague), 9 août 1913.

Carlo Carrà, *La Peinture des sons, bruits et odeurs,* tract, daté « Milan,
11 août 1913 » // *La Pittura dei suoni, rumori, odori. Manifesto futurista*
(11 août 1913), *Lacerba* (Florence), vol. I, n° 17, 1ᵉʳ septembre 1913.

Umberto Boccioni, *Il dinamismo futurista e la pittura francese, Lacerba*
(Florence), vol. I, n° 15, 1ᵉʳ août 1913.

Gino Severini, version italienne avec variantes : *Le Analogie plastiche
del dinamismo. Manifesto futurista [Les Analogies plastiques
du dynamisme. Manifeste futuriste]* (septembre-octobre 1913)
// « L'art plastique néofuturiste » (traduit en français par l'auteur
en 1957), in Michel Seuphor, *Dictionnaire de la peinture abstraite,*
Paris, Hazan, 1957.

Umberto Boccioni, « Simultanéité futuriste » (25 novembre 1913),
Der Sturm (Berlin), n° 190-191, 2 décembre 1913.

1914

Filippo Tommaso Marinetti, *À bas le tango et Parsifal,* tract, daté « Milan,
11 janvier 1914 » // *Lacerba* (Florence), II, n° 2, 15 janvier, 1914.

A. Palazzeschi, *Il Controdolore. Manifesto futuristo [Manifeste futuriste
de la contre-douleur], Lacerba* (Florence), vol. II, n° 2, 15 janvier 1914.

Filippo Tommaso Marinetti, C.R.W. Nevinson, *A Futurist Manifesto :
Vital English Art, The Observer* (Londres), 7 juin 1914 // *Exhibition
of the Works of the Italian Futurist Painters and Sculptors,* cat. exp.,
Londres, The Doré Galleries, fin avril-mai 1914 // *Contre l'art anglais*
(11 juin 1914). Version italienne (avec quelques variantes) : *Manifesto
futurista, Lacerba* (Florence), vol. II, n° 14, 15 juillet 1914.

Lawrence Atkinson *et al., Vorticism (Manifesto), Blast* (Londres), n° 1,
2 juillet 1914 (daté du 20 juin).

1915

Giacomo Balla, Fortunato Depero, *Reconstruction futuriste de l'univers,*
tract, daté « Milan, 11 mars 1915 ».

1921

Filippo Tommaso Marinetti, *Le Tactilisme* (11 janvier 1921), *Comœdia*
(Paris), 16 janvier 1921.

INDEX DES NOMS PROPRES

CRÉDITS PHOTOGRAPHIQUES

© 2007 Carnegie Museum of Art, Pittsburgh, p. 149

© 2007 Kunsthaus Zurich. Tous droits réservés, p. 211

© 2007, digital image, The Museum of Modern Art, New York / Scala, Florence, p. 121, 122, 123, 127, 129, 137, 139, 179, 185, 231 et couverture

© 2008, digital image, The Museum of Modern Art, New York / Scala, Florence, p. 20 h., 54 h. et m., 60 h., 321 d.

© ACRPP, p. 28 h.

© Albright-Knox Art Gallery, Buffalo, p. 58 h., 197

© Antje Zeis-Loi, Medienzentrum Wuppertal, p. 131

© Archives de *L'Illustration* multimedia, p. 325 g.

© Archives Ester Coen, droits réservés, p. 56

© Archives Giovanni Lista, Paris, droits réservés, p. 36 h., 42, 44 h. et m., 46 h., m. et b., 48 h. et b., 50, 78 h., m. et b., 80, 82, 309, 314 g., 327 g., 329 d., 336

© Archives Jean-Claude Marcadé, droits réservés, p. 60 m.

© Archives Jean-Pierre A. de Villers, droits réservés, p. 341 en b. à g.

© Archives Kupka, collection particulière, p. 318 d.

© Archivio Fotografico Museo di Arte Moderna e Contemporanea di Trento e Rovereto, p. 141, 143

© Archivo Fotográfico Museo Nacional Centro de Arte Reina Sofia, Madrid, p. 109

© Art Institute of Chicago, p. 52 h., 107, 191

© Avec l'autorisation de l'association « Les Amis de Georges Duhamel et de l'Abbaye de Créteil, p. 26 b., 310

© Bibliothèque de l'Institut National d'Histoire de l'Art, Paris. Collection Jacques Doucet, p. 32 b., 324 d.

© Bibliothèque historique de la Ville de Paris, fonds Apollinaire / photo. Georges Meguerditchian, p. 18, 30 b., 331 g.

© Bibliothèque historique de la Ville de Paris, fonds Apollinaire, bibliothèque Apollinaire / photo. Georges Meguerditchian, p. 36

© Bibliothèque historique de la Ville de Paris, fonds Apollinaire, donation Adéma / photo. Georges Meguerditchian, p. 28 b., 313 g.

© Centre Pompidou, Paris, bibliothèque Kandinsky, Centre de documentation et de recherche du Musée national d'art moderne / photo. Guy Carrard, p. 22, 34, 341 en h. à g. / photo. Philippe Migeat, p. 24 b., 26 h., 30 b., 32 h., 36 b., 38 h. et b., 312, 313 m. et d., 315 h. et b., 317 en b. à d., 319, 322 g., 323 g., 324 g. (b. et h.), 325 d., 328 d., 329 g., 330 g., 332, 333, 337, 338 / photo. Georges Meguerditchian, p. 40 h. et b., 66 h., 317 g., 320 / droits réservés, p. 64 h., 330 d., 340

© Centre Pompidou, Paris, bibliothèque Kandinsky, Centre de documentation et de recherche du Musée national d'art moderne. Collection manifestes futuristes / photo. Guy Carrard, p. 314 g., 323 d., 339 g. / (fonds Brancusi (dation)), p. 324 m. / (fonds Kandinsky), p. 326, 327 d. / photo. Philippe Migeat, p. 328 g.

© Centre Pompidou, Paris, bibliothèque Kandinsky, Centre de documentation et de recherche du Musée national d'art moderne, fonds Duchamp-Villon / photo. Jacques Faujour, p. 318 g.

© Blauel / Gnamm / ARTOTHEK, p. 207

© Centre Pompidou, Paris / photo. Georges Meguerditchian, p. 76, 339 d.

© Collection du Centre Pompidou, diffusion RMN / photo. Jacques Faujour, p. 295 / photo. Jacqueline Hyde, p. 217 / photo. Georges Meguerditchian, p. 93, 110, 194, 233, 240, 241, 277 / photo. Philippe Migeat, p. 182, 203, 223, 229, 239, 289, 255, 291 / photo. Jean-Claude Planchet, p. 189, 237, 238 / photo. Bertrand Prévost, p. 115 / photo. Adam Rzepka, p. 278 / droits réservés, p. 20 b., 54 b., 58 b., 89, 95, 103, 105, 163, 193, 243, 251, 279, 293, 297

© Collection Gianni Mattioli, en dépôt longue durée à la Collection Peggy Guggenheim, Venise / Gianni Mattioli Collection (on long term loan at the Peggy Guggenheim Collection, Venise), p. 52 b.

© Collection particulière / photo. Centre Pompidou, Paris / Georges Meguerditchian, p. 76

© Collection particulière, photo. : Gianni Zotta, Trente, Italie, p. 334

© Comune di Milano – tutti i diritti di legge riservati. Photo. : Saporetti Immagini d'Arte, Milano, p. 118 h., m. et b., 209, 213, 219, 303

© Conway Library, The Courtauld Institute of Art, Londres / photo. Walter Benington, p. 66 b.

© Estorick Collection, London, UK / The Bridgeman Art Library, p. 133, 151, 169, 175

© Filippo Tommaso Marinetti Papers. General Collection, Beinecke Rare Book and Manuscript Library, Yale University, p. 311 g. et d., 316 h. et b., 317 en h. à d.

© Fonds national d'art contemporain, ministère de la Culture et de la Communication, Paris / photo. Yves Bresson, p. 215

© Galerie nationale des beaux-arts, Perm, p. 64 b.

© Galerie nationale Trétiakov, Moscou / photo. Alexei Sergueev, p. 245, 261

© Galleria Nazionale d'Arte Moderna, Rome, droits réservés, p. 44 b.

© Gemeentemuseum Den Haag, La Haye, p. 157

© Hirshhorn Museum and Sculpture Garden, Smithsonian Institution, Washington / photo. Lee Stalsworth, p. 299

© Imaging Department President and Fellows of Harvard College, Cambridge (États-Unis), p. 171

© Imperial War Museum, Londres / The Bridgeman Art Library Nationality / copyright status : English / in copyright until 2028, p. 75

© Munson-Williams-Proctor Arts Institute, Museum of Art, Utica, p. 301

© Musée d'art moderne de la Ville de Paris / Roger-Viollet, p. 201

© Musée d'art moderne Lille Métropole, Villeneuve-d'Ascq / photo. Muriel Anssens, p. 97

© Musée des Beaux-Arts de Valenciennes / photo. Régis Decottignies, p. 187

© Musée des Beaux-Arts du Canada, Ottawa, p. 74, 167, 285

© Musée national de l'Ermitage, Saint-Pétersbourg, 2008, p. 91

© Musée national russe, Saint-Pétersbourg, droits réservés, p. 247, 249, 253, 257, 259, 263

© Museo Thyssen-Bornemisza, Madrid, p. 269

© Museum Ludwig, Cologne, droits réservés, p. 60 b.

© Osaka City Museum of Modern Art, Osaka, p. 135

© Parisienne de photographie, p. 321 g. et m., 331 d.

© Peggy Guggenheim Collection, Venise (Solomon R. Guggenheim, N.Y.), p. 195

© Photo. Courtesy of the Board of Trustees, National Gallery of Washington, p. 199

© Photo. Courtesy of The Solomon R. Guggenheim Museum, New York, p. 101

© Photo. Fotografia ARES PEDROLI, Chiasso, p. 165

© Photo. RMN / Droits réservés, p. 24 h.

© Photo. RMN / photo. René-Gabriel Ojéda, p. 181

© Photograph and Digital Image : Philadelphia Museum of Art / photo. Graydon Wood, p. 111, 173, 221, 227, 235

© Sprengel Museum Hannover / photo. Michael Herling / Aline Gwose, p. 99, 125

© Staatsgalerie, Stuttgart, p. 155, 177

© State Museum of Contemporary Art, Thessalonique, D.R., p. 265, 267

© Stedelijk Museum, Amsterdam, p. 62 h.

© Stichting Kröller-Müller Museum, Otterlo / photo. Tom Haartsen, p. 113

© Studio fotografico Luca Carrà, Milan / photo. Luca Carrà, p. 145, 319 g.

© Tate, Londres, 2008, p. 68 b., 70 b., 72, 117, 225, 271, 273, 275, 281, 283, 287, 341 d.

© The Nasher Art Collection, Dallas / photo. David Heald, p. 70 h.

© Yale University Art Gallery, New Haven (CT), p. 62 b., 183, 305

© Tous droits réservés, p. 147, 159, 161, 205, 322 d.

Achevé d'imprimer sur les presses de l'imprimerie Conti Tipocolor, Florence
imprimé en Italie